Gerhard Ringshausen

Widerstand und christlicher Glaube angesichts des Nationalsozialismus

Lüneburger Theologische Beiträge

herausgegeben von

Norbert Clemens Baumgart und Gerhard Ringshausen
Institut für Theologie und Religionspädagogik
der Universität Lüneburg

Band 3

LIT

Gerhard Ringshausen

Widerstand und christlicher Glaube angesichts des Nationalsozialismus

2., erweiterte Auflage

Bibliografische Information der Deutschen Nationalbibliothek
Die Deutsche Nationalbibliothek verzeichnet diese Publikation in der
Deutschen Nationalbibliografie; detaillierte bibliografische Daten sind
im Internet über http://dnb.d-nb.de abrufbar.

2., erweiterte Auflage 2008

ISBN 978-3-8258-8306-5

© LIT VERLAG Dr. W. Hopf Berlin 2008
Auslieferung/Verlagskontakt:
Fresnostr. 2   48159 Münster
Tel. +49 (0)251–620320   Fax +49 (0)251–231972
e-Mail: lit@lit-verlag.de   http://www.lit-verlag.de

Vorwort

Der Widerstand gegen den Nationalsozialismus gehört zu den Bestandteilen der demokratischen Kultur der Bundesrepublik und ist zugleich eine bleibende Herausforderung. Er zwingt zur Frage nach dem grundlegenden und unaufgebbaren Maß einer menschenwürdigen Gesellschaft und zur Vergewisserung der Fundamente des eigenen Lebens. Das Wagnis der Entscheidung, sich gegen das Unrecht und Verhängnis des NS-Regimes zu stellen, war nämlich nicht weniger als die Bereitschaft, das eigene Leben zu opfern. Angesichts dieser Konsequenz muß sich der nachgeborene Historiker seiner Distanz bewußt werden. Er kann den Widerstand nur unter der Voraussetzung erforschen, nicht zu wissen, ob er selbst zu diesem Einsatz oder auch nur zu konsequenter Dissidenz und Hilfe für Verfolgte bereit gewesen wäre.

Die Mitglieder des Widerstands kamen aus unterschiedlichen Lebenszusammenhängen und verstanden ihr Handeln im Horizont ihrer jeweiligen Erfahrungen und Prägungen. Diese Maßstäbe bestimmten die innere Geschichte des Widerstandes, die bisher nur ansatzweise erschlossen ist. Unbestritten ist, daß vielfach christliche Orientierungen für den Widerstand von Bürgerlichen und Militärs, der zum 20. Juli führte, wichtig waren. Für den Umschlag habe ich das Signet gewählt, mit dem Carlo Mierendorff das Ziel des Kreisauer Kreises kennzeichnete, und beziehe es auf alle Christen, die in den Kreis der Verschwörung getreten sind. Aber die Kirchen leisteten keinen politischen Widerstand. Welches Verständnis des Glaubens leitete sie, dissidente Gruppen innerhalb und außerhalb der Kirchen und im Widerstand aktive Personen? Welchen Stellenwert hatte der Glaube im Prozeß des Widerstehens? Diese Leitfragen der vorliegenden Untersuchung konzentrieren sich auf die evangelische Kirche und evangelische Christen.

Wenn nach evangelischem Verständnis die Kirche als Gemeinschaft der Gläubigen die communio sanctorum bildet, dann gehört das Verhältnis von kirchlichem Auftrag und Verantwortung der Christen zu den Grundfragen der Kirchengeschichte, wobei das Handeln einzelner Chri-sten wie das der Kirche nach ihrer Rechtmäßigkeit zu befragen ist. Die Unterscheidung des Christlichen von dem, was diese Bezeichnung nicht verdient, ist die fundamentale Aufgabe der Theologie, die durch die vorliegende Untersuchung gefördert werden soll.

Diese Aufgabe ist leichter gegenüber Institutionen und Gruppen als bei einzelnen Personen wahrzunehmen, zumal wenn diese nur gelegentlich ihre

Grundüberzeugungen zu erkennen geben. Daß die Träger des Widerstandes „Laien" waren, setzt der Interpretation ihrer Aussagen Grenzen. Ich habe sie deswegen möglichst ausführlich selber zu Wort kommen lassen. Ich hoffe, daß ihr Denken und Wollen angemessen zum Ausdruck kommt. Das bin ich auch den Familienangehörigen der Männer im Widerstand schuldig, die mir Zugang zu den Nachlässen in ihrem Besitz gewährten und für meine Fragen offen waren.

Die Arbeit an diesem Buch hat meine Lüneburger Lehrjahre begleitet, zunächst gefördert von der Volkswagenstiftung, dann unterstützt durch studentische Hilfskräfte, von denen ich als letzte Dennis Kebernik nenne, zuweilen halfen Schreibkräfte, zuletzt Frau Barbara Mundinus. Mit stetem Interesse haben meine Lüneburger Kollegen Peter Höffken und Norbert Clemens Baumgart meine Arbeit begleitet. Ohne die Computer-Fähigkeiten von Norbert Baumgart hätte das Buch nicht seine gegenwärtige Form gefunden. Neben den benutzten Archiven habe ich vielen Kollegen für Hinweise zu danken. Zu Dank verpflichtet bin ich den Personen und Institutionen, die durch Beihilfen den Druck der Arbeit ermöglicht haben, Herrn Ehrensenator Wilhelm Westermann, der Universitätsgesellschaft Lüneburg, der Vereinigten Evangelisch-Lutherischen Kirche Deutschlands und der Stiftung 20. Juli 1944. Zu danken habe ich Herrn Dr. Michael J. Rainer vom LIT-Verlag, der lange auf das Manuskript warten mußte.

Ohne meine Frau und ihre Verbindung zum Widerstand hätte ich das Thema dieser Arbeit nicht gewählt; sie hat durch intensive Gespräche, aber auch durch Schonung und stetige Ermunterung entscheidend meine Arbeit unterstützt. Ihr sei das Buch gewidmet.

Lüneburg, den 2.9.2006   Gerhard Ringshausen

Zur 2. Auflage

Dank der durchweg positiven Rezensionen kann innerhalb Jahresfrist eine 2., erweiterte Auflage erscheinen. Dafür wurden einzelne Fehler korrigiert, vor allem aber konnten wichtige Ergänzungen eingefügt sowie die Bilder der portraitierten Personen vorangestellt und das vielfach gewünschte Namensverzeichnis beigegeben werden.

Lüneburg, im Dezember 2007   Gerhard Ringshausen

Inhaltsverzeichnis

	Seite
Bilder	XI

Kapitel I
Glaube und Widerstand
Zur Erforschung ihres Zusammenhangs 1
   1. Schwerpunkte der Forschung 2
   2. Aufgaben und Ziele 19

Kapitel II
Evangelische Kirche und Widerstand 29
   1. Das Jahr 1933 und seine kirchlichen Voraussetzungen 30
   2. Reichsbekenntnissynoden und Kirchenausschüsse, 1934–1937 36
   3. Der Weg Paul Schneiders und der Prozeß gegen Martin Niemöller ... 55
   4. Auf dem Weg zur Endlösung der Kirchenfrage 61
   5. Evangelische Kirche und Widerstand 75
   6. Der Theologe und General Friedrich von Rabenau 87

Kapitel III
Dietrich Bonhoeffer und der politische Widerstand
4.2.1906 – 9.4.1945 95
   1. Gehorsam in der Nachfolge 96
   2. Widerstand der Kirche? 99
   3. Zur theologischen Begründung seiner Teilnahme am Widerstand 110

Kapitel IV
Hans Bernd von Haeften
18.12.1905 – 15.8.1944 127
   1. Elternhaus und Jugend 127
   2. Ablehnung des Regimes und Engagement im Kirchenkampf 132
   3. Neue Orientierungen in Wien 137
   4. In Bukarest 140
   5. Politisches und theologisches Denken 151
   6. Im Widerstand 158
   7. Der Weg zum 20. Juli und zum Tod 167

Kapitel V
Ernst von Harnack
15.7.1888 – 5.3.1945 175
   1. Jahre des Werdens und Wirkens 175
   2. Widerstehen und Kampf um die Kirche 179
   3. Widerstand und Tod 182

Kapitel VI
Ewald von Kleist-Schmenzin
22.3.1890 – 9.4.1945 187
   1. Vom Kaiserreich zum Dritten Reich 187
   2. Religiöse und politische Überzeugungen 198
   3. Widerstand 212
   4. Nach dem 20. Juli 1944 223

Kapitel VII
Carl Goerdeler
31.7.1884 – 2.2.1945 231
   1. Prägungen im Elternhaus 232
   2. Als Oberbürgermeister von der Zusammenarbeit zur Opposition 236
   3. Goerdelers Einstellung zu Religion, Kirche und Juden 240
   4. Grundlagen der Neuordnung 256
   5. Unter dem Eindruck des Mißerfolges 259

Kapitel VIII
Drei Brüder:
Heinrich, Hermann und Ludwig Kaiser
12.6.1883 – 29.6.1946
31.5.1885 – 23.1.1945
23.3.1889 – 28.9.1978 267
   1. Das Elternhaus 268
   2. Weltkrieg und Weimarer Republik 269
   3. Ende der Republik und Anfangsjahre des Dritten Reiches ... 273
   4. Hermann Kaisers Einbindung in den Widerstand 280
   5. Die drei Brüder im Widerstand 286
   6. Attentatsversuche und Haft, Tod und Leben 302

Kapitel IX
Theodor Haubach
15.9.1896 – 23.1.1945 307
   1. Die Zeit des Werdens 307
   2. Politische Kämpfe für die Republik 313
   3. Rückzug 322
   4. Im Widerstand: Kreisauer Kreis 329
   6. Letzte Wandlungen 334

Kapitel X
Helmuth James von Moltke
11.3.1907 – 23.1.1945 339
   1. Die ersten dreißig Jahre 340
   2. Im Kreisauer Kreis 350
   3. Einstellung zum Attentat und Staatsstreich 380
   4. Gefangenschaft, Prozeß und Tod 386

Kapitel XI
Cäsar von Hofacker
11.3.1896 – 20.12.1944 401
   1. Die Zeit des Werdens 401
   2. Der Weg in die Wirtschaft 408
   3. Ende der Weimarer Republik und „Machtergreifung" der NSDAP ... 411
   4. Die Frage der Religion 415
   5. Die Anfangsjahre des Dritten Reichs 417
   6. Der Weltkrieg und der Weg in den Widerstand 424

Kapitel XII
Der Solf-Kreis und die Tee-Gesellschaft 441
   1. Der Solf-Kreis 443
   2. Der Thadden-Kreis oder die Tee-Gesellschaft 453
   3. Die Beziehungen des Solf-Kreises zum politischen Widerstand 459
   4. Der Gestapo-Spitzel bei der Geburtstagsfeier 462
   5. Verfolgung der Tee-Gesellschaft 469
   6. Auswirkungen des 20. Juli 1944 475

Kapitel XIII
Glauben und Widerstehen 483
   1. Das Verhältnis zur BK 484
   2. Verantwortung und Glauben 499
   3. Entscheidungen 510

Personenregister 523

Der Autor 541

Abbildungsnachweis: Dr. Peter Kaiser (2), Gedenkstätte Deutscher Widerstand

XI

Dietrich Bonhoeffer
vgl. S. 95 ff

Hans Bernd von Haeften
vgl. S. 127 ff

Ernst von Harnack
vgl. S. 175 ff

Ewald von Kleist-Schenzin
vgl. S. 187 ff

XIII

Carl Goerdeler
vgl. S. 231 ff

Hermann Kaiser
vgl. S. 267 ff

XIV

Ludwig Kaiser
vgl. S. 267 ff

Heinrich Kaiser
(mit Sohn Peter)
vgl. S. 267 ff

Theodor Haubach
vgl. S. 307 ff

Helmuth James von Moltke
vgl. S. 339 ff

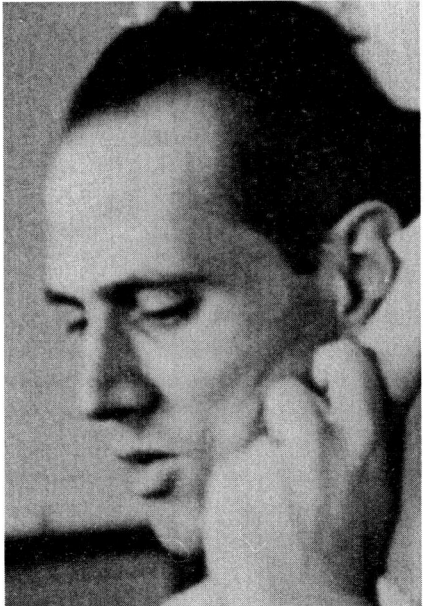

Cäsar von Hofacker
vgl. S. 401 ff

Elisabeth von Thadden
vgl. S. 441 ff

Kapitel I

Glaube und Widerstand
Zur Erforschung ihres Zusammenhangs

„Wie bereits mit Bericht vom 30.7. kurz festgestellt worden war, liefen von der Verschwörerclique aus verschiedenartige Beziehungen zu den Konfessionen. Eine Reihe von Personen, die mit dem Anschlag vom 20. Juli 1944 in engster Verbindung steht, war persönlich konfessionell gebunden. [...] Eine große Anzahl der Angeklagten hat vorgebracht, daß die Behandlung der Kirchenfrage im nationalsozialistischen Staat ihre Stellung zum Nationalsozialismus erheblich beeinflußt hat."[1] Diesen Bericht von SS-Obersturmbannführer Walter von Kielpinski sandte am 7. August 1944 der Chef der Sicherheitspolizei und des Sicherheitsdienstes (SD), SS-Obergruppenführer Ernst Kaltenbrunner, dem Leiter der NSDAP-Parteikanzlei, Martin Bormann, zur Weiterleitung an Hitler. Bereits die ersten Ansätze einer Analyse der Vorgänge des Attentats vom 20. Juli betonten den Zusammenhang von Glaube und Widerstand. Als Ergebnis einzelner Vernehmungen[2] und in zusammenfassenden Auswertungen[3] wurde immer wieder herausgestellt, daß die kirchliche Bindung der ‚Verschwörer' „für ihre Stellung zum Nationalsozialismus als Weltanschauung vielfach bestimmend"[4] war und „die Einstellung zur Rassenfrage stark beeinflußt"[5] hat. „In einer Fülle von Vernehmungen erscheint immer wieder als Argument, daß man die Kirchenpolitik des Nationalsozialismus nicht habe billigen können", wobei auch Personen die Kritik teilten, „bei denen die Beziehung zum Christentum und zur Kirche überhaupt nicht

---

[1] Hans-Adolf Jacobsen (Hg.), „Spiegelbild einer Verschwörung." Die Opposition gegen Hitler und der Staatsstreich vom 20. Juli 1944 in der SD-Berichterstattung, Stuttgart 1984, S. 167f.; vgl. S. 101 (weiterhin zit. als KB).

[2] Vgl. KB, S. 101 (Goerdeler), 110 (Yorck), 257, 512 (Lehndorf), 260, 458, 513 (H. Kaiser), 299f. (Kreisauer Kreis), 312 (Scholz-Babisch: „überzeugter Christ und Mitglied der Bekenntnisfront"), 313 (zur Nieden), 320ff. (Leonrod – Wehrle), 379 (Tresckow), 381 (Steltzer), 387f. (Lukaschek), 433 (Dietze) u.a.

[3] Vgl. KB, S. 233f., 304, 434–439, 508ff.; vgl. auch die „Stellung der Verschwörer zum Nationalsozialismus und zur NSDAP", aaO., S. 447–457.

[4] KB, S. 304.

[5] KB, S. 450.

mehr vorhanden oder doch sehr oberflächlich war."⁶ Entsprechend dieser Kritik sollte „das Christentum die sittliche Grundlage des Staates abgeben"⁷, wobei die Christlichkeit des nicht-nationalsozialistischen Staates Anlaß zu Auseinandersetzungen gegeben hätte.

Der Hinweis auf christliche Einstellung und kirchliche Bindung sollte die „innere Fremdheit" gegenüber der nationalsozialistischen Ideologie und Politik belegen. Mit dieser weltanschaulichen Distanzierung und Delegitimierung handelten Kielpinski und Kaltenbrunner gemäß dem Selbstverständnis des SD als eines „Gralshüters der Weltanschauung"⁸ und lieferten Bormann Material für seine Feindschaft gegen Christentum und Kirchen. Die Berichte verstehen diese als Elemente einer vergangenen Welt, so daß sich die ‚Endlösung der Kirchenfrage' als Konsequenz andeutet, obwohl die Kontakte zu den Bischöfen nicht weiter untersucht wurden.

1. Schwerpunkte der Forschung⁹

Die Umkehrung der Argumentation der Verfolger bestimmte nach 1945 die ethisch-religiöse Deutung des Widerstandes, um gegenüber den westlichen Alliierten und der westdeutschen Bevölkerung das „Andere Deutschland" zu legitimieren. In den Anfangsjahren der Bundesrepublik lehnten viele die „Verräter" des 20. Juli ab,¹⁰ während die Kirchen in hohem Ansehen standen. Ihre Standhaftigkeit im ‚apokalyptischen Wetterleuchten' betonten

---

[6] KB, S. 436.

[7] KB, S. 434.

[8] Klaus-Michael Mallmann, Die unübersichtliche Konfrontation. Geheime Staatspolizei, Sicherheitsdienst und Kirchen, in: Gerhard Besier (Hg.), Zwischen „nationaler Revolution" und militärischer Aggression, München 2001, S. 132. Vgl. Jens Banach, Heydrichs Elite. Das Führerkorps der Sicherheitspolizei und des SD 1936–1945, Paderborn 1998, S. 87ff., 141ff.

[9] Vgl. zur Forschungsgeschichte Gerhard Ringshausen, Die Deutung des NS-Staates und des Widerstandes als Thema der Zeitgeschichte, in: Besier, Revolution, S. 1–42; zur Diskussion seit 1994 auch Rolf-Ulrich Krause, Entwicklungen in der Widerstandsforschung seit 1994, in: Klaus Eisele/Rolf-Ulrich Kunze (Hg.), Mitverschwörer – Mitgestalter. Der 20. Juli im deutschen Südwesten, Konstanz 2004, S. 7–21.

[10] Vgl. Norbert Frei, Erinnerungskampf. Zur Legitimationsproblematik des 20. Juli 1944 im Nachkriegsdeutschland, in: Christian Jansen u.a. (Hg.), Von der Aufgabe der Freiheit. Festschrift für Hans Mommsen, Berlin 1995, S. 493–504; Gerd R. Ueberschär (Hg.), Der 20. Juli 1944. Bewertung und Rezeption des deutschen Widerstandes gegen das NS-Regime, Köln 1994; überarbeitete Neuausgabe: Der 20. Juli. Das ‚andere Deutschland' in der Vergangenheitspolitik, Berlin 1998.

erste Darstellungen des Kirchenkampfes.[11] An „die Märtyrer der Freiheit" im apokalyptischen Kampf gegen den Antichrist wollte Ricarda Huch erinnern, als sie bis zu ihrem Tod 1947 an einem Gedenkbuch für die Ermordeten des Widerstandes arbeitete.[12] Sie verstand den „Kampf gegen Hitler" als „eine religiöse Bewegung"[13], während Rudolf Pechel 1947 das Ethos betonte, weil „die hohen Menschheitsziele unverrückbar das Streben der maßgeblichen Widerstandskreise"[14] bestimmten.

Die christliche Begründung des Widerstandes und seinen Zusammenhang mit dem Kirchenkampf hob 1946 Fabian von Schlabrendorff hervor. Danach gab Martin Niemöller als Führer der Bekennenden Kirche (BK) „einem großen Teil der deutschen Widerstandsbewegung die weltanschauliche Grundlage"[15]. Entsprechend war General Friedrich Olbricht „als tief religiöser Mensch ein überzeugter Gegner des Nationalsozialismus", während die Mitglieder des Kreisauer Kreises „tief im Christentum verwurzelt waren".[16] Diese Hinweise gipfeln in den Abschiedsworten Tresckows vom 21. Juli 1944 und werden unterstrichen durch die mitgeteilten Abschiedsbriefe, besonders von Heinrich Graf von Lehndorff.[17]

Als eindrückliche Zeugnisse erschienen 1954 „Abschiedsbriefe und Aufzeichnungen des Widerstandes"; der Titel „Du hast mich heimgesucht bei Nacht" betonte den religiösen Zusammenhang, obwohl das Vorwort

---

[11] Vgl. Heinrich Schmidt, Apokalyptisches Wetterleuchten. Ein Beitrag der evangelischen Kirche zum Kampf im Dritten Reich, München 1947; Walter Künneth, Der große Abfall. Eine geschichtstheologische Untersuchung der Begegnung zwischen Nationalsozialismus und Christentum, Hamburg 1947; Wilhelm Niemöller, Kampf und Zeugnis der Bekennenden Kirche, Bielefeld 1948; Johannes Neuhäusler, Kreuz und Hakenkreuz. Der Kampf des Nationalsozialismus gegen die katholische Kirche und der kirchliche Widerstand, München 1946; Ferdinand Strobel, Christliche Bewährung. Dokumente des Widerstands der katholischen Kirche in Deutschland 1933–1945, Olten 1946.

[12] Ricarda Huch, In einem Gedenkbuch zu sammeln ... Bilder deutscher Widerstandskämpfer, hg. von Wolfgang Matthias Schwiedrzik, Leipzig 1998, S. 77.

[13] AaO., S. 32.

[14] Rudolf Pechel, Deutscher Widerstand, Erlenbach-Zürich 1947, S. 36.

[15] Fabian von Schlabrendorff, Offiziere gegen Hitler, hg. von Gero von Schulze-Gaevernitz (Zürich 1946), neue, durchgesehene und erweiterte Ausgabe hg. von Walter Bußmann, Berlin 1984, S. 25. Vgl. bereits das Memorandum von Mitgliedern des Kreisauer Kreises, Ende April 1942: Die für eine Regierung im Sinne des zivilisierten Europas eintretenden Kräfte „are inspired by the ideas and the circles of the Christian opposition which has crystallized in years of struggle against national socialism." Ger van Roon, Neuordnung im Widerstand, München 1967, S. 573.

[16] AaO., S. 61, 90.

[17] Vgl. aaO., S. 129, 135f.

auf die Vielfalt der Stimmen hinwies: „Der fromme Protestant und Katholik steht neben dem philosophischen Zweifler und dem menschheitsgläubigen Kommunisten"[18]. Durch das „Fehlen des im engeren Sinne Politischen" schien „der Sinn des Widerstandes [...] in Reinheit ausgesprochen."[19] Zurückhaltender formulierte am 10. Jahrestag des Umsturzversuches Bundespräsident Theodor Heuss, daß im „Kreise des 20. Juli das elementar Sittliche die Bindung, hier stärker, dort schwächer wesenhaft religiös getönt,"[20] war. „Das Gewissen steht auf" nannte Annedore Leber 1954 eine Sammlung von Lebensbildern aus dem deutschen Widerstand; die ethische Deutung ermöglichte eine große Spannweite unter Einschluß von Kommunisten.[21] Gerade diese ersten Opfer des Regimes gerieten bei der religiösen, im allgemeinen Sinne christlichen Deutung des Widerstandes meist aus dem Blick, während ihnen in der DDR eine eigene Gedenkkultur mit „religiösen" Elementen galt.

Beide Kirchen taten sich allerdings schwer, theologisch ein Recht auf Widerstand und den Tyrannenmord zu begründen.[22] Deshalb nutzte Fritz Bauer als Leiter der Staatsanwaltschaft den Braunschweiger Remer-Prozeß 1953 durch Heranziehung namhafter Gutachter zur Verurteilung des NS-Regimes und zur Begründung eines politisch-moralisch gerechtfertigten Widerstandsbildes.[23] Auch der Bundespräsident sah sich „von sehr verschiedenen Seiten" aufgefordert, in Aufnahme der Erklärung der Regierung vom Oktober 1951 „zu der Sache der Diffamierung von Angehörigen der aktiven Widerstandsgruppen etwas zu sagen"[24], was zu seiner Rede am 10. Jahrestag des 20. Juli 1944 im Rahmen der seit 1952 stattfindenden Gedenkveranstaltungen im Berliner Bendlerblock führte.

Die ethisch-religiöse Deutung des Widerstandes wurde in den fünfziger Jahren durch die Veröffentlichungen von Gerhard Ritter, Hans Rothfels

---

[18] Helmut Gollwitzer/Käthe Kuhn/Reinhold Schneider (Hg.), Du hast mich heimgesucht bei Nacht. Abschiedsbriefe und Aufzeichnungen des Widerstandes 1933 bis 1945, München 1954, S. 11.

[19] AaO., S. 14.

[20] Theodor Heuss, Bekenntnis und Dank (1954), in: Gedanken zum 20. Juli 1944, hg. von der Forschungsgemeinschaft 20. Juli e. V., Mainz 1984, S. 34.

[21] Annedore Leber (Hg.), Das Gewissen steht auf. 64 Lebensbilder aus dem deutschen Widerstand 1933–1945, Frankfurt/M. 1954; vgl. dies. (Hg.), Das Gewissen entscheidet, Frankfurt/M. 1957.

[22] Vgl. Gerhard Ringshausen, Der 20. Juli 1944 als Problem des Widerstandes gegen die Obrigkeit. Die Diskussion in der evangelischen und katholischen Kirche nach 1945, in: Ueberschär, Der 20. Juli, S. 238–253.

[23] Vgl. Herbert Kraus (Hg.), Die im Braunschweiger Remerprozeß erstatteten moraltheologischen und historischen Gutachten, Hamburg 1954.

[24] Theodor Heuss an Konrad Adenauer, 14.7.1952, zit. Frei, Erinnerungskampf, S. 495.

und Fabian von Schlabrendorff entfaltet.[25] Dabei diente eine entsprechende Interpretation des Dritten Reichs als Folie: „Die Verführungskraft des Nationalsozialismus war deshalb so groß, weil seine Predigt auf eine Selbstvergötterung der Nation und eine ideologische Verklärung natürlicher Vitalität hinauslief. Dieser Pseudoreligion war letztlich nur eine echte Religion geistig gewachsen, oder doch eine sittlich-politische Überzeugung, die in der Überlieferung echter Religion wurzelte."[26] Wie Ritter das „nihilistische Verdämmern echter Ideale zur bloßen Ideologie"[27] als Voraussetzung für Hitlers Aufstieg betrachtete, sah Schlabrendorff den „Hauptgrund dafür, daß Hitler an die Macht gekommen ist und jeden Widerstand in Deutschland schon zu einer Zeit zu ersticken im Begriff war, als das Instrument der Gestapo [...] noch im Entwicklungsstadium war, [...] in dem geistigen Nihilismus, der im Gefolge des technischen Aufschwungs der letzten 100 Jahre entstanden war und, wie eine Wucherpflanze sich ausbreitend, alles andere erdrückt hatte."[28] Wegen dieser Säkularisation bedeutete „[d]er Totalitätsanspruch des Nationalsozialismus [...] nichts anderes als den Versuch Hitlers, sich selbst zum Herrn über Gott, das Vaterland und die Menschlichkeit zu machen."[29]

Auch Rothfels urteilte: „In mancher Hinsicht kann der Nationalsozialismus als eine letzte Gipfelung und Übersteigerung der Säkularisationsbewegung des 19. Jahrhunderts betrachtet werden."[30] Demgegenüber hat das Dritte Reich „im Widerstand eine Krise des Nationalstaats zur Evidenz gebracht, nicht nur eine äußere, sondern eine innere Krise der Loyalität, bei der die Rangordnung der Werte sich zurechtrückte und ethisch-religiöse Postulate an Stelle politisch-säkularisierter wieder an die oberste Stelle traten."[31]

---

[25] Vgl. Gerhard Ritter, Carl Goerdeler und die deutsche Widerstandsbewegung, Stuttgart 1954; Hans Rothfels, Die deutsche Opposition gegen Hitler. Eine Würdigung (Fischer-TB 198), Frankfurt/M. 1958, erweiterte Neuausgabe 1969 mit einer Einführung von Friedrich Frhr. Hiller von Gaertringen, Zürich 1994 (Amerikanische Erstausgabe: The German Opposition to Hitler, Hinsdale, Ill. 1948; deutsch: Krefeld 1949); Fabian von Schlabrendorff, Offiziere gegen Hitler (Fischer-TB 305), Frankfurt/M. 1959.
[26] Ritter, Goerdeler, 2. Aufl. Stuttgart 1955, S. 12.
[27] AaO., S. 94. Vgl. zur Säkularisation Ringshausen, NS-Staat, S. 5ff.
[28] Schlabrendorff, Offiziere (1959), S. 13.
[29] AaO., S. 17.
[30] Rothfels, Opposition (1958), S. 47; vgl. S. 76: Das „Offizierkorps war genauso wie die Mitglieder anderer Gruppen von dem materialistischen Geist verseucht, der sich seit dem späten 19. Jahrhunderts ausgebreitet hatte."
[31] AaO., S. 11.

Ritter setzte deshalb diesen Widerstand scharf ab von der „kommunistischen Opposition", womit auch der Zusammenhang von Kaltem Krieg und ethisch-religiöser Deutung des Widerstandes sichtbar wird. „Was die kommunistische Untergrundbewegung zusammenhielt und durch viele Jahre hindurch die unerhörtesten Blutopfer bringen ließ, war ein verbissener, fanatischer Glaube an [...] ihre kommunistische ‚Weltanschauung'. Man kann sie als eine Art Ersatzreligion betrachten", die aber, „im Gegensatz zur echten Religion, den menschlichen Egoismus, den irdischen Geltungsdrang, den kämpferischen Machtwillen nicht zähmt durch Unterwerfung unter einen göttlichen Willen, unter ein absolutes Sittengebot, sondern aufs äußerste steigert"[32]. „Aus ganz anderer Tiefe echter Glaubensüberzeugung"[33] entsprang dagegen die kirchliche Opposition; da sie „so weit entfernt blieb von allem Mitschwingen weltlicher Motive", gelang es ihr, „kühner und freier zu reden, getroster ins Martyrium zu gehen als an irgendeinem anderen Abschnitt der Widerstandsfront", obwohl die evangelische Seite erst durch eine „grundsätzliche Neubesinnung auf die Grenzen der weltlichen Staatsgewalt" den Weg in den politischen Widerstand gehen konnte.

Die ethisch-religiöse Deutung neigte durch ihr Bild des NS-Regimes und die Absetzung vom kommunistischen Widerstand zur Einebnung der Differenzen von kirchlichem und politischem Widerstand. Die Hauptfigur seines Buches, Carl Goerdeler, konnte Ritter nicht mit diesem religiösen Maßstab erfassen. Obwohl sein Widerstand „aus der Tiefe sittlich-religiöser Überzeugung"[34] entsprungen sei, wäre sein Glauben nur „religiös gesteigerte Ethik, Ethik edelster Art"[35]. Seine „Kraft des Widerstandes" gründete statt in der „echten Religion" in der „Echtheit, Klarheit und Tiefe des Freiheitsglaubens"[36]. „Außerhalb der Kirchen war dieser Freiheitsglaube nicht rein moralisch-religiöser Natur, sondern mitgespeist durch weltlich-politische Motive der verschiedensten Art und Herkunft. Will man die Oppositionsgruppen des deutschen Bürgertums, die sich in den verschiedensten Parteilagern bildeten, auf einen Nenner bringen, so läßt sich vielleicht eines sagen: daß ihre Mitglieder alle, in geschichtlicher Bildung erzogen, das Bewußtsein einer sittlichen Verpflichtung gegenüber der deutschen Vergangenheit in sich trugen."

---

[32] Ritter, Goerdeler, S. 106. Vgl. dagegen Günther Weisenborn, Der lautlose Aufstand. Bericht über die Widerstandsbewegung des deutschen Volkes 1933-1945, Hamburg 1952, 4. Aufl. Frankfurt/M. 1974.
[33] Ritter, Goerdeler, S. 111.
[34] AaO., S. 142.
[35] AaO., S. 435.
[36] AaO., S. 118.

Solche Differenzierungen lagen Schlabrendorff fern, als er 1959 der Neuausgabe von „Offiziere gegen Hitler" das deutende Kapitel „Deo – Patriae – Humanitati" voranstellte: „Es ist kein Zweifel, daß die Widerstandsbewegung innerhalb Deutschlands eine Mission hatte, durch die der Kampf gegen Hitler zu einem Kreuzzug wurde. Es ging darum, die Gebote der Menschlichkeit wieder herzustellen. Es ging auch darum, den wahren Begriff des Vaterlandes, der auf der Achtung vor dem Leben anderer Nationen beruht, von dem Irrtum des Rassenwahns zu befreien. Es galt, die Ehrfurcht vor Gott wieder zur Grundlage des Lebens zu machen."[37] Bildete der Nationalsozialismus den Tiefpunkt einer Entwicklung, mußte sich der Widerstand „eine gemeinsame geistige Grundlage und eine einheitliche Metapolitik"[38] erarbeiten. „In der Anerkennung der christlichen Grundwahrheiten des Lebens"[39] trafen sich die Mitglieder des Widerstandes. „Alte Sozialdemokraten, Zentrumsleute, Liberale und Konservative, Zivilisten und Soldaten, Katholiken und Protestanten fanden sich auf der alten Grundlage des Abendlandes erneut zusammen."[40] Mit der an den Kreisauer Kreis erinnernden Aussage sollte zugleich der Kern des Widerstands aus Bürgern und Militärs gekennzeichnet werden.

Hans Rothfels ging es bei seiner Darstellung „um den Versuch des Einordnens in bestimmte Sach- und Wertzusammenhänge, wobei freilich eine nach Möglichkeit gesicherte Grundlage des Tatsächlichen unentbehrliche Voraussetzung sein mußte."[41] Er wollte „zum Prinzipiellen vorstoßen, zu den Kräften moralischer Selbstbehauptung, die über die Erwägungen des bloß politisch Notwendigen hinausgehen."[42] Aber die prinzipielle Orientierung hinderte ihn nicht, den Widerstand durch die Beschreibung einzelner Verhaltensweisen zu differenzieren. Unabhängig von seiner Geschichte entwickelte er sich „durch verschiedene Stufen der Nicht-Gleichschaltung und Nicht-Übereinstimmung hindurch: von der Feindseligkeit, die hinter Gefängnismauern und Stacheldraht erstickt wurde, und dem Schweigen einer potentiellen Opposition, vom humanitären Protest und der geheimen Hilfe, die Opfern der Verfolgung gewährt wurde, zur Sabotage durch die Illegalen, zu ihrer Untergrundtätigkeit, zum geistig-religiösen Angriff auf die Grundgedanken aller totalitären Systeme, zu aktivem Planen und politischem Widerstand."[43]

---

[37] Schlabrendorff, Offiziere (1959), S. 17.
[38] AaO., S. 14.
[39] AaO., S. 15.
[40] AaO., S. 15.
[41] Rothfels, Vorwort zur Neuausgabe, in: ders., Opposition (1958), S. 7.
[42] AaO., S. 15f.
[43] AaO., S. 168, vgl. S. 31ff.

Rothfels teilte zwar „das allgemeine Bild eines geistlichen Widerstandes"[44] der Kirchen, meinte aber, daß „einige Einzelfragen der kritischen Erörterung" bedürften. Neben der Frage nach dem Umfang der evangelischen Opposition und ihrer Orientierung an „einer unverdünnten Glaubenslehre und einer pessimistischen Auffassung von den sogenannten natürlichen oder den ‚dämonischen' Kräften in der Welt"[45] benannte er das Problem, „ob nicht die energische Hinwendung zu religiöser Opposition nur eine andere Form des ‚Ausweichens' war und die politische Opposition geradezu verzögern half." Aber Rothfels fragte, „ob die Kirchen nicht dadurch, daß sie innerhalb ihres eigensten Bereichs sich zur Wehr setzten, die Kräfte des aktiven Widerstands mit einem härteren Kern und einer schärferen Schneide versahen, als irgendeine äußere Revolte es hätte tun können."[46]

Trotz dieser Überlegungen kommt die BK nur in Einzelfällen wie bei Bonhoeffer und dem Freiburger Kreis in den Blick; irrtümlich rechnete Rothfels Harald Poelchau und Eugen Gerstenmaier zu ihren Mitgliedern.[47] Sonst wird Religion ohne weitere Differenzierung erwähnt. So war Beck „tief verwurzelt im christlichen Glauben"[48], und Männer wie Ewald von Kleist-Schmenzin folgten „den echten Geboten konservativer Gesinnung und christlicher Frömmigkeit"[49]. Bei den katholischen Gewerkschaftlern war „der religiöse Charakter der Opposition [...] naturgemäß am stärksten"[50], aber besonders verband das „religiöse Element"[51] Sozialisten und schlesischen Adel im Kreisauer Kreis, wobei jedoch „die gemeinsamen christlichen Überzeugungen ein starkes Bindeglied gerade mit Goerdeler bildeten"[52].

Daß der Gegensatz zwischen Nationalsozialismus und Christentum „ein Kernstück in den Überzeugungen der Kreisauer"[53] war, entsprach der ethisch-religiösen Deutung des gesamten bürgerlich-militärischen Widerstandes. Dabei verwies man auf den Kampf der BK, aber nur in wenigen Fällen ergab sich eine nähere Beziehung, während auf religiöse Einstellungen allgemein verwiesen wurde. Fruchtbar sollte sich aber der Vorschlag

---

[44] AaO., S. 46.
[45] AaO., S. 47.
[46] AaO., S. 48.
[47] Vgl. aaO., S. 122.
[48] AaO., S. 78.
[49] AaO., S. 98.
[50] AaO., S. 102.
[51] AaO., S. 121.
[52] AaO., S. 131.
[53] AaO., S. 125.

von Stufen des Widerstandes erweisen. Galt das Interesse von Rothfels der breiten Verankerung der Opposition, so betonte Eberhard Bethge 1963 die Entwicklung in fünf „Stufen des Widerstandes" vom „einfachen passiven Widerstand" über den offen ideologischen der „Kirchen bzw. Männer wie Graf Galen, Niemöller und Wurm" zur Mitwisserschaft an Umsturzvorbereitungen und über „die aktive Vorbereitung für das Danach" zur Teilnahme an der Konspiration[54]. Eine Reduktion auf vier Stufen haben katholische Forscher vorgeschlagen: die punktuelle Unzufriedenheit mit bestimmten Elementen des Regimes kann sich bei einzelnen und Gruppen ausweiten zur gesellschaftlichen Selbstbewahrung und Verweigerung, die als öffentlicher Protest zur aktiven Herausforderung des Regimes wird, während der aktive Widerstand den politischen Umsturz intendiert.[55] Läßt sich mit diesem Modell die Haltung der katholischen Kirche und Gruppen in den Widerstand einordnen, so lehnte Ernst Wolf für den Weg der BK zum „Widerstand wider Willen" eine teleologische Orientierung ab und unterschied vier „Schichten": die Sicherung des kirchlichen Bestandes, das für die BK entscheidende Ringen um die Freiheit des Evangeliums, den „über den Raum der Kirche hinausgreifenden" Kampf für das Menschsein des Menschen und auch für die Rechtstaatlichkeit, Grenzsituationen des Konfliktes wie Eidesverweigerung und Tyrannenmord.[56] Ohne Hierarchie unterschied Richard Löwenthal 1981 „drei Grundformen des antitotalitären Widerstandes": die „offen politische Opposition", die „gesellschaftliche Verweigerung" und die „weltanschauliche Dissidenz"[57]. Für den politischen und kirchlichen Widerstand führten diese Modelle bereits zu einem neuen Paradigma.

Entsprechend den tiefgreifenden Veränderungen in den 60er Jahren wurde das Bild des NS-Regimes, des Kirchenkampfes und des Widerstandes einer grundlegenden Revision unterzogen. Der Klimawechsel kündigte

---

[54] Eberhard Bethge, Adam von Trott und der Deutsche Widerstand, in: VZG 11, 1963, S. 213-223, hier 221f.; aufgenommen in ders., Dietrich Bonhoeffer. Theologe – Christ – Zeitgenosse, 6. Aufl. München 1986, S. 890.

[55] Vgl. Klaus Gotto/Hans Günter Hockerts/Konrad Repgen, Nationalsozialistische Herausforderung und kirchliche Antwort, in: Klaus Gotto/Konrad Repgen (Hg.), Kirche, Katholiken und Nationalsozialismus, 3. Aufl. Mainz 1990, S. 173–176; Konrad Repgen, Katholizismus und Nationalsozialismus, Köln 1983, S. 10f.

[56] Vgl. Ernst Wolf, Kirche im Widerstand?, München 1965, S. 16ff.; ders., Zum Verhältnis der politischen und moralischen Motive in der deutschen Widerstandsbewegung, in: Walter Schmitthenner/Hans Buchheim (Hg.), Der deutsche Widerstand gegen Hitler. Vier historisch-kritische Studien, Köln-Berlin 1966, S. 230f.

[57] Richard Löwenthal, Widerstand im totalen Staat, in: ders./Patrik von zur Mühlen (Hg.), Widerstand und Verweigerung in Deutschland 1933–1945, Bonn 1984, S. 14ff.

sich Anfang des Jahrzehnts an, wie Fritz Fischers „Griff nach der Weltmacht" (1961) und die anschließende Diskussion besonders im Blick auf Gerhard Ritter oder die Kritik an der Rolle der katholischen Kirche im Dritten Reich durch Ernst-Wolfgang Böckenförde (1961) und in Rolf Hochhuths „Stellvertreter" (1963) belegen. Während dieser Kritik entsprechende Darstellungen, aber auch die Gründung der „Kommission für Zeitgeschichte bei der Katholischen Akademie in Bayern" unter Leitung von Konrad Repgen folgten, hatte die Evangelische Kirche in Deutschland bereits 1955 eine „Kommission für die Geschichte des Kirchenkampfes" gebildet.[58] Die von ihr herausgegebenen Editionen und Monographien erschlossen zwar vielfältige Aspekte besonders der Geschichte der BK; vor allem gegen die Darstellungen von Wilhelm Niemöller erhob aber 1958 Friedrich Baumgärtel den Vorwurf der „Kirchenkampflegenden". Daß die evangelische Kirche 1933 zumeist das neue Regime begrüßt hatte und nur ein Teil zu einem kirchlichen, aber nicht politischen Widerstand vorgestoßen war, der seine Höhe- und Tiefpunkte hatte, bedurfte der genaueren Darstellung.

Neuere Interpretationsansätze zum Dritten Reich und dem Widerstand wollten „Schuld- und Verantwortungsfragen zugunsten einer [...] realistischen Analyse hinter sich lassen"[59]. Indem strukturelle, soziologische und politologische Kriterien die Erforschung des NS-Staates und seiner Institutionen bestimmten, galt das Interesse nicht mehr den individuellen Entscheidungen, ihren ethischen und religiösen Begründungen und der daraus erwachsenen Verantwortung, sondern den Handlungen ermöglichenden und begrenzenden Faktoren und den sie legitimierenden Wertordnungen der Gesellschaft und einzelner Subsysteme.

Die neuen Forschungsinteressen entsprachen dem Übergang vom Erinnern der Zeitgenossen und Überlebenden zur Distanz der jüngeren Historiker. Während sich die Kritik an den „Vätern" wegen mangelnden Widerstandes verschärfte, drohte der Widerstand selbst sein moralisches Gewicht als das „Andere Deutschland" zu verlieren. Für den Zeithorizont charakteristisch unterschied Hans Mommsen 1966 die „antipluralistische und antiliberale Grundhaltung"[60] des Widerstandes von der heutigen

---

[58] Vgl. Jochen-Christoph Kaiser, Wissenschaftspolitik in der Kirche, in: Anselm Doering-Manteuffel/Kurt Nowak (Hg.), Kirchliche Zeitgeschichte (KuG 8), Stuttgart 1996, S. 125–163.

[59] Karl Dietrich Bracher, Tradition und Revolution im Nationalsozialismus, in: ders., Zeitgeschichtliche Kontroversen. Um Faschismus, Totalitarismus, Demokratie, München 1976, S. 62.

[60] Hans Mommsen, Gesellschaftsbild und Verfassungspläne des deutschen Widerstandes (1966), in: ders., Alternative zu Hitler, München 2000, S. 145. Zur Rezeption

„demokratisch verfaßten offenen Gesellschaft". Deshalb sei „die historische Dimension" aufzudecken, in die das „politische Denken des Widerstandes eingeordnet werden muß"[61]. Gegen Rothfels geht es um die „spezifische historisch-politische Substanz, die sich im radikalen sittlichen Protest gegen Rechtlosigkeit und Gewalt nicht erschöpft."[62] Die „sozial- und verfassungspolitischen Überlegungen des deutschen Widerstands [...] bezeugen, daß die tiefe Krisis der liberalen Demokratie, auf der der Sieg der Faschismen und des Nationalsozialismus beruhte, auch ihre Anhänger erfaßt hatte"[63], zumal ihnen „die Tradition der deutschen idealistischen Philosophie" ein „unmittelbares Verhältnis zur Politik erschwert hat"[64]. Eine „unverkennbare Spannung zur heutigen Demokratietheorie"[65] zeigte der „Widerstand ohne Volk", indem er „vom Modell des ‚deutschen Wegs' abstammende Vorstellungen"[66] vertrat und „in hohem Maße traditionale Elemente mit sozialutopischen Ideen"[67] verband.

Die Betonung des „Aufstandes des Gewissens" erschien bei diesem Zugriff als unpolitische Gesinnung und apologetische Sanktionierung der Bundesrepublik aus dem Kontrast von NS-Regime und Widerstand, während deren Zeitgenossenschaft ausgeblendet wurde. Allerdings hielt es Mommsen mit der älteren Forschung für „verfehlt, die Legitimation des Widerstands allein aus seinen an eine bestimmte historische Situation gebundenen gesellschafts- und verfassungspolitischen Vorstellungen zu messen. Der deutsche Widerstand kämpfte für die Würde und christliche Bestimmung des Menschen, für Gerechtigkeit und Anstand, für die Freiheit der Person vor politischer Gewalt und sozialem Zwang."[68]

---

des Ansatzes vgl. ders., Die Geschichte des deutschen Widerstands im Lichte der neueren Forschung, in: APuZ B 50, 1986, S. 3-18.
[61] Mommsen, Gesellschaftsbild, S. 54f.
[62] AaO., S. 53. Vgl. dagegen Rothfels, Opposition (1959), S. 15f.: „Keine Würdigung der deutschen Opposition gegen Hitler wird ihrer Aufgabe genügen, die sich nur innerhalb der begrenzten Sphäre politischer Betrachtungen und Möglichkeiten bewegt, die etwa nach den ‚Klassen'-Motiven der an der Verschwörung stark beteiligten ‚alten Eliten' fragt und so nach bestimmten Methoden sozialwissenschaftlicher, wenn nicht gar psychoanalytischer Untersuchungen verfahren zu sollen glaubt oder die in der Hauptsache die ‚nationalen' Ziele des Widerstands herausstellt, um schließlich ihren Beurteilungsmaßstab in der äußerlichen Ansicht von Erfolg oder Mißerfolg zu finden."
[63] Mommsen, Gesellschaftsbild, S. 76.
[64] AaO., S. 146.
[65] AaO., S. 55.
[66] AaO., S. 145.
[67] AaO., S. 61.
[68] AaO., S. 146.

Forschungsgeschichtlich sollte sich die historisch-politische Analyse durchsetzen, die bei Hermann Graml gleichzeitig den „außenpolitischen Vorstellungen des deutschen Widerstandes" besonders in der „Gruppe der konservativ-nationalen Honoratioren"[69] galt. So könnten Goerdelers Vorstellungen nicht „als dauerhafte und progressive Alternative zu Hitler"[70] gewertet werden, wobei „man die Grenzen zu den moralisch, geistig und politisch radikaleren Kreisauern nicht allzu scharf ziehen"[71] dürfe. Aber sie sind „für ein neues Deutschland in einem neuen Europa nicht ohne Hoffnung gewesen [...]. Daß ein solcher Geist während der Herrschaft Hitlers in Deutschland lebendig bleiben konnte, und daß schließlich eine Gruppe Patrioten auch in diesem Geiste der Herrschaft Hitlers ein Ende zu machen suchte, hat dem politischen Denken in Deutschland, trotz des Scheiterns der Aktion, einen Impuls gegeben, der nicht mehr verloren gehen darf."[72]

Trotz dieser Würdigung stellte sich die Frage, ob der Widerstand wirklich eine „Alternative zu Hitler"[73] war. Zumal sich das Handeln der alten Eliten im Kern dem Versuch der Wahrung ihrer Machtstellung verdankt hätte,[74] erhielten sie das Kennzeichen „national-konservativ".[75] Das besondere Interesse etwa der Arbeiten von Klaus-Jürgen Müller zu Generaloberst Ludwig Beck galt der Kooperation der traditionellen Eliten mit dem NS-Staat und dem Prozeß der Auflösung dieser „Entente". Die Bezeichnung „national-konservativer Widerstand" war zwar „als ein deskriptiver, nicht als wertender Begriff gedacht"[76], aber angesichts der vielfach akzep-

---

[69] Hermann Graml, Die außenpolitischen Vorstellungen des deutschen Widerstandes (1966), in ders. (Hg.), Widerstand im Dritten Reich (Fischer-TB 4319), Frankfurt/M. 1984, S. 95.
[70] AaO., S. 103.
[71] AaO., S. 136.
[72] AaO., S. 139.
[73] Vgl. Hans Jürgen Schultz (Hg.), Der zwanzigste Juli – Alternative zu Hitler?, Stuttgart 1974 – eine viel beachtete Sendereihe; Es gab nicht nur den 20. Juli ... Dokumente aus einer Sendereihe im Westdeutschen Fernsehen, Wuppertal 1979.
[74] Vgl. dazu die Kontroverse: Klaus-Jürgen Müller, Staat und Politik im Denken Ludwig Becks, in: HZ 215, 1972, S. 607-631; dagegen: Peter Hoffmann, Generaloberst Ludwig Becks militärpolitisches Denken, in: HZ 234, 1982, S. 101-121; Replique: Müller, Militärpolitik nicht Militäropposition, in: HZ 235, 1982, S. 355-371.
[75] Vgl. zusammenfassend Klaus-Jürgen Müller, Der nationalkonservative Widerstand 1933-1940, in: ders., Der deutsche Widerstand 1933-1945, 2. Aufl. Paderborn 1990, S. 40-59.
[76] Klaus-Jürgen Müller, Über den „militärischen Widerstand", in: Huberta Engel (Hg.), Deutscher Widerstand – Demokratie heute, Bonn-Berlin 1992, S. 118; vgl. ders., Die national-konservative Opposition vor dem Zweiten Weltkrieg: Zum Problem ihrer

tierten These vom ‚Ende des Nationalstaates' gewann die Aussage, daß „das Denken und Planen der betreffenden Persönlichkeiten den Rahmen des Nationalstaates, des ‚Reichs', nicht überschritten" hat, einen wertenden Charakter.

Die These der Kooperation von traditionellen Eliten und NS-Regime setzte die Relativierung von dessen totalitärem Charakter voraus. Statt der Totalitarismus-Theorie, welche die Aufgabe der Entscheidung zwischen individueller Freiheit und kollektiver Zwangsordnung betonte, griff die Forschung einerseits die Faschismusdiskussion wieder auf und entwickelte andererseits eine polykratische Deutung des Regimes, welche ältere Beobachtungen über die Diskrepanz von Herrschaftsanspruch und chaotischen Kompetenzstrukturen radikalisierte. Während die ideologische und totalitäre Dimension des NS-Staates zum bloß verschleiernden „Führermythos"[77] zu werden drohte, standen die Gruppierungen des 20. Juli in der Gefahr, ihre religiösen und moralischen Voraussetzungen zu verlieren. Zudem führte die Faschismustheorie im Zusammenhang mit der Marxismus-Renaissance zur Rezeption der DDR-Forschung und zur – allerdings wiederum leicht moralisch überhöhenden – Betonung des Arbeiterwiderstandes, besonders auf lokaler und regionaler Ebene.

Einen besonderen Akzent erhielt die sozialgeschichtliche Distanzierung, als die Widerstandsforschung die Frage nach den Bedingungen und der Durchführung des Holocaust aufgriff. Hatte Hans Rothfels Hilfen für die Juden als Hinweis auf die breite Verankerung des Widerstandes in nicht-nationalsozialistischen Einstellungen gewertet, fragte 1983/84 Christof Dipper nach dem Verhältnis der herausragenden Personen des Widerstandes zur Judenvernichtung. Er stieß dabei auf das „Vorhandensein antisemitischer Ressentiments bei einer nicht geringen Zahl der Verschwörer"[78]. Wenn die Verfolgung und Ermordung der Juden Europas aber nicht zentral die Motivation des Widerstandes bestimmten, dann seien seine Bindung an

---

begrifflichen Erfassung, in: Manfred Messerschmidt u.a. (Hg.), Militärgeschichte. Probleme – Thesen – Wege, Stuttgart 1982, S. 215-242.

[77] Vgl. Gerhard Hirschfeld/Lothar Kettenacker (Hg.), Der ‚Führerstaat': Mythos und Realität. Studien zur Struktur und Politik des Dritten Reiches, Stuttgart 1981.

[78] Christof Dipper, Der deutsche Widerstand und die Juden, in: GG 9, 1983, S. 349-380; bearbeitet: Der Widerstand und die Juden, in: Jürgen Schmädeke/Peter Steinbach (Hg.), Der Widerstand gegen den Nationalsozialismus, München 1985, S. 598-616, hier 612. Vgl. Hans Mommsen, Der Widerstand gegen Hitler und die nationalsozialistische Judenverfolgung, in: ders., Alternative, S. 384-415, der einerseits antisemitische Einstellungen bei vielen, keineswegs bei allen Verschwörern aufzeigt, andererseits aber den politischen Lernprozeß vieler, jedoch nicht aller im Fortgang des II. Weltkriegs wie der Umsturzplanung betont.

„National-, Klassen- und Statusinteressen" besonders zu betonen.[79] Hinzukam der Vorwurf, daß zentrale Personen des militärischen Widerstandes „zu den Vollzugsorganen der Vernichtungspolitik"[80] gehört und Mitglieder der Fronde um Henning von Tresckow in der Heeresgruppe Mitte aktiv an der Vernichtungspolitik in der Sowjetunion mitgewirkt hätten.[81] Für Theodore S. Hamerow galt 1997 Bonhoeffer als „einer der wenigen [...], die das Dritte Reich ausschließlich aus einem universellen Glauben an die Menschheit heraus – und nicht aus nationalem Interesse und patriotischer Pflicht – bekämpften"[82]. Die moralische Anerkennung des Widerstandes in der früheren Forschung ist in diesen Arbeiten in eine entsprechende Kritik umgeschlagen.

Die funktionale, sozial- und strukturgeschichtliche Betrachtungsweise suchte nicht nach ethischen Konzepten und Deutungen, sondern nach empirisch nachweisbaren Bedingungen und Handlungen und führte zur Ausweitung des Widerstandsbegriffes. Die polykratische Deutung des NS-Staates ließ mit neuen Gestaltungsräumen von Widerständigkeit auch religiöse Milieus in den Blick kommen. Peter Hüttenberger faßte in Überlegungen zum Bayern-Projekt des Instituts für Zeitgeschichte[83] 1977 den Ansatz zusammen: „Die Erforschung des Widerstandes muß also die sozialen Beziehungen umgreifen und die wechselseitigen Mechanismen von

---

[79] Arno J. Mayer, Der Krieg als Kreuzzug. Das Deutsche Reich, Hitlers Weltmacht und die ‚Endlösung', Hamburg 1989, S. 616.

[80] Manfred Messerschmidt, Das Verhältnis von Wehrmacht und NS-Staat und die Frage der Traditionsbildung (1981), in: ders., Militärgeschichtliche Aspekte der Entwicklung des deutschen Nationalstaates, Düsseldorf 1988, S. 244.

[81] Vgl. Christian Gerlach, Die Männer des 20. Juli und der Krieg gegen die Sowjetunion, in: Hannes Heer/Klaus Naumann (Hg.), Vernichtungskrieg, Verbrechen der Wehrmacht 1941 bis 1944, Hamburg 1995, S. 427-446; Gerd R. Ueberschär (Hg.), NS-Verbrechen und der militärische Widerstand gegen Hitler, Darmstadt 2000; Johannes Hürter, Auf dem Weg zur Militäropposition. Tresckow, Gersdorff, der Vernichtungskrieg und der Judenmord, in: VZG 52, 2004, S. 527-562.

[82] Theodore S. Hamerow, On the Road to Wolf's Lair. The German Resistance to Hitler (1997), deutsche Ausgabe: Die Attentäter. Der 20. Juli – von der Kollaboration zum Widerstand, aus dem Englischen von Matthias Grässlin, München 1999, S. 286; vgl. die Rezensionen von Peter Hoffmann in: AHR 103, 1998, S. 1271f.; FAZ vom 12.7.1999, und Karl Otmar Frhr. von Aretin in: Rheinischer Merkur vom 16.7.1999.

[83] Vgl. Martin Broszat u.a. (Hg.), Bayern in der NS-Zeit, Bd. I-VI, München-Wien 1977-1983; als Parallelstudie Klaus-Michael Mallmann/Gerhard Paul (Hg.), Widerstand und Verweigerung im Saarland 1935-1945, Bd. 1-3, Bonn 1989-1995.

Herrschaft und gesellschaftlicher Reaktion einbeziehen."⁸⁴ Dem polykratischen Chaos der Herrschaft entsprach eine Vielzahl von symmetrischen und asymmetrischen Beziehungen gemäß der Vielfalt der Beherrschten. Indem weltanschauliche Dissidenz und Teilwiderstand wichtige Formen der Widerständigkeit wurden, drohte die teleologische Stufung des Widerstandes ihr bestimmendes Ziel zu verlieren; an die Stelle des Wagnisses der systemstürzenden Tat trat die Vielfalt nonkonformen Verhaltens.

Deshalb schlug Martin Broszat vor, zwischen „Widerstand" und „Resistenz" zu unterscheiden.⁸⁵ Gegenüber der Verbindung des Widerstands mit subjektiven Motiven in einem moralisch-ethischen Handlungsrahmen soll „Resistenz" strukturell und wertneutral jede Verhaltensweisen mit „tatsächlich die NS-Herrschaft und NS-Ideologie einschränkende[r] Wirkung" bezeichnen, „gleichgültig von welchen Motiven, Gründen und Kräften her."⁸⁶ Der sozialgeschichtliche Ansatz erweiterte das Blickfeld und half zur Differenzierung zwischen einer Vielzahl von Widerstandshaltungen und -formen. Diese Vielfalt zeigt aber zugleich den Mangel des Ansatzes, der als Wertmaßstab nur die meßbare Differenz zum Regime und die faktische Wirkung gelten läßt und deshalb die Resistenz mit ihrem geringeren Risiko als die der totalitären Herrschaft gemäße Form der Opposition betrachtet, während „der aktive, fundamentale Widerstand gegen das NS-Regime fast überall vergeblich geblieben"⁸⁷ sei.

Die Konsequenz dieser funktionalistischen Betrachtungsweise für den Kirchenkampf zeigt die dreibändige Geschichte von Kurt Meier⁸⁸. Für ihn bildet nicht die BK und ihre theologische Begründung durch die Barmer Theologische Erklärung den entscheidenden Beitrag der Kirche zum Widerstand, sondern der Teilwiderstand der volkskirchlichen Mitte durch die Fähigkeit der Selbstbehauptung und als „Sand im Getriebe" des Regimes.

---

[84] Peter Hüttenberger, Vorüberlegungen zum „Widerstandsbegriff", in: Jürgen Kocka (Hg.), Theorien in der Praxis des Historikers (GG SoH 3), Göttingen 1977, S. 122.

[85] Martin Broszat, Resistenz und Widerstand. Eine Zwischenbilanz des Forschungsprojekts „Widerstand und Verfolgung in Bayern 1933–1945" (1981), in: ders., Nach Hitler. Der schwierige Umgang mit unserer Geschichte, hrsg. von Hermann Graml/Klaus-Dietmar Henke, München 1986, S. 68-91.

[86] AaO., S. 75f.

[87] AaO., S. 77.

[88] Vgl. Kurt Meier, Der evangelische Kirchenkampf, I–III, Göttingen 1976–84, sowie die Aufsatzsammlung: Evangelische Kirche in Gesellschaft, Staat und Politik 1918–1945, Berlin 1987. Zur Analyse vgl. Gerhard Besier, Widerstand im Dritten Reich – ein kompatibler Forschungsgegenstand für gegenseitige Verständigung heute? Anfragen aus historisch-theologischer Perspektive (1988), in: ders., Die evangelische Kirche in den Umbrüchen des 20. Jahrhunderts, Bd. 1, Neukirchen 1994, S. 243–261.

16   *Kapitel I*

Diese These ließ sich verbinden mit dem Konzept von Trutz Rendtorff und seinen Schülern, das in kritischer Auseinandersetzung mit der Theologie Karl Barths das Projekt des theologischen Liberalismus erneut zur Diskussion stellt.[89] Demgegenüber hielt Klaus Scholder in seiner unvollendeten Darstellung der beiden Kirchen im Dritten Reich daran fest, daß kirchliches Handeln theologisch begründet und verantwortet werden muß;[90] in dem von Gerhard Besier fortgeführten Werk wird dann allerdings deutlich, wie sehr gerade die BK nach Barmen in ein kirchenpolitisches Taktieren verfiel.[91] Zwar beschwören viele kirchliche Veröffentlichungen beim Barmen-Jubiläum 1984 erneut den kirchlichen Beitrag und Auftrag zum Widerstand, aber die Barmer Synode wandte sich nicht gegen den NS-Staat, sondern war ‚nur' indirekt politisch.[92]

Seit Mitte der sechziger Jahre bewirkte die „Arbeit am Mythos"[93] Korrektur, Ausweitung und Differenzierung der Perspektiven der Widerstandsforschung, welche die Tagung zum 40. Jahrestag des 20. Juli eindrucksvoll dokumentierte[94]. Seine Beiträge belegen jedoch auch, daß die älteren Fragen und Positionen durch den Perspektivenwechsel nicht grundsätzlich

---

[89] Vgl. zuletzt Arne Rasmussen, Historiography and Theology. Theology in the Weimar Republic and the Beginning of the Third Reich, in: KZG 20, 2007, S. 155-180. Auch Martin Greschat hat sich dieser Konzeption angeschlossen, obwohl er früher eine links-barthianische Sicht des Kirchenkampfes vertrat; vgl. zuletzt: Aus christlicher Motivation dem Nationalsozialismus widerstehen. Versuch eines Überblicks, in: Rolf-Ulrich Kunze (Hg.), Distanz zum Unrecht. Methoden und Probleme der deutschen Widerstandsforschung, Konstanz 2006, S. 31-54; dagegen wendet sich Günther van Norden, Widerstehen aus christlicher Motivation – ein heuristisches Problem, in: KZG 20, 2007, S. 181-187.

[90] Vgl. Klaus Scholder, Die Kirchen und das Dritte Reich, I. Vorgeschichte und die Zeit der Illusionen 1918–1934, Frankfurt-Berlin-Wien 1977; II. Das Jahr der Ernüchterung 1934. Barmen und Rom, Berlin 1985.

[91] Vgl. Gerhard Besier, Die Kirchen und das Dritte Reich. Spaltungen und Abwehrkämpfe 1934–1937, Berlin-München 2001.

[92] Vgl. Gerhard Besier/Gerhard Ringshausen (Hg.), Bekenntnis, Widerstand, Martyrium, Göttingen 1986; Martin Greschat, Bekenntnis und Politik, in: EvTh 44, 1984, S. 524–542.

[93] So die kennzeichnende Überschrift über den Literaturbericht von Ulrich Heinemann aus Anlaß des 50. Jahrestages des 20. Juli (GG 21, 1995, S. 111-139, und – mit Michael Krüger-Charlé – 23, 1997, S. 475-501).

[94] Vgl. Jürgen Schmädeke/Peter Steinbach (Hg.), Der Widerstand gegen den Nationalsozialismus, München 1985. Als ereignisgeschichtliche Gesamtdarstellung des bürgerlich-militärischen Widerstands ist grundlegend Peter Hoffmann, Widerstand – Staatsstreich – Attentat. Der Kampf der Opposition gegen Hitler, München 1969, 3., erneut überarbeitete Aufl. 1979.

verdrängt wurden. So insistierte besonders Klemens von Klemperer auf dem Recht der Frage nach Glaube, Religion und Widerstand, also nach den tragenden und bestimmenden Motiven, da jeder im Widerstand seinen eigenen Weg gehen mußte[95] – auch beim Überwinden des Nazis im eigenen Denken und Fühlen. Es entsprach zugleich dem Ende der Soziologie als Metawissenschaft, wenn Klemperer betonte: „Nicht Soziologie ist der Schlüssel zum Verstehen des Widerstandes, sondern das Gewissen des Einzelnen, der sich zum Wagnis und Opfer entschließt."[96] Dieses bildet aber kein metaphysisches Absolutum, sondern kann nur im Kontext seiner Zeit angemessen erfaßt werden. Deswegen plädierte er, den Ansatz der Revisionisten aufnehmend, für eine Historisierung des Widerstandes, die aber keine Trivialisierung sein darf.[97]

Schon lange zeigen biographische Studien die Fruchtbarkeit eines Ansatzes bei den individuellen Entscheidungsprozessen, bei der „Grenzsituation der sittlichen Entscheidungen"[98], die Bundespräsident Theodor Heuss bereits aus Anlaß des 10. Jahrestages des 20. Juli hervorgehoben hatte. Allerdings verhinderte zumeist die Orientierung an den Paradigmen der Widerstandsforschung eine genauere Kennzeichnung dessen, was als religiöse Motivation bezeichnet wurde. Demgegenüber erprobte Klemperer mit dem Hinweis auf die Entwicklung der Glaubenshaltung im Widerstand und der Typisierung religiöser Einstellungen wesentliche Aufgaben der Interpretation. Wie Gerhard Ringshausen 1992 fragte deshalb auch Christoph Strohm 1997 nicht allgemein nach Religion und Glaube, sondern nach individuellen und exemplarischen Zugängen zum christlichen Glauben.[99] Da sich diese nicht auf „einheitliche Muster" reduzieren lassen,

---

[95] Vgl. Klemens von Klemperer, Glaube, Religion, Kirche und der deutsche Widerstand gegen den Nationalsozialismus (1980), in: Graml, Widerstand, S. 140–156; ders., Sie gingen ihren Weg ... – Ein Beitrag zur Frage des Entschlusses und der Motivation zum Widerstand, in: Schmädeke/Steinbach, Widerstand, S. 1097–1106. Vgl. auch Peter Hoffmann, Motive, ebd., S. 1089–1096.

[96] Ders. an Marion Gräfin Dönhoff, 26.7.1987 (Kopie im Archiv des Verfassers).

[97] Vgl. ders., Reflections and Reconsiderations on the German Resistance, in: KZG 1, 1988, S. 13–28; ders., Der deutsche Widerstand gegen den Nationalsozialismus. Gestaltwandel eines Forschungsfeldes in fünf Jahrzehnten oder Gedanken zur Historisierung des Widerstandes, in: Anselm Doering-Manteuffel/Joachim Mehlhausen (Hg.), Christliches Ethos und der Widerstand gegen den Nationalsozialismus in Europa (KuG 9), Stuttgart 1995, S. 34–45.

[98] Heuss, Bekenntnis, S. 36. Zur „biographischen Wende" in der neueren Widerstandsliteratur vgl. Antonia Leugers, Deutscher Widerstand gegen den Nationalsozialismus, in: NPL 47, 2002, S. 249–276.

[99] Vgl. Gerhard Ringshausen, Evangelische Kirche und Widerstand, in: Engel, Widerstand, S. 62–117, bes. S. 78–102; Christoph Strohm, Die Bedeutung von Kirche, Re-

fokussierte Strohm sie auf einzelne repräsentative Probleme. Mit Klemperer unterstützte er das „Ziel einer Historisierung des Widerstands", wobei aber „auch die handlungsleitenden, nicht einfach interessebedingten Wahrnehmungsmuster, Wertorientierungen und religiösen Bindungen zu erfassen"[100] sind. Im Unterschied zum früheren religiös-ethischen Paradigma reichen der Verweis auf die „christliche Glaubenshaltung" und die Kennzeichnung als „gläubiger Mensch" nicht aus, wie sie noch die Darstellung von Hans-Joachim Ramm 1996[101] bestimmten. Zur Historisierung gehört vielmehr die Aufgabe, das individuelle Glaubensprofil mit seinen Voraussetzungen und Wandlungen zu erfassen und auf die ethisch-politische Urteilsbildung zu beziehen.

Dieses intentionalistische Interesse entspricht auch der antifunktionalistischen Wendung zur Mentalitätsgeschichte. Eine sozial- und mentalitätsgeschichtlich interessierte Widerstandsforschung hat im Kontext vielfältiger Faktoren der individuellen Lebensgestaltung auch nach dem Glauben als lebensprägende, aber sich jeweils neu orientierende und Entscheidungen formierende Bindung zu fragen, um den vom konkreten einzelnen zu verantwortenden Entschluß zum Widerstand und sein risikoreiches Festhalten zu verstehen.[102]

Dadurch stellte sich nach den sozial- und strukturgeschichtlichen Problemstellungen erneut auch die Frage nach dem Gehalt der NS-Weltanschauung und der Funktion der Ideologien in anderen totalitären Regimen als „politische Religionen"[103], nachdem Eberhard Jäckel lange

---

ligion und christlichem Glauben im Umkreis der Attentäter des 20. Juli 1944 (1997), wieder abgedruckt in: Harald Schultze/Andreas Kurschat (Hg.), „Ihr Ende schaut an …" Evangelische Märtyrer des 20. Jahrhunderts, Leipzig 2006, S. 97–114.

[100] Strohm, Bedeutung, S. 113.

[101] Hans-Joachim Ramm, „… stets einem Höheren verantwortlich …" Christliche Grundüberzeugungen im innermilitärischen Widerstand gegen Hitler, Neuhausen/Stuttgart 1996; vgl. meine Rezension in: KZG 10, 1997, S. 391–394.

[102] Vgl. zuletzt Rolf-Ulrich Kunze, Distanz zum Unrecht, in: ders., Distanz, S. 17.

[103] Vgl. Hans Maier (Hg.), ‚Totalitarismus' und ‚Politische Religionen'. Konzepte des Diktaturvergleichs, Bd. I-III, Paderborn 1996–2003; Sabine Behrenbeck, Der Kult um die toten Helden. Nationalsozialistische Mythen, Riten und Symbole (Kölner Beiträge zur Nationsforschung 2), Vierow 1996; Claus-Ekkehard Bärsch, Die politische Religion des Nationalsozialismus. Die religiöse Dimension der NS-Ideologie in den Schriften von Dietrich Eckart, Joseph Goebbels, Alfred Rosenberg und Adolf Hitler, München 1998; Peter Steinbach, Die totalitäre Weltanschauungsdiktatur des 20. Jahrhunderts als Ausdruck „Politischer Religion" und als Bezugspunkt des antitotalitären Widerstands, in: KZG 12, 1999, S. 20–46; Gerhard Besier, Der Nationalsozialismus als Säkularreligion, in: ders./Eckhard Lessing (Hg.), Die Geschichte der Evangelischen Kirche der Union, Bd. 3, Leipzig 1999, S. 445–478. Zur Strittigkeit

den Konsens der Forschung über die eklektische Mixtur der NS-Ideologie bestimmt hatte.[104] Dabei ist auch der Stellenwert des „positiven Christentums" gemäß dem Parteiprogramm der NSDAP zu klären. Während die Forschung und bereits vor 1933 klar sehende Theologen die Differenz von Nationalsozialismus und Christentum entgegen deren Verbindung bei den Deutschen Christen (DC) betonten, begründete Richard Steigmann-Gall in einer materialreichen Studie die provozierende These, daß für die meisten Größen des Dritten Reichs das Christentum ein wesentliches Element ihrer Ideologie und ihres Kampfes gegen die Juden war; das Neuheidentum wurde dagegen nur von einer Minderheit vertreten. Deshalb bildete das Christentum keinen Schutzwall gegen den Nationalsozialismus. „Whereas past forms of Christian politics were known to embrace nationalism, antisemitism, anti-Marxism, or antiliberalism, the Nazis took these ideologies to new levels. For this reason the Nazis represented a departure from previous Christian practices. However, this did not make them un-Christian."[105] Beruht damit die Auseinandersetzung der Kirchen mit dem NS-Regime und seinen Helfern sowie die Berufung auf den christlichen Glauben innerhalb des Widerstandes auf einem Mißverständnis? Augenscheinlich verhilft die Kennzeichnung als „christlich" nicht zu einer angemessenen Trennschärfe.

2. Aufgaben und Ziele

Was im 20. Jahrhundert als „christlich" gelten kann, ist besonders im Blick auf den hier interessierenden Protestantismus eingebunden in sehr unterschiedliche gesellschaftliche und kulturelle Kontexte. Trotz der Kirchenaustritte besonders im proletarischen und kleinbürgerlichen Milieu

---

des Erklärungsansatzes vgl. Julius H. Schoeps, Erlösungswahn und Vernichtungswille, und Hans Mommsen, Der Nationalsozialismus als säkulare Religion, in: Besier, Revolution, S. 43–63.
Für das neue Interesse an Ideengeschichte vgl. Frank-Lothar Kroll, Konservative Revolution und Nationalsozialismus. Aspekte und Perspektiven ihrer Erforschung, in: KZG 11, 1998, S. 339–354; ders., Utopie als Ideologie. Geschichtsdenken und politisches Handeln im Dritten Reich, Paderborn 1998.

[104] Vgl. Eberhard Jäckel, Hitlers Weltanschauung. Entwurf einer Herrschaft (1969), 4. Aufl. Stuttgart 1991.
[105] Richard Steigmann-Gall, The Holy Reich. Nazi Conceptions of Christianity, 1919–1945, Cambridge 2003, S. 262. Vgl. meine Rezension in: KZG 19, 2006, S. 488–490.

waren 1925 64,1 % der Deutschen evangelisch und 32,35 % katholisch.[106] Der Anfang des Dritten Reichs brachte wegen des „positiven Christentums" der NSDAP eine Eintrittswelle, der ab 1936 im Zeichen der Gottgläubigkeit eine Austrittsbewegung folgte. Ihr entzogen sich aber selbst prominente Nazis wie der katholische Goebbels und der evangelische Göring,[107] während sich für viele Protestanten die Gottgläubigkeit inhaltlich kaum von der Zugehörigkeit zur Kirche unterschied, zu der sie nach 1945 zurückkehrten. Als Christen verstanden sich die Mitglieder der BK wie der DC, wobei allerdings selbst in Berlin als einem Zentrum der Auseinandersetzungen die aktiven Mitglieder von DC und BK zusammen „nur vier bis fünf Prozent der erwachsenen Kirchenmitglieder" umfaßten.[108] „Ein erheblicher Teil anderer, nicht von vornherein kirchenferner Protestanten wandte sich, von den eingerissenen Formen und der nie erlebten Intensität der Auseinandersetzungen [...] eher abgestoßen, von jeder kirchlichen Öffentlichkeit ab" und verharrte „im Zwischenraum einer ins Private zurückverwiesenen moderaten Religiosität und Kirchlichkeit."

Bei den Mitgliedern des bürgerlich-militärischen Widerstandes wird man entsprechend von einer meist evangelischen Kirchenmitgliedschaft ausgehen können, auch wenn diese wie bei vielen Protestanten nur noch nominell existierte und andere weltanschauliche Orientierungen wichtiger waren. „Wir sind ja alle, ob wir es wissen oder nicht, von der geistigen Essenz zwanzig christlicher Jahrhunderte geprägt", schrieb Nikolaus von Halem vor seiner Verhandlung vor dem Volksgerichtshof Mitte Juni 1944 aus der Haft.[109] Den Spruch: „Fürchte Dich nicht, denn ich habe Dich erlöst. Ich habe Dich bei Deinem Namen gerufen, Du bist mein" (Jes 43,1), schlug er für eine Gedenktafel vor, weil er ihn „schon als Kind wie aus Weltentiefen angerührt hat"[110]. Trotz dieser geringen Hinweise wurde der entschiedene und kompromißlose Nazigegner wegen „seiner christlichen Gesinnung" als „evangelischer Märtyrer des 20. Jahrhunderts"[111]

---

[106] Vgl. RGG², I, Sp. 1900.
[107] Vgl. Steigmann-Gall, The Holy Reich, S. 230ff.
[108] Manfred Gailus, Protestantismus und Nationalsozialismus, Köln 2001, S. 655.
[109] Nikolaus von Halem an seine Mutter, 14.6.1944, in: Hans Royce (Bearb.), Der 20. Juli 1944, Bonn 1952, S. 87. Statt einer konfessionell christlichen Begründung hat entsprechend Günther Hockerts, Vielfalt christlichen Widerstandes. Das Beispiel München, in: ders./Hans Maier (Hg.), Christlicher Widerstand im Dritten Reich, Annweiler 2003, S. 38, für die Weiße Rose die „christlich-humanistische Grundsubstanz" als entscheidend betont.
[110] AaO., S. 89; statt „angerührt" steht dort „angeführt".
[111] Vgl. Schultze/Kurschat, Märtyrer, S. 282–284. Die „christliche Ausrichtung des Elternhauses" (aaO., S. 283) trifft nach dem Brief an die Mutter für diese kaum zu.

gewürdigt. Dazu wird aber auch Hermann Maaß gerechnet, der aus der Kirche ausgetreten war und sich „ohne Konfession und Dogma"[112] mit Gott verbunden wußte. Demgegenüber meinte der Theologe Eugen Gerstenmaier im Blick auf den Kreisauer Kreis: „Wir wären vielleicht auch ohne Christen zu sein gegen Hitler aufgestanden."[113] So war der General des Nachrichtenwesens Erich Fellgiebel seit seiner Jugend durch die griechische Philosophie geprägt und ging als „Stoiker und Fatalist" in den Widerstand; vor der Verhaftung verabschiedete er sich: „Wenn wir an ein Drüben glaubten, dann könnten wir ja sagen: Auf Wiedersehen!"[114] Andererseits waren auch die sich dem Widerstand entziehenden Militärs – meist evangelische – Christen mit mehr oder weniger Kirchlichkeit. Am 20. Juli 1944 bewachte Ludwig Frhr. von Hammerstein-Equord im Bendlerblock, der Zentrale des Umsturzversuches, General Joachim von Kortzfleisch, der „ein überzeugter Christ" war, aber sich als Kommandant des Wehrkreises III weigerte, den neuen Befehlen Folge zu leisten. Zu Hammerstein sagte er: „Hier geht es um den Eid gegenüber dem Führer! Wem haben Sie den geschworen? Hier geht es schlicht um Gehorsam und soldatisches Verhalten."[115]

Die Beispiele lassen sich leicht vermehren, wobei das evangelische Märtyrerverzeichnis nicht nur Unklarheiten des Märtyrerbegriffs[116] spiegelt, sondern gerade auch dessen, was ein evangelischer Christ ist. Daß dabei Hinweise auf christliche Erziehung und die Herkunft aus einem Pfarrerhaushalt wenig sagen, belegt die allgemeine Erfahrung. Als Extrembeispiel sei der Chef der Abteilung IV des Reichssicherheitshauptamtes (RSHA) genannt, der die Mitglieder des Kreisauer Kreises Peter Yorck von Wartenburg, Eugen Gerstenmaier, Alfred Delp S.J., Theodor Steltzer und Theodor Haubach vernommen und in einzelnen Fällen ihre Folter angeordnet hat. Lic. Dr. Karl Neuhaus, war als Theologe Religionslehrer gewesen und hatte seine wissenschaftliche Reputation ausgerechnet als

---

[112] Hermann Maaß an seine Frau, 12.8.1944, in: Sigrid Grabner/Henrik Röder (Hg.), Im Geist bleibe ich bei Euch, Potsdam 1997, S. 12; vgl. Schultze/Kurschat, Märtyrer, S. 360–362.

[113] Eugen Gerstenmaier, Streit und Friede hat seine Zeit, München 1981, S. 287.

[114] Bericht seines Ordonnanzoffiziers Dr. Helmuth Arntz (IfZ, ED 88–1,2); vgl. Eberhard Zeller, Geist der Freiheit. Der zwanzigste Juli, 4. Aufl. München 1963, S. 435.

[115] Ludwig Frhr. v. Hammerstein: Am 20. Juli 1944 in der Bendlerstraße bin ich Christen auf beiden Seiten der Barrikaden begegnet, in: Besier/Ringshausen, Bekenntnis, S. 340.

[116] Vgl. Gerhard Ringshausen, Das Jahrhundert der Märtyrer und die Ökumene, in: KZG 14, 2001, S. 237-247; ders., Auf dem Weg zu einem evangelischen Martyrologium?, in: KZG 17, 2004, S. 254-264.

Alttestamentler erworben, war aber nicht nur dem Nationalsozialismus verfallen, sondern in die SS eingetreten und hatte Karriere gemacht. Unbekannt ist, ob er zu den rund 50 % evangelischen Kirchenmitgliedern innerhalb der SS gehörte.[117]

Für die Deutung dieser Vielfalt wird man mit Halem auf die Prägung durch die „geistige[.] Essenz zwanzig christlicher Jahrhunderte" und deren Verbindung mit den geistigen Strömungen der Zeit, mit Aufbrüchen der Frömmigkeit, aber auch mit Prozessen der Säkularisierung und Entkirchlichung verweisen müssen. Während der Katholizismus sich auch im Gefolge des Kulturkampfes in spezifischen Milieus organisierte, die für den Widerstand wichtig wurden, finden sich auf evangelischer Seite nur einzelne Ansätze für diese Entwicklung. So wurde der Kampf der BK im Rheinland von den Gemeinden getragen, die aus der Erweckungsbewegung eine dem katholischen Milieu vergleichbare Struktur hatten. Aber die Mehrheit der Protestanten hatte ihre Prägungen und Orientierungen zwischen Kirchlichkeit und nominellem Christentum, zwischen völkischer Religiosität und liberalem Glauben an den lieben Gott, zwischen politischer und unpolitischer Religion. Statt nach dem „Widerstand aus Glauben" zu fragen, muß deshalb bei den einzelnen Widerstandskämpfern ihre individuelle Ortung innerhalb dieser Bandbreite geklärt werden.

Die Interpretation im Rahmen der einzelnen Biographien steht dabei vor der Schwierigkeit, daß die Mitglieder der Konspiration mit wenigen Ausnahmen keine Theologen, sondern „Laien" waren. Im Unterschied zu den in Partei und Gewerkschaft geschulten Führern des sozialdemokratischen und kommunistischen Widerstandes verdankte sich ihre religiöse Orientierung keiner gezielten Schulung, sondern der familiären Sozialisation, dem Religions- und Konfirmandenunterricht sowie den Kontakten zu einzelnen Pastoren; nur bei Hans-Bernd von Haeften spielte die Lektüre theologischer Werke eine Rolle, für die Helmuth James von Moltke erst in der Haft

---

[117] Vgl. Gerstenmaier, Streit, S. 198; zur Entkonfessionalisierung von Sipo und SD Banach, Elite, S. 141ff.; zum konfessionellen Erscheinungsbild von SS und des RSHA Wolfgang Dierker, Himmlers Glaubenskrieger. Der Sicherheitsdienst der SS und seine Religionspolitik 1933-1941, 2. Aufl. Paderborn 2003, S. 87ff.
Pfr. Ernst Szymanowski, seit 1941 Bieberstein, hoffte 1933 vergeblich, Bischof von Lübeck zu werden, und kam 1935 in das Reichskirchenministerium. Da er dort als Spitzel des SD arbeitete, war sein Übertritt in die Sipo konsequent, seit 1941 im RSHA. Instruktiv ist das Beispiel des völkisch aktiven Theologiestudenten Matthäus Ziegler, der vom Amt Rosenberg wegen der Karriere zu Himmlers SS überging; vgl. Manfred Gailus, „Vom ‚gottgläubigen' Kirchenkämpfer Rosenbergs zum ‚christgläubigen' Pfarrer Niemöllers. Matthes Zieglers wunderbare Wandlungen im 20. Jahrhundert, in: ZfG 54, 2006, S. 937-973.

Glaube und Widerstand 23

Zeit hatte. Zeugnisse und Spuren dieser Prägungen lassen sich nur mit großer Zurückhaltung in übergreifende Zusammenhänge der Theologie- und Frömmigkeitsgeschichte einordnen; trotz der Forderungen der Mentalitätsgeschichte steht eine Kirchengeschichte der „Laien" noch aus. Die vorliegende Arbeit beschränkt sich auf die Biographien von evangelischen Widerstandskämpfern, weil der evangelische Verfasser nur bei ihnen die nötige Sensibilität für die unterschiedlichen Sprachwelten zu besitzen meint.

Intendiert sind dabei keine Heiligen- oder Märtyrergeschichten, vielmehr sind Glaubensaussagen und -vorstellungen als Teil der jeweiligen Biographie mit ihren Prägungen und Entscheidungen zu verstehen.[118] Eine die religiösen Aspekte berücksichtigende Erschließung der Biographie setzt eine entsprechende Quellengrundlage voraus. Glaubensaussagen haben ihren Platz eher im privaten Briefwechsel als in offiziellen Dokumenten. Deshalb bilden entsprechende Briefnachlässe eine wesentliche Grundlage der Arbeit, obwohl solche private Dokumente vielfach nicht als archivwürdig gelten. Aber bereits das private Gespräch über Glaubensfragen ist bis heute in einigen Bereichen der Gesellschaft unüblich. So setzte die ältere Generation im Widerstand, besonders Militärs wie Erwin von Witzleben, den christlichen Glauben voraus, ohne viel darüber zu reden.

Diese Bedingungen ermöglichen nur für einen Teil der Widerstandskämpfer entsprechende Untersuchungen. So reicht beispielsweise für Peter Graf Yorck von Wartenburg im Unterschied zu Moltke die Quellenlage nicht aus.[119] Von den beiden Mitgliedern der Michaelsbruderschaft, Otto Heinrich von der Gablentz und Theodor Steltzer, liegen nur wenige Äußerungen aus der damaligen Zeit vor, während die Quellen zu Hans Bernd von Haeften, der ihr nahestand, sehr aussagekräftig sind. So mußte unter den möglichen Personen eine Auswahl getroffen werden, die einerseits die Vielfalt des Widerstandes spiegelt und andererseits den unterschiedlichen Stellenwert des Glaubens erkennen läßt. Da die Studie über Hans-Alexander von Voß gesondert veröffentlicht wurde,[120] fehlen allerdings Vertreter

---

[118] Vgl. unter diesem Gesichtspunkt einerseits meine Darstellungen von Hans Bernd von Haeften, Ernst von Harnack, Ewald von Kleist-Schmenzin und Hans-Alexander von Voß in Schultze/Kurschat, Märtyrer, mit den entsprechenden Kapiteln dieser Arbeit andererseits und dem Beitrag über Voß (vgl. Anm. 120).

[119] Vgl. aber Gerhard Ringshausen, Bekennende Kirche und Widerstand. Das Beispiel der Brüder Paul und Peter Graf Yorck von Wartenburg, in: Katarzyna Stokłosa/Andrea Strübind (Hg.), Glaube – Freiheit – Diktatur in Europa und den USA (FS Gerhard Besier), Göttingen 2007, S. 57–91.

[120] Vgl. Gerhard Ringshausen, Hans-Alexander von Voß (1907–1944) – Offizier im Widerstand, in: VZG 52, 2004, S. 361–407. Diese Darstellung war zunächst als Ka-

des Militärs. Dabei ergibt sich aus dem Thema, daß nur der bürgerlich-militärische Widerstand zu beachten ist, während die individuelle Aufnahme sozialistischer und marxistischer Leitvorstellungen im „linken Widerstand" noch zu untersuchen ist.

Terminologisch ist die Kennzeichnung „national-konservativ" für den zum 20. Juli führenden Widerstand unangemessen.[121] Sie reduziert unzulässig die vielfältigen Entwicklungen, Motivationen und Zugehörigkeiten in dem breit gespannten Bündnis vom amtierenden Minister Johannes Popitz bis zum die „Sozialistische Aktion" planenden Carlo Mierendorff; neben den wenigen älteren Generalen dominierten handlungsbereite junge Obersten sowie reaktivierte oder in der Verwaltung eingesetzte Reserveoffiziere. Sicher läßt sich der Kreisauer Kreis nicht mit dieser Typisierung erfassen[122], aber auch die Beck-Goerdeler-Gruppe sprengt diese Etikettierung. Die ältere Bezeichnung „bürgerlich-militärisch" scheint demgegenüber weiter und angemessener, da bürgerlich über das Großbürgertum hinaus auch die leitenden Funktionäre und Journalisten aus den Arbeiterbewegungen erfaßt. Angehörige des mittleren und unteren Bürgertums spielten mangels entsprechender Einflußmöglichkeiten im Widerstand keine Rolle, konnten aber Dissidenz beispielsweise im Rahmen von BK-Gemeinden entwickeln. Bürgertum und Militär waren zugleich tragende Elemente der volkskirchlichen Realität mit ihren unterschiedlichen Orientierungen und Frömmigkeitsformen.

Die Betonung von Kirchenkampf und BK in der Forschung hat diese Mannigfaltigkeit lange durch die Perspektive der ‚Sieger' überlagert. Aber die überwältigende Mehrheit des Protestantismus gehörte zur volkskirchlichen Mitte. Der Kirchenkampf hat deshalb nur in einzelnen Bereichen zu einer Neuorientierung während des Dritten Reiches geführt. Andererseits bedeutete die Zugehörigkeit zur BK vielfach keine grundsätzliche Kritik am Regime, aber die Teilnahme an einem BK-Gottesdienst konnte Zeichen einer politischen Distanzierung von der NS-Kirchenpolitik oder überhaupt von der Ideologie und Politik des NS-Regimes sein. Deshalb ist zu untersuchen, in welchem Maße die BK zum Widerstand vorgedrungen ist oder ob andere Gruppierungen geringere Hemmungen hatten. Die Darstellung

---

pitel der vorliegenden Arbeit konzipiert und ist inzwischen zu einer Biographie ausgeweitet worden: Hans-Alexander von Voß, Berlin 2008.

[121] Vgl. dazu auch Axel Schildt, Bindung an ein konservatives Milieu als Voraussetzung von Widerstand gegen das NS-Regime? Einige Bemerkungen zu einem Forschungsproblem, in: Kunze, Distanz, S. 91-104.

[122] In dieser Hinsicht hat Müller, Militärischer Widerstand, S. 119, seine früheren Arbeiten modifiziert.

des Verhältnisses von evangelischer Kirche und Widerstand (Kapitel II) deckt deshalb Voraussetzungen für das Handeln einzelner auf.

Wie spannungsvoll das Verhältnis von BK und Widerstand war, läßt sich exemplarisch an Dietrich Bonhoeffer, Hans Bernd von Haeften, Ernst von Harnack und Ewald von Kleist-Schmenzin studieren (Kapitel III–VI). Bonhoeffer gilt als herausragendes Beispiel der folgerichtigen Entwicklung vom Engagement in der BK zum politischen Widerstand, aber einerseits lehnte er einen politischen Widerstand der Kirche immer ab und andererseits mußte er den Ansatz seiner Theologie bei seinem Weg in den Widerstand verändern, bis dieser zum „Ausdruck seiner Theologie"[123] wurde. Auch bei dem theologisch interessierten Diplomaten Haeften führte kein direkter Weg von der BK in den Widerstand. Demgegenüber engagierten sich der Religiöse Sozialist Harnack und der konservative Kleist in der BK, weil sie gegen das NS-Regime waren, aber zugleich lehnten sie die theologische Grundlage der BK, die Barmer Theologische Erklärung, ab.

Bei diesen vier Biographien läßt sich eine jeweils unterschiedliche, aber reflektierte Verbindung von Glauben und politischer Orientierung bis in den Widerstand beobachten. Das bestätigt, daß die seit langem übliche Einteilung in „einen national motivierten, einem ‚linken' (kommunistischen und sozialdemokratischen) und einen christlichen Widerstand [...] hochproblematisch [ist], weil sie eine eindeutige Zuordnung der Oppositionellen zu einer Motivationsgruppe nahelegt. In Wirklichkeit wird man nach den vielen biographischen Einzelstudien [...] sagen müssen, dass bei den meisten Menschen, die den Weg in den Widerstand gingen, mehrere Motive zusammenkamen und sich ergänzten."[124] Die Dominanz einer Orientierung konnte andere ganz zurücktreten lassen. So war Hammerstein von Niemöller konfirmiert worden und erfuhr in den Dahlemer Gottesdiensten durch Fürbitten und Abkündigungen der BK, „was gespielt wurde", aber „[a]ls ich Anfang 1943 konkret gefragt wurde, ob ich zu einer Beteiligung an der Aktion gegen Hitler bereit sei, ging es nicht um die Frage einer christlichen Verpflichtung. Entscheidend war schlicht die Einsicht, daß diesem Hitler und seiner Politik [...] ein Ende bereitet werden muß; dieser Krieg, wie er ihn führt, ist ein Verbrechen, und hier muß so schnell wie möglich eingegriffen werden."[125] Diese bewußt scharfe Unterscheidung von Bindung an

---

[123] Klemens von Klemperer, Über Luther hinaus? Dietrich Bonhoeffer und der Widerstand gegen den Nationalsozialismus, in: Ernst Willi Hansen u.a. (Hg.), Politischer Wandel, organisierte Gewalt und nationale Sicherheit, München 1995, S. 415.

[124] Martin Leiner, Zur theologischen Motivation im evangelischen und katholischen Widerstand gegen das „Dritte Reich", in: ders. u.a. (Hg.), Gott mehr gehorchen als den Menschen, Göttingen 2005, S. 192f.

[125] Hammerstein, Am 20. Juli 1944, S. 339.

das Bekenntnis und der politisch und ethisch begründeten Entscheidung zur Teilnahme am Widerstand zeigt, daß die christliche Grundüberzeugung eines aktiven Regimegegners nicht ohne entsprechende Quellengrundlage als Motivation für den Widerstand in Anspruch genommen werden darf.[126] Vielmehr ist im Einzelfall zu prüfen, ob und in welcher Weise Überzeugungen des Glaubens im Prozeß der Entscheidung zum Widerstand und seiner weiteren Entwicklung ausschlaggebend oder nur begleitend wichtig waren. So war Moltke von Anfang an ein Gegner der NS-Herrschaft, aber erst mit dessen zunehmender Brutalität und der eigenen Gefährdung entdeckte er im Sommer 1941 für sich den christlichen Glauben, weil eine ethische Orientierung nicht ausreiche (Kapitel X). Vorsicht ist deshalb bei einem Rückschluß aus den Abschiedsbriefen aus der Haft geboten, da in dieser Extremsituation der Glaube als grundlegende Perspektive des Trostes und der Hoffnung auch eine Bedeutung bekommen konnte, die er im aktiven Leben nicht hatte und zu dessen Reinterpretation führte. Durch die Haftsituation konnte andererseits aber auch das zur Sprache kommen, was zu den selbstverständlichen Überzeugungen gehörte, ohne daß sonst darüber gesprochen wurde.

Diese historischen Probleme werden bei einer funktionalen Deutung des Glaubens durch die psychologische Kategorie der Motivation ausgeklammert, sie überdeckt zudem die theologischen Fragen der Beziehung von Glaube und Widerstand. Die Formel vom Widerstand aus Glauben setzt einen unmittelbaren Zusammenhang von Glauben und Handeln voraus, wie er für das katholische Verständnis maßgeblich ist.[127] Auch bei evangelischen Autoren kann es dazu Entsprechungen geben. So hat Bonhoeffer 1937 unter dem Begriff der Nachfolge Glauben und Gehorsam eng miteinander verbunden.[128] Ähnlich wie Kleist-Schmenzin dachte Henning von Tresckow, wenn er im April 1943 zu seiner Frau sagte: „Ich verstehe nicht, wie sich heute noch Menschen als Christen bezeichnen können, die nicht gleichzeitig wütende Gegner dieses Regimes sind. Ein wirklich überzeugter Christ kann doch nur ein überzeugter Gegner sein."[129]

Luther hatte demgegenüber gemäß seinem Verständnis von Gesetz und Evangelium den Zusammenhang von Glaube und Werken neu bestimmt.

---

[126] Vgl. dagegen den methodischen Ansatz von Ramm, Grundüberzeugungen, sowie zahlreiche Biogramme in Schultze/Kurschat, Märtyrer.

[127] Vgl. die Titelformulierung „Glaube als Widerstandskraft", hg. von Gotthard Fuchs, Frankfurt/M. 1986.

[128] Dietrich Bonhoeffer, Nachfolge, hg. von Martin Kuske/Ilse Tödt (DBW 4), München 1989, S. 52: „Nur der Glaubens ist gehorsam, und nur der Gehorsame glaubt."

[129] Zit. Bodo Scheurig, Henning von Tresckow. Ein Preuße gegen Hitler, Frankfurt/M.-Berlin 1997, S. 167.

Einerseits kritisierte er den Rückschluß von den Werken auf den Glauben als gesetzlich, und andererseits macht der Glaube, nicht die ethische Qualifizierung die Werke gut. Bonhoeffer nahm Luthers Kreuzestheologie auf, als er sein Engagement im Widerstand als das Wagnis der freien Verantwortung und zugleich der Schuldübernahme vor Gott reflektierte. Er wandte sich damit zugleich gegen die neuprotestantische Lutherrezeption, welche die Freiheit der Entscheidung im Gewissen verortete. Diese Konzeption konnte sich in der Historiographie des Widerstandes mit dem „Aufstand des Gewissens" verbinden, das allerdings meist entsprechend katholischer Tradition als Normenbewußtsein verstanden wurde.

Angesichts dieser unterschiedlichen Bestimmungen des Verhältnisses von Glaube und Widerstand wird man bei der Interpretation einzelner Schicksale von der These ausgehen müssen: Die kirchliche Prägung und das christliche Selbstverständnis hatten Konsequenzen für die Einschätzung der ideologischen Vorgaben des Regimes und konnte eine entsprechende Zustimmung oder Dissidenz begründen, die aber von der Bereitschaft zum Handeln im Widerstand zu unterscheiden ist. Insofern ist nicht von „christlichem Widerstand" zu sprechen, sondern von dem christlichen Glauben als einem Element innerhalb des Bedingungsgefüges widerständiger Einstellungen und Handlungen. Die Kapitel VI bis XI lassen dabei einen Spannungsbogen deutlich werden, der sich von einer engen Verbindung von Glaube und Ethos bei Kleist-Schmenzin über das protestantische Ethos Carl Goerdelers und die unterschiedliche Bedeutung des Christentums für die Brüder Kaiser zu Moltkes Entdeckung des Glaubens und zu der in seiner Bedeutung für den Widerstand schwer einzuschätzenden Rückbesinnung auf den Glauben bei Cäsar von Hofacker spannt. Als Soldat ist in diesen Zusammenhang Hans-Alexander von Voß einzuordnen, bei dem sich wie bei Tresckow preußisches Ethos mit seinem individuellen Glauben verband.[130]

Die These wird aber auch der Tatsache gerecht, daß sich Dissidenz von Christen nicht notwendig aus ihrem Glauben, sondern auch aus einer humanitären Einstellung ergab und sich in entsprechender Hilfeleistung für Verfolgte äußerte. Kapitel XII untersucht deshalb am Beispiel des Solf-Kreises und der Teegesellschaft bei Elisabeth von Thadden Orientierungen und Verhaltensweisen im ökumenisch offenen volkskirchlichen Milieu, das die Distanzierung vom Widerstand des 20. Juli 1944 wie dessen Unterstützung zuließ.

Während damit wieder das Verhältnis Kirche und Widerstand in den Blick rückt, bleibt die Frage, ob die einzelnen Biographien Gemeinsamkei-

---

[130] Vgl. Ringshausen, Voß; ders., Hans-Alexander von Voß. Generalstabsoffizier im Widerstand, Berlin 2008.

ten erkennen lassen. Obwohl ein theologisch liberaler Hintergrund für mehrere Widerstandskämpfer bestimmend war, erscheint es kaum möglich, eine gemeinsame Gesamtorientierung aus den individuellen Einstellungen und Wegen zu destillieren. Da sich die jeweiligen Reflexionen in die breite Tradition des Protestantismus in seiner volkskirchlichen Verfaßtheit eingebunden zeigen, würde ein Vergleich mit katholischen Mitgliedern des Widerstandes etwa aus dem Zentrum diese wenig profilierte Konfessionalität noch deutlicher hervortreten lassen. Kennzeichnend erscheinen dafür bereits die Auseinandersetzungen innerhalb des Kreisauer Kreises trotz seiner ökumenischen Zusammensetzung und Ziele.[131] Deshalb ist im Blick auf die porträtierten evangelischen Widerstandskämpfer zu fragen: Gab es im Dritten Reich konstitutive Elemente für den Zusammenhang von Glauben und Widerstehen?

---

[131] Vgl. Kap. 10. Gegen Rolf-Ulrich Kunze, Einleitung, in: ders., Distanz, S. 11, ist im gleichen Band zu bedenken die Differenzierung von katholischem Widerstand und dem von einzelnen Katholiken im Widerstand gegebenen „Glaubenszeugnis in der Welt" bei Michael Kißener, Katholischer „Widerstand"? Ansichten einer problematischen Begriffsbildung, aaO., S. 75-90, bes. S. 86f.

Kapitel II

Evangelische Kirche und Widerstand

Der Weg der evangelischen Kirchen im Dritten Reich ist geprägt durch den „Kirchenkampf".[1] Der Begriff löste Ende 1933 Bezeichnungen wie Kirchenstreit oder Kirchenwirren ab. Die sich bildende Bekennende Kirche (BK) kennzeichnete damit das „Ringen um die bekenntnismäßige Haltung und das evangeliumsgemäße Handeln in unserer Kirche"[2]. Als im Herbst 1937 mit den „Kirchenausschüssen" eine neue Phase begann, hielten deren Anhänger den Kirchenkampf für beendet.[3] Für diejenigen, die sie ablehnten, galt die Abwehr solcher staatlicher Eingriffe als Kirchenkampf. Eine politische Bedeutung gewann der Begriff als Bezeichnung für die grundsätzliche Auseinandersetzung zwischen Christentum und Nationalsozialismus. In dieser auch im Ausland verwendeten Bedeutung wurde Kirchenkampf nach 1945 zur Epochenbezeichnung, zumal er auch auf die katholische Kirche anwendbar schien.

Die Breite der Begriffsverwendung läßt es problematisch erscheinen, „den Kirchenkampf" in das seinerseits vielfältige Spektrum des politischen Widerstandes zu integrieren. Das gilt in besonderer Weise für die BK, obwohl es nach 1945 nicht an entsprechenden Versuchen gemäß den

---

[1] Vgl. als Gesamtdarstellung: Kurt Meier, Der evangelische Kirchenkampf, I–III, Göttingen 1976–84; auch die katholische Kirche berücksichtigt Klaus Scholder, Die Kirchen und das Dritte Reich, I. Vorgeschichte und die Zeit der Illusionen 1918–1934, Frankfurt-Berlin-Wien 1977; II. Das Jahr der Ernüchterung 1934. Barmen und Rom, Berlin 1985; fortgeführt durch Gerhard Besier, Die Kirchen und das Dritte Reich. Spaltungen und Abwehrkämpfe 1934–1937, Berlin-München 2001. Die umfangreichste Quellensammlung ist immer noch Joachim Beckmann (Hg.), Kirchliches Jahrbuch für die Evangelische Kirche in Deutschland 1933–1944, 1948, 2. Aufl. 1976 – zit. KJB. Zur staatlichen Seite vgl. die im Auftrage der Evangelischen Arbeitsgemeinschaft für kirchliche Zeitgeschichte herausgegebenen „Dokumente zur Kirchenpolitik des Dritten Reiches", bisher 4 Bände: 1933 bis August 1939, München bzw. Gütersloh 1971–2000, sowie John Conway, Die nationalsozialistische Kirchenpolitik, München 1969.

[2] Martin Niemöller, Februar 1934, zit. Klaus Scholder, Kirchenkampf, in: ders., Die Kirchen zwischen Republik und Gewaltherrschaft. Gesammelte Aufsätze, hg. von Karl Otmar von Aretin/Gerhard Besier, Berlin 1988, S. 132.

[3] Joachim Mehlhausen, Nationalsozialismus und Kirche, in: TRE 24 (1994), S. 43–78, beurteilt den Begriff Kirchenkampf bereits ab 1935 als unpassend.

Plausibilitätsstrukturen der Nachkriegszeit gefehlt hat.[4] Davor war es das NS-Regime, welches seine Definitionsmacht auch gegen die Kirchen wandte und alle nicht systemkonformen Aussagen als Widerstand kriminalisierte.

1. Das Jahr 1933 und seine kirchlichen Voraussetzungen

Klaus Scholder hat das Jahr 1933 für beide Kirchen als die „Zeit der Illusionen" gekennzeichnet. Auf evangelischer Seite ergaben sich diese aus den Erfahrungen seit 1918. Im Unterschied zum Katholizismus war die Position des Protestantismus theologisch und politisch labil.[5] Nach der Trennung von Kirche und Staat bestimmte sie ihre Position wie die Reichswehr „über den Parteien". Beide Institutionen prägte eine konservative Distanz zur Republik. Aus „Pastorennationalismus" wählten die meisten Pfarrer DNVP, eventuell wegen Stresemann DVP, nur wenige liberale Theologen DDP.

Einzelne Pfarrer und Gemeindemitglieder versuchten, als Religiöse Sozialisten aus dem bürgerlichen Milieu auszubrechen. Dieser Brückenschlag scheiterte, weil die Kirche ihn nicht unterstützte und in der SPD die Entfremdung von der Kirche zu stark war. Der politischen Überzeugung der Religiösen Sozialisten entsprach die Gegnerschaft zur aufkommenden NSDAP. Paul Tillich[6] schrieb 1932 „Ein Protestantismus, der

---

[4] Vgl. Entscheidung des Kassationshofs für Sonderaufgaben im Bayerischen Staatsministerium, 14.10.1946, daß die Bekenntniskirche „als Widerstandsbewegung im Sinne des Artikels 39/II/2 [des Gesetzes zur Befreiung von Nationalsozialismus und Militarismus] anerkannt werden muß". Vgl. Kristine Fischer-Hupe, Der Kirchenkampfdiskurs nach 1945. Wie katholische und evangelische Theologen in der frühen Nachkriegszeit über den Kirchenkampf der Jahre 1933–1945 sprachen, in: KZG 15, 2002, S. 461–489. Als frühen Beleg nennt Traugott Jähnichen, Selbstbehauptung – Protest – Widerstand. Zum Verhalten der Bekennenden Kirche gegenüber dem Nationalsozialismus, in: Günter Brakelmann/Manfred Keller (Hg.), Der 20. Juli 1944 und das Erbe des deutschen Widerstands, Münster 2005, S. 40 mit Anm. 3 auf S. 240, die Studie des Ökumenischen Rates „Tateinsatz der Kirchen im Rahmen der Widerstandsbewegung gegen das nationalsozialistische Regime in Deutschland" vom Februar 1945. Die Zuschreibung an Hans Schönfeld paßt zu seinem Kontakt zum Kreisauer Kreis.

[5] Vgl. Jonathan R. Wright, Über den Parteien. Die politische Haltung der Kirchenführer 1918–1933 (AkiZ.B 2), Göttingen 1977; Kurt Nowak, Evangelische Kirche und Weimarer Republik, Göttingen 1981.

[6] Paul Tillich, Die Kirche und das Dritte Reich. Zehn Thesen, in: Hans-Walter Krumwiede, Evangelische Kirche und Theologie in der Weimarer Republik, Neukirchen 1990, S. 239.

sich dem Nationalsozialismus öffnet und den Sozialismus verwirft, ist im Begriff, wieder einmal seinen Auftrag an der Welt zu verraten". Allerdings wechselten 1933 einige Religiöse Sozialisten wie der systematische Theologe Georg Wünsch zu den Nationalsozialisten, auch Tillichs Position war nicht so eindeutig, wie er gefordert hatte, da er noch 1933 eine Verbindung des revolutionären Proletariats mit den revolutionären Gruppen der politischen Romantik, dem Strasser-Flügel der NSDAP, und deren Überbietung propagierte.[7] Aber im gleichen Jahr verlor er seine Professur und mußte in die USA emigrieren.

In ihrer Mehrheit reagierten die Protestanten auf das Anwachsen der NSDAP mit einem Ja – Aber. So stieß die Rassenideologie Rosenbergs auf Ablehnung, aber das nationale Wollen begrüßte man.[8] Zweifellos trugen evangelische Wähler zum Aufstieg Hitlers und der NSDAP bei, während sich katholische Gebiete als resistenter erwiesen.[9] Nur einzelne konnten wie Richard Karwehl, ein Schüler Karl Barths, 1932 das „Politische Messiastum"[10] und die mit dem Rassegedanken gegebene Verherrlichung des Menschen als grundsätzlichen Gegensatz zum christlichen Glauben theologisch analysieren. Die Kirchenleitungen hielten sich bei der „Machtergreifung", der Beauftragung Hitlers mit der Kanzlerschaft am 30. Januar 1933, zurück und verfolgten weiterhin den Kurs „über den Parteien", da sie wie viele Zeitgenossen hier nur eine der üblichen Regierungsbildungen der Weimarer Republik sahen, die zudem wenig Aussicht auf Erfolg zu haben schien.

---

[7] Vgl. Paul Tillich, Die sozialistische Entscheidung, in: ders., Gesammelte Werke, Bd. 2, Stuttgart 1962, S. 247ff. 307; dazu Riccardo Bavaj, Von den „Gesellschaftsproblemen der Gegenwart" zur „sozialistischen Entscheidung". Paul Tillichs politisches Denken in der Weimarer Republik, in: KZG 20, 2007, S. 97-127; außerdem Friedrich Wilhelm Graf, Old harmony? Über einige Kontinuitätselemente in Paul Tillichs Theologie der Allversöhnung, in: Hartmut Lehmann/Otto Gerhard Oexle (Hg.): Nationalsozialismus in den Kulturwissenschaften, Bd. 2, Göttingen 2004, S. 375–415.

[8] Vgl. die Beiträge in Leopold Klotz (Hg.), Die Kirche und das Dritte Reich. Fragen und Forderungen deutscher Theologen, 2 Bd., Gotha 1932, und bes. Walter Künneth in ders. u. a., Was haben wir als evangelische Christen zum Rufe des Nationalsozialismus zu sagen? Dresden 1932, Teilabdruck in: Eberhard Röhm/Jörg Thierfelder, Evangelische Kirche zwischen Kreuz und Hakenkreuz, Stuttgart 1981, S. 20. Vgl. jetzt auch Robert P. Ericksen, The Question of Complicity, in: Katarzyna Stokłosa/Andrea Strübind (Hg.), Glaube – Freiheit – Diktatur in Europa und den USA (FS Gerhard Besier), Göttingen 2007, S. 93-112.

[9] Vgl. Hartmut Lehmann, Hitlers evangelische Wähler, in: ders., Protestantische Weltsichten, Göttingen 1998, S. 130-152.

[10] Richard Karwehl, Politisches Messiastum, in: ZZ 9, 1931, S. 519-543.

Schlagartig änderte sich das Verhalten beider Kirchen nach der Reichstagswahl vom 5. März 1933 und der Regierungserklärung vom 23. März, zwei Tage nach dem „Tag von Potsdam", der die NS-Bewegung in der Garnisonkirche als Erbe der preußischen Tradition mit dem Segen der Kirche darstellen sollte. Auch die Predigt des kurmärkischen Generalsuperintendenten Otto Dibelius in der Potsdamer Nikolaikirche über „Ist Gott für uns, wer mag wider uns sein" (Röm 8,31) huldigte entsprechend diesem Text dem illusionären Glanz, sie schlug aber auch deutlich kritische Töne an.[11] Eindeutig zeigte demgegenüber den Umschwung z.B. die Osterbotschaft des Evangelischen Oberkirchenrates der Altpreußischen Union (ApU) vom 11. April: „Die Osterbotschaft von dem auferstandenen Christus ergeht in Deutschland in diesem Jahr an ein Volk, zu dem Gott durch eine große Wende gesprochen hat. [...] Die Kirche weiß sich mit der Führung des neuen Deutschland dankbar verbunden."[12]

Aus dieser Erklärung spricht eine politische Theologie, die sich in den zwanziger Jahren in nationaler, noch nicht nationalsozialistischer Ausprägung gebildet hatte; der Suche nach einer Verbindung von Kirche und Volk schien Hitlers Regierungserklärung neue Möglichkeiten zu eröffnen. In ihr hatte er die Kirchen als „wichtige Faktoren der Erhaltung unseres Volkstums" zur Mitarbeit eingeladen. Als Grundlage nannte das Programm der Partei von 1920 im Punkt 24 das „positive Christentum", was positive Assoziationen weckte. Nicht dogmatische Streitereien, sondern die Heilung der Bruchstellen der Gesellschaft, besonders der Trennung der bürgerlichen Kirche von der Arbeiterschaft schien die NSDAP einer „Volkskirche ohne Volk"[13] zu versprechen. Im Werben um die Kirche zogen uniformierte SA-Formationen zum Gottesdienst und traten wieder in die Kirche ein, nachdem KPD und Teile der SPD in den Jahren davor zusammen mit den Freidenkerverbänden für Kirchenaustritte agitiert hatten. Große volksmissionarische Möglichkeiten schienen sich zu eröffnen. Weil der „Geist von 1914" wieder erwacht war, wählten 1933

---

[11] Vgl. Scholder, Kirchen, I, S. 296; Hartmut Fritz, Otto Dibelius. Ein Kirchenmann in der Zeit zwischen Monarchie und Diktatur (AKiZ.B 27), Göttingen 1998, S. 384ff. Während sich Göring für die Predigt bedankte, kritisierten sie andere Nationalsozialisten, wie sich Otto Dibelius, Ein Christ ist immer im Dienst, Stuttgart 1961, S. 171ff., erinnert. Auch kirchliche Zeitgenossen erkannten zustimmend die Kritik; vgl. Günter Windschild/Helmut Schmid (Hg.), Mit dem Finger vor dem Mund ... Ballenstedter Tagebuch des Pfarrers Karl Fr. E. Windschild 1931-1944, Dessau 1999, S. 61.

[12] In: Günther van Norden, Der deutsche Protestantismus im Jahr der nationalsozialistischen Machtergreifung, Gütersloh 1979, S. 60.

[13] Johannes Schneider, zit. Karl-Wilhelm Dahm, Pfarrer und Politik, Köln-Opladen 1965, S. 69.

besonders junge Pfarrer der Frontkämpfergeneration wie Martin Niemöller NSDAP, sein Bruder Wilhelm weihte SA-Fahnen. Demgegenüber bewirkte die einschneidende „Verordnung zum Schutz von Volk und Staat" nach dem Reichstagsbrand keine Distanzierung. Angesichts des Judenboykotts am 1. April 1933 und des „Gesetzes zur Wiederherstellung des Berufsbeamtentums" vom 7. April konnte sich die Kirche zu keiner Kritik entschließen, es blieb bei den Stimmen einzelner.[14]

Nur selten wurde so klar und öffentlich wie in dem von Hans Asmussen mitverfaßten „Wort und Bekenntnis Altonaer Pastoren in der Not und Verwirrung des öffentlichen Lebens" vom 11. Januar 1933 als Stellungnahme zu dem „Altonaer Blutsonntag" vom 17. Juli 1932 der Auftrag der Kirche von der Politik abgegrenzt. „Wenn jemand bei militärischen, staatlichen oder parteilichen Festen die Kirche nur dazu haben will, um die Feierlichkeit der Feste zu heben, mißbraucht er die Kirche. [...] Wer die Kirche nur zu dem Zwecke will, daß dem Volke die Religion erhalten bleibe, der vergeht sich an der Ehre Gottes."[15] Weil die Kirche kirchlich und der Staat politisch zu reden habe, wird eine „Vergöttlichung des Staates" verworfen. Betont wird aber seine nationale Aufgabe, „zuerst seinem eigenen Wachstum Raum zu schaffen, damit er das Leben der Untertanen erhalten und schützen kann."[16] Trotz der konservativen Hoffnung auf eine „väterliche" Regierung heißt es: „Wir sind zum Gehorsam gegen die Obrigkeit berufen. Wenn aber der Fall eintritt, daß die Obrigkeit selbst wider ‚der Stadt Bestes' handelt, dann muß jeder entscheiden, wann der Augenblick gekommen ist, wo man Gott mehr gehorchen muß als den Menschen." In seiner Unbestimmtheit war das eher eine pflichtgemäße Erinnerung an die Clausula Petri (Apg 5,29). Auf sie sollte in den nächsten Jahren immer wieder hingewiesen werden als Maßstab kirchlichen „Widerstandes".

Besondere Bedeutung erlangte eine Gruppe evangelischer Nationalsozialisten, die unter dem von Hitler verfügten Namen „Glaubensgemeinschaft Deutsche Christen" (GDC) im November 1932 bei den Kirchenwahlen in der ApU rund ein Drittel der Sitze in den Kirchenvorständen gewonnen hatte. Als „SA Jesu Christi" schien sie nicht nur von einem nationalsozialistischen, sondern auch von einem volksmissionarischen Wollen bestimmt: Weg mit der Behördenkirche und ihren überalterten Strukturen in 28 Landeskirchen, hin zu einer lebendigen Kirche, die nicht

---

[14] Vgl. Marikje Smid, Deutscher Protestantismus und Judentum 1932/33, München 1990; Eberhard Röhm/Jörg Thierfelder, Juden, Christen Deutsche 1933–1945, Bd. 1: 1933 bis 1935, Stuttgart 1990.
[15] In: Norden, Protestantismus, S. 29.
[16] AaO., S. 31.

die Aufgaben der Gegenwart und das nationale Erwachen verschläft; hin zu einer Reichskirche. Das sprach auch sozial und missionarisch engagierte Christen an, deren Wurzeln in der Erweckungsbewegung lagen.

Den seit 1848 geforderten Zusammenschluß der Landeskirchen konnten und wollten die Kirchenleitungen nicht verhindern. In den Einigungsverhandlungen im Frühjahr 1933 zeigte sich allerdings, daß die Kirchenreform der Ausrichtung auf den neuen Staat und der Durchsetzung des Führerprinzips dienen sollte. Für die Schaffung der Reichskirche ernannte Hitler den Königsberger Wehrkreispfarrer Ludwig Müller zum „Bevollmächtigten des Führers für die Angelegenheiten der evangelischen Kirchen". Dieser sollte Reichsbischof werden. Die Mehrheit der Kirchenführer wählte aber zu Pfingsten Friedrich von Bodelschwingh, den allseits verehrten Leiter der Betheler Anstalten. Ohne hinreichende Unterstützung durch die Kirchenführer mußte er jedoch nach vier Wochen dem Druck von Partei und Staat weichen. Zudem übernahm am 24. Juni August Jäger, Leiter der Kirchenabteilung im Preußischen Kultusministerium, als Staatskommissar die Leitung der Evangelischen Kirche der ApU, der größten deutschen Landeskirche, und ließ durch die Entlassung von Otto Dibelius und anderen Superintendenten die kommenden Ereignisse ahnen. Allerdings konnte er seine Stellung nur drei Wochen behaupten, bis die Gemaßregelten nach zahlreichen Protesten wieder ihre alten Aufgaben wahrnehmen konnten.

Nachdem SA-Einheiten das Kirchenbundesamt am 28. Juni besetzt hatten, erreichte Müller in kurzer Zeit die Fertigstellung der neuen Verfassung der Reichskirche, die am 14. Juli – in der gleichen Sitzung wie das Reichskonkordat mit der katholischen Kirche – von der Reichsregierung bestätigt wurde. Entsprechend sollten neun Tage später, am 23. Juli, in den Gemeinden der neuen Deutschen Evangelischen Kirche (DEK) Kirchenwahlen stattfinden.

Gegen die GDC kandidierten auf der Liste „Evangelium und Kirche" Vertreter der „Jungreformatorischen Bewegung". Zu ihren Initiatoren gehörte auch der junge Berliner Privatdozent Dietrich Bonhoeffer. Die Jungreformatoren waren ebenfalls für eine Reichskirche, wollten diese aber entsprechend ihrer Wahlparole: „Kirche muß Kirche bleiben", gestalten. Im Wahlkampf wurden sie massiv behindert, während der Parteiapparat die GDC unterstützte. Auf sie legte sich Hitler am Vorabend der Wahl fest und wünschte über alle deutschen Sender, „daß die neuen Kirchenwahlen in ihrem Ergebnis unsere deutsche Volks- und Staatspolitik unterstützen werden."[17] So gewann die GDC am 23. Juli mit ca. 70–75 %, wobei nach dem Eingreifen Hitlers vielerorts nur eine Liste antrat oder

---

[17] Zit. Scholder, Kirchen, I, S. 567.

auf die Auszählung verzichtet wurde. Die Jungreformatoren waren gescheitert, aber nun bildeten sich einzelne Gruppen aus Pfarrern und Laien, erste Ansätze zur BK. Nötig war die bekenntnismäßige Klärung.

Vierzehn Tage vorher hatte der Bonner Theologe Karl Barth die wohl wichtigste theologische Veröffentlichung von 1933 vorgelegt: „Theologische Existenz heute!" Sie war eine radikale Absage an die DC, aber besonders an die Jungreformatoren, bei denen Barth eine nur kirchenpolitische Alternative zu den DC sah. Weil nach dem Wesen und Auftrag der Kirche zu fragen und zu handeln sei, könne es nicht „Kirche muß Kirche bleiben" heißen, sondern „Kirche muß Kirche werden!" Die Kirche „glaubt an keine bestimmte, also auch nicht an die nationalsozialistische Staatsform. Sie verkündigt das Evangelium in allen Reichen dieser Welt. Sie verkündigt es auch *im* Dritten Reich, aber nicht *unter* ihm und nicht in *seinem* Geiste."[18] „Was wir heute in *erster* Linie brauchen, ist doch ein *geistliches* Widerstandszentrum, das einem kirchenpolitischen erst Sinn und Substanz geben würde."[19] Mit der Absetzung von einem politischen Widerstand formulierte Barth die Leitlinie für den Kirchenkampf.

Die theologische Substanz der Kirche stand am 5. September 1933 zur Disposition, als die neu gewählte „braune" Generalsynode der ApU mit ihrer DC-Mehrheit den Arierparagraphen für kirchliche Amtsträger einführte, wie es die DC schon vor der Verkündung des „Gesetzes zur Wiederherstellung des Berufsbeamtentums" vom 7. April 1933 gefordert und damit die Kritik von Theologen wie Dietrich Bonhoeffer und Walter Künneth hervorgerufen hatten. Weil das neue Gesetz einen Angriff auf das Wesen der Kirche darstellte, verließen die Synodalen von „Kirche und Evangelium" die Synode. Am 21. September rief der Dahlemer Pfarrer Martin Niemöller zur Bildung des Pfarrernotbundes als Solidargemeinschaft der Pfarrer auf, die von einem Bruderrat geleitet wurde. Bis Anfang 1934 traten dem Notbund mehr als 7.000 Mitglieder, 37 % der Pfarrerschaft, bei. Dieser Erfolg war möglich, weil die Bindung an Schrift und Bekenntnis keine Wendung gegen den neuen Staat enthielt.

Gleichzeitig näherte sich für die GDC Höhepunkt und Krise. Am 27. September wählte die Nationalsynode in Wittenberg Müller zum Reichsbischof, so daß sich Hitler aus der Kirchenpolitik zurückzog. Am 13. Oktober verfügte Rudolf Heß als Stellvertreter des Führers eine strikte Neutralität der NSDAP bei konfessionellen Fragen. Am 450. Geburtstag Martin Luthers am 10. November feierte man den Reformator als Symbol deutschen Christentums, dem Karl Barth den an die Schrift gebundenen

---

[18] Karl Barth, Theologische Existenz heute! (1933), neu hg. und eingeleitet von Hinrich Stoevesandt (TEH.NS 219), München 1984, S. 59.
[19] AaO., S. 80.

Kirchenlehrer gegenüberstellte.[20] Drei Tage später forderte der Berliner Gauführer der DC, Dr. Reinhold Krause, im Sportpalast „die Befreiung von allem Undeutschen im Gottesdienst und im Bekenntnismäßigen, Befreiung vom Alten Testament mit seiner jüdischen Lohnmoral, von diesen Viehhändler- und Zuhältergeschichten."[21] Mit dieser offenen Proklamation des Antisemitismus als neuer Kirchenlehre war der Bogen überspannt. Viele gemäßigte Mitglieder verließen die GDC, und ihr Leiter, Joachim Hossenfelder, trat zurück; als Schirmherr der GDC mußte sich Müller nach Protesten des Pfarrernotbundes und vieler Gemeinden distanzieren und saß damit zwischen allen Stühlen.

Obwohl er Ende 1933 die kirchliche Jugend in die HJ eingliederte, schien die Opposition zu siegen. Als Müller „kirchenpolitische Auseinandersetzungen" durch den „Maulkorberlaß" vom 4. Januar 1934 verbot, protestierte der Pfarrernotbund mit einer öffentlichen Erklärung. Wegen der daraufhin erfolgenden Verhaftungen von Pfarrern forderte Reichspräsident Paul von Hindenburg Hitler zum Eingreifen auf. Siegessicher kamen die oppositionellen Kirchenvertreter zum Empfang durch Hitler am 25. Januar, aber ein abgehörtes Telephongespräch belastete Niemöller so, daß Hitler die Kirchenführer erneut auf Müller einschwor. Das war für den langjährigen Präsidenten des Deutschen Evangelischen Kirchentages, Wilhelm Freiherrn von Pechmann, der letzte Anstoß, um am 2. April aus der DEK auszutreten, nachdem er seit 1929 als Gottes Willen „Widerspruch und Widerstand gegen das Unrecht, Bekenntnis zum Recht"[22] gefordert und wegen der Juden ein Wort der Kirche verlangt hatte.

2. Reichsbekenntnissynoden und Kirchenausschüsse, 1934–1937

Der kirchliche Widerstand wurde getragen vom Pfarrernotbund, zunehmend aber auch von Gemeinden. Besonders in den westlichen Provinzen der ApU bildeten sich gegen die DC-Kirchenherrschaft Freie Synoden, wobei die Freie reformierte Synode in Barmen-Gemarke durch ihre von Karl Barth entworfene Erklärung vom 4. Januar in die Zukunft wies. Einen Monat später versammelte sich dort die Freie rheinische Synode und am 29.–31. Mai 1934 die „Erste Bekenntnissynode" der DEK. Als

---

[20] Vgl. zuletzt Michael Hüttenhoff, Ein Lehrer der christlichen Kirche. Karl Barths Kritik am Lutherbild der Deutschen Christen, in: ZThK 103, 2006, S. 492-514.
[21] Zit. Scholder, Kirchen I, S. 704.
[22] Zit. Wolfgang Sommer, Stimmen innerkirchlichen Widerspruchs. Wilhelm Freiherr von Pechmann und Karl Steinbauer, in: Gerhart Herold/Carsten Nicolaisen (Hg.), Hans Meiser (1881-1956), München 2006, S. 72.

Markstein des Kirchenkampfes brachte sie die theologische Besinnung auf Wesen und Aufgabe der Kirche zum Durchbruch und grenzte sich ab von den DC, aber auch von der staatlichen Gleichschaltung, die seit Mitte April August Jäger als „Rechtswahrer" der DEK durch zwangsweise Eingliederung der Landeskirchen in die Reichskirche betrieb. Dagegen hatte sich wegen der verlangten Absetzung von Landesbischof Wurm der erfolgreiche Widerstand der Gemeinden Württembergs gerichtet. Gegen die drohende Eingliederung traten die lutherischen Kirchen Württembergs und Bayerns in die „Bekenntnisfront" ein, die sich am Ulmer Bekenntnistag (23. April) als „rechtmäßige evangelische Kirche Deutschlands" der Reichskirche entgegenstellte.

Dieser Anspruch wurde in Barmen durch kirchenrechtliche Beschlüsse und die „Theologische Erklärung" begründet. Die theologische Grundlage für die kommenden Auseinandersetzungen war maßgeblich von Karl Barth entworfen worden.[23] Nach sorgfältiger Beratung wurde sie zusammen mit dem erläuternden Vortrag von Hans Asmussen einstimmig angenommen, nachdem ein dezidierter Gegner Hitlers aus theologischen Gründen vorzeitig abgereist war. Zusammen mit der Anwesenheit von Parteimitgliedern[24] zeigt dieser Vorgang, daß Barmen eine spezifisch theologische und keine politische Widerstandsposition aufrichtete. Da der NS-Staat diese Differenzierung nicht anerkannte, wirkte Barmen – indirekt – politisch.

„Die zur Bekenntnissynode der Deutschen Evangelischen Kirche vereinigten Vertreter lutherischer, reformierter und unierter Kirchen, freier Synoden, Kirchentage und Gemeindekreise"[25] bekannten in der ersten These als Auslegung von Joh 14,6 Christus als Grund des Glaubens: „Jesus Christus, wie er uns in der Heiligen Schrift bezeugt wird, ist das eine Wort Gottes, das wir zu hören, dem wir im Leben und im Sterben zu vertrauen und zu gehorchen haben." Dieser Grundaussage entspricht die anschließende kleiner gedruckte Verwerfung der „Irrtümer der DC": „Wir verwerfen die falsche Lehre, als könne und müsse die Kirche als Quelle ihrer Verkündigung außer und neben diesem einen Worte Gottes

---

[23] Zur vielfältigen Vorgeschichte vgl. Carsten Nicolaisen, Der Weg nach Barmen. Die Entstehungsgeschichte der Theologischen Erklärung von 1934, Neukirchen 1985. Zur Rezeptionsgeschichte vgl. Manuel Schilling, Das eine Wort zwischen den Zeiten. Die Wirkungsgeschichte der Barmer Theologischen Erklärung vom Kirchenkampf bis zum Fall der Mauer, Neukirchen 2005.

[24] Vgl. Martin Greschat, Bekenntnis und Politik, in: EvTh 44, 1984, S. 524–542, bes. S. 533–540.

[25] Dies und die folgenden Zitate nach Alfred Burgsmüller/Rudolf Weth (Hg.), Die Barmer Theologische Erklärung, Neukirchen 1983, S. 30–40.

auch noch andere Ereignisse und Mächte, Gestalten und Wahrheiten als Gottes Offenbarung anerkennen." Die NS-Weltanschauung bei den DC und damit eine Heilsgeschichte von Rasse und Volkstum, von Führer und Reich werden abgelehnt. Aber diese Konkretion darf nicht verdecken, daß die Hauptthese nicht polemisch, sondern als Entfaltung der biblischen Botschaft positionell gemeint war: die Wiederentdeckung der Christologie, nachdem man lange nach dem historischen Leben Jesu gefragt hatte; das Verständnis des Alten und Neuen Testaments als Christusbotschaft. Dem „arischen Jesus" wird darum nicht der „Jude Jesus" gegenübergestellt, sondern Christus als das Evangelium für Juden und Heiden. Für Karl Barth waren die Irrtümer der DC eine Zuspitzung von Irrwegen, die in den letzten beiden Jahrhunderten Kirche und Theologie bestimmt hatten.

Barmen II entwickelt die grundlegende Bedeutung der Rechtfertigung allein durch Christus. Es gibt keine Bereiche des Lebens, die nicht durch die Spannung von Sünde und Gnade betroffen sind, „in denen wir nicht der Rechtfertigung und Heiligung durch ihn (d.h. Christus) bedürften." Das hat Konsequenzen für Wesen und Gestalt der Kirche, wie die 3. und 4. These zeigen, aber auch für das Verhältnis von Staat und Kirche. In der entsprechenden 5. These wird deren Relation und damit auch die Frage des kirchlichen Widerstands zum Thema als Auslegung von 1. Petr 2,17: „Fürchtet Gott, ehret den König!"

„Die Schrift sagt uns, daß der Staat nach göttlicher Anordnung die Aufgabe hat, in der noch nicht erlösten Welt, in der auch die Kirche steht, nach dem Maß menschlicher Einsicht und menschlichen Vermögens unter Androhung und Ausübung von Gewalt für Recht und Frieden zu sorgen. Die Kirche erkennt in Dank und Ehrfurcht gegen Gott die Wohltat dieser Anordnung an. Sie erinnert an Gottes Reich, an Gottes Gebot und Gerechtigkeit und damit an die Verantwortung der Regierenden und Regierten. Sie vertraut und gehorcht der Kraft des Wortes, durch das Gott alle Dinge trägt."

Die anschließende Verwerfung warnt den Staat und die Kirche vor einer Überschreitung der Grenze zwischen beiden. Weder darf der Staat „die einzige und totale Ordnung menschlichen Lebens werden und also auch die Bestimmung der Kirche erfüllen", noch darf sich die Kirche „staatliche Art, staatliche Aufgaben und staatliche Würde aneignen und damit selbst zu einem Organ des Staates werden." Die Ablehnung des „totalen" Staates gründet sowohl im Wesen der Kirche als auch im Wesen des Staates. Deshalb bietet die Verkündigung der Kirche keine Vorschriften für staatliches Handeln, sondern richtet sich an die „Verantwortung der Regierenden und Regierten", die durch „Gottes Reich, [...] Gottes Gebot und Gerechtigkeit" ihre letzte Legitimation erhält. Für die Widerstandsfrage folgt daraus: Die Kirche hat den Staat anzuerkennen und – wie auch der Staat – die Grenze zwischen Staat und Kirche zu wahren, was den kirchlichen Widerstand gegen Grenzverletzungen einschließen kann.

Obwohl man vielfach reformierte Prägungen in der Barmer Theologischen Erklärung hervorgehoben hat, fußt Barmen V auf der Unterscheidung der beiden Reiche im Sinne Luthers. Gottes Regiment durch den Staat mit Hilfe von Schwert und Gewalt wird abgesetzt von seiner Herrschaft in der Kirche allein mit dem Wort. Entsprechend setzte sich der Lutheraner Gerhard Gloege, der aus den DC wegen deren Übergriffen ausgetreten und unter dem Eindruck von Barmen zum entschiedenen Mitglied der BK geworden war, für die lutherische Anerkennung von Barmen V ein. Wenn er 1936 betonte, daß „in den Kirchen Augsburgischen Bekenntnisses jegliche Lehre vom Recht des Widerstandes gegen die Staatsgewalt"[26] über die Gehorsamsverweigerung gemäß der Clausula Petri hinaus fehle, entsprach das dem „Verzicht auf Gewalt und Aufruhr"[27] durch Dietrich Bonhoeffer.

Aus reformierter Sicht urteilte Harmannus Obendiek 1936 grundsätzlich ähnlich. Gegenüber einer Obrigkeit, „die in ihren Handlungen bezeugt, daß sie sich nicht an den Willen Gottes gebunden weiß"[28], betonte der Mitbegründer der Kirchlichen Hochschule Wuppertal zwar „die Grenzen des Gehorsams", aber es bleibe der Gemeinde und ihren Gliedern überlassen, ob im einzelnen Falle „solchen Befehlen zu widerstehen" sei. Das wäre „aber etwas anderes als ein politisches Manifest." Ausdrücklich lehnte er es ab, die Äußerung Zwinglis über die Absetzung einer solchen Obrigkeit als reformierte Sonderlehre der lutherischen Lehre gegenüberzustellen.[29] Weil „die Freiheit auch in politischer Beziehung für den Christen als Gabe Gottes verstanden" wird, „kann das Bekenntnis

---

[26] Gerhard Gloege, Staat und Kirche nach lutherischer Lehre in Auslegung des fünften Barmer Satzes (Vorlage für den Lutherischen Bekenntniskonvent) (November 1936), in: Gerhard Besier/Gerhard Ringshausen (Hg.), Bekenntnis, Widerstand, Martyrium, Göttingen 1986, S. 396–425, hier: S. 416.

[27] Dietrich Bonhoeffer, Nachfolge, hg. von Martin Kuske/Ilse Tödt (DBW 4), München 1989, S. 107.

[28] Harmannus Obendiek, Die Obrigkeit nach dem Bekenntnis der reformierten Kirche, München 1936, S. 40; vgl. Robert Steiner (Hg.), Harmannus Obendiek, Neukirchen 1965.

[29] Obendiek, Obrigkeit, S. 41, Anm. 123, gegen die Deutung des 42. der 67 Artikel Zwinglis vom 29.1.1523 durch Hermann Sasse, Kirchenregiment und weltliche Obrigkeit, 1935. Auf den von Karl Barth (Gotteserkenntnis und Gottesdienst nach reformierter Lehre, Zollikon 1938, S. 213; Rechtfertigung und Recht, Zollikon 1938, S. 34ff., 40ff.) betonten Art. 14 der Confessio Scotica geht er nicht ein.

von den Gliedern der Kirche verlangen, den Obrigkeiten zu gehorchen, auch wenn diese ungläubig sind. Hier gilt dann nur eine Rücksicht, nur eine Grenze, nur eine Sorge: wenn nur das unabhängige Reich Gottes unverletzt bleibt."[30] Damit ist indirekt die Clausula Petri (Apg 5,29) angesprochen.

Kirchen- und theologiegeschichtlich hat sich in der Theologischen Erklärung von Barmen die Theologie des Wortes als resistent gegenüber den DC erwiesen. Die von Karl Barth und seinem Kreis in den zwanziger Jahren vorgetragene Kritik der Liberalen Theologie wurde aktualisiert, wobei lutherische Positionen wie die von Asmussen integriert wurden. Zur Orientierung am Wort Gottes und seiner schriftlichen Gestalt gehörte die Betonung des Gehorsams gegenüber der Obrigkeit (Röm 13,1ff.; 1. Petr 2,13ff.) sowie die Ablehnung einer Ethik der Schöpfungsordnungen. Deshalb wandte sich der Erlanger Lutheraner Werner Elert im „Ansbacher Ratschlag" vom 11. Juni 1934 gegen die „Confessio Barmensis", weil Gottes Wille „uns auch an den bestimmten historischen Augenblick der Familie, des Volkes, der Rasse"[31] binde. Deshalb hatte er bereits zusammen mit Paul Althaus die Übernahme des Arierparagraphen für die „äußere Ordnung der Kirche" damit begründet, daß diese „auch der historisch-völkischen Gliederung der christlichen Menschen zu entsprechen" habe.[32] Damit arbeiteten sie nicht nur den DC in die Hand, sondern Elert beeinflußte theologisch auch den bayerischen Landesbischof Hans Meiser. Zur Anfälligkeit der Lutheraner trug bei, daß die Luther-Renaissance, der zweite theologische Neuansatz der zwanziger Jahre neben der Dialektischen Theologie, sich teilweise den DC öffnete. Die in der Weimarer Zeit noch dominanten Liberalen Theologen waren dagegen in einer besonderen Schwierigkeit. Sie votierten für die DC oder traten der BK aus theologischen Gründen nicht bei, obwohl sie die DC ablehnten und dem NS-Staat kritisch gegenüberstanden. Deswegen unterstützten andere wie der Religiöse Sozialist Ernst von Harnack die BK, obwohl sie deren theologische Begründung nicht teilten.

Obwohl sich diese theologischen Differenzen verhängnisvoll für die BK auswirkten, waren sie in den Gemeinden weniger entscheidend. Der Einfluß der Theologie Barths war noch nicht sehr groß. Zudem teilten einige seiner Freunde aus den zwanziger Jahren wie Friedrich Gogarten und Schüler Barths wie Otto Weber nicht seine Position. Für die BK in

---

[30] Obendiek, Obrigkeit, S. 41.
[31] Zit. Scholder, Kirchen II, S. 209.
[32] Norden, Protestantismus, S. 371f. Zur Stellungnahme Meisers vgl. Gerhard Müller, Zusammenarbeit und Konflikte mit der Theologischen Fakultät in Erlangen, in: Herold/Nicolaisen, Hans Meiser, S. 92f.

Berlin hat Manfred Gailus belegt: „Selbst in den größeren und bewußtesten Gruppen wurde Karl Barth nur am Rande und in sehr speziellen Zirkeln rezipiert."[33] So beruhte die Zustimmung zur BK in den von der Erweckungsbewegung geprägten Gebieten auf der Bibelorientierung, welche die Ablehnung der DC wie vorher der Liberalen Theologie prägte. In anderen Gemeinden waren es konservative Einstellungen, welche Maßnahmen und Ideologie des Regimes und deshalb dessen Eingriffe in die Kirche unabhängig von theologischen Gründen ablehnten. Parteigenossen hielten zur BK, weil sie den politischen Anspruch der NSDAP unterstützten, aber dessen Ausweitung auf die Kirche mißbilligten.[34] Andererseits erwarb die BK durch ihre Widerständigkeit außerhalb der Kirche Sympathie und Unterstützung, weil man gegen das Regime war, was die BK gerade vermeiden wollte.[35] Manche kamen in BK-Gottesdienste, weil hier ein offenes Wort gesprochen wurde.[36] Gemäß dem Geist ihres Traditionsregimentes schützten Offiziere des IR 9 die BK-Gottesdienste in der Potsdamer Erlöserkirche durch eine Wache vor Anpöbeleien.[37]

---

[33] Manfred Gailus, Protestantismus und Nationalismus, Köln 2001, S. 648.

[34] Vgl. den Bericht von Hans-Friedrich Lenz, „Sagen Sie, Herr Pfarrer, wie kommen Sie zur SS?", Gießen-Basel 1982, S. 29f., daß die Parteileitung seines Ortes „aktiv auf der Seite der Bekennenden Kirche" gestanden habe. „Der Ortsgruppenleiter, ein aktiver Parteigenosse legte [...] sein Amt nieder, und das – wie er ausdrücklich betonte – aus Glaubensgründen." In Schlesien saß 1942 ein NS-Bürgermeister im Gemeindekirchenrat, den der Kantor leitete, ebenfalls Parteigenosse; vgl. Werner Jochmann, Evangelische Kirche und Politik, in: Victor Conzemius u.a. (Hg.), Die Kirche nach 1945 als Thema der kirchlichen Zeitgeschichte, Göttingen 1988, S. 209f.

[35] So unterstützte Robert Bosch die BK mit beachtlichen Mitteln. 1934 urteilte er: „Wenn die evangelische Kirche in Deutschland schon früher in diesem Maß um ihre innere und äußere Freiheit gegenüber der Staatsomnipotenz gekämpft hätte und ihre soziale Verpflichtung und Haltung glaubwürdig unter Beweis gestellt hätte wie heute, dann wäre vieles anders gelaufen, dann wäre wahrscheinlich auch ich nicht [schon vor dem 1. Weltkrieg] aus der Kirche ausgetreten." Bericht von Wilhelm Pressel an Ger van Roon, 22.9.62 (IfZ, ZS/A 18, Bd. 6). Vgl. die Anerkennung des Pfarrernotbundes durch Wilhelm Solf, unten, S. 444.

[36] George Bell, der Bischof von Chichester, berichtet in „Christianity and World Order" (Harmondsworth 1940) von einem Gespräch eines prominenten Führers der BK 1934. Als dieser einen bekannten, aber nicht zu den Gottesdienstbesuchern zählenden Mann in seiner Kirche bemerkte und ihn nach dem Grund seines Gottesdienstbesuches fragte, antwortete dieser: „I come because I like to hear a brave word spoken." (S. 146).

[37] Vgl. Wolfgang Paul, Das Potsdamer Infanterie-Regiment 9 1918–1945, Osnabrück 1983, S. 104. Zu erwähnen ist, daß Feldbischof Franz Dohrmann auch von der BK ordinierte „illegale" Vikare als Divisionspfarrer einsetzte. So konnte der für RR 9 zuständige DC-Pfarrer durch einen „Illegalen" ersetzt werden; Gottfried von Dietze an Verf., 27.2.2007.

Ähnlich suchte Hans Graf Sponeck 1935 Kontakt zur BK, um dem Eindringen der NS-Ideologie in sein Infanterieregiment Döberitz entgegenzuwirken.[38]

In BK-Gemeinden bzw. -Gruppen innerhalb der Gemeinde bildete sich durch Gottesdienste und Bibelarbeiten angesichts der staatlichen Verfolgungsmaßnahmen eine sich an der Bibel vergewissernde Frömmigkeit und Identität, die durch die Fürbitte für Verfolgte, die Abkündigung kirchenpolitisch brisanter „Worte" der BK-Synoden sowie das Sammeln verbotener Kollekten für die BK stimuliert wurde. „Der bloße Gottesdienstbesuch bei einem exponierten Bekenntnispfarrer konnte bereits als kirchenoppositionelle, teils sogar als regimekritische Demonstration aufgefaßt werden."[39] Die als allgegenwärtig vermutete Geheime Staatspolizei (Gestapo) und antichristliche Äußerungen der Partei verstärkten das Gefühl der Bedrängnis und legten konspirative Methoden des Informationsaustauschs nahe, aber auch den Ausbau sozialer Vernetzung, die auch wie in Dahlem Judenchristen zugute kam.[40]

Diese Vielschichtigkeit darf neben der Theologischen Erklärung, deren Annahme in Barmen wegen der Konfessionsverschiedenheiten als „Wunder vor unseren Augen" erschien, nicht übersehen werden. So erbittert die Auseinandersetzungen bis hin zu Spaltungen in einzelnen Gemeinden geführt wurden, blieben viele Gemeinden und Pfarrer vom Kirchenkampf völlig unberührt. Für Berlin kam Manfred Gailus zu dem Befund, daß die Mitglieder von DC und BK zusammen „nur vier bis fünf Prozent der erwachsenen Kirchenmitglieder" umfaßten.[41] Dem Nationalsozialismus angepaßte Gemeinden bildeten in vielen Regionen die Normalform, wenn gemäßigte DC-Mitglieder den Kirchenvorstand bildeten; denn auch die DC bildeten theologisch keine Einheit. Viele Protestanten wollten nur evangelisch sein.

Die in Barmen vollzogene Grenzbestimmung von Kirche und Staat entsprach Bonhoeffers Unterscheidung von indirektem und direktem politischen Handeln der Kirche Anfang April 1933 und bestimmte den weiteren Weg der BK, die mit dem herrschenden DC-Kirchenregiment brach und auf der 2. Reichsbekenntnissynode in Berlin-Dahlem am 19./20. Oktober 1934 gemäß „Kirchlichem Notrecht" den Reichsbruderrat zur Leitung der DEK bestimmte. Daß „von der bisherigen Reichskirchenregierung und ihren Behörden keine Weisung entgegenzunehmen"

---

[38] Vgl. Eberhard Einbeck, Das Exempel Graf Sponeck, Bremen 1970, S. 8f.
[39] Gailus, Protestantismus, S. 647.
[40] Vgl. Katrin Rudolph, Hilfe beim Sprung ins Nichts .Franz Kaufmann und die Rettung von Juden und „nichtarischen" Christen, Berlin 2005.
[41] AaO., S. 655.

sei, bedeutete den Weg in die Illegalität. Als Konsequenz beschloß die 3. Reichsbekenntnissynode in Augsburg im Juni 1935 die Einrichtung von Kirchlichen Hochschulen, Seminaren für die Vikarsausbildung und Prüfungskommissionen.

Gleichzeitig mit der Synode erlebte die Gleichschaltungspolitik von Reichsbischof Müller und Rechtswalter Jäger ihren Höhepunkt und ihr Scheitern am Widerstand der Gemeinden in Bayern und Württemberg, weil das Regime ein Umschlagen der Proteste „in das politische Gebiet"[42] und die außenpolitischen Folgen fürchtete. Am 30. Oktober 1934 empfing Hitler die Bischöfe von Bayern, Hannover und Württemberg, Hans Meiser, August Marahrens und Theophil Wurm. Müller hatte Hitlers Unterstützung endgültig verloren, blieb aber im Amt, nachdem Jäger bereits am Tag der Einladung, am 26. Oktober, zurückgetreten war.

In der BK standen die nicht gleichgeschalteten „intakten" den von DC-Bischöfen geleiteten „zerstörten" Landeskirchen gegenüber. Die intakten Landeskirchen wollten sich nicht gemäß den Dahlemer Beschlüssen dem Bruderrat der BK unterstellen, so daß als Kompromiß am 20./21.11.1934 eine „Vorläufige Kirchenleitung" (VKL) unter Vorsitz von Marahrens gebildet wurde. Weil sich der Reichsbruderrat beteiligte, erklärten maßgebliche Führer der BK ihren Austritt. Mit Marahrens schien sich nach Gesprächen mit dem Innenministerium die Möglichkeit zu eröffnen, daß die VKL als Kirchenregiment für die Befriedung der evangelischen Kirche von der Reichsregierung anerkannt würde. Kurz nach Dahlem war man mit diesen illusionären Hoffnungen zur Kirchenpolitik zurückgekehrt, aber bereits die erste Kanzelabkündigung der VKL gegen öffentliche Angriffe von Reichsinnenminister Frick wurde Mitte Dezember beschlagnahmt, da dieser am 6. November ein Befassen mit Angelegenheiten der evangelischen Kirche in Zeitungen und Flugblättern verboten hatte.

Während das Taktieren „die protestantische Widerstandsbewegung" nach Barths Urteil[43] „nicht zu voller Entfaltung kommen ließ", sollte das Scheitern ihrer Kirchenpolitik und Spaltungen in der BK die nächsten Jahre bestimmen. Am 8. Dezember 1934 schrieb Karl Immer an Präses Koch, der Vorsitzende des Reichsbruderrats war inzwischen uniertes Mitglied der VKL: „Biblisch ausgedrückt, der Weg der Berechnung, der nicht aus dem Glauben kam, war ohne Verheißung und endete zu unserer

---

[42] Der bayerische Ministerpräsident Ludwig Siebert an Reichsinnenminister Frick, 20.1.1934, zit. Scholder, Kirchen II, S. 331.
[43] Zit. Besier, Kirchen, S. 41.

Schande. [...] Nicht kirchenregimentliches Handeln, sondern Sammlung der bekennenden Gemeinden tut uns not."⁴⁴

Tatsächlich fanden weder der Bruderrat noch die VKL die Kraft zu energischen Schritten, als Karl Barth am 26. November 1934 von seiner Professur beurlaubt wurde, weil er den Eid auf den Führer nicht ohne den Zusatz: „soweit ich es als evangelischer Christ verantworten kann", zu leisten bereit war. Immerhin war aber die von der Nationalsynode am 9. August 1934 beschlossene Vereidigung der Pfarrer und Kirchenbeamten auf Hitler am Widerstand der BK gescheitert. Der Reichsbruderrat hatte in einer Kanzelabkündigung erklärt: „Gehorsam gegen dieses Kirchengesetz ist Ungehorsam gegen Gott," und zur Verweigerung aufgerufen, so daß Müller das Gesetz am 13. September zurückzog. Aber Barth wurde auf Drängen von Meiser bei der Bekenntnissynode in Augsburg wieder ausgeladen. Daß diese „für Millionen von Unrechtleidenden noch kein Herz" und „zu den einfachsten Fragen der öffentlichen Redlichkeit noch kein Wort gefunden"⁴⁵ hat, konnte er nur in Briefen an Freunde kritisieren.

Barths Entlassung und Reichsredeverbot folgte im Juni 1935 die Berufung an die Universität Basel. Die BK hatte ihren wichtigsten theologischen Ratgeber verloren, aber von der Schweiz aus sollte Barth den Weg der BK nicht nur irritiert, sondern auch mit neuen Einsichten verfolgen. Zwar betonte er noch im April 1937 gegenüber einer englischen Zeitung: „Was hülfe es, wenn die ganze englische Flotte an der Elbemündung erscheinen würde – der deutsche Kirchenkampf ist ein *geistlicher* und nicht ein weltlicher Kampf, [...] weil es sich in ihrem Kampf nicht um die Freiheit, sondern um die notwendige *Bindung* des Gewissens und [...] um die *Substanz* der Kirche, d.h. um die Erhaltung, Wiederentdeckung und Bewährung des rechten christlichen Glaubens handelt."⁴⁶ Aber bereits im Juli 1935 schrieb er einem deutschen Freund: „Ich kann bei der Illusion, als ob der eigentliche Gegner einer bekennenden Kirche nicht der nat.soz. Staat als solcher sei, nicht länger mittun, halte die Proteste gegen das Neuheidentum, gegen die Übergriffe der Staatsgewalt, gegen die Gefangensetzung von Pfarren usw. für längst überholt, müßte statt der ewigen Wiederholung von Röm. 13 endlich auch die Apokalypse und die Propheten aufzuschlagen bitten und würde im voraus wissen, bei dem allen die verantwortlichen Stellen der Bekenntniskirche nicht für mich,

---

⁴⁴ Zit. Besier, Kirchen, S. 40.
⁴⁵ Barth an Hermann A. Hesse, 30.6.1935, zit. Eberhard Busch, Karl Barth's Lebenslauf, München 1986, S. 274.
⁴⁶ Karl Barth antwortet auf eine Frage: Wie können ausländische Kirchen der deutschen evangelischen Kirche helfen? 22.4.1937, in: Barth, Texte, S. 61f.

sondern gegen mich zu haben."⁴⁷ Das sollte sich 1938 anläßlich seines Briefes an Josef Hromádka bestätigen.

Mit den „Proteste[n] gegen das Neuheidentum" spielte Barth an auf die Kanzelabkündigung der 2. Bekenntnissynode der ApU (4./5.3.1935). Prägnanter als die Kundgebung der VKL vom 21. Februar verwarf die Preußensynode „die rassisch-völkische Weltanschauung"⁴⁸ als „Antichristentum", das entgegen dem 1. Gebot „Blut und Rasse, Volkstum, Ehre und Freiheit zum Abgott" mache. Damit untergrabe sie den Staat und seine „durch Gottes Wort begründete und begrenzte Autorität". Weil die Kirche diese „gehorsam und dankbar" anerkenne, „darf sie sich nicht dem das Gewissen bindenden Totalitätsanspruch beugen, den die neue Religion dem Staate zuschreibt." Nach der unbehinderten Verlesung am Sonntag, dem 10. März, wollte die Gestapo die Bekanntgabe am 17. März unterbinden, zumal am Tag vor dem Volkstrauertag die Allgemeine Wehrpflicht wiedereingeführt worden war. Wer trotzdem das Wort gegen das Neuheidentum verlas, wurde verhaftet. Der Bruderrat erreichte aber beim Innenministerium zwei Tage später die Freilassung der über 700 inhaftierten Geistlichen. Ein mit dem Ministerium abgesprochener Vorspruch ermöglichte die Verlesung am folgenden Sonntag.

Die 3. Synode fand trotz Bedenken der VKL am 23.–26. September 1935 in Berlin-Steglitz statt, da die im März eingesetzten staatlichen Finanzabteilungen und der Ausschluß der Gerichte bei kirchlichen Rechtsstreitigkeiten durch das von der VKL als „Übergang zum Staatskirchentum"⁴⁹ kritisierte Gesetz vom 26. Juli eine Stellungnahme verlangten. Eine Woche vor der Synode beschloß der Reichsparteitag die Nürnberger Gesetze „zum Schutz des deutschen Blutes und der deutschen Ehre". Bereits der Bekenntnissynode in Augsburg hatte die mit Martin Albertz abgesprochene „Denkschrift über die Aufgaben der BK an den evangelischen Nichtariern" der Berliner Fürsorgerin Marga Meusel vorgelegen, aber sie wurde trotz ihrer mit Gottes Gebot begründeten Ablehnung einer Opposition gegenüber dem Staat nicht behandelt. Der Steglitzer Synode wurde von Albertz in der verschärften Situation die mutige, eindeutige Denkschrift von Elisabeth Schmitz „Zur Lage der deutschen Nichtarier" eingereicht.⁵⁰ Die Schülerin von Adolf von Harnack und Friedrich

---

⁴⁷ Barth an Gotthilf Weber, 10.7.1935, zit. Besier, Kirchen, S. 94. Vgl. Barth, An meine ehemaligen Schüler in der Bekennenden deutschen evangelischen Kirche, 10.5.1937, in: Karl Barth zum Kirchenkampf (TEH.NS 49), München 1956, S. 73.
⁴⁸ KJB, S. 91.
⁴⁹ Zit. Besier, Kirchen, S. 303.
⁵⁰ Vgl. Hannelore Erhard/Ilse Meseberg-Haubold/Dietgard Meyer, Katharina Staritz 1903-1953. Dokumentation, Bd. 1: 1903-1942, Neukirchen 1999, S. 187ff., hier: der

Meinecke war nach dem November-Pogrom 1938 als Studienrätin aus dem Schuldienst ausgeschieden und sah nun den „Versuch einer Ausrottung des Judentums in Deutschland" und deren Übergang in eine „Christenverfolgung" voraus. Aber der Präses der BK-Synode, Karl Koch, wollte in Übereinstimmung mit den der Synode nicht angehörenden lutherischen Bischöfen die Behandlung der „Judenfrage" nicht auf die Tagungsordnung setzen. So ging nach heftigen Interventionen von Bonhoeffer und seinem Freund Franz Hildebrandt die Botschaft der Synode nur auf die Verkündigung an Juden und deren Taufe ein: „Wer der Kirche die Judentaufe als Verrat an Christus anrechnet, lästert das Sakrament der Taufe."[51] Ihre Verweigerung ist „Sünde". Gegen das Neuheidentum wurde „Glaubenswiderstand" gefordert, aber bei der „Judenfrage" wäre abgesehen von antisemitischen Vorbehalten der immer betonte Gehorsam gegenüber der Obrigkeit fraglich geworden. Ihre Anerkennung war die Bedingung für die BK und ihren durch mutige Juristen ausgefochtenen Rechtskampf für die Freiheit der Verkündigung gegen Maßnahmen des herrschenden Kirchenregiments.[52] Erst im Februar 1936 richtete die 2. VKL ein Referat für Christen jüdischer Herkunft unter der Leitung von Martin Albertz ein.

Ein Ergebnis der Entwicklungen seit dem Herbst 1933 war das Scheitern der Reichskirche. Deshalb suchte eine neue staatliche Politik die Kirche unter staatliche Aufsicht zu bekommen und bestellte dazu am 16. Juli 1935 Hans Kerrl als Reichsminister für kirchliche Angelegenheiten. Überzeugt von der Einheit christlicher und nationalsozialistischer Weltanschauung wollte er die „Befriedung" der Kirche durch die Bildung von „Kirchenausschüssen" auf Reichs- und Landeskirchenebene, in denen

---

Text vom September1935, S. 218-246; Nachtrag vom 8.5.1936, S. 247-261. Vgl. Besier, Kirchen, S. 843ff.

[51] KJB, S. 103; vgl. Röhm/Thierfelder, Juden, Bd. 2/1: 1935–1938, Stuttgart 1992, S. 42ff. Zur Entlassung von Pfarrern und Mitarbeitern wegen jüdischer Abstammung vgl. dass., Bd. 2/2, 1992; dass., Bd. 3/1, 1995, S. 341ff.; Gerhard Lindemann, „Typisch Jüdisch". Die Stellung der evangelisch-lutherischen Landeskirche Hannovers zu Antijudaismus, Judenfeindschaft und Antisemitismus 1919–1949, Berlin 1998. Zur Praxis in Berliner Gemeinden vgl. Katrin Rudolph, „Gilt die Taufe der Juden nicht, so erklären auch wir unsere Taufe für ungültig ...", Berlin 2007.

[52] Vgl. Andreas Kersting, Kirchenordnung und Widerstand. Der Kampf um den Aufbau der Bekennenden Kirche der altpreußischen Union aufgrund des Dahlemer Notrechts von 1934 bis 1937, Gütersloh 1994; Matthias Schreiber, Friedrich Justus Perels. Ein Weg vom Rechtskampf der Bekennenden Kirche in den politischen Widerstand, München 1989; Gerd Mönkemeier, Paul Schulze zur Wiesche. Rechtskampf für die Bekennende Kirche, protestantische Opposition und politischer Widerstand gegen das NS-Regime 1933-1945, Neukirchen 2005.

alle Gruppen vertreten sein sollten. An die Spitze des Reichskirchenausschusses (RKA) berief Kerrl den allseits geachteten ehemaligen westfälischen Landessuperintendenten Wilhelm Zoellner, der allerdings fast 76 Jahre alt war. Die Entmachtung der DC-Kirchenleitungen wurde damit als Preis für die Auflösung der BK angeboten, während Kerrl die völkische „Deutsche Glaubensbewegung" Hauers zurückdrängte. Um Vertrauen zu gewinnen, suchte Kerrl die Gewaltmaßnahmen gegen Pfarrer zu stoppen und möglichst aufzuheben. Andererseits sollten wie bereits in der ApU die Kirchen durch die staatliche Aufsicht über ihre Finanzverwaltung unter Kontrolle gebracht werden. Am 24. September 1935 unterzeichnete Hitler das „Gesetz zur Sicherung der Deutschen Evangelischen Kirche" als Bevollmächtigung für die weiteren Durchführungsverordnungen.

Mit den Kirchenausschüssen war die Frage der Staatskirche neu gestellt. Der bisher gegen die DC geführte Kirchenkampf hatte sich nun mit einer staatlich verordneten Kirchenpolitik auseinanderzusetzen. Diese Aufgabenstellung wurde jedoch durch das kirchenpolitische Taktieren innerhalb der BK verdeckt. Bereits die Berufung Kerrls hatte die Differenzen zwischen VKL und Reichsbruderrat vertieft. Während der Pfarrernotbund ein entschiedenes Nein forderte, gab Marahrens die Parole aus: „Nicht zurück zu Dahlem, sondern über Dahlem hinaus"[53], und wollte den Ausbau der VKL als Gegenüber des Reichskirchenministeriums (RKM). Im Hintergrund stand der als konfessionell artikulierte Unterschied zwischen den zerstörten, unierten und den intakten, lutherischen Landeskirchen, die zudem hofften, bei sich die Einsetzung von Ausschüssen verhindern zu können. Weil in den Ausschüssen trotz der Barmer Verwerfungen BK und DC als Gruppen einer Kirche vertreten sein sollten, lehnte im Januar 1936 der Reichsbruderrat im Anschluß an den preußischen Bruderrat die Kirchenausschuß-Politik ab, während die VKL zur Zusammenarbeit bereit war.

Eine Konsequenz der Spaltung der BK war, daß das RKM den Druck auf den bruderrätlichen Flügel verstärkte. So wurden die gerade eröffneten Kirchlichen Hochschulen in Elberfeld und Berlin Anfang November 1935 durch die Gestapo geschlossen und mit der „5. Verordnung zum Gesetz zur Sicherung der DEK" am 2. Dezember die „Ausübung kirchenregimentlicher und kirchenbehördlicher Befugnisse durch kirchliche Vereinigungen und Gruppen", also Prüfungen und Ordination sowie die Ausschreibung von Kollekten verboten, nachdem Kerrl zwei Tage zuvor die Rundschreiben der BK und ihrer Gremien der Vorzensur unterworfen hatte. Die Maßnahmen drohten, sogar die Übereinstimmungen zwischen

---

[53] Zit. Besier, Kirchen, S. 313.

VKL und Kerrl zu gefährden, führten aber nur zum Ausscheiden der verbliebenen BK-Mitglieder aus der VKL.

Der Versuch einer Einigung der beiden Flügel der BK scheiterte auf der 4. (letzten) Reichsbekenntnissynode im Februar 1936 in Bad Oeynhausen. Fortan gab es die „gemäßigte" Gruppe der intakten Landeskirchen und einiger lutherischer Bruderräte, die am 18. März den „Rat der Evangelisch-Lutherischen Kirche in Deutschland" (Lutherrat) bildeten. Demgegenüber hatte der Reichsbruderrat als Vertretung der „radikalen" Gruppe besonders der preußischen Bruderräte, der „Dahlemiten", am 12. März 1936 die in Oeynhausen bestimmten Beauftragten als 2. VKL gewählt, der sich auch die Kirchlich-theologische Sozietät in Württemberg unterstellte.

Dieser Spaltung der BK entsprach auf Seiten der DC eine Aufsplitterung, nachdem die Hoffnung auf eine deutsch-christliche Reichskirche gescheitert war. Zwar waren die Kirchenleitungen in den zerstörten Kirchen von DC-Leuten besetzt, aber bereits von ihren Voraussetzungen her bildeten die DC keine bekenntnismäßige Einheit. Neben gemäßigten Gruppierungen verfolgte die Nationalkirchliche Bewegung der DC in Thüringen den extremen Kurs eines arisierten Christentums. Die Entmachtung ihres Kirchenregiments durch den RKA verhinderte Gauleiter Sauckel, und durch die Gründung des „Führerrings" mit anderen DC-Gruppen am 24. März 1936 bildeten sie ein Gegengewicht gegen die „Reichsbewegung Deutsche Christen", die Kerrls Kurs unterstützte und eine Annäherung an den Lutherrat suchte. Dieser war ebenfalls bemüht, gemäßigte DC-Bischöfe zu integrieren, während er Zoellners vernichtendes Gutachten vom 4. Juli 1936 über die Thüringer DC begrüßte.

In diesen Annäherungsversuchen zeigte sich eine Tendenz zur Mitte. Tatsächlich befand sich zwischen den beiden Lagern schon länger eine wachsende Zahl von Pfarrern und Gemeinden, die als volkskirchliche Mitte weder der BK noch den DC zugerechnet werden können. Sie hatten sich nie entschieden, hatten die DC-Bewegung verlassen oder wegen ihrer kulturprotestantischen Orientierung nicht zur BK gefunden, deren Auseinandersetzungen auf Unverständnis stießen. Auch Kirchenleitungen hatten sich wegen des Drucks von Staat und Partei von ihrer Zustimmung zum Dritten Reich zu einer mittleren Position gewandelt, während sich die evangelischen Verbände nach vielfach freudiger Zustimmung zum neuen Staat seit 1934 auch aus Interesse an der Erhaltung ihrer Organisationen angesichts der konkurrierenden NS-Verbände wie die NSV einen Kurs der Mitte steuerten und sich immer wieder als Neutrale ins Spiel zu bringen suchten.

Als ein Gremium dieser „Mitte" forderte der „Wittenberger Bund" seit 1937 „eine geeinte evangelische Reichskirche, die sich treu und entschlossen auf den biblischen Glauben gründet und offen und aufrichtig zum Reiche Adolf Hitlers steht."[54] Die auch von Paul Althaus vertretene Vereinbarkeit von „Christ und Nationalsozialist" begründete mit einer entsprechenden Unterscheidung der beiden Reiche und von Gesetz und Evangelium Theodor Ellwein, Schulreferent in der DEK-Kirchenkanzlei und Leiter der Ende Juli 1936 vom RKA gegründeten „Volkskirchlichen Arbeitsgemeinschaft". Sie sollte die Innere Mission und andere kirchliche Werke eingliedern, bemühte sich aber auch um Lehrpläne für einen Religionsunterricht mit Bibel und Kirchenlied in der „völkischen Schule".[55]

Während diese Gruppierungen der Mitte eher eine Nähe zur Glaubensbewegung DC hatten, war die volkskirchliche Ausrichtung des „Lutherrats" bei den intakten Kirchen Bayerns, Hannovers und auch Württembergs ein Zeichen der nicht überwundenen Distanz zur BK. Durchaus auf dieser mittleren Linie konnte dann der württembergische Landesbischof Wurm während des Krieges das „Kirchliche Einigungswerk" in die Wege leiten. Aber das war unter Kerrl als staatliche Politik nicht möglich. Deshalb hatte die 1. VKL bei aller Zuneigung zu Kerrls Politik betont, daß den Ausschüssen die kirchliche Legitimation fehle. Trotzdem erwog Zoellner, so wie er Ende Juni 1936 ein Professorengutachten gegen die Thüringer DC hatte verfassen lassen, eine Abgrenzung gegen die Dahlemer BK. Gemäß dem äußeren Eindruck sollte sich eine breite Mitte von den „Irrlehrern" links und rechts abheben, vertreten durch den RKA als Leitung der DEK.

Kennzeichnend für die Mitte ist die Erklärung „Zur kirchlichen Lage" der lutherischen Landesbischöfe und der Vorsitzenden der Landeskirchenausschüsse vom 20. November 1936. Nachdem Hitler Ende Juli in den Spanischen Bürgerkrieg eingegriffen und der Reichsparteitag Mitte September gegen die bolschewistische Gefahr mobil gemacht hatte, stellten sich die Kirchenführer „mit dem Reichskirchenausschuß hinter den Führer im Lebenskampf des deutschen Volkes gegen den Bolschewismus."[56] Dieser Zustimmung folgt die Erwartung auf „eine durchgreifende Abstellung der gegenchristlichen Propaganda, die in der letzten Zeit in mannigfachen Kundgebungen auch führender Amtsträger […] immer

---

[54] Erster Rundbrief „An alle evangelischen Pfarrer Deutschlands", zit. Meier, Kirchenkampf, 2, S. 372.

[55] Theodor Ellwein, Christ und Nationalsozialist, in: DEE 47, 1936, S. 133–146. Vgl. Friedhelm Kraft, Religionsdidaktik zwischen Kreuz und Hakenkreuz, Berlin 1996, S. 77ff.

[56] KJB, S. 146.

unverhüllter hervortritt [...]. Die Evangelische Kirche, die nichts anderes sein will als christliche Kirche für das deutsche Volk, bedarf zu ihrer Arbeit der inneren Freiheit in der Ausrichtung ihrer Verkündigung."

Zu welchen Verirrungen die Einigung in der Mitte führen konnte, zeigte sich 1939, als Kerrl „auf der Grundlage eines vom Judentum völlig gereinigten Christentums"[57] eine ‚Befriedung' des DEK erreichen wollte. Nach Vorgesprächen mit der Kirchenführerkonferenz suchte er am 25./26. März eine Einigung der radikalen „Nationalkirchlichen Einung Deutsche Christen" mit Vertretern der Mitte zu erreichen. Danach erschien die von einem informellen Kreis verfaßte „Godesberger Erklärung", welche „die dem deutschen Volke artgemäße nationalsozialistische Weltanschauung" als Hilfe zum „wahren Verständnis des christlichen Glaubens"[58] würdigte. Dieser „entfaltet sich fruchtbar nur innerhalb der gegebenen Schöpfungsordnungen" und „ist der unüberbrückbare Gegensatz zum Judentum." Deshalb kündeten die DC-Kirchenführer die Gründung des „Instituts zur Erforschung und Beseitigung des jüdischen Einflusses auf das kirchliche Leben des deutschen Volkes" an, das am 6. Mai in Eisenach eröffnet wurde. Für die Vertreter der Mitte legte Kerrl am 26. Mai fünf „Grundsätze für eine der Gegenwart entsprechende neue Ordnung der DEK" vor, die angesichts des nationalsozialistischen Kampfes „gegen den politischen und geistigen Einfluß der jüdischen Rasse auf unser völkisches Leben" betonte: „Im Gehorsam gegen die göttliche Schöpfungsordnung bejaht die Evangelische Kirche die Verantwortung für die Reinerhaltung unseres Volkstums. Darüber hinaus gibt es im Bereich des Glaubens keinen schärferen Gegensatz als den zwischen der Botschaft Jesu Christi und der jüdischen Religion der Gesetzlichkeit und der politischen Messiashoffnung."[59] Besonders der letzte Satz wurde fast unverändert in eine veränderte Fassung übernommen, welche u.a. die Landesbischöfe Marahrens, Wurm, Meiser am 31. Mai Kerrl zusandten. Als er sie ablehnte, unterzeichneten Marahrens, der Braunschweiger Johnsen und der Kurhesse Happich Kerrls Version.

Demgegenüber sahen die Landesbruderräte in den „Nationalkirchlichen Grundsätzen" ein neues Stadium im „Kampf um die Kirche Jesu Christi innerhalb der DEK" und betonten: „Es hat Gott gefallen, Israel zum Träger und Werkzeug der göttlichen Offenbarung zu machen."[60] Damit klang ein neues Verständnis Israels an, aber vor allem sah sich die BK, besonders der Bruderrat der ApU und die von ihm getragene 2.

---

[57] Kerrl an Werner, 24.3.1939, zit. Röhm/Thierfelder, Juden 3/2, S. 32.
[58] KJB, S. 285.
[59] AaO., S. 291.
[60] AaO., S. 317.

VKL, als Sachwalter der Beschlüsse von Barmen und Dahlem. Deshalb betonte Dietrich Bonhoeffer im April 1936, daß die BK im Unterschied zur „häretisch[en]" Reichskirche „die wahre Kirche Jesu Christi in Deutschland"[61] ist; denn „ist die Barmer Erklärung ein wahres Bekenntnis zu dem Herrn Jesus, das durch den Heiligen Geist gewirkt ist, – dann hat es kirchenbindenden und kirchenspaltenden Charakter"[62]. Darum ist der Kampf der BK „um die Leitung der Kirche ein Kampf um die wahre Kirche selbst [...], dann bedeutet ein Nachgeben an diesem Punkt als Adiaphoron die Verleugnung des status confessionis und damit die Preisgabe der Kirche und der Gemeinden an ihre Feinde."[63] Weil es dabei „um das Heil der Seelen der Gläubigen" geht, formulierte Bonhoeffer im Anschluß an Cyprians Formel extra ecclesiam nulla salus: „Wer sich wissentlich von der Bekennenden Kirche trennt, trennt sich vom Heil."[64] Diese heftig angegriffene Zuspitzung wurde von dem Barth-Schüler Helmut Gollwitzer nur insofern anerkannt, als mit BK nicht „der sichtbare Personenkreis"[65], sondern „das die congregatio sammelnde Bekenntnis" gemeint sein darf.

Daß die „Radikalität" der BK einen Bruch mit dem Staat scheute, jedoch eine scharfe Kritik an seinem Vorgehen und der vom ihm getragenen öffentlichen Kirchenfeindschaft wagte, zeigt die mutige „Erklärung der Vorläufigen Leitung an den Führer und Reichskanzler"[66] vom 28. Mai 1936. Sie verweist eingangs auf die Verbundenheit der Kirche mit dem Führer durch die öffentliche Fürbitte. „Im Gehorsam gegen ihren göttlichen Auftrag, vor jedermann – auch vor den Herren und Gebietern der Völker – ungescheut sein Wort und sein Gebot zu bezeugen", nimmt die 2. VKL anschließend zu sieben Punkten Stellung:

„1. Gefahr der Entchristlichung"; „wenn sogar hohe Stellen in Staat und Partei den Christenglauben öffentlich angreifen", muß an den Führer die „klare

---

[61] D. Bonhoeffer, Zur Frage der Kirchengemeinschaft, in: ders., Illegale Theologenausbildung Finkenwalde 1935–1937, hg. von Otto Dudzus/Jürgen Henkys (DBW 14), Gütersloh 1996, S. 668. Zur Entstehung vgl. Eberhard Bethge, Dietrich Bonhoeffer. Theologe – Christ – Zeitgenosse, 9. Aufl. Gütersloh 2005, S. 587ff.

[62] D. Bonhoeffer, Fragen, in: ders., Theologenausbildung, S. 696.

[63] AaO., S. 693.

[64] Bonhoeffer, Kirchengemeinschaft, S. 676.

[65] Helmut Gollwitzer, Zur Frage der Kirchengemeinschaft, in: Bonhoeffer, Theologenausbildung, S. 682.

[66] Martin Greschat (Hg.), Zwischen Widerspruch und Widerstand. Texte zur Denkschrift der Bekennenden Kirche an Hitler (1936), München 1987, S. 152–160; dort die folgenden Zitate.

Frage" gerichtet werden, ob dies „zum offiziellen Kurs der Regierung werden soll."

„2. Positives Christentum"; der Begriff aus dem Parteiprogramm der NSDAP soll gegen „willkürliche" Auslegungen durch Goebbels und Rosenberg geschützt werden.

„3. Zerstörung der kirchlichen Ordnung" durch die ständigen Eingriffe des Staates in die Kirche.

„4. Entkonfessionalisierung" ist nur ein beschönigendes Schlagwort, das die Verdrängung der Kirche aus der Öffentlichkeit und der Schule meint.

„5. Nationalsozialistische Weltanschauung" wird auch von evangelischen Angehörigen der NS-Organisation gefordert, obwohl es gegen das 1. Gebot verstößt, „wenn hier Blut, Rasse, Volkstum und Ehre den Rang von Ewigkeitswerten erhalten." Der Antisemitismus, „der zum Judenhaß verpflichtet," widerspricht dem Gebot der Nächstenliebe.

„6. Sittlichkeit und Recht" wird entgegen der Regierungserklärung Hitlers durch „eine dem Christentum wesensfremde Sittlichkeit" ersetzt. „Völkische Nützlichkeitsmoral" tritt an die Stelle des christlichen „Wahrhaftigkeitsgebotes", wenn der Eid mißbraucht und entleert und die Auswertung der Stimmzettel dem „Nutzen des Volkes" unterworfen wird. Der Beschwerde über die „Rechtsverweigerung" bei vielen Vorgängen des Kirchenkampfes folgt: „Das evangelische Gewissen, das sich für Volk und Regierung mitverantwortlich weiß, wird aufs härteste belastet durch die Tatsache, daß es in Deutschland, das sich selbst als Rechtsstaat bezeichnet, immer noch Konzentrationslager gibt und daß Maßnahmen der Geheimen Staatspolizei jeder richterlichen Nachprüfung entzogen sind."

„7. Der Anspruch Gottes" faßt die Klagen zusammen: „Unser Volk droht die ihm von Gott gesetzten Schranken zu zerbrechen: Es will sich selbst zum Maß aller Dinge machen. Das ist menschliche Überheblichkeit, die sich gegen Gott empört. In diesem Zusammenhang müssen wir dem Führer und Reichskanzler unsere Sorge kundtun, daß ihm vielfach Verehrung in einer Form dargebracht wird, die Gott allein zusteht."

In einem vielfältigen Redaktionsprozeß hatte man die besonders gravierende Frage nach der Rechtsstaatlichkeit des Regimes entschärft; zudem ist das Bemühen der Denkschrift unverkennbar, auch die politisch brisanten Fragen von Judenhaß, Rechtlosigkeit, KZ und Gestapo in einen betont kirchlichen Zusammenhang zu stellen. Trotzdem war die Denkschrift „zur Vermeidung juristischer Schwierigkeiten"[67] nur unmittelbar an Hitler gerichtet. Hitler hat die Denkschrift allerdings nicht empfangen, sondern „zuständigkeitshalber" dem Kirchenministerium weitergereicht.

Während die 2. VKL dagegen protestieren wollte und den Plan, die Denkschrift den Gemeinden mitzuteilen, wieder aufgriff, wurde in der

---

[67] Beschluß im Redaktionskreis; zit. aaO., S. 80.

New York Herald Tribune am 16. Juli ausführlich über die Denkschrift berichtet und sie selbst am 23. Juli von den Basler Nachrichten veröffentlicht – eine Woche vor Beginn der Olympischen Spiele. Die 2. VKL suchte nach der undichten Stelle, und im Oktober begannen im Dezernat „Weltanschauliche Bewegungen und Kirchen" des Sicherheitsdienstes des Reichsführers SS (SD) die Verhöre der bereits von der BK entdeckten Vermittler. Vermutlich hatte Friedrich Weißler, juristischer Berater der 2. VKL und Christ jüdischer Abstammung, den Text dem früheren Theologiestudenten Ernst Tillich gegeben, der über Kontakte zur Auslandspresse verfügte. Darum wurde Weißler von der 2. VKL entlassen. Zusammen mit Tillich und dem ebenfalls involvierten BK-Pfarrer Werner Koch wurde Weißler am 13. Februar 1937 in das KZ Sachsenhausen überstellt. Dort wurde er nach schwersten Mißhandlungen am 19. Februar 1937 der erste Märtyrer der BK, während Koch im Dezember 1938 und Tillich im September 1939 entlassen wurden. Die Veröffentlichung im Ausland hatte zur Folge, daß die vorgesehene Mitteilung an die Gemeinde nicht mehr offensiv abgefaßt werden konnte. Wesentliche Punkte der Denkschrift wurden durch die Kanzelabkündigung „An die evangelische Christenheit und an die Obrigkeit in Deutschland" vom 23. August den Gemeinden bekannt gemacht, aber die politisch brisanten Themen der Rechtswillkür und des Judenhasses wurden ausgelassen. Trotzdem meinte der Lutherrat, sie nicht mittragen zu können.

Mit der „Erklärung der Vorläufigen Leitung an den Führer und Reichskanzler" hatte die 2. VKL den Weg des „Denkschriftenwiderstandes" beschritten, der sich durch die Breite der aufgeführten Kritikpunkte bis hin zu unmittelbar politischen Entwicklungen von „Sittlichkeit und Recht" deutlich von der punktuellen Wendung gegen Maßnahmen der Reichskirche, gegen Rasse-Mythos oder Entkonfessionalisierung in den Kanzelabkündigungen und von der bisherigen, in einem früheren Entwurf auch für die „Erklärung" vorgesehenen Eingabenpolitik der BK unterschied. Abzusetzen ist sie auch von den Denkschriften Goerdelers an einzelne Minister, aber auch von den Briefen Wurms zur Euthanasie seit Juli 1940, weil nicht eine Privatperson, sondern eine Institution ihre Einwendungen vorbrachte. Entsprechend ist Wurms Denkschrift an Hitler vom Dezember 1941[68] zu vergleichen, da sie im Auftrage der Kirchenführerkonferenz und in Absprache mit der Fuldaer Bischofskonferenz gegen die Kirchenfeindschaft der NSDAP und staatlicher Gliederungen protestierte. Außerdem ist an die Denkschriften von Generaloberst Ludwig Beck als Chef des Generalstabes an Generaloberst Walther von

---

[68] Wurm, Denkschrift an Hitler, 9.12.1941, in: Gerhard Schäfer (Hg.), Landesbischof D. Wurm und der nationalsozialistische Staat 1940–1945, Stuttgart 1968, S. 275–279.

Brauchitsch als Oberbefehlshaber des Heeres im Frühsommer 1938 zu erinnern. Vom Widerstand und seinen Denkschriften unterscheiden sich diese Formen der Widerständigkeit dadurch, daß sie keinen Regimewechsel, sondern nur eine Änderung der Politik verlangten.

Durch die Form, die kirchliche Begründung und die Anerkennung der Obrigkeit blieb die Denkschrift an Hitler in dem vom Regime tolerierten Rahmen, so daß der SD nicht gegen die von Gauleiter Holz als „Hochverräter" bezeichneten Verfasser, die unterzeichnenden Mitglieder der 2. VKL und Vertreter des RBR ermittelte, sondern gegen die Verantwortlichen für die Veröffentlichungen im Ausland. Ein Grund für die Zurückhaltung wurde deutlich bei der Verlesung des Wortes an die Gemeinden am 23. August und später. Obwohl dessen Verbreitung und Vervielfältigung eine Woche vorher verboten worden war, wurde es als Flugblatt verbreitet, ohne daß die Gestapo es verhindern konnte. Gegen Pfarrer, die die Kanzelabkündigung verlesen hatten, wurde gemäß Verfügung des RKM in Absprache mit der Reichskanzlei „aus besonderen Gründen nochmals"[69] kein Disziplinarverfahren eröffnet.

Während die BK nie mehr so klar und deutlich Stellung bezog, hoffte Kerrl auf den Erfolg seiner Befriedungspolitik. Aber ihr Scheitern war angesichts der innerkirchlichen Gegensätze und der zunehmenden antichristlichen und -kirchlichen Propaganda der NSDAP programmiert. Am 9. Februar 1937 trat Zoellner zurück, weil er den Rückhalt im RKM verloren hatte; am 12. folgte der RKA. Drei Tage später griff Hitler ein und ordnete Kirchenwahlen „in voller Freiheit" an. „Zur Bearbeitung der laufenden Arbeiten" ernannte Kerrl am 20. März mit der „13. Durchführungsverordnung" Friedrich Werner. Nach der Auflösung der letzten Ausschüsse wurde der Jurist im September Leiter der Kirchenkanzlei der DEK, des Oberkirchenrats der ApU und der Finanzabteilungen. Als Grundproblem hatte Joseph Goebbels bereits nach der Besprechung auf dem Obersalzberg am 14. Februar in seinem Tagebuch notiert: „Kerrl will die Kirche konservieren, wir wollen sie liquidieren."[70] Diese Frontlinie trennte rivalisierende Gruppen in Staat und Partei, während Hitler eine Stellungnahme vermied, bis er in seiner großen Rede vom 30. Januar 1939 die Trennung von Kirche und Staat androhte.

Am 1. Juli 1937 wandte sich das Regime gegen Martin Niemöller und am 2. August gegen Otto Dibelius als leitende Männer der BK. Bereits am 1. August notierte Goebbels in seinem Tagebuch: „Hoffentlich werden diese scheinheiligen Brüder nun auch fest verknaxt."[71] Dibelius hatte

---

[69] Zit. Besier, Kirchen, S. 503.
[70] Zit. Besier, Kirchen, S. 640.
[71] Zit. Hartmut Fritz, Otto Dibelius (AKiZ.B 27), Göttingen 1998, S. 304.

sich Ende Februar 1937 in einem zu Hunderttausenden vervielfältigten Offenen Brief gegen Kerrls Rede vom 13. Februar und die offene Propagierung einer straff geführten Reichskirche gewandt. Weil das Volk durch Hitler und die Partei zum wahren Gottesglauben geführt werde, pries Kerrl den „Führer" als „Künder einer neuen Offenbarung"[72]. Weil er die Anerkennung von Jesus Christus als Sohn Gottes „lächerlich" nannte, betonte Dibelius das Christusbekenntnis als „grundlegende Verkündigung der Heiligen Schrift": „Was muß die deutsche Christenheit empfinden, wenn der Minister für kirchliche Angelegenheiten das als lächerlich bezeichnet!"[73] Nach der Betonung der gemeinchristlichen Grundlagen kam Dibelius zum Verhältnis von Staat und Kirche angesichts des weltanschaulichen Anspruchs des NS-Staates: „Aber sobald der Staat Kirche sein und die Macht über die Seelen der Menschen und über die Predigt der Kirche an sich nehmen will, sind wir nach Luthers Worten gehalten, Widerstand zu leisten in Gottes Namen. Und wir werden das tun!"[74] Bereits ein Jahr zuvor hatte Dibelius seine Streitschrift „Die Staatskirche ist da!" beendet mit Apg 5,29: „Man muß Gott mehr gehorchen als den Menschen."[75]

Auf den Offenen Brief reagierte Kerrl erst nach Veröffentlichung der Denkschrift an Hitler und veranlaßte die Verhaftung von Dibelius. Er wurde vor dem Moabiter Kriminalgericht angeklagt, weil er „vorsätzlich und öffentlich unwahre Behauptungen tatsächlicher Art aufgestellt [habe], die geeignet waren, das Ansehen der Reichsregierung und das Wohl des Reiches schwer zu schädigen"[76]. Aber am 6. August sprach das mutige Gericht Dibelius frei und verhinderte die Überweisung in ein KZ. Glimpflich ging am 2. März 1938 auch der Prozeß gegen Niemöller aus, aber er wurde auf Befehl Hitlers in das KZ Sachsenhausen gebracht.

3. Der Weg Paul Schneiders und der Prozeß gegen Martin Niemöller

Zeigte die Denkschrift an Hitler die 2. VKL „zwischen Widerspruch und Widerstand"[77], spielten sich schwere Auseinandersetzungen und Verfolgungsmaßnahmen auf der Ebene der Gemeinden entsprechend dem Mut

---

[72] Zit. Besier, Kirchen, S. 1628.
[73] Kurt-Dietrich Schmidt (Hg.), Dokumente des Kirchenkampfes, Bd. II/2, Göttingen 1965, S. 1359.
[74] AaO., S. 1361.
[75] Vgl. Fritz, Dibelius, S. 300.
[76] Zit. aaO., S. 303.
[77] Vgl. Greschat, Zwischen Widerspruch und Widerstand.

der einzelnen Pfarrer ab. Das bekannteste Beispiel ist der gradlinige Weg des Dickenschieder Pfarrers Paul Schneider.[78] Der Beginn des Streites war bestimmt durch Schneiders theologische Position, die ein Eindringen von Irrlehren und ein Abgehen von kirchlichen Ordnungen nicht duldete. Bereits vor Entstehen der BK vertrat er deren Anliegen, was aber Staats- und Parteigremien als staatsfeindlich werteten. Deshalb erfolgte seine zweite Verhaftung wie diejenige von über 700 Amtsbrüdern am 16. März 1935 wegen der Weigerung, gemäß der Anordnung des Reichsinnenministers Frick die Kanzelabkündigung gegen das Neuheidentum nicht bekannt zu geben.

Ohne Rückendeckung durch die BK und mit einer politischen Zuspitzung handelte Schneider ein Jahr später bei den Reichstagswahlen am 29.3.1936, die ein Plebiszit für Hitlers Außenpolitik und den Einmarsch in das entmilitarisierte Rheinland am 7. März sein sollten. Während der RKA nach Hitlers letzter Rede vor den Wahlen am 28. März das Läuten der Glocken anregte und am Tag nach der Abstimmung, dem „einmütige[n] Bekenntnis zum Führer, zu Freiheit und Würde unseres Volkes"[79], ein allgemeines Kirchengeläut für den 31. März anordnete, war in der BK das Urteil über die Wahlen gespalten. Schneider und seine Frau gehörten zu den Wahlverweigerern, die nicht wählten und so ihre Ablehnung deutlicher als durch eine Nein-Stimme zum Ausdruck brachten.[80] In einer Erklärung begründete Schneider diesen Schritt damit, daß mit der Person und Außenpolitik Hitlers „die ganze das Schicksal der Nation zutiefst berührende Weltanschauungsfrage"[81] gebilligt werden sollte. „Bis zum heutigen Tage aber ist dem Worte Gottes und dem bekenntniskirchlichen Leben die freie Entfaltung unter allen deutschen Volksgenossen immer mehr verwehrt worden." Über das Wort gegen das Neuheidentum hinausgehend verlangte Schneider von „dem Führer und der Regierung"[82], Abstand zu nehmen „von der Politik der Entchristlichung und Entkonfessio-

---

[78] Vgl. Albrecht Aichelin, Paul Schneider. Ein radikales Glaubenszeugnis gegen die Gewaltherrschaft des Nationalsozialismus, Gütersloh 1994; Folkert Rickers, Das Weltbild Paul Schneiders, in: Monatshefte für Evangelische Kirchengeschichte des Rheinlands 53, 2004, S. 133–184.

[79] Zit. Besier, Kirchen, S. 446.

[80] Zu weiteren Fällen in der rheinischen Kirchenprovinz vgl. Aichelin, Schneider, S. 115, Anm. 33; zu Wahlverweigerern nach dem „Anschluß" Österreichs vgl. Jörg Thierfelder, „Aber Hände weg von Bibel und Kirche". Wahlverweigerer im evangelischen Württemberg bei der Volksabstimmung vom 10. April 1938, in: Gerhard Besier/Günter R. Schmidt (Hg.), Widerstehen und Erziehen im christlichen Glauben (FS G. Ringshausen), Holzgerlingen 1999, S. 164–181.

[81] Zit. Aichelin, Schneider, S. 116.

[82] AaO., S. 117.

nalisierung". Hinter dem Pfarrer stand seine Gemeinde. Sie beseitigte die von auswärtigen Nazis am Pfarrhaus angemalten Schmähungen, und eine Gemeindeversammlung erinnerte an das freie Wahlrecht und die Freiwilligkeit der Wahl und ging damit über kirchliche Fragen hinaus.

Die nächste Stufe der Eskalation wurde ausgelöst, als Schneider und das Presbyterium gegen zwei Lehrer ein Kirchenzuchtverfahren eröffneten. Das führte am 31. Mai 1937 zur dritten Verhaftung und anschließend zur Ausweisung aus dem Rheinland. Das war wie das lokal gestufte Redeverbot eines der üblichen Mittel der Gestapo, um Pfarrer und Laien zu disziplinieren, während die BK ihre betroffenen Mitglieder der Fürbitte der Gemeinden empfahl.[83] Die Verlesung dieser „Fürbittenlisten" war ein Bekenntnis und Zeichen der Verbundenheit der BK, aber zugleich eine Anfrage an das Recht. Die grundsätzlichere Frage war, ob diese Eingriffe des Staates in das Leben der Kirche als Handeln der Obrigkeit anzuerkennen waren.

Im August 1937 hatte die 5. Synode der BK der ApU im „Wort an die Gemeinden" die „kirchenzerstörenden" Verbote der Theologenausbildung, der Bekanntmachung von Ausgetretenen, der Fürbitten und Kollekten abgelehnt: „Weil sie nun aber in ein fremdes Amt eingreifen und uns zumuten, was mit dem Gehorsam gegen Gottes Wort nicht vereinbar ist, können wir hierin nicht gehorchen." Hier „muß die Kirche widerstehen."[84] Noch vor dieser Entscheidung stand für Schneider fest, daß auch im Falle seiner Ausweisung zu „widerstehen" sei. Während aber in den von der Preußensynode aufgeführten Fällen der „Widerstand" ein Unterlaufen und Nichtbeachten von Gesetzen bedeutete, stellte eine Ausweisung eine konkrete Anordnung dar. Nachdem Hitler selbst „auf persönlichen Vortrag des Gauleiters und Oberpräsidenten der Rheinprovinz Terboven"[85] die „Schutzhaft" für Schneider befohlen hatte, wurde ihm „bei der Zuwiderhandlung gegen die Ausweisung ein Strafgeld und erneute Schutzhaft angedroht"[86]. Aber Schneider kehrte umgehend zu seiner Gemeinde zurück und predigte am Sonntag, auf Bitten seiner Frau trat er jedoch am Montag einen Erholungsurlaub in Baden-Baden an und übernahm anschließend eine Urlaubsvertretung in Eschbach bei Frankfurt.

Die meisten Ausgewiesenen übernahmen den Pfarrdienst in einer anderen Landeskirche, während sich die BK-Gremien auch durch den Fall

---

[83] Vgl. Gertraud Grünzinger/Felix Walter (Bearb.), Fürbitte. Die Listen der Bekennenden Kirche 1935–1944, Göttingen 1996.
[84] Zit. Wilhelm Niesel, Kirche unter dem Wort (AGK.E 11), Göttingen 1978, S. 149.
[85] Gestapo Berlin an Generalfeldmarschall Göring, 11.3.1938, zit. Aichelin, Schneider, S. 178.
[86] Aichelin, Schneider, S. 193.

Schneider zu dessen Enttäuschung nicht zu einer verbindlichen Weisung entscheiden konnten. Schneider kehrte zum Erntedankgottesdienst 1937 zu seinen Gemeinden zurück, wozu ihn die Presbyterien von Dickenschied und Womrath dringend aufgefordert hatten. Nach dem Gottesdienst in Dickenschied wurde er auf der Fahrt zur Filialgemeinde Womrath verhaftet. Am 26. November 1937 erfolgte der Transport von Koblenz ins KZ Buchenwald, wo er am 18. Juli 1939 ermordet wurde.

Schneider war sich der Tragweite seiner Entscheidung zur Rückkehr nicht nur im Blick auf die Diskussion in der BK bewußt. Zudem hatte er diesen Schritt in einem Schreiben an die Reichskanzlei am 30. September ausdrücklich angekündigt, was sein Verständnis des Dritten Reichs als Rechtsstaat verdeutlicht. Er begründete seine Gehorsamsverweigerung damit, daß Pfarrer und Gemeinde „vor Gott feierlich zu einander gewiesen sind". Deshalb seien sie „gehalten, dem unrechten Verlangen und Gebot obrigkeitlicher Personen zu widerstehen, zumal ein solcher ohne Rechtsgrund gemachter Eingriff in Freiheit und Selbständigkeit des kirchlichen Lebens den feierlichen Versicherungen der höchsten obrigkeitlichen Person des Deutschen Reiches widerspricht."[87]

Diese Begründung des „Widerstehens" läßt drei für den „Widerstand" der BK charakteristische Motive erkennen. Erstens ging es bereits in den Auseinandersetzungen mit den DC um die Verteidigung der Kirche und ihrer Ordnung. Zweitens meinte man, auf die kirchenfreundlichen Äußerungen Hitlers verweisen zu können. Drittens berief man sich auf das Recht gegen „unrechtes Verlangen", was besonders für den Rechtskampf der BK-Juristen kennzeichnend war. Dieser hatte durchaus Erfolge, obwohl das dabei leitende Rechtsverständnis der besonders von Carl Schmitt entwickelten Rechtsauffassung des Nationalsozialismus widersprach, für welche die Anweisung Hitlers ein hinreichender „Rechtsgrund" war. Als biblische Begründung diente für das erste Argument die Clausula Petri: „Man muß Gott mehr gehorchen als den Menschen" (Apg 5,29). Mit dieser Einschränkung wurde der Gehorsam gegenüber der Obrigkeit gemäß Röm 13 gefordert. Bei seiner Ausweisung wurde Schneider ausdrücklich auf die Weisung des Apostels hingewiesen, aber er hoffte auf Gott, „dass er richten wird zwischen meiner Obrigkeit und mir an seinem Gerichtstage über den schuldigen Gehorsam nach Gottes Wort, Römer 13,1"[88]. Diese eschatologische Hoffnung zeigt Theologie und Frömmigkeit Schneiders. Zwar haben apokalyptische Texte viele Prediger zu widerständigen Aussagen motiviert, sie konnten aber auch

---

[87] Schneider an die hohe Reichskanzlei, 30.9.1937, zit. Aichelin, Schneider, S. 201f.
[88] Ebd., S. 203.

von der konkreten Wahrnehmung der Zeit dispensieren.[89] Die nach 1945 beliebte apokalyptische Deutung des Regimes wie die von Karl Barth im Juli 1935 angemahnte Beschäftigung mit Apk 13 fanden kaum statt.[90]

Die Problematik kirchlichen Widerstands wird beispielhaft deutlich bei dem Prozeß gegen Martin Niemöller, der am 1. Juli 1937 verhaftet wurde, während man sich an die Bischöfe auch 1944 nicht heranwagte. Mit der Begründung, daß er „in Gottesdiensten und Vorträgen Hetzreden geführt, führende Persönlichkeiten des Staates und der Bewegung verunglimpft und unwahre Behauptungen über staatliche Maßnahmen verbreitet"[91] hätte, sollte an der treibenden Kraft der BK ein Exempel statuiert werden. Sein Engagement war in den Augen des Regimes politischer Widerstand unter dem Mantel kirchlicher Verkündigung. Die Verteidigung betonte demgegenüber, daß Niemöller ein „guter deutscher Mann"[92] sei, der gemäß seinem Ordinationsgelübde ausschließlich dem Worte Gottes dienen wollte. „Und daher ist er tatsächlich ein völlig unpolitischer Mensch, der nur, weil er sich zum Worte Gottes bekannte, [...] in diese Auseinandersetzung hineingezogen wurde."[93] Als das Urteil am 2. März 1938 verkündet wurde, berichteten die Basler Nachrichten: „Es gibt noch Richter in Berlin."[94] Wegen der Rechtsprechung des Reichsgerichts konnten sie Niemöller nicht freisprechen, aber die Strafe fiel so gering aus, daß unter Einbeziehung der Haftzeit nur eine Geldstrafe und die Kosten des Verfahrens übrigblieben. Niemöller verließ aber nicht als freier Mann das Gericht, sondern wurde sofort von der Gestapo in „Schutzhaft" genommen und als „persönlicher Gefangener des Führers" in das KZ Sachsenhausen und am 11. Juli 1941 nach Dachau gebracht.

---

[89] Vgl. Wolfgang Pöhlmann, Apokalyptische Geschichtsdeutung und geistiger Widerstand, in: KuD 34, 1988, S. 60–75; A. Joachim Diestelkamp, Das Tier aus dem Abgrund. Eine Untersuchung über apokalyptische Predigten aus der Zeit des Nationalsozialismus, Dessau 1993.

[90] Alfred de Quervain, Volk und Obrigkeit, eine Gabe Gottes, hg. vom Bruderrat der Evangelischen Kirche der Altpreußischen Union, o.O.u.J. (1937), S. 58, betont das Nebeneinander von Röm 13 und Apk 13, während die vor allem von Gerhard Ritter verfaßte Freiburger Denkschrift „Kirche und Welt" im Herbst 1938 Apk 13 nur kurz nennt; Klaus Schwabe/Rolf Reichardt (Hg.), Gerhard Ritter. Ein politischer Historiker in seinen Briefen, Boppard 1984, S. 637, 639.

[91] Zit. Wilhelm Niemöller, Macht geht vor Recht. Der Prozeß Martin Niemöllers, München 1952, S. 31. Vgl. Gailus, Protestantismus, S. 332f.

[92] Plädoyer des Verteidigers Dr. Hans Koch; aaO., S. 62.

[93] Plädoyer des Verteidigers Dr. Horst Holstein; aaO., S. 64; zum zeitweiligen Erfolg dieser Strategie vgl. den Bericht eines NS-Funktionärs vom 10.2.1938 zur Vorlage bei Rosenberg in: VZG 4, 1956, S. 311–315.

[94] Zit. Niemöller, Macht, S. 83.

Dadurch wurde er im In- und Ausland „zu einem herausragenden Symbol für den Widerstand gegen Hitler"[95], so daß im bürgerlich-militärischen Widerstand sogar seine Ernennung zum Reichsverweser erwogen wurde.[96] Wegen des Nahens der alliierten Front wurde er mit anderen „Prominenten" am 25. April 1945 abtransportiert, in Innsbruck kam ein Liquidationskommando der SS hinzu. Aber von deutschen Soldaten wurden sie im Pustertal befreit und am 3. Mai den Amerikanern übergeben.[97]

Der Prozeß gegen Niemöller zeigt, wie das kirchliche Selbstverständnis, vom Regime als Widerstand verstanden, angesichts der Rechtsentwicklung verurteilt werden sollte. Auffällig ist, daß die Verteidigung unter den Leumundszeugen[98] für Niemöller auch Männer des politischen Widerstands und seines Umfelds benannte, die seit 1938 den Sturz Hitlers anstrebten: Generaloberst Kurt Freiherr von Hammerstein-Equord, der zu Niemöllers Gemeinde in Dahlem gehörte und schon 1933 als Gegner Hitlers dessen „Machtergreifung" verhindern wollte, Prof. Dr. Ferdinand Sauerbruch, der Berliner Chirurg, Mitglied der „Mittwochsgesellschaft" und in den Kriegsjahren besonders als Freund von Generaloberst Ludwig Beck Mitwisser der Verschwörung, und der damalige Botschafter in Rom, Ulrich von Hassell, der nach seiner Versetzung in den Wartestand am 17. Februar 1938 zusammen mit Beck und Goerdeler das politische Zentrum des Widerstandes bildete. Um ein Leumundszeugnis wurde er gebeten wegen seiner Bekanntschaft mit Friedrich von Bodelschwingh, mit dem Niemöller seit den zwanziger Jahren eng verbunden war, aber während der Ausschußpolitik im Streit lag, oder als Schwiegersohn von Großadmiral Alfred von Tirpitz († 1930), dessen Sohn, Korvettenkapitän Dr. rer. pol. Wolfgang Tirpitz, zu Niemöllers Gemeinde gehörte, so daß ihn Hassell bei der Konfirmation seines Neffen predigen hörte.[99] Für

---

[95] James Bentley, Martin Niemöller, München 1985, S. 185.
[96] Vgl. Friedrich Frhr. Hiller von Gaertringen (Hg.), Die Hassell-Tagebücher 1938–1944, Berlin 1988, S. 289. Nach den Erinnerungen von Helmut Conrad hat Adam von Trott Niemöller als Reichsverweser vorgeschlagen; vgl. Clarita von Trott, Adam von Trott zu Solz. Eine Lebensbeschreibung, Berlin 1994, S. 169. Trott fragte 1943 Asmussen und Gerstenmaier und dieser auf dessen Drängen – mit negativem Ergebnis – Grüber, Wilhelm Pressel und Wurm, ob Niemöller als Staats- bzw. Reichspräsident geeignet sei; Wolfgang Lehmann, Hans Asmussen, Göttingen 1988, S. 136; Heinrich Grüber Erinnerungen aus sieben Jahrzehnten, Köln 1968, S. 211; Eugen Gerstenmaier, Streit und Friede hat seine Zeit, München 1981, S. 172.
[97] Vgl. Hans-Günter Richardi, SS-Geiseln in der Alpenfestung. Die Verschleppung prominenter KZ-Häftlinge aus Deutschland nach Südtirol, Bozen 2005.
[98] Niemöller, Macht, S. 42.
[99] Vgl. Fey von Hassell, Niemals sich beugen, München 1980, S. 43.

diese Deutung spricht, daß weitere Leumundszeugen zur Marine gehörten, Kollegen des U-Boot-Kommandanten Niemöller.

Es entsprach der Linie der Verteidigung, daß auch bei der Benennung von Leumundszeugen keine Kategorien widerständiger Einstellung maßgeblich waren. Andererseits kann nicht übersehen werden, daß der Niemöller-Prozeß eine Stufe der Eskalation darstellte.

4. Auf dem Weg zur Endlösung der Kirchenfrage

Obwohl Kerrl sich bei seinen Einigungsbemühungen kirchenfreundlich gab, verstand er diese nur als vorübergehende Maßnahme, da „die letzte Entscheidung in den kirchenpolitischen Fragen hinausgezögert werden müsse"[100]. Das Ende der Ausschüsse markierte 1937 den Übergang zu einer Verschärfung der Kirchenpolitik von Staat und Partei. Die Kirchen sollten zurückgedrängt und durch die nationalsozialistische Bewegung ersetzt werden, die „religiös, aber nicht konfessionell" sei, wie Gauleiter Wilhelm Kube, 1932 einer der Väter der DC, nun urteilte.[101] Auch die Parteikanzlei unter Heß und Bormann wünschte in Übereinstimmung mit der SS wegen der Unvereinbarkeit von Christentum und Nationalsozialismus eine radikale „Lösung der Kirchenfrage". Einige Parteisatrapen unterstützen frühzeitig diese Zielsetzung, andere wollten wie Kerrl eine Staatskirche, während sich Hitler noch nicht festlegte.

Bis Kriegsbeginn blieb es bei dem Ziel der „Entkonfessionalisierung des öffentlichen Lebens", das Reichsinnenminister Frick 1935 verkündet hatte.[102] Nachdem das Vorgehen gegen Niemöller nur durch Hitlers Eingreifen zum gewünschten Ziel geführt hatte, war den antichristlichen und -kirchlichen Kräften bewußt, „daß alle Maßnahmen, die der weltanschaulichen Entwicklung zu weit vorauseilen, zu einem plötzlichen Kulturkampf führen müssen"[103]. Diese Anweisung des SD für 1937/38 muß im Zusammenhang mit dem Kompetenzstreit zwischen Staats- und Parteiorganen sowie den zu beachtenden politischen Umständen gesehen werden.

---

[100] Protokoll einer Besprechung des Reichskirchenministers mit den Oberpräsidenten und Vertretern der Länder, 8.8.1935, in: Gertrud Grünzinger/Carsten Nicolaisen (Hg.), Dokumente zur Kirchenpolitik, Bd. III: 1935–1937, Gütersloh 1994, S. 45.

[101] Am 14.10.1935 beurteilte Kube die DC als „eine durch persönlichen Ehrgeiz und persönliches Geltungsbedürfnis zerstörte Gemeinschaft"; zit. Besier, Kirchen, S. 1000.

[102] Conway, Kirchenpolitik, S. 133.

[103] Heinz Boberach (Bearb.), Berichte des SD und der Gestapo über Kirchen und Kirchenvolk in Deutschland 1934–1944, Mainz 1971, S. 909.

Das gilt auch für die Gestapo, die keineswegs so allgegenwärtig war,[104] wie man annahm. Nur mit Hilfe des SD konnte sie eine „halbwegs flächendeckende Predigtüberwachung installieren, mit der die Gestapo selbst personell völlig überfordert gewesen wäre."[105]

Im Zusammenhang mit dem von Hitler geplanten Krieg fand die SS im Oktober 1938 einen konkreten Anlaß zur Verfolgung ihrer kirchenfeindlichen Ziele. Das SS-Organ „Das Schwarze Korps" verurteilte am 27. Oktober 1938 die Gebetsliturgie der 2. VKL und den Hromádka-Brief Karl Barths als landesverräterische „Sabotage an der geschlossenen Einsatzbereitschaft des Volkes in ernsten Stunden seines Schicksals"[106]. Es griff damit einen Monat nach der Münchener Konferenz zwei Vorgänge im Zusammenhang der Tschechenkrise auf. Bereits am 19. September hatte Barth an seinen Prager Kollegen Josef Hromádka geschrieben und den entschlossenen Widerstand der Tschechen gegen den Aggressor als Kampf „auch für die Kirche Jesu Christi"[107] gefordert. Die Veröffentlichung dieses Briefes traf die BK nicht nur theologisch unvorbereitet, sondern auch politisch in ihrer Hoffnung auf Frieden. Diese entsprach der – zudem lange von der NS-Propaganda geförderten – großen Friedenssehnsucht der Deutschen[108], die sich nach München in dem von Hitler mißmutig beobachteten Jubel über seine staatsmännische Rettung des Friedens zeigte. Zwei Tage vor der Konferenz hatte die 2. VKL eine Liturgie für einen Gebetsgottesdienst für den Frieden am 30. September

---

[104] Vgl. Klaus-Michael Mallmann/Gerhard Paul, Allwissend, allmächtig, allgegenwärtig? Gestapo, Gesellschaft und Widerstand, in: ZfG 41, 1993, 984–999; dies. (Hg.), Die Gestapo. Mythos und Realität, Darmstadt 1995.

[105] Klaus-Michael Mallmann, Die unübersichtliche Konfrontation. Geheime Staatspolizei, Sicherheitsdienst und Kirchen 1934–1939/40, in: Gerhard Besier (Hg.), Zwischen „nationaler Revolution" und militärischer Aggression, München 2001, S. 133.

[106] Eine Abrechnung, in: Das Schwarze Korps, 27.10.1938, auszugsweise in: Günter Brakelmann (Hg.), Kirche im Krieg. Der deutsche Protestantismus am Beginn des II. Weltkriegs, München 1979, S. 51f., hier: S. 51.

[107] Karl Barth an Josef Hromádka, 19.9.1938, in: ders., Offene Briefe 1935–1942, hg. von Dieter Koch (Karl Barth Gesamtausgabe V), Zürich 2001, S. 113–115, hier: S. 114; zur Rezeption ebd., S. 117ff.

[108] Vgl. Marlis G. Steinert, Hitlers Krieg und die Deutschen. Stimmung und Haltung der deutschen Bevölkerung im Zweiten Weltkrieg, Düsseldorf 1970; dies., Die Einstellung der deutschen Bevölkerung zum Krieg, in: Klaus Hildebrand/Jürgen Schmädeke/Klaus Zernack (Hg.), 1939. An der Schwelle zum Weltkrieg (VHK 76), Berlin-New York 1990, S. 55–59. Kirchlicherseits stand der Erntedanktag im Zeichen des Dankes für den Frieden; vgl. z.B. Kathrin Meyn/Heinrich Grosse, Die Haltung der hannoverschen Landeskirche im Zweiten Weltkrieg, in: Heinrich Grosse/Hans Otte/Joachim Perels (Hg.), Bewahren ohne Bekennen? Hannover 1996, S. 435f.

ausgegeben[109]. Da deren Verwendung sich durch die Ereignisse weithin erübrigt hatte, bestimmten den Artikel im SS-Organ Kirchenfeindschaft und propagandistische Kriegsvorbereitung.

Diesem Angriff folgten Verhaftungen und Disziplinarmaßnahmen für die Mitglieder der 2. VKL. Fritz Müller, der Kollege von Niemöller und dessen Vertreter Gollwitzer, in Dahlem wurde aus dem Amt entlassen, weil er die Gebetsliturgie verlesen hatte, aber die Gemeinde stand seit Niemöllers Verhaftung nicht mehr hinter ihm.[110] Auf Druck von Kerrl mißbilligten die Bischöfe „aus religiösen und vaterländischen Gründen" die Liturgie und distanzierten sich von der 2. VKL. Sie fürchteten, durch die Wahrung der geistlichen Eigenständigkeit aus dem nationalen Konsens und dem Gehorsam gegen die Obrigkeit herauszufallen. Allerdings blieben die Maßnahmen des Regimes begrenzt. Als am 9. November der zum Hardliner mutierte Kerrl an Heydrich schrieb, „daß der augenblickliche Zeitpunkt denkbar günstig ist zu einem vernichtenden Schlag gegen die illegale und staatsfeindliche Organisation der radikalen Bekenntnisfront"[111], lehnte dieser ab, weil er „wegen der Bedeutung der Sache ohne Führer-Vortrag die Verantwortung für eine solche Maßnahme nicht übernehmen" könne.[112]

Inzwischen war die Reichspogromnacht vom 9./10. November als „spontaner Volkszorn" inszeniert worden, die einerseits eine neue Stufe auf dem Weg zum Holocaust bildete, andererseits wohl durch die Verfestigung von Feindbildern zum Krieg mobilisieren sollte. Keine kirchliche Institution nahm dazu kritisch Stellung, was auch Folge der Auseinandersetzungen um die Gebetsliturgie war. Ohne Verurteilung des Unrechts formulierte die Konferenz der Landesbruderräte immerhin für die Liturgie des Buß- und Bettages knapp eine Woche später ein „Gebet für die Juden"[113]. Es hielt Fürbitte für alle jüdischen Menschen und besonders für die Gemeinschaft zwischen Juden und Judenchristen. Demgegenüber

---

[109] Wilhelm Niemöller, Ein Gebet für den Frieden (1950), in: ders., Wort und Tat im Kirchenkampf – Beiträge zur neuesten Kirchengeschichte (TB 40), München 1969, S. 202–218, verstand die Liturgie als Gelegenheit der BK, „dem Dritten Reich das Wort und den Willen Gottes zu bezeugen" (ebd., S. 202), in den 80er Jahren wurde daraus vielfach ein Akt des Widerstandes; vgl. z.B. Günther van Norden, Die evangelische Kirche am Vorabend des zweiten Weltkriegs, in: ders./Volkmar Wittmütz (Hg.), Evangelische Kirche im Zweiten Weltkrieg, Köln 1991, S. 103–120, hier: S. 118f.

[110] Zur Spaltung von Dahlem vgl. Gailus, Protestantismus, S. 333ff.

[111] Zit. Röhm/Thierfelder, Juden, Bd. 3/1, Stuttgart 1995, S. 50.

[112] Zit. Klaus Scholder, Die Evangelische Kirche in der Sicht der nationalsozialistischen Führung bis zum Kriegsausbruch, in: VZG 16, 1968, S. 32.

[113] Röhm/Thierfelder, Juden, Bd. 3/1, S. 48f.

wagten die Landesbruderräte beim „Kirchentag" in Berlin-Steglitz am 10.–12. Dezember im „Wort an die Gemeinden" nur, diese zur „Aufrechterhaltung der Gemeinschaft mit den judenchristlichen Brüdern" zu ermahnen.[114] Hätte ein Wort für die Juden die BK gefährdet?

Nur einzelne engagierte Pfarrer bezeichneten die Mißhandlung der Juden und das Brennen der Synagogen in ihren Predigten als Unrecht. Das hatte besonders für Julius von Jan in Oberlenningen am Fuß der Schwäbischen Alb Folgen.[115] SA-Leute schlugen ihn auf offener Straße zusammen und klebten an das Pfarrhaus Plakate „Judenknecht", obwohl ihn bei seiner Predigt nicht das besondere Verhältnis von Juden und Christen bestimmte, sondern die Mißachtung von Recht und Gerechtigkeit, die Verletzung der Zehn Gebote. Ein Sondergericht verurteilte ihn zu sechzehn Monaten Gefängnis und Aufenthaltsverbot in Württemberg; seine Kirchenleitung konnte eine Überweisung in ein KZ verhindern, in das nach dem Pogrom mehrere „nichtarische" Pfarrer eingeliefert wurden.

Bereits im Oktober hatte sich die Kirchlich-theologische Sozietät mit dem Memorandum „Das Heil kommt von den Juden"[116] beschäftigt, das ausführlich die Pflicht der christlichen Gemeinden begründete, mit Christen jüdischer Abstammung „die volle Gemeinschaft" zu halten. Vor dieser von der BK geteilten Ablehnung eines Ausschlusses betont die Denkschrift, daß jeder Jude „ein Zeuge der Wahrhaftigkeit und Treue Gottes" ist. Während Karl Barth in der Schweiz ähnlich urteilte,[117] erinnerte Bonhoeffer seine Finkenwalder Kandidaten nach der Reichspogromnacht an Sach 2,12: „Wer euch antastet, der tastet meinen Augapfel an." Die Judenfrage wurde ihm zur Christenfrage, aber das waren nur die Einsichten einzelner.

Schon vor dem Pogrom hatten in der 2. VKL und der Inneren Mission Überlegungen zur Hilfe für Christen jüdischer Abstammung begonnen. Im Auftrag der BK arbeitete seit Ende 1938 in Berlin unter Pfarrer Heinrich Grüber das „Kirchliche Hilfswerk für evangelische Nichtarier", später „für die Brüder und Schwestern aus Israel". Zum „Büro Pfarrer Grüber" gehörte ein Netz von Hilfsstellen. Wie die meisten der bis zu 35 Mitarbeiter war Pfarrer Werner Sylten, Stellvertreter und ab November 1939

---

[114] AaO., S. 55.
[115] Vgl. aaO., S. 69ff.
[116] Verfasser ist der Baseler Pfarrer Wilhelm Vischer, der als Dozent in Bethel bei der Abfassung des Bekenntnisses mit Bonhoeffer zusammenarbeitete und durch sein Werk „Das Alte Testament als Christuszeugnis" (1934/1946) bekannt wurde; vgl. Röhm/Thierfelder, Juden, Bd. 3/1, S. 56f.
[117] Vgl. Eberhard Busch, Unter dem Bogen des einen Bundes. Karl Barth und die Juden 1933–1945, Neukirchen 1996.

Nachfolger Grübers, durch die Judenverfolgung bedroht. Weil es um das Los von Christen ging und nicht um Widerstand, arbeitete Grüber auch mit staatlichen Stellen und der Gestapo zusammen. Auch er teilte antisemitische Vorurteile, und Friedrich von Bodelschwingh hatte „vom Evangelium her" keine Einwände gegen eine vom Staat verordnete judenchristliche Kirche.[118] Grüber wurde im Dezember 1940 in das KZ Sachsenhausen und dann nach Dachau gebracht; wenig später kam dort in den „Pfarrerblock" auch Sylten, der am 28. August 1942 in Schloß Hartheim bei Linz ermordet wurde, während Grüber 1943 entlassen wurde.

1939 schlossen fünf DC-Kirchen die „Judenchristen" aus. Als daraufhin der mecklenburgische Pastor Karl Kleinschmidt in einem an alle Pastoren verteilten Brief Landesbischof Schultz fragte, wie er dieses Gesetz rechtfertigen wolle, „das an die innere Substanz, die Rechtfertigung aus dem Glauben, greift"[119], wurde gegen ihn ein Disziplinarverfahren eröffnet. Nach der Polizeiverordnung über das Tragen des Judensterns vom 1. September 1941 hoben alle sieben DC-Kirchen „die Gemeinschaft mit Judenchristen" auf, während die Kirchenkanzlei der DEK im Einvernehmen mit dem Geistlichen Vertrauensrat unter Landesbischof Marahrens am 22. Dezember die Landeskirchen um „geeignete Vorkehrungen" bat, daß die Sternträger „dem kirchlichen Leben der Gemeinde fernbleiben. Die getauften Nichtarier werden selbst Mittel und Wege finden müssen, sich Einrichtungen zu schaffen, die ihrer gesonderten gottesdienstlichen und seelsorgerlichen Betreuung dienen können."[120] Trotz dieses offenen Zynismus gab es kaum konsequente Ablehnung des Erlasses, aber es gab auch das Engagement einzelner und kleiner Gruppen für die „Sternträger" im bewußten Übertreten der NS-Gesetze. Diese Akte der Menschlichkeit geschahen innerhalb und außerhalb der Kirchen.

Demgegenüber hatten Mitglieder der Badischen Bekenntnisgemeinschaft den Novemberpogrom als Herausforderung der Christen verstanden. Adolf Lampe sammelte in Freiburg das „Freiburger Konzil", einen Kreis von Professoren, zu dem neben evangelischen Pfarrern zeitweilig auch katholische Geistliche gehörten.[121] Der Historiker Gerhard Ritter

---

[118] Vgl. Röhm/Thierfelder, Juden 3/1, S. 249ff.
[119] In: Klaus Drobisch/Gerhard Fischer (Hg.), Widerstand aus Glauben, Berlin-Ost 1985, S. 199.
[120] In: Röhm/Thierfelder, Juden, Bd. 4/1, Stuttgart 2004, S. 102.
[121] Vgl. Reinhard Hauf, Zur Entstehungsgeschichte der Denkschriften des Freiburger Kreises, in: Schwabe/Reichardt, Ritter, S. 629–634; Freiburger Universitätsblätter 27, 1988, Heft 102; Dagmar Rübsam/Hans Schadek (Hg.), Der „Freiburger Kreis". Widerstand und Nachkriegsplanung 1933–1945, Freiburg 1990, S. 59ff.; Hugo Ott, Der „Freiburger Kreis", in: Rudolf Lill/Michael Kißener (Hg.), 20. Juli 1944 in Baden und

und Pfarrer Karl Dürr waren Delegierte der Barmer Bekenntnissynode, der Volkswirtschaftler Constantin von Dietze war wegen seines Einsatzes in der BK 1937 in Berlin inhaftiert und dann nach Freiburg strafversetzt worden. Seit Dezember 1938 standen bei den monatlichen Treffen der Gehorsam der Christen gemäß Röm 13, ihre Stellung zum Recht und damit der Widerstand im Mittelpunkt. Dafür verfaßte Ritter mit den Pfarrern Karl Dürr und Otto Hof die Denkschrift „Kirche und Welt"[122]. Auf der Linie der BK betont sie, „daß Trennung vom widergöttlichen Geist der Welt eng zusammengehört mit der Christenpflicht des gehorsamen Sicheinfügens in den Verband staatlicher Gemeinschaft."[123] Gemäß Apg 5,29 „endet der Gehorsam gegen die Obrigkeit da, wo die Freiheit des Evangeliums beginnt. [...] Gegen Ungerechtigkeit und Gewalttat hat die Kirche nur das Wort der Wahrheit und das Leiden"[124], wie Luther betonte. Es ist „klare Pflicht jedes Evangelisten und Seelsorgers, daß er jeden konkreten Anlaß dazu benutzt, immer wieder seine Gemeinde hinzuweisen auf die Symptome des dämonischen Geistes menschlicher Selbstgerechtigkeit"[125] und zur Buße zu rufen. Darin besteht die „öffentliche Aufgabe"[126] der Predigt, wobei wir „uns auch nicht durch den Vorwurf schrecken lassen (dürfen), in politischen Fragen einzugreifen." „Römer 13 darf nicht mißbraucht werden als Deckmantel menschlicher Bedenklichkeiten und Ängstlichkeit."[127]

Konkret zur Reichspogromnacht betonte die Denkschrift: „Auch die äußere Form des Volksaufruhrs ist in Gottes Augen keine Entschuldigung dafür, daß die Gebote der zweiten Gesetzestafel gröblich übertreten, Mitmenschen schwer an Leib und Seele geschädigt, ihrer Güter und gar ihres Heiligsten beraubt werden."[128] Und zur NS-Rassenlehre heißt es weiter: „Die biblische Einsicht, daß alle Menschen ohne Unterschied der

---

Württemberg, Konstanz 1994, S. 125–143; Nils Goldschmidt, Die Entstehung des Freiburger Kreises, in: Historisch-politische Mitteilungen: Archiv für christlich-demokratische Politik 4, 1997, S. 1–17.

[122] Reinhard Hauf (Hg.), Denkschrift 1, in: Schwabe/Reichardt, Ritter, S. 635–654. Die Datierung „Herbst 1938" nach einem Vermerk Ritters (Hauf, Entstehungsgeschichte, S. 630) widerspricht der Geschichte des Konzils; Rübsam/Schadek, Freiburger Kreis, S. 76, datieren deshalb Dezember 1938, aber damals begann erst die Arbeit des Kreises.

[123] Schwabe/Reichardt, Ritter, S. 637.

[124] AaO., S. 639.

[125] AaO., S. 650.

[126] AaO., S. 654.

[127] AaO., S. 653.

[128] AaO., S. 649. Zu Ritters persönlichem Urteil vgl. sein Brief an seine Mutter, 24.11.1938, aaO., S. 339.

Rasse vor Gott Sünder sind, macht dem Christen die uneingeschränkte Selbstverherrlichung des eigenen Volkstums ebenso unmöglich wie die unterschieds- und schrankenlose Verurteilung fremder Volksart und aller ihrer Erbeigenschaften als minderwertig oder gar verbrecherisch." Als „Musterbeispiel einer Verkündigung des göttlichen Zorns über die Sünden unser Zeit" steht die Bußtagspredigt Gollwitzers knapp eine Woche nach dem Pogrom am Ende der Denkschrift.[129]

Obwohl die Denkschrift im Rahmen der Verlautbarungen der BK blieb, ein Widerstandsrecht ablehnte und die Verweigerung gemäß der Clausula Petri nicht konkretisierte, wagten die Autoren nicht, den ganzen Text den Mitgliedern des Konzils vorzulegen, aber er wurde wohl über Constantin von Dietze der 2. VKL bekannt.

Im Sinne der Freiburger Denkschrift forderte Ostern 1943 angesichts der zur „Endlösung der Judenfrage" eskalierten Judenverfolgung der „Münchener Laienbrief"[130] ein „Zeugnis der Kirche gegen die Judenverfolgung". Dem Versuch des Staates, „die Judenfrage nach einem selbstgemachten politischen Evangelium zu ‚lösen'", hat die Kirche „aufs äußerste zu widerstehen". Der im Kreis um den Münchener Verleger Albert Lempp von Hermann Diem, einem von Karl Barth geprägten Mitglied der Kirchlich-theologischen Sozietät in Württemberg, formulierte Brief fordert eine Stellungnahme, die „nicht mit politischen Argumenten", sondern mit der „Verletzung der Zehn Gebote" begründet „öffentlich, sei es in der Predigt, sei es in einem besonderen Wort des bischöflichen Hirten- und Wächteramtes" erfolgt. Der angesprochene Landesbischof Meiser leitete sie an Wurm weiter, blieb aber selbst stumm, nachdem bereits unmittelbar nach dem Judenpogrom Pechmann einen offenen Protest verlangt hatte.[131] Deshalb griff Diem Meiser mit einem Offenen Brief „Wider das Schweigen der Kirche zur Judenverfolgung" an, während Wurm den Laienbrief wohl für seine Eingabe an Hitler vom 16.7.1943 verwandte. Weil Pfarrer Helmut Hesse den Laienbrief in seiner Gemeinde verlesen hatte, kam er ins KZ Dachau, wo er am 24.11.1943 starb. Eine im Entwurfstadium gebliebene Kanzelabkündigung der BK

---

[129] AaO., S. 654; Helmut Gollwitzer, Zuspruch und Anspruch. Predigten, München 1954, S. 36–44.

[130] Vgl. Markus Wurster, Der Münchner Laienbrief (1943), in: Norden/Wittmütz, Kirche, S. 77–99; dort, S. 100–102, auch der Laienbrief.

[131] Vgl. Siegfried Hermle, Zwischen Bagatellisierung und engagierter Hilfe. Hans Meiser und die „Judenfrage", in: Herold/Nicolaisen, Hans Meiser, S. 53-68; Sommer, Stimmen, ebd., S. 75. Kritischer: Wolfgang Stegemann, Schwierigkeiten mit der Erinnerungskultur. Gedenkjahr für Landesbischof Meiser gerät zur kritischen Auseinandersetzung, in: Kirche und Israel 21, 2006, S. 120-144.

fußte vielleicht auf dem Laienbrief.[132] Erst die „Auslegung des fünften Gebots" der 12. Bekenntnissynode der ApU in Breslau 1943 verwarf Mitte Oktober öffentlich die „Vernichtung von Menschen, lediglich weil sie [...] einer fremden Rasse angehören"[133], aber neben dieser knappen Ablehnung standen das Töten in Krieg und Euthanasieprogramm im Vordergrund.

Im Unterschied zur Tschechenkrise reagierten Landeskirchen und kirchenpolitische Gruppierungen 1939 kaum auf den Kriegsbeginn.[134] Dietrich Bonhoeffer wollte den Wehrdienst verweigern, während er eine entsprechende Entscheidung der BK nicht für möglich hielt und die Verweigerung von Martin Stöhr singulär blieb.[135] Von der BK wurde seine Entscheidung wie die seines Freundes Martin Gauger nicht mitgetragen. Der die DC und die Eingriffe des Staates in die Kirche von Anfang an ablehnende Justitiar des Lutherrats entzog sich dem Gestellungsbefehl im Mai 1940 durch die Flucht nach Holland, aber der deutsche Angriff verhinderte die Weiterflucht nach England.[136] Gauger wurde gefangen und in Schutzhaft genommen, ein Jahr später ohne Prozeß zur Steinbrucharbeit in einer Strafkompanie in das KZ Buchenwald gebracht und am 15. Juli 1941 in der Gaskammer der Euthanasie-Anstalt Sonnenstein bei Pirna ermordet, ohne daß sich die Bischöfe Meiser und Wurm für ihn eingesetzt hätten. Während die Verweigerung des Kriegsdienstes wie bei Stöhr als „Wehrkraftzersetzung" mit dem Tode bestraft wurde, haben einige aus politischen und/oder religiösen Gründen den seit 1934 geforderten Eid auf den „Führer" verweigert, was bei Beamten wie z.B. bei Barth und Gauger zum Ausscheiden aus dem staatlichen Dienst führte; Reserveoffiziere wurden als Hauptmann eingesetzt, wenn sie die Erklärung verweigerten, daß sie „auf dem Boden des Nationalsozialismus" ständen.[137]

---

[132] Vgl. Wuster, Laienbrief, S. 93, Anm. 52.
[133] KJB, S. 385.
[134] Vgl. Gerhard Ringshausen, Die deutschen Kirchen und die Eroberung Polens, in: KZG 15, 2002, S. 194–217, bes. S. 208ff.
[135] Vgl. Eberhard Röhm, Sterben für den Frieden – Spurensicherung. Hermann Stöhr (1898—1940) und die ökumenische Friedensbewegung, Stuttgart 1985. Zum Problem vgl. zuletzt Norbert Haase, Kriegsdienstverweigerer und Deserteure, in: Harald Schultze/Andreas Kurschat (Hg.), „Ihr Ende schaut an..." Evangelische Märtyrer des 20. Jahrhunderts, Leipzig 2006, S. 115-125.
[136] Vgl. Boris Böhm, „Die Entscheidung konnte mir niemand abnehmen..." Dokumente zu Widerstand und Verfolgung des evangelischen Kirchenjuristen Martin Gauger (1905-1941), Dresden 1997; H. Ludwig, Gauger, Martin, in: Schultze/Kurschat, Märtyrer, S. 268-270.
[137] Z.B. die Brüder Paul und Hans Graf Yorck von Wartenburg; vgl. Gerhard Ringshausen, Bekennende Kirche und Widerstand. Das Beispiel der Brüder Paul und Peter

Bereits Ende Juni 1939 hatte Bonhoeffer Reinhold Niebuhr geschrieben: „Die Christen in Deutschland stehen vor der fürchterlichen Alternative, entweder in die Niederlage ihrer Nation einzuwilligen, damit die christliche Zivilisation weiterleben könne, oder in den Sieg und damit unsere Zivilisation zu zerstören."[138]

Am 7. August fragte Landesbischof Wurm im Auswärtigen Amt Staatssekretär Ernst von Weizsäcker, ob „eine Fühlungnahme zunächst mit kirchlichen Persönlichkeiten in England erfolgen könnte", um „eine europäische Katastrophe zu vermeiden"[139]. Für den Ernstfall schlug der Stuttgarter Oberkirchenrat Gebete vor zum Gottesdienst „in den entscheidungsvollen Tagen, die über unser Volk gekommen sind"[140]. Nach Schuldbekenntnis und Bitte um Vergebung und Gottes Beistand heißt es: „Bewahre uns, wenn es dein Wille ist, vor Krieg und Blutvergießen und laß gnädig die Bemühungen um die Erhaltung des Friedens gelingen."[141]

Einen Tag vor dem Angriff bildete Friedrich Werner, „[i]m Bewußtsein um die großen und verantwortungsvollen Aufgaben, die der Deutschen Evangelischen Kirche mit der gegenwärtigen ernsten Lage des deutschen Volkes zuwachsen,"[142] in Absprache mit Kerrl den „Geistlichen Vertrauensrat" (GVR) mit dem durch Godesberg desavouierten Landesbischof Marahrens, dessen mecklenburgischen Kollegen Schultz, stellvertretender Reichsgemeindeleiter der „Nationalkirchlichen Einung DC", und dem Geistlichen Vizepräsidenten des Evangelischen Oberkirchenrates der ApU, Johannes Hymmen, der als „Neutraler" den DC zuneigte. Damit war für den Krieg ein in den Befugnissen unbestimmtes

---

Graf Yorck von Wartenburg, in: Stokłosa/Strübind, Glaube – Freiheit – Diktatur, S. 64. 67.

[138] D. Bonhoeffer an Reinhold Niebuhr, o.D., in: ders., Illegale Theologenausbildung: Sammelvikariate 1937–1940, hg. von Dirk Schulz (DBW 15), Gütersloh 1998, S. 644. Vgl. Ulrich von Hassell, 22.10.1939: Die „politisch denkenden, einigermaßen unterrichteten Leute [...] können einen großen Sieg nicht wünschen und noch weniger eine schwere Niederlage, sie müssen einen langen Krieg fürchten, und sie sehen keinen realen Ausweg." Hassell-Tagebücher, S. 131.

[139] Theophil Wurm an Ernst von Weizsäcker, 7.8.1939, in: Gerhard Schäfer, Die Evangelische Landeskirche in Württemberg und der Nationalsozialismus, Bd. 6, Stuttgart 1986, S. 672f.; vgl. Jörg Thierfelder, Ein Versuch zum Frieden angesichts des Zweiten Weltkrieges, in: Hildegard Gollinger u.a. (Hg.), Dem Frieden nachjagen, Weinheim 1991, S. 51–61.

[140] Gebet vor der Predigt, in: Schäfer, Landeskirche, S. 675.

[141] Gebet nach der Predigt, aaO., S. 676. Vgl. auch die gleichzeitig versandte Predigthilfe, aaO., S. 681–683.

[142] KJB, S. 472.

Ersatzorgan geschaffen.[143] Marahrens war zugleich als dienstältester Landesbischof Vorsitzender der Kirchenführerkonferenz, die mit 11 Landeskirchen etwa 2/3 der Pfarrerschaft auf einem Kurs der Mitte vertrat.

Angesichts seiner Zusammensetzung war es nicht verwunderlich, daß der GVR bei Kriegsbeginn nicht nur in „treuer Verbundenheit zum Schicksal des deutschen Volkes"[144] stand, sondern auch in die nationalsozialistische Blut-Mystik, daß „deutsches Blut zu deutschem Blut heimkehren darf", einstimmte. „Zu den Waffen aus Stahl hat" die evangelische Kirche immer „unüberwindliche Kräfte aus dem Wort Gottes gereicht". Der GVR stand damit nahe bei den DC, die angesichts des Krieges ihre „Treue zum Führer" bekundeten.[145]

Bereits am 30. August hatte der GVR einen „Burgfrieden" für die „Dauer der Krise" beschlossen, wie auch Hitler 1940 keine kirchenpolitischen Kämpfe wünschte. Das unterstützte die Tendenz zur nationalkirchlichen Mitte, aber gegen DC-Einheitswünsche betonte Meiser, daß es „vor Gott kein Moratorium geben könne"[146]. Weil die politische Lage „den Einsatz jedes Deutschen"[147] erfordere, wünschte am 30. August auch der altpreußische Bruderrat einen Burgfrieden, wobei man die Legalisierung der BK-Geistlichen und eine Amnestie bei staatlichen Strafen oder kirchlichen Disziplinarmaßnahmen erwartete.[148] Das Kirchliche Einigungswerk in Nassau-Hessen erhoffte seine Beteiligung an der Kirchenleitung und übernahm am 1. September im Schreiben an den Präsidenten der Kirchenkanzlei sogar die propagierten Kriegsgründe: „Unser Volk ist gezwungen, in bedingungslosem Einsatz für Führer und Reich um sein Lebensrecht und um seine Existenz zu kämpfen. Die heilige Pflicht der Stunde ruft auch unsere Kirche mit ihren Glaubenskräften zum rastlosen Einsatz fürs Vaterland."[149]

Da eine Kriegsbegeisterung fehlte, standen viele Bischofsworte unter dem seelsorgerlichen Leitwort der Bewährung und baten um Beistand

---

[143] Kerrl wollte den GVR zu einer regulären Kirchenleitung ausbauen, vgl. Karl-Friedrich Melzer, Der Geistliche Vertrauensrat (AKiZ.B 17), Göttingen 1991, S. 91ff.
[144] Aufruf des Geistlichen Vertrauensrates, 2.9.1939, in: KJB, S. 453. zur Verfasserfrage Melzer, Vertrauensrat, S. 70ff., zur geringen Verbreitung ebd., S. 73.
[145] Aufruf des führenden Mitgliedes der badischen DC Kölli in: Der Deutsche Christ 7, 1939, Nr. 36, S. 3.
[146] Melzer, Vertrauensrat, S. 84, nach SD-Bericht. Für die BK der ApU betonte im Herbst 1939 Karl Gerhard Steck, Grundlinien unserer gegenwärtigen Verkündigung, in: KJB, S. 344, daß „von der Sache der BK [her] ein Moratorium oder ein theologisch-kirchlicher Burgfrieden kaum zu verantworten wäre."
[147] Zit. Meier, Kirchenkampf, Bd. 3, Göttingen 1984, S. 101.
[148] Vgl. Heinrich Hermelink (Hg.), Kirche im Kampf, Tübingen 1950, S. 492–495.
[149] Zit. Meier, Kirchenkampf, 3, S. 101f.

Gottes, vielfach ohne die Hoffnung auf Sieg zu verbreiten.[150] Meiser sah im Grußwort an die bayerischen Pfarrer vom 18. September 1939 zwar den Krieg „für unser Volk" als „Entscheidung um Leben und Tod", betonte aber: „Es kann nicht unsere Aufgabe sein, zu den politischen Tagesereignissen Stellung zu nehmen [...], sondern immer muß unsere Predigt die Höhe wohlüberlegter Ewigkeitsgedanken gewinnen. [...] Der Ton der Buße darf nicht fehlen. Denn nur dem Demütigen gibt Gott Gnade."[151] Insgesamt soll die Predigt „auf den Ton der glaubensstarken Zuversicht, des trotzigen Dennoch, der sieghaften Gewißheit" im Blick auf die „Belastungsprobe" gestimmt sein. Darum öffneten viele Landeskirchen Gotteshäuser „auch in der Woche zu gemeinsamem Gebet und brüderlicher Fürbitte"[152], während die Gottesdienste am 3. September „überwiegend sehr ernste und würdige Stunden der Besinnung gewesen"[153] sind. Zudem kamen erstmals seit 1933 mit Kriegsbeginn wieder mehr Menschen zu den Gottesdiensten und Andachten.

Im Zeichen des „schnellen Sieges" verband der GVR in seiner Kanzelabkündigung zum Erntedankfest 1939 den Dank für die „reiche Ernte in den Scheunen" damit, daß „Gott, der die Geschicke der Völker lenkt, [...] unser deutsches Volk in diesem Jahr noch mit einer [...] nicht weniger reichen Ernte gesegnet" hat; „unsere deutschen Brüder und Schwestern in Polen sind von allen Schrecken und Bedrängnissen des Leibes und der Seele erlöst, die sie lange Jahre hindurch und besonders in den letzten Monaten ertragen mußten."[154] Während der GVR der Kriegstheologie des I. Weltkriegs folgte, betonten viele Äußerungen zwar die Pflicht der Kirche im Krieg, mieden aber nationalistischen Überschwang. Auch Vertreter der Mitte entsprachen der von Karl Gerhard Steck formulierten Einsicht: „Der Rückblick auf die besondere Problematik der Kriegspredigt von 1914–18 läßt uns wünschen, daß diesmal der Kirche

---

[150] Vgl. Landesbischof Marahrens, Wochenbrief, Anfang September 1939, in: Brakelmann, Kirche, S. 131; Landesbischof Kühlewein, Wort des Landesbischofs, 14.9.1939, in: Jörg Thierfelder, Evangelische Kirche im Zweiten Weltkrieg als Thema des Religionsunterrichts in der Sekundarstufe I, in: Besier/Ringshausen; Bekenntnis, S. 285; Heinrich Bornkamm, Wort des Ev. Bundes, in: Brakelmann, Kirche, S. 132; Flemming, Gemeindebrief, ebd., S. 151. Selbst der GVR griff am 2. September dieses Motiv in dem von Schultz verfaßten Kirchengebet auf, in: KJB, S. 454.

[151] Bischof Meiser an seine Pfarrer, in: Brakelmann, Kirche, S. 130. Anders seine Kanzelabkündigung zum Sieg über Polen, 29.9.1939 (Ev.-Luth. Landeskirchenrat 10895).

[152] Evangelisches Konsistorium der Kirchenprovinz Sachsen, Aufruf an alle Pfarrämter, zit. in: JK 7 (1939), S. 761; dort weitere ähnliche Anordnungen.

[153] Brakelmann, Krieg, S. 245; Brakelmann zitiert keine Beispiele von entschiedenen DC-Pfarrern.

[154] KJB, S. 454f.

bessere Erkenntnis geschenkt werde, als es damals weithin der Fall war."[155]

Auf dieser Linie äußerte im Oktober 1939 Günter Jacob: „Wir können uns nicht, wie es die staatskirchlichen Behörden [der GVR] tun, als Funktionäre zur Pflege und Stärkung der seelischen Widerstandsenergien den militärischen Kommandostellen in empfehlende Erinnerung bringen, sondern wir haben das Gericht und die Gnade Gottes über den Völkern und über den Einzelnen zu bezeugen. Wohl uns, wenn wir sehen, wie schmal der Weg ist über jenen grauenvollen Abgrund, in dem wir aus einem Prediger des Evangeliums Christi ein Priester des Nationalgottes geworden sind!"[156] Peter Brunner verwarf im Herbst 1939 in seiner „Theologisch-ethischen Besinnung" für die BK eine geistliche Legitimation des Krieges, den die Staatsgewalt in ihrer Verantwortung als „ultima ratio zur Erhaltung und Sicherung des Lebens der eigenen Untertanen" führen darf[157]. „In den Grundlinien folgt die Argumentation den Ausführungen Luthers in seinen einschlägigen Schriften"[158], aber auch die Zeiterfahrung erlaubte Brunner keine deutlichen Kriterien für das Recht des Staates, Krieg zu führen.

Der Generalsuperintendent der Unierten Evangelischen Kirche in Polen, Paul Blau, begrüßte den Sieg als „Beginn einer neuen Epoche unserer Kirchengeschichte"[159], er sollte aber zur Entrechtung in der nationalsozialistischen Ordnung des Reichsgaues Wartheland führen. Bereits die für die Rückgliederung der ehemals preußischen Kirchengebiete Posen-Westpreußen im Februar 1940 geplanten Feiern und Festgottesdienste mußten wegen des Einspruches von NS-Gauleiter und Reichsstatthalter Arthur Greiser gegen den Anschluß an die ApU abgesagt werden.[160] Im Sommer teilte Greiser den Kirchenführern die „13 Punkte" für die Neuordnung im Wartheland als NS-Mustergau mit. Das von dem ehemaligen Rechtswalter der DEK, August Jäger, formulierte Programm beabsichtigte die Privatisierung und Marginalisierung der Kirche bei strikter Trennung vom Staat. Ohne Rücksicht auf Konkordate sollten die Intentionen von Martin Bormann, Himmler und Rosenberg verwirklicht werden,

---

[155] (Karl Gerhard Steck,) Grundlinien, in: KJB, S. 344.
[156] Günter Jacob, Die Verkündigung der Kirche im Krieg, in: Brakelmann, Kirche, S. 298.
[157] (Peter Brunner,) Theologisch-ethische Besinnung, in: KJB, S. 342.
[158] Johannes von Lüpke, „Die Arche des Heiles". Peter Brunners Theologie in unserer Zeit, in: LN 20, 2000, Nr. 3, S. 20.
[159] Generalsuperintendent Blau, Ansprache an die Pfarrer seiner Kirche, 3.10.1939, in: JK 7, 1939, S. 870.
[160] Vgl. Meier, Kirchenkampf, 3, S. 119f.

während das Regime offiziell einen „Burgfrieden"[161] im Verhältnis von Staat und Partei zu den Kirchen wünschte; dieser „darf aber nicht so aufgefaßt werden, als ob der Partei selbst dadurch irgendwelche Fesseln auferlegt wären, klare Entscheidungen herbeizuführen."[162] In seinen Tischgesprächen äußerte Hitler Mitte Dezember 1941: „Der Krieg wird sein Ende nehmen und ich werde meine letzte Lebensaufgabe darin sehen, das Kirchenproblem noch zu klären. [...] Die organisierte Lüge muß derart gebrochen werden, daß der Staat absoluter Herr ist."[163] Damit war die „Endlösung der Kirchenfrage" programmiert. Dabei ging es auf evangelischer Seite nicht nur um die BK, sondern auch um die Gruppierungen der DC, die schon lange das Wohlwollen der Partei verloren hatten.

Im Vergleich zu den Initiativen für die Christen jüdischer Abstammung waren die Reaktionen auf die mit Kriegsbeginn einsetzende, aber geheim gehaltene Vernichtung „lebensunwerten Lebens" bemerkenswert entschieden. Allerdings war auch dazu die Meinung nicht einheitlich. Manche betonten das Recht des Staates trotz Ablehnung seiner Maßnahmen, besonders aus der Inneren Mission fürchteten andere bei klaren Stellungnahmen eher einen Schaden als einen Nutzen für die Kranken, während eine dritte Gruppe hier die Kirche in der Pflicht sah.[164] Aufgrund kirchlicher Dokumentationen wurde die Euthanasieaktion (Deckname nach ihrer Adresse in der Tiergartenstraße 4: T4) am 9. Juli 1940 von Pfarrer Paul G. Braune in seiner Denkschrift an Hitler „ein bewußtes planmäßiges Vorgehen zur Ausmerzung aller derer, die geisteskrank oder sonst gemeinschaftsunfähig sind," genannt. Zudem erregten die Sammeltransporte wie die Todesnachrichten in der Bevölkerung „ganz großes Aufsehen", weil „eine verhältnismäßig große Zahl auch von Familien aus der Bildungsschicht von dieser Maßnahme" betroffen war, wie Wurm in Eingaben seit seinem Schreiben an Innenminister Frick vom 19. Juli 1940[165] immer wieder betonte. Er wollte damit die staatlichen Stellen auf

---

[161] Vgl. Reichsinnenminister an Reichsstatthalter usw., 24.7.1940, in: Thierfelder, Kirche, S. 298.

[162] Ley an Gauleiter usw., 4.4.1941, in: Thierfelder, Kirche, S. 299.

[163] AaO., S. 302.

[164] Nach Ernst Wilm, Referat über die Stellungnahme der Kirche zur Tötung der ‚unheilbar' Kranken. 1940/41, in: Christoph von Hase (Hg.), Evangelische Dokumente zur Ermordung der ‚unheilbar Kranken' unter der nationalsozialistischen Herrschaft in den Jahren 1933-1945, Stuttgart 1964, S. 26; vgl. Harald Jenner/Joachim Klieme (Hg.), Nationalsozialistische Euthanasieverbrechen und Einrichtungen der Inneren Mission. Eine Übersicht, Reutlingen 1997; Jan Cantow/Jochen-Christoph Kaiser (Hg.), Paul Gerhard Braune (1887-1954). Ein Mann der Kirche und der Diakonie in schwieriger Zeit, Stuttgart 2005.

[165] Schäfer, Wurm, S. 119f.

Gefahren für die Volksstimmung im Krieg hinweisen, reflektierte aber auch das Bewußtsein in den Gemeinden, zumal auch kirchliche Heime ihre Kranken ausliefern sollten, was in Bethel verweigert wurde. Entscheidend für ihn aber war, daß „damit in Gottes Willen eingegriffen und die Menschenwürde verletzt"[166] würde.

Bei diesen Briefen vermied Wurm die öffentliche Konfrontation und schrieb privat, erst im Oktober 1943 nahm er in einer Predigt öffentlich Stellung als bewußte Steigerung seines Protestes. Allerdings kursierten einzelne Schreiben in Abschriften, so daß Ulrich von Hassell Mitte Dezember „den Mut" Wurms hervorhob, gegen „die kontrollose Massenabschlachtung der sogenannten Unheilbaren [...] scharf aufzutreten."[167] Hassell betrachte Wurms Briefe als politischen Widerstand. Für die private Form von Wurms auf der eigenen Schreibmaschine getippten Eingaben war wohl diese Nähe zum Widerstand ein Motiv, da er damit seine „intakte" Kirche nicht gefährden wollte. Die Aufnahme nationalsozialistischer Ansichten verweist auch darauf, daß er privat einen guten Zugang zu einzelnen Satrapen des Regimes wie Himmler zu haben meinte. Lange glaubte er zudem an die Möglichkeit einer Humanisierung des NS-Systems. Es gab jedoch auch Pfarrer, die in Predigten zu „dieser ungeheuerlichen Übertretung des 5. Gebotes" Stellung nahmen, wie es Ernst Wilm vor der Vertrauensmännerkonferenz der westfälischen BK im Winter 1940 gefordert hatte.[168] Durch diese Proteste wurde die Euthanasieaktion offiziell Ende 1941 gestoppt, aber inoffiziell ging sie weiter. Sie war der Probelauf für die Vernichtung der Juden.

Bereits Ende August 1942 informierte Kurt Gerstein, der als Christ und Zeuge der Wahrheit in die SS eingetreten war, Otto Dibelius und Wilhelm Niesel vom Bruderrat der BK über seine Beobachtung der Ermordung der Juden durch „Zyklon B" in Belzec, aber die Weitergabe dieser grauenhaften Nachricht und Reaktionen in der BK sind kaum nachweisbar.[169] Gegen diesen Massenmord halfen nicht die recht wenigen Eingaben wie Wurms Brief an Hitler im Juli 1943 angesichts der Gefahr für die „bisher noch verschont gebliebenen so genannten privilegierten Nichtarier"[170]. „Diese Absichten stehen, ebenso wie die gegen die

---

[166] AaO., S. 121.
[167] Hassell-Tagebücher, S. 220; vgl. S. 376 zu Wurms Protest bei Hitler vom 16.7.1943 gegen die Judenvernichtung.
[168] Vgl. Wilm, Referat, S. 24ff.
[169] Vgl. Jürgen Schäfer, Kurt Gerstein – Zeuge des Holocaust. Ein Leben zwischen Bibelkreisen und SS (BWKG 16), 3. Aufl. Bielefeld 2002, S. 230; Röhm/Thierfelder, Juden, 4/II, S. 72ff.
[170] Schäfer, Wurm, S. 164.

anderen Nichtarier ergriffenen Vernichtungsmaßnahmen im schärfsten Widerspruch zu dem Gebot Gottes und verletzen das Fundament alles abendländischen Denkens und Lebens: Das gottgegebene Urrecht menschlichen Daseins und menschlicher Würde."[171]

Ein entschiedenes Wort gegen das Morden wagte die 12. Bekenntnissynode der ApU in Breslau Mitte Oktober 1943. Die „Auslegung des 5. Gebotes"[172] setzt ein mit der „Größe und Schwere des Kriegsleidens", um dann Gott als „Herrn des Lebens" gegen den „Umfang, den das Töten im Krieg annimmt," in Erinnerung zu rufen. „Die Obrigkeit ist dem dreieinigen Gott auch, was den Krieg betrifft, dafür verantwortlich, daß sie das Schwert nur zur Eindämmung des Bösen gebraucht. [...] Begriffe wie ‚Ausmerzen', ‚Liquidieren' und ‚unwertes Leben' kennt die göttliche Ordnung nicht. Vernichtung von Menschen, lediglich weil sie Angehörige eines Verbrechers, alt oder geisteskrank sind oder einer anderen Rasse angehören, ist keine Führung des Schwertes, das der Obrigkeit von Gott gegeben ist." Die Pflicht der Christen besteht vielmehr in „Werken der Barmherzigkeit". Die Synodalen waren sich der Brisanz der über bisherige Äußerungen der BK deutlich hinausgehenden Erklärung bewußt und fürchteten Verfolgungsmaßnahmen. Daß diese nicht erfolgten, war wohl eine Folge der Kriegsbedingungen, die auch die Verbreitung des Wortes behinderten.

Seit Beginn des Krieges hatte sich die Lage der Kirche entscheidend verändert. Die Einberufung der Pfarrer zum Kriegsdienst traf besonders die entschiedene BK, da ihre Stärke auf den „jungen Brüdern" beruhte. Als auch die älteren Jahrgänge folgten, mußten sich die Gemeinden selbst organisieren trotz der Belastungen durch Krieg und zunehmende Luftangriffe. Zudem trafen besonders den Bruderrat der BK in Brandenburg und Berlin Verhaftungen durch die Gestapo, welche eine eigene Prüfungstätigkeit 1941 beendeten; die 2. VKL wurde nur noch durch die beiden Berliner Theologen Albertz und Böhm repräsentiert, die anderen Mitglieder waren eingezogen, inhaftiert oder ausgewiesen. Auf der anderen Seite wuchs nach der Kriegswende in Stalingrad die Sehnsucht in der Bevölkerung nach Stärkung und Trost, so daß der Kirchenbesuch zunahm.

Seit 1941 versuchte Landesbischof Wurm, durch das „Kirchliche Einigungswerk"[173] die Gräben zwischen den Flügeln der BK und zu der Mitte zu überwinden, da die kirchenfeindliche Tendenz der Parteikanzlei immer deutlicher spürbar wurde. Zwar hatte Hitler Anfang 1941 sein

---

[171] AaO., S. 165.
[172] KJB, S. 383–387; dort die folgenden Zitate.
[173] Vgl. Jörg Thierfelder, Das Kirchliche Einigungswerk des württembergischen Landesbischofs Theophil Wurm (AKiZ.B 1), Göttingen 1975.

Desinteresse an einer Zusammenfassung der evangelischen Kirchen erklärt, aber deutlicher formulierte im Juni Martin Bormann die „Unvereinbarkeit nationalsozialistischer und christlicher Auffassungen". „Das Interesse des Reiches liegt nicht in der Überwindung, sondern in der Erhaltung des kirchlichen Partikularismus."[174] Greisers „13 Punkten" stellte Wurm deshalb „13 Sätze über Auftrag und Dienst der Kirche" entgegen, die nach langwierigen Verhandlungen Ostern 1943 veröffentlicht wurden. Sie erwiesen sich als wichtige Voraussetzung für die Neuordnung nach Kriegsende.

5. Evangelische Kirche und Widerstand

Am 21. Juli 1944 veröffentlichte Landesbischof Marahrens „tief erschüttert" einen „Dank für die gnädige Errettung des Führers"[175], dem er zuvor ein entsprechendes Telegramm gesandt hatte. Gleichzeitig begannen die Ermittlungen des SD, der in den Berichten von SS-Obersturmbannführer v. Kielpinski die kirchlichen Bindungen der Männer des Widerstandes betonte. Aber auch nach dem Ende des NS-Regimes dauerte es, bis 1952 eine theologische Würdigung des Widerstandes erfolgte, eine kirchliche Anerkennung des Widerstandsrechtes sprach erst 1973 eine Denkschrift der EKD aus.[176] Der Grund für diese lange Distanzierung liegt in der Orientierung an Röm 13. Hinzukam das Problem des Tyrannenmords, den beide Kirchen ablehnten. Diese Grenze wurde von evangelischen Gremien nie überschritten, da die Ausdrücke Widerstand und Widerstehen in einzelnen Dokumenten den theologisch begründeten Einspruch gegen staatliche Maßnahmen, also einen geistlichen Widerstand meinen, der sich zum Ungehorsam gemäß der Clausula Petri steigern konnte.

Maßstab dieser Widerständigkeit war die Bewahrung kirchlicher Autonomie gegen ideologische Vereinnahmung durch die DC und politische Gleichschaltung durch Jäger oder später Kerrl, so daß der zumeist passive und der in einzelnen Dokumenten „offene ideologische Widerstand"[177] der BK durch Nonkonformität als weltanschauliche Dissidenz

---

[174] Rundschreiben Nr. 8/41 g; BAK, NS 6/336.
[175] Besier/Ringshausen, Bekenntnis, S. 342.
[176] Vgl. Gerhard Ringshausen, Der 20. Juli 1944 als Problem des Widerstandes gegen die Obrigkeit, in: Gerd R. Ueberschär (Hg.), Der 20. Juli. Das „andere Deutschland" in der Vergangenheitspolitik, Berlin 1998, S. 238–253.
[177] E. Bethge ordnet diesen „offenen ideologischen Widerstand" der Kirchen zwischen dem „einfachen passiven Widerstand" und der Mitwisserschaft an Umsturzvorbereitung ein; vgl. ders., Bonhoeffer, 891.

und gesellschaftliche Verweigerung bestimmt war.[178] Das wurde bereits von dem beim „Röhm-Putsch" in der Nacht zum 1. Juni 1934 ermordeten Edgar Julius Jung gesehen, der zu den frühen Gegnern Hitlers aus dem Kreis der „Jungkonservativen" gehörte. In der von ihm entworfenen Marburger Rede des Vizekanzlers Franz von Papen vom 17. Juni 1934 formulierte er, vielleicht mit Kenntnis der Barmer Theologischen Erklärung: „Es ist zuzugeben, daß in diesem Widerstand christlicher Kreise gegen staatliche und parteiliche Eingriffe in die Kirche ein politisches Moment liegt. Aber nur deshalb, weil politische Eingriffe in den religiösen Bezirk die Betroffenen zwingen, aus religiösen Gründen den auf diesem Gebiet widernatürlichen Totalitätsanspruch abzulehnen."[179]

Diese Differenz zwischen kirchlichem und politischem Widerstand wurde jedoch von dem Regime nicht anerkannt, weil die Kirche sein Monopol der Information und weltanschaulichen Deutung in Frage stellte. Bereits im Sommer 1933 hatte Ernst Forsthoff, ein Schüler von Carl Schmitt, den „totalen Staat" als „die totale Inpflichtnahme jedes Einzelnen für die Nation" gedeutet, die „den privaten Charakter der Einzelexistenz" aufhebt.[180] Deshalb folgerte er Ende des Jahres, daß eine „evangelische Kirche, die über den Bekenntnisauftrag hinaus für ihre sichtbare, irdische Existenz Selbständigkeit, Autonomie in Anspruch nimmt, ... die staatliche Totalität" zerstöre.[181] Entsprechend erkannte Günter Jacob angesichts der Verhaftungen im Dezember 1936: „Der heutige Staat als dogmatisch gebundener Staat kann sich seiner Natur nach nicht mit der Loyalität seiner Bürger [...] begnügen [...]. Der heutige Staat kann nur Gefolgsleute oder Widersacher, nicht aber loyale Bürger kennen. Und der christliche Vorbehalt *muß* ihm als politische Opposition und als Verletzung seiner sakralen Grundlagen erscheinen."[182] Die zunehmende Kirchenfeindschaft der NSDAP verweist darauf, daß grundsätzlich jeder Gottesdienst einen Freiraum des Redens und Handelns jenseits der verordneten Volksgemeinschaft beanspruchte, ohne damit eine widerständige Qualität zu intendieren. Demgegenüber benannte Paul Graf Yorck von Wartenburg die zu erwartenden Entwicklungen: „Die Auseinandersetzung zwischen Christentum und Nationalsozialismus muß kommen, und

---

[178] Vgl. Richard Löwenthal, Widerstand im totalen Staat, in: ders./Patrik von zur Mühlen (Hg.), Widerstand und Verweigerung in Deutschland 1933–1945, Bonn 1984, S. 14ff.

[179] Rede des Vizekanzlers von Papen vor dem Universitätsbund Marburg am 17. Juni 1934, in: Edmund Forschbach, Edgar J. Jung. Ein konservativer Revolutionär. Pfullingen 1984, S. 165f.

[180] Ernst Forsthoff, Der totale Staat, Hamburg 1933, S. 42.

[181] Zit. Scholder, Kirchen II, S. 24.

[182] Günther Jacob, Kirche oder Sekte (16.12.1936), in: Greschat, Widerspruch, S. 240f.

sie wird Formen annehmen, denen gegenüber die heutigen Unterdrückungsmethoden des Staates wie ein Kinderspiel anmuten werden. An uns ist es, dafür zu sorgen, daß dieser Augenblick uns Christen innerlich gewappnet findet."[183] Aber die BK wurde nur eine „Widerstandsbewegung wider Willen"[184], zumal sie viele politische Maßnahmen des NS-Regimes nicht nur billigte, sondern sogar begrüßte – auch noch nach den Verhaftungen einzelner Mitglieder, Pfarrer und Laien, trotz ihren Leiden.

Aus der Spannung von ideologischer Dissidenz und politischer Loyalität ergab sich die Tendenz zum kirchenpolitischen Taktieren, wie es das Verhalten der einzelnen Flügel der BK seit 1936 bestimmte. In Weiterführung von Kurt Mayer hat Kurt Nowak deshalb den volkskirchlichen Protestantismus der Mitte als die „wirksamste Resistenz" bezeichnet.[185] Er hebt damit ab auf ihre zahlenmäßige Stärke und größere Überlebensfähigkeit, was bei den „intakten" Landeskirchen offenkundig ist. Andererseits war hier die weltanschauliche Dissidenz mit einem hohen Maß an Anerkennung des Regimes verbunden, so daß gesellschaftliche Verweigerung im Sinne einer Nichtbeachtung oder gar Verstöße gegen dessen Maßnahmen weitgehend fehlen. Zu nennen ist jedoch die breite Ablehnung der Gleichschaltung durch August Jäger in Württemberg und Bayern. Verweigerung bildete aber nur eine der möglichen Einstellungen innerhalb des protestantischen Milieus zwischen „affirmativ faschistoid" und Rückzug in eine Nische, wie Günther van Norden[186] betont hat, was zugleich die Problematik des Begriffs Resistenz für die Analyse des Widerstandes verdeutlicht.

Entschiedener Widerstand setzte allerdings die Existenz von weniger an das Regime angepaßten Milieus voraus, wie bereits Hans Rothfels betonte. So war beispielsweise der Besuch eines Gottesdienstes zwar

---

[183] Paul Graf Yorck von Wartenburg, Christentum und Nationalsozialismus. Rede auf einer BK-Synode, wohl 1938 (Archiv d. Verf.).

[184] Ernst Wolf, Zum Verständnis der politischen und moralischen Motive in der deutschen Widerstandsbewegung, in: Walter Schnitthenner/Hans Buchheim (Hg.), Der deutsche Widerstand gegen Hitler, Köln 1966, S. 219.

[185] Kurt Nowak, Wie es zu Barmen kam, in: Reinhard Rittner (Hg.), Barmen und das Luthertum, Hannover 1984, S. 35. Vgl. zur kritischen Auseinandersetzung Gerhard Besier, Widerstand im Dritten Reich – ein kompatibler Forschungsgegenstand für gegenseitige Verständigung heute?, in: ders., Die evangelische Kirche in den Umbrüchen des 20. Jahrhunderts, Bd. 1, Neukirchen 1994, S. 243–261; ders., Evangelische Kirche und Widerstand, in: KuD 42, 1996, S. 3–21.

[186] Günther van Norden, Widerstand im deutschen Protestantismus 1933–1945, in: Klaus-Jürgen Müller (Hg.), Der deutsche Widerstand 1933–1945, Paderborn 1986, S. 117.

nicht unbedingt ein „Indikator für Prägungen im NS-kritischen Sinne"[187], aber er konnte durch die Erinnerung an die christliche Tradition selbst bei einem DC-Pfarrer so wirken. Entsprechend kritisierte Goebbels 1940 die Bezeichnung Christi als Führer, die den Kirchen ermögliche, „mit durchsichtiger Perfidie jeden deutschen Staatsbegriff zu entwerten."[188] Entsprechend lassen sich die christlichen Orientierungen evangelischer Widerstandskämpfer meist der volkskirchlichen Mitte zuordnen. Die intakte Struktur der württembergischen Kirche ermöglichte Landesbischof Wurm die Eingaben an die Spitzen des NS-Staates, ohne daß dieser ihn im Unterschied zu Niemöller anzugreifen wagte. Sein mutiger Widerspruch gegen die Euthanasie machte ihn ähnlich wie den „Löwen von Münster", Bischof Clemens August Graf von Galen, über die Kirchengrenzen hinaus bekannt, so daß er zum Ansprechpartner des Widerstandes wurde. Innerkirchlich brachte er ihm eine für den Beitrag seines Einigungswerkes zur Nachkriegsordnung wichtige Anerkennung durch die konsequente BK, während Marahrens und Meiser keine Schritte über ihre Staatsloyalität hinaus wagten. So fand Karl Steinbauer bei Meiser keine Unterstützung, als er wegen der kirchlich begründeten Weigerung, wegen der „Auferstehungsfeier" am 9. November 1935 an Kirche und Pfarrhaus die Hakenkreuzfahne aufzuziehen, ins Gefängnis kam. Als er nach der entsprechenden Weigerung am 1. Mai 1936 und erneuter Verhaftung aus Oberbayern ausgewiesen wurde und für das ganze Reichsgebiet Redeverbot erhielt, wies Meiser jedoch das Predigtverbot entschieden zurück, so daß Steinbauer eine Pfarrverweserstelle in Augsburg übernehmen konnte, bis er Ende September wieder in seine Gemeinde in Penzberg zurückkam.[189] Da Steinbauer auch entschieden die Verantwortung der Kirche für den Staat betonte und dessen Totalitätsanspruch ablehnte, fürchtete der mit dem Führerstaat sympathisierende Meiser die „unabsehbaren Folgen" für die Intaktheit seiner Kirche, die allerdings auch aus ihren Gemeinden vertriebene Pastoren wie Julius von Jan aufnahm. Für Jan setzte sich Wurm nach seiner Verurteilung durch das Sondergericht Stuttgart mit einem Brief an Himmler als Chef der deutschen Polizei ein – mit der Einschränkung, daß „die allerdings scharfen Äußerungen"[190] in

---

[187] Besier, Widerstand, S. 249.
[188] Zit. Heinz Boberach, Propaganda – Überwachung – Unterdrückung, in: Gotthard Fuchs (Hg.), Glaube als Widerstandskraft, Frankfurt/M. 1986, S. 47.
[189] Vgl. Sommer, Stimmen, S. 79ff.; Berndt Hamm, Die andere Seite des Luthertums: der bayerische Pfarrer Karl Steinbauer im Widerstand gegen den Nationalsozialismus, in: ZThK 104, 2007, S. 455-481.
[190] Wurm an Himmler, 22.11.1939, in: Schäfer, Landeskirche, Bd. 6, S. 143; vgl. Wurms Gnadengesuch, aaO., S. 150.

der Bußtags-Predigt vom „Oberkirchenrat selbstverständlich mißbilligt" würden. Sein Einsatz war begrenzt durch die Rücksicht auf die Bewahrung volkskirchlicher Strukturen und die Loyalität gegenüber dem Staat.

Da die Kirche gemäß der Barmer Theologischen Erklärung nicht durch ihre soziale Gestalt, sondern ihren Auftrag bestimmt ist, war ihre Sicherung für die konsequente BK grundsätzlich nicht zu berücksichtigen, so daß die Option für eine Freikirche überlegt wurde. Faktisch spielte aber die Zumutbarkeit für die Gemeinden eine wichtige Rolle neben dem Gehorsam gegenüber der Obrigkeit. Die theologische Orientierung ließ die BK besonders gegen die Irrlehre der DC und staatliche Eingriffe in die Kirche widerstehen, was bis zur Frage der Kirchenzucht führte, aber die Grenze zum politischen Widerstand besonders betonen. Deshalb blieb der humanitäre Einsatz für die Juden auf ‚Judenchristen' beschränkt und vielfach einzelnen wie Katharina Staritz in Breslau überlassen. Da sich Gestapo und SD nicht an der Unterscheidung von kirchlichem und politischem Widerstehen, sondern an der Differenz zu den ideologischen und politischen Vorgaben und Zielen des Regimes orientierten, bedeutete bereits die Entscheidung für die Organe des Kirchlichen Notrechts und gegen die legalen Konsistorien eine Gefährdung. Die fehlende Legalisierung in den „zerstörten" Kirchen machte diese besonders angreifbar, wie etwa die Verhaftungen im Zusammenhang mit BK-Kollekten zeigten. „Was an tatsächlichem Widerstand gegen das Regime von den Kirchen ausging, kam durchweg von unten, von Pfarrern, Gemeinden und einzelnen Christen. Sie hatten, wie die Listen der Opfer ausweisen, auch die ganze Last der Verfolgung zu tragen. Nicht selten haben Kirchenleitungen den aus politischen Gründen Inhaftierten und Verurteilten die Solidarität verweigert."[191] Allerdings wird man die „Erklärung der Vorläufigen Leitung an den Führer und Reichskanzler" vom 28. Mai 1936 sowie die Auslegung des 5. Gebotes durch die Breslauer Bekenntnissynode als Ansätze zum politischen Widerstand verstehen müssen, die leitende Organe der konsequenten BK aus theologischen Gründen formulierten.

Für das Regime gehörte die Planung für die Zeit nach Hitler zum Widerstand, zumal sie die Niederlage voraussetzte. Auf Anregung der Ökumene beauftragte Bonhoeffer in Absprache mit der 2. VKL über Constantin von Dietze einige Freiburger Professoren mit einer Denkschrift über Grundsätze einer Neuordnung auf christlicher Grundlage für eine nach Ende der Kriegshandlungen geplante Weltkirchenkonferenz.[192] Am 9.

---

[191] Klaus Scholder, Politischer Widerstand oder Selbstbehauptung als Problem der Kirchenleitungen, in: ders., Aufsätze, S. 211.
[192] In: Schwabe/Reichardt, Ritter, S. 659–774, gekürzt in: Gerhard Ringshausen/Rüdiger von Voss (Hg.), Die Ordnung des Staates und die Freiheit des Menschen. Deutsch-

Oktober 1942 fand in Anwesenheit Bonhoeffers die konstituierende Sitzung des neuen Kreises statt.[193] Für den 17.–19. November verabredete man eine größere Zusammenkunft. Dafür wollte Bonhoeffer „Über die Möglichkeit des Wortes der Kirche an die Welt"[194] als Grundlegung vortragen, war aber verhindert. Auch der mit ihm befreundete Friedrich Justus Perels, Rechtsberater der BK der ApU, konnte sein Referat über den „Rechtsboden [der] Existenz der Kirche in der Welt" nicht halten.[195] Zur Diskussion standen der von Ritter konzipierte Hauptteil der Denkschrift „Politische Gemeinschaftsordnung" und zwei Anhänge: „Rechtsordnung" von dem Freiburger Kirchenrechtler und Rechtshistoriker Erik Wolf und dem Wirtschaftsrechtler Franz Böhm aus Jena sowie „Wirtschafts- und Sozialordnung" von den Freiburger Nationalökonomen C. v. Dietze, Walter Eucken und Adolf Lampe. Die Berliner BK vertraten Generalsuperintendent Otto Dibelius und der Unternehmer Walter Bauer. Als Bekannter von Böhm, Dietze, Lampe und Ritter nahm Carl Goerdeler teil, der im Kontakt mit dem Württembergischen Landesbischof Theophil Wurm stand, als dessen Vertreter Helmuth Thielicke mitwirkte. In einer einmaligen Konstellation waren so namhafte Mitglieder der BK mit einem Theologen der „intakten" württembergischen Kirche und dem Kopf des bürgerlichen Widerstandes zusammen, während Dietze auch an agrarpolitischen Beratungen des Kreisauer Kreises im Juli 1942 teilnahm und Lampe seit 1940 mit Peter Graf Yorck von Wartenburg im Meinungsaustausch über Wirtschaftsfragen stand.

Die Gespräche führten zu Veränderungen der Vorlagen und zur Planung weiterer Anhänge. Seinen Beitrag über „Rechtsordnung der Kirche" sandte Perels aber nicht nach Freiburg, da die Besprechung von Ritter, Dietze u.a. mit Bonhoeffer und Perels am 6./7. Februar 1943 zwischen Ritter und den Berlinern einen gravierenden Dissens über die Begründung der Ethik ergeben hatte.[196] Da die „Politisierung des sittlichen

---

landpläne im Widerstand und Exil, Bonn 2000, S. 239–316. Vgl. zur Literatur oben, Anm. 121.

[193] Vgl. D. Bonhoeffer, Konspiration und Haft 1940–1945, hg. von Jørgen Glenthøj u.a. (DBW 16), Gütersloh 1996, S. 360ff.; Gerhard Ringshausen, Die Überwindung der Perversion des Rechts im Widerstand, in: ders./Rüdiger von Voss (Hg.), Widerstand und Verteidigung des Rechts, Bonn 1997, S. 212.

[194] D. Bonhoeffer, Ethik, hg. von Ilse Tödt u.a. (DBW 6), Gütersloh 1998, S. 354–364.

[195] Vgl. die Notizen von Bonhoeffer und Dietze, in: Bonhoeffer, Konspiration, S. 362.

[196] Bei der Klausurtagung hatte Thielicke versucht, der ihm „allzu idealistisch (im philosophischen Sinne idealistisch) dünkenden Konzeption Ritters wenigstens in einigen Partien einen anderen der Reformation näherstehenden theologischen Ansatz abzuringen"; Helmut Thielicke, Zu Gast auf einem schönen Stern, 3. Aufl. Hamburg 1984, S. 189. Vgl. Constantin von Dietze, Besprechungsnotizen, in: Bonhoeffer, Konspiration,

Bewußtseins zum Verlust der individuellen Verantwortlichkeit" führe, hatte Ritter in der Denkschrift die Aufgabe betont, „der Dämonie des Politischen mit Gottes Hilfe ein Stück vernünftiger, sittlicher Weltordnung abzutrotzen." Die im Gewissen fundierte Verantwortung der Person in der entsprechenden Gemeinschaftsordnung bedeutet die Überwindung von Säkularisierung und „Massenmenschentum". Diese Verbindung von christlicher und humanistischer Orientierung am Gewissen beurteilte Bonhoeffer als zu „lutherisch" und „Sache vergangener Theologie" und Perels als „sehr stark subjektivistisch", statt die Geltung des Dekalogs herauszustellen. Die Arbeit der in der früheren Forschung zu Unrecht „Bonhoeffer-Kreis" genannten Gruppe endete damit an dem Gegensatz zwischen den theologischen Maßstäben der konsequenten BK und den lutherisch humanen Orientierungen. Als politische Gegner des NS-Regimes wurden Dietze, Lampe und Ritter nach dem 20. Juli 1944 als Mitwisser der Umsturzplanung inhaftiert, aber durch das Ende des Regimes gerettet, während Bonhoeffer und Perels in dessen letzten Tagen ermordet wurden. Nicht entdeckt wurde, daß der vom politischen Liberalismus herkommende Walter Bauer, der als Berliner Mitglied der BK an den Freiburger Gesprächen teilnahm, eng mit dem politischen Widerstand verbunden war und ihn seit 1939 finanziell unterstützte.[197]

Die Differenzen über die Freiburger Denkschrift erscheinen hilfreich, um den Beitrag von Theologen zum Widerstand einzuordnen. Daß von den „Laien" im Kreisauer Kreis nur Hans-Bernd von Haeften zur BK gehörte, der aber inzwischen seine theologische Position grundlegend verändert hatte,[198] paßt zu der Zusammensetzung dieses Kreises, dem mit Otto Heinrich von der Gablentz und Theodor Steltzer zwei Mitglieder der Michaelsbruderschaft und Religiöse Sozialisten wie Theodor Haubach angehörten. Die Entwicklungen vor Beginn des Weltkrieges führten bei Eugen Gerstenmaier zur Einsicht in den Unrechtscharakter des Regimes

---

S. 382f.; Ringshausen, Überwindung, S. 219–226. Als Ritter nach 1945 Mitglied des Bruderrats war, wiederholten sich die Gegensätze; vgl. Klaus Schwabe, Gerhard Ritter – Werk und Person, in: Schwabe/Reichardt, Ritter, S. 13ff.; Agnes Blänsdorf, Gerhard Ritter 1942–1950. Seine Überlegungen zum kirchlichen und politischen Neubeginn in Deutschland, in: GWU 42, 1991, S. 1–21, 67–91; Gerhard Ringshausen, Politische Orientierung und Wahrnehmung des Katholizismus in der evangelischen Kirche der Nachkriegszeit und Adenauerära, in: KZG 19, 2006.

[197] Vgl. Otto John, „Falsch und zu spät" Der 20. Juli 1944, München 1984, S. 134; Marikje Smid, Hans von Dohnanyi – Christine Bonhoeffer. Eine Ehe im Widerstand gegen Hitler, Gütersloh 2002, S. 233.

[198] Vgl. unten, Kapitel IV.

und zur Bereitschaft zum Widerstand.[199] Wie andere Kreisauer schloß er sich nach der Verhaftung von Helmuth James von Moltke Claus Schenk Graf von Stauffenberg an und wurde am 20. Juli 1944 im Berliner Bendlerblock verhaftet. Kirchlich gehörte der Oberkonsistorialrat im Kirchlichen Außenamt unter Bischof Theodor Heckel wie dessen Vertreter beim Ökumenischen Rat der Kirchen in Genf, der zum Kreisauer Kreises gehörige Hans Schönfeld, keineswegs zur BK, sondern als theologischer Gegner Barths zur kirchlichen Mitte, wobei er einerseits die Politik Kerrls unterstützte, andererseits in Verbindung zu Meiser und besonders zu Wurm stand. Ihm teilte er seine Entscheidung zum Widerstand mit, aber auch, „daß er dafür weder sein Plazet noch das einer anderen kirchlichen Institution erbäte, weil sie mir damit überfordert erscheine."[200] Damit würde nämlich „die schmale Grenze zwischen dem fälligen Protest der Kirche und politischen Erwägungen überschritten".

Ein Vierteljahr vor Gerstenmaier kam durch Haeften der Gefängnispfarrer Harald Poelchau in den Kreisauer Kreis. Geprägt durch die Jugendbewegung wurde er unter dem Einfluß von Paul Tillich, seinem Doktorvater, Religiöser Sozialist, der im Dritten Reich besonders das „Versagen der offiziellen Kirche, nicht nur wegen ihrer Abhängigkeit vom Regime, sondern auch aus ihrer inneren Taubheit" gegenüber den Verfolgten „beschämend" fand, wobei er entsprechend diesem Urteil auch die BK als zu theoretisch beurteilte.[201]

Als Beispiel für den Weg von der BK zum Widerstand gilt demgegenüber Bonhoeffer, der über die Mitwisserschaft zum Teilnehmer der Konspiration wurde, wobei er Perels über dessen kirchliches Engagement hinausgeführt hat. Durch ihn hatten wiederum andere Juristen der BK wie

---

[199] Vgl. Daniela Gniss, Der Politiker Eugen Gerstenmaier 1906–1986, Düsseldorf 2005, bes. S. 121ff.; zu seiner theologisch-kirchlichen Position vgl. aaO., S. 62ff.

[200] Gerstenmaier, Streit, S. 150. Demgegenüber hat Gerstenmaier seinen kirchlichen Vorgesetzten, Bischof Theodor Heckel, nicht über sein Engagement informiert. „Heckel ahnte es und ließ mich gewähren. Sicher mit gequältem Gewissen." Eugen Gerstenmaier, Das Kirchliche Außenamt im Reiche Hitlers, in: Paul Collmer u.a. (Hg.), Kirche im Spannungsfeld der Politik (FS Hermann Kunst), Göttingen 1977, S. 318. Es gab für den Fall seiner Verhaftung kaum eine verabredete „Sprachregelung", wie Heckel in seiner Autobiographie behauptet, da er sich nach 1945 als Mitwisser hinstellte. Trotzdem übernimmt Rolf-Ulrich Kunze, Eugen Gerstenmaier und der 20. Juli 1944, in: Matthias Stickler (Hg.), Portraits zur Geschichte des deutschen Widerstands, Rahden 2005, S. 149-152, die Mitwisserschaft als historisch.

[201] Harald Poelchau, Die Ordnung der Bedrängten, Berlin 1963, S. 77. Vgl. Henriette Schuppener, „Nichts war umsonst ..." Harald Poechau und der deutsche Widerstand, Berlin 2006, S. 40ff.; auch Klaus Harpprecht, Harald Poelchau. Ein Leben im Widerstand, Reinbek 2004.

Paul Schulze zur Wiesche Beziehungen zum Widerstand, die durch weitere Kontakte ergänzt wurden, ohne aber zur Mittäterschaft zu führen.[202] Bonhoeffer war sich der Differenzen seiner Position zur BK bewußt und erarbeitete sich eine über seine frühere Beurteilung des Verhaltens gegenüber dem Staat hinausgehende theologische Begründung für die Beteiligung am Widerstand. Darum ist er zugleich ein Beleg für die Distanz der konsequenten BK zum Widerstand.[203]

Daß sich die Fronten des Kirchenkampfes nicht unmittelbar auf die Nähe zum politischen Widerstand abbilden lassen, zeigt auch die Gruppe der Mitwisser. Die zentrale Kontaktperson des bürgerlich-militärischen Widerstandes auf kirchenleitender Ebene war Landesbischof Wurm,[204] während Meiser zwar Generalstabschef Halder nahestand, aber dieser hatte sich 1939 vom Widerstand getrennt. Wurm stand nicht nur durch Gerstenmaier in Verbindung zum Kreisauer Kreis, sondern kannte bereits aus der Vorkriegszeit Carl Goerdeler, der ihn seit 1940 über Oberkirchenrat Wilhelm Pressel laufend informierte. Pressel hielt als Wurms rechte Hand zudem die Verbindung zum liberalen Bosch-Kreis, der seinerseits wiederum in Kontakt zu Goerdeler stand.[205] Als Gerstenmaier Wurm kurz vor dem 20. Juli 1944 über die bevorstehende Aktion informierte, hat er wie Meiser zum Wagnis des Umsturzes „nachdrücklich ermutigt"[206]. Bestanden zwischen Wurm als Mitglied des Lutherrats Spannungen zur konsequenten BK, so war auch Pressel eher ein Mann der Mitte.[207]

Einzelne Pfarrer der BK hatten als Seelsorger Kontakt zu Männern des Widerstandes. So suchte einmal Ludwig Beck den Vertreter Niemöllers in Dahlem, Helmut Gollwitzer, auf und brachte den Umsturz zur Sprache. Gollwitzer sagte spontan: „Der Kerl muß weg." Aber Beck erklärte ihm: „Ich wollte eigentlich nicht Ihre menschlich-politische Meinung hören, sondern ich bin zu Ihnen als dem Pfarrer und Seelsorger gekommen."[208]

---

[202] Vgl. Schreiber, Perels, S. 176ff.; Mönkemeier, Schulze zur Wiesche, S. 266ff.
[203] Vgl. Kapitel III.
[204] Vgl. Schäfer, Wurm, S. 345ff.
[205] Vgl. Joachim Scholtyseck, Robert Bosch und der liberale Widerstand gegen Hitler 1933–1945, München 1999, S. 454ff.
[206] Gerstenmaier, Streit, S. 604; vgl. aaO., S. 150f.
[207] Als Tübinger Studentenpfarrer gehörte Pressel zur süddeutschen Gruppe der „Christlich-deutschen Bewegung" und trat im Frühjahr 1932 trotz innerer Vorbehalte der NSDAP bei, aus der er – seit 1933 Oberkirchenrat – 1935 wegen Kritik an dem „Führer" ausgeschlossen wurde. Als Mitglied der BK nahm er an den Reichsbekenntnissynoden teil und gehörte zum Reichsbruderrat, seit 1936 als ständiger Vertreter Wurms zum Lutherrat.
[208] Nach Gollwitzers Bericht von 1988 bei Heinz Eduard Thödt, Komplizen, Opfer und Gegner des Hitlerregimes, Gütersloh 1997, S. 388.

Obwohl Gollwitzers Wunsch die Hoffnung auf einen Umsturz auch in der BK belegt, dürfte die von Beck betonte Differenz bei vielen Zeugnissen über die Mitwisserschaft zu beachten sein. Aber solche Kontakte waren nicht auf BK-Pfarrer beschränkt; besonders bei den Militärs dienten die Divisionspfarrer vielfach als Ansprechpartner. So war Fritz-Dietlof Graf von der Schulenburg seit seinem Einsatz auf der Krim im Frühjahr 1942 befreundet mit Pfarrer Werner Berndt von der Berlin-Zehlendorfer Ernst-Moritz-Arndt-Gemeinde, der sich kirchenpolitisch nicht engagiert hatte und seit 1. Januar 1940 als Militärpfarrer eingezogen war.[209] Als Schulenburg in dessen Pfarrhaus wohnte, kam es im Oktober 1942 dort zu zwei nächtlichen Gesprächen, in denen er Hauptmann Axel von dem Bussche über die Vorbereitungen für ein Attentat informierte und auf das Gespräch mit Stauffenberg einstimmte.[210] Bussche wollte sich ihm als Attentäter zur Verfügung stellen.

Als Seelsorger hat Hans Asmussen, ein früher Wortführer der BK, Beck und Goerdeler „nahe gestanden"[211] und wurde zum Mitwisser der Umsturzplanung. Im Sommer 1942 verfaßte er für Goerdeler eine Denkschrift über die Stellung der Kirche zu wirtschaftlichen Fragen und suchte Ende des Jahres über Hans Bernd Gisevius, den in den Widerstand eingebundenen Vertreter der Abwehr in Zürich, den Kontakt zur Ökumene.[212] Bereits vorher besuchte ihn Adam von Trott zu Solz, um eine Bestellung Martin Niemöllers als Staatsoberhaupt nach einem Umsturz zu erörtern.[213] Aber 1947 urteilte er: „Ich kann die Männer, die in dieser Bewegung beteiligt waren, nicht rechtfertigen. Ich kann sie allerdings noch viel weniger verdammen."[214] Deutlicher artikulierten nach 1945 andere Stimmen im Namen der BK die Distanz. Dazu gehört auch das wohl von

---

[209] Vgl. Detlef Graf von Schwerin, „Dann sind's die besten Köpfe, die man henkt" Die junge Generation im deutschen Widerstand, München 1991, S. 306. Aus der Personalakte von Pfr. Werner Berndt, Landeskirchliches Archiv Berlin-Brandenburg 1.4/K6 Berndt, geht nur hervor, daß er am 20.5.1938 vor dem Evangelischen Oberkirchenrat der ApU den geforderten, von der BK abgelehnten Treueid auf Hitler schwor.

[210] Vgl. aaO., S. 333.

[211] Hans Asmussen, Gehört Luther vor das Nürnberger Gericht?, in: Nachrichten für die evangelisch-lutherischen Geistlichen in Bayern 2, 1947, S. 125. Zu weiteren Kontakten vgl. Asmussen an Ger van Roon, 24.5.1963 (IfZ, ZS-A 18, 1).

[212] Vgl. Asmussen an (Kirchenpräsident Köchlin und) Visser 't Hooft, 13.12.1942, in: Lehmann, Asmussen, S. 357-362.

[213] Lehmann, Asmussen, S. 136; die Datierung auf 1939 scheint im Blick auf die Planungen des Widerstandes und die Beteiligung Trotts unwahrscheinlich. Der Niemöller-Plan wird von Ulrich von Hassell Ende 1941 erwähnt; vgl. oben, Anm. 96. Für 1940 erwähnt Lehmann, aaO., S. 125, Gespräche mit Moltke, die später zu datieren sind.

[214] Asmussen, Luther, S. 125.

Otto Dibelius formulierte „Wort der Kirchenleitung an die evangelischen Gemeinden in Berlin und Brandenburg" vom 20.7.1945.[215] Kaum als „Verbindungen zum Widerstand"[216] hat er seine Mitarbeit an der Freiburger Denkschrift und seine Kontakte zu Admiral Canaris verstanden. Auch der sozial engagierte Heinrich Grüber gehörte zu den Jungreformatoren und dann zur BK, in deren Auftrag er die Hilfe für „Nichtarier" organisierte. Sein Kontakt zum Widerstand wurde durch Schönfeld vermittelt, der ihn auf Gerstenmaier hinwies.[217] Zum Kreis um Goerdeler hatte er durch Oberst Wilhelm Staehle Verbindung, der mit seiner Frau verfolgten Juden half. Aber Grüber hielt Goerdeler 1940 für zu leichtsinnig und zu optimistisch. Im Frühjahr 1944 schienen ihm die Spannungen im bürgerlich-militärischen Widerstand zu groß, während die Arbeiterschaft fehle.[218] So blieb sein Verhältnis zum Widerstand trotz der Beziehungen, auch zu Ewald von Kleist-Schmenzin, distanziert.

Wie Asmussen war Hanns Lilje durch seelsorgerliche Gespräche mit Carl Goerdeler zum Mitwisser geworden. Weil dieser ihn am 29. Juli 1944 auf der Flucht aufgesucht hatte, wurde er von der Gestapo verhaftet und am 18.1.1945 vom Volksgerichtshof wegen Nichtanzeige zu vier Jahren Gefängnis verurteilt.[219] Kontakte zum Kreisauer Kreis ergaben sich einerseits durch die Verbindung mit Gerstenmaier und andererseits dadurch, daß Lilje wie Peter Graf Yorck von Wartenburg in der Hortensienstraße in Berlin-Lichterfelde wohnte und dieser mit anderen Kreisauern seine Gottesdienste besuchte.[220] Lilje gehörte 1933 zum Kreis der Jungreformatoren und gab die „Junge Kirche" als Organ der BK heraus, mußte diese Herausgeberschaft aber 1936 niederlegen. Als er nämlich mit Marahrens von der 1. VKL zum Lutherrat wechselte, drohte Niemöller mit einer öffentlichen Distanzierung von der Zeitschrift.[221] Da er als Berliner „Adjutant von Landesbischof Marahrens"[222] für den Lutherrat mit der 2. VKL verhandeln sollte, bestanden Spannungen zwischen Lilje und der BK. Trotzdem schlug Bonhoeffer ihn 1942 wegen seiner internationalen Kontakte für das Kirchliche Außenamt nach dem Umsturz vor.

---

[215] In: Besier/Ringshausen, Bekenntnis, S. 341ff.
[216] So aber Robert Stupperich, Otto Dibelius, Göttingen 1989, S. 344ff.
[217] Vgl. Heinrich Grüber, Erinnerungen aus sieben Jahrzehnten, Köln 1968, S. 206ff.
[218] AaO., S. 212f. – der Hinweis auf die KPD dürfte nachträgliche Interpretation sein.
[219] Vgl. Johannes Jürgen Siegmund, Bischof Johannes Lilje, Abt zu Loccum, Göttingen 2003, S. 86ff.; Hanns Lilje, Im finstern Tal, Hamburg 1963, S. 23f.
[220] Vgl. Helmuth James von Moltke, Briefe an Freya 1939–1945, hg. von Beate Ruhm von Oppen, München 1988, S. 576, 582.
[221] Vgl. Besier, Kirchen, S. 442f.
[222] Hanns Lilje, Memorabilia, Stein/Nürnberg 1973, S. 140.

6. Der Theologe und General Friedrich von Rabenau

Einen Sonderfall des Verhältnisses von evangelischer Kirche und Widerstand bildet General der Artillerie Dr. phil. h.c. Lic. theol. Friedrich von Rabenau (10.10.1884–9.[?]4.1945), der zwar promovierter Theologe mit Predigterlaubnis war, sich aber als Laie verstand.[223] Seit 1940 hatte er Verbindung zu Führern des Widerstandes, zu Goerdeler, den er Ende der zwanziger Jahre als Abteilungskommandeur in Königsberg kennen gelernt hatte, Ulrich von Hassell und Johannes Popitz. In Absprache mit Hassell versuchte er seit Ende 1940, den Oberbefehlshaber des Heeres, General Walther von Brauchitsch, für den Widerstand zu gewinnen, 1943 vermittelte er ein Gespräch zwischen Goerdeler und Generaloberst Heinz Guderian,[224] weiterhin wollte er seinen alten Bekannten, Generaloberst Fromm, und General Jaenecke überzeugen.[225] Trotzdem ist er kaum als Mitglied des bürgerlich-militärischen Widerstandes zu würdigen, sondern als Mitwisser, wobei das Maß seiner Kenntnisse unklar bleibt.[226] „Wir haben keine Gelegenheit, die Hitlerregierung auf gewaltsamem Wege

---

[223] Vgl. General der Artillerie Dr. h.c. Lic. Friedrich von Rabenau, in: Informationen für die Truppe 1962/7, S. 476–482; Reinhard von Plessen, Friedrich von Rabenau. Soldat im Widerstand aus christlicher Verantwortung, Celle 1994; Heinrich Walle (Hg.), Aufstand des Gewissens. Militärischer Widerstand gegen Hitler und das NS-Regime 1933–1945, 4. Aufl. Berlin 1994, S. 112ff.; Hans-Joachim Ramm, „…stets einem Höheren verantwortlich…" Christliche Grundüberzeugungen im innermilitärischen Widerstand gegen Hitler, Neuhausen/Stuttgart 1996, S. 240ff. Eine ausführliche Lebensschilderung von Wilhelm Vorberg in BA/MA, N 62/3.

[224] Vgl. Hermann Kaiser, Tagebuch 1943 (BA-MA, MSg 1/3221), 29.3.: Goerdeler „hat im Beisein von Krähenau [= Rabenau] den völlig offenen Schmiedemeister [= Guderian] gesprochen. 2 ¼ St. Völlig einig. S. Urteil klar. Tatbereit." Dabei warnte Rabenau Guderian, daß er „sich selbst entblöße, wenn er denunziere." Tatsächlich ist die „Mission völlig negativ verlaufen"; Eintrag vom 8.4.1943, aber am 12.5.1943 heißt es, daß Guderian Rabenau „jeweils orientieren" wolle. Am 4.3.1943 machte Goerdeler den Vorschlag, daß Rabenau den bereits schwerkranken ehemaligen Chef der Heeresleitung, Generaloberst Kurt Frhr. von Hammerstein-Equord, gewinnen sollte.

[225] Vgl. Hassell-Tagebücher, S. 220, 223f.; Kaiser, Tagebuch vom 12.6., 8. und 28.7.1943; Heinz Guderian, Erinnerungen eines Soldaten, Heidelberg 1951, S. 272f.; Wilhelm Vorberg, Friedrich von Rabenau, S. 43f.

[226] Georg Strutz, Eingabe an den Niedersächsischen Landesausschuß, 18.1.1953, rechnete Rabenau „zu den engsten Mitarbeitern von Beck, Goerdeler, Popitz, Dirksen" u.a. (Kopie im Archiv d. Verf.). Aber Eduard Spranger, Betr.: General von Rabenau (BAK, NL 1166, 156) betonte, daß er „selbst mit den Kreisen, die die Verschwörung des 20. Juli vorbereitet hatten, in sehr viel näherer Verbindung stand" als Rabenau.

loszuwerden", meinte er im Januar 1944.[227] Die Vorbereitungen zum 20. Juli waren ihm unbekannt. Da „er als Christ [...] den politischen Mord grundsätzlich verwerfe," war für ihn das Attentat „nicht bloß eine Dummheit; das war ein Verbrechen."[228] Aber am 25. Juli 1944 wurde er im Zusammenhang mit der Fahndung nach Goerdeler verhaftet und am 8. August wegen seiner Beziehung zu diesem verhört. Sein Leidensweg führte ihn durch mehrere Gefängnisse und Konzentrationslager. Hatte er sich zunächst Vorwürfe gemacht, so bekannte er in tagebuchähnlichen Aufzeichnungen: „In mir wächst nun eine stille Ergebenheit in Gottes heiligen Willen, widerspruchslos. Ich bete auch nicht mehr um eine Wendung meines Schicksals."[229] Seit 24. Februar 1945 im KZ Buchenwald wurde er Bonhoeffers Zellengenosse.[230] Nachdem dieser am 3. April mit anderen Verschworenen der Abwehr abtransportiert worden war, wird der Weg Rabenaus unsicher. Dem Abtransport nach Flossenbürg folgte Mitte April[231] die Hinrichtung ohne Verfahren.

Die militärische Karriere des Seeckt-Biographen[232] und Leiters der Heeresarchive (1937–1943) endete wohl aus politischen Gründen 1942; er wurde „zur Verfügung des Oberkommandos des Heeres" gestellt. Da er nach Abschluß der Seeckt-Biographie ein Theologiestudium begonnen hatte, konnte er dies nun intensivieren. 1943 legte er die Lizentiatenprüfung mit „sehr gut" ab; für seine Arbeit „Die Entwicklung der Grundzüge der deutschen Militärseelsorge bis zum Jahre 1929 unter besonderer Berücksichtigung des 100 000-Mann-Heeres" durfte er aber nicht die vorher von ihm geleiteten Heeresarchive benutzen. Im März 1944 erhielt er vom Berliner Konsistorium die Predigterlaubnis. Geprägt durch eine pietistische Herkunft folgte er Interessen, die er durch die Beschäftigung mit religiösen Fragen in Vorträgen, Publikationen und Gesprächen wie beispielsweise 1934–1936 in Münster mit Bischof Clemens Graf von Galen

---

[227] Spranger, Rabenau.
[228] Leonhard Fendt, Der General als Theologe, 26.2.1950 (BA/MA, N 62/81).
[229] Rabenau, Tagebucheintragung, Moabit, 13.9.1944 (BA/MA, N 62/1a).
[230] Vgl. Bethge, Bonhoeffer, S. 1026-1038.
[231] Während Vorberg, Rabenau, S. 66f., den 13. oder 14. April vorschlägt, wird neuerdings der 9. April erwogen.
[232] F. v. Rabenau, Seeckt: Aus meinem Leben. Bd. 1: 1866-1918, Leipzig 1938; dass. Bd. 2: 1918-1936, 1940. Band 2 hat die Tendenz, Seeckt zu einem frühen Nationalsozialisten zu machen. Mit „Die alte Armee und die junge Generation" griff er 1925 in die durch Kurt Hesse, Feldherr Psychologus, Berlin 1922, ausgelöste Diskussion über die Wehrpsychologie ein; vgl. Frhr. von Rosen, Kurt Hesse, Konservative Revolution der Wehrpädagogik nach dem Ersten Weltkrieg (Beiträge zur Lehre und Forschung 3/1998), Hamburg 1998, S. 18f. Daß Rabenau dabei dieses Thema mit der Religion verband, entspricht seinen späteren Arbeiten.

geäußert hatte. Seine militärwissenschaftlichen Arbeiten und Vorlesungen hatten ihm als Kommandanten von Breslau den Ehrendoktor und als Wehrkreisersatzinspektor in Münster die Ernennung zum Ehrenbürger der Universität eingebracht.

Politisch hatte er sich zu Anfang der Weimarer Republik in Leipzig als Geschäftsführer der DNVP betätigt, bis er wieder in die Armee eintrat. Da er als Konservativer die Republik ablehnte und Sympathien für den Kapp-Putsch hatte, erlebte er den Tag von Potsdam als Erfüllung seiner Wünsche. Auch die Wiedereinführung der allgemeinen Wehrpflicht begrüßte er, während er als Vertreter der Wehrmacht SA und SS kritisch betrachtete. Noch 1940 sprach er von der Dankbarkeit für den „Führer" und erlag dem Eindruck der ersten Erfolge des Krieges.[233] Nachdem er seine Kritik am Nationalsozialismus zunächst nicht auf Hitler bezogen und „den Staat der NSDAP zum Christentum zu bekehren"[234] gehofft hatte, war 1941 bekannt: er „haßte Hitler aus voller Seele".[235] Aber noch 1943 meinte er, „der Kirchenkampf sei nicht in der Absicht Hitlers" und in zwei Stunden könnte er ihn davon überzeugen, daß er „abgeblasen werden müsse."[236]

Offen trat er „für den christlichen Glauben und seine Pflege innerhalb der Wehrmacht"[237] ein. So betonte sein in der Schriftenreihe der NSDAP gedruckter Vortrag „Von Geist und Seele des Soldaten", „daß ein Soldat im Diesseits kaum ohne Jenseitsgedanken auskommen kann."[238] Das führte zum wütenden Protest eines Gauleiters an die Parteikanzlei.[239] Dabei verstand Rabenau den Glauben wie die Kriegspredigt des 19. Jahrhunderts und des Ersten Weltkriegs als geistige Mobilisierung für den Krieg; denn „[e]ine Seele, die von Gott nichts weiß, wird ihre letzten Kräfte nicht aufbringen können."[240] Das galt für ihn auch Anfang 1944:

---

[233] Vgl. Vorberg, Rabenau, S. 38.
[234] Fendt, General, als Inhalt der verlorenen Schrift „Ernste Laiengedanken".
[235] Joachim von Stülpnagel, 75 Jahre meines Lebens, Oberaudorf/Obb. 1955 (Privatdruck), S. 379.
[236] Msgr. Büttner, Der General und Theologe, 24.10.1950 (BA/MA, N 62/76).
[237] Spranger, Rabenau.
[238] F. v. Rabenau, Von Geist und Seele des Soldaten (Schriftenreihe der NSDAP, Gr. I: Deutsche Wehrkraft) = Geistige und seelische Probleme im jetzigen Krieg, Berlin 1940, S. 28.
[239] Vgl. Gauleiter Florian an Rudolf Heß, 23.9.1940, in: Der Prozeß gegen die Hauptkriegsverbrecher vor dem Internationalen Militärgerichtshof, Nürnberg 1947, Bd. XXV, S. 122-124.
[240] Rabenau, Predigt über 1Kor 16,13; Fendt beurteilte diese Predigt am 10.1.1944 als „gut". Auch die anderen erhaltenen Predigten sind vermutlich während des Studiums entstanden und dann von Rabenau als „19 Laienpredigten" gesammelt worden.

„Wir stehen im härtesten Lebenskampfe unseres Volkes. Unsere ganze Stärke müssen wir einsetzen. Die letzten Kräfte der Seele entfesselt, das ist meine feste Überzeugung, nur der Glaube." Aber „weil der Mensch die sittlichen und religiösen Hintergründe des Krieges vergessen hat, weil er Gott aus der Weltgeschichte hinausdenkt und glaubt, daß der Mensch allein das Maß der Dinge wäre", verurteilte er scharf die „völlig sinnlose Unnatur" des gegenwärtigen Krieges.[241] „Die Meinung, daß doch Menschenmacht die Entscheidung erzwingen müsse, führt den Krieg selbst in den Abgrund unmenschlicher Kriegsarten. Dorthin sind wir nunmehr geraten. In diesem Krieg werden Mittel angewendet, die dem innersten, sittlich und religiös begründeten Wesen des Krieges widersprechen."

Im Februar 1944 bemühte er sich – vergeblich – um eine Anstellung als Divisionspfarrer. Dazu hätte seine soldatische Lebenseinstellung und Glaubenshaltung gut gepaßt mit seiner „theozentrischen Lebensbetrachtung, in der alles um Gottes willen, d.h. im Gehorsam gegen seinen Befehl, in der Befolgung seiner alles umfassenden Ordnungen geschieht."[242] Scharf lehnte er den Pazifismus ab, da ein Pazifist „immer ein bewußter oder auch unbewußter Verräter seines Volkes" ist.[243] „Er gibt seine Heimat, sein Vaterland preis um einer unerfüllbaren Idee, eines Phantoms willen", während der Krieg „der Einsatz des gesamten Kulturwertes einer Nation" ist. Weil der christliche Glaube „in allem männlich und hart genommen sein"[244] will, betonte Rabenau gegen Rosenbergs „Mythus des 20. Jahrhundert", daß das Christentum „keine Religion des Leidens" ist, sondern „die einzige, die dem Leiden einen Sinn gibt", ohne vom Leiden zu erlösen. „Eine männliche Natur weicht auch dem Leid nicht aus." Auch Jesus war „schon äußerlich kein weicher Dulder. [...] Sein bewußter Heldenmut war es, der der Welt ein anderes Gesicht gab." Obwohl Rabenau sich gegen die liberale Theologie wandte, vertrat er ein undogmatisches Christentum. „Wir Soldaten sind stets ziemlich interkonfessionell gewesen und nicht ganz dogmenfest. Das ist gut so. Nach unserem Wunsche sollte jeder konfessionelle Streit unmöglich sein. [...] Man kann viele Dogmenstreite leicht schlichten, vorausgesetzt, daß man nicht streiten will. Denn darum geht es, um die Einheit und Einigkeit, die der Nationalsozialismus endlich dem deutschen Volke gebracht hat."[245]

Klingt damit die Distanz zum Kirchenkampf an, wurde diese durch seine Berliner Lehrer bestätigt. Sein Doktorvater war der Praktische

---

[241] Ders., Predigt über Mt 5,9.
[242] Ders., Einige Gedanken zu: „Religiöse Betrachtungen eines Laien. Etwas Fröhliches."
[243] Ders., Predigt über Mt 5,9.
[244] Ders., Predigt über 1Kor 16,13.
[245] Ders., Geist, S. 28f.

Theologe Leonhard Fendt, Korreferent seiner Dissertation war der Kirchenhistoriker Erich Seeberg, mit dem Rabenau auch nach dem Studium in Verbindung stand. Beide gehörten nicht zur BK, Seeberg war 1933 in die NSDAP eingetreten und bekannte sich „zu der schicksalhaften Zusammengehörigkeit des deutschen evangelischen Christentums mit der nationalsozialistischen Bewegung"[246]. 1934 engagierte er sich für Müllers Verbleiben als Reichsbischof. Der Nähe zu den DC entsprach der Einsatz für Kerrls Kirchenpolitik: „Die Welt muß aus Deutschland auch einmal andere theologische Klänge hören wie die lamoyanten Verkündigungen der dialektisch und theologisch bestimmten Privatsynoden."[247] Diese später etwas zurückgenommene Tendenz bestimmte auch Rabenau, dem theologisch Seebergs „reformatorisch-idealistische Synthese" entsprach. „Es ist ein schöner Zug unserer Zeit, daß sie das Einfügen in das große Ganze verlangt. Wieviel mehr muß alles leichter werden durch das Einfügen in das Größere, Größte; durch den Gehorsam gegen Gottes Gebot."[248] Die Anerkennung des nationalsozialistischen Wollens bestimmt das Verhältnis von einzelnem und Gemeinschaft. „Der Christ versucht dem Einzelnen sein Persönlichkeitsrecht zu lassen, seine menschlichen Eigenschaften zu schonen, solange das freilich geht. Die Gesamtheit wird natürlich immer das größere Recht haben."[249]

Dazu gehörte eine antisemitische Einstellung, weil „das jüdische Weltproblem [...] auch diesen Krieg drohend begleitet."[250] Seinem männlichen Jesusbild entsprach „der brüske Bewußtseins- und Empfindungsgegensatz von Jesus und Judentum"[251]. Das Christentum diene „der altarischen Erlösersehnsucht", betonte er gegen die nationalsozialistische Deutung des Christentums als „artfremd". Im Blick auf die Kreuzzüge hob er das „Übergewicht der weißen Rasse" hervor, weil „diese Eroberer sich als Christen überlegen fühlten. Das Christentum aufgeben, hieße

---

[246] Hermelink, Kirche, S. 190. Vgl. Thomas Kaufmann, „Anpassung" als historiographisches Konzept und als theologiepolitisches Programm. Der Kirchenhistoriker Erich Seeberg in der Zeit der Weimarer Republik und des „Dritten Reiches", in: ders./Harry Oelke (Hg.), Evangelische Kirchenhistoriker im „Dritte Reich", Gütersloh 2002, S. 122-272.

[247] Begleitschreiben von E. Seeberg u.a., 3.12.1935, zu: Ein Wort deutscher Theologen zur Überwindung der festgefahrenen Fronten, zit. Besier, Kirchen, S. 394.

[248] Rabenau, Predigt über 1. Joh 5,3f.

[249] Ders., Predigt über Gal 6,2.

[250] Ders., Geist, S. 27.

[251] Ders., Predigt über 1 Joh 5,3f,

zunächst einmal den Vorrang der weißen Rasse in der Welt mindestens in Frage stellen."²⁵²

Gemäß dieser theologischen Position der Mitte mit deutlichen Anklängen an die DC kritisierte er eine „Kirche, die sich vom Staat abwendet, weil sie ihn vielleicht nicht versteht"²⁵³. Dabei berührte sich Rabenau mit entsprechenden Vorwürfen des Regimes, wenn er betonte: „Politik ist nicht Sache der Kirche und ihrer Träger." Das „Reich Gottes" ist „keine politische Größe"²⁵⁴, aber es kann „nicht ohne bestimmte Beziehungen zu den weltlichen Staatsgrößen sein. Selbst wenn man Staat und Kirche säuberlich voneinander trennte, so zeigt die Erfahrung, daß sich Staat und Religion nicht völlig voneinander trennen lassen." Darum betonte er gegen das NS-Regime: „Es gibt keinen Staat, der auf längere Zeit ohne jede Religion ausgekommen wäre." An der NS-Weltanschauung kritisierte er nicht nur den materialistischen Sozialdarwinismus, sondern grundsätzlich ihren religiösen Anspruch. „Religion und Weltanschauung liegen nicht auf einer Ebene. Sie können nicht einmal in Gegensatz geraten; es sei denn, daß man den kindlichen Versuch macht, den Menschen zu vergotten. Weltanschauung als Religionsersatz heißt, das Endliche an die Stelle des Unendlichen setzen."²⁵⁵ Gegen die Ersatzreligion der SS und die These der Parteikanzlei unter Bormann, daß man unmöglich Christ und Nationalsozialist sein könne, vertrat Rabenau damit den zweistufigen Zusammenklang, wie er für die gemäßigten DC typisch war. Von dem ihm seit Ende der zwanziger Jahre nahestehenden Reichsbischof Müller ist er erst 1942 deutlich abgerückt.²⁵⁶

Rabenaus Gegnerschaft gegen das Regime war christlich begründet, wobei die Entchristlichung der Armee und des Volkes, die Erfahrung des „Röhm-Putsches" und die Absetzung des von ihm verehrten Generalobersten Werner Freiherr von Fritsch als Chef der Heeresleitung wesentliche Funktionen hatten; militärische Gesichtspunkte kamen wohl später hinzu. Während seine Zusammenarbeit mit dem bürgerlichen Widerstand 1940 dokumentiert ist, erlaubt die Quellenlage keine Datierung für den Übergang zum „offen ideologischem Widerstand"²⁵⁷. Vermutlich erfolgte dieser um 1937, als Hitler den Krieg plante und mit der kirchenpoliti-

---

[252] Ders., Predigt über 1Kor 16,13.
[253] Ders., Predigt über Joh 18,33-36.
[254] Ibid.
[255] Rabenau, Predigt über Amos 8,11-17.
[256] Vorberg, Rabenau, S. 52.
[257] Vgl. oben, Anm. 177.

schen Wende[258] die kirchen- und christentumsfeindlichen Kräfte in der Parteikanzlei deutlicher wurden, so daß selbst die Mitte im November 1936 ein Ende „der gegenchristlichen Propaganda" forderte. Die Unvereinbarkeit von Nationalsozialismus und Christentum entzog den DC ihre Grundlage. Damit geriet auch Rabenau in Spannung zum Regime.

Die Position Rabenaus erweitert das Spektrum der Beziehungen von evangelischer Kirche und Widerstand, weil er den DC deutlich näher gestanden hat als der BK. Bei den Kirchenvertretern wurde der Weg von der konsequenten BK zur Mittäterschaft nur von Bonhoeffer und Perels gegangen, während hier wie bei der Mitwisserschaft ein Übergewicht von Mitgliedern der Mitte bestand. Anderseits war innerhalb der BK der Mut größer, für den christlichen Glauben bewußt einzustehen und zu leiden. Die Offenheit des ideologischen Widerstandes in der Denkschrift an Hitler 1936 und der „Auslegung des 5. Gebotes" 1943 wurde durch Wurms mutige, aber private Eingaben an Hitler und seine Minister nicht erreicht. Während zahlreiche Äußerungen einen politisch begründeten Widerstand gegen die Obrigkeit ablehnten, sah ihn keine als Aufgabe der Kirche oder machte ihn gar zur Pflicht. Bereits innerhalb der Kirche und der Theologenschaft zeigt sich, daß einerseits theologische Konzeptionen den Weg von Christen in den politischen Widerstand ermöglichten oder behinderten, anderseits aber die situativen Bedingungen eine erhebliche Rolle spielten.[259]

---

[258] Vgl. Klaus Scholder, Politik und Kirchenpolitik im Dritten Reich. Die kirchenpolitische Wende in Deutschland 1936/37, in: ders., Aufsätze, S. 213–227.

[259] Vgl. auch Gerhard Besier, Ansätze zum politischen Widerstand in der Bekennenden Kirche, in: ders., Kirche in den Umbrüchen, Bd. I, S. 227–242; ders., Die Bekennende Kirche und der Widerstand gegen Hitler, in: WuD.NF 18, 1985, S. 197–227.

Kapitel III

Dietrich Bonhoeffer und der politische Widerstand
4.2.1906 – 9.4.1945

Dietrich Bonhoeffer war der einzige Theologe, der sich in der Bekennenden Kirche (BK) und danach im konspirativen Widerstand engagierte. Darum gilt er vielfach als Vorbild für den im Dritten Reich geforderten Widerstand. Aber die BK hat seinen Weg nicht unterstützt; nach seiner Verhaftung am 5. April 1943 setzte sie seinen Namen nicht auf die Fürbittenliste.[1] Erst 1952 haben Hans Joachim Iwand und Ernst Wolf in ihren Gutachten zum Remer-Prozeß eine christliche Pflicht des Widerstandes begründet.[2] Aber Bonhoeffer selbst zweifelte im Gefängnis Ende 1943, ob er wegen seiner Teilnahme am Widerstand je wieder Pfarrer sein könnte.[3] Wenig später meinte er jedoch, daß die ganze Entwicklung seit seiner Rückkehr aus Amerika 1939 „in voller Klarheit und mit bestem Gewissen geschah [...] Ohne jeden Vorwurf denke ich an das Vergangene und ohne jeden Vorwurf nehme ich das Gegenwärtige hin."[4]

Nachdem seine Biographie durch seinen Freund Eberhard Bethge meisterhaft dargestellt und seine Theologie in vielfältigen Studien untersucht worden ist,[5] sind für das Verhältnis von christlichem Glauben und Widerstand zwei Fragen zu thematisieren: Wie hat Bonhoeffer die Aufgabe der Kirche im Blick auf den Widerstand verstanden, und in welcher Weise hat er seinen Weg in den politischen Widerstand theologisch begründet?

---

[1] Der Fürbitte empfohlen wurde er 1938–1940; vgl. Gertraud Grünzinger/Felix Walter (Bearb.), Fürbitte. Die Listen der Bekennenden Kirche 1935–1944, Göttingen 1996, S. 16. Aber die Fürbitte der Bekenntnissynode der ApU am 17.10.1943 in Breslau hat Bonhoeffer „sehr gefreut"; Dietrich Bonhoeffer, Widerstand und Erge-bung, hg. von Christian Gremmels, Eberhard und Renate Bethge (DBW 8), Gütersloh 1998, S. 199.

[2] Vgl. Gerhard Ringshausen, Der 20. Juli 1944 als Problem des Widerstandes gegen die Obrigkeit, in: Gerd R. Ueberschär (Hg.), Der 20. Juli 1944. Bewertung und Rezeption des deutschen Widerstandes gegen das NS-Regime, Köln 1994, S. 191–202.

[3] Vgl. Bonhoeffer, Widerstand und Ergebung, S. 235f., und bereits "Sind wir noch brauchbar?" in: ders., Nach zehn Jahren, ebd., S. 38; Eberhard Bethge, Dietrich Bonhoeffer. Theologe – Christ – Zeitgenosse, 9. Aufl. Gütersloh 2005, S. 844.

[4] Bonhoeffer, Widerstand und Ergebung, S. 253.

[5] Bethge, Bonhoeffer; zur Rezeption vgl. die Beiträge in EvTh 67, 2007, Heft 6.

1. Gehorsam in der Nachfolge

Seinen Aufsatz „Die Kirche vor der Judenfrage" begann Bonhoeffer im April 1933 mit der Feststellung: „Zweifellos ist die reformatorische Kirche nicht dazu angehalten, dem Staat in sein spezifisch politisches Handeln direkt hineinzureden."[6] Unter dieser Voraussetzung unterschied er „eine dreifache Möglichkeit kirchlichen Handelns dem Staat gegenüber: erstens [...] die an den Staat gerichtete Frage nach dem legitim staatlichen Charakter seines Handelns, d.h. die Verantwortlichmachung des Staates. Zweitens der Dienst an den Opfern des Staatshandelns. Die Kirche ist den Opfern jeder Gesellschaftsordnung in unbedingter Weise verpflichtet, auch wenn sie nicht der christlichen Gemeinde zugehören. ‚Tut Gutes an jedermann.' [...] Die dritte Möglichkeit besteht darin, nicht nur die Opfer unter dem Rad zu verbinden, sondern dem Rad selbst in die Speichen zu fallen."[7] Dieser Text wird vielfach zitiert, um Bonhoeffers Weg in den Widerstand und seine entsprechende Erwartung an die Kirche schon in der Anfangsphase des Dritten Reichs zu belegen. Aber so entschieden er für die Wahrnehmung der ersten beiden Möglichkeiten als mittelbar politisches Handeln der Kirche eintritt, so deutlich hält er die dritte Möglichkeit als „unmittelbar politisches Handeln" offen, welches „gegebenenfalls in den Konflikt mit dem bestehenden Staat führt"[8]. Ihre Notwendigkeit nämlich „ist jeweils von einem ‚evangelischen Konzil' zu entscheiden und kann mithin nie vorher kasuistisch konstruiert werden." Dabei steht nämlich nicht nur die Existenz des sich selbst verneinenden

---

[6] D. Bonhoeffer, Die Kirche vor der Judenfrage, in: ders., Berlin 1932–1933, hg. von Carsten Nicolaisen/Ernst-Albert Scharffenorth (DBW 12), Gütersloh 1997, S. 350. Zur Auslegung des Textes vgl. Gerhard Ringshausen, Die lutherische „Zweireichelehre" und der Widerstand im Dritten Reich, in: KZG 1, 1988, S. 215–244; Marikje Smid, Deutscher Protestantismus und Judentum 1932/33, München 1990, S. 425–457.

[7] AaO., S. 353. Die Metapher „dem Rad in die Speichen fallen bzw. greifen", die Bonhoeffer ähnlich in: „Personal-" und „Sach"ethos, in: ders., Konspiration und Haft 1940-1945, hg. von Jørgen Glenthøj/Ulrich Kabitz/Wolf Krötke (DBW 16), Gütersloh 1996, S. 551 (vgl. auch: Nach zehn Jahren, S. 33), benutzt, dürfte auf die Rede des Marquis von Posa in Friedrich Schiller, Don Carlos, 3. Akt, 10. Auftritt, zurückgehen. Die Wendung wurde nicht nur von Max Weber (vgl. Smid, aaO., S. 441, Anm. 104) zitiert. Friedrich Olbricht verwendete den Ausdruck „dem Rad in die Speichen zu fallen" 1943, um das Eingreifen zugunsten eines Verhafteten zu bezeichnen; zit. Hermann Kaiser, Tagebuch vom 8.5.1943 (BA-MA, MSg 1/3221). Moltke gelang, „dem Rad der Judenverfolgung zumindest hemmend ein wenig in die Speichen zu fahren"; H.J. v. Moltke an Freya, 13.11.1941, in: ders., Briefe an Freya 1939–1945, hg. von Beate Ruhm von Oppen, München 1988, S. 318.

[8] AaO., S. 354.

Staates, sondern auch diejenige der Kirche auf dem Spiel, indem sie entgegen ihrer Bestimmung politisch, also an Stelle des Staates handelt und sich eine „Kenntnis des notwendigen Geschichtsverlaufs" anmaßt.

Diese grundsätzlichen Unterscheidungen bestimmten Bonhoeffers Einsatz im Kirchenkampf. Nach seinem Aufenthalt in London als Auslandspfarrer (17.10.1933–April 1935) übernahm er am 26.4.1935 auf dem Zingsthof die Leitung des vom Staat nicht anerkannten Predigerseminars der BK, das im Juni in ein ehemaliges Gutshaus in Finkenwalde bei Stettin übersiedelte. Die biblisch-theologische Arbeit mit fünf Kursen fand ihren Niederschlag in dem Buch „Nachfolge", das 1937 erschien. Wie kein anderes Werk bedenkt es Aufgabe und Verheißung einer nachfolgenden Kirche zwischen Legalität und zunehmender Illegalität, indem es die Bergpredigt und das paulinische Kirchenverständnis entfaltet.

Der Bergpredigt galt schon länger Bonhoeffers besonderes Interesse, nun schrieb er zu der ihm so wichtigen Seligpreisung der Friedfertigen[9]: „Jesu Nachfolger sind zum Frieden berufen. Als Jesus sie rief, fanden sie ihren Frieden. Jesus ist ihr Friede. Nun sollen sie den Frieden nicht nur haben, sondern auch schaffen. Damit tun sie *Verzicht auf Gewalt und Aufruhr*. In der Sache Christi ist damit niemals etwas geholfen."[10] Die an Luthers Stellungnahme im Bauernkrieg und gegen Müntzer erinnernde Ablehnung der Gewalt soll auch das Leben der sichtbaren Gemeinde bestimmen, die zugleich in der Gefahr steht, sich „durch religiöse Verklärung der gegebenen Ordnungen"[11] von Gott abzuwenden und „der Menschen Knechte" zu werden. Diese Alternative bestimmt auch Bonhoeffers Auslegung von Römer 13, wo Paulus nicht im Sinne einer Staatslehre „die Aufgaben der Obrigkeit" oder gar ihre Rechtfertigung entfalte, „sondern von den Aufgaben der Christenheit gegenüber der Obrigkeit allein spricht"[12]. Dazu gehört nicht der „Widerspruch der Christen gegen die

---

[9] Vgl. Heinz Eduard Tödt, Dietrich Bonhoeffers ökumenische Friedensethik (1982), jetzt in: ders., Theologische Perspektiven nach Dietrich Bonhoeffer, Gütersloh 1993, S. 259–275; Martin Heimbucher, Christusfriede – Weltfrieden. Dietrich Bonhoeffers kirchlicher und politischer Kampf gegen den Krieg Hitlers, Gütersloh 1997.

[10] D. Bonhoeffer, Nachfolge, hg. von Martin Kuske/Ilse Tödt (DBW 4), München 1989, S. 107f. (Hervorhebung im Text). Die englische Übersetzung peacemaker nennt er deshalb "einseitig und Anlaß zu mancherlei mißverstandenem christlichen Aktivismus"; aaO., Anm. 4.

[11] AaO., S. 255, zu 1Kor 7,23.

[12] AaO., S. 258. Während der Haft verwies Bonhoeffer im Brief an Manfred Röder auf diese Auslegung von Römer 13: „Der Appell an die Unterwerfung unter den Willen und die Forderungen der Obrigkeit um des christlichen Gewissens willen ist wohl selten stärker ausgesprochen worden als dort." Ders., Konspiration, S. 417.

Obrigkeiten", weil „sie Anstoß nehmen an den Fehlern und dem Unrecht der Obrigkeit". Denn „mit solchen Betrachtungen sind die Christen bereits in höchster Gefahr, auf etwas anderes zu achten, als auf den Willen Gottes, den sie selbst zu erfüllen haben."[13] Indem Bonhoeffer die biblischen Texte als Einweisung der Kirche und des einzelnen Christen in den „einfältigen Gehorsam" der Kreuzesnachfolge auslegte, wurde ihm die 1933 in Erwägung gezogene Möglichkeit eines unmittelbar politischen Handelns der Kirche noch fragwürdiger. „Es gibt [...] keine denkbare Tat, in der das Böse so groß und stark wäre, daß es nun doch eine andere Handlung des Christen erforderlich machte. Je furchtbarer das Böse, desto bereitwilliger zum Leiden soll der Jünger sein."[14] Der Ruf in die Nachfolge begründet Heiligung als „Absonderung von der Welt", und gerade darin besteht der „,politische' Charakter" der Gemeinde.[15] „Ihre ,politische Ethik' hat ihren einzigen Grund in ihrer Heiligung, daß Welt Welt sei und Gemeinde Gemeinde, und daß doch das Wort Gottes von der Gemeinde ausgehe über alle Welt als die Botschaft davon, daß die Erde und was darinnen ist, des Herrn ist; das ist der ,politische' Charakter der Gemeinde."[16]

Hatte er es 1933 als Sache „einzelner christlicher Männer" angesehen, „dem Staat die moralische Seite seiner jeweiligen Maßnahmen zu Gesicht zu bringen, d.h. gegebenenfalls den Staat des Verstoßes gegen die Moral zu verklagen"[17], so sieht er darin nun eine Gefahr, so daß für den einzelnen wie die Kirche der politische Widerspruch oder gar Widerstand gegen Maßnahmen des Staates ausscheidet. Wenn sie jedoch in die Kirche selbst eingreifen, dann ist wie im Kirchenkampf „ein großer, aber verheißungsvoller Kampf"[18] nötig. „Christus und Antichrist liegen im Streit", und dann „kann keiner unentschieden bleiben" bis hin zur Teilnahme an den Leiden Christi.

Mit der Ablehnung eines politischen Widerstandes der Kirche und einzelner Christen befand sich Bonhoeffer grundsätzlich in Übereinstimmung mit der BK. Daß er diese Position im Blick auf sein eigenes Engagement im konspirativen Widerstand überdenken mußte, zeigen seine

---

[13] AaO., S. 256f.
[14] AaO., S. 136f. – zu Mt 5,38–42. Vgl. D. Bonhoeffer, Konfirmandenunterrichtsplan (1936), in: ders., Illegale Theologenausbildung: Finkenwalde 1935–1937, hg. von Otto Dudzus/Jürgen Henkys (DBW 14), Gütersloh 1996, S. 814.
[15] AaO., S. 277.
[16] AaO., S. 277f.
[17] Bonhoeffer, Berlin, S. 351.
[18] D. Bonhoeffer an St. Pauls-Gemeinde in London, 23.9.1936, in: ders., Illegale Theologenausbildung, S. 241.

Manuskripte zur „Ethik".[19] Hat er dabei auch für die Kirche „Stufen des Widerstandes" entwickelt?

2. Widerstand der Kirche?

Wohl im Herbst 1941 formulierte Bonhoeffer ein Schuldbekenntnis der Kirche angesichts ihres Versagens im Dritten Reich. „Sie war stumm, wo sie hätte schreien müssen, weil das Blut der Unschuldigen zum Himmel schrie. [...] Sie ist schuldig geworden am Leben der Schwächsten und Wehrlosesten [der] Brüder Jesu Christi."[20] Nach Andreas Pangritz bezog sich diese Klage Bonhoeffers auf das Versäumnis der Kirche „dem Rad in die Speichen zu fallen"; denn angesichts der „sog. ‚Endlösung' [...] bedeutete jedes weitere Zögern, nach der Notbremse zu greifen, neue Schuld."[21] Aber gerade davon ist nicht die Rede, sondern die Schuld der

---

[19] Die Neuausgabe von Bonhoeffers „Ethik" durch Ilse Tödt, Heinz Eduard Tödt, Ernst Feil und Clifford Green als DBW 6, Gütersloh 1992, erweist zwar durch die Neuordnung der Texte und ihre Datierung aufgrund mannigfacher Indizien stärker als die von Eberhard Bethge besorgten Ausgaben die Einheit von Bonhoeffers Entwürfen; das erste Kapitel „Christus, die Wirklichkeit und das Gute" erscheint als christologische Fundierung und damit als hermeneutische Einweisung. Das schließt aber, wie sich zeigen wird, eine zeitbezogene Abfassung und entsprechende Interpretation der Texte nicht aus. Deshalb bleibt Bethges Suche „nach dem eventuellen literarischen Niederschlag der politischen Entscheidung in Bonhoeffers Werk" berechtigt, auch wenn er sie bei einer anderen Datierung der Manuskripte unternahm; Eberhard Bethge, Dietrich Bonhoeffer und die theologische Begründung seines politischen Widerstandes (1976), in: ders., Am gegebenen Ort, München 1979, S. 48–62. Hans Friedrich Daub, Die Stellvertretung Jesu Christi, Berlin 2006, S. 449, betrachtet zwar „Bonhoeffers Verstrickung in den Komplott" als „biographisches Korrelat" seines Textes „Die Geschichte und das Gute [Zweite Fassung]", meint aber: „Für ihn persönlich scheint die Entscheidung zum Mittragen des Tyrannenmordes viel weniger ein existentielles Problem zu sein als für manch anderen im Bereich der Verschwörung." Das würde aber der Einheit von Biographie und Theologie bei Bonhoeffer widersprechen.

[20] D. Bonhoeffer, Schuld, Rechtfertigung, Erneuerung, in: ders., Ethik, S. 129f. Lt. Anm. 21 hat Bonhoeffer „Brüder Jesu Christi" sekundär hinzugesetzt. Wenn vor dem ergänzten „der" ein Komma zu setzen ist, wäre das ein Hinweis auf die Juden (so ibid.), der Hinweis von Heimbucher, Christusfriede, S. 324, Anm. 201, auf den zeitlichen Zusammenhang mit den Euthanasie-Maßnahmen scheint mir jedoch überzeugender. Zur Datierung vgl. Vorwort und Nachwort, in: Ethik, S. 19. 427f.

[21] Andreas Pangritz, Dietrich Bonhoeffers theologische Begründung der Beteiligung am Widerstand, in: EvTh 55, 1995, S. 507f. Bereits Bethge, Begründung, S. 52, sah hier den „Vollzug politischer Schuldübernahme" wegen des „Ausbleiben[s] politischer Verantwortungsübernahme".

Kirche besteht in Übereinstimmung mit den beiden ersten Möglichkeiten des Votums zur Judenfrage darin, daß sie „ihr Wächteramt und ihr Trostamt oftmals verleugnet"[22] hat. Statt die Verkündigung offen und deutlich auszurichten, ist die Kirche „[d]urch ihr eigenes Verstummen [...] schuldig geworden an dem Verlust an verantwortlichem Handeln, an Tapferkeit des Einstehens und Bereitschaft für das als recht Erkannte zu leiden. Sie ist schuldig geworden an dem Abfall der Obrigkeit von Christus."[23] Dieser Schluß des Schuldbekenntnisses verweist auf die mittelbar politische Aufgabe der Kirche. Diese erhält ihre letzte Zuspitzung darin, daß „in der göttlichen Rechtfertigung der Kirche, die diese in das volle Schuldbekenntnis, in die Kreuzesgestalt hineinführt,"[24] auch „die Rechtfertigung des von Christus abgefallenen Abendlandes" liegt, aber beide dürfen nicht identifiziert werden. „Die Kirche wird durch ihren Glauben an Christus, das heißt durch die Beugung unter die Gestalt Christi, gerechtfertigt und erneuert. Das Abendland als geschichtlich politische Größe kann nur indirekt durch den Glauben der Kirche ‚gerechtfertigt und erneuert' werden."[25] Ihr „geistliches Amt", die Predigt des Wortes ist „nur indirekt", nicht unmittelbar politisch gemäß der Unterscheidung der Zwei Reiche, „die solange die Erde steht, niemals miteinander vermischt, aber auch niemals auseinandergerissen werden dürfen"[26].

Die kritische Wiederaufnahme der lutherischen Konzeption[27] gehört zu dem gegenüber der „Nachfolge" veränderten Ansatz Bonhoeffers bei

---

[22] Bonhoeffer, Schuld, S. 129.
[23] AaO., S. 132. Schwieriger ist zu klären, was 1942 Bonhoeffers „Unvollendeter Entwurf einer Kanzelabkündigung nach dem Umsturz", in: ders., Konspiration, S. 587, bei „einer über die Maßen schuldverstrickten Christenheit" im Auge hat, da er dieser Schuld der „ungetreuen und geplagten Knechte" die Umkehr, „der Ruf zu einem neuen Leben im Gehorsam gegen Gottes heilige Gebote" gegenüberstellt. Eindeutig ist die Schuld benannt im zugehörigen Wort „An die Pfarrer und Amtsträger" (aaO., S. 588), „daß jeder seinen eigenen Weg gehen wollte und sich vom Bruder schied." Das meint kein politisches Versagen, sondern die Spaltung der Kirche im Kirchenkampf.
[24] AaO., S. 133.
[25] AaO., S. 133f. In „Nach zehn Jahren" reflektiert Bonhoeffer, „daß nicht ein Akt der Belehrung, sondern allein ein Akt der Befreiung die Dummheit überwinden könnte", wobei „eine echte innere Befreiung in den allermeisten Fällen erst möglich wird, nachdem die äußere Befreiung vorangegangen ist". Danach gibt es neben dem theologischen Prae der Kirche ein historisches Prae des Widerstandes; Bonhoeffer, Widerstand und Ergebung, S. 27f.
[26] D. Bonhoeffer, Erbe und Verfall, in: ders., Ethik, S. 102.
[27] Vgl. bereits im Sommer 1940 die Kritik der „Aufteilung des Wirklichkeitsganzen" durch das Denken in verschiedenen Räumen; D. Bonhoeffer, Christus, die Wirklichkeit und das Gute, in: ders., Ethik, S. 41ff.

der Arbeit an der „Ethik". Ausführlicher behandelte er das Thema „Staat und Kirche" wohl im Frühsommer 1941.[28] ‚Lutherisch' beschrieb er die Macht der Obrigkeit als „weltliche Herrschaft in göttlicher Autorität", als „Stellvertretung Gottes auf Erden"[29]. Darum erhebt sie ihre „Gehorsamsforderung unbedingt, qualitativ total [!], sie erstreckt sich auf Gewissen und leibliches Leben. Glaube, Gewissen und leibliches Leben sind im Gehorsam gegen den göttlichen Auftrag der Obrigkeit gebunden."[30] „Auch dort, wo die Obrigkeit schuldig, ethisch angreifbar wird, ist ihre Macht von Gott. Sie hat ihren Bestand allein in Jesus Christus und ist durch das Kreuz Christi mit Gott versöhnt"[31]. Ihr Anspruch „auf Gehorsam und Ehrerbietung erstreckt sich auch auf die Kirche", aber über ihren „Auftrag, wie er im Pfarramt und im Amt der Leitung ausgeübt wird, hat die Obrigkeit keine Gewalt."[32] Vom geistlichen Amt her bestimmt sich die „politische Verantwortung der Kirche". „Es gehört zum Wächteramt der Kirche, Sünde zu nennen und die Menschen vor der Sünde zu warnen"[33]. Deshalb „gehört zur Verantwortlichkeit des geistlichen Amtes, [...] daß es auch die Obrigkeit in direkter Ansprache in aller Ehrerbietung auf Versäumnisse und Verfehlungen, die ihr obrigkeitliches Amt gefährden müssen, aufmerksam macht. Wird das Wort der Kirche grundsätzlich nicht angenommen, so bleibt ihr nur soviel politische Verantwortung, daß sie die Ordnung der äußeren Gerechtigkeit, die in der Polis nicht mehr

---

[28] Bethge, Bonhoeffer, 1. Aufl. München 1967, S. 872, überlegte, ob „Staat und Kirche" wie „Über die Möglichkeit des Wortes der Kirche an die Welt" (vgl. unten, Anm. 35) in die Freiburger Denkschrift sollte. Wenn „Staat und Kirche" als Vorlage für den Mandate-Abschnitt in „Christus, die Wirklichkeit und das Gute" (vgl. Bonhoeffer, Ethik, S. 525, Anm. 84; weniger überzeugend ist die umgekehrte Reihenfolge zuletzt bei Heimbucher, Christusfriede, S. 320, Anm. 187) diente, dann ist er vor Ende 1941 zu datieren. Während die Herausgeber von D. Bonhoeffer, Konspiration und Haft, auf eine genauere Datierung des Textes verzichten, ist zu beachten, daß Bonhoeffer am 22.4.1941 an die Eltern auf dem gleichen Papier wie die Zettel NL A 74,43 und 45 zu „Staat und Kirche" schrieb (vgl. Bonhoeffer, Ethik, S. 462; ders., Zettelnotizen für die „Ethik", hg. von Ilse Tödt [Ergänzungsband zu DBW 6], Gütersloh 1993, S. 79ff.). Das Thema wurde von Bonhoeffer während der ersten Schweizer Reise in Genf diskutiert, die ihn in seiner Arbeit (an „Staat und Kirche"?) „sehr gefördert" hat; D. Bonhoeffer an Karl Barth, 30.5.1941, in: ders., Konspiration, S. 182. Beide Indizien erlauben eine Datierung auf Mai/Juni 1941. War das Gutachten für Genf bestimmt?

[29] D. Bonhoeffer, Staat und Kirche, in: ders., Konspiration und Haft, S. 507.

[30] AaO., S. 521.

[31] AaO., S. 518.

[32] AaO., S. 528.

[33] AaO., S. 531.

vorhanden ist, wenigstens unter ihren eigenen Gliedern herstellt und bewahrt und so der Obrigkeit in ihrer Weise dient.'"[34]

Bonhoeffer hielt an dieser Beschränkung der politischen Verantwortung der Kirche auch später grundsätzlich fest. In seinen Überlegungen „Über die Möglichkeit des Wortes der Kirche an die Welt" kritisierte er den „gegen irgend(welche) weltliche Übel organisierte[n] Kampf der Kirchen" als „Fortsetzung des mittelalterlichen Kreuzzugsgedankens"[35] und betonte entsprechend seinen Ausführungen von 1933: „Weder der 'Kampf ums Recht' noch der 'Verzicht auf Recht' sind an sich etwas, also etwa eigener Gegenstand der kirchlichen Verkündigung, aber im Glauben ist das eine wie das andere Unterwerfung unter Gottes alleiniges Recht."[36] Deshalb kann die Kirche „nicht eine konkrete irdische Ordnung, die aus dem Glauben an Jesus Christus notwendig folgt, verkündigen, aber sie kann und muß jeder konkreten Ordnung, die ein Ärgernis für den Glauben an Jesus Christus bedeutet, entgegentreten und dadurch mindestens negativ die Grenzen abstecken für eine Ordnung, innerhalb deren Jesus Christus geglaubt und Gehorsam geleistet werden kann."[37] Daß sie „[i]n allem, was die Kirche zu den Ordnungen der Welt zu sagen hat, [...] nur *Wegbereitend* für das Kommen Jesu Christi wirken"[38] kann, ist darum besonders bemerkenswert, weil Bonhoeffer diese Überlegungen vermutlich dem Freiburger Denkschriftenkreis als Leitlinien für ihre Arbeit über die Neuordnung Deutschlands nach Hitler bei der Tagung am 17.–19. November 1942 vortragen wollte, aber an ihr konnte er aus unbekannten Gründen nicht teilnehmen. Diese Denkschrift sollte „nicht in der Autorität des Wortes Gottes, sondern nur in der Autorität des verantwortlichen Rates christlicher Fachmänner ihren Beitrag zu einer Neuordnung geben"[39].

---

[34] AaO., S. 532.

[35] D. Bonhoeffer, Über die Möglichkeit des Wortes der Kirche an die Welt, in: ders., Ethik, S. 357. Der Text gehört nicht zu den Ethik-Manuskripten; vgl. aaO., S. 354, Anm. 1; Gerhard Ringshausen, Die Überwindung der Perversion des Rechts im Widerstand, in: ders./Rüdiger von Voss (Hg.), Widerstand und Verteidigung des Rechts, Bonn 1997, S. 212f. Deshalb hatte ihn E. Bethge in der Neuausgabe der Ethik, München 1963, zutreffend in den Anhang gesetzt.

[36] AaO., S. 361.

[37] AaO., S. 362.

[38] Vgl. D. Bonhoeffer, Die letzten und die vorletzten Dinge, in: ders., Ethik, S. 153ff. Im November 1940 ist „Wegbereitung" gerade keine „Schaffung bestimmter erwünschter und zweckmäßiger Dinge" (S. 156).

[39] Bonhoeffer, Über die Möglichkeit, S. 364; zur entsprechenden Unterscheidung bei H.B. v. Haeften im Brief an H. Krimm, Mai 1941, vgl. unten S. 149f. Zur Freiburger Denkschrift vgl. oben, S. 80f.

Entsprechend unterschied Bonhoeffer in „Staat und Kirche" den Auftrag der Kirche von demjenigen des einzelnen Christen und seinem „Gehorsam gegenüber dem göttlichen Auftrag der Obrigkeit"[40]. An diesem Anspruch auf Gehorsam kann ein „Zweifel [...] erst dort entstehen, wo Inhalt und Umfang des obrigkeitlichen Auftrags fraglich wird." Diese weitgehende Bestimmung wird von Bonhoeffer jedoch in doppelter Weise eingeschränkt, da „in Zweifelsfällen der Gehorsam gefordert ist"[41]. Einerseits ist nämlich der Christ „nicht gehalten und nicht imstande, in jedem Einzelfall das Recht der obrigkeitlichen Forderung zu prüfen." Andererseits gilt diese „solange, bis die Obrigkeit ihn direkt zum Verstoß gegen das göttliche Gebot zwingt, bis also die Obrigkeit offenkundig ihren göttlichen Auftrag verleugnet und so ihres Anspruchs verlustig geht."[42] Damit bindet Bonhoeffer die Gehorsamsverweigerung daran, daß sich die Obrigkeit „zum Herrn über den Glauben der Gemeinde macht" wie in der Situation des Kirchenkampfes. Die Verweigerung des Gehorsams kann „immer nur eine konkrete Entscheidung im Einzelfall sein. Verallgemeinerungen führen zu einer apokalyptischen Diabolisierung der Obrigkeit." Wenn dieser Fall eintreten würde (Irrealis oder Potentialis?), müßte das „den totalen Ungehorsam zur Folge haben", da die Obrigkeit dann entsprechend Offenbarung 13 die „Verkörperung des Antichristen"[43] wäre.

Folgte Bonhoeffer mit der Gehorsamsverweigerung von Christen „um des Gewissens willen, um des Herrn willen" Luthers Weisung, so kannte er daneben das „Wagnis der Verantwortlichkeit"[44]. Der Wagnischarakter ergibt sich daraus, daß „in allen staatlichen Entscheidungen die geschichtliche Verstrickung in die Schuld der Vergangenheit unübersehbar groß ist" und deshalb „das Urteil über die Rechtmäßigkeit einer einzelnen Entscheidung meist nicht vollziehbar" ist. Die Verantwortung für dieses Wagnis seitens der Obrigkeit kann „in concreto" nur diese selbst tragen. Entsprechend gilt für die Untertanen: „Die Verweigerung des Gehorsams

---

[40] Bonhoeffer, Staat und Kirche, S. 521.
[41] AaO., S. 522.
[42] AaO., S. 522.
[43] AaO., S. 519; vgl. S. 533 die Ablehnung dieser „etwas wehmütige[n] geschichtsphilosophische[n] Zeitdeutung". Nach George Bell, The background of the Hitler plot, in: D. Bonhoeffer, Gesammelte Schriften I, hg. von Eberhard Bethge, 3. Aufl. München 1978, S. 398, soll Bonhoeffer im Juli/August 1940 Hitler als „Anti-Christ" bezeichnet haben, was Bethge, Bonhoeffer, S. 811, für unwahrscheinlich hält; für Bonhoeffers Treffen mit Bell im Sommer 1942 scheint mir der Ausdruck jedoch nicht unmöglich; vgl. bereits 1941 Bonhoeffer, Erbe, S. 123.
[44] AaO., S. 523.

in einer bestimmten geschichtlichen, politischen Entscheidung der Obrigkeit kann ebenso wie diese Entscheidung selbst nur ein Wagnis auf die eigene Verantwortung hin sein. Eine geschichtliche Entscheidung geht nicht in ethische Begriffe auf." Ein Jahr später bezeichnete Bonhoeffer eine solche „außerordentliche Situation" als „Grenzfall"[45], da sie „an die durch kein Gesetz gebundene freie Verantwortung des Handelnden" appelliert.

Zweifellos hatte Bonhoeffer bei seinen Überlegungen zum „Grenzfall" im Sommer 1942 den Widerstand im Blick. Das wird man auch bei seinen Ausführungen zum Wagnis des einzelnen Bürgers aus dem Frühsommer 1941 vermuten können, obwohl sie nur von der Gehorsamsverweigerung sprechen und diese auf eine einzelne Entscheidung der Obrigkeit beziehen, wozu es im Dritten Reich vielfache Möglichkeiten gab, angefangen vom BBC-Hören. Lassen diese Äußerungen auch, wie die Herausgeber[46] vermuten, „seine persönliche Sicht" seiner Teilnahme an der Verschwörung „deutlich werden"? Bemerkenswert ist, daß Bonhoeffer hier von „Untertanen" spricht, während er die „politische Verantwortung der einzelnen Christen" ohne Reflexion über den „Grenzfall" erörtert. Vielmehr stellt er kategorisch fest: „Es gibt nach der Heiligen Schrift kein Recht auf Revolution, aber es gibt eine Verantwortung jedes einzelnen für die Reinhaltung seines Amtes und Auftrages in der Polis"[47] als „ein Stück seines Lebens in der Heiligung". Das entspricht grundsätzlich noch seinem theologischen Ansatz in der „Nachfolge", obwohl die neu entwickelte Mandate-Lehre anklingt. Daß die Kirche in ihrer mittelbar politischen Verantwortung diesem Anspruch nicht gerecht geworden ist, hat Bonhoeffer in dem Schuldbekenntnis entfaltet. Ich möchte deshalb die Überlegungen zum „Wagnis der Verantwortlichkeit" vor allem auf Bonhoeffers Verwandte und Bekannte beziehen, die in der Konspiration aktiv waren.

In diesem Zusammenhang stellte sich Bonhoeffer noch nicht die Frage nach einem Beitrag der Kirche zum Umsturz, wohl aber nach der Rolle der Kirche, wenn „Recht, Ordnung und Friede so oder so wiederherge-

---

[45] D. Bonhoeffer, Die Geschichte und das Gute (Zweite Fassung), in: Ethik, S. 273 (anders ist „Grenzfall" verstanden aaO., S. 191. 246); vgl. das „Grenzereignis des Sollens", ders., Das „Ethische" und das „Christliche" als Thema, in: Ethik, S. 368f., 372.

[46] Bonhoeffer, Staat und Kirche, S. 532, Anm. 78.

[47] AaO., S. 532. Noch im Juni 1942 rang Bonhoeffer mit der Frage, ob er den Wehrdienst verweigern sollte, vgl. Stefan Grotefeld, Friedrich Siegmund-Schultze, Gütersloh 1995, S. 390, Anm. 47; demgegenüber hätte die Beteiligung am Widerstand zur Frage des Tyrannenmordes geführt, den er spätestens im Sommer 1942 bejahte; Bethge, Bonhoeffer, S. 848.

stellt"⁴⁸ werden. Vermutlich im Herbst 1941 kam er jedoch auf die apokalyptische Interpretation des Dritten Reiches zurück, die er 1940 noch abgelehnt hatte. Ihrer Gefahren war er sich dabei auch im September 1941 durchaus bewußt; er warnte davor, daß „[u]nter dem Eindruck der Nähe des Jüngsten Tages [...] der Blick auf die geschichtliche Zukunft leicht verloren"⁴⁹ geht. Aber andererseits entsprach dieser Betrachtungsweise, daß „eine kleine Schar" Hitler als „den Satan in der Gestalt des Engels des Lichtes erkannte."⁵⁰ Damit bekam das „Wagnis der Verantwortlichkeit" einzelner ein neues Gewicht. Entsprechend näherte sich Bonhoeffers Analyse der Situation in dem wohl kurze Zeit später entstandenen Text „Erbe und Verfall" einer apokalyptischen Sicht. Nun sah er durch den „Verlust seiner durch die Gestalt Jesu Christi geschaffenen Einheit [...] das Abendland vor dem Nichts. Die losgelassenen Gewalten toben sich aneinander aus."⁵¹ Hatte Bonhoeffer damit Europa unter der Herrschaft des Nationalsozialismus und vermutlich konkret den Krieg gegen die UdSSR im Blick, so gehörte der Weg in das Nichts zu der Verfallsgeschichte der Säkularisation; sie führt in „eine Auseinandersetzung von letztem Ernst."⁵² Gerade „die Einzigartigkeit des Augenblicks" läßt das Abendland, dessen Einheit in Jesus Christus begründet ist, sich selbstzerstörerisch „dem Nichts in die Arme" werfen, das als „ein aufrührerisches, gewalttätiges, gott- und menschenfeindliches Nichts" die „höchste Entfaltung aller widergöttlichen Kräfte" ist.

„Vor dem letzten Sturz in den Abgrund"⁵³, vor der Auslieferung des Abendlandes an das „absolut" herrschende „Nichts als Gott" nannte Bonhoeffer eine zweifache Möglichkeit der Bewahrung, „das Wunder einer

---

⁴⁸ Bonhoeffer, Schuld, S. 136.
⁴⁹ D. Bonhoeffer, Gedanken zu William Paton: The Church and the New Order, in: ders., Konspiration, S. 537.
⁵⁰ AaO., S. 538; vgl. 2Kor 11,14.
⁵¹ Bonhoeffer, Erbe und Verfall, S. 118f. Zur Datierung auf Herbst 1941 vgl. unten, S. 105. Als kritische Interpretation vgl. Martin Berger, Die Katechon-Vorstellung 2. Thess. 2,6f. Dietrich Bonhoeffers Interpretation im Kontext der Rezeptionsgeschichte, in: Protokolle der Bibel 5, 1996, S. 33–56; auszugsweise in: Meinhard Rauschensteiner/Walter Seitter (Hg.): Katechonten. Den Untergang aufhalten (Tumult 25), Berlin 2001, S. 92–102; vgl. aber Heimbucher, Christusfriede, S. 320ff.
⁵² AaO., S. 119. Den zunächst gewählten Ausdruck „Endkampf" verwarf Bonhoeffer (wegen des Mißbrauchs durch die NS-Propaganda?). Falls Bonhoeffer den Krieg mit Rußland im Blick hat, ist dessen Beginn am 22.6.1941 terminus post. Zutreffend meint Heimbucher, Christusfriede, S. 317: „In Bonhoeffers Beschreibung dieses ‚[...] Nichts' schimmert [...] die Erfahrung des militärischen Triumphes Hitlers durch, dessen innere Brüchigkeit aber nun drastisch illustriert wird."
⁵³ AaO., S. 122f.

neuen Glaubenserweckung und die Macht, die die Bibel als ‚den Aufhaltenden', (2Thess 2,7), bezeichnet". Läßt bereits die Schilderung der Situation als großer Abfall Anklänge an 2Thess 2,1 ff. erkennen, so zitiert Bonhoeffer eine schwer zu interpretierende, in Vers 6 unpersönlich neutrisch und in Vers 7 personifiziert im Maskulinum konstruierte Aussage, bei der sowohl die negative Deutung als gottfeindliche Macht wie eine positive Sicht möglich ist.[54] In beiden Perspektiven wurde der/das Aufhaltende seit dem 3. Jahrhundert bis zur Gegenwart vielfach geschichtstheologisch auf das positiv oder negativ verstandene römische Reich bezogen. Daran knüpfte Bonhoeffer an, indem er dieses Hindernis als „die mit starker physischer Kraft ausgerüstete Ordnungsmacht, die sich den in den Abgrund Stürzenden erfolgreich in den Weg stellt"[55], positiv deutete. „Das ‚Aufhaltende' ist die innerhalb der Geschichte durch Gottes Weltregiment wirksam werdende Gewalt, die dem Bösen seine Grenze setzt."[56] Da Bonhoeffer diese Macht im Horizont von „Gottes Weltregiment" wirksam sah, kann sie nicht mit der Kirche identifiziert werden, sondern nur mit einer staatlichen Größe. „Das ‚Aufhaltende' ist staatliche Ordnungsmacht." Gerade diese Funktion hat aber das herrschende Regime durch seine Perversion verloren; so daß die Aufgabe nun nur noch von „jene[m] Rest an Ordnungsmacht, der sich noch wirksam dem Verfall widersetzt", wahrgenommen werden kann. Dieser „Rest" ist wohl zugleich die „kleine Schar", die Hitler als „den Satan in der Gestalt des Engels des Lichtes erkannte"[57], der militärische Widerstand.[58] Das

---

[54] Vgl. zur Geschichte der Auslegung und aktuellen Lösungen Wolfgang Trilling, Der zweite Brief an die Thessalonicher (EKK XIV), Zürich-Neukirchen 1980, S. 88ff.; Paul Metzger, Katechon. II Thess 2,1–12 im Horizont apokalyptischen Denkens (BZNW 135), Berlin 2005, S. 15ff., 120ff., 276ff. Mehrere alte und neue Stimmen sind bei Rauschensteiner/Seitter, aaO., abgedruckt.

[55] Bonhoeffer, Erbe, S. 122f. Bonhoeffer hat nicht den – sachgemäßen – Zusammenhang hergestellt, daß das Aufhalten ein „dem Rad in die Speichen Fallen" ist.

[56] AaO., S. 123 – dort auch die folgenden Zitate. Vgl. Martin Luther, Ob Kriegsleute, WA 19, 638, 1–3; Rudolf Hermann, Luthers Zirkulardisputation über Matth 19,21, in: Luther-Jahrbuch 1941, S. 86f.

[57] AaO., S. 538; vgl. 2Kor 11,14.

[58] Bonhoeffer, Gedanken, S. 538; AaO., S. 537, urteilte er, daß „kräftemäßig ausschließlich das Militär zur Beseitigung des gegenwärtigen Regimes fähig ist". Ausgehend von der älteren Datierung auf 1940 vermutet Berger, Katechon-Vorstellung, S. 53, einen Hinweis auf „die Intelligenz, die sich langsam gegen das nationalsozialistische Regime wenn noch nicht direkt zu formieren, so doch zu sammeln begann" zu „einer möglichen weltlichen Koalition gegen Hitler"; Bonhoeffer „nennt diese den Katechon". Heimbucher, Christusfriede, S.322, denkt neben der militärischen und zivilen Opposition an „das angegriffene und verteidigungsbereite Großbritannien".

„Aufhaltende" ist zwar „die jenseits alles geschichtlich Errechenbaren und Wahrscheinlichen von oben eingreifende Tat Gottes, [...] um die Welt vor dem Zerfall zu bewahren", aber es „ist nicht Gott, ist nicht ohne Schuld, aber Gott bedient sich seiner, um die Welt vor dem Zerfall zu bewahren." Als schuldbeladenes Tun ist der Widerstand Teil der menschlichen Geschichte, aber diese lebt und erhält ihr Ziel von dem nicht verrechenbaren Eingreifen Gottes. Da dieses ihren Akteuren selbst unbekannt ist, ist die Kirche der „Ort, an dem das Wunder Gottes verkündigt wird".

Die geschichtstheologische Deutung ist nicht nur Inhalt der kirchlichen Verkündigung, sondern betrifft auch die Kirche selbst. Der Sturz in den Abgrund bestimmt nämlich die Existenz der Kirche in einer „christusfeindlich[en]" Welt; das „corpus Christianum ist zerbrochen." Hatte Bonhoeffer im Frühsommer 1941 die endzeitliche Entgegensetzung von Kirche und Welt als ‚apokalyptische Diabolisierung' abgelehnt, so konstatierte er wenig später: „Das corpus Christi steht einer feindlichen Welt gegenüber.[59] Einer Welt, die sich von Christus abgekehrt hat, nachdem sie ihn erkannt hat, muß die Kirche Jesus Christus als den lebendigen Herrn bezeugen."[60] Diese Aufgabe hat sie jedoch auch gegenüber dem Rest an Ordnungsmächten, die sie „zum Hören, zur Umkehr" zwingt wegen ihrer „Schuld", wobei neben dem Mitwirken des Militärs beim Aufstieg Hitlers und seiner Expansionspolitik das Schuldigwerden im Widerstand gemeint ist. Die Kirche gehört deshalb nicht zum Widerstand, auch in der Extremsituation bleibt die dynamische Unterscheidung der beiden Reiche gewahrt, aber das „Aufhaltende" sieht in der Kirche den Bundesgenossen. „So verschieden beide in ihrem Wesen sind, so eng rücken sie doch angesichts des drohenden Chaos aneinander, und der Haß der zerstörerischen Gewalten richtet sich auf beide als auf Todfeinde in gleicher Weise."

Kirche und Widerstand sind jedoch auch im Handeln unterschieden. Während die Ordnungskraft durch das „Wagnis der freien, auf eigenste Verantwortung hin geschehenden Tat [...] das Böse im Zentrum zu treffen und zu überwinden vermag"[61], handelt die Kirche durch das Wort. „Indem die Kirche bei ihrer Sache, das heißt bei der Predigt von dem auferstandenen Jesus Christus bleibt, trifft sie den Geist der Vernichtung

---

[59] Vgl. dagegen Bonhoeffer, Staat, S. 522f. Im Unterschied zum corpus christianum als der christlichen Welt ist corpus Christi die Kirche; vgl. Bonhoeffer, Erbe, S. 102 (die 1940 verfaßte Aussage verbindet das Zerbrechen des corpus christianum mit der Reformation).
[60] Bonhoeffer, Erbe, S. 123.
[61] Bonhoeffer, Ethik als Gestaltung, S. 65.

tödlich."⁶² So stehen beide zusammen „in wohl gewahrter Unterscheidung und doch in aufrichtiger Bundesgenossenschaft"⁶³.

Neben dieser unerwarteten Verbindung ereignet sich ein erstaunlicher Wandel; „alles was an Elementen der Ordnung noch vorhanden ist sucht die Nähe der Kirche. Recht, Wahrheit, Wissenschaft, Kunst, Bildung, Menschlichkeit, Freiheit, Vaterlandsliebe finden nach langen Irrwegen zu ihrem Ursprung zurück." In dieser „Bundesgenossenschaft" vollzieht sich „angesichts des drohenden Chaos" eine Umkehr von „Erbe und Verfall" in der Säkularisationsgeschichte, eine „Rückkehr zum Ursprung"⁶⁴, zu Christus. Bonhoeffer sah augenscheinlich im Auftreten des Widerstandes den Beginn einer Rechristianisierung des Abendlandes als der „durch die Gestalt Christi geeinte[n] Welt der Völker Europas und Amerikas"⁶⁵. Da aber die „Gleichgestaltung" der Kirche von der Wiederaufrichtung der Obrigkeit, der „Rückkehr zu Ordnung und Recht" unterschieden wird, erhält das Schuldbekenntnis und die ihm antwortende „göttliche Erneuerung der Kirche"⁶⁶ eine eigene Begründungsfunktion als Ursprung der „Erneuerung des Abendlandes".

Die Überlegungen Bonhoeffers unterscheiden sich durch die apokalyptische, geschichtstheologische Ansätze konkretisierende Deutung der Situation sowie des Verhältnisses von Obrigkeit und Kirche deutlich von seinen früheren Arbeiten. Einzigartig ist die Wertung des Widerstandes als das „Aufhaltende". Diese Motive verbinden den Text mit Bonhoeffers „Gedanken zu William Patons Schrift ‚The Church and the New Order in Europe'" vom Anfang September 1941 und der gleichzeitigen Einschätzung, daß das Thema „Geschichte und Enderwartung" zusammen mit der im gleichen Zusammenhang von Bonhoeffer erörterten „Sündenvergebung" zu den aktuellsten theologischen Problemen gehöre.⁶⁷ Deshalb ist

---

⁶² Bonhoeffer, Erbe, S. 124; vgl. Bonhoeffer, Nachfolge, 138f.

⁶³ Ibd.; vgl. D. Bonhoeffer, Kirche und Welt I., in: ders., Ethik, S. 342f., wo auch die von Bonhoeffer bekämpfte „Eigengesetzlichkeit" genannt wird.

⁶⁴ Bonhoeffer, Kirche und Welt I., S. 344. Kritisch zu Bonhoeffers Abendland-Orientierung Berger, Katechon-Vorstellung, mit Verweis auf ältere Literatur; dagegen zuletzt Heimbucher, Christusfriede, S. 321.

⁶⁵ Bonhoeffer, Ethik als Gestaltung, S. 88f. Das Thema Abendland bewegte Bonhoeffer bereits im Herbst 1940 bei der Konzeption der Ethik; vgl. Heimbucher, Christusfriede, S. 311f.

⁶⁶ D. Bonhoeffer, Schuld, Rechtfertigung, Erneuerung, in: Ethik, S. 133.

⁶⁷ Vgl. Charlotte von Kirschbaum an Paul Vogt, 22.9.1941, in: Bonhoeffer, Konspiration, S. 207f. Vgl. zur Datierung auch das Thema Verantwortung vor Gegenwart und Zukunft in Bonhoeffer, Erbe, S. 119f., und ders. an Christoph Bethge, 17.11.1941, in: ders., Konspiration, S. 223.

die Überlegung naheliegend, daß die Äußerungen im Gefolge der zweiten Schweizer Reise (29. August – 26. September 1941) niedergeschrieben wurden und die Veränderungen mit der Nähe Bonhoeffers zum aktiven Widerstand zu verbinden sind. Zudem setzten im Oktober die Massendeportationen jüdischer Bürger in Deutschland ein. Hatte Bonhoeffer noch nach der ersten Schweizer Reise (24. Februar – 24. März 1941) entschieden die Differenz von Obrigkeit und Kirche betont und eine politische Verantwortung der Christen abgelehnt, so gewann nach der zweiten Schweizer Reise die Verweigerung des Gehorsams gegenüber der Obrigkeit den Charakter von Gottes Handeln – außerhalb der Kirche, aber in Bundesgenossenschaft.

Noch eindeutiger äußerte sich Bonhoeffer in dem wohl im Herbst 1942 entstandenen Text „Kirche und Welt I.", wie der Vergleich mit seiner Auslegungen der achten Seligpreisung in der „Nachfolge" von 1937 zeigt. Das Handeln und Leiden um der Gerechtigkeit willen (Mt 5,10) bezog er in der „Nachfolge" nur auf die Jünger, auf das „Leiden um einer gerechten Sache, um des gerechten Urteilens und Tuns der Jünger willen"[68], die darum „der Welt anstößig" sind. Im Herbst 1942 sprengte er diesen christologischen Bezug. Die Rede ist „nicht von der Verfolgung um Jesu Christi willen [...], sondern seliggepriesen werden die um einer gerechten – und wir dürfen hinzufügen: einer wahren, guten, menschlichen – Sache willen Verfolgten (vgl. 1Petr 3,14 und 2,20)."[69] In bemerkenswerter Kritik an seiner eigenen Auslegung stellt er jenen Christen mit ihrer „falsche[n] Ängstlichkeit", die aus „Engherzigkeit" nur das „Leiden um des Christusbekenntnisses willen" anerkennen, diejenigen gegenüber, die sich für die gute Sache einsetzen. „Jesus nimmt sich derer an, die um der gerechten Sache willen leiden, auch wenn es nicht gerade das Bekenntnis seines Namens ist [...]. So wird der um einer gerechten Sache willen Verfolgte zu Christus geführt, so geschieht es, daß sich ein solcher in der Stunde des Leidens und der Verantwortung – vielleicht zum ersten Mal in seinem Leben, ihm selbst fremd und überraschend, aber doch eine innere Notwendigkeit – auf Christus beruft und als Christ bekennt". Auch hier bleibt die Differenz von politischem Handeln und Kirche gewahrt, aber das Leiden um der gerechten Sache willen wird von Christus in Anspruch genommen und führt zum Bekenntnis. Bonhoeffer

---

[68] Bonhoeffer, Nachfolge, S. 108. Vgl. aaO., S. 79f.: „Kreuz ist [...] Leiden und Verworfenwerden, und auch hier streng genommen, um Jesu Christi willen verworfen werden, nicht um irgendeines anderen Verhaltens oder Bekenntnisses willen." Gemäß Mitschrift entfaltete Bonhoeffer das „irgendeines" durch „politisch weltanschaulich menschlichen"; aaO., S. 80, Anm. 8.

[69] Bonhoeffer, Kirche und Welt I., S. 349 – dort auch die folgenden Zitate.

beruft sich für diesen Prozeß auf die „Erfahrung, die wir gemacht" haben; er verdankte sie seiner Zusammenarbeit im Widerstand mit Menschen, die dem Glauben ferner standen. Für Bonhoeffer selbst stellt sich damit die Frage, ob er seine Teilnahme am Widerstand außerhalb der Kirche gesehen und trotzdem als Christ verstanden hat.

3. Zur theologischen Begründung seiner Teilnahme am Widerstand

Bonhoeffer wußte durch Gespräche im Familienkreis sehr früh, daß der bürgerlich-militärische Widerstand die Entmachtung Hitlers anstrebte; sein Schwager Hans von Dohnanyi war daran von Anfang an beteiligt.[70] Als Mitwisser stellte sich ihm die Frage der Legitimation noch anders als später während der Unterstützung und Teilnahme an der Verschwörung. Charakteristisch für die erste Stufe scheint eine Frage, die er kurz vor der Abreise in die USA am 10. März 1939 einer Gruppe seiner Vikare stellte: „Würden Sie einem Tyrannenmörder Absolution erteilen?"[71] Dem Mitwisser geht es um die – theologische – Beurteilung des Handelns von anderen. Eine Antwort auf diese Frage fand Bonhoeffer erst im Herbst 1941, ohne dabei seine eigene Entscheidung zu thematisieren oder gar zu begründen. Wann wurde sie aktuell?

Nach seiner Rückkehr aus den USA sorgte Dohnanyi dafür, daß Bonhoeffer dem Einberufungsbefehl zur Wehrmacht bzw. dem Todesurteil wegen Kriegsdienstverweigerung entgehen konnte. Er vermittelte ihm eine Anstellung im Amt Ausland/Abwehr unter Admiral Canaris im Oberkommando der Wehrmacht.[72] Damit wurde er u.k. (unabkömmlich) gestellt, kam aber zugleich in ein Zentrum der damaligen Umsturzplanungen. Als er am 30. Oktober 1940 als V-Mann der Dienststelle in München zugeordnet wurde, traf er dort auf Josef Müller, der im Auftrage des Widerstandes mit dem Vatikan verhandelte und ein Attentat rechtfertigte.

---

[70] Vgl. Marikje Smid, Hans von Dohnanyi – Christine Bonhoeffer. Eine Ehe im Widerstand gegen Hitler, Gütersloh 2002.

[71] Mitteilung von Otto Dudzus in dem Film „Stationen: Dietrich Bonhoeffer" (Bayerisches Fernsehen, 27.4.2005).

[72] Zur genaueren Datierung vgl. Sabine Dramm, V-Mann Gottes und der Abwehr? Dietrich Bonhoeffer und der Widerstand, Gütersloh 2005, S. 28ff. Die für 1939 behaupteten Kontakte zu Hans Oster dürften nur seiner Sicherung gegenüber dem Wehrmeldeamt gedient haben, die Bonhoeffer in den Verhören durch fiktive Arbeiten als Anstellung auszuweisen suchte. Aber erst nach dem August 1940 wird man von einer Anstellung ausgehen können, die sich dann in der Zuweisung zur Münchener Dienststelle konkretisierte.

Entsprechend betrachtet die Forschung Bonhoeffer zumeist ab Mitte 1940 als Mitglied des Widerstandes.[73] Angesichts der engen Verbindung von Leben und Denken, individuellem Glauben und Theologie bei Bonhoeffer ist es dann jedoch erstaunlich, daß die frühen Entwürfe seiner Ethik den Ansatz der „Nachfolge" weiterführen. Erst im Spätsommer 1941 entwickelte Bonhoeffer neue Perspektiven, die gerade hinsichtlich des Widerstandes ein Umdenken erkennen lassen. Es liegt deshalb nahe, vorher nur von einer Mitwisserschaft und erst danach von einer Teilnahme Bonhoeffers an der Konspiration auszugehen.

Daß Bonhoeffer seine Teilnahme am Widerstand als Christ und Theologe reflektierte, zeigen noch seine ersten Briefe aus der Haft. Anfangs nach der Verhaftung am 5. April 1943 „beunruhigte mich die Frage, ob es wirklich die Sache Christi gewesen sei, um derentwillen ich Euch allen solchen Kummer zufüge; aber bald schlug ich mir diese Frage als Anfechtung aus dem Kopf und wurde gewiß, daß gerade das Durchstehen eines solchen Grenzfalles mit aller seiner Problematik mein Auftrag sei und wurde darüber ganz froh und bin es bis heute geblieben."[74] Mit „1. Petrus 2,20; 3,14" deutete er seine Gefangenschaft als Leiden um der Gerechtigkeit willen. Gerade diese Verse aus dem 1. Petrusbrief hatte er ein Jahr vorher nicht im eng martyrologischen Sinn auf das Leiden um Christi willen eingegrenzt, sondern ausgeweitet auf das Leiden wegen der gerechten Sache, das Christus „in seine Verantwortung"[75] nimmt.

Der Ausdruck „Grenzfall" begegnet in Bonhoeffers Schriften erstmals beim Nachdenken über „Die Struktur des verantwortlichen Lebens" wohl

---

[73] So zuletzt Dramm, V-Mann, S. 74: „Mit dem konkreten und deutlichen Schritt im Herbst 1940, sich – zum Schein – dem militärischen Abwehrdienst zur Verfügung zu stellen, der Münchener Abwehrstelle als – angeblicher – V-Mann zuordnen zu lassen und sich damit endgültig und aktiv der Widerstandsgruppierung im Amt Ausland/Abwehr anzuschließen, nahm Bonhoeffers Weg in die Tarnexistenz der Konspiration irreversibel Gestalt an." Pangritz, Begründung, S. 501, deutet sogar bereits die Rückkehr aus Amerika im Juli 1939 zum „Teilnehmen an dem Schicksal Deutschlands" als Entscheidung „zur Beteiligung an der Verschwörung"; vgl. zuletzt Gunter M. Prüller-Jagenteufel, Befreit zur Verantwortung (EthD 7), Münster 2004, S. 51. Diese Frühdatierung geht wohl zurück auf George Bell, The background, S. 397: „Bonhoeffer started his political activities with his friends (especially Dr.v.Dohnanyi) at the outbreak of war." Bethge, Bonhoeffer, S. 811f., datiert die Teilnahme an der Verschwörung auf Sommer 1940, wobei er die Zugehörigkeit in drei Phasen unterteilt: Information (bis Juni 1941), Friedensziele (bis Ende 1941), Umsturzmitteilung (bis Verhaftung am 5. April 1943); vgl. Heimbucher, Christusfriede, 293ff.

[74] Bonhoeffer an E. Bethge, 18.11.1943, in: Bonhoeffer, Widerstand und Ergebung, S. 187f. Vgl. Brief vom 22.12.1943, aaO., S. 253f.

[75] Bonhoeffer, Kirche und Welt I., S. 349.

im Sommer 1942.[76] Dieses „ist durch ein doppeltes bestimmt: durch die Bindung des Lebens an Mensch und Gott und durch die Freiheit des eigenen Lebens."[77] Dabei nehmen die Überlegungen zur Bindung Grundgedanken der „Nachfolge" auf und verändern sie, indem an die Stelle der exklusiven „Bindung an die Person Jesu Christi allein"[78] die doppelte Beziehung zu „Gott und Mensch" tritt. Die christologische Orientierung bleibt aber gewahrt, denn Verantwortung beruht auf Stellvertretung. „Weil Jesus, – das Leben, unser Leben, – als der Menschgewordene Sohn Gottes stellvertretend für uns gelebt hat, darum ist alles menschliche Leben durch ihn wesentlich stellvertretendes Leben."[79] Und dem entspricht „die vollkommene Hingabe des eigenen Lebens an den anderen Menschen. Nur der Selbstlose lebt verantwortlich und das heißt nur der Selbstlose *lebt*."[80] In der „Nachfolge" hieß es entsprechend zum „einfältigen Gehorsam" des Nachfolgenden: „Nur der Glaubende ist gehorsam, und nur der Gehorsame glaubt."[81] Darum kann Bonhoeffer fünf Jahre später verantwortliches Handeln als „im echten Sinne ‚wirklichkeitsgemäß'" bezeichnen, weil es christusgemäß ist; denn die Wirklichkeit ist „zuerst und zuletzt nicht ein Neutrum, sondern der Wirkliche, nämlich der menschgewordene Gott"[82], weil „in Christus die Wirklichkeit Gottes der Wirklichkeit der Welt begegnet"[83]. Dieses christologische Verständnis der Wirklichkeit kennzeichnet den Neuansatz Bonhoeffers 1940 bei der Arbeit an der „Ethik" und erweitert gegenüber der christologisch-ekklesiologischen Orientierung der „Nachfolge" den Horizont.

Die Neubestimmung der Wirklichkeit ließ zunächst nicht die „Freiheit des eigenen Lebens" in den Blick kommen. In der Auseinandersetzung mit dem Freiheitspathos der Moderne, besonders Nietzsches, betrachtete Bonhoeffer die Freiheit kritisch;[84] in der „Nachfolge" verstand er die

---

[76] Vgl. Anm. 45. Zur Datierung vgl. Anm. 109.
[77] Bonhoeffer, Geschichte 2, S. 256.
[78] Bonhoeffer, Nachfolge, S. 47.
[79] Bonhoeffer, Geschichte 2, S. 257. Der Passus über die christologische Begründung der Verantwortung ist eine Erweiterung gegenüber der ersten Fassung von „Die Geschichte und das Gute". Vgl. aber bereits D. Bonhoeffer, Ethik als Gestaltung, in: ders., Ethik, S. 81: „Gleichgestaltet mit dem Menschgewordenen – das heißt wirklicher Mensch sein."
[80] AaO., S. 258.
[81] Bonhoeffer, Nachfolge, S. 52. Vgl. Luthers Doppelthese im Traktat „Von der Freiheit eines Christenmenschen".
[82] Bonhoeffer, Geschichte 2, S. 261.
[83] D. Bonhoeffer, Die letzten und die vorletzten Dinge, in: ders., Ethik, S. 151.
[84] Vgl. bereits die Wendung gegen das „autonome Daseinsverständnis" in Bonhoeffers Habilitationsarbeit „Akt und Sein" und noch im Herbst 1941 D. Bonhoeffer, Erbe und

„Freiheit der Boten" als relationale Bindung.[85] Zum Problem der autonomen Freiheit führte im Herbst 1940 sein Nachdenken über das Versagen der überkommenen Ethiken angesichts der „Maskerade des Bösen". Zunächst stellte er dem Befolgen der Pflicht das „Wagnis der freien, auf eigenste Verantwortung hin geschehenden Tat, die allein das Böse im Zentrum zu treffen und zu überwinden vermag"[86], gegenüber, aber auch diese ist problematisch: „Wer es unternimmt, in eigenster Freiheit in der Welt seinen Mann zu stehen, wer die notwendige Tat höher schätzt als die Unbeflecktheit seines eigenen Gewissens und Rufes, wer dem fruchtbaren Kompromiß ein unfruchtbares Prinzip oder auch dem fruchtbareren Radikalismus eine unfruchtbarere Weisheit des Mittelmaßes zu opfern bereit ist, der hüte sich, daß ihn nicht gerade seine vermeintliche [!] Freiheit schließlich zu Fall bringe."

Bonhoeffer schrieb diese Warnung vermutlich kurze Zeit nach dem Treffen mit Hans von Dohnanyi Anfang August 1940, nach dem Gespräch über Möglichkeiten seiner Unterbringung in der Abwehr. Als er diesen Text Weihnachten 1942 in die Überlegungen „Nach zehn Jahren" für seinen Schwager und Hans Oster einfügte, strich er die negative Charakterisierung der Freiheit als „vermeintliche".[87] Die Distanzierung war durch die Teilnahme am Widerstand und ein neues Nachdenken über die

---

Verfall, in: Ethik, S. 108ff., bes. S. 114: „Die große Entdeckung Luthers von der Freiheit eines Christenmenschen und die katholische Irrlehre von der wesentlichen Güte des Menschen endeten gemeinsam in der Vergottung des Menschen. Die Vergottung des Menschen aber ist [...] die Proklamation des Nihilismus." Das wird von Bonhoeffer biographisch rekapituliert im ersten Vers von „Stationen auf dem Wege zur Freiheit" in: Widerstand und Ergebung, S. 570-572; vgl. Johannes von Lüpke, Wege zur Freiheit. Zur Interpretation eines Gedichtes von Dietrich Bonhoeffer auf dem Hintergrund der Philosophie Nietzsches, in: Gerhard Besier/Günther R. Schmidt (Hg.), Widerstehen und Erziehen im christlichen Glauben (FS. G. Ringshausen), Holzgerlingen 1999, S. 61-76. Vgl. zum Vergleich von Bonhoeffers und Nietzsches Denken Nicoletta Capozza, Im Namen der Treue zur Erde, Münster 2003, die allerdings die „Nachfolge" und andere Schriften aus der Zeit des Kirchenkampfes nicht beachtet, weil sie durch „kirchliche und pastorale Sorge auf Kosten eines systematischen und spekulativen Interesses" (S. 90) bestimmt seien.

[85] Bonhoeffer, Nachfolge, S. 200f.; vgl. S. 264f. Vgl. Eberhard Bethge, Freiheit und Gehorsam bei Bonhoeffer (1977), in: ders., Am gegebenen Ort, S. 63-82, bes. S. 71f.
[86] D. Bonhoeffer, Ethik als Gestaltung, S. 65.
[87] Bonhoeffer, Nach zehn Jahren, S. 22. Diese Differenz übersieht Clifford J. Green, Freiheit zur Mitmenschlichkeit, Gütersloh 2004, S. 307f., so daß Bonhoeffers Widerstandsethik bereits 1940 beginnt.

„freie Verantwortung"⁸⁸ überholt. Auch die Zielperspektive war dadurch verändert. Im Herbst 1940 hieß Bonhoeffers Lösung: „Nur wer hier Einfalt und Klugheit miteinander zu verbinden vermag, kann bestehen."⁸⁹ Ganz im Sinne der „Nachfolge" behält der „Mann des ungeteilten Herzens", der Einfältige, „die schlichte Wahrheit Gottes im Auge" und ist „gebunden durch die Liebe zu Gott [...] frei geworden von den Problemen und Konflikten der ethischen Entscheidung." Diesen Abstand ermöglicht die Klugheit, welche „die Wirklichkeit sieht, wie sie ist," und darum „die Wirklichkeit in Gott sieht." Ende 1942 fragte Bonhoeffer: „Wer hält stand?", und meinte, nur der, der alle humanistischen Maßstäbe „zu opfern bereit ist, wenn er im Glauben und in alleiniger Bindung an Gott zu gehorsamer und verantwortlicher Tat gerufen ist, der Verantwortliche, dessen Leben nichts sein will als eine Antwort auf Gottes Frage und Ruf."⁹⁰ Die Ethik der Nachfolge ist aufgehoben in der Ethik der radikalen, allein an Gott gebundenen Verantwortung. Sie ermöglicht und fordert Freiheit.⁹¹ Diese ist nicht mehr negativ bestimmt als Distanz „von den Problemen und Konflikten der ethischen Entscheidung", sondern positiv als Wagnis der verantwortlichen Entscheidung.

Als Bonhoeffer Ende 1940 „Das natürliche Leben" und das Recht der „freien selbständigen Personen"⁹² als Themen der Ethik wiedergewann, betonte er, „daß diese relative Freiheit nicht mit einer absoluten Freiheit für Gott und für den Nächsten verwechselt"⁹³ werden darf, „die nur das gekommene Wort Gottes selbst schafft und schenkt". Zwar darf „der Einzelne seine natürlichen Rechte verteidigen"⁹⁴, aber es ist „in erster Linie Gott selbst, der für die Rechte einsteht." Darum verwarf Bonhoeffer den Selbstmord. Mit der „Freiheit", das Leben „zu bejahen oder zu vernichten", es „als zu bewahrende Gabe wie als darzubringendes Opfer zu verstehen", gibt Gott „dem Menschen die Freiheit, sein Leben für Größeres einzusetzen," aber er „soll nicht die Hand an sich selbst legen, so gewiß er sein Leben anderen zum Opfer bringen soll."⁹⁵ Zur positiven

---

⁸⁸ Statt „in eigenster Freiheit" hatte Bonhoeffer zunächst geschrieben „in freier Verantwortung"; vgl. Bonhoeffer, Ethik als Gestaltung, S. 65, Anm. 11. Die Veränderung erfolgte wohl bei der Übernahme in „Nach zehn Jahren".
⁸⁹ AaO., S. 67.
⁹⁰ Bonhoeffer, Nach zehn Jahren, S. 23.
⁹¹ Vgl. Bonhoeffer, Stationen auf dem Wege zur Freiheit, 2. Strophe.
⁹² D. Bonhoeffer, Das natürliche Leben, in: ders., Ethik, S. 183.
⁹³ AaO., S. 166.
⁹⁴ AaO., S. 178.
⁹⁵ AaO., S. 192. 196.

„Freiheit des Lebensopfers"⁹⁶ tritt bei den Überlegungen zur ehelichen Enthaltsamkeit und Empfängnisverhütung der Hinweis, daß angesichts der Uneindeutigkeit des Sachverhaltes „der Freiheit des sich vor Gott verantwortenden Gewissens Raum zu geben"⁹⁷ sei. So sehr Bonhoeffer mit der Entdeckung und Begründung der Menschen- und Freiheitsrechte am Jahreswechsel 1940/41 innerhalb der protestantischen Ethik Neuland betrat, so sollte die Problematik der freien Verantwortung erst 1942 von ihm reflektiert werden, verbunden mit einer Kritik des Gewissens.⁹⁸

Augenscheinlich waren es die Erfahrungen des Jahres 1941, die den Zusammenhang von Verantwortung und Freiheit bei der „Wahrnehmung der Verantwortlichkeit für andere Menschen beziehungsweise für ganze Gemeinschaften und Gemeinschaftsgruppen"⁹⁹ thematisch werden ließen. Vom 24. Februar bis 24. März 1941 war Bonhoeffer im offiziellen Auftrage der Abwehr in der Schweiz, wo er in Basel Karl Barth, in Zürich Friedrich Siegmund-Schultze und seinen Freund Erwin Sutz und in Genf Willem Visser 't Hooft und andere Mitarbeiter des im Aufbau befindlichen Weltkirchenrates besuchte.¹⁰⁰ Zwar erinnerte sich Sutz später an Bonhoeffers Aussage: „Sie können sich darauf verlassen, wir werden Hitler stürzen!"¹⁰¹, aber diese paßt eher zu dem Treffen während der zweiten Schweizer Reise. Im Februar und März drehten sich nämlich die Gespräche nur um die Situation in Deutschland und die Lage der BK, während Bonhoeffer besonders die Entwicklung der Ökumene in den letzten Jahren studierte. Die Diskussion des Verhältnisses von Kirche und Welt hatte eine konkrete Zuspitzung in der Predigt im Krieg, aber es ging auch um die Friedensziele und die Nachkriegsordnung. In seinem Bericht an den Erzbischof von York, William Temple, ging allerdings Visser 't Hooft darauf ein, daß Freunde im Auftrage des Widerstandes oft nach annehmbaren Friedensbedingungen der Alliierten nach einem Regime-

---

[96] AaO., S. 197. Daß Bonhoeffer bei der Befürchtung, „unter der Anwendung der Folter sein Volk, seine Familie, seinen Freund zu verraten", an die „Verschwörung gegen Hitler" (aaO., Anm. 98) gedacht hat, scheint im Januar 1941 wenig wahrscheinlich – anders als bei der Aufnahme Bonhoeffers durch Karl Barth, Kirchliche Dogmatik, I-II/4, Zürich 1951, S. 470 (S. 2 notiert er das Erscheinen der „Ethik" 1949 und nennt S. 460 die Erörterungen zur Selbsttötung das „Umsichtigste, was zu der Sache geschrieben ist").

[97] AaO., S. 207.

[98] Vgl. Bonhoeffer, Geschichte 2, S. 276–283.

[99] D. Bonhoeffer, Die Geschichte und das Gute (erste Fassung), in: ders. Ethik, S. 219.

[100] Vgl. Bethge, Bonhoeffer, S. 815ff.

[101] AaO., S. 817; vgl. das Ehrenström-Zitat, unten, Anm. 103.

wechsel fragten.¹⁰² Dabei hat er aber kaum an Bonhoeffer gedacht, den er vielmehr mit seinen Überlegungen zur Aufgabe der Kirchen für die Nachkriegsordnung konfrontierte, nachdem er bereits viele Gespräche mit anderen „Freunden" darüber geführt hatte. Bonhoeffers Interesse galt entsprechend seiner theologischen Überzeugung kirchlichen Fragen und der Wiederanknüpfung der ökumenischen Kontakte, was seinem Arbeitsauftrag in der Abwehr entsprach.¹⁰³

Das sollte sich während der zweiten Schweizer Reise vom 29. August bis 26. September 1941 grundsätzlich ändern.¹⁰⁴ Beim Gespräch mit Karl Barth und in der Diskussion über Friedensziele und Nachkriegsordnung in Genf ließ er deutlich seine Zugehörigkeit zum Widerstand erkennen. Er war voller Hoffnungen auf eine bessere Zukunft¹⁰⁵, gerade weil Hitler durch den Angriff auf die UdSSR den „Anfang vom Ende"¹⁰⁶ eingeläutet hätte. Zur Freude seiner Genfer Freunde konnte Bonhoeffer berichten, daß sich die Pläne des Widerstandes für einen Umsturz konkretisierten. Entsprechend bekam der Widerstand in Bonhoeffers Stellungnahme zu William Patons „The Church and the New Order in Europe" und in dem nach der Reise konzipierten Text über „Erbe und Verfall" einen neuen Stellenwert.¹⁰⁷ Die Besprechungen in Genf sollten zudem mit der Stellungnahme zu Patons Memorandum nicht nur Ziele des Widerstandes aufnehmen, sondern auch den Anstoß geben zu der Arbeit des Freiburger

---

¹⁰² Vgl. Willem A. Visser 't Hooft an William Temple, 12.3.1941, in: Bonhoeffer, Konspiration, S. 162.

¹⁰³ Vgl. Bethge, Bonhoeffer, S. 818. Gegen eine Beziehung auf Bonhoeffer spricht bereits, daß Visser 't Hoofts Brief mehrere Gruppen von Freunden unterscheidet und sich auf eine „oft gestellte" Frage bezieht. Die Spannung hat m.R. Heimbucher, Christusfriede, S. 332ff., betont. Armin Boyens, Kirchenkampf und Ökumene 1939–1945, München 1973, S. 172f., und ihm folgend zuletzt Dramm, V-Mann, S. 90f., verstehen bereits den März-Besuch Bonhoeffers im Zeichen der Zusammenarbeit mit dem Widerstand, obwohl Boyens, aaO., S. 174, den Tagebucheintrag N. Ehrenströms vom 3.9.1941 über Bonhoeffers zweiten Besuch zitiert: „Amazing news: the opposition plan to get rid of Hitler"; davon war also im März noch nicht die Rede. Bei Klemens von Klemperer, Die verlassenen Verschwörer, Berlin 1994, S. 235, wird aus Visser t' Hoofts „Some considerations concerning the post-war-settlement" sogar eine Denkschrift Bonhoeffers, obwohl sie „the common mind" des Verfassers, Ehrenströms, Denzil Patricks und Bonhoeffers darstellt.

¹⁰⁴ Vgl. aaO., S. 824ff.; Heimbucher, Christusfriede, S. 334ff.; dazu Bonhoeffer, Konspiration, S. 202ff.

¹⁰⁵ Vgl. D. Bonhoeffer an E. Bethge, 26.8.1941, in: ders., Konspiration, S. 198.

¹⁰⁶ Bethge, Bonhoeffer, S. 825.

¹⁰⁷ Vgl. oben, S. 105f.

Denkschriftenkreises. Als die „derzeit aktuellsten"[108] theologischen Themen in Deutschland betrachtete er „Geschichte und Enderwartung", „Christliche Verantwortung" und „Sündenvergebung".

Diesen Wechsel seiner Position von der ersten zur zweiten Schweizer Reise sowie die Aktualität des Themas „Verantwortung" reflektierte Bonhoeffer in seinen Entwürfen über „Die Geschichte und das Gute".[109] Dabei steuert die erste Fassung unmittelbar das Problem der Verantwortung für den anderen Menschen in der konkreten, geschichtlichen Situation an, während die zweite Fassung Überlegungen über das von Christus gegebene Leben voranstellt, so daß das Verständnis der Verantwortung deutlicher christologisch gefaßt wird. Bonhoeffer begründete damit ausführlicher die sich vom „täglichen Sprachgebrauch"[110] unterscheidende „Fülle" des Begriffs, während der erste Entwurf durch das ihn selbst bedrängende Problem des verantwortlichen Handelns, also der Teilnahme am Widerstand geprägt erscheint.

Wieder bewegte ihn dabei die Bergpredigt. In der „Nachfolge" hatte er sie als Ruf in den Gehorsam verstanden, nun betonte er, daß sie „den Menschen vor die Notwendigkeit geschichtlich verantwortlichen Handelns"[111] stelle. Programmatisch formulierte Bonhoeffer: „In konkreter Verantwortung handeln heißt in *Freiheit* handeln, ohne Rückendeckung durch den Menschen oder Prinzipien *selbst* entscheiden, handeln und für die Folgen des Handelns einstehen. Verantwortung setzt letzte Freiheit der Beurteilung einer gegebenen Situation, des Entschlusses und der Tat

---

[108] Charlotte von Kirschbaum an Paul Vogt, o.D., in: Bonhoeffer, Konspiration, S. 207f.

[109] Während die Herausgeber von Bonhoeffers Ethik beide Fassungen von „Die Geschichte und das Gute" in die erste Jahreshälfte 1942 datieren, legen sie im Nachwort nahe, daß sie schon nach der zweiten Schweizer Reise entstanden sind; vgl. Bonhoeffer, Ethik, S. 17. 429. Heimbucher, Christusfriede, S. 344, denkt für diese „am stärksten politisch geprägten Kapitel der Ethik" an „Anfang 1942". Deutlicher datiert I. Tödt die erste Fassung „Winter 1941/42", die zweite Fassung „Frühjahr/Sommer 1942"; Bonhoeffer, Zettel, S. 16. Wenn die 2. Fassung die Lektüre von Karl Barth, Kirchliche Dogmatik, Bd. II/2, voraussetzt, was Daub, Stellvertretung, S. 423f., nachzuweisen sucht, wäre die 3. Schweizer Reise terminus post quem. Am 13.5.1942 schrieb Bonhoeffer an Barth, daß er „mit den Druckfahnen" für acht Tage an den Genfer See gefahren sei; Bonhoeffer, Konspiration, S. 266f.

[110] Bonhoeffer, Geschichte 2, S. 254.

[111] Bonhoeffer, Geschichte 1, S. 241. Die Auseinandersetzung mit der Bergpredigt ist nicht in die zweite Fassung übernommen. Die Problemstellung hatte Bonhoeffer bereits Anfang 1929 in Barcelona im Gemeindevortrag „Grundfragen christlicher Ethik" thematisiert; D. Bonhoeffer, Barcelona, Berlin, Amerika, hg. von Reinhard Staats u.a. (DBW 10), München 1991, S. 333ff.

voraus."[112] Statt der Abstraktion des isolierten Subjekts und seiner Wahl zwischen verschiedenen Möglichkeiten gemäß einem ‚wirklichkeitsfremden Moralgesetz'[113] stellt die Verantwortung für andere in „die echte ethische Situation" und sucht das jetzt Notwendige zu erfassen. „Die Norm des Handelns ist nicht ein allgemeingültiges Prinzip, sondern der konkrete Nächste, wie er mir von Gott gegeben ist; die Entscheidung fällt nicht mehr zwischen dem klar erkannten Guten und dem klar erkannten Bösen, sondern sie wird im Glauben gewagt angesichts der Verhüllung des Guten und des Bösen in der konkreten geschichtlichen Situation."

Bonhoeffer hatte im Spätsommer 1940 angesichts des deutschen Sieges über Frankreich „das Böse in der Gestalt des Lichtes, der Wohltat, der Treue, der Erneuerung" als „Bestätigung seiner abgründigen Bosheit"[114] verstanden, das den „ethischen Theoretiker" scheitern lasse. Zwei Jahre später erkannte er, daß sich das Gute und das Böse in der Geschichte, in der Verantwortung für andere nie in reiner Gestalt zeigen. Der Verantwortliche muß deshalb „in den Bereich der Relativitäten eintreten", „in das Zwielicht, das die geschichtliche Situation über Gut und Böse breitet. Das Bessere dem weniger Guten vorzuziehen, weil das ‚absolute Gute' gerade das Böse um so mehr hervorrufen kann, ist die oft notwendige Selbstbescheidung des verantwortlich Handelnden."[115] Darin besteht zugleich „die Freiheit des Verantwortlichen gegenüber der Knechtung selbst unter ein ‚absolut Gutes'". Entsprechend wird der Wirklichkeit kein „fremdes Gesetz" aufgezwungen, „vielmehr ist das Handeln des Verantwortlichen im tiefsten Sinne wirklichkeitsgemäß."

Der Verantwortliche handelt wirklichkeitsgemäß, indem er „die menschliche Wirklichkeit als von Gott in Christus angenommene in die Gestaltung des Handelns"[116] einbezieht und „im Bewußtsein der Menschlichkeit seiner Entscheidungen das Urteil über dieses Handeln wie auch seine Folgen ganz an Gott"[117] ausliefert. Es gibt nämlich „für den Menschen keine letzte Gewißheit"[118], daß er das Gute in der Geschichte entsprechend Gottes Ziel realisiert. „Das letzte Nichtwissen des eigenen Guten und Bösen und damit das Angewiesensein auf Gnade gehört we-

---

[112] AaO., S. 220 (Hervorhebung im Original).
[113] Statt „wirklichkeitsfremdes Moralgesetz" schrieb Bonhoeffer, aaO., S. 221, „fremdes Gesetz".
[114] Bonhoeffer, Ethik als Gestaltung, S. 63.
[115] Bonhoeffer, Geschichte 1, S. 221.
[116] AaO., S. 223.
[117] AaO., S. 224.
[118] AaO., S. 226.

sentlich zum verantwortlichen geschichtlichen Handeln."¹¹⁹ Ihm bleibt nur der hoffende Glaube, daß Gott „die menschliche Tat in der Geschichte gut"¹²⁰ macht. „Gerade der in der Freiheit eigenster Verantwortung Handelnde sieht sein Handeln einmünden in und fließen aus Gottes Führung. Freie Tat, wie sie die Geschichte bestimmt, erkennt sich zuletzt als Gottes Tat, reinste Aktivität als Passivität." Gott „bedient sich des Guten wie des Bösen"¹²¹ und überwindet es, indem er allein das Gute, „nämlich Christus und die Lenkung der Geschichte in ihm"¹²², wirkt.

Zur „Struktur des verantwortlichen Lebens" als wirklichkeits- und christusgemäß gehört die Schuldübernahme. „In dem sündlos schuldigen Jesus Christus hat nun jedes stellvertretend verantwortliche Handeln seinen Ursprung. Gerade weil und wenn es verantwortlich ist, weil und wenn es in ihm ganz um den anderen Menschen geht, weil und wenn es aus selbstloser Liebe zum wirklichen Menschen hervorgeht, kann es sich der Gemeinschaft menschlicher Schuld nicht entziehen. Weil Jesus die Schuld aller Menschen auf sich nahm, darum wird jeder verantwortlich Handelnde schuldig. Wer sich in der Verantwortung der Schuld entziehen will, löst sich aus der letzten Wirklichkeit der Geschichte, aus dem erlösenden Geheimnis des Schuldtragens Jesu Christi und hat keinen Anteil an der göttlichen Rechtfertigung, die über diesem Ereignis liegt."¹²³

In der zweiten Fassung von „Die Geschichte und das Gute" zeigte Bonhoeffer diese Schuldübernahme im politischen Bereich auf, indem er sie absetzt von der normalen Sachlichkeit des Handelns gemäß dem Wesensgesetz der Dinge. Wenn „die sachliche Befolgung des formalen Gesetzes eines Staates [...] durch den Verlauf des geschichtlichen Lebens zusammenprallt mit den nackten Lebensnotwendigkeiten von Menschen, tritt verantwortliches sachgemäßes Handeln aus dem Bereich des Prinzipiell-Gesetzlichen [...] vor die durch kein Gesetz mehr zu regelnde, außerordentliche Situation letzter Notwendigkeit", für die Machiavelli „den Begriff der necessità geprägt" hat.¹²⁴ Dieser „Grenzfall" erfordert „die durch kein Gesetz gebundene freie Verantwortung des Handelnden"

---

[119] AaO., S. 224.
[120] AaO., S. 225.
[121] AaO., S. 226.
[122] AaO., S. 227.
[123] AaO., S. 233. Hatte Bonhoeffer in Geschichte 1, S. 233f., den Handelnden wie Jesus als sündlos schuldig bezeichnet oder ihm doch „so etwas wie eine relative Sündlosigkeit" zugestanden, betonte er in der zweiten Fassung auch den „Unterschied zu der wesenhaften Sündlosigkeit Jesu Christi", weil menschliches Handeln „niemals sündlos, sondern von der wesenhaften Erbsünde vergiftet ist"; aaO., S. 279.
[124] Bonhoeffer, Geschichte 2, S. 272.

und stellt „vor die Frage der ultima ratio. Im politischen Bereich heißt diese ultima ratio Krieg, aber auch Betrug, Vertragsbruch um der eigenen Lebensnotwendigkeiten willen."[125] So wie kein Gesetz dieses Handeln erzwingt oder decken kann, gibt es „angesichts dieser Situation nur den völligen Verzicht auf jedes Gesetz, verbunden mit dem Wissen darum hier in freiem Wagnis entscheiden zu müssen, verbunden auch mit dem offenen Eingeständnis, daß hier das Gesetz verletzt, durchbrochen wird,"[126] dessen Gültigkeit „gerade in dieser Durchbrechung" anerkannt wird, also in der erkannten und übernommenen Schuld. Die „freie Verantwortung [...] beruht auf einem Gott, der das freie Glaubenswagnis verantwortlicher Tat fordert und der dem, der darüber zum Sünder wird, Vergebung und Trost zuspricht."[127] So bleibt nur „das Ausliefern der eigenen getroffenen Entscheidung und Tat an die göttliche Lenkung der Geschichte". Deshalb bilden „Einige Glaubenssätze über das Walten Gottes in der Geschichte"[128] die Mitte von Bonhoeffers Reflexionen „Nach zehn Jahren".

Indem Bonhoeffer im Gefängnis seine Beteiligung am Widerstand als „das Durchstehen eines solchen Grenzfalles mit aller seiner Problematik" kennzeichnete, griff er seine früheren Überlegungen in „Die Geschichte und das Gute" auf; sie erscheinen damit als Begründung für seine eigene Beteiligung am Widerstand. Diese gründete als „ultima ratio" nicht auf einem ‚Recht auf Widerstand'; denn es wäre „im tiefsten Grunde verkehrt, wenn die ultima ratio selbst wieder zu seinem normalen Gesetz gemacht wird". Weil diese Verantwortung als Wagnis und Schuld von dem Einzelnen zu übernehmen ist, konnte Bonhoeffer keine kirchliche Mitverantwortung für seinen Weg und keine Aufnahme in die Fürbittenliste erbitten,[129] zumal Aufgabe und Verantwortung der Kirche nur mittelbar politisch sind.

Die Konsequenz seines Nachdenkens über die „Struktur des verantwortlichen Lebens" wird im Gespräch Bonhoeffers mit dem befreundeten Werner von Haeften, dem Bruder von Hans Bernd, im November 1942

---

[125] AaO., S. 273.
[126] AaO., S. 274. Ob Bonhoeffer Osters Mitteilung des Angriffstermins auf Holland bereits 1940 als „einen Schritt aus letzter Verantwortung" billigte (Bethge, Bonhoeffer, S. 759), scheint mir mindestens in dieser Terminologie zweifelhaft.
[127] Bonhoeffer, Nach zehn Jahren, S. 24.
[128] AaO., S. 30f.
[129] Nach Bethge, Bonhoeffer, S. 894, verweigerte die BK dagegen das „doch wohl auch, weil sie noch nicht in den Kategorien zu denken vermochte, mit denen es Bonhoeffer unternahm, den außerordentlichen Anspruch der Lage zu beantworten".

Dietrich Bonhoeffer und der politische Widerstand 121

oder März 1943 deutlich.[130] Haeften fragte Bonhoeffer unvermittelt: „Soll ich schießen? Meinst du, soll ich schießen? Da ich Adjutant von Stauf-

---

[130] Das Gespräch hat der anwesende Wolf-Dieter Zimmermann mitgeteilt in: ders. (Hg.), Begegnungen mit Dietrich Bonhoeffer, 4. Aufl. München 1969, S. 183f. (gekürzt in: Johannes Steinhoff/Peter Pechel/Dennis Showalter [Hg.], Deutsche im Zweiten Weltkrieg. Zeitzeugen sprechen, München 1989, S. 506), und datiert auf „November 1942". Der am 2.2.1942 an der Ostfront schwer verwundete Oberleutnant d.R. Werner von Haeften war als nicht mehr fronttauglich – durch Vermittlung seines Bruders Hans-Bernd – Mitarbeiter von Moltke in der Rechtsabteilung der Abwehr, Amtsgruppe Ausland, des OKW; in seinem Auftrag war er Ende Januar/Anfang Februar in Brüssel und Den Haag (Brieffragmente; Kopie im Archiv d. Vf.). Zu Stauffenberg hätte die Verbindung durch dessen Bruder Berthold leicht hergestellt werden können. Das Gespräch ist nicht zweifelhaft, aber wann fand es statt und wann sollte Haeften welche Stelle bekommen?
Am 2.2.1943 in einer Zeit intensivster Widerstandsplanung notierte Hermann Kaiser, der Kriegstagebuchschreiber beim Befehlshaber des Ersatzheeres, in seinem privaten Tagebuch (BA-MA, MSg 1/3221): „Die Ankunft Graf Stauffenbergs wird angekündigt", der einen Tag später nach Berlin kam; vgl. Peter Hoffmann, Claus Schenk Graf von Stauffenberg und seine Brüder, Stuttgart 1992, S. 269. Helena P. Page, General Friedrich Olbricht. Ein Mann des 20. Juli, Bonn 1992, S. 226f., schließt aus diesem Eintrag überzeugend, daß bereits vorher Stauffenberg von Olbricht als Nachfolger seines Chefs des Stabes ausgesucht wurde. Diese Entscheidung wäre also vor Stauffenbergs Einsatz und Verwundung in Nordafrika gefallen. Seine bereits seit Sommer 1942 gewünschte Versetzung zur Truppe wurde im Herbst verfügt; Anfang Januar 1943 stand der Einsatz in Nordafrika fest; vgl. Hoffmann, aaO., S. 259–262. Der deshalb angetretene Urlaub in Berlin dauerte nur zwei Tage, weil er nach Tunis abkommandiert wurde. Für seinen Wunsch, Haeften als ‚Adjutanten' zu gewinnen, und entsprechend für das Gespräch mit Bonhoeffer im „November 1942", ergibt sich daraus ein relativ kleines Zeitfenster. Aber Stauffenberg war während seines Dienstes in der Organisationsabteilung des Generalstabs des Heeres bis Ende Oktober 1942 in der Ukraine und danach in Ostpreußen „zwischen Ende September und Ende Dezember 1942" in Berlin, wo er seinen Bruder Berthold besuchte (aaO., S. 260). Machte ihn dieser dabei auch mit Haeften bekannt, der sich ihm dann zur Verfügung stellte?
Seit Dezember verdichteten sich angesichts der drohenden Katastrophe von Stalingrad die Hoffnungen auf einen Umsturz in Berlin (aaO., S. 260). Stand Stauffenbergs Besuch bei Olbricht damit in Zusammenhang, oder diente er der Bestätigung seines Interesses an der Stelle? Nach der Verwundung am 7. April, Lazarettaufenthalten und Genesungsurlaub machte er bereits am 10. August seinen Antrittsbesuch in Berlin und trat seinen Dienst offiziell am 1.10. an, nachdem ihn Olbricht im Frühjahr – gemäß der Absprache vom 2.2.(?) – angefordert hatte. Aber mit der Stellung als Chef des Stabes war weder eine Adjutantur noch der persönliche Vortrag bei Hitler verbunden. Hatte Haeften Stauffenberg im Sinne einer Verwendung in der Organisationsabteilung des Generalstabs des Heeres mißverstanden? Bei dieser recht unwahrscheinlichen

fenberg bin [muß heißen: werde], weiß ich, wie ich eine Waffe ins Führerhauptquartier kriege. Ich kann schießen." Bonhoeffer war einen Moment lang ganz still, bis er sagte: „Schießen ist ja nicht das Problem, das Problem ist, was kommt danach. Schießen hat gar keinen Zweck, wenn dann die nächsten zwei Hitlers da sind. Unser Problem ist nicht das Schießen, unser Problem ist, wie fangen wir die Zeit danach ab, dass es nicht schlimmer wird als vorher?"

Die Frage Haeftens zielte auf die Geltung des 5. Gebotes: „Du sollst nicht töten!"[131] Bonhoeffer hatte dazu 1937 in der Auslegung von Mt

---

Annahme würde die Datierung November 1942 zutreffen, da danach bald die Versetzung nach Afrika bekannt war.

Aber am 8.3.1943 notierte Kaiser in sein Tagebuch, daß Werner von Haeften im AHA sei, was die Bekanntschaft voraussetzt (ein Verwandter, Hauptmann von Haeften, war bis Januar 1941 beim BdH, vgl. Tagebuch vom 14.1.1941) und vielleicht auch Pläne für seine spätere, erst im Spätherbst 1943 begonnene (vgl. Hoffmann, Stauffenberg, S. 561f.) Verwendung. Wenn die Erwähnung auf die spätere Ordonanz bei Stauffenberg zu beziehen ist, dann könnte das Gespräch im AHA Haeftens späterer Anstellung gegolten haben. Deshalb wäre das Gespräch mit Bonhoeffer nach Stauffenbergs und im Umkreis von Haeftens Besuch zu datieren, also auf Februar/März 1943. Seit 15.3. war Haeftens neue Dienststelle der Generalquartiermeister im OKH.

Wie auch immer das Gespräch zu datieren ist, muß der Text statt mit „Da ich ..." mit „Wenn ich ..." beginnen oder „bin" in „werde" und eventuell „Adjutant" in „Ordonnanzoffizier" verändert werden.

[131] Wie dieses Gebot auch andere im Widerstand bewegte, zeigt der Bericht des Adjutanten von Oberst Eberhard Finckh, Wilhelm Ernst, über ein Gespräch am späten Abend nach der Schlacht von Tscherkassy Anfang Februar 1944. Damals „sprach ich zum ersten Male das aus, was mir nach langer und schwerer Überlegung Überzeugung geworden war; ich sagte beim ruhelosen Hin- und Herwandern: ‚Herr Oberst [= Finckh], der Kerl [= Hitler] muss weg, geben Herr Oberst mir eine Chance und ich schieße den Unhold über den Haufen.' Ebbo [= Eberhard] lag im Bett, das weiße Haar von der Lampe silbrig beleuchtet, auf den linken Ellenbogen aufgestützt und sah mich lange und wortlos an, drehte sich auf den Rücken, sah lange schweigend zur Decke, gab mir dann die Hand: ‚Gute Nacht.' Ich ging. Am nächsten Morgen kam er sehr zeitig zu mir ins Zimmer (ich war noch beim Anziehen), nahm von meinem Nachttisch die Bibel, die dort lag, schlug sie auf, suchte einen Augenblick und wies mir dann mit dem Finger eine Stelle, da stand es, das Gebot ‚Du sollst nicht töten'. Ich wollte auffahren, erwidern, seine typische leichte Handbewegung schnitt jede Erwiderung ab. ‚I geh schon voraus', ich war allein. Wir haben dann über diesen Punkt nie mehr gesprochen. Er hatte mir mit dem ganzen heiligen Ernst, der ihn in entscheidenden Dingen beseelte, noch einmal die Frage gestellt: ‚Weißt Du auch, was Du willst und was Du verantworten musst?' Ich wusste es. In der folgenden Nacht hat er mir dann von seinem Freunde, dem Grafen Stauffenberg, erzählt und von dem Plan der Verschwö-

5,21 betont: „Dem Nachfolger Jesu ist der Mord verboten bei Strafe des göttlichen Gerichts."[132] Diese Orientierung am Gebot hatte er im Nachdenken über die freie Verantwortung revidiert, so daß nun das Töten nicht mehr das Problem war, sondern die Verantwortung für die Zukunft. Im Blick auf „die Zeit danach" ist eine Entscheidung gefordert, die „nicht mehr zwischen dem klar erkannten Guten und dem klar erkannten Bösen" wählt, sondern „im Glauben gewagt [wird] angesichts der Verhüllung des Guten und des Bösen in der konkreten geschichtlichen Situation."[133]

Bonhoeffer näherte sich mit der Frage: „Wie fangen wir die Zeit danach ab?", einer von Eivind Berggrav im März 1943 vertretenen Rechtfertigung des Tyrannenmordes[134], aber eine entsprechende Abwägung zwischen der Gegenwart und der „Herstellung einer besseren friedlichen Dauerordnung"[135] setzt klare Normen voraus und rechtfertigt damit die Mißachtung des Gebots. Durch den Verweis auf höhere Normen würde sich aber der Handelnde nach Bonhoeffers Verständnis dem Wagnis der Verantwortung gerade entziehen. Daß Bonhoeffer die Übertretung als nicht zu relativierende Schuld betrachtet, entspricht seinem Verständnis der personalen, an Christus konkret gebundenen Verantwortung; denn „wer sich in der Verantwortung der Schuld entziehen will, löst sich aus der letzten Wirklichkeit menschlichen Daseins."[136]

Diese Bindung trennt Bonhoeffers Ansatz grundsätzlich von einer Verantwortungsethik im Sinne Max Webers.[137] Das hinderte ihn aber

---

   rung." Wilhelm Ernst, Bericht an Ricarda Huch, 12.1.1947 (BAK, NL Ritter 1155, S. 4f.). Vgl. weiterhin unten, S. 515ff.

[132] Bonhoeffer, Nachfolge, S. 123. Vgl. dagegen 1929 ders., Grundfragen, S. 332: „Es gibt keine an sich schlechten Handlungen, auch der Mord kann geheiligt werden".

[133] Bonhoeffer, Geschichte 1, S. 220. Vgl. auch Bell, The background, S. 398, wobei das Bonhoeffer-Zitat eher auf Sommer 1942 (vgl. oben, Anm. 43) zu datieren ist: „If we claim to be Christians, there is no room for expediency. Hitler is the Anti-Christ. Therefore we must go on with our work and eliminate him wether he be successful or not." Zu seinem Denken im Sommer 1940 vgl. Heimbucher, Christusfriede, S. 307ff.

[134] Vgl. Eivind Bergrav über die Haltung Moltkes zur Attentatsfrage, in: Wilhelm Ernst Winterhager (Bearb.), Der Kreisauer Kreis. Porträt einer Widerstandsgruppe, Mainz 1985, S. 234 (dazu unten, S. 381); Walter Künneth, Die evangelisch-lutherische Theologie und das Widerstandsrecht, in: Die Vollmacht des Gewissens, hrg. von Europäische Publikation e. V., München 1956, S. 196f.; Helmut Thielicke, Theologische Ethik II, 2, Tübingen 1958, §§ 2349ff.

[135] Gerhard Ritter an Carl Goerdeler, 28.1.1942, in: Klaus Schwabe/Rolf Reichardt (Hg.), Gerhard Ritter. Ein politischer Historiker in seinen Briefen, Boppard 1984, S. 372.

[136] Bonhoeffer, Geschichte 2, S. 276.

[137] Vgl. Sabine Dramm, Dietrich Bonhoeffer. Eine Einführung in sein Denken, Gütersloh 2001, S. 212ff.

nicht, den Horizont der Zukunft als Element der Verantwortung zu denken. In „Nach zehn Jahren" bedachte er Ende 1942 das Problem der Geschichte: „Die letzte verantwortliche Frage ist nicht, wie ich mich heroisch aus der Affäre ziehe, sondern wie eine kommende Generation weiterleben soll. Nur aus dieser geschichtlich verantwortlichen Frage können fruchtbare – wenn auch vorübergehend sehr demütigende – Lösungen entstehen."[138] Dabei geht es darum, nicht „eine Sache prinzipiell", sondern „in konkreter Verantwortung durchzuhalten."

In der Rechtfertigung seiner Teilnahme am Widerstand blieb und argumentierte Bonhoeffer als Christ und Theologe, nachdem er in der „Nachfolge" „Aufruhr und Gewalt" kategorisch abgelehnt hatte. Dabei bedeutete die Veränderung seiner Theologie keineswegs einen Abschied von der für sein Denken grundlegenden Orientierung an Jesus Christus; er blieb einer christologisch fundierten und ausgerichteten Theologie treu, aber gewann dafür durch ein vertieftes Verständnis der Rechtfertigung einen weiteren Horizont; denn die neu entdeckte „Weltlichkeit der Welt hat ihre Signatur ein für allemal durch das Kreuz Christi empfangen."[139] Und dieses „Kreuz der Versöhnung ist die Befreiung zum Leben vor Gott mitten in der Gott-losen Welt, es ist die Befreiung zum Leben in echter Weltlichkeit." Deshalb kann Bonhoeffer das Christsein nun so auslegen, „daß wir an der Weite des Herzens Christi teilbekommen sollen in verantwortlicher Tat, die in Freiheit die Stunde ergreift und sich der Gefahr stellt, und in echtem Mitleiden, das nicht aus der Angst, sondern aus der befreienden und erlösenden Liebe Christi zu allen Leidenden quillt."[140]

Mit der Mitarbeit in der Abwehr wurde für den Mitwisser der Verschwörung das Wirkliche zur Herausforderung, das er als die in Jesus Christus offenbar gewordene Wirklichkeit Gottes reflektierte. Gottes- und Weltwirklichkeit bilden eine Einheit in Christus; das ist der Neuansatz der „Ethik" 1940. Diese christologisch verstandene Wirklichkeit sprengte die Kategorien der Nachfolge-Ethik. Die Orientierung an der Rechtfertigung des Sünders erlaubte Bonhoeffer 1941 die positive Wertung des Widerstandes als konkrete Entscheidung gegen das Handeln des Staates. Diese Möglichkeit eröffnete er jedoch weder für den Christen noch für

---

[138] Bonhoeffer, Nach zehn Jahren, S. 25; vgl. aaO., S. 36, über den „Optimismus". Da Bonhoeffer in „Nach zehn Jahren" die theologischen Voraussetzungen seiner Antwort an W. v. Haeften offenlegt, scheint mir eine Datierung des Gesprächs in den März 1943 wahrscheinlicher als in den November 1942.

[139] D. Bonhoeffer, Das konkrete Gebot und die göttlichen Mandate, in: ders., Ethik, S. 404. Bereits Bethge, Bonhoeffer, S. 809, wies auf die Nähe zu Formulierungen von Bonhoeffers Gefängnisbriefen hin.

[140] Bonhoeffer, Nach zehn Jahren, S. 34.

die Kirche. Für diese hielt er daran fest, daß sie eine besondere, indirekt politische Aufgabe hat, die Bonhoeffer mit einer Wiederaufnahme von Luthers Unterscheidung der zwei Reiche reflektierte. Aber angesichts der zerstörenden Macht des Nichts kann das „Aufhaltende" in der Kirche den Bundesgenossen sehen. Erst 1942 bedachte er die Verantwortung des frei Handelnden als wirklichkeits- und christusgemäße Schuldübernahme, als „Grenzfall" wurde nun der Widerstand auch des Christen zum Thema. Indem Bonhoeffer die Rechtfertigungslehre aus der christologisch-ekklesiologischen Nachfolgeethik löste und radikal entfaltete, konnte er seine Teilnahme am Widerstand theologisch rechtfertigen.

Bonhoeffer entwickelte seine Theologie im Prozeß seiner Biographie, in Auseinandersetzung mit den sich verändernden Erfahrungen. Sein Pazifismus führte ihn in den Kreis des Widerstandes, aber erst das theologische Durchdenken der damit gegebenen Herausforderungen für den Mitwisser und die daraus folgende Veränderung seiner Theologie ließen ihn zum Mitglied der Konspiration werden. Wie er das Durchstehen dieses Grenzfalls als Gottes Aufgabe verstand, deutete er seine Inhaftierung nicht nur als Folge der Konspiration, sondern als Leiden um Christi Willen, ja als Gottes Gabe. „Und reichst Du uns den Kelch, den bittern des Leids, gefüllt bis an den höchsten Rand, so nehmen wir ihn dankbar ohne Zittern aus Deiner guten und geliebten Hand."[141] Diesen Vers vom Jahresende 1944 wird man auch als Deutung seines Todes verstehen dürfen, der wie die Haft im Zeichen des Gehorsams und des Martyriums stand.

Der vielfältigen Veränderung seines Denkens scheint auf den ersten Blick zu widersprechen, daß Bonhoeffer ältere Motive bei neuen Ansätzen wieder aufgreift und andere Gesichtspunkte kaum dem Wandel unterliegen. Im Zusammenhang der Frage nach Glaube und Widerstand ist ein Element der Kontinuität das Verhältnis von Kirche und Politik bzw. Obrigkeit. Die entsprechenden Äußerungen zwischen 1933 und 1943 lassen sich lesen als einen vielfach variierten Beitrag zur grundsätzlichen Unterscheidung, die für das Selbstverständnis der BK im Gefolge Luthers und Barths grundlegend war. Beide Felder sind zwar nicht zu trennen in gesonderte Bereiche, aber selbst im Falle der Bundesgenossenschaft von Kirche und Widerstand betonte Bonhoeffer die Differenz in Wesen und Handlungsweise. Die 1933 erwogene Möglichkeit eines kirchlichen Widerstandes wurde von ihm nie als gebotene Aufgabe verstanden. Ein politischer Widerstand der Kirche hätte deren christologischer Begründung widersprochen, die er bereits in seiner Dissertation

---

[141] Bonhoeffer, Widerstand und Ergebung, S. 608.

„Communio Sanctorum" erarbeitet hatte. Insofern zeigt seine Theologie, daß von der BK kein direkter Weg zum politischen Widerstand führte.[142]

Diskontinuität zeigt Bonhoeffers Nachdenken über Aufgaben und Möglichkeiten des einzelnen Christen, obwohl sich das Motiv von Bindung und Gehorsam durch alle Äußerungen hindurchzieht. Aber in der „Nachfolge" galt der Gehorsam dem die Situation bestimmenden Ruf Jesu Christi. Seine Eindeutigkeit ermöglicht zugleich die Befolgung, die Nachfolge. Diese Einheit von Gesetz und Evangelium trägt die Signatur des Kreuzes, so daß das Leiden das „Außerordentliche" der christlichen Ethik ist.[143] In der Begegnung mit den Mitgliedern der Konspiration, angefangen mit den Mitgliedern seiner Familie, und ihrem Einsatz des Lebens für eine gerechte Sache entdeckte Bonhoeffer, daß die Heiligung als „Absonderung von der Welt"[144] der von Gott bestimmten, in Christus realen und angenommenen Wirklichkeit nicht entspricht. Vom Mitwisser wurde er zum Mitverschworenen, indem er den Gehorsam nicht mehr auf das Gebot, sondern auf diese Wirklichkeit bezog. Damit erhielt der Gehorsam die Struktur der Verantwortung. Der einzelne Christ ist nicht mehr nur Glied der Jüngergemeinde, sondern steht in der Freiheit zur verantwortlichen Tat, also zur Schuldübernahme. Das Schuldigwerden des Täters ist die paradoxe Folge des Gehorsams. Darin besteht das entscheidende Wagnis des Widerstandes, der seine Rechtfertigung nur von Gottes Zuwendung erhoffen kann. Gesetz und Evangelium sind damit wieder im Sinne von Luthers Verständnis der Rechtfertigung des Sünders unterschieden. Darum war Bonhoeffer „nicht der Theologe des Widerstandes, er war Theologe im Widerstand."[145] Für ihn gab es keine Legitimation, aber das Wagnis des Widerstandes – in der Hoffnung des Glaubens.

---

[142] Dieser Befund wird gerade von Bonhoeffers Texten vom Sommer 1942 für den Beck-Goerdeler-Kreis bestätigt; vgl. Bonhoeffer, Entwurf einer Kanzelabkündigung (vgl. oben, Anm. 23), und Entwurf einer Neuordnung der Kirche nach „Beendigung des Kirchenkampfes", in: ders., Konspiration, S. 587-595. Der „Entwurf für eine kirchliche Verfassung nach dem Umsturz" von Friedrich Justus Perels, ebd., S. 596-600, ist in Abstimmung mit Bonhoeffer entstanden, nimmt aber im „Gesetz über die Freiheit des christlichen Glaubens" Goerdelers Intentionen auf: „Der Staat erklärt den christlichen Glauben für das wichtigste moralische und ethische Fundament seiner Ordnungen." Deshalb könnte der Text mit der Freiburger Denkschrift zusammenhängen.

[143] Vgl. Bonhoeffer, Nachfolge, S. 147ff.

[144] AaO., S. 277.

[145] Dramm, V-Mann, S. 240f.

Kapitel IV

Hans Bernd von Haeften
18.12.1905 – 15.8.1944

Von Anfang an lehnte Hans Bernd von Haeften das NS-Regime ab. Wie wenige im Widerstand theologisch gebildet, engagierte er sich mit dem befreundeten Dietrich Bonhoeffer im Kirchenkampf. Seine diplomatische Laufbahn führte ihn nach Kopenhagen, Wien und Bukarest, wo sich ihm neue kirchliche Perspektiven eröffneten. Nach der Rückkehr nach Berlin entstanden Kontakte zum Widerstand, seit 1941 beteiligte er sich an den Gesprächen des Kreisauer Kreises. Wie bei Bonhoeffer ist seine Teilnahme am Widerstand nicht als unmittelbare Folge seiner Beteiligung an der Bekennenden Kirche (BK) zu verstehen. Mit seiner Frau hatte Haeften bereits 1933 verabredet, in ihren Briefen nichts Politisches zu erörtern. Vielleicht fehlt auch deswegen eine Biographie.[1]

1. Elternhaus und Jugend

Die aus den Niederlanden stammende Familie[2] hat in mehreren Generationen preußische Offiziere gestellt; so wählte auch Hans von Haeften (1870–

---

[1] Vgl. Ger van Roon, Neuordnung im Widerstand, München 1967, S. 151–159; Wilhelm Ernst Winterhager, Der Kreisauer Kreis. Porträt einer Widerstandsgruppe, Berlin 1985, S. 32–35; ders., Biographische Zeittafel, in: Moltke-Almanach 1: Die Herkunft der Mitglieder des Kreisauer Kreises, Berlin 1984, S. 131ff.; Gerhard Ringshausen, Evangelische Kirche und Widerstand, in: Huberta Engel (Hg.), Deutscher Widerstand – Demokratie heute, Bonn 1992, S. 86–91; Klemens von Klemperer, Die verlassenen Verschwörer, Berlin 1994, S. 36–39; Barbara von Haeften, Aus unserem Leben 1944–1950, Privatdruck 1974; dies., „Nichts Schriftliches von Politik". Hans Bernd von Haeften. Ein Lebensbericht, München 1997; Biographisches Handbuch des deutschen Auswärtigen Dienstes 1871-1945, Bd. 2, bearb. von Gerhard Keiper/Martin Kröger, Paderborn 2005, S. 160f. Frau Barbara von Haeften (7.7.1908–1.4.2006) danke ich für Informationen und die Briefsammlung: Hans Bernd und Barbara von Haeften, Aus unseren Briefen 1931–1944 die Buchstabenfolge des Namens, der wie das Verb „haften" ausgesprochen wird; die Vorfahren haben mit Wilhelm von Oranien gegen die Spanier gekämpft; vgl. Haeften, Nichts Schriftliches, S. 10.

1937) die militärische Laufbahn.³ Sie führte ihn 1902 in die kriegsgeschichtliche Abteilung des Großen Generalstabs, wo er neben Truppenkommandos bis zum Krieg tätig war. Seit 1916 bekleidete er als Verbindungsoffizier der Obersten Heeresleitung beim Auswärtigen Amt und 1918 beim Reichskanzler Schlüsselfunktionen.⁴ 1917 wurde in der „Militärischen Abteilung A" des Auswärtigen Amtes Kurt Hahn sein politischer Mitarbeiter; sie wirkten eng mit Prinz Max von Baden zusammen, um ihm als Kanzler des parlamentarisch repräsentierten Kaiserreiches und damit einem Verständigungsfrieden den Weg zu bereiten.⁵ Nach Kriegsende blieben sie in Verbindung; Hahn gründete mit Prinz Max die Schule Schloß Salem, wo ihn später Hans Bernd von Haeften als Student besuchte.

1920 wurde Generalmajor Hans von Haeften Direktor der Forschungsabteilung und Vizepräsident des Reichsarchivs in Potsdam, 1931 dessen Präsident als Nachfolger von Hermann Merz von Quirnheim⁶. Beide waren wegen der „Grenzen der politischen Macht und der verbliebenen politischen Möglichkeiten Deutschlands"⁷ gegen den Nationalsozialismus. Weil Haeften am 31. Januar 1933 die auf dem Dienstgebäude aufgezogene Hakenkreuzfahne wieder entfernen ließ und er zunehmend Intrigen im Sinne des Regimes ausgesetzt war, ließ er sich Anfang 1934 beurlauben und schied am 31. März aus dem Dienst.

„Geistige Beweglichkeit" und „idealistische[r] Schwung" prägten Hans

---

3 Vgl. Ahnenliste, in: Moltke-Almanach, S. 133–138; Heinz Kraft, Haeften, v., in: NDB 7, S. 430f.

4 Vgl. Friedrich Meinecke, Hans v. Haeften. Gedächtnisrede, gehalten in der Preußischen Akademie der Wissenschaften am 30. Juni 1938, in: ders., Preußisch-deutsche Gestalten und Probleme, 2. Aufl. Leipzig 1940, S. 175–185; Hans v. Haeften †, in: Wissen und Wehr 18, 1937, S. 419-421. Aus seinen Erinnerungen (BAK, NL 35) hat Hans Bernd den Teil „Die Krise des Zweifrontenkrieges" überarbeitet, um sie als Warnung Hitlers vor dem Rußlandfeldzug herauszugeben, was aber verboten wurde; vgl. Haeften, Leben, S. 41.

5 Vgl. Prinz Max von Baden, Erinnerungen und Dokumente, Stuttgart 1927; gekürzte Neuausgabe hg. von Golo Mann und Andreas Burckhardt, Stuttgart 1968, s.v. Haeften; er war wie Hahn an der Abfassung des Werkes beteiligt; vgl. Golo Mann, Prinz Max von Baden und das Ende der Monarchie in Deutschland, in der Neuausgabe der Erinnerungen, S. 62.

6 Vgl. Helmut Otto, Das ehemalige Reichsarchiv. Streiflichter seiner Geschichte und der wissenschaftlichen Aufarbeitung des Ersten Weltkrieges, in: Bernhard R. Kroener (Hg.), Potsdam. Staat, Armee, Residenz in der preußisch-deutschen Militärgeschichte, Berlin 1993, S. 421–434.

7 Otto Korfes, Mitarbeiter im Reichsarchiv, 1962, zit.: Sigrid Wegner-Korfes, Weimar – Stalingrad – Berlin. Das Leben des deutschen Generals Otto Korfes, Berlin 1994, S. 63.

von Haeften, der nach dem Urteil des befreundeten Friedrich Meinecke „kein militärischer Spezialmensch"[8] war. „Letztlich empfand er als religiöser Mensch, als frommer und freier Christ."[9] Sein Sohn Hans Bernd betonte nach dem Tod am 9. Juni 1937 die „edle Ausgeglichenheit und Einheit von Glauben und Weltoffenheit, Zucht und Liebe"[10] und sah in ihm „das Ideal eines christlichen Ritters".

1903 hatte er Agnes von Brauchitsch geheiratet, eine Schwester des späteren Oberbefehlshabers des Heeres. Zwei Jahre nach Tochter Elisabeth wurde 1905 Hans in Charlottenburg geboren, 1908 folgte in Schwerin die Geburt von Werner, dem späteren Ordonnanzoffizier Stauffenbergs. Abgesehen von den Truppenkommandos des Vaters wuchsen die Geschwister in Berlin auf, entsprechend dem Lebenskreis der Eltern befreundet mit den Kindern aus höherem Bürgertum und Militär.[11] Zur Kindererziehung gehörte auch die erste religiöse Bildung durch die Mutter, die aus der Kinderbibel erzählte;[12] später besuchten die Kinder den Kindergottesdienst. Zusammen mit Dietrich Bonhoeffer und dessen Zwillingsschwester Sabine wurden Hans und seine Schwester Elisabeth im März 1921 in der Grunewaldkirche konfirmiert. Als Konfirmationsspruch erhielt er: „Wachet, stehet im Glauben, seid männlich und seid stark" (1Kor 16,13)[13]; dieses Wort wird ihn auch später in Glauben und Haltung bestimmen. Unbekannt ist, ob der Unterricht Hans mehr gefördert hat als den kritisch urteilenden Dietrich[14], der damals sein Freund wurde.

Wichtig waren für die heranwachsenden Kinder die häuslichen Gespräche. Die Tätigkeit des Vaters führte zu historisch-politischen Überlegungen, aber auch soziale Probleme wurden erörtert. Dem bürgerlichen Zuschnitt des Elternhauses entsprach das Interesse an der Literatur,

---

[8] Meinecke, Hans v. Haeften, S. 184.
[9] AaO., S. 185.
[10] H.B. v. Haeften an H. Krimm, 12.6.1937.
[11] Zu den Freunden von Hans Bernd und Werner gehörte in Wilmersdorf Harro Schulze-Boysen, dessen Großmutter die Schwester von Admiral Alfred von Tirpitz war; vgl. Hans Coppi, Harro Schulze-Boysen – Wege in den Widerstand, Koblenz 1993, S. 23.
[12] Auch für Hans Bernd dürften die Angaben seines Bruders zutreffen: Werner von Haeften, Mein Bildungsgang (1925). Für die Überlassung von Kopien des Restnachlasses danke ich Reinhild Gräfin von Hardenberg.
[13] Winterhager, Der Kreisauer Kreis, S. 32. Konfirmator war der nationalkonservative Pfarrer Hermann Priebe, der als gebildeter und kultivierter Geistlicher auch durch seine Veröffentlichungen bekannt war; vgl. Manfred Gailus, Protestantismus und Nationalsozialismus. Studien zur nationalsozialistischen Durchdringung des protestantischen Sozialmilieus in Berlin, Köln 2001, S. 359ff.
[14] Eberhard Bethge, Dietrich Bonhoeffer, 9. Aufl. Gütersloh 2005, S. 61.

besonders an den Klassikern. Während Werner das Kleist-Realgymnasium besuchte, erhielt Hans am angesehenen Bismarck-Gymnasium eine humanistische Bildung. In den letzten Schuljahren verband ihn eine enge Freundschaft mit Günther Hell,[15] der wie Kurt Hahn wegen der Judenverfolgung nach England emigrieren mußte.

Der Geist des Elternhauses prägte die Berufswahl. Elisabeth besuchte die Soziale Frauenschule, was damals für Frauen der gehobenen Schichten kein üblicher Weg war, sondern dem Interesse für die Lösung der sozialen Frage entsprach. Dafür gewann sie auch ihren jüngsten Bruder, so daß er nicht nach dem Wunsch des Vaters die Offizierslaufbahn in der Reichswehr wählte, sondern ab 1925 Jura studierte mit dem Ziel des Richterberufes. Hans absolvierte 1924 ein halbes Jahr den vom Vater gewünschten Militärdienst beim IR 9, der bei ihm, dem „geborenen Zivilisten", ein lange nachwirkendes Darmleiden zur Folge hatte.[16] Im Herbst 1924 begann er sein Jurastudium in Berlin und München; bei dieser Wahl leiteten ihn seine politischen Interessen, die sein väterlicher Freund Kurt Hahn unterstützte, der in Schloß Salem Platos Idee der Erziehung der Wächter zu verwirklichen suchte.

Auf Anregung seiner Schwester hörte Hans in Berlin neben juristischen Vorlesungen auch bei Friedrich Siegmund-Schultze[17], der 1911 in den Arbeitersiedlungen von Berlin-Ost die „Soziale Arbeitsgemeinschaft" (SAG) gegründet hatte. Mit vielen Initiativen wie dem „Weltbund für internationale Freundschaftsarbeit der Kirchen" trat er für Frieden und Völkerversöhnung in Deutschland und der sich bildenden Ökumene ein. Ab 1925 lehrte er an der Berliner Universität als Professor für Jugendkunde und Jugendwohlfahrt, bis er 1933 als Gegner der NSDAP ins Schweizer Exil gehen mußte. Sein Engagement fußte auf der durch kein Bekenntnis gebundenen Liebe zu Jesus Christus und den Nächsten und diente der Aufrichtung des Reiches Gottes.

Damit entsprach er der christlichen Gesinnung Hans Bernd von Haeftens und weckte sein Interesse für die Ökumene, das auch sein Vetter Gerrit teilte.[18] Aus dem Freundeskreis seines Vaters gehörten Reichsgerichtspräsident Walter Simons und Max von Baden zu den Förderern von

---

[15] Vgl. G. Hill (so sein anglisierter Name) an B. v. Haeften, 1.11.1946, in: Briefe, S. 191.

[16] Haeften, Nichts Schriftliches, S. 12.

[17] Vgl. mit weiteren Literaturhinweisen Stefan Grotefeld, Friedrich Siegmund-Schultze. Ein deutscher Ökumeniker und christlicher Pazifist, Gütersloh 1995.

[18] Dieser – nicht Hans Bernd – referierte beim Jugendlager des Weltbundes in Hardersleben (7.–12.8.1930); vgl. Ringshausen, Evangelische Kirche, S. 112, Anm. 79.

Siegmund-Schultze;[19] Großherzogin Luise stand seinen Friedensbemühungen aufgeschlossen gegenüber. Mit Vorträgen beteiligte sich Julius Curtius, der für die DVP ab Januar 1926 Wirtschaftsminister war und als Vertrauter Stresemanns nach dessen Tod am 3. Oktober 1929 das Außenministerium bis Oktober 1931 übernahm.[20] Seine Tochter Barbara heiratete Hans Bernd von Haeften am 2. September 1930. Aus der Ehe gingen zwei Söhne und drei Töchter hervor.

1928 legte er das juristische Referendarexamen in Berlin ab. Auf Anraten von Kurt Hahn ging er danach für ein Jahr als Stipendiat des DAAD an das Trinity-College in Cambridge.[21] Um sich auf die diplomatische Laufbahn vorzubereiten, wurde er 1930 Hilfsangestellter im deutschen Konsulat in Genf, anschließend bei der Deutschen Gesellschaft zum Studium Osteuropas in Berlin, wo er gleichzeitig an der Deutschen Hochschule für Politik studierte und Geschäftsführer des Freundeskreises wurde. Ab Herbst war er Sekretär der Stresemann-Stiftung und der Gesellschaft zum Studium Osteuropas. Im Januar 1931 nahm er an einer Internationalen Abrüstungskonferenz in Oxford teil, im April begleitete er den Juristen Erich Kaufmann zum Ständigen Internationalen Gerichtshof in Den Haag.[22] Da 1932 keine Aufnahme in den Auswärtigen Dienst erfolgte, begann er das Gerichtsreferendariat in Potsdam, Werder und Berlin. Mitte Januar 1933 traf er in Oxford bei einer deutsch-britischen Konferenz Adam von Trott zu Solz. Auf der Heimreise lud er ihn nach Berlin ein; „denn von unserer flüchtigen Bekanntschaft habe ich doch den Eindruck, daß eine gelegentliche ausführliche Unterhaltung sich lohnen würde"[23]. Er konnte nicht ahnen, daß daraus eine Freundschaft im Widerstand werden würde.

---

[19] Zum Verhältnis von Simons, Hahn und Haeften vgl. Horst Gründer, Walter Simons als Staatsmann, Jurist und Kirchenpolitiker, Neustadt a. d. Aisch 1975; zur Mitarbeit von Simons im Weltbund für Freundschaftsarbeit der Kirchen vgl. ders., Walter Simons, die Ökumene und der Evangelisch-Soziale Kongreß, Soest 1974.

[20] Vgl. Julius Curtius, Sechs Jahre Minister der deutschen Republik, Heidelberg 1948; Andreas Rödder, Stresemanns Erbe. Julius Curtius und die deutsche Außenpolitik 1929–1931, Paderborn 1996.

[21] Vgl. Haeften, Nichts Schriftliches, S. 13f.

[22] Vgl. H.B. v. Haeften an seine Frau, 16., 17., 18.4.1931. Zu Kaufmann vgl. Klaus Tanner, Die fromme Verstaatlichung des Gewissens (AkiZ.B 15), Göttingen 1989, bes. S. 43ff.

[23] H.B. v. Haeften an Trott, 16.1.1933 (Karte), zit. Winterhager, Kreisauer Kreis, S. 33.

2. Ablehnung des Regimes und Engagement im Kirchenkampf

Haeften ging in das Dritte Reich mit einer politischen Orientierung, die eine konservative Grundhaltung mit der scharfen Ablehnung des Nationalsozialismus verband. Besonders bestimmte ihn dabei sein väterlicher Freund Kurt Hahn, welcher der jungkonservativen Idee der Herrschaft einer sozial verantwortlichen Elite nahestand.[24] Die beiden Brüder Haeften hatten daneben Kontakte zu radikalen Konservativen wie dem mit Hans Bernd seit Kindertagen bekannten Harro Schulze-Boysen[25] oder dem Kreis um Carl von Jordan[26].

Hahn suchte Hitlers Aufstieg zu verhindern und drängte in Absprache mit Staatssekretär Erwin Planck[27] Papens Präsidialkabinett „der nationalen Konzentration" zum Handeln, während Julius Curtius auf die Standfestigkeit Hindenburgs setzte und Hitler erst beim Regieren scheitern lassen wollte; sein Schwiegervater „glaubt nicht an den Teufel"[28], meinte Haeften, der Hitlers „Mein Kampf" gelesen hatte. Als Hindenburg Hitler am 13. August 1932 nur die Vizekanzlerschaft anbot, schrieb Haeften seiner Frau begeistert, die Regierung habe sich Hahns letzter Denkschrift angeschlossen: „Der Bruch mit den Nazis ist vollzogen."[29] Angesichts der „politischen Krisen"[30] forderte er den autoritären Rechtsstaat und erwartete

---

[24] Golo Mann, Kurt Hahn als Politiker, in: Hermann Röhrs (Hg.), Bildung als Wagnis und Bewährung. Eine Darstellung des Lebenswerkes von Kurt Hahn, Heidelberg 1966, S. 28, nennt Hahns Verhältnis zur Weimarer Republik „ambivalent, aber mit dem schweren Gewicht der Verneinung". Vgl. Michael Knoll (Hg.), Kurt Hahn: Erziehung und die Krise der Demokratie, Stuttgart 1986, bes. Einführung, S. 7ff.; ders. (Hg.), Kurt Hahn: Reform mit Augenmaß. Ausgewählte Schriften eines Politikers und Pädagogen, Stuttgart 1998, S. 158–197.

[25] Vgl. Coppi, Harro Schulze-Boysen, S. 23, 56.

[26] Vgl. Klaus von der Groeben, Nikolaus Christof von Halem im Widerstand gegen das Dritte Reich, Wien-Köln 1990, S. 29. 61.

[27] Planck war ein enger Vertrauter von Kurt von Schleicher und schied nach der „Machtergreifung" 1933 auf eigenen Wunsch aus dem Amt. 1936 wurde er leitender Angestellter der Eisengroßhandlung von Otto Wolff. Ab 1939 stand der Freund von Popitz und General Georg Thomas in Verbindung mit Hassell und Goerdeler; am 23.7.1944 verhaftet, wurde er am 25.10. zum Tode verurteilt und am 23.1.1945 hingerichtet; vgl. Astrid von Pufendorf, Die Plancks. Eine Familie zwischen Patriotismus und Widerstand, Berlin 2006.

[28] Haeften, Leben, S. 74.

[29] H.B. v. Haeften an seine Frau, 13.8.1932.

[30] Vgl. Kurt Hahns Vortrag „Die staatsbürgerliche Erziehung und die politischen Krisen in Deutschland" (Teildruck in: Knoll, Hahn: Reform, S. 322ff). Dazu B. v. Haeften an ihren Mann, 4.3.1933: „Salem kann keine Kreaturen für einen faschisti-

freudig die „geharnischte Erklärung Hindenburgs [...] gegen das ‚System' der Parteien, gegen Nazis und Zentrum"[31]. Planck wollte für den „großen psychologischen Krieg" Haeften die Leitung der Pressestelle des Polizeipräsidenten anvertrauen, der seinem Vorgesetzten auch „Rauswürfe für Parteibuchbeamten vorzuschlagen" hätte.[32] Es kam nicht dazu, aber Hitlers Telegramm für die Mörder von Potempa vom 23. August 1932 zeigte Haeften endgültig die verbrecherische Natur Hitlers.[33]

Haeften sammelte die Akten über ihren Versuch einer Verhinderung Hitlers unter dem Motto: „Es müssen die Zeiten kommen, da die Edlen sich verschwören mit List, und die Nichtswürdigen in ihre Netze fallen."[34] Aber es kam gemäß dem zugrundeliegenden Goethe-Zitat: „Die Nichtswürdigen werden regieren mit List, und der Edle wird in ihre Netze fallen."[35] Von Anfang an beurteilten Haeften und Hahn die „Einrahmung" vom 30.1.1933 als Fehleinschätzung.[36] Die Amnestie politischer Mörder und die Judenpolitik kritisierte Haeften bereits kurz nach der Neuwahl des Reichstages: „Jede Rechtsbeugung und jeder Willkür- und Terrorakt verletzt die Ehre und Würde der Nation."[37] „Diesen Hitler mit seiner Räuberhauptmanns-Moral"[38] betrachtete er mit Abscheu. Im Mai 1933 „in einer Nacht voll Angst vor möglicher Verhaftung" vernichtete er zusammen mit seiner Frau alle politische Korrespondenz, und beide schworen sich, in

---

schen Staat erziehen, sondern erzieht für einen demokratischen (?) Rechtsstaat mit abgeänderter (*wie*: weißt Du) Weimarer Verfassung, dessen Muster im Kleinen die Schule selbst verkörpern will." Vgl. Ruprecht Poensgen, Die Schule Schloß Salem im Dritten Reich, in: VZG 44, 1996, S. 25-54, bes. 26-31.

[31] H.B. v. Haeften an seine Frau, 13.8.1932. 1930 meinte Kurt Hahn: „Der Parlamentarismus ist nicht mehr zu halten", und forderte „die Verschmelzung der Mittelparteien zu einer großen Partei"; Knoll, Hahn: Erziehung, S. 53.

[32] Vgl. Hahns Maxime: „Nur der saubere Staat kann säubern." Haeften wäre der Nachfolger des am 20.7.1932 entlassenen Theo Haubach geworden.

[33] Vgl. Hahns Rundschreiben vom 9.9.1932, in: Knoll, Hahn: Erziehung, S. 54.

[34] Haeften, Leben, S. 74.

[35] J.W. v. Goethe, Götz von Berlichingen, 5. Akt.

[36] Vgl. B. v. Haeften an ihren Mann, 8.3.1933. Allerdings hat sie am 5.3. „Deutschnational, d.h. Kampfbund Schwarzweißrot" gewählt (Brief vom 5.3.1933), obwohl sie bereits am 26.2. die „täglichen Morde" und die neuen Polizei-Erlasse beklagte: „Man sollte solche Parteikerle eben nicht an so verantwortungsvolle Stellen erst hinsetzen. [...] Ich würde ja lieber eine Regierung von Hahns und Deinen Plänen unterstützen!"

[37] H.B. v. Haeften an seine Frau, 17.3.1933.

[38] H.B. v. Haeften an Günter Hell, wohl Mai 1933, zit. in: Briefe, S. 15. Hahn schrieb am 23.11.1932 in einer Vorlage für Planck: „Hitlers Räubermoral", Knoll, Hahn: Reform, S. 182.

ihren Briefen nie mehr über Politik zu schreiben.[39]

Zu Haeftens politischer Einstellung gehörte sein christlicher Glaube, der durch Siegmund-Schultze eine soziale und ökumenische Orientierung erhalten hatte. Dessen „Primat der Tat" wich aber, als ab 1931 Haeftens Freundschaft mit Bonhoeffer an Intensität gewann; Haeften besuchte dessen Studentenabende und bekam Einblick in sein theologisches Denken. In seiner Wohnung traf er sich 1933 und 1935 mehrfach mit Bonhoeffer und dessen Freund Franz Hildebrandt, der seit 1934 als Entlastung für Martin Niemöller in Dahlem wirkte, aber 1937 als „nicht-arischer" Pfarrer nach England emigrieren mußte. Durch Bonhoeffer wurde Hans Bernd von Haeften bereits 1931 auf Martin Niemöller hingewiesen, so daß er ein Freund und wie sein Bruder Werner ein treuer Hörer der Predigten des dritten Pfarrers in Dahlem wurde, des ab 1933 weit über Berlin hinaus bekannten Führers der kirchlichen Opposition.

Früh sah Haeften das Kommen des Kirchenkampfes voraus, wobei sich kirchliches Engagement und politisches Urteil verbanden. Bei der Wahl am 23. Juli 1933 war Dahlem „die einzige Berliner Gemeinde mit 60 % Mehrheit der Liste ‚Evangelium und Kirche'"[40], was er dem Wirken Niemöllers zuschrieb. Insgesamt gewannen die Deutschen Christen (DC) in Deutschland etwa 70%. Haeften beurteilte die Situation ähnlich wie Bonhoeffer: „Die Separation wird nun wohl unvermeidlich werden."[41] Nach dem Verlust des kirchenpolitischen Kampfes mußte den DC die Bekenntnisfrage gestellt werden, die Bonhoeffer mit Wissen Haeftens in Bethel vorantrieb.[42] Entsprechend rechneten sich Hans Bernd und Barbara von Haeften von Anfang an zur „Evangelischen Bekenntnisgemeinde Berlin-Dahlem".[43]

Er selbst erweiterte sein theologisches Denken, indem er in der Bonner Studienausgabe Luthers Werke im Urtext las. „Ich glaube, das wird noch lange für uns eine Fundgrube sein. Vor allem die Schrift ‚Vom Abendmahl Christi, Bekenntnis' mußt Du auch mal lesen und ‚Von der Freiheit eines Christenmenschen' und die anderen", schrieb er seiner Frau, die ihm diese

---

[39] Vgl. Haeften, Leben, S. 7.
[40] H.B. v. Haeften an seine Frau, 26.7.1933. Vgl. Gailus, Protestantismus, S. 320.
[41] H.B. v. Haeften an seine Frau, 25.7.1933; vgl. Christine-Ruth Müller, Dietrich Bonhoeffers Kampf gegen die nationalsozialistische Verfolgung und Vernichtung der Juden, München 1990, S. 11f.
[42] Vgl. H.B. v. Haeften an seine Frau, 27.7.1933; Christine-Ruth Müller, Bekenntnis und Bekennen. Dietrich Bonhoeffer in Bethel (1933), München 1989.
[43] Die „Rote Karte" der Ev. Bekenntnisgemeinde Berlin-Dahlem ist vom 28.9.1934, in: Winterhager, Porträt, S. 34, wohl weil H.B. von Haeften ab April in Kopenhagen war. Zur Bekenntnisgemeinde Berlin-Dahlem vgl. Gailus, Protestantismus, S. 331f.

Ausgabe geschenkt hatte.⁴⁴ So erwarb er sich eine für einen „Laien" erstaunliche theologische Bildung, die ihm einen klaren Blick für die Lage der Kirche im Dritten Reich gab und sich in ökumenischen Gesprächen bewähren sollte.

Am 25. April 1933 erfüllte sich sein Wunsch, Attaché im Auswärtigen Amt (AA) zu werden.⁴⁵ Zur Ausbildung gehörte ein Arbeitsdienstlager in Ostpreußen, wo er unerwartet guten Kontakt zu jungen Arbeitslosen aus dem Ruhrgebiet fand.⁴⁶ Er vermittelte ihnen politische Informationen und hielt zwei Vorträge: „Europäische Pakte und Staatsverträge" und „Sicherheit und Abrüstung". „Die Jungen waren ziemlich angetan davon, haben ausgezeichnete Fragen gestellt", da „sie das substanzlose Geschwafel der Wahlreden gründlich satt haben". Während eines Krankenhausaufenthaltes dort erbat er sich als Lektüre zum Neuen Testament „die neuen Nummern der ‚Jungen Kirche'"⁴⁷, der Zeitschrift der Jungreformatoren.

Im Oktober erhielt er „die Nachricht über Bonhoeffers Entschluß, die Stelle in London anzunehmen"⁴⁸. Sein Weggang „ist wirklich sehr schmerzlich. Er ist in Berlin jetzt eigentlich unentbehrlicher Mittelpunkt. Aber andererseits wird ein längerer Aufenthalt drüben sehr heilsam für seine unmögliche Anschauung von dem Verhältnis Staat-Kirche sein; – und das kann später noch mal von entscheidender Wichtigkeit werden." Trotz der Beziehungen zu Niemöller, der 1934 Haeftens zweiten Sohn Dirk taufte, sah er die größere theologische Kompetenz bei Bonhoeffer. Aber dessen Betonung der Grenze zwischen Kirche und Staat⁴⁹ widersprach seiner Sicht. So hoffte er, daß sich Bonhoeffers Sicht durch die Begegnung mit der anglikanischen Staatskirche ändern würde. Früher als

---

⁴⁴ H.B. v. Haeften an seine Frau, 1.8.1933; vgl. Luthers Werke in Auswahl, hg. von Otto Clemen, 4 Bände, Berlin 1912–1913 (mehrere Nachdrucke).

⁴⁵ Empfohlen hatte ihn Prof. Viktor Bruns, der Leiter des Instituts für ausländisches öffentliches Recht und Völkerrecht in Berlin.

⁴⁶ Vgl. Briefe von H.B. v. Haeften an seine Frau, 15., 24.10.1933.

⁴⁷ H.B. v. Haeften an seine Frau, 12.10.1933.

⁴⁸ H.B. v. Haeften an seine Frau, 16.10.1933.

⁴⁹ Vgl. Gerhard Ringshausen, Die lutherische „Zweireichelehre" und der Widerstand im Dritten Reich, in: KZG 1, 1988, S. 215–244. Bonhoeffer sah im Londonaufenthalt auch eine Antwort auf seine „Isolierung" in der BK; vgl. seinen Brief an Karl Barth, 24.10.1933, in: Dietrich Bonhoeffer, London 1933–1935, hg. von Hans Goedeking u.a. (DBW 13), Gütersloh 1994, S. 13. Gerhard Leibholz, der Schwager Bonhoeffers, meinte im April 1944 auch im Blick auf Bonhoeffer, „daß unter dem Druck der jetzigen Ereignisse die Protestanten auf dem Kontinent die anglikanische Haltung der Politik gegenüber akzeptieren würden." Eberhard Bethge/Ronald C.D. Jasper (Hg), An der Schwelle zum gespaltenen Europa. Der Briefwechsel zwischen George Bell und Gerhard Leibholz (1939–1951), Stuttgart-Berlin 1974, S. 146.

andere erwartete Haeften direkte Auseinandersetzungen zwischen Kirche und Staat.

Während die kirchliche Opposition der Bekenntnissynode in Barmen (29.-31.5.1934) entgegenging, wurde er am 1. April Kulturattaché in Kopenhagen. Er fand guten Kontakt zu Pastor Görnandt, der sich in Potsdam als Mitglied der Jungreformatorischen Bewegung und Mitherausgeber der Zeitschrift „Junge Kirche" engagiert hatte. Der sehr beliebte Superintendent galt aber wegen seiner jüdischen Frau als nicht mehr tragbar, so daß er durch die Hilfe der Kronprinzessin an die Deutsche Gemeinde in Kopenhagen gekommen war. Anfang August 1934 besuchte Bonhoeffer auf der Reise nach Fanø zur Jugendkonferenz von „Weltbund" und „Weltrat für Praktisches Christentum" (Life and Work) seinen „sehr guten Freund" Haeften in Kopenhagen.[50] Ob er auch über seinen Tagungsbeitrag sprach, ist unbekannt; beide waren sich aber einig, daß „über unsere Stellung zum Staat [...] ganz ehrlich geredet werden"[51] muß, weil „die Entscheidung vor der Tür steht: Nationalsozialist *oder* Christ".

Obwohl Haeften in Kopenhagen ein Angebot für den eigentlich gesperrten Eintritt in die NSDAP ablehnte, konnte er am 5. Juli 1935 die diplomatisch-konsularische Prüfung ablegen. Bis zur neuen Verwendung im Ausland arbeitete er im AA in Berlin, so daß die Kontakte zu Bonhoeffer und Hildebrandt wieder intensiviert werden konnten. Bonhoeffer besuchte ihn Ende November in der Wilhelmstraße[52] und besprach mit ihm das zu errichtende ökumenische Amt der BK. Als Ergebnis schrieb er im Juni 1935 an Präses Koch, Haeften sei „sehr für diese Sache interessiert und bereit, viel Zeit dafür herzugeben, ganz bei uns"[53].

Im Sommer 1935 bestätigte Haeften das „ganz bei uns" durch seine heftige Kritik an Hans Asmussen, der die „Sammlung unter dem Wort"[54] der volkskirchlichen Restauration in den „intakten" Landeskirchen gegenüberstellte. Es müsse „endlich einmal Schluß gemacht" werden, „versteckt oder offen in die staatlichen Belange einzugreifen. [...] Der uns gebotene Gehorsam verbietet uns, das Volk anders zu wollen, als Staat und Partei es

---

[50] Dietrich Bonhoeffer an Bischof Ammundsen, 8.8.1934, in Bonhoeffer, London, S. 180. Vermutlich gab die Reise nach oder von Fanø auch Siegmund-Schultze Gelegenheit zum Besuch Haeftens; vgl. Grotefeld, Siegmund-Schultze, S. 327, Anm. 142.

[51] Bonhoeffer, London, S. 179.

[52] Vgl. Bethge, Bonhoeffer, S. 463.

[53] Dietrich Bonhoeffer an Präses Koch, 4.6.1935, in: ders., Illegale Theologenausbildung: Finkenwalde 1935–1937, hg. von Otto Dudzus/Jürgen Henkys (DBW 14), Gütersloh 1996, S. 226.

[54] Hans Asmussen, Grundsätzliche Erwägungen zur Volkskirche, in: JK 3, 1935, S. 293.

wollen."⁵⁵ Diese Einschätzung konnte Haeften nur als Ausdruck einer „erdachten und überkünstelten Dogmatik" ablehnen; er veranlaßte Hildebrandt zum Abrücken von Asmussen.⁵⁶ Seiner Frau und auch ihm entsprach eher, daß Niemöller die „Verantwortung der Christlichen Gemeinde innerhalb des Volkes"⁵⁷ nach den 10 Geboten betont und nicht vergißt, „daß man u.U.,Gott mehr gehorchen muß als den Menschen'."⁵⁸

3. Neue Orientierungen in Wien

Ende Oktober 1935 wurde Haeften Kulturattaché der Gesandtschaft in Wien, die Franz von Papen leitete. In Berlin brachte der am 16. Juli berufene Reichsminister für kirchliche Angelegenheiten, Hanns Kerrl, durch die Kirchenausschüsse die BK in die Gefahr der Spaltung. Deshalb betrachtete Barbara von Haeften die „intakten Kirchen" als „das Verhängnis für die ,Bekennende Kirche'."⁵⁹ Als viele „auf die Seite der Ausschüsse" wechselten, schrieb sie ihrem Mann: „Jetzt muß doch die entscheidende religiöse Frage gestellt werden, z.B. neues Bekenntnis begründet werden oder irgendwelche genauen Richtlinien oder Fragen aufgestellt werden, von deren Beantwortung die Trennung abhängt."⁶⁰ Deshalb wünschte sie, er könnte „hier helfen und mit B. [Bonhoeffer] und Martin [Niemöller] gemeinsam beraten". Seiner Frau stimmte er grundsätzlich zu. „Am besten wäre es wohl, wenn Dietrich [Bonhoeffer] und Kurt [Scharf] sich mal zusammensetzen und Martin dann die Entscheidung bei der Schlußredaktion gäbe."⁶¹ Für die „Stellung unausweichlicher Fragen" schien ihm Niemöller besonders geeignet. „Hoffentlich merken dann die anderen nachträglich doch – wie schon etliche Male –, daß N[iemöller] auf dem richtigen Wege ist und schließen sich ihm dann wieder an."

Von Österreich aus verfolgte er die Berliner Ereignisse und dann den Niemöller-Prozeß⁶², aber in Wien fehlte ihm „die Atmosphäre der großen

---

⁵⁵ AaO., S. 292. Vgl. dazu auch Gerhard Besier, Die Auseinandersetzung zwischen Karl Barth und Hans Asmussen, in: ders., Die evangelische Kirche in den Umbrüchen des 20. Jahrhunderts, Bd. 1, Neukirchen 1994, S. 121-142.
⁵⁶ Im Brief vom 13.1.1936 erinnert Haeften seine Frau an den Streit „im Sommer"; vgl. B. v. Haften an ihren Mann, 12.12.1935.
⁵⁷ B. v. Haeften an ihren Mann, 20.11.1935.
⁵⁸ B. v. Haeften an ihren Mann, 12.12.1935.
⁵⁹ B. v. Haeften an ihren Mann, 12.11.1935.
⁶⁰ B. v. Haeften an ihren Mann, 15.1.1936.
⁶¹ H.B. v. Haeften an seine Frau, 18.1.1936.
⁶² Vgl. H.B. v. Haeften an seine Frau, 13.1.1936 und 12.1.1938.

Auseinandersetzung und säkularen Entscheidung, die in Dahlem als einem Brennpunkt des Kampfes jede Predigt durchdringt."[63] Bei Kollegen wie dem befreundeten Gottfried von Nostitz merkte er aber, „wie die Religionsfragen überall jetzt in den Mittelpunkt rücken."[64]

Für Haeften bedeutete Wien auch ein Ort der Sicherheit „wegen der vielen Bösewichte"[65] im Reich, aber fast wäre ihm zum Verhängnis geworden, daß er Anfang 1936 einen „Augiasstall" entdeckte, den zu reinigen „eine zeitraubende und gefährliche Arbeit" war.[66] Es wurde ein „schwarzer Punkt" in seiner Personalakte, daß er einen Träger des Goldenen Parteiabzeichens mit persönlichem Zutritt zu Hitler als Betrüger entlarvte. Obwohl der Chef der Führer-Kanzlei tobte, wurde Pg. Beer nach langen Verhandlungen aus der Partei ausgeschlossen und aus Wien entfernt. Aber auch Haeften schien nicht mehr tragbar; „der Haeften wird's bezahlen müssen, wenn ihr ihn nicht sofort aus Wien wegnehmt."[67] Dazu kam es aber nicht. Vielmehr erhielt er nach seiner Wiener Zeit „das Ritterkreuz I. Klasse des Österreichischen Verdienstordens, ein in Gold gefaßtes Kruckenkreuz"[68], das Österreich von 1922 bis zum Anschluß verlieh.

Für Haeftens Entwicklung wurde die Begegnung mit Herbert Krimm (6.11.1905–21.1.2002) sehr wichtig, dem zweiten Pfarrer (Personalvikar) der Dorotheerkirche der Evangelischen Kirche A.B., Dorotheergasse 13. Zunächst schienen ihm seine Predigten „weder Bonhoeffer, noch Niemöller, noch Hildebrandt"[69] gleich zu kommen, aber bald entstand eine Freundschaft und ein Austausch über theologische Fragen. Ab 1936 führten Briefe das Gespräch weiter, während Krimm beim Gustav-Adolf-Werk in Leipzig war und sich an der dortigen Universität habilitierte; ab 1942 war er als Militärpfarrer eingesetzt.

Krimm erschloß Haeften die Berneuchener Bewegung und die daraus 1931 entstandene Evangelische Michaelsbruderschaft.[70] Bald stimmte

---

[63] H.B. v. Haeften an seine Frau, 1.1.1936. Vgl. Ulrich Trinks, Reaktionen in der Ev. Kirche in Österreich auf Barmen 1934 und den Kirchenkampf im Deutschen Reich, in: Widerstehen. Die Kirche im politischen Spannungsfeld, Wien 1985, S. 27–57.
[64] H.B. v. Haeften an seine Frau, 9.1.1936. Zu Nostitz vgl. Detlef Graf von Schwerin, „Dann sind's die besten, die man henkt" Die junge Generation im deutschen Widerstand, München 1991, Register s.v.
[65] H.B. v. Haeften an seine Frau, 12.1.1936.
[66] H.B. v. Haeften an seine Frau, 9.1.1936; vgl. Briefe vom 10., 19.1., 2.2.1936.
[67] H.B. v. Haeften an seine Frau, 17.10.1936; vgl. 11.12., 11.1.1937.
[68] Überreicht am 12.2.1938; H.B. v. Haeften an H. Krimm, 27.2.1938.
[69] H.B. v. Haeften an seine Frau, 15.12.1935.
[70] Vgl. Hans Carl von Haebler, Geschichte der Evangelischen Michaelsbruderschaft von ihren Anfängen bis zum Generalkonvent 1967, Marburg 1975.

Haeften deren Gründer, Karl Bernhard Ritter, zu, „daß es auf die Leibwerdung der ‚Lehre', auf die Gestaltwerdung in den Menschen und in der Kirche ankommt."[71] Damit vollzog Haeften eine Wendung zur Liturgie, die sich gleichzeitig auch innerhalb der BK besonders bei Hans Asmussen und Martin Niemöller beobachten ließ.[72] Aber Anfang 1937 kritisierte er die „völlig schiefe Frontstellung" Ritters gegenüber der BK, weil zu „diesem Neuwerden eines echten Lebens der Kirche [...] eben auch [gehört], daß die Kirche sich öffentlich zu Christus bekennt, daß sie ‚Kirche' bleiben und sich nicht zu einer Sekte oder einem Konventikel oder einem Museum verkümmern lassen will [...]. Gewiß muß mit dem ‚Bekennen' pari passu die innere reformatio gehen, die ganz und gar unerläßlich ist, und wovon Ritter und Stählin sicher mehr verstehen als die ‚B.K.'."[73] Haeften nahm im gleichen Jahr am Michaelsfest in Neuendettelsau teil und schrieb „sehr beeindruckt"[74] an Krimm: „Mir ist dabei klar geworden, daß ein erneuerter Gottesdienst, der die zur Gemeinde versammelten Menschen unmittelbar die Wirklichkeit Gottes erfahren läßt, die Wurzel für ein erneuertes Leben der Kirche sein muß und daß kein noch so gesicherter ‚Text' diesen lebendigen Quell aus der Tiefe ersetzen kann." Daß er dort auch Theodor Steltzer traf, sollte im Kreisauer Kreis wichtig werden.[75]

Aus dienstlichen Kontakten ergab sich in Wien die Freundschaft mit Wilhelm Wolf, Ministerialrat im Kultusministerium und kurz vor dem Anschluß im Kabinett Seyß-Inquart österreichischer Außenminister. Daß er zur Gruppe der Katholisch-Nationalen gehörte, die in Verbindung zu den Nationalsozialisten standen, irritierte Haeften nicht, vielmehr schrieb er nach Wolfs Tod im Sommer 1939: „Weil er als Deutscher geboren war, wurde er zum Vorkämpfer der deutschen Einheit, die er schließlich siegreich miterrang. Aber weil er christlich getauft war, sah er weiter und wußte um die höhere Bestimmung seines Volkes: in seiner deutschen Art ‚Volk Gottes' zu werden, zur Heiligung durch Ihn das Volk zu erhalten."[76]

Intensive Gespräche führte er mit katholischen Intellektuellen der

---

[71] H.B. v. Haeften an H. Krimm, 27.1.1937.
[72] In der BK hat Thomas Breit bereits 1937 eine Tendenz zur Liturgisierung erkannt, die später deutlicher wurde; vgl. Besier, Kirchen, S. 572; ders., Kirche der altpreußischen Union unter ideologischem und politischem Druck des nationalsozialistischen Staates (1937-1939), in: ders./Eckhard Lessing (Hg.), Die Geschichte der Evangelischen Kirche der Union, Bd. 3, Leipzig 1999, S. 437f.
[73] H.B. v. Haeften an H. Krimm, 27.1.1937.
[74] H.B. v. Haeften an H. Krimm, 5.11.1937; vgl. Brief an seine Frau, 16.10.1937.
[75] Konrad Möckel hatte hier seine entscheidende Begegnung mit der Michaelsbruderschaft; vgl. Haebler, Geschichte, S. 202.
[76] H.B. v. Haeften an Wolfs Witwe; Anlage zu seinem Brief an H. Krimm, 29.9.1939.

Jugendbewegung „Neuland"; zum Freund wurde der Journalist Anton Böhm (1904-1998).[77] „Später trugen ihm diese ökumenischen Beziehungen bei den Parteileuten den bemerkenswerten Belastungspunkt ein: er gehörte zur ‚Katholischen Aktion' und sei ‚ein Niemöller-Mann' in der ‚Bekenntnisfront'", wie sie die BK nannten.[78] 1936/37 waren Kontakte zu Katholiken für Mitglieder der BK – anders als für die ökumenisch orientierte Michaelsbruderschaft – eher ungewöhnlich.

Haeften verließ im November 1937 Wien, bevor Hitler am 13. März 1938 den Anschluß Österreichs an das Reich erzwang, was ihn sehr bewegte. Zu der Zerschlagung der Rest-Tschechei und der Bildung des Protektorates Böhmen und Mähren meinte er: „Die Landkarte Europas ist nun wieder einmal verändert worden, kaum zum letzten Mal."[79] Er sah darin ein „Präludium", das „ideologisch von großer Tragweite" sei als „Übergang vom nur völkischen zum Ordnungsprinzip. Die politische Auswirkung dieses Schrittes in der Zukunft, gerade auch in Richtung der Imponderabilia, ist kaum abzusehen." Damit umschrieb er den kommenden Krieg.

4. In Bukarest

Der Wechsel von Wien nach Bukarest war „sehr schmerzlich"[80], zumal er der „einzige Nicht-Pg."[81] in der Gesandtschaft war. Rumänien erschien ihm „völlig unkultiviert", wenn auch „mit dem Reiz des Exotischen". Aber „in den deutschen Siedlungsgebieten ist plötzlich alles ordentlich und entwickelt, richtige Dörfer wie bei uns." So bildete Haeftens Aufgabe: „Kultur und Minderheiten", eine Einheit. Dabei sollte er jedoch bald erkennen, daß hinter dem schönen Bild eine Fülle von Spannungen und Verwerfungen das politische und kirchliche Leben der Volksgruppe bestimmte.[82]

---

[77] Böhm war 1928-41 Redakteur der katholischen Wochenzeitschrift „Schönere Zukunft" und ab 1938 kommissarischer Leiter der Wiener „Reichspost". Zu seiner Einstellung vgl. Anton Böhm, Geist und Erscheinung des österreichischen Katholizismus, in: Volksdeutscher Arbeitskreis österreichischer Katholiken (Hg.), Katholischer Glaube und deutsches Volkstum in Österreich, Salzburg 1933, S. 41-73.

[78] Haeften, Nichts Schriftliches, S. 22f. Vgl. B. v. Haeften an K. v. Klemperer, 3.3.1978; H.B. v. Haeften an seine Frau, 12.8. 1940.

[79] H.B. v. Haeften an H. Krimm, 15.3.1939.

[80] H.B. v. Haeften an H. Krimm, 20.12.1937.

[81] H.B. v. Haeften an seine Frau, 20.11.1937.

[82] Vgl. zuletzt Ulrich Andreas Wien, Friedrich Müller-Langenthal. Leben und Dienst in der evangelischen Kirche in Rumänien im 20. Jahrhundert, Sibiu 2002, S. 61ff.

Die „Volksgemeinschaften" der Siebenbürger Sachsen, Banater Schwaben und Deutschen der Bukowina, Bessarabiens und der Dobrudscha gehörten zum „Verband der Deutschen Großrumäniens" und wurden politisch durch die Deutsche Partei vertreten.[83] Eine traditionelle Vorrangstellung hatten die Evangelischen Siebenbürgens, denen Haeftens besonderes Interesse galt; ihre Städte und Trachten begeisterten ihn.[84] Aber nach dem Ersten Weltkrieg waren Veränderungen eingetreten, so daß die „Machtergreifung" der NSDAP in Deutschland auf große Zustimmung stieß. Seit Ende der 20er Jahre war die nationalsozialistische Bewegung durch Parallel- und Verdrängungsstrukturen in traditionell kirchliche Arbeitsfelder eingedrungen und gewann im November 1933 die Mehrheit im Deutschsächsischen Volksrat, dem ethnischen Repräsentativorgan.

Bischof Viktor Glondys hatte im Oktober 1933 angesichts dieser Entwicklung „von der friedlichen Durchdringung unseres Volkes mit den völkisch-sittlichen Kräften der Erneuerungsbewegung unter Vermeidung unnötiger staatspolitischer Belastung und wirtschaftlicher Gefährdung"[85] gesprochen. Damit erkannte auch die Kirche wie die anderen sächsischen Parteien den deutschen Nationalsozialismus als vorbildlich an, allerdings mit einigen – für die Führer der Erneuerungsbewegung unannehmbaren – Einschränkungen. Ab 1936 ließ jedoch die Kirche eine zunehmende Konzessionsbereitschaft und „ein kooperatives Zurückweichen vor den Machtansprüchen der nationalsozialistischen Führungsriege"[86] in der „Volksgemeinschaft der Deutschen in Rumänien" erkennen, um zunächst die radikalere „Deutsche Volkspartei in Rumänien" auszuschalten. „Die unterschiedlichen Gruppen und Konfliktparteien im politischen Kleinkrieg dieser Jahre bis 1938" spalteten und schwächten Kirche und Volksgruppe, fanden jedoch „in wechselnden Partnern reichsdeutscher Institutionen Rückhalt und Resonanz."[87]

Haeften klagte in den ersten Briefen aus Bukarest, daß die „Parteiungen

---

[83] Zu Geschichte und Prägung vgl. Wolfgang Miege, Das Dritte Reich und die Deutsche Volksgruppe in Rumänien 1933–1938, Frankfurt/M. 1972, S. 20ff.
[84] Vgl. Briefe von H.B. v. Haeften an seine Frau, 27., 29.11.1937 und 22.1.1938.
[85] Zit. Wien, Friedrich Müller-Langenthal, S. 72.
[86] Wien, Friedrich Müller-Langenthal, S. 78. Vgl. Miege, Drittes Reich, S. 219ff.; Ludwig Binder, Die Kirche der Siebenbürger Sachsen, Erlangen 1982; ders., Die Evangelische Landeskirche A.B. in Rumänien 1920–1944, in: Siebenbürgen zwischen den beiden Weltkriegen, Köln 1994, S. 237–262.
[87] Wien, Friedrich Müller-Langenthal, S. 73. Vgl. Miege, Drittes Reich, Teil II; Karl M. Reinerth, Zu den Ereignissen bis 1945 aus einer siebenbürgischen Sicht, in: ders./Fritz Closs, Zur Geschichte der Deutschen in Rumänien 1935–1945, Bad Tölz 1988, S. 1ff.

leider schlimm"[88] seien und Rosenberg „die Leute mächtig beunruhigt und kopfscheu macht."[89] Haeften hatte die durch den Streit geschwächte Minderheit bei den wenig freundlich gesinnten Rumänen zu unterstützen. Gefahr drohte dabei auch vom deutschen Gesandten Wilhelm Fabricius, der die Eingliederung des „Volksbundes für das Deutschtum im Ausland" (VDA) in die Parteiorganisation befürwortete, „weil dadurch seine Lage gegenüber der AO [Auslandsorganisation der Partei] erleichtert würde"[90], aber für die Betroffenen wären „die Folgen desaströs".

Einen Partner fand Haeften in Konrad Möckel; auf den Stadtpfarrer an der Schwarzen Kirche von Kronstadt hatte ihn Krimm hingewiesen. Möckel trat für eine kirchliche Stellungnahme zur Politik ein,[91] betonte aber die Grenze: „Wo man [...] politische Interessen in den Raum der Kirche herübernimmt, da hat man die Kirche verraten und die geschichtliche Auseinandersetzung vergiftet."[92] Nach dem ersten Treffen am 24. Januar 1938 urteilte Haeften: „Er ist ein bedeutender Mensch und hat von allen, die ich bisher gesehen habe, bei weitem das klarste Urteil und die hellste Einsicht."[93] Haeften hoffte, „mit ihm ständig in Fühlung zu bleiben, sowohl des Menschen wie der gemeinsamen Sache wegen."[94]

Die Übereinstimmung entsprach den gemeinsamen Interessen an kirchlicher Erneuerung im Sinne der Berneuchener und an der ökumenischen Bewegung; Möckel hatte an der Weltkonferenz für Praktisches Christentum in Oxford 1937 teilgenommen und die Solidaritätsadresse für die BK unterstützt, was Glondys kritisierte.[95] In der gleichen Zeit begann die Einführungsphase für den Aufbau eines Konventes der Michaelsbruderschaft, den Möckel mit fünf Brüdern 1942 in Gegenwart von Karl Bernhard Ritter

---

[88] Vgl. H.B. v. Haeften an H. Krimm, 20.12.1937.
[89] H.B. v. Haeften an seine Frau, 24.1.1938; vgl. Miege, Drittes Reich, S. 251ff.
[90] H.B. v. Haeften an seine Frau, 22.11.1937; vgl. Miege, Drittes Reich, S. 230f.
[91] Vgl. Reinerth, Zu den Ereignissen, S. 34f.
[92] Konrad Möckel, Die Kirche als Burg, in: Wilhelm Stählin (Hg.), Vom heiligen Kampf, Kassel 1938, S. 67.
[93] H.B. v. Haeften an seine Frau, 24.1.1938.
[94] H.B. v. Haeften an H. Krimm, 24.1.1938.
[95] Vgl. Ludwig Binder, Zwischen Irrtum und Wahrheit. Konrad Möckel und die Siebenbürger Sachsen, München o.J., S. 39ff.; Wien, Friedrich Müller-Langenthal, S. 135. In der Eröffnungsansprache zur 36. Landeskirchenversammlung der siebenbürgisch-sächsischen Landeskirche A.B. betonte Glondys 1938 seine „bekannte ablehnende Haltung": „Wir können das Wort von der verfolgten Kirche nicht mitsprechen," weil sie für die Besoldung der Geistlichen „namhafte Beträge aus öffentlichen Mitteln zur Verfügung gestellt" bekomme (Ausschnitt in: AA PA, 134, XA5, Bd. 2, Anl. 2).

offiziell gründete.⁹⁶ Möckel überzeugte mit seiner „rechten Gesinnung des Herzens"⁹⁷. So schien er Haeften später „der einzige Mensch in diesem Lande, mit dem man anders als nur ‚diplomatisch' reden kann"⁹⁸, „während wir sonst ja fast nur unter Attrappen, Larven und Masken leben"⁹⁹. Möckel seinerseits schätzte an Haeften, daß er „mit so viel juristischer und staatsmännischer Begabung eine so tiefe und großzügige Menschen- und Gottesliebe verband."¹⁰⁰ Dieser emphatischen Äußerung entspricht sein Urteil, daß Haeften „in der nur kurzen Zeit seines Dienstes in Rumänien unser guter Engel" wurde.

Im Februar 1938 errichtete König Carol II. seine Diktatur in Rumänien und verbot die Parteien, so daß die Siebenbürger ohne politische Vertretung waren, während die Nationale Arbeitsfront als Tarnorganisation der verbotenen Partei alle Nationalsozialisten vereinigte. Gleichzeitig bereitete Bischof Viktor Glondys eine Einigung mit Helmut Wolff vor, dem Gauobmann der „Völkischen Erneuerungsbewegung". Die Absprache über ihre „angemessene Beteiligung"¹⁰¹ im ab Januar 1939 amtierenden Landeskonsistorium bedeutete einen entscheidenden kirchenpolitischen Wechsel, zumal die Nationalsozialisten Anfang Juli 1938 bei der Wahl zur 36. Landeskirchenversammlung mit 16 von 23 Stimmen die Mehrheit gewannen. Für Glondys ging mit der Einigung „ein langgehegter Wunsch"¹⁰² in Erfüllung, aber das entsprach mehr „seinem lebhaften Geltungsbedürfnis"¹⁰³ als dem Ziel, „daß unsere kirchliche Verkündigung unangetastet bleibe und vertieft werde."¹⁰⁴

Glondys begründete das Zusammengehen in seiner Eröffnungsrede der Kirchenversammlung damit, daß die Folgen einer kirchenpolitischen Annäherung an die BK oder an die DC „geradezu verheerend" wären.¹⁰⁵ „Es gab da nur einen klaren Weg, Wahrung der Eigenständigkeit der Kirche und Anerkennung und möglichste Fruchtbarmachung der großen positiven

---

⁹⁶ Vgl. Binder, Möckel, S. 48f.; Wien, Friedrich Müller-Langenthal, S. 66.
⁹⁷ H.B. v. Haeften an H. Krimm, 24.1.1938.
⁹⁸ H.B. v. Haeften an seine Frau, Ostermontag 1938.
⁹⁹ H.B. v. Haeften an H. Krimm, 1.3.1940.
¹⁰⁰ Konrad Möckel, Erinnerungen an Hans Bernd von Haeften, in: Haeften, Nichts Schriftliches, S. 94.
¹⁰¹ Deutsches Konsulat Kronstadt an AA, Berlin, Bericht über 36. Landeskirchenversammlung der siebenbürgisch-sächsischen Landeskirche A.B., 21.7.1938 (AA PA, 134, XA5, Bd. 2).
¹⁰² Zit. Wien, Friedrich Müller-Langenthal, S. 149.
¹⁰³ Deutsches Konsulat Kronstadt an AA, Bericht.
¹⁰⁴ Zit. Wien, Friedrich Müller-Langenthal, S. 150.
¹⁰⁵ Rede von Bischof Glondys zur 36. Landeskirchenversammlung.

Tatsachen" der NS-Bewegung. „Diese Lösung muß als ein gewaltiger Schritt zur Verwirklichung der christlichen Bruderliebe eines praktischen und in diesem Sinne wirklich positiven Christentums gewertet werden." Haeften hatte bereits Anfang 1938 „die allerschwersten Bedenken"[106] gegenüber diesem Kurs von Glondys und kommentierte seinen Ausgleich von christlichem Glauben und Weltanschauung als Versuch, „den Mythos in das christliche Dogma [zu] inkorporieren"[107]. Die Verbindung von Kirche und NS-Bewegung wurde entgegen den Beteuerungen von Glondys „weithin als die Einleitung einer DC-Ära gedeutet. Kommt sie, so kommt natürlich sofort die B.K.-Richtung. Und dann haben wir den ganzen Krach da, sowohl in der Kirche als zwischen Kirche und Volksführung." Zu der innerkirchlichen Auseinandersetzung käme nämlich in Siebenbürgen mit seiner „spezifische[n], historisch gewachsene[n] Identität von Kirche und Volkstum" deren Gegeneinander, nicht wie in Deutschland ein Kampf zwischen Kirche und Staatsmacht.[108] „Nicht nur 800 Jahre Geschichte, sondern die ganze Zukunft kann drüber zu Bruch gehen." Deshalb wünschte Haeften keine Verschärfung der Fronten in Siebenbürgen, sondern setzte sich für eine Rettung der volkskirchlichen Prägung ein. Aber bald war nicht mehr zu übersehen, „in welch aufregender Weise es in der Siebenbürgischen Kirche zu gären begonnen hat"[109]. Dabei hatte Haeften zunächst den Eindruck gehabt, „daß man hier schon von Kindesbeinen an unvergleichlich viel mehr über das Verhältnis von Kirche-Staat-Volkstum (also das Oxforder Thema) weiß als bei uns nach lebenslangem Studium."[110]

Diese Äußerungen lassen bei Haeften im Vergleich zu seinem Einsatz in der BK neue Akzente erkennen. Noch in Wien betonte er wegen der Klarheit des Glaubens die Notwendigkeit der Scheidung; nun kämpfte er für die Verbindung von Volkstum und Kirche. Entsprechend würdigte er 1939 bei seinem Wiener Freund Wolf die Orientierung an der „höhere[n]

---

[106] H.B. v. Haeften an H. Krimm, 24.1.1938.
[107] H.B. v. Haeften an H. Krimm, 27.2.1938. Den Ansatz dazu hatte Glondys bereits 1933 formuliert; vgl. Binder. Landeskirche, S. 255.
[108] Vgl. Gerhard Möckel, Hat es in Siebenbürgen einen „Kirchenkampf" gegeben?, in: ZUGÄNGE. Forum des Evangelischen Freundeskreises Siebenbürgen, Heft 17, 1995, S. 59–74.
[109] H.B. v. Haeften an H. Krimm, 13.8.1938.
[110] H.B. v. Haeften an H. Krimm, 24.1.1938; die Weltkirchenkonferenz (Faith and Order) im Juli 1938 in Oxford hatte das Thema „Kirche, Volk und Staat". Vgl. auch – angesichts der Herauslösung der Deutschen Evangelischen Kirche A.B. in der Slowakei – Herbert Krimm, Evangelische Kirche zwischen Deutschen und Slawen, in: JK 7, 1939, S. 703–715.

Bestimmung seines Volkes: in seiner deutschen Art ‚Volk Gottes' zu werden"[111]. Haeften traf sich dabei mit Möckel, dessen Verständnis von Volkstum von der siebenbürgischen Tradition und dann durch Paul Althaus geprägt war. Aber bereits 1933 hatte er in dessen Vergöttlichung des Volkstums die Gefährdung des Weges zu Gott erkannt.[112] 1936 kritisierte er, daß die Kirche zur „Bühne volkskundlicher Schaustellung"[113] degeneriert sei, statt sich als Gemeinschaft derer zu verstehen, „die auf dem Boden tiefernsten Gehorsams stehen und sich richten und begnadigen lassen."[114] Auch für Haeften blieb die Grenze zu DC und nationalkirchlicher Bewegung[115] eindeutig, aber wegen des Erbes von 800 Jahren Geschichte wollte er keinen siebenbürgischen Kirchenkampf, den auch das Kirchliche Außenamt der DEK in Übereinstimmung mit der deutschen Außenpolitik zu vermeiden suchte.[116]

Eine Neuorientierung Haeftens läßt sich auch an seiner Beurteilung theologischer Bücher ablesen. So schien ihm die Kritik der Dialektischen Theologie durch Paul Schütz „ausgezeichnet"[117]. Er lobte seinen Personalismus, weil „die Zerstörung der Persönlichkeit den Weg verschüttet, auf dem das Göttliche in irdische Gestalt eingehen kann." Auch Hermann Sauers „Abendländische Entscheidung", von der man „in Hermannstadt und Kronstadt [...] tief beeindruckt" sei, schien ihm trotz formaler Mängel „sehr bedeutend"[118]. Die Geschichtsmächtigkeit des Glaubens dürfte ihn angesprochen haben, die Sauer für die „Michaelszeit" des Mittelalters und die „neuzeitliche Michaelsgemeinschaft" Preußens betonte. Allerdings wollte Sauer von Punkt 24 des Parteiprogramms der NSDAP und dem „Geist von Potsdam" aus eine neue Verwirklichung im „Dritten Reich" erreichen, indem er in Auseinandersetzung mit Rosenberg arischen Mythus und christliche Wirklichkeit verband. So stand er eher bei den DC als der BK, indem er das Kreuz Christi vernachlässigte.

Ganz andere Dimensionen eröffnete „ein um 1700 erschienenes Buch

---

[111] H.B. v. Haeften an Wolfs Witwe; Anlage zu seinem Brief an H. Krimm, 29.9.1939.
[112] Vgl. Binder, Möckel, S. 9f., 27f.
[113] Konrad Möckel, Der Kampf um die Macht und unsere evangelische Kirche, Hermannstadt 1936, S. 47, zit. Wien, Friedrich Müller-Langenthal, S. 152.
[114] Binder, Möckel, S. 35, mit Bezug auf Möckel, Der Kampf um die Macht.
[115] Vgl. H.B. v. Haeften an H. Krimm, 13.8.1938.
[116] Vgl. Binder, Möckel, S. 35.
[117] H.B. v. Haeften an H. Krimm, 4.11.1938; vgl. Paul Schütz, Warum ich noch Christ bin, Berlin 1937; in der 3. Fassung, Hamburg 1973, S. 190–197.
[118] H.B. v. Haeften an H. Krimm, 15./19.3.1939; Hermann Sauer, Abendländische Entscheidung, Leipzig 1938; vgl. die ausführliche Kritik von Walther Künneth, Theologie der Geschichte oder Geschichtsspekulation?, in: JK 6, 1938, S. 616–626.

‚Regia Via Crucis', das von einem Haeftenus, Praepositus eines damals bestehenden reformierten – ! – Benediktiner Klosters geschrieben ist."[119] Haeften schienen im Juni 1939 an diesem Buch „das Herrlichste" die Kirchenväter-Zitate. „Unbegreiflich, daß unsere Kirche sie aus ihrer Ahnenreihe gestrichen hat."

Im Herbst 1938 besuchte Siegmund-Schultze aus dem Schweizer Exil Haeften, um ihm über die russische Kirche im Untergrund zu berichten, aber wohl auch um die Lage in Deutschland zu besprechen. Diese betrachtete Haeften nach dem Judenpogrom vom 9. November 1938 mit Sorge. Deshalb freute ihn, daß seine Mutter Krimm „τῶν Ἰουδαίων ἕνεκα das Herz ausgeschüttet"[120] hatte, aber er beklagte die „passive Haltung der Kirche". Sie kam ihm „bisweilen vor wie ein Pfarrer im Talar, der in frommer Haltung im Evangelium lesend (er hat gerade Lukas 10,25 f. [das Gleichnis vom Barmherzigen Samariter] aufgeschlagen) seines Weges zieht und der in seinen ‚Text' so vertieft ist, daß er – weitergeht; oder wenn das Elend so nahe vor seinen Füßen liegt, daß er darüber stolpert, so nimmt er vor diesem Anblick seine Zuflucht zu seinem Trostpsalm und erbaut – sich daran." Diese Haeften zugeschickte Schilderung der Situation betraf seiner Meinung nach „Berneuchen noch ein wenig mehr als diejenigen, die sonst (leider) ‚das Wort am sterilen Faden aufhängen'", die BK.

In Siebenbürgen entdeckte Haeften Ende 1938 hinter der „Fassade der ‚intakten evangelischen Diaspora'"[121] die schon lange wirkende Entkirchlichung, die dem Verfall der Liturgie entsprach.[122] „Man wird auch hier mit These Nr. 1 [der 95 Ablaß-Thesen Luthers] eines Tages wieder neu anfangen müssen." Da nur Möckel dies sah und bei der Wiedergewinnung der Gottesdienstformen fast allein stand, bat Haeften Krimm, der Gustav-Adolf-Verein solle mit seinem Rat helfen.[123]

Seit Anfang 1939 betrieb Haeften die Einigung von Volksgemeinschaft und „Konservativen". Auf seinen Rat traten Möckel und Bischofsvikar Friedrich Müller in die „Nationale Arbeitsfront" (NAF) ein.[124] Am 2. März beschloß das Landeskonsistorium, daß alle kirchlichen Angestellten

---

[119] H.B. v. Haeften an H. Krimm, 27.6.1939, vgl. 26./28.6.1939.
[120] H.B. v. Haeften an H. Krimm, 5.12.1938.
[121] Ebd.
[122] Statt Gottesdiensten „hat man Vortragsveranstaltungen mit musikalischer Umrahmung eingeführt"; ebd. Dabei fehlte auch das Credo; vgl. Erich Roth, Die Geschichte des Gottesdienstes der Siebenbürger Sachsen, Göttingen 1954, S. 255–265.
[123] Krimm habilitierte sich 1938 in Leipzig mit der Arbeit „Der Gottesdienst. Gehalt und Gefüge."
[124] Vgl. Reinerth, Zu den Ereignissen, S. 74f.

der NAF beitreten sollten. „Die Entscheidungen fallen nicht mehr in der Konsistorialsitzung [...], sondern in der Vorbesprechung der NAF und dort führt nicht der Bischof den Vorsitz, sondern Wolff, der Kraft seiner disziplinären Befehlsgewalt einfach kommandiert."[125] Damit war Glondys „praktisch abgesetzt". Als im Juni 1939 der Leiter des Kirchlichen Außenamts Bischof Theodor Heckel[126] Siebenbürgen besuchte, sah er die Krise kommen, wenn der NAF-Vorsitzende „zum ersten Mal der Eitelkeit von Glondys auf die Füße treten würde". Dieser „latente Krisenzustand" trat in seine offene Phase, als Glondys ab April 1940 wegen Krankheit nicht mehr handlungsfähig war und am 12. Dezember auf Druck der Partei als Bischof zurücktrat. Hatten bereits vorher „ein Teil der NAF-Mitglieder die Gehorsamspflicht in kirchlichen Dingen nicht anerkannt", konnte nun Volksgruppenführer Andreas Schmidt seine nationalsozialistischen Ziele durch die Gleichschaltung der Kirche verwirklichen.

Am 9. November 1940 wurde die „NSDAP der Deutschen Volksgruppe in Rumänien" gegründet. Das Landeskonsistorium wählte am 12. Februar 1941 den wegen seiner nationalsozialistischen und nationalkirchlichen Agitation amtsenthobenen Pfarrer Wilhelm Staedel zum Bischof. „Das Ruhebedürfnis und die Konfliktscheu vieler Geistlicher förderte die Bereitschaft, den Parteigenossen Staedel als Verbindungsglied zur Volksgruppenführung zu akzeptieren,"[127] aber er wurde deren Marionette. Der künftige Führer der Opposition, Bischofsvikar Friedrich Müller, hatte bei der Wahl 37 und Möckel nur 5 der 102 Stimmen erhalten. Am Tag nach der Wahl Staedels gründete Möckel mit fünf Amtsbrüdern inoffiziell die Michaelsbruderschaft in Siebenbürgen, um durch geistliche Konzentration und eucharistische Gemeinschaft die wahre Kirche zu bewahren.[128] Bereits im März 1940 hatte Haeften geschrieben: „Leider hat M[öckel] einen sehr schweren Stand. Er ist völlig allein innerhalb der siebenbürgischen Kirche, die immer mehr und mehr dem Verfall und der Auflösung zutreibt."[129] Tatsächlich war der Widerstand des Kreises um Bischofsvikar Müller vor allem kirchenpolitisch begründet.

---

[125] H.B. v. Haeften an Krimm, 27.6.1939 – dort auch die folgenden Zitate.
[126] Ironisch „Freund Heckel [...], schade daß er lispelt", H.B. v. Haeften, aaO. Heckel kam „auf Einladung des Landeskonsistoriums in Hermannstadt zur Einweihung des Lutherheims für Volksmission am 4. Juni in Helau"; nach der „Konferenz der Führer der deutschen evangelischen Kirchen in Ost- und Südosteuropa" besuchte er am 9. Juni die Gesandtschaft; DEK Kirchliches Außenamt an AA, Berlin, 23.5.1939 (PA/AA, 134, XA5, Bd. 2).
[127] Wien, Friedrich Müller-Langenthal, S. 161.
[128] Vgl. Binder, Möckel, S. 48f.; Haebler, Geschichte, S. 202f.
[129] H.B. v. Haeften an H. Krimm, 1.3.1940.

Schon Ende 1940 hatte Haeften Möckel geraten: „Geben Sie alle säkularisierbaren Vorfelder frei, aber widerstehen Sie auf dem eigentlichen, dem geistigen Kampffeld ohne Rücksicht auf Trümmer. Die Fassade des 800-jährigen Gebäudes wird ohnehin zu Bruch gehen."[130] Staedel steuerte die Kirche auf dem nationalkirchlichen Kurs der radikalen Thüringer Richtung der DC.[131] 1941/42 wurden in enger Zusammenarbeit mit der Volksdeutschen Mittelstelle die bisherigen volkskirchlichen Aufgaben und Vermögen der Volksgruppenführung übertragen, deren Schatzamt die Kirche finanziell kontrollierte.[132] Die Kirche sollte sich auf die rein religiösen Aufgaben beschränken. Die Landeskirchenversammlung begrenzte am 20. März 1942 „die Freiheit der Verkündigung" in dem Sinne, „daß sie nicht dem germanischen Rechtsempfinden und Sittlichkeitsgefühl widersprechen darf. Ob ein Widerspruch gegeben ist, entscheidet natürlich der Volksgruppenführer."[133] Möckel hat „– wie in diesem Fall ja ganz unerläßlich war – mit einigen anderen zusammen öffentlich widersprochen. Aber er ist ja nun auch, ebenso wie der bisherige Bischofsvikar in Hermannstadt, beinahe in Reichsacht."[134] Der Volksgruppenführer hatte Konrad Möckel und Friedrich Müller im Januar 1942 als „Reichs- und Volksfeinde" bezeichnet.[135]

Im Juli wurde Müller nach Berlin gerufen, um den Streit zu schlichten, bzw. – wie er sofort vermutete – ihn als Gegner aus Siebenbürgen zu entfernen.[136] Man wollte ihn unter falschem Vorwand in ein KZ bringen, um die Bahn für die Durchsetzung des Neuheidentums in der Kirche der Siebenbürger Sachsen frei zu bekommen. Durch den Kontakt mit Staatssekretär Ernst von Weizsäcker verhinderte Haeften diese Pläne, so daß Müller nach gut zwei Monaten im Oktober wieder nach Hermannstadt fahren konnte.

Innerhalb weniger Monate war aus der scheinbar blühenden Volkskir-

---

[130] H.B. v. Haeften an K. Möckel, 4.11.1940, zit. in: Möckel, Erinnerungen, in: Briefe, S. 195f.
[131] Vgl. Binder, Möckel, S. 51.
[132] Vgl. Wien, Friedrich Müller-Langenthal, S. 166ff.
[133] H.B. v. Haeften an H. Krimm, 28.6.1942; vgl. Binder, Möckel, S. 55f.; Wien, Friedrich Müller-Langenthal, S. 187.
[134] Ebd. Wegen seiner Kritik an der Auslieferung der kirchlichen Schulen an die Volksgruppenführung wurde Müller am 20.3.1942 vom Landeskonsistorium seines Amtes enthoben, aber die rechtliche Durchführung eines entsprechenden Disziplinarverfahrens erwies sich als unmöglich; vgl. Wien, Friedrich Müller-Langenthal, S. 188ff.
[135] Wien, Friedrich Müller-Langenthal, S. 185.
[136] Vgl. Friedrich Müller, Erinnerungen. Zum Wege der siebenbürgisch-sächsischen Kirche 1944–1964, bearbeitet von Hannelore Baier, Köln-Weimar-Wien 1995, S. 345ff.; Wien, Friedrich Müller-Langenthal, S. 192ff.

che eine „zerstörte" Kirche geworden. Bereits im März 1941 hatte Haeften angesichts der Auflösungserscheinungen betont: „[W]orauf nachgerade alles ankommt, ist doch der totale Neubau der Kirchenburg: der Kirche als ‚feste Burg'."[137] Möckels „einsam vorgeschobenen Außenposten" betrachtete er als typisch für die „Diaspora-Situation", dem „Gemeinschicksal der Christenheit in der Welt – heute mehr denn je": „Im Grunde genommen stehen wir alle auf ‚verlorenem' Außenposten". Diese Einsicht bedeutete keine Resignation, sondern verwies auf die „wunderbare Gewißheit", „daß gerade dieses verlorene Häuflein am wenigsten verloren ist".

Neben der Sorge um die siebenbürgische Kirche standen während Haeftens Zeit in Bukarest die Begegnungen mit der autokephalen orthodoxen Kirche Rumäniens. In Gesprächen mit dem Theologen Nikifor Crainic suchte er Klarheit über kirchenpolitische und besonders theologische Fragen.[138] Diese interessierten ihn so, daß er die Schrift „Les Religions de l'Orthodoxie" von Serge Boulgakoff ins Deutsche übersetzen wollte. „Es stehen eine Menge Sachen darin, die man auch auf unserer Seite hören sollte", weil „wir uns von der echten Orthodoxie ein gänzlich falsches Bild zu machen pflegen"[139]. Ihm imponierte „die kirchliche Tradition, verstanden als lebendige Überlieferung des Heiligen Geistes, als Einbezogensein in den lebendig sich entwickelnden corpus Christi, dem die Christen der vergangen Jahrhunderte ebenso angehören wie die Gegenwart". Die orthodoxe „Kritik an unserer bürokratisch pfarramtlichen Erstarrung" sprach ihn an.

Anfang September 1940 hatte Haeften erleben müssen, daß durch die ungarisch-rumänischen Verhandlungen zwei Drittel Siebenbürgens abgetreten wurden, so daß Kronstadt „nur 20 km von der neuen ungarischen Grenze liegt"[140]. Kurz danach wurde er am 18. September nach Berlin zurückgerufen, nachdem man schon länger die Volkstumsarbeit in linientreue Hände geben wollte. In Rumänien regierte Antonescu bald mit diktatorischer Gewalt und schloß das Land dem Dreimächtepakt an.

Die Verbindung zu Möckel konnte Haeften zunächst durch Briefe weiterführen. Zu dessen Unterstützung suchte er, Krimm „ins Diasporagebiet Rumänien" versetzen zu lassen, zumal er den neuen Siebenbürgischen Konvent der Michaelsbruderschaft als „ein Neufundamentieren unter dem Steinhagel stürzender Ruinen" beurteilte. Er hoffte dabei auf die Hilfe von

---

[137] H.B. v. Haeften an K. Möckel, 19.3.1941, zit. in: Möckel, Erinnerungen, S. 196.
[138] Vgl. B. von Haeften an K. v. Klemperer, 3.3.1978.
[139] H.B. v. Haeften an H. Krimm, 1.3.1940.
[140] H.B. v. Haeften an seine Frau, 1.9.1940; vgl. Wien, Friedrich Müller-Langenthal, S. 155f.

„Onkel Brauchitsch"[141], der aber am 19. Dezember durch Hitler abgelöst wurde. Trotzdem gelang Krimms Versetzung als Militärpfarrer wenigstens nach Sofia,[142] um von dort aus in Siebenbürgen zu helfen. Zugleich hatte er „in Bulgarien weitere Kontakte mit der orthodoxen Kirche zu knüpfen. Dies gelang Krimm bei dem Archimandrit Nicolai, dem Leiter eines Predigerseminars," während der Patriarch weniger interessiert war.[143]

Nachdem für Haeften 1942 ein „schriftlicher Gedankenaustausch" mit Möckel aus politischen Gründen „nahezu unmöglich"[144] geworden war, berichteten ihm im August 1943 Müller und Möckel erneut von „sehr schweren Kämpfen; sie werden wohl auch die einzigen sein, die eines Tages ihre Leute noch werden retten können."[145] Haeften versuchte deshalb zusammen mit Adam von Trott zu Solz, ihnen zu helfen, indem er Heckel zu einem Schlichtungsversuch im November 1943 bewegte.[146] Müller sollte einem „Burgfrieden" zustimmen, um als legaler Bischofsvikar nach dem Krieg Bischof werden zu können. Um ihn darauf einzustimmen, besuchte Haeften ihn inoffiziell während einer Dienstreise in den Balkan. Obwohl die Rehabilitation für Müller den Eindruck seiner Kapitulation nicht ganz vermeiden und die uneingeschränkte Verkündigung nicht gesichert werden konnte, führten die schwierigen Verhandlungen schließlich zum Ziel.

Bei einem Treffen mit Möckel gab Haeften „eine große Vorschau der politischen Entwicklung, die sich bis in Einzelheiten hinein erfüllt hat. Gegenüber allen törichten Hoffnungen und tendenziösen Befürchtungen hatte er eine großzügige Beurteilung der geschichtlichen Vorgänge, die sich in ihrer ungeheuren Realistik bewahrheitet hat"[147] bis hin zur Vernichtung des Lebens der Deutschen in Siebenbürgen.

Der offizielle Zweck von Haeftens Reise war das Verhältnis des Deutschen Reiches zur Orthodoxie. Deshalb verfaßte er am 8. November 1943 für das Auswärtige Amt eine ausführliche „Aufzeichnung zur Frage der Deutschen Politik gegenüber der Balkan-Orthodoxie."[148] Er benutzte die dem „Großen Vaterländischen Krieg" dienende Kirchenpolitik Stalins, um

---

[141] B. v. Haeften an K. v. Klemperer, 3.3.1978.
[142] B. v. Haeften, aaO., meint, daß Krimm durch die Hilfe von Brauchitsch nach Sofia kam. Dem scheint der Brief ihres Mannes an Krimm vom 28.6.1942 zu widersprechen.
[143] B. v. Haeften, aaO.
[144] H.B. v. Haeften an K. Möckel, 20.12.1942, zit. Möckel, Erinnerungen, S. 98.
[145] H.B. v. Haeften an H. Krimm, 12.8.1943.
[146] Vgl. Müller, Erinnerungen, S. 357; Wien, Kirchenleitung, S. 203ff.
[147] Möckel, Erinnerungen, S. 98f.
[148] Hans Bernd von Haeften, Aufzeichnung zur Frage der deutschen Politik gegenüber der Balkan-Orthodoxie vom 8.11.1943 (PA/AA, Inland I D, R 98794, Anlage).

eine Neuorientierung der deutschen Politik gegenüber der Orthodoxie in den eroberten und verbündeten Balkanländern zu fordern, nämlich eine Anerkennung der „orthodoxen Kirchen als Ordnungsmächte im Rahmen der politischen Neuordnung" Europas, die beginnend mit der Einbeziehung des Kirchlichen Außenamtes in die auswärtige Politik[149] Rückwirkungen auf die deutsche und siebenbürgische Situation hätte. Für eine Annäherung des Balkans an das Reich sei dessen „positive Einstellung zur Balkan-Orthodoxie" nötig. Diese müßte „auf eine Stärkung des Patriarchats von Konstantinopel als zentraler Autorität und damit auf eine Stärkung der griechisch-orthodoxen Position gegenüber der russisch-orthodoxen Machtstellung hinauslaufen." Das Reich, das bisher nur „orthodoxe Proteste als Unterstützung der deutschen These im Propagandakampf gegen die bolschewistische Kirchenverfolgung ausschlachten würde," sollte „allmählich die Rolle eines politischen Protektors der Balkanorthodoxen Ökumene [...] übernehmen". So hätte sich „der rumänische Patriarch [...] vorläufig hinter seiner Synode verschanzt, deren einflußreichstes Mitglied, der Metropolit Balan von Siebenbürgen, durch den Kirchenkampf in der deutschen Volksgruppe einen sehr ungünstigen Eindruck von der deutschen Kirchenpolitik erhalten hat". Die Denkschrift zeigt, wie Haeften religiöse und theologische Interessen mit der klaren Einschätzung politischer Möglichkeiten verband.

5. Politisches und theologisches Denken

Zum letzten Weihnachten im Frieden schrieb Haeften Möckel über den Erzengel Michael: Er „ist nicht nur ein Anruf dessen, der ihn als seinen angelus sendet, sondern zugleich ein mächtiger Anruf der deutschen Vergangenheit an die deutsche Gegenwart, den zu überhören unserer innersten Bestimmung entlaufen hieße. Gerade auch für unsere völkische Zukunft wird alles darauf ankommen, daß wir über dem Getümmel des großen Schlachtfeldes die Gestalt Michaels und seines Gegenspielers immer klarer erkennen."[150] Als er Krimm an Michaelis 1939 als Militärpfarrer bereits beim Heer vermutete, bedachte er die Schwierigkeit, „die Kämpfenden verbis et opere glaubhaft darauf hinzuweisen, daß über und jenseits dieser sichtbaren Kriegsfront [...] ein ganz anderes unsichtbares Schlachtfeld sich dehnt [...]. In diesem größeren Kampf – dem Michaelskampf –, der

---

[149] Mit diesem Aspekt begründete der Leiter des Referates Gruppe Inland D, Dr. Walter Kolrep, in der Stellungnahme vom 18.11.1943 (PA/AA, Inland I D, R 98794) die Ablehnung.
[150] Brief vom 23.12.1938, in: Briefe, S. 195.

sich durch unermeßliche Weiten der Menschen- und Engelswelt erstreckt, sind selbst die gewaltigsten Völkerkriege nur Teilgefechte, deren Sinn und Bedeutung in dem göttlichen Schlachtplan die unmittelbar Beteiligten wohl kaum je ermessen können."[151] Bei der grauenhaften Kriegswirklichkeit werden viele nicht „,bis aufs Blut widerstehen' können, wenn nicht Christus sie rüstet mit dem ‚Schild des Glaubens und dem Helm des Heils und vor allem mit dem Schwert des Geistes, welches ist das Wort Gottes'." (Hebr 12,4; Eph 6,16 f.) Das Denken der Michaelsbruderschaft ermöglichte Haeften eine Deutung des Weltgeschehens in der Sprache der Apokalyptik. Demgegenüber wandte sich Karl Barth wie auch Dietrich Bonhoeffer kritisch gegen jede Geschichtstheologie, da sie die Konkretheit der Gegenwart zu vernachlässigen droht und unterschiedlichen Zielen dienstbar gemacht werden kann.[152]

Haeften zitierte im September 1939 zustimmend die ganz der Michaelsbruderschaft entsprechende Deutung der Gegenwart durch seinen Wiener Freund Wilhelm Wolf: „Die apokalyptischen Bilder sind wieder Wirklichkeit, wir sind von eherner Hand vor die letzten Dinge gestellt. Wir hören wieder das Flügelrauschen der miteinander streitenden Engel"[153]. Haeften ehrte diesen Politiker, weil er „sich, auch im kleinen Einzelnen und noch so Vorläufigen, stets ausgerichtet [hielt] auf den letzten Sinn aller Politik: durch weltliche Ordnung dem Wachstum des Reiches Gottes zu dienen, zur Heiligung durch Ihn das Volk zu erhalten."[154] Vor allem erhoffte er von ihm, dass er „den für unser Volk so unheilvollen Streit zwischen dem völkischen und dem religiösen Anspruch am Ende in einer neuen Einheit zu lösen und zu befrieden" verstünde. Wie bei seiner Stellungnahme zum Kirchenstreit in Siebenbürgen wünschte Haeften eine neue Synthese, nachdem er zu Beginn des Kirchenkampfs in Deutschland entschieden für klare Fronten eingetreten war.

---

[151] H.B. v. Haeften an H. Krimm, 29.9.1939. Vgl. Wilhelm Stählin (Hg.), Vom heiligen Kampf. Beiträge zum Verständnis der Bibel und der christlichen Kirche, Kassel 1938. Darin schreibt der Herausgeber: „Der heilige Kampf [...] ist der wahre Inhalt alles Weltgeschehens und jedes einzelnen Menschenlebens". „Das große Thema der Geschichte" ist aber „die irdische Spiegelung eines Kampfes zwischen den Geistesmächten, die hart und unversöhnlich miteinander ringen, um das Ganze der Welt und um jede einzelne Menschenseele." (Einleitung, aaO., S. 9)

[152] Das betont zutreffend A. Joachim Diestelkamp, Das Tier aus dem Abgrund, Dessau 1993, S. 76; vgl. S. 241ff.

[153] Zitat aus dem letzten Brief Wolfs, der im September tödlich verunglückt war, im Brief von H.B. v. Haeften an die Witwe von Wilhelm Wolf, o.D., Anlage zum Brief von H.B. v. Haeften an H. Krimm, 29.9.1939.

[154] H.B. v. Haeften an die Witwe von Wilhelm Wolf, o.D.

Diese Veränderung der Perspektive verdankte sich neben den Erfahrungen des Diplomaten dem Denken der Michaelsbruderschaft, so daß Haeften 1938 einen Antrag zur „Aufnahme in die Bruderschaft"[155] überlegte. Auch in Berlin nahm er ab 1941 an Gottesdiensten und Gesprächen der Michaelsbrüder teil, aber im Herbst 1943 lehnte er das Angebot einer Mitgliedschaft ab, weil er der Gestapo als regimekritischer Politiker bekannt war. Seiner Frau sagte er zudem: „Irgendwo sind sie mir doch zu eng."[156]

Ausführlich äußerte er sich 1941 in zwei Briefen über Glaubensfragen. Im Januar antwortete er einem Medizinstudenten im „Kriegseinsatz" bei der Abwehr in Bukarest, im Mai nahm er zum Gespräch der Michaelsbruderschaft über die Ethik des Politischen Stellung. Im ersten Brief über das Verhältnis von Freiheit und Gnade ging er davon aus, daß das Christentum „dem idealistischen Menschenbild der Antike nicht schlechthin widersprochen"[157], es aber „um zwei entscheidende religiöse Einsichten" erweitert habe: „Die Erkenntnis des Teuflischen" und „die radikal neue Vorstellung von Gott als dem Gott der erbarmenden Liebe, der in Christi Gestalt selbst in die zutiefst verdorbene Welt eingegangen, den hoffnungslosen Kreis ihrer Verfallsgesetzlichkeit durchbrochen hat und dem Menschen, indem er ihn zur Nachfolge ruft, seine übermächtige göttliche Liebe anbietet, damit auch er, der Mensch, die Umklammerung der satanischen Mächte durchbreche." Zwar sei in Folge des Sündenfalls „der ‚gefallene Mensch' unserer irdischen Zeitlichkeit [...] den Gewalten des Bösen verfallen, die nun stärker sind als er", aber „von dem Adel des Schöpfungs-Menschen, des Ebenbildes Gottes, empfängt auch der gefallene Mensch noch seine Würde; wer sie leugnet, entwertet Gottes Schöpfungsordnung", womit Haeften einen lutherischen Vorwurf gegen die Theologie Barths und die Barmer Theologische Erklärung aufgriff. Wegen des den drei Glaubensartikeln entsprechenden „Dreiklangs" von „Schöpfung – Erlösung – Heiligung" brauche der Mensch nach dem Fall „die unauslöschliche Erinnerung an das Urbild", einen „Rest göttlicher Keimkraft, die Fähigkeit ‚heiligen Geistes'." Aber „das Heimatgefühl für das ewige Reich" reiche nicht aus zur Rückkehr, der Mensch „bedarf der Führung und des Geleits durch den in Christus incarnierten Gott [...]. Die Strahlen aber dieser ihm sich zuneigenden Liebe vermag der Mensch zu fassen und sich anzueignen kraft der

---

[155] H.B. v. Haeften an H. Krimm, 4.11.1938.
[156] Haeften, Nichts Schriftliches, S. 22. Theodor Steltzer soll wegen seines Engagements im Widerstand seine Mitgliedschaft in der Michaelsbruderschaft beendet haben; Haebler, Geschichte, S. 237, Anm. 109. Vgl. aber auch die damalige Krise in der Bruderschaft; aaO., S. 70ff.
[157] H.B. v. Haeften an Hannes Brockhaus, Januar 1941.

göttlichen Glut, die in ihm schlummert, und die, einmal entzündet, zum Feuer des heiligen Geistes entbrennen kann." Indem Heiliger und menschlicher Geist verwechselbar werden, vertrat Haeften einen „christlichen Realismus"[158] und verneinte gegen Luther und Bonhoeffer, „daß die Gnade den Menschen als einen passiv duldenden einfach erfaßte. Es ist und bleibt Sache des Menschen, die angebotene Gnade zu ergreifen." In diesem dem Synergismus zuneigenden Sinn „ist Gnade niemals nur Gabe, sondern immer zugleich Aufgabe."

Die Kirche reflektierte Haeften zwar als creatura verbi, als corpus Christi in von Gott gehaltener Niedrigkeit, aber zugleich soll sie öffentlich reden und Einspruch erheben. In diesem Sinne bedachte er die „Einflußnahme der Kirche auf die Welt"[159] in einem langen Brief an Krimm, der wie Theodor Steltzer beim Heerestransportwesen in Norwegen eingesetzt war. Haeften stimmte Krimms Feststellung zu, daß die Kirche „durch ihr Dasein wirken" und „nicht selber Politik machen, d.h. sich mit den Aufgaben der weltlichen Ordnung befassen" soll. Aber eine reinliche Scheidung schien ihm unmöglich, weil „beide Institutionen es mit dem selben Menschen zu tun haben, und weil diese Menschen die Einheit ihrer Person nicht in Bürger und Christ aufspalten können noch dürfen." Im Gespräch über die damals viel diskutierte Zwei-Reiche-Lehre klingt bei Haeftens Kritik Troeltschs Vorwurf eines Dualismus von „Amtsmoral" und „Personmoral" an. Für Haeften überschneiden sich aber die beiden Reiche in der Person des Menschen und können dadurch zu Entscheidungen zwingen. Es können nämlich „Ereignisse oder Zustände eintreten, die das geistige Heil der Menschen gefährden; wenn die Politik die Bürger in Lagen bringt, die sie als Christen nicht verantworten können, dann kommt es zu jenen Kreuzungs- oder Schnittpunkten von Staat und Kirche, die häufig und unvermeidlich" sowie „mehr oder minder kritisch Entscheidung-fordernd, auch

---

[158] H. Krimm an Ricarda Huch, 18.7.1946. Vgl. die Ausführungen von Otto Heinrich von der Gablentz, 1937, zit. unten, S. 354, Anm. 76. Zustimmend zitierte Haeften Goethes Erkenntnistheorie: „Wär' nicht das Auge sonnenhaft, Die Sonne könnt' es nie erblicken; Lebt [eigentlich: Läg'] nicht in uns des Gottes eigne Kraft, Wie könnt' uns Göttliches entzücken." Zahmen Xenien, 3. Buch. Vgl. zur katholisierenden Tendenz auch den christlichen Platonismus bei Paul Graf Yorck; dazu Gerhard Ringshausen, Bekennende Kirche und Widerstand. Das Beispiel der Brüder Paul und Peter Graf Yorck von Wartenburg, in: Katarzyna Stokłosa/Andrea Strübind (Hg.), Glaube – Freiheit – Diktatur in Europa und den USA (FS Gerhard Besier), Göttingen 2007, S. 75ff.

[159] H.B. v. Haeften an H. Krimm, Mai 1941; lt. Roon, Neuordnung, S. 155, 4.4., das Datum von Krimms Brief an Haeften, der am Ende zudem für einen Brief vom 6.5. dankt.

mehr oder weniger eindeutig sein können". Hier dürfe die Kirche nicht „schweigen wie ein stummer Hund" (Jes 56,10), sondern „die seelsorgerliche Pflicht" gebiete ihr „zu reden, zu verkündigen und zu ermahnen." Trotz der den einzelnen fordernden Entscheidungssituation votierte damit Haeften wie Bonhoeffer nicht für ein aktives Eingreifen der Kirche in die Politik, sondern bezog ihr Handeln nur auf den „gesamte[n] Bereich geistigen Wirkens".

Haeften nannte als aktuelles Beispiel den Weltkrieg: „Wenn die europäische Politik die Völker in einen Kampf stürzt, in dem mit Sprengbomben, Brandbomben und Maschinengewehren Kinder, Frauen und Greise umgebracht werden, so ist das nachgerade ein Vorgang, der die Existenz der abendländischen ‚Christenheit' in ihrem Dasein als ‚corpus Christianum' (einstmals Synonym fürs Abendland) schlechthin zerstört. Diese Art von Krieg, mit Vorbedacht geführt, ist nicht mehr Krieg sondern Mord, der die Ausübenden in grauenhafte Blutschuld verstrickt und die Betroffenen unfähig macht, den Anwandlungen teuflischen Hasses zu widerstehen. Es ist wirklich das christliche Heil, das hier auf dem Spiel steht." Zwar ist der Krieg als „ultima ratio" zu rechtfertigen, „um das anders nicht zu verwirklichende Recht weltlicher Ordnung mit Gewalt durchzusetzen oder zu verteidigen. Aber der Krieg als Volksausrottung ist schauerliche Sünde." Deshalb wäre es Aufgabe der „Kirche (Kirchen), die ‚christlichen' Kämpfer aufzurufen und mit großem Ernst davor zu warnen, das Fundament jeglicher Ordnung zu zerschlagen, indem sie, die unantastbaren Gebote Gottes mißachtend, das corpus Christianum in ein corpus diabolicum verkehren, wo alle Frevel der Vernichtung, alle Greuel der Verwüstung [Dan 9,27; Mk 13,14] sich maß- und hemmungslos austoben." Daß es „zu einem solchen Appell bisher nicht gekommen ist, darin sehe ich ein böses Zeichen für die geistliche Ohnmacht der Kirche gegenüber den Dämonien der Welt; hier ist Verleugnung der Botschaft, Widerlegung der Existenz einer ‚Christenheit' überhaupt." Angesichts der Eskalation der Gewalt und des Unrechts durch das NS-Regime verschärfte Haeften sein Urteil, das nach dem Judenpogrom 1938 angeklungen war.

Neben diesem öffentlichen Zeugnis der Kirche „vor aller Welt" und ihrer Verkündigung der „unwandelbaren Gewißheiten des Glaubens" forderte Haeften den christlichen Rat in „Dingen weltlicher Ordnung", den ein „Hofprediger" oder ein „wissender und weiser Christ" erteilen soll; „denn das ist in der Tat <u>nicht</u> Sache der Kirche als solcher".[160] Diese Aufgabe stelle sich angesichts der „immer dringender" werdenden Frage, „ob nicht

---

[160] Vgl. die entsprechende Unterscheidung bei Dietrich Bonhoeffer, Über die Möglichkeit des Wortes der Kirche an die Welt, in: ders., Ethik, hg. von Ilse Tödt/Heinz Eduard Tödt/Ernst Feil/Clifford Green (DBW 6), Gütersloh 1992, S. 364.

die Entwicklung von Staat und Gesellschaft seit etwa der Renaissance ein böser Irrweg war, ganz entsprechend dem damals einsetzenden großen Abfall zu säkularisierenden Weltanschauungen, ob wir nicht aus der seit den Anfängen des Territorialstaates sich immer mehr steigernden mechanischen Reglementierungen der menschlichen Gemeinschaftsformen einen Ausweg finden müssen zur Wiederermöglichung und Pflege natürlichen sozialen Wachstums, ob wir nicht von der Übersteigerung des Organisatorischen uns ab und hinwenden müssen zum Neuaufbau aus echt Organischem"[161]. Außerdem müßte „der homo publicus den Theologen befragen können über die Möglichkeit der konkreten Anwendung christlicher Einsichten auf die Aufgaben menschlicher Lebensordnung (von der Familie bis zur Völkerordnung) heute und hier." Wenn „nicht nur der Einzelmensch, sondern auch ‚die Herrschaften und Fürstentümer von Ihm und zu Ihm geschaffen' sind [Kol 1,16], wenn also auch das irdische ‚Reich' seine letzte Ausrichtung aus dem eschatologischen Sinn dieses Wortes empfängt, wenn es höchstes Ziel der Politik ist durch rechte weltliche Ordnung dem Wachstum des ‚kommenden' Reiches zu dienen, [...] dann müßte der christliche Staatsmann bei den Männern der Kirche Rat holen können für seine Aufgaben, die ja auch von keinem anderen Auftraggeber gestellt sind als von dem einen Herrn!"

Demgegenüber „hat die Resignation des Luthertums (nicht Luthers), daß die Welt nun einmal des Teufels sei, ganz wesentlich dazu beigetragen, die Welt erst recht des Teufels werden zu lassen." Dann „macht sich die Welt autark und bezieht ihre Wertordnung aus sich selbst." Dem „Protestantismus" sei so „das lebendige Bewußtsein davon verloren gegangen, daß auch alle irdischen Dinge ihrem   nach in einem ‚ordo' stehen, der im wahrsten Sinne eine 'Hierarchie' ist", die von der Michaelsbruderschaft und in anderer Weise der Orthodoxie betont wurde. Deswegen freute sich Haeften über die „Koinzidenz" seiner Gedanken mit einem Brief Ritters, der auch von „Hierarchie" schrieb.[162] Zudem berief er sich auf Augustin, der mit „civitas Dei" das „durch Diesseitiges und Jenseitiges, durch Irdisches und Überirdisches sich erstreckende Gesamtgefüge einer einheitlichen Bezogenheit" meinte. Der Katholizismus hat diese Sicht besser bewahrt, aber die „falsche Konsequenz gezogen, qua Kirche ein für alle Mal verbindliche Sozial-, Staats- und Gesellschafts-Doktrinen zu entwickeln, während doch die Konkretisierung christlichen Glaubens in weltlicher Ordnung Sache der weltlichen Instanzen bleibt und außerdem nach den wechselnden geschichtlichen Gegebenheiten immer wieder andere

---

[161] Die Überlegungen Haeftens berühren sich hier besonders mit dem Beitrag Gerhard Ritters zur Freiburger Denkschrift „Politische Gemeinschaftsordnung".
[162] Haeften zitiert einen Brief vom 6.2.1941, überbracht von Theodor Steltzer.

Ordnungsformen annehmen muß." Als Lutheraner lehnte Haeften wie auch Bonhoeffer ein überzeitliches Naturrecht ab, da „in der weltlichen Ordnung oder Unordnung (von der absoluten Unordnung aus: Ordnung, von der absoluten Ordnung aus: Unordnung)" keine absoluten Urteile möglich sind.

Der Krieg und die zunehmende Verfolgung ließ Haeften neu nachdenken. Mitte November 1942 – im Oktober hatte Moltke Informationen über die Maschinerie der Vernichtung im Generalgouvernement erhalten[163] – bezweifelte er im Brief an Krimm „die Erkenntnis einer immanenten Sinnverwirklichung in der Geschichte [...] Und das Erleben der Zeitgeschichte mit ihrem namenlosen Leiden, Grauen und Entsetzen macht es uns Heutigen besonders schwer, in der Geschichte eine göttliche Fügung und Führung zu sehen. Der einzige Sinn, den man vielleicht in dem scheinbar wahnwitzigen Durcheinander von Glück und Not, von Aufschwung und Absturz, von Aufbau und Zerstörung, Wachstum und Verderben wahrnehmen könnte, wäre die erneuerte Lehre, daß <u>menschliche</u> Anstrengung eitel ist, daß alle menschliche Überhebung zu Falle kommt, daß alle Versuche menschlicher Eigenständigkeit ins Bodenlose sinken."[164] Er teilte Meineckes Kritik an Rankes Meinung über Gottes Providenz in der Geschichte[165], daß „die ungeheure Macht des Bösen in der Geschichte" und der „Gedanke einer göttlichen Lenkung unvereinbar" seien. Man könnte die Providenz Gottes „nicht <u>erkennen</u>", aber es „ist die Aussage des christlichen <u>Glaubens</u>, nicht nur, daß Gott der Herr der Geschichte ist, sondern auch, daß er sie auf ein Heilsziel hinführt" und sein Reich „mit jeder geschichtlichen Epoche der Vollendung nähert."[166] Er reflektierte die Geschichtstheologie der Michaelsbruderschaft in Aufnahme von Luthers Verständnis des deus absconditus. Gemäß der theologia crucis gehören Aussagen über Gottes Wirken in der Geschichte „wohl zu der ‚Verborgenheit' des göttlichen Handelns", die „so unbegreiflich" ist, daß hier „‚Vernunft wider den Glauben ficht'" und man mit Luther „den Tod in dem Leben, die

---

[163] Helmuth James von Moltke, Briefe an Freya 1939–1945, hg. von Beate Ruhm von Oppen, München 1988, S. 420 (10.10.1942).
[164] H.B. v. Haeften an H. Krimm, 14.11.1942
[165] Vgl. Friedrich Meinecke, Aphorismen und Skizzen zur Geschichte, Leipzig 1942, S. 148ff.
[166] H.B. v. Haeften an Leutnant W. Diesenreiter, 22.7.1942 (IfZ, ZS, A 18, Bd. 4), betonte, daß Menschen allein „das neue Europa oder genauer das erneuerte Abendland" nicht „planen und gestalten könnten. Es muß schon das hinzutreten, was die Griechen Kairos und was die Christen, noch viel mehr dem wahren Sachverhalt entsprechend, die Gnade nennen. Aber derweil wir hierauf hoffen dürfen, können wir auch guten Mutes bleiben."

Sünde in der Gnade, die Hölle im Himmel ansehen" muß. Im Weihnachtsbrief[167] mußte er dem Freund den „Selbstmord" Jochen Kleppers und seiner Familie mitteilen.

Im April 1943 las er Stifters „Witiko" und fand „erstaunlich, ja aufregend, wie unsere technisch meilenweit fortgeschrittene Neuzeit wieder – wenngleich in ihrer ganz neuen Weise – vor den gleichen Grundproblemen der Ordnung steht. 'Ordo' ist eben nur möglich im Hinblick auf ein einziges allen gemeinsames Ziel und läßt sich nur unter dem Gebot dieses Zielbildes in Gehorsam verwirklichen (Kolosserbrief), sonst gibt es unausweichliche Unordnung."[168] Die Fragen der Zwei-Reiche-Lehre nochmals aufgreifend, fand Haeften auch Stifters Sicht von Königtum und Christus treffend. „So sehr auch weltliche Ordnung allein Sache der weltlichen Instanz ist, so sehr muß sie doch hierbei gemeinsam mit der geistlichen – und wohl von ihr beraten – ‚unter Gott stehen'", damit „das Vertrauen der beherrschten Völker" wachsen kann. „Abendländische Geschichte gedeiht nur in der Polarität und polaren Einigung von Staat und Kirche." So sehr er eine engere Verbindung von Kirche und Politik wünschte, hielt er an ihrer Unterschiedenheit fest.

Haeften reflektierte seine Erfahrungen als Diplomat und aus der Michaelsbruderschaft; konkret sollte sein Denken bei der Mitarbeit im Kreisauer Kreis werden, zu dem er 1941 stieß. Aber Moltkes Vorstellungen deckten sich nicht mit seinen, so daß jener meinte: „Haeften ist ein guter aber sehr konservativer Mann."[169]

6. Im Widerstand

Im Oktober 1940 wurde Haeften im AA der Deutschland-Abteilung zur Bearbeitung aller Angelegenheiten der Auslandspropaganda zugewiesen, um im Februar 1942 Stellvertretender Leiter der Informationsabteilung, ab April 1943 Kulturpolitische Abteilung, zu werden. Die hervorragende Bewährung im Ausland führte in der Zentrale zum Aufstieg in der Amtshierarchie, so daß er zu einem der höchsten Beamten im Widerstand wurde. Den Attaché-Jahren folgte im Mai 1941 die Ernennung zum Legationsrat, im August 1942 zum Legationsrat I. Klasse und im Februar 1944 zum „Vortragenden Legationsrat I. Klasse mit der Anrede Geheimrat", während gleichzeitig seine Aufnahme in die NSDAP abgelehnt wurde. Im April wurde er „z.V." (zur Verfügung) gestellt, weil der neue Leiter der

---

[167] H.B. v. Haeften an H. Krimm, 14.12.1942.
[168] H.B. v. Haeften an H. Krimm, 12.4.1943.
[169] H.J. v. Moltke an Freya, 15.5.1941, in: Moltke, Briefe, S. 244.

Kultur- und Informationsabteilung, SS-Oberführer Franz Alfred Six, einen strammen Nazi, allerdings kaum den „grobschlächtigen" Rudolf Schleier, als Stellvertreter haben wollte.[170]

In Berlin pflegte Haeften wieder den Kontakt zur Familie Niemöller, vor allem aber fand er bald Anschluß an den aktiven Widerstand. Zunächst kam er mit Trott zusammen, der seit Juni 1940 in der Informationsabteilung arbeitete, wo Haeften sein Dienstvorgesetzter wurde. Im Referat Politik I Militär traf er seinen Wiener Freund Nostitz wieder, der allerdings bald als Konsul nach Genf versetzt wurde. Sein Interesse an der Michaelsbruderschaft ergab Kontakte zu Otto Heinrich von der Gablentz, der seit Sommer 1940 mit Moltke in Verbindung stand.

Anfang Mai 1941 lernte Haeften bei seinem Onkel Walther von Brauchitsch Ulrich von Hassell kennen.[171] Mit ihm war er am 10. Mai bei Johannes Popitz, um Albrecht Haushofers Bericht über seine Schweiz-Reise zu hören.[172] Bei der Gegeneinladung von Hassell und Popitz bei Haeftens war auch Trott mit Frau dabei,[173] aber Hassells Hoffnung auf eine Zusammenarbeit war illusorisch, obwohl noch weitere Treffen folgten. So besuchte ihn Haeften Mitte Juni zusammen mit Hasso von Etzdorf, dem zum Widerstand gehörenden Vertreter des AA beim Oberkommando des Heeres, um dessen Vorstoß bei Brauchitsch zu besprechen.[174]

Haeften schloß sich nicht den „Honoratioren" an, sondern stieß fast gleichzeitig zum Kreis um Moltke, nachdem er bereits im Winter durch Trott und Nostitz bei Peter Graf Yorck von Wartenburg eingeführt worden war.[175] Sie arrangierten auch seine erste Begegnung mit Moltke, vermutlich Anfang Mai bei Yorck.[176] Am 12. Mai 1941 traf Haeften Moltke zum gemeinsamen Essen mit Trott.[177] Moltke meinte, im Gespräch hätte er „beide nicht so recht überzeugt oder für meine Linie gewonnen"[178], aber die Unterhaltung zwei Tage später fand er „sehr befriedigend". „Gestern

---

[170] Haeften, Leben, S. 10; zu Six vgl. Lutz Hachmeister, Der Gegnerforscher. Die Karriere des SS-Führers Franz Alfred Six, München 1998, bes. S. 239ff., Zitat S. 247.
[171] Die Hassell-Tagebücher, hg. von Friedrich Freiherr Hiller von Gaertringen, Berlin 1988, S. 249 (5.5.1941).
[172] AaO., S. 252.; vgl. dazu Klemperer, Verschwörer, S. 195.
[173] Hassell-Tagebücher, S. 255.
[174] AaO., S. 260 (13.7.1941). Zu Etzdorf vgl. Rainer A. Blasius (Hg.), Hasso von Etzdorf. Ein deutscher Diplomat im 20. Jahrhundert, Zürich 1994.
[175] Vgl. Haeften, Nichts Schriftliches, S. 47.
[176] Vgl. Haeften, Leben, S. 9; Roon, Neuordnung, S. 154, nennt nur Nostitz. H.J. v. Moltke an Freya, 17.5.1941, in: Moltke, Briefe, S. 245.
[177] Vgl. H.J. v. Moltke an Freya, 13.5.1941, in: Moltke, Briefe, S. 243.
[178] AaO., S. 244 (15.5.1941).

abend hatte ich einen guten Tag und habe Haeftens harte Schale spielend durchstossen [...]. Es ist eine grosse Anstrengung solche Leute für die ‚grosse Lösung' zu gewinnen, weil sie zu sehr die Routine kennen. Ist es einem dann aber einmal gelungen, dann hat man auch einen zuverlässigen Wegbegleiter". Das Stichwort „große Lösung" verweist auf die Neuordnung nach Hitler, deren Aufgaben Moltke im Sommer 1941 in drei Denkschriften zusammenfaßte.[179]

Am 16. Mai konnte Moltke Haeften wieder „nur gegen großen Widerstand"[180] überzeugen, als sie sich mit Yorck und Kessel trafen. „Aber ich rechne darauf, daß er jetzt eisern bleibt." Diese Hoffnung bestätigte sich[181], so daß Moltke für den nächsten Besuch seiner Frau ein Essen mit dem Ehepaar Haeften und Adolf Reichwein plante, was sich aber anscheinend zerschlug.[182]

Leider lassen auch die Nachrichten über die folgenden Treffen[183] nicht den Inhalt der Diskussionen erkennen. Denkbar sind Gespräche über die Denkschriften vom Juni und August. Ende Juli lud Moltke das Ehepaar Haeften für ein Wochenende nach Kreisau ein, was Haeften aber wegen der gesundheitlichen Lage eines Mitarbeiters absagen mußte.[184] Zudem war er selbst in seiner Leistungsfähigkeit eingeschränkt; sein Magen reagierte auf die nervlichen Belastungen und die zunehmende Arbeit,[185] zumal die Luftangriffe das Leben in Berlin zu bestimmen begannen. Er freute sich deshalb auf den Urlaub in Südtirol und eine Bergwanderung dort mit Trott Anfang September.[186] Da dieser ständig dienstlich und häufig auch privat mit Haeften zusammen war, stellte er auch Kontakte zu Moltke her. Es gehörte zudem zur Arbeitsweise der Kreisauer, daß einzelne Gruppen wie im AA Haeften, Trott und weitere Freunde zusammenarbeiteten, bis sie Ergebnisse vorlegen konnten oder von Moltke erneut einbezogen wurden.

Durch Moltke dürfte Haeften auch Informationen über die Untaten der

---

[179] 1. Fassung, 9.6.1941, in: Walter Lipgens (Hg.), Europa-Föderationspläne der Widerstandsbewegungen 1940–1945, München 1968, S. 117–121; 2. Fassung, 20.6.1941, in: Roon, Neuordnung, S. 518–520; 3. Fassung, 24.8.1941, ebd., S. 507–517 (zur Datierung vgl. Moltke, Briefe, S. 277).
[180] H.J. v. Moltke an Freya, 17.5.1941, in: Moltke, Briefe, S. 246.
[181] Vgl. aaO., S. 253 (5.6.1941).
[182] Vgl. aaO., S. 253f. (7.6.1941), 261 (3.7.1941).
[183] Vgl. aaO., S. 255f. (20.–22.6.1941), 261 (5.7.1961), 270 (17.7.1941).
[184] H.B. v. Haeften an seine Frau, 22.7.1941; nicht in Moltkes Briefen erwähnt.
[185] Vgl. H.B. v. Haeften an seine Frau, 28.7.1941.
[186] H.B. v. Haeften an seine Frau, 31.7.1941; vgl. H.J. v. Moltke an Freya, 23.8.1941, in: Moltke, Briefe, S. 276; Haeften, Nichts Schriftliches, S. 52, 56.

Deutschen in den besetzten Ländern erhalten haben, wodurch der schwere Druck der allgemeinen Lage noch verstärkt wurde. Ein ihn „sehr beeindruckendes Erlebnis" hatte er am 22. Oktober, wohl eine Deportation Berliner Juden; es bewirkte „starke Zweifel, ob ich im Dienst bleiben kann."[187] Fast gleichzeitig erfuhr er im AA von Judenverfolgungen in Belgrad.[188] Solche Berichte „verfolgten ihn bis in den Traum."[189]

Albrecht von Kessel schrieb ihm ein halbes Jahr nach seiner Versetzung aus dem Auswärtigen Amt in das Berner Konsulat im Herbst 1941 den Vers Stefan Georges: „Wenn wir nur überdauern / hat jeder tag mit einem sieg ein ende!"[190] Haeften stimmte grundsätzlich zu: „Wir müssen uns dazu zwingen, aber es ist doch eine armselige Beschäftigung, wenn man täglich erlebt, was alles <u>nicht</u> überdauert, sondern vergeht und geopfert wird, und wenn man nicht umhin kann, mit dem Schwerpunkt des Daseins eigentlich ganz wo anders als in dem täglichen Überdauern zu leben". Dies umschrieb er mit einem Gedicht Rainer Maria Rilkes als Vorgefühl des Kommenden: „Da weiß ich die Stürme schon und bin erregt."[191] „Heute sind es" im Unterschied zu Rilkes Zeit „schon viele, die so fühlen [...], aber am ganzen gemessen doch immer noch sehr wenige und in der Menge einsame". Noch befand sich die deutsche Armee in Rußland im Vormarsch, aber durch seinen Bruder Werner kannte er die Schwierigkeiten und Opfer der Truppe ohne Winterausrüstung.[192]

Es war unausweichlich, „daß sich die strahlende Fröhlichkeit seiner Jugend im Laufe des Krieges verlor oder doch stark zurücktrat."[193] Aber „die klaren, ungewöhnlich reinen und leuchtenden Augen verloren nichts von ihrer ursprünglichen Kraft, während der Gesichtsausdruck sonst manchmal in Müdigkeit und Gram verfiel." Als „adäquate Schilderung unserer weltpolitischen Situation" betrachtete er im Sommer 1942 das Sonett Reinhold

---

[187] H.B. v. Haeften an seine Frau, 23.10.1941. Vgl. H.J. v. Moltke an Freya, 21.10.1941, in: Moltke, Briefe, S. 308; Hassell-Tagebücher, S. 282.

[188] Hassell-Tagebücher, S. 282. Unbekannt blieb ihm wohl, daß leitende Personen des AA unmittelbar an der Judenvernichtung beteiligt waren; vgl. Hans-Jürgen Dröscher, Das Auswärtige Amt im Dritten Reich, Berlin 1987, S. 213ff.

[189] Bericht von H. Krimm, ca. 1948 (Besitz v. Haeften).

[190] H.B. v. Haeften an A. v. Kessel, 23.11.1941. Stefan George, Lobgesang, aus: Der siebente Ring, in: Gesamtausgabe der Werke, Band VI/VII, Berlin 1931, S. 93. Zu Albrecht von Kessel vgl. ders., Verlorene Saat, hg. von Peter Steinbach, Berlin 1992; Schwerin, Köpfe, s.v.

[191] Rainer Maria Rilke, Vorgefühl, aus: Das Buch der Bilder, in: Sämtliche Werke, 2. Aufl. Frankfurt/M. 1975, Bd. I, S. 402f.

[192] Werner von Haeften kämpfte am Nordabschnitt der Ostfront und berichtete von „unerhörten Strapazen"; vgl. H.B. v. Haeften an seine Frau, 25.7., 4.8.1941.

[193] Bericht von Herbert Krimm, ca. 1948.

Schneiders: „Allein den Betern kann es noch gelingen, / das Schwert ob unsern Häuptern aufzuhalten ..."[194]

Hassell meinte, daß diese Erfahrungen Haeften „das Heil in international-pazifistischen, sozialistisch gefärbten Lösungen suchen" ließen.[195] Er bemerkte also im Herbst 1941, daß sich Haeften den Zielen der Kreisauer näherte. Aber erst im Januar 1942 urteilte Moltke: „Nachdem es monatelang gar nicht gegangen war, ist jetzt alles bestens und wir sind zu dem Zustand vorgedrungen, wo wir uns schnell verständigen können."[196]

Zu den außenpolitischen Bemühungen der Kreisauer um Verbündete im Ausland gehörte die Schwedenreise von Hans Schönfeld Ende Mai 1942, obwohl er damit nicht einer Kreisauer Initiative folgte.[197] Schon bevor sich die Möglichkeit eines Treffens mit dem ihm bisher unbekannten Bischof Bell von Chichester ergab, besprach er seine Pläne im Auswärtigen Amt mit Trott, Haeften und dessen Wiener Freund Anton Böhm, den er 1941 vor dem Militärdienst gerettet und nach Berlin zunächst in die Informationsabteilung des AA geholt hatte. Eine Woche vor der Abreise am 25. Mai beriet sich Schönfeld erneut mit den Freunden in Berlin über die Ziele der Kreisauer und ihre Hoffnungen auf Kontakte mit England.[198] Vermutlich erhielt er bei dieser Gelegenheit ein Memorandum, dessen wesentlichen Inhalt er in Stockholm für Bell aus dem Gedächtnis niederschrieb. Nach der Rückkehr berichtete Schönfeld Trott, Haeften und Paul Collmer über die Gespräche.

Die parallele Reise Bonhoeffers zu seinem Freund Bell wurde wohl nur von Haeften begleitet, der ihn auf einem langen Spaziergang kurz vor dem Abflug zu Bell am 30. Mai über die Kreisauer Vorstellungen informierte, besonders über die außenpolitischen Aspekte.[199] Anscheinend erzählte er aber nichts von der Bonhoeffer vielleicht aus Genf bekannten parallelen Reise Schönfelds, der seinerseits von dessen Kommen nichts wußte. Dieses „Rätsel der zwei Boten"[200] spiegelt einerseits die Distanz und das Mißtrauen innerhalb des Widerstandes zwischen den Kreisauern und der Beck-Oster-Dohnanyi-Gruppe, für die Bonhoeffer wegen seines Vertrau-

---

[194] H.B. v. Haeften an H. Krimm, 28.6.1942. Das 1936 geschriebene Sonett in: Reinhold Schneider, Die Sonette, Köln 1954, S. 86.
[195] Hassell-Tagebücher, S. 281 (1.11.1941).
[196] H.J. v. Moltke an Freya, 10.1.1942, in: Moltke, Briefe, S. 342; vgl. aaO., S. 335f. (10. u. 11. 12. 1941).
[197] Vgl. Roon, Neuordnung, S. 314, Anm. 10.
[198] Klemperer, Verschwörer, S. 249.
[199] Vgl. Roon, Neuordnung, S. 313f.; Klemperer, Verschwörer, S. 249, 251.
[200] Bethge, Bonhoeffer, S. 851.

ensverhältnisses zu Bell „der eigentliche ökumenische Beauftragte"[201] war; andererseits bestand zwischen den beiden Schwedenreisenden von früher her ein theologischer und kirchenpolitischer Gegensatz, da für Bonhoeffer Schönfeld und sein Freund Eugen Gerstenmaier zum Kirchlichen Außenamt unter Heckel gehörten, der sich gegen die BK gestellt hatte. Demgegenüber war Haeften als Freund Bonhoeffers zugleich durch den Kreisauer Kreis mit Schönfeld verbunden. Man wird dabei nicht nur an gemeinsame politische Überzeugungen denken dürfen, sondern auch an die Veränderung von Haeftens theologischen Anschauungen, so daß ihm etwa Gerstenmaiers gegen Barth gerichtetes Interesse an der Schöpfung verständlich sein konnte.

Bonhoeffer teilte nach seiner Rückkehr am 2. Juni die Ergebnisse seiner Gespräche Haeften mit, der sie bei den nächsten Treffen[202] Moltke übermittelte, als vermutlich auch das Kreisauer Pfingsttreffen besprochen wurde. Anfang Januar und wohl im Mai[203] hatte Haeften sich an den Vorbesprechungen für die erste Kreisauer Tagung beteiligt. Wegen seiner herausgehobenen Position und Gefährdung durch die Gestapo konnte er jedoch an keinem der drei Treffen teilnehmen, obwohl ihn gerade das Thema Staat und Kirche sowie die Kontakte zu den Kirchen interessierten. Zum Kreis gehörte aber inzwischen mit Theodor Steltzer ein weiterer Michaelsbruder, der das Thema „Staat und Kirche" aus evangelischer Sicht für die Tagung vorbereitete und die Diskussion dort leitete.[204] Haeften war dagegen an der Einbindung Eugen Gerstenmaiers und an dem Kontakt zu Theophil Wurm, dem Württemberger Bischof, beteiligt[205] und beriet dann mit Gablentz Moltke für sein Gespräch mit Wurm.[206]

Vermutlich 1941/42 hat Haeften seine Verbindung zu Siegmund-Schultze reaktiviert und ihn dreimal in der Schweiz besucht.[207] „In den Unterredungen, die wir hatten," erinnerte sich Siegmund-Schultze, „sprachen wir alle Möglichkeiten der Rettung durch. Ich selbst war behindert, da ich manche Namen nicht nennen durfte, die ihm anscheinend noch nicht

---

[201] AaO., S. 853.
[202] H.J. v. Moltke an Freya, 2., 3., 4.6.1942, in: Moltke, Briefe, S. 374f.
[203] AaO., S. 344 (12.1.1942), vgl. S. 346 (16.1.1942), S. 368 (5.5.1942).
[204] Vgl. Roon, Neuordnung, S. 252f. Von Steltzer stammt vermutlich der Text: Verhältnis zwischen Staat und Kirche, in: Roman Bleistein (Hg.), Dossier: Kreisauer Kreis, Frankfurt/M. 1987, S. 95–101, während die „Fragestellungen für das Gespräch über Staat und Kirche" (aaO., S. 88–94) wohl von Gablentz entworfen wurden.
[205] Vgl. Moltke, Briefe, S. 375 (4.6.1942).
[206] AaO., S. 385 (23.6.; vgl. 24.6.1942).
[207] Grotefend, Siegmund-Schultze, S. 327, Anm. 142. Haeften war z.B. Anfang Mai 1942 in Genf.

bundesgenössisch bekannt waren." Es hat sich wohl um die Kontaktleute für Goerdeler und Gisevius gehandelt. Die Treffen lassen erkennen, daß auch die Kreisauer über die Schweiz Beziehungen zum Ausland einzufädeln suchten.

Während Moltke seiner Frau nicht immer die Kontakte zu Haeften mitteilte, ist davon auszugehen, daß beide in Verbindung blieben. Im Herbst schrieb Moltke: „Mittags habe ich mit Haeften gegessen, der wieder sehr nett war. Er ist ein angenehm kluger, ruhiger und aufrechter Mann. Die Atmosphäre um ihn ist so reinlich."[208] Vermutlich ging es wie einige Tage später[209] um Moltkes zweite Reise nach Oslo, wo er zusammen mit Steltzer den Bezug zum norwegischen Widerstand festigte und die Kreisauer Pläne vorlegte. Wie andere Kreisauer hoffte Haeften auf eine Beendigung des Krieges durch einen Separatfrieden mit dem Westen.

Anfang 1943, als sich im Kessel von Stalingrad die erste große Niederlage des Krieges vollendete, versuchte Hassell, eine Übereinstimmung zwischen „Alten" und „Jungen" zu erreichen. Bereits Ende 1941 hatte er Vorgespräche mit einigen Kreisauern geführt, die aber monarchistische Vorschläge ablehnten.[210] Ein Jahr später sah Hassell bessere Möglichkeiten, obwohl der „Linksradikalismus" immer stärker würde: „Ganz befriedigender Gedankenaustausch mit den ‚Jüngeren'", mit Yorck, Haeften und Trott.[211] Allerdings teilte gerade Haeften für die Wirtschaft Moltkes „sozialistische" Vorstellungen.[212] In der Hortensienstraße 50 im Hause Yorck fand am 8. Januar 1943 die große Aussprache statt. Während Goerdeler die Gemeinsamkeit herausstellte, machte schließlich Moltke als Wortführer der „Jungen" die Gegensätze „vor allem auf sozialem Gebiet" deutlich.[213] Eine Zusammenarbeit war unmöglich, zumal Moltke das anscheinend nicht thematisierte Attentat ablehnte.

Damit blieben die „Reibungen"[214] mit Wilhelm Leuschner bestehen, der im Sommer endgültig zum „Exzellenzen-Club" um Goerdeler überging.[215]

---

[208] H.J. v. Moltke an Freya, 9.9.1942, in: Moltke, Briefe, S. 402; vgl. dass. 10.9.1942, aaO., S. 403.
[209] AaO., S. 406 (14.9.1942).
[210] Hassell-Tagebuch, S. 289f.
[211] AaO., S. 340.
[212] Vgl. Anton Böhm, Hans Bernd von Haeften, 1946, Teilabdruck in: Haeften, Nichts Schriftliches, S. 64–68, hier S. 65.
[213] Hassell-Tagebücher, S. 347; vgl. H.J. v. Moltke an Freya, 9.1.1943, in: Moltke, Briefe, S. 450f.
[214] H.J. v. Moltke an Freya, 11.1.1943, in: Moltke, Briefe, S. 452.
[215] AaO., S. 519 (4.8.1943). Vgl. zuletzt Günter Brakelmann, Helmuth James von Moltke 1907-1945, München 2006, S. 232ff.

Auch Haeften, Yorck und Gerstenmaier waren „in der Beurteilung der Chancen viel positiver"[216] als Moltke. Schon 1942 hatte Haeften „konkrete Hoffnungen auf eine gewaltsame Beseitigung des Regimes mit Hilfe des Militärs"[217], wobei er wegen der Bindung an das 5. Gebot: „Du sollst nicht töten!", die von Goerdeler geforderte Auslieferung Hitlers an ein Gericht erhoffte, die auch Moltke vorschwebte.[218] Nun gab das „zu erheblichen Differenzen Anlass"[219], so daß Moltke ihnen eröffnen wollte, es sei besser, „sie tanzen diese Extratour ohne mich". Mit Yorck fand er bald „eine ziemlich einheitliche Linie"[220], fürchtete jedoch, „daß weitere Proben der Unmöglichkeit jenes Weges von uns verlangt werden", und sah darin einen Mangel an Geduld.[221] Das blieb bis zum 20. Juli 1944 das Problem.

Anfang Januar 1943 machte „in Dahlem der schauderhafte Fliegerangriff"[222] das Haeften'sche Haus unbewohnbar. Die Anstrengungen beim Löschen griffen die geschwächte Gesundheit Haeftens so an, daß er „restlos erledigt"[223] am 15. März einen Erholungsurlaub antreten mußte. Erst am 15. Juni konnte er seinen Dienst wieder aufnehmen. Auch wegen dieser Krankheit konnte er nicht am 12.–14. Juni bei der dritten Kreisauer Zusammenkunft sein. Aber vom Ergebnis war er „sehr angetan"[224]; die Begründung des Friedens „durch die verpflichtende Besinnung des Menschen auf die göttliche Ordnung"[225] und die Bestrafung der Rechtsschänder entsprachen seinem Wunsch. Auch an den „Grundsätzen für die Neuordnung"[226] war er beteiligt, ohne daß sein Einfluß genauer nachweisbar ist.[227]

---

[216] AaO., S. 455 (22.1.1943).
[217] Darstellung der Teilnahme von Dr. Melchers an der Widerstandsbewegung, in: Deutscher Bundestag, 1. Wahlperiode, Anlagen-Band 18, S. 76.
[218] Vgl. Haeften, Leben, S. 13; dies., Nichts Schriftliches, S. 83; zu Moltke Peter Hoffmann, Widerstand, Staatsstreich, Attentat. 3. Aufl. München 1979, S. 457.
[219] H.J. v. Moltke an Freya, 22.1.1943, in: Moltke, Briefe, S. 455.
[220] AaO., S. 456 (24.1.1943).
[221] Vgl. aaO., S. 454 (21.1.), 458 (4.3.1943).
[222] B. v. Haeften, in: Unsere Briefe, S. 151.
[223] H.B. v. Haeften an seine Frau, 16.3.1943.
[224] H.J. v. Moltke an Freya, 17.6.1943, in: Moltke, Briefe, S. 493.
[225] Grundlagen einer Außenpolitik für die Nachkriegszeit, in: Roon, Neuordnung, S. 550.
[226] Für „Deutsche Beteiligung an der Bestrafung für Schandtaten", „Bestrafung der Rechtsschänder" und „Instruktion für Verhandlungen über die Bestrafung [...] durch die Völkergemeinschaft" (Roon, Neuordnung, S. 553–560) entstanden am 23.7.1943 Neufassungen; „Grundsätze für die Neuordnung", „Weisung für die Landverweser" und „Sonderweisung" (Roon, Neuordnung, S. 561–571) sind datiert auf 9.8.1943.
[227] Vgl. H.J.v. Moltke an Freya, 18., 28., 29.7., 5., 6.8, in: Moltke, Briefe, S. 508, 513f., 519f.

Damit endete die Planungsarbeit des Kreises.

Haeften hat nach dem Zeugnis des befreundeten Anton Böhm weithin die Vorstellungen der Kreisauer geteilt.[228] „Im Abfall vom Christentum sah Haeften und sein Kreis den eigentlichen, geschichtsmetaphysischen Grund der drohenden Katastrophe." Darum sollte das deutsche Volk nach der Beseitigung Hitlers „von seinen Ressentiments, seinen Illusionen, seinen Minderwertigkeitsideen einerseits, seinen hybriden Machtansprüchen andererseits" befreit werden. Die „bare Dämonie des nationalsozialistischen Systems" sollte durch eine „gerechte Sozialordnung" und die „Erhaltung der persönlichen Freiheit des einzelnen" abgelöst werden, wobei Haeften den „immerwährend neu hergestellten Ausgleich zwischen Individualrechten und den Gemeinwohlansprüchen" als „Personalismus" bezeichnete.[229] Gemäß der Einsicht „des christlichen Staatsmanns" tendierte er zu „einer genossenschaftlichen Form des Sozialismus mit weitgehender betrieblicher Selbstverwaltung", wobei er in den Gewerkschaften „eine Hauptstütze des künftigen deutschen Staates erblickte." „Für Deutschland müßte Demokratie[230] außer Sozialismus auch Föderalismus bedeuten" und die Außenpolitik dem allgemeinen Frieden dienen; „im Frieden sah er eine christliche Aufgabe".

Die Fahrten Moltkes nach Süddeutschland, in die Türkei und nach Skandinavien waren die herausragenden Ereignisse bis zu seiner Verhaftung. Anfang Juli suchte er in Istanbul, Kontakte mit den westlichen Alliierten zu knüpfen. Diese Informationen und die Erwartung eines bevorstehenden Umsturzes[231] ließen Haeften hoffen: „Die Gunst der Lage ist gerade jetzt wieder ungeheuerlich, ganz unwahrscheinlich und ein Geschenk des Himmels. Man könnte den Ring an einer bestimmten Stelle aufschließen."[232] Aber seine Hoffnung auf Spaltung der Gegner trog: „Sand ist gar kein Ausdruck für das, was in der Bündnismaschine der Anderen steckt. Aber wir müssen uns in Geduld fassen, so wahnsinnig schwer das auch immer ist."

---

[228] Böhm, Haeften.
[229] Vgl. Moltke, unten, S. 350ff; Günter Schmölders, Personalistischer Sozialismus. Die Wirtschaftskonzeption des Kreisauer Kreises der deutschen Widerstandsbewegung, Köln 1969.
[230] Nach Böhm wollte Haeften eine Demokratie als „eine Folgerung aus dem ernstgenommenen Christentum, wegen des unendlichen Wertes der Einzelseele und der gleichen Bestimmung und der gleichen natürlichen personalen Rechte aller Menschen." Die liberale Theologie der Begründung entspricht aber nicht Haeften.
[231] Vgl. Peter Hoffmann, Claus Schenk Graf von Stauffenberg und seine Brüder, Stuttgart 1992, S. 306ff.
[232] H.B. v. Haeften an H. Krimm, 12.8.1943.

7. Der Weg zum 20. Juli und zum Tod

Am 19. Januar 1944 wurde Moltke verhaftet, drei Monate später Dohnanyi, Bonhoeffer und Joseph Müller. Da zugleich Oster kaltgestellt wurde und die Abwehr nicht mehr als Widerstandszentrum dienen konnte, bildete nun der von Olbricht, Tresckow und Stauffenberg ausgearbeitete Walküre-Plan die Grundlage zum Handeln. Die Kreisauer trafen sich zwar noch mehrfach, aber ihre entscheidende Frage war nun, ob sie sich Stauffenberg anschließen und die Attentatspläne unterstützen sollten.

Vor dieser Herausforderung stand auch Haeften, der seit Mitte Januar 1944 mit seinem Bruder Werner im Curtius'schen Haus zusammenwohnte; eine Sprengbombe hatte das Haus der Eltern Ende Dezember 1943 so „zerfetzt"[233], daß es ein Notdach erhielt. Werner setzte sich als Stauffenbergs „Adjutant"[234] für dessen Pläne ein, kämpfte aber zugleich mit dem damit gegebenen ethischen Konflikt. „Er gehörte nicht zu den Menschen, die sich unsittlicher Mittel zur Erreichung ethisch erwünschter Erfolge bedienen können."[235] Insofern teilte er die Gedanken seines Bruders, der dem befreundeten Wilhelm Melchers Anfang 1944 sagte: „Wir leben in einer Zeit, in der das Böse in der Welt ganz offensichtlich triumphiert. Das muß wohl zeitweise immer so sein. Das ist Gottes Wille und hat seinen Sinn. Die Weltgeschichte zeigt das. Unsere Bestimmung ist es, gegen das Böse zu kämpfen."[236] Aber welche Mittel waren in diesem Kampf gegen „die Ausgeburt der Hölle" erlaubt, welche geboten?

Mit seiner Frau, die sich wegen der Luftangriffe meist mit den Kindern auf dem mecklenburgischen Gut ihrer Eltern befand, war er sich einig, daß er nicht ungeduldig an der Verborgenheit Gottes irre werden dürfe.[237] Als Bestätigung las er ein Bismarck-Zitat, das seine Mutter in ein Buch mit dessen Reden eingetragen hatte und „dem Sinne nach etwa so lautet: ‚Wir können selber gar nichts tun; wir können nur stille halten und warten, bis wir den Schritt Gottes durch die Geschichte hallen hören. Dann muß man

---

[233] H.J. v. Moltke an Freya, 31.12.1943, in: Moltke, Briefe, S. 580.
[234] Da zu Stauffenbergs Stelle keine Adjutantur gehörte, war Haeften Ordonnanzoffizier, aber seine Aufgaben gingen wegen Stauffenbergs Verwundung darüber hinaus.
[235] Ruth Müller im Auftrage von Elisabeth Harmsen, Schwester von Hans Bernd und Werner von Haeften, an Ricarda Huch, 4.4.1947 (IfZ, ZS-A 26, Bd. 3).
[236] Darstellung der Teilnahme von Dr. Melchers, S. 80.
[237] Vgl. Bericht über die Dahlemer Adventspredigt im Brief an seine Frau, 11.12.1943.

vorspringen und einen Zipfel Seines Mantels zu erhaschen suchen."²³⁸

Ende Januar 1944 sah Werner eine Möglichkeit, an Hitler heranzukommen, und wollte sich dazu seine Pistole holen. Da rief ihn sein Bruder mit großem Ernst zur Verantwortung gegenüber den Geboten und fragte: Ist dies wirklich dein Auftrag von Gott?²³⁹ Diesem Maßstab konnte Werner nicht entsprechen, so daß er seinen kühnen Entschluß aufgab. Trotzdem beriet ihn Hans Bernd mehrfach bei der Attentatsplanung, wenn er von Gesprächen mit Stauffenberg nach Hause kam. Werner war sich der Verantwortung des Attentates bewußt: „Und wenn man Hitler beseitigt, dann gibt es keine Ausflüchte davor, ein Mörder zu sein, diese Schuld zu tragen und sich ihr zu stellen mit allen Konsequenzen."²⁴⁰

Immer wieder rang Haeften mit der Frage des Tyrannenmords. Wie Moltke bezweifelte er, daß schlechte Taten Gutes bewirken könnten. Noch Anfang Juli 1944 sagte er Stauffenberg, „von Gewalt komme nichts Gutes"²⁴¹. „Wir können nicht mit Gangster-Methoden arbeiten. Man kann den Teufel nicht mit Beelzebub austreiben"²⁴², meinte er zu seiner Frau und Werner. Im Juni warf er Trott vor, daß sie mit der Verbindung zu den „Alten" nicht gemäß ihrer Verabredung „Schluß gemacht"²⁴³ hätten. Aber Trott fragte, ob nicht „ein Mann wie Stauffenberg, der die militärische Lage und die fehlerhafte Führung beurteilen könne, zum Handeln verpflichtet sei"²⁴⁴. Im Ringen um Klarheit nahm Haeften kurz vor dem 20. Juli seinen nicht eingeweihten Freund Krimm zu einem Treffen mit Yorck, Trott und anderen mit, um die Frage des Gehorsams gegen die Obrigkeit und der Legitimität eines Attentats zu klären. Das wurde von den Freunden abgelehnt: „Zu sowas bringt man nicht seinen Pfarrer mit!" Dem konnte Krimm nur zustimmen.²⁴⁵

Nach der Verhaftung von Reichwein und Leber Anfang Juli sah Haeften das Ende kommen: „Allmählich verhaften sie uns einen nach dem ande-

---

[238] H.B. v. Haeften an seine Frau, 5.1.1944. Vgl. Arnold Oskar Meyer, Bismarcks Glaube, 5. Aufl. München 1942, S. 7.

[239] Vgl. Roon, Neuordnung, S. 158; Haeften, Nichts Schriftliches, S. 81; andere Perspektive bei Fabian von Schlabrendorff, Offiziere gegen Hitler, Frankfurt 1959, S. 132. Zur Datierung vgl. Hans-Adolf Jacobsen (Hg.), „Spiegelbild einer Verschwörung", Stuttgart 1984, S. 195 (zit. KB).

[240] Ruth Müller an Ricarda Huch, 4.4.1947.

[241] Urteil gegen Bernhard und Hans-Georg Klamroth, Egbert Hayessen, Wolf Heinrich Graf Helldorf, Adam von Trott zu Solz und Hans Bernd von Haeften (PA/AA, Inland II g, 59, R 100 740).

[242] Haeften, Leben, S. 16f.; vgl. Mt 12,24–28.

[243] Clarita von Trott an Hans Rothfels, 21.3.1950 (BAK, NL 213,28).

[244] KB, S. 195 (Hervorhebungen getilgt).

[245] Haeften, Leben, S. 45; Roon, Neuordnung, S. 158; Krimm mündlich 1984.

ren. Das geht so weiter."²⁴⁶ Deshalb rang er sich schließlich schweren Gewissens zu einer Beteiligung an dem Umsturz durch. Aber die Zweifel blieben. „Wenn ein Tyrannenmord überhaupt erlaubt ist, dann *im Aufstieg!* – Vor Stalingrad (...) hätte man handeln müssen," meinte er oft zu seiner Frau.²⁴⁷ An außenpolitische Konsequenzen der Tat glaubte er nicht mehr, sondern sah im Attentat nur die Bezeugung eines grundsätzlichen Nein gegenüber dem Bösen. Am Morgen des 20. Juli sagte er seiner Frau: „Jetzt geht es nur noch um eine geordnete Kapitulation."²⁴⁸

Vor dem 20. Juli war Haeften oft bei seiner Familie; seine jüngste Tochter wurde am 25. Juni getauft, und sein ältester Sohn hatte am 19. Juli Geburtstag. Am 11. und 15. Juli hatte Stauffenberg das Attentat unterlassen, weil Himmler und Göring fehlten. Am 20. Juli konnte er darauf keine Rücksicht mehr nehmen, wie Werner seinem Bruder am 19. verschlüsselt mitteilte.²⁴⁹ „Diesmal muß der Film ablaufen," sagte dieser seiner Frau, obwohl er skeptisch blieb. Schon früher war verabredet worden, daß er nach gelungenem Attentat „die Verantwortung für das Auswärtige Amt" übernehmen sollte, „eine Vollmacht dafür hatte er in der Tasche, und alle weiteren Schritte für den Umsturz und die Neuordnung des Amtes hatte er im Kopf. *Nichts* hatte er selbst schriftlich gemacht, weil er es für zu gefährlich hielt."²⁵⁰ Seiner Frau klagte er: „Du glaubst nicht, was ich alles im Kopf haben muß."

Am 20. Juli fuhr er nach Berlin, um zunächst anscheinend in die Bendlerstraße zu gehen.²⁵¹ Im AA informierte Trott ab 15 Uhr die Freunde wie Alexander Werth und Wilhelm Melchers. Die fast leere Wilhelmstraße ließ bald ein Gelingen des Umsturzes vermuten, obwohl der Rundfunk bereits das Mißglücken gemeldet hatte.²⁵² Als dann Haeften kam, sprach er sich mit Trott Mut zu. „Sie äußerten wiederholt, alles sei so ausgezeichnet vorbereitet, daß ein Mißlingen unmöglich sei". Haeften wartete auf einen Anruf seines Bruders, der ihn nach gelungenem Attentat anrufen sollte, damit er im AA die nötigen Sofortmaßnahmen, auch Verhaftungen, vornehmen sollte. Nach längerem Warten versuchten er und Trott, Werner anzurufen, was aber wiederholt erfolglos blieb. „Wir alle klammerten uns

---

²⁴⁶ Zit. Schwerin, Köpfe, S. 380.
²⁴⁷ Haeften, Leben, S. 12f.
²⁴⁸ AaO., S. 13.
²⁴⁹ Vgl. aaO., S. 12. Bereits am 14.7. hatte ihn sein Bruder über das geplante Attentat am 15.7. informiert; vgl. Urteil gegen Bernhard Klamroth u.a.
²⁵⁰ AaO., S. 14.
²⁵¹ Melchers, Darstellung, S. 84, berichtet Trotts Aussage, Haeften sei „bei den Militärs". Weiterhin folge ich seiner Darstellung, aaO., S. 84–86.
²⁵² Zu den Rundfunknachrichten vgl. Hoffmann, Widerstand, S. 540.

an den Gedanken, daß die Aktion doch offenbar fortgesetzt werde, da ja die Absperrung des Regierungsviertels weiter durchgeführt werde." Aber das Wachbataillon wurde abgezogen, Menschen und Verkehr strömten wieder über die Wilhelmstraße.

„Wieder setzte Haeften sich ans Telephon, um seinen Bruder zu erreichen. Haeften war kreidebleich. Aus seinen Augen sprach die aufkommende Erkenntnis der ungeheuerlichen Gefahr, in der wir uns befanden. Warum antwortete sein Bruder nicht?" Als das Überleben des „Führers" feststand, urteilte Haeften: „Dieser Mann ist mit dem Bösen im Bunde." Beide Freunde blieben bis 23 Uhr im Amt, aber es erfolgte nichts mehr. Getrennt erkundeten sie dann in der Bendlerstraße, was im OKW zu bemerken wäre, und trafen sich wieder am Rande des Grunewalds. „Dort wußten sie dann schon, daß Werner mit Stauffenberg, Olbricht und Merz v. Quirnheim im Hof der Bendlerstraße erschossen worden war."[253]

Am 21. Juli fuhr er „sehr verstört und totenblaß"[254] zu seiner Frau, um von ihr Abschied zu nehmen. Er wußte, daß die Gestapo ihn für seine Beteiligung am Umsturz zur Rechenschaft ziehen würde. Als seine Frau ihn fragte, ob sie nach seiner Verhaftung etwas für ihn tun könnte, antwortete er: „Das hat alles keinen Sinn – dann kann man nur noch beten."[255] Deshalb bat seine Frau ihn, sich nicht das Leben zu nehmen, was er versprach. „Peter [Yorck] tut es auch nicht." Schließlich fragte sie: „Was soll ich dir denn als Grabspruch schreiben? Er antwortete sofort, ohne erst nachzudenken: ‚In te speravi, Domine, non confundar in aeternum.'"[256] Die lateinische Fassung von Psalm 31,2: „Herr, auf Dich habe ich gehoffet, laß mich nimmermehr zuschanden werden."

Am 22. Juli fuhr er vormittags wieder nach Berlin zurück. Um keinen Verdacht zu erwecken, ging er ins AA, wo er bei Six eine Auskunft über Werners Verbleib einholen wollte.[257] Am Sonntag, den 23. Juli, war er in der Dahlemer St. Annenkirche zum Gottesdienst und nahm am Abendmahl teil. Bonhoeffers Schwager, Walter Dreß, predigte über Psalm 126: „Wenn der Herr die Gefangenen Zions erlöst ..."[258] Eine Einladung von Frau Dreß zum Mittagessen lehnte er ab, da er jeden Augenblick mit der Verhaftung rechnete. Aber diese kam erst am Abend, nachdem er mittags seiner Frau telephonisch ein Lebenszeichen gegeben hatte. Zwei Tage später wurde Trott verhaftet.

---

[253] Haeften, Leben, S. 15.
[254] AaO., S. 14.
[255] AaO., S. 15.
[256] Ebd.; in der Vulgata steht Domine vor speravi.
[257] Vgl. aaO., S. 18f.
[258] Abschiedsbrief von H.B. v. Haeften an seine Frau, 15.8.1944.

Haeften wurde „nur im Rahmen der Familienhaft wegen seines Bruders festgenommen"[259] und im Polizei- und Zellengefängnis Lehrter-Straße inhaftiert; verhört wurde er dort oder im Reichssicherheitshauptamt in der Prinz-Albrecht-Straße. Um Mitverschworene nicht zu belasten, bestritt er bei der ersten Befragung, den Attentatsplan seines Bruders zu kennen. „Durch Zeugenaussagen und Gegenüberstellungen überführt"[260], gestand er, „seit der zweiten Januarhälfte 1944"[261] hätte er durch seinen Bruder die Absicht des Umsturzes und seit Ende Juni die Rolle Stauffenbergs gekannt, sich aber „mit Rücksicht auf seinen Bruder nicht zur Anzeige entschlossen". Sein eigenes Engagement im Widerstand entging den Schergen des Regimes.

Bereits am 25. Juli wurde Barbara von Haeften wegen des Verdachts der Mitwisserschaft inhaftiert, als sie sich nach dem Schicksal ihres Mannes im Reichssicherheitshauptamt erkundigte.[262] Einer ihrer Briefe an ihren Mann, den er bei sich trug, hatte den Verdacht der Gestapo erweckt, so daß sie wie andere Frauen der Widerstandskämpfer in das Untersuchungsgefängnis Moabit eingewiesen wurde. Ihren Mann sollte sie nicht mehr sehen; Pfarrer Harald Poelchau, der treue Freund der gefangenen Mitverschwörer, konnte ihr nur die Todesnachricht in die Haft bringen. In Sippenhaft waren später auch Haeftens Mutter und Schwester fünf Wochen lang.[263] Barbara von Haeften wurde nach dem mehrfach mit Angst erwarteten, dann aber schnell überstandenen Verhör wie Clarita von Trott, Marion Gräfin Yorck und Annedore Leber am Tag nach Michaelis, am 30. September, freigelassen.

In der dritten Hauptverhandlung gegen die Männer des 20. Juli am 15. August stand Haeften mit Trott sowie Paul von Hase, Johann Georg Klamroth und Egbert Hayessen vor dem Volksgerichtshof; am Tag vorher war er aus dem Beamtenverhältnis ausgestoßen worden. Da die Untersuchungen nur ergeben hatten, daß er seine Kenntnisse vom geplanten Attentat nicht angezeigt hätte, warf ihm Freisler Verrat an der „Treue gegenüber

---

[259] Aktennotiz des Vizekonsuls im AA Gustav Adolf Sonnenhol, 11.8.1944, in: Winterhager, Porträt, Abbildung Kat.-Nr. 214a. Vgl. Aktennotiz des Vizekonsuls im AA Gustav Adolf Sonnenhol (PA/AA, R 100 740) über Auskunft von SS-Oberführer Panzinger, 25.7.1944: Bei Haeften sei „die ganze Angelegenheit noch unklar".
[260] AaO. Wurde er Trott gegenübergestellt? Im Abschiedsbrief vom 15.8.1944 richtete Haeften dessen Frau einen Gruß von ihm aus.
[261] KB, S. 195 (11.8.1944).
[262] Vgl. Haeften, Leben, S. 22ff.
[263] Vgl. aaO., S. 43.

dem Führer" vor.²⁶⁴ Haeften setzte dagegen: „Diese Treuepflicht habe ich nicht mehr empfunden", und begründete diese Antwort in leidenschaftlichem Ton mit „der Auffassung, die ich von der weltgeschichtlichen Rolle des Führers habe, nämlich daß er ein großer Vollstrecker des Bösen ist".²⁶⁵ Damit machte er Freisler für einen Augenblick sprachlos. Über die Anklage hinaus stellte er sich hinter seine Freunde und riß dem Dritten Reich die Maske herunter. Freisler konnte nur noch stotternd sagen: „Na, da ist ja eine Sache, da ist ja also kein Wort zu sagen". Haeften: „Jawohl". Freisler: „Ein feiner Beamter im Auswärtigen Dienst. Dann stelle ich aber eine andere Frage: Und Sie haben es gewagt, Beamter im Auswärtigen Amt zu sein?" Mit klarer Stimme antwortete Haeften „Ja." Freisler brach schreiend die Vernehmung ab: „Ja. So. Kein Wort weiter zu verlieren. Ich glaube, jede weitere Frage würde den Eindruck nur abschwächen!"

Nach der Verhandlung und dem bereits vorher feststehenden Todesurteil durfte Haeften den Abschiedsbrief, den einzigen Brief aus der Haft, schreiben.²⁶⁶ Nach einigen äußeren Dingen und der Sorge für die Kinder kam er nochmals auf die Frage des Grabspruches zurück, für den er nun ihren Trauspruch: „Gott ist Liebe; und wer in der Liebe bleibt, der bleibt in Gott und Gott in ihm" (1. Joh 4,16), und aus dem Römerbrief: „Leben wir, so leben wir dem Herrn usw." (Röm 14,8), richtig fand. In diesem Sinne bedenkt der Brief Schuld und Vergebung, Gegenwart und Zukunft, Angst und Hoffnung als Einweisung in Gottes gnädiges Handeln.

„Barbara, in diesen Haftwochen habe ich Gottes Gericht stillgehalten und meine ‚unerkannte Missetat'²⁶⁷ erkannt und vor Ihm bekannt. ‚Gottes Gebote halten und Liebe üben und demütig sein vor Deinem Gott'²⁶⁸: das ist die Regel gegen die ich verstoßen habe. Ich habe das fünfte Gebot [Du sollst nicht töten!] nicht heilig gehalten (obwohl ich einmal Werner damit zurückgerissen habe) und das Gebot des ‚Stilleseins und Harrens'²⁶⁹ habe

---

²⁶⁴ Bengt von zur Mühlen (Hg.), Die Angeklagten des 20. Juli vor dem Volksgerichtshof, Berlin-Kleinmachnow 2001, S. 215.

²⁶⁵ Die „haßerfüllten Worte" über Hitler, den „Großen Vollstrecker des Bösen" zitiert das Urteil gegen Bernhard Klamroth u.a., nachdem es Oberreichsanwalt Lautz in seinem Plädoyer aufgegriffen hatte, und der für Hitler bestimmte Prozeßbericht; vgl. Haeften, Nichts Schriftliches, S. 87; Winterhager, Porträt, S. 192.

²⁶⁶ Haeften, Leben, S. 47f.; dies., Nichts Schriftliches, S. 89f.; gekürzt in: Helmut Gollwitzer u.a. (Hg.), Du hast mich heimgesucht bei Nacht, München 1954, S. 258–260.

²⁶⁷ Vgl. Ps 90,8.

²⁶⁸ Micha 6,8.

²⁶⁹ Jes 30,15; Haeften vergleicht das Attentat mit Israels Politik der Stärke, die Jesaja verwirft; aber „wenn ihr umkehrtet und stille bliebet, so würde euch geholfen; durch Stillesein und Hoffen würdet ihr stark sein." Vgl. das Bismarck-Zitat oben, S. 168f.

ich nicht ernst genug genommen. Vor allem habe ich nicht Liebe geübt gegen Euch, die mir anvertraut waren. Um Euretwillen, um Muttis [Haeften] und der Eltern [Curtius] willen hätte ich von allem Abstand nehmen müssen. Bitte sage ihnen, zugleich mit meinem tiefsten Dank für all ihre Hilfe und Liebe, daß ich sie herzlich bitte, sie möchten mir verzeihen. Barbel, ich habe all dieses getan in der Meinung und in dem Willen, Recht zu tun vor Gott. In Wahrheit war ich ungehorsam, obwohl ich ehrlich gefleht habe, Er möge mich auf Seinen Wegen leiten, daß meine Füße nicht gleiten; sie sind geglitten. Warum? Ich habe in all den Zweifeln wohl nicht still und geduldig genug gewartet, bis Er Seinen Willen mir unzweideutig kundtat. Vielleicht war es auch so Sein unergründlicher, heiliger und heilsamer Ratschluß.

Liebste Frau, ich sterbe in der Gewißheit göttlicher Vergebung, Gnade und ewigen Heils; und in der gläubigen Zuversicht, daß Gott all das Unheil, Schmerz, Kummer, Not und Verlassenheit, das ich über Euch gebracht habe und das mir das Herz abpreßt, aus Seinem unermeßlichen Erbarmen in Segen wandeln kann, daß Er Euch alle an Seinen Vaterhänden auf Euren Erden-Wegen geleiten und endlich zu Sich ziehen wird. Der Herr, unser Erbarmer, wird auch Deinen Schmerz allmählich lindern, Deinen Kummer sänftigen, Dein Leid stillen. Deine Liebe wird die gleiche bleiben, denn „sie höret nimmer auf"[270].

Meine gute Barbara, ich danke Dir aus tiefstem Herzen für alle Liebe und allen Segen, die Du mir in den 14 Jahren unserer Ehe geschenkt hast. Bitte vergib mir allen Mangel an Liebe. Ich habe Dich sehr viel mehr lieb, als ich Dir gezeigt habe. Aber wir haben eine Ewigkeit vor uns, um uns unsere Liebe zu erweisen. Dieser Gedanke sei Dir ein Trost in der Trübsal Deiner Witwenjahre. Ich bin gewiß – sei Du es auch – daß wir beide mit allen unseren Lieben wieder vereinigt werden in Gottes unaussprechlichem Frieden (der vollkommenste Ruhe und zugleich seligste Bewegung im göttlichen Dienst ist), in der Anbetung und unmittelbaren Erfahrung göttlicher Liebe, in der wunderbaren Geborgenheit in des Heilands Gnade und Güte, in der erlösten Seligkeit der Gotteskindschaft. Auch schon auf Erden gehörst Du zum Leibe Christi, dessen Gliedschaft aufs innigste erfahren wird im Sakrament des Altars, in der Gegenwart des Herrn, der alle die Seinigen – sie mögen vor oder hinter der großen Verwandlung stehen – auf wunderbare Weise zusammenschließt.

Betet für mich den 126. Psalm; über ihn ging die letzte Predigt, die ich am Tage der Verhaftung in unserer Dorfkirche hörte. Und dazu betet den 103. Psalm, lobet und danket.

Mein letzter Gedanke, liebste Frau, wird sein, daß ich Euch meine Lie-

---

[270] 1Kor 13,8.

ben des Heilands Gnade und meinen Geist in Seine Hände befehle. So will ich glaubens*froh* sterben. Und ich möchte, meine liebe Barbel, daß auch Du ‚die immer heitere Frau von Haeften' *bleibst,* scherze und lache mit unseren Kindern, herze sie und sei fröhlich mit ihnen; sie brauchen Deine Frohnatur; und wisse, daß nichts *mehr* nach meinem Sinne sein könnte.

So grüße ich Euch, meine lieben Liebsten, mit dem alten Grußwort: ‚Freuet euch – freuet euch in dem Herrn allewege und abermals sage ich: freuet euch!‘[271] Und der Friede Gottes bewahre eure Herzen und Sinne in Christo.'[272]

Grüße und küsse von mir unsere lieben Kinder, den lieben Jannemann, den guten Dirkus, das treue Addalein, das köstliche Dörchen, das süße Ulrikchen. Und Dich selbst, meine liebe allerliebste Frau, meine gute herzliebste Barbara, Dich küsse ich und umarme Dich und halte Dich an meinem Herzen mit den tiefsten flehendsten Wünschen für Zeit und Ewigkeit!"

In diesem Abschiedsbrief ist der Tod eingebunden in den Ausblick auf Gottes Zukunft, die bereits Gegenwart ist. Die Erfahrungen des Glaubens, begründet in der Bibel und bedacht während seines Lebens und in Gesprächen mit Freunden, gaben Hans Bernd von Haeften die Kraft, in dieser Stunde die tröstende Hoffnung mit der glaubenden Erfahrung verbinden und mit einem Aufruf zur eschatologischen Freude enden zu können. Er hatte noch angefangen, seiner Mutter zu schreiben, aber dann wurde er zur Hinrichtung abgeführt.[273] In Plötzensee wurde er am 15. August 1944 mit dem Strang erhängt – ermordet. Trott, von dem der SD noch weitere Informationen erhoffte, folgte ihm am 26. August.

---

[271] Phil 4,4; Paulus schrieb an die Philipper aus dem Gefängnis (!).
[272] Phil 4,7 lautet vollständig: Der Friede Gottes, welcher höher ist denn alle Vernunft, bewahre eure Herzen und Sinne in Christo Jesu.
[273] Vgl. Haften, Leben, S. 53.

Kapitel V

Ernst von Harnack
15.7.1888 – 5.3.1945

Ernst von Harnack wuchs als ältester Sohn des Kirchenhistorikers und Wissenschaftsorganisators Adolf von Harnack in einem liberalen Elternhaus auf, das mit dem Erfolg des Gelehrten in die obersten Gesellschaftskreise aufstieg; 1914 wurde ihm der erbliche Adel verliehen.[1] Aber sein Sohn schloß sich 1919 der SPD an und setzte sich so zwischen alle Stühle. Die Potsdamer Gesellschaft mit ihrer preußisch-monarchistischen und soldatischen Prägung verachtete den sozialdemokratischen Regierungsassessor, auch die Partei betrachtete ihn als Fremdkörper, zumal er an der Religion festhielt. Nach der „Machtergreifung" der NSDAP nötigten ihn „alle politische Erfahrung, jede sittliche Erwägung, jede religiöse Überzeugung [...] zur schärfsten Ablehnung"[2].

1. Jahre des Werdens und Wirkens

Ernst von Harnack wurde 1888 in Marburg geboren, im gleichen Jahr wechselte sein Vater nach Berlin, wo er zu einem Gelehrten von Weltruf werden sollte. Angeregt durch den gesellschaftlichen Verkehr im väterlichen Hause und durch die Freundschaft mit den Kindern der zum Teil miteinander verwandten Familien der Professoren und leitenden Beamten im Grunewaldviertel entwickelte Ernst in seiner Jugend vielfältige Interessen. So war Ernst trotz des großen Altersunterschiedes mit seinem Vetter Justus Delbrück (1902 – Ende Oktober 1945), der seinerseits mit dem gleichaltrigen Klaus Bonhoeffer (1901–22.4.1945) eng verbunden war,

---

[1] Vgl. die klassische Biographie seiner Tochter Agnes von Zahn-Harnack, Adolf von Harnack, Berlin 1936; zur neueren Literatur vgl. Friedrich Wilhelm Kantzenbach, Harnack, in: TRE 14, S. 450–458.

[2] Axel von Harnack, Ernst von Harnack. Ein Kämpfer für Deutschlands Zukunft, Schwenningen 1951, S. 47; Verfasser dieses Lebensbilds ist sein jüngerer Bruder. Sein ältester Sohn hat die Zeit ab 1932 geschildert und dokumentiert: Ernst von Harnack, Jahre des Widerstands 1932–1945, hg. von Gustav-Adolf von Harnack, Pfullingen 1989. Vgl. auch Ricarda Huch, In einem Gedenkbuch zu sammeln ..., hg. von Wolfgang Matthias Schwiedrzik, Leipzig 1998, S. 133–138.

befreundet,³ und diese Verbindungen sollten im Widerstand wichtig werden. Seine oft kaum gezügelte Lebhaftigkeit sollte ihm später das Einleben in konventionell orientierte Kreise wie die Burschenschaft und das Kollegium der jungen Verwaltungsbeamten erschweren. Seine Liebe galt bei der Literatur besonders den Romantikern und bei der Musik der Bachzeit, nicht zuletzt wegen seiner Flöte, die ihn sein Leben lang begleiten sollte, im Schützengraben und bei der Hausmusik. Handwerklich begabt war er ein guter Zeichner, so daß auch das Studium der Architektur in Erwägung gezogen wurde.

Aber früh stand fest, daß er nach dem Abitur 1907 Rechtswissenschaften studieren würde. Er begann in Marburg, wo ihm Martin Rade, Professor der systematischen Theologie und Herausgeber der „Christlichen Welt", sein gastliches Haus öffnete. Der Titel dieser theologisch-liberalen Zeitschrift verwies auf das auch von Adolf von Harnack vertretene Programm, den christlichen Glauben und die Kultur wieder miteinander zu versöhnen.

Daß die Kräfte des Evangeliums „die alleinige Grundlage aller sittlichen Kultur"⁴ sind, hat Harnack auch für die „soziale Frage" in den berühmten Vorlesungen des Wintersemesters 1899/1900 über „Das Wesen des Christentums" entfaltet. „Das Evangelium predigt nicht nur Solidarität und Hilfeleistung – es hat an dieser Predigt seinen wesentlichen Inhalt. In diesem Sinne ist es im tiefsten sozialistisch, wie es im tiefsten individualistisch ist, weil es den unendlichen Wert jeder einzelnen Menschenseele feststellt."⁵ Deshalb würde Jesus nicht auf der Seite einer sozialistischen Partei stehen,⁶ sondern bei denen, „die sich kräftig bemühen, die schwere Notlage des arbeitenden Volkes zu lindern und ihm bessere Bedingungen des Daseins zu schaffen."⁷ Diesem patriarchalischen Modell entsprach das Programm des „Evangelisch-Sozialen Kongresses", dessen Vorsitzender Harnack 1903–1911 war.⁸

Dieses Engagement seines Vaters bildete den Hintergrund für die Erfahrungen des Sohnes, als dieser 1911 seine Berliner Studienjahre mit dem

---

³   Vgl. E. v. Harnack, Jahre, S. 174. Justus Delbrück entwickelte zudem ähnliche Interessen wie Ernst von Harnack; vgl. Eberhard Bethge/Renate Bethge (Hg.), Letzte Briefe im Widerstand, München 1984, S. 93ff.
⁴   Adolf von Harnack, Das Wesen des Christentums, München-Hamburg 1964, S. 82, als Zitat von Houston St. Chamberlain.
⁵   AaO., S. 69.
⁶   Vgl. aaO., S. 71.
⁷   AaO., S. 69.
⁸   Vgl. Zahn-Harnack, Harnack, S. 371–377; Gottfried Kretschmar, Der Evangelisch-Soziale Kongreß, Stuttgart 1972.

Examen abgeschlossen hatte und die Justizausbildung am Amtsgericht Lichterfelde begann. „Zum ersten Male blickte er in die Welt der kleinen Leute mit ihren kümmerlichen Sorgen, den Mietstreitigkeiten, dem Hausklatsch zwischen Vorder- und Hinterhaus, den Forderungen und Schulden [...]. Sein soziales Gewissen wuchs und verfeinerte sich in diesen Beobachtungen."[9] Nach dem Militärdienst sollten sich diese Eindrücke für den Regierungsreferendar in Oppeln angesichts der oberschlesischen Wirtschaftsprobleme vertiefen. In der inneren Verwaltung lernte er die sozialpolitischen Fragen aus der Sicht der Verwaltung kennen. Als er sich im Frühjahr 1914 mit Änne Wiggert verlobte, deren Vater Direktor der Staatlichen Bergwerke in Oberschlesien war, konnte er auch die Aspekte der Wirtschaft beobachten.

Aber im August begann der Weltkrieg. „Die Teilnahme am Krieg hat Ernst v. Harnack aufs tiefste erschüttert, innerlich umgeformt, an seinen Kräften gezehrt und dabei sein Wesen zur Reife gebracht."[10] Die ersten zwei Jahre führten zu einer solchen Überanstrengung, daß er die volle Felddienstfähigkeit verlor und in der Verwaltung Polens eingesetzt wurde. „Im Felde und noch stärker in der Etappe und später in der Verwaltung in Polen sah er den Druck, unter dem der kleine Mann steht [...] durch den ganzen Katalog sozialer Mißstände."[11] Der einfache Soldat kämpfte, wie Harnack schrieb, „für Deutschland, von dem ihm nicht soviel Erde gehört, wie in einen Blumentopf geht"[12]. So traf ihn der Umsturz im November 1918 nicht unvorbereitet, nachdem er im Sommer Regierungsassessor in der Regierung Potsdam geworden war.

Seine Erfahrungen führten Harnack in die SPD, wo er sich gegen deren antichristliche Tendenz für eine Achtung der religiösen Überzeugungen einsetzte. Seine Heimat in der Partei wurde deshalb die kleine Gruppe der Religiösen Sozialisten, die wie er aus religiös-ethischen Gründen – zumeist vom theologischen Liberalismus aus – für den Sozialismus eintraten.[13] Eine enge Freundschaft entstand 1919 zu dem Berliner Pfarrer Günther Dehn, in dessen „Bund sozialistischer Kirchenfreunde" er mitarbeitete.[14] 1921 sagte er Jungsozialisten in Stettin: „Wenn die Sozialdemokratische

---

[9] Harnack, Kämpfer, S. 17.
[10] AaO., S. 22.
[11] AaO., S. 24f. (Zeichensetzung verändert).
[12] Zit. aaO., S. 25.
[13] Vgl. zu Entstehung und Zentren: Wolfgang Deresch (Hg.), Der Glaube der religiösen Sozialisten, Hamburg 1972, bes. S. 18–41; Renate Breipohl, Religiöser Sozialismus und bürgerliches Geschichtsbewußtsein, Zürich 1971; Daniela Dunkel, Religiöser Sozialismus, in: TRE 28 (1997), S. 504–513 (Literatur!)
[14] Vgl. Günther Dehn, Die alte Zeit – die vorigen Jahre, München 1964, S. 85. 214.

Partei die Kirche nicht in irgendeiner Form mit übernimmt, ist ihr Ende bald abzusehen."[15] Er gehörte nicht zu den Gruppen der Religiösen Sozialisten, die im Sozialismus religiöse Kräfte sahen, sondern der „Bund" betonte die christliche Aufgabe der sozialen Verantwortung, ohne eine kirchenpolitische Vereinigung zu sein.

Das war durchaus auf der Linie seines Vaters gedacht, der aber wegen der gesellschaftlichen Folgen den Schritt in die SPD zurückhaltend beurteilte, ohne ihn dem Sohn auszureden. Tatsächlich dauerte es lange, bis die Partei ihn trotz seiner bürgerlichen Herkunft anerkannte und den beruflichen Aufstieg förderte: Referent im Kultusministerium, Landrat in Hersfeld, Vizepräsident in Hannover und Köln und ab 1929 Regierungspräsident von Merseburg.

Als „Erbteil vom Vater"[16] pflegte er in allen Dienststellungen eine „besondere Anteilnahme am evangelischen Pfarrerstand und an seinen Anliegen, aber auch an der Kirchenpolitik". Sein Hauptgebiet war jedoch die Verwaltung, über die er nach dem Ausscheiden aus dem Dienst aufgrund seiner Erfahrungen „Die Praxis der Öffentlichen Verwaltung" schrieb; das Buch erschien 1936, erhielt aber durch die Reichsschrifttumskammer ein Auslieferungsverbot.

Die glückliche Zeit in Merseburg war bereits 1932 durch den „Staatsstreich in Preußen" beendet worden, als Reichskanzler von Papen am 20. Juli die Regierung Braun stürzte und gleichzeitig die profiliertesten, der SPD oder dem Zentrum angehörenden Ober- und Regierungspräsidenten beurlaubte bzw. in den einstweiligen Ruhestand versetzte.[17] Die Begründung war zwar rechtlich nicht haltbar, aber nicht revidierbar, obwohl auch die bürgerliche Presse Harnacks Wirken anerkannte.

Harnack zog nach Berlin, wo er in Zehlendorf „bald wieder ein schönes Heim für die geliebte Frau und die geliebten Kinder" schuf, „wo trotz der Schatten, die darauf fielen, heitere Geselligkeit wie auch die Musik gepflegt wurde."[18] Er fand 1937 eine Anstellung als einfacher Arbeiter in der Firma Hollerith und betätigte sich ab 1938 als Handelsvertreter der Sommerfelder Tuchfabrik. Als diese Tätigkeit wegen des Kriegs ein Ende fand, übernahm er gern den Auftrag, „Bestand und Erhaltung der bedeutsamen Grabstätten und Friedhöfe in Groß-Berlin"[19] in einer Denkschrift zu erfassen.

---

[15] Zit. Harnack, Kämpfer, S. 26.
[16] AaO., S. 32.
[17] Vgl. Harnack, Jahre, S. 18ff.
[18] Huch, Gedenkbuch, S. 135.
[19] Zit. Harnack, Jahre, S. 138.

2. Widerstehen und Kampf um die Kirche

Nach dem Ende seiner amtlichen Tätigkeit galt Harnacks Kampf dem Anwachsen der NSDAP. „Man hat erreicht, daß die regierungstreuen Beamten nichts mehr zu *sagen* haben, aber man kann uns das *Reden* nicht verbieten, – und wir *werden* reden, daß den Feinden der Republik die Ohren gellen!"[20] So begann seine Ansprache auf einer Kundgebung der „Eisernen Front" im Stadion Hamborn-Maxloh Ende August 1932.

Am 6. November 1932 sollten wieder Reichstagswahlen sein, bereits eine Woche später am 12.–14. November Kirchenwahlen in der preußischen Landeskirche. Deshalb wandte sich Harnack am Reformationstag bei einer öffentlichen Kundgebung der Religiösen Sozialisten in Breslau scharf gegen die „Deutschen Christen" als „Kampfgruppe, die vom Braunen Haus in München nun gegen die evangelische Kirche vorgeschickt wird"[21]. Sarkastisch will er ihnen „das deutsche Gewand ein wenig lüften und nach dem braunen Hemd darunter Ausschau halten, das diesen deutschen Christen gemein ist".

Aber er griff die Deutschen Christen (DC) nicht nur politisch an, er deckte die antichristliche Position ihrer „Richtlinien" auf, die sich gemäß dem Parteiprogramm der NSDAP „zu einem bejahenden artgemäßen Christus-Glauben, wie er deutschem Luthergeist und heldischer Frömmigkeit entspricht," bekennen und „Rasse, Volkstum und Nation als von Gott geschenkte und anvertraute Lebensordnungen" ansehen.[22] Für Harnack fällt dieses Programm „unter den Begriff der Gotteslästerung […], ebenfalls unter die Lästerung der Grundsätze des Christentums. Wenn je eine große Religion mit dem Anspruch auftreten konnte, Weltgeltung zu haben, zu besitzen und sich an alle zu wenden, dann ist es das Christentum gewesen. Wir wollen an dem Pfingsterlebnis festhalten, an jener religiösen Ekstase, wo die Grenzpfähle der Völker zu fallen schienen. Aus diesem Grunde erscheint es mir ein großer Wahnwitz gewesen zu sein, daß man ausgerechnet die Rasse als ein besonderes Geschenk des lieben Gottes hinstellt. […] Ja, man will es nicht einmal wahr haben, daß der große Stifter unserer Religion ein Jude gewesen ist."[23] Deutlich steht er auch als Religiöser Sozialist den Anschauungen seines Vaters nahe, obwohl dessen Schüler damals vielfach schweigen. Am Schluß formulierte er scharf:

---

[20] AaO., S. 26.
[21] AaO., S. 30.
[22] E. v. Harnack zitiert (aaO., S. 30f.) aus den "Richtlinien der Glaubensbewegung ‚Deutsche Christen'" vom 26. Mai 1932; abgedruckt in: Joachim Beckmann (Hg.), Kirchliches Jahrbuch 1933–1944, Gütersloh 1948, S. 14f.
[23] E. v. Harnack, Jahre, S. 31f.

„Christuskreuz oder Hakenkreuz? Es kann nur das eine oder das andere geben. Und wer mit dem Hakenkreuz in die Kirche geht – z.B. in einem kleinen Ort sind fünf Konfirmanden in Hitleruniform erschienen – der muß zum Tempel hinausgejagt werden."[24]

Deshalb rief er auch in einem Zeitungsartikel „alle der Landeskirche angehörenden Sozialisten, Männer und Frauen, zur *organisierten Abwehr* durch *Beteiligung an den Kirchenwahlen* auf. Unser Abwehrkampf gilt aber nicht allein der Reinerhaltung der religiösen Heimstätte. Er richtet sich auch gegen die Gefahren für *Republik* und *Sozialismus*, die mit einer vollkommenen Faschisierung der Evangelischen Landskirche verbunden wären."[25]

Noch konnten die DC nur ein Drittel der Stimmen gewinnen, aber am 30. Januar 1933 feierte die NSDAP ihre „Machtergreifung" und die Gegner bekamen ihre Macht zu spüren. Harnack half, wo er helfen konnte. Das war wohl ein Grund dafür, daß er während eines Erholungsurlaubs am Bodensee ohne Haftbefehl in „Schutzhaft" genommen wurde, die er vom 13. bis 29. Juli 1933 im Bezirksgefängnis Überlingen verbrachte. Ebenfalls im Juli wurde er wie andere Demokraten und „Nicht-Arier" aufgrund des „Gesetzes zur Wiederherstellung des Berufsbeamtentums" vom 7.4.1933 zwangspensioniert. Dagegen legte er am 10. Juli Widerspruch ein, weil er aufgrund seiner Ausbildung und nicht der Parteizugehörigkeit für den Höheren Verwaltungsdienst qualifiziert sei, aber wesentlich war ihm das Bekenntnis: „Ich vermag auf Grund meiner dienstlichen und politischen Erfahrungen nicht zu glauben, daß die Beseitigung der demokratischen Willensbildung [...] sich segensreich auswirken werde. Die gleiche Befürchtung hege ich hinsichtlich der Zurücksetzung der nichtarischen Volksgenossen. Die Behandlung der Rassenfrage ist zudem mit meinen religiösen Überzeugungen unvereinbar."[26] Deshalb half er einzelnen Juden[27] durch Verstecken und Beraten; der Reichspogrom vom 9./10. November 1938 sollte ihn tief erschüttern.[28]

Seine Sorge galt besonders der Entwicklung in der evangelischen Kirche. In einem Brief zur Konfirmation seines zweiten, jüngsten Sohnes wies er am 22. März 1935 darauf hin, daß die Kirche sich „in einem tragischen Zustand der Schwäche"[29] befinde, die aber „nicht erst durch die Eingriffe der jüngsten Zeit herbeigeführt, wohl aber durch sie offenbart worden" sei.

---

[24] AaO., S. 33.
[25] AaO., S. 35.
[26] AaO., S. 54.
[27] Vgl. aaO., S. 79ff. 124.
[28] Vgl. aaO., S. 126.
[29] AaO., S. 60.

„Es wäre voreilig, daraus zu schließen, daß die Ströme religiösen Lebens in unserem Volke im Versiegen seien. Sie sind noch da, aber sie verlaufen unter der Oberfläche, haben zur Zeit keine Gemeinschafts-bildende und -bindende Kraft. [...] So müssen wir uns vorerst damit bescheiden, dem Evangelischen Glauben und seiner Kirche als *Einzelne* zu dienen und die Treue zu halten. Dabei gebe ich in meines Herzens Grunde die Hoffnung nicht auf, daß die Evangelische Sache auch einmal wieder Volkssache werden wird."

„Wie weiträumig diese Kirche angelegt ist," verdeutlichte er mit dem Hinweis auf „das Nebeneinander von Theodosius und Adolf Harnack", seinem konservativ-lutherischen Großvater und seinem liberalen Vater. Wie wichtig ihm die Kirche war, zeigt sein ausführlicher Brief vom Oktober 1937 über seine Einstellung zum Kirchenkampf. Bei diesem gehe es um mehr als um „eine bloße Säkularisation von Außenpositionen, deren Betreuung die Kirche – ohne ihren zentralen Aufgaben untreu zu werden – der weltlichen Gewalt hätte überlassen dürfen"[30]; denn „der Totalitätsanspruch der NSDAP erstreckt sich *praktisch* auch auf das Religiöse. Darum *muß* es zum Kampf kommen, wenn der integrale Nationalsozialismus auf das klare Evangelium stößt." Deshalb beklagte er, „daß es weithin *nicht* zum Kampfe" gekommen ist, weil die Kirche sich in einem „gefährlichen Schwebezustand [...] schon länger als hundert Jahre lang befindet", wobei sich die Analyse des theologisch liberalen Harnack mit der Liberalismuskritik Karl Barths traf. Heute ginge es aber nicht um „die gewohnten kirchlichen Richtungsstreitigkeiten", sondern „um die verfassungsmäßige und dogmatische Autonomie der Kirche"[31].

„Es ist ein bleibendes Verdienst der kirchlichen *Rechten* in Deutschland, den doppelten Angriff schnell erkannt und ihm entschieden Widerstand geboten zu haben. Das Verdienst wiegt um so schwerer, wenn man sich daran erinnert, wie freudig in diesen Kreisen die Abkehr des Nationalsozialismus von der politischen Demokratie und sein Übergang zu einem autoritären, im engeren Sinne nationalen Regime begrüßt worden war. Deutlich wird hierdurch unterstrichen, daß der Kirchenkampf wirklich um religiöse Anliegen und nicht um getarnte allgemeinpolitische Ziele geführt wird."

Aber die „kirchliche Rechte" behindere auch diesen Kampf durch die „Behauptung der Orthodoxie, man könne zu den christlichen Grundwahrheiten nur durch die Engpässe einer komplizierten [...] theologischen Dogmatik vordringen"[32]. Harnack urteilte gemäß der Theologie seines

---

[30] AaO., S. 112.
[31] AaO., S. 113.
[32] AaO., S. 113f.

Vaters, wenn er diese Dogmatik „einer primitiveren, niedrigeren Religionsstufe" zuwies und als Hindernis für „ernste religiös gestimmte Menschen" ansah. „Die einen duldeten nunmehr kampflos das Eindringen außerchristlicher Elemente, die anderen gingen in die Indifferenz oder wechselten gar in das Christentumsgegnerische Lager hinüber. [...] Als aber die Belastungsprobe kam, versagten aber keineswegs *alle* Nichtorthodoxen. Wer von den Grundtatsachen durchdrungen war – ich umreiße sie mit den Begriffen der Gotteskindschaft, der Sündenvergebung und der dienenden Nächstenliebe – der stand fest."[33] Denn „was die Bekenntnisfront *tatsächlich* zusammenhält, das sind *nicht* die Bekenntnisse im Wortsinne, *nicht* Apostolikum, Augustana usw., sondern die genannten, aus der Botschaft Jesu ohne weiteres abzuleitenden Grundtatsachen".

„Im Kirchenkampf des Protestantismus verläuft die entscheidende Frontlinie nicht zwischen Orthodox und Liberal. [...] Tatsächlich sind Staat und Kirche die beiden Antagonisten. [...] Jeder Befriedungsversuch, der um diesen Grundkonflikt herumginge, wäre zwecklos, ja gefährlich" und darf nicht von Gruppen der Mitte wie dem „Wittenberger Bund"[34] versucht werden. „Soweit die Kirche überhaupt aktionsfähig ist, findet sie in der BK ein Sprachrohr."

Charakteristisch erscheint, daß die Formulierung der „Grundtatsachen" auf das "Wesen des Christentums" seines Vaters Adolf von Harnack verweist, während die theologische Intention der Barmer "Theologischen Erklärung" bei der Kennzeichnung der Orthodoxen übergangen wird. Vielleicht hat Harnack das wegen der Briefpartnerin unterlassen oder kannte sie nicht, obwohl Dietrich Bonhoeffer in der Nähe wohnte und vielfach als Musizierender an der Hausmusik teilnahm.[35] Wie in seinen Reden von 1932 verband er eine theologisch liberale Grundeinstellung mit einer politischen Analyse. Dankbar sah er, daß in „der Juniorpartnerschaft an der Bekenntnisfront [...] die Liberalen (ich brauche den Begriff mit Vorbehalt) doch auch inneren Gewinn [...] gehabt (haben). Der Sinn für das Wesen der Kirche ist in ihnen entwickelt und gestärkt worden".[36]

3. Widerstand und Tod

Die Kontakte zu seinen ehemaligen Parteigenossen und anderen politisch

---

[33] AaO., S. 114. Damit urteilte er abgewogener als Kantzenbach, Harnack, S. 456.
[34] Vgl. Kurt Meier, Der evangelische Kirchenkampf, II, 2. Aufl. Göttingen 1984, S. 371ff.
[35] Vgl. Harnack, Jahre, S. 175.
[36] AaO., S. 115.

Gleichgesinnten dienten seit 1938 der Konspiration zum Sturz des Regimes, wobei sein Büro als Handelsvertreter ein unauffälliger Treffpunkt war. Aber bereits im Herbst 1938 während der Tschechenkrise fühlte er sich deshalb bedroht.[37] Ein verwandtschaftlicher Zusammenhang bestand mit dem Bonhoeffer-Dohnanyi-Kreis,[38] woraus sich weitere Kontakte ergaben, z.B. Ende 1937 zu Otto John, der bei der Lufthansa und im Widerstand eng mit Klaus Bonhoeffer zusammenarbeitete.[39] Bei den Sozialisten hielt er den in der Nachbarschaft wohnenden Julius Leber für eine herausragende Persönlichkeit, aber auch mit dem Gewerkschaftsführer Wilhelm Leuschner war er eng verbunden. Seit seiner Zeit als Regierungspräsident in Merseburg schätzte er Goerdeler als Verwaltungsfachmann, der ihm bei den häufigen Treffen neue Kontakte zu Mitgliedern des bürgerlichen Widerstandes eröffnete. So machte er Harnack mit Josef Wirmer bekannt, wie umgekehrt er ihn mit Klaus Bonhoeffer zusammenbrachte.[40] Daß er seine Kontakte weder politisch noch konfessionell eingrenzte, zeigen auch seine Beziehungen zu dem katholischen Juristen Hans Peters, der politisch für das Zentrum gewirkt hatte und nun zum Kreisauer Kreis gehörte.[41] Bei den Militärs stand er in Verbindung mit Ludwig Beck, ab 1942 der „Zentrale" des bürgerlich-militärischen Widerstandes, wobei die zahlreichen Besuche durch die Arbeit für die Gräberdatei als Fachinformation gedeckt wurden.

Die Katholiken Wirmer und Jakob Kaiser, die Sozialdemokraten Leber und Leuschner sowie der frühere Vorsitzende des Deutschen Handlungsgehilfenverbandes Max Habermann repräsentierten die Arbeiter- und Gewerkschaftsbewegung, die Harnack in den Widerstand integrieren sollte. Bereits im Oktober 1939 hatte er zusammen mit Klaus Bonhoeffer und Otto John in seinem Haus ein Treffen mit Leuschner und Leber sowie dem früheren Reichswehrminister Gustav Noske und Richard Kuenzer als Vertreter des ehemaligen Zentrums arrangiert, um Möglichkeiten einer

---

[37] Vgl. aaO., S. 174.
[38] Vgl. aaO., S. 174f.; Christoph Strohm, Der Widerstandskreis um Dietrich Bonhoeffer und Hans von Dohnanyi, in: Jürgen Schmädeke/Peter Steinbach (Hg.), Der Widerstand gegen den Nationalsozialismus, München 1984, S. 295–313. Im Taschenkalender von Hans von Dohnanyi ist Harnack erstmals 1937 mit Adresse notiert; vgl. Marikje Smid, Hans von Dohnanyi – Christine Bonhoeffer. Eine Ehe im Widerstand gegen Hitler, Gütersloh 2002, S. 171.
[39] Vgl. Otto John, „Falsch und zu spät". Der 20. Juli 1944, München 1984, S. 27. 94.
[40] Hans-Adolf Jacobsen (Hg.), "Spiegelbild einer Verschwörung", Stuttgart 1984, S. 178 (zit. KB). Entsprechend rechnen die "Kaltenbrunner-Berichte" Harnack zum Goerdeler-Kreis.
[41] Vgl. Ger van Roon, Neuordnung im Widerstand, München 1967, S. 114; Levin von Trott zu Solz, Hans Peters und der Kreisauer Kreis. Staatslehre im Widerstand, Paderborn 1997.

Zusammenarbeit der militärischen und zivilen Widerstandsgruppen, besonders zwischen den Militärs und den illegalen Führern der Arbeiterschaft in einer „Einheitsfront" auszuloten.[42] Deshalb verfaßte er angesichts des drohenden Westfeldzuges zusammen mit Otto John ein Memorandum für die Generalität, das besonders Generaloberst Walter von Brauchitsch als Oberbefehlshaber des Heeres durch die Darstellung der Breite des Widerstandes von der konservativen Rechten bis zu den Sozialisten zum Handeln bewegen sollte.[43] Entsprechend gab Beck ihm später den Auftrag, Leuschner und seine Freunde mit Goerdeler zu versöhnen, als sie über dessen Ministerliste im Unklaren und verärgert waren. „Das gelang seinem bewundernswerten Verhandlungsgeschick"[44] durch das mit Beck abgesprochene Angebot, daß Leuschner nach dem Umsturz als Reichskommissar für die Arbeitsfront sein Ziel der Einheitsgewerkschaft verfolgen sollte.

Diese Hinweise auf ein konspiratives Netz lassen Ähnlichkeiten zur Zusammensetzung des Kreisauer Kreises erkennen. Auch wegen der personellen Überschneidungen lag es nahe, daß Moltke Harnack als „Rekruten" anzuwerben versuchte. „Er hat mir wieder nicht ganz gefallen, aber ich habe die Zuversicht, daß er sich einordnet und richtig mitziehen wird."[45] Eine Differenz lag wohl darin, daß Harnack mit Leuschner für die Wiedererrichtung des „Allgemeinen Deutschen Gewerkschaftsbundes" eintrat, während Moltke entsprechend seiner Konzeption der Neuordnung des Staates für Betriebsgewerkschaften war. Entscheidender war wohl, daß Harnack für „die Beseitigung des Regimes mit einem Schlage"[46] durch das Militär eintrat. Deshalb hatte er bereits im Oktober 1939 zum Handeln getrieben und im September 1941 mit Louis P. Lochner, dem Leiter des Berliner Büros der Associated Press, eine Versammlung von zahlreichen Vertretern der Opposition im November vorbereitet, über deren Zusammensetzung und Ziele der Amerikaner seinem Präsidenten Franklin D. Roosevelt berichten sollte.[47] Demgegenüber erwartete Moltke die Überwindung des nationalsozialistischen Denkens durch den Verlust des Krieges. Solche Differenzen verhinderten eine Zusammenarbeit.

Am 20. Juli 1944 war Harnack aus geschäftlichen Gründen in Tirol,

---

[42] Vgl. Peter Hoffmann, Widerstand – Staatsstreich – Attentat, 3. Aufl. München 1979, S. 135; Dorothea Beck, Julius Leber. Sozialdemokrat zwischen Reform und Widerstand, Berlin1983, S. 168.
[43] Vgl. John, Falsch, S. 138; Hoffmann, Widerstand, S. 159. 169.
[44] John, Falsch, S. 136.
[45] Helmuth James von Moltke an seine Frau, 10.6.1942, in: ders., Briefe an Freya, hg. von Beate Ruhm von Oppen, München 1988, S. 376.
[46] Bericht von Yves Lecoq, zit. Harnack, Jahre, S. 173.
[47] Vgl. Hoffmann, Widerstand, S. 263.

fuhr aber am gleichen Tag nach Berlin, weil das Haus zerstört war, in dem sein Büro war. Durch wechselnde Aufenthalte in Deutschland hoffte er, sich anschließend der Gestapo zu entziehen, zumal er am Umsturzversuch nicht aktiv beteiligt war. So besuchte er am 15. September Ricarda Huch in Jena und war trotz der inzwischen erfolgten Verhaftungen noch voll Hoffnung auf „viele zu Tat und Opfer bereite Menschen"[48], aber am 29. September wurde er in der Wohnung eines von den Religiösen Sozialisten her befreundeten Pfarrers festgenommen[49] und in das Gestapo-Gefängnis in der Lehrter Straße eingeliefert.

Anders als die anderen hat er sich bald entschlossen, „die entwürdigende Prozedur des Untersuchungsverfahrens durch eine längere, für die Gestapo bestimmte Niederschrift abzukürzen"[50]. Er wollte zu seinem Handeln stehen. Im ersten Brief aus der Haft schrieb er: „Es steht ernst um mich, aber es ging um Großes, und ich bin nicht aus Leichtsinn in meine jetzige Lage geraten."[51] Angesichts der „seelischen Belastungen und Anfechtungen" war er Gott dankbar, daß er ihm „die Kräfte geschenkt" habe. „Nicht, daß ich die Welt schon überwunden hätte [vgl. Joh 16,33). Dieser große Abschluß wird noch manche bittere Arbeit und manche Geduld kosten. Auch mag es wohl sein, daß der Todesengel, der mich schon oft streifte, auch diesmal noch Zeit gibt. Aber es wäre töricht und unmännlich, alle Hoffnungen auf den Eintritt irdischer Wunder zu setzen. Das Wunder der Gnade ist es, dem ich zustrebe. Ich habe schon einen Strahl davon verspürt – sonst könnte ich diesen Brief nicht schreiben – und hoffe zu Gott, daß mich seine Gnade über alles Bangen um mein äußeres Schicksal hinwegtragen wird. Apokalyptische Zeiten wie diese mit ihren ständigen Gefährdungen und Verlusten lassen den Wert des Lebens gering erscheinen, den der Seele aber hell aufleuchten."

In der Gefängnissituation bestimmten ihn ein ethischer Imperativ und die Dankbarkeit für Gottes Zuwendung, so daß man die glückliche Formulierung Eberhard Bethges für Bonhoeffers Briefe aus der Haft „Widerstand und Ergebung" auch auf Harnacks Schreiben an die Familienmitglieder anwenden könnte: „Die *Aufgabe*, die uns bleibt, ist, daß wir eine würdige

---

[48] Huch, Gedenkbuch, S. 137.
[49] Frau v. Harnack berichtete ihrem Mann am 19.10.1944, ein Beamter hätte bei der Durchsuchung gesagt: „Gegen Ihren Mann liegt nicht das Geringste vor, er sollte nur über einige Mitglieder der früheren SPD Auskunft geben," aber sein auffälliges Verhalten hätte Verdacht erweckt; Harnack, Jahre, S. 192. Aber schon bei der Vernehmung Wirmers war Harnacks Name gefallen; Bericht vom 9.8.1944, in: KB, S. 178.
[50] Niederschrift des Kalfaktors Theo Baensch, zit. Harnack, Jahre, S. 185.
[51] Brief vom 28.10.1944, aaO., S. 193.

Haltung bewahren und dabei noch so viel Liebe in diese dunkle Welt ausstrahlen, wie irgend möglich ist. Und die *Gnade*, die uns wird, ist, daß wir selbst noch Liebe empfangen – Liebe aus der Höhe und Liebe von denen, die uns nahestehen."[52] In diese Spannung sind zugleich wesentliche Elemente seines Lebens als Religiöser Sozialist transformiert, wobei die Gnade einen neuen Stellenwert erhielt.

Zu Harnack gehörten auch seine künstlerischen Fähigkeiten, die sich zunächst in einem Drehbuch für einen Film über die Entwicklung des deutschen Bergbaues äußerten. Sie entfalteten sich jedoch überraschend am Abend, „wenn es in dem großen, geräuschvollen Hause allmählich still wird," in der Vorweihnachtszeit. „Ich ritze allerlei Krippenfiguren als Schattenrisse aus Resten von Verdunklungspapier, und zwar mit einem Nagel. Diese primitive Technik zwingt mich zu großer Vereinfachung, was der Eindringlichkeit meiner kleinen Arbeiten zugute kommt."

Nach seinem umfangreichen Geständnis gehörte zu den Hafterleichterungen auch die Möglichkeit der Lektüre. Er las Goethe und Dante, die auch zur Welt seines Vaters gehörten, aber besonders Bibel und Gesangbuch. In ihm markierte er von Philipp Spittas Lied „Bei dir, Jesu, will ich bleiben" die letzten beiden Zeilen: „... daß ich fröhlich zieh hinüber, / wie man nach der Heimat reist."[53]

Am 1. Februar 1945 fällte der Volksgerichtshof das Todesurteil.[54] Ricarda Huch, die im Hause des Vaters verkehrte und als achtzigjährige mutig einen Gruß in die Zelle schickte, berichtet: „Am Tage vor seinem Tode, am 4. März, spielte ihm auf seine Bitte sein Zellennachbar [Rüdiger Schleicher] drei Choräle auf der Geige: >Jerusalem, du hochgebaute Stadt<, eine Erinnerung an seinen Vater; >Wenn ich einmal soll scheiden< aus der Matthäuspassion, die zu hören ihn so manches Mal beseligt hatte, und einen alten lateinischen Hymnus: >Vexilla regis prodeunt – Des Königs Fahnen ziehn vorauf<."[55]

---

[52] Harnack an Tochter Annemarie, 10.11.1944, in: Harnack, Jahre, S. 197. Vgl. Brief an seinen Sohn Ernst, 29.11.1944, aaO., S. 199: „Was mir auferlegt ist, will ich mit Würde tragen. Das letzte Urteil überlasse ich der Geschichte, meine Seele aber befehle ich der Gnade des himmlischen Vaters."
[53] Huch, Gedenkbuch, S. 138 (das letzte Wort korrigiert).
[54] Abgedruckt in: Harnack, Jahre, S. 220ff.
[55] Huch, Gedenkbuch, S. 138. Der Hymnus des Fortunatus ist irrtümlich: „Vocilla regis prodeant" zitiert.

Kapitel VI

Ewald von Kleist-Schmenzin
22.3.1890 – 9.4.1945

Der pommersche Landedelmann war als monarchistischer Preuße ein Gegner der Weimarer Republik und lehnte Hitler seit der Bildung der „Harzburger Front" entschieden ab. Sein Widerstand wurzelte in einer konservativen Orientierung, die christlichen Glauben und Politik in engem Zusammenhang sah. Wie wenige andere Mitglieder der Widerstandsbewegung gegen Hitler begründete Kleist-Schmenzin seinen Einsatz gegen den Tyrannen im Glauben, der ihn auch zur Bekennenden Kirche führte. Auf der Grundlage von Zeitzeugenaussagen und den Aufsätzen Kleists hat Bodo Scheurig[1] 1968 eine von Verehrung geprägte Biographie vorgelegt.

1. Vom Kaiserreich zum Dritten Reich

Ewald Albert Friedrich Karl Leopold Arnold von Kleist wuchs in Dubberow, Kreis Belgard, auf und empfing durch seinen Vater Hermann und seine im Baltikum aufgewachsene Mutter Lili, geb. Gräfin von Kleist, seine konservative Prägung, zu der die Idee Preußens und die christliche Bindung gehörte. Der Glaube des Vaters war „von gerader, unpietistischer Frömmigkeit. Ihm entsprang seine patriarchalische Sorge für die ansässigen Gutsleute und das Gesinde des Hauses."[2] Während der Schulzeit auf dem humanistischen Gymnasium in Greifenberg an der Rega lernte der junge Kleist in der Bibelstunde des ehemaligen Generals Oskar von der Marwitz die erweckliche Frömmigkeit der „Gemeinschaft"[3] kennen, die aber kaum seinem Wesen entsprach. Als ihn jedoch als Primaner

---

[1] Bodo Scheurig, Ewald von Kleist-Schmenzin. Ein Konservativer gegen Hitler, überarbeitete Neuausgabe Frankfurt/M. 1994. Nicht im Druck erschienen ist Hans-Jürgen von Kleist-Retzow, Ein konservativer Revolutionär. Ewald von Kleist-Schmenzin, um 1960 (Archiv d. Verf.)

[2] Scheurig, Kleist-Schmenzin, S. 12.

[3] Vgl. Jörg Ohlemacher, Das Reich Gottes in Deutschland bauen (AGP 23), Göttingen 1986.

ein Blinddarmdurchbruch in Todesgefahr brachte, empfand er die unerwartete Genesung als „verpflichtende Gabe Gottes"[4].

Nach dem Abitur Ostern 1908 ging Kleist zum Jurastudium nach Leipzig. Familie und Schule hatten vielseitige Interessen für Geschichte, Literatur und Philosophie geweckt, aber bei der Studienwahl folgte er den Traditionen des Standes. Er trat allerdings statt in ein Korps in die nicht farbentragende Verbindung der Canitzer ein. Seine zarte körperliche Konstitution verschloß ihm die militärische Laufbahn. In Leipzig begegnete dem Studenten nach der agrarisch geprägten Welt Hinterpommerns mit ihrer traditionell ständischen Ordnung das durch Handel und Industrie geprägte Bild der Wilhelminischen Ära mit ihrem sozialen und gesellschaftlichen Wandel. Aber der geistige und wirtschaftliche Materialismus widersprach Kleists Konservatismus. Wohl auch in seinen Leipziger Erfahrungen wurzelte sein späteres Urteil: „Die Gründerjahre zeigen, wie erschreckend weit der Geist des Materialismus schon vorgedrungen war. Hätte man es zulassen dürfen, daß die Industrialisierung Deutschlands sich so vollzog, wie es geschah? Damit das deutsche Volk bald reich werde, die Volkswirtschaft sich hebe, ließ man es zu, daß Industrie und Handel aufblühte um den Preis, daß die Arbeiter unter Lebensbedingungen zusammengefercht (sic) wurden, unter denen die Seele, das köstlichste Gut eines Volkes, verderben mußte. [...] Aber unter der Herrschaft liberaler Ideen ließ man den Geist des Liberalismus sich verhängnisvoll auswirken."[5] Nicht Wilhelm II., sondern Wilhelm I. verkörperte die Autorität der Krone für Kleist, dessen Geburtstag zur Freude seiner Eltern mit dem dieses Kaisers zusammenfiel; als entscheidender Maßstab galt ihm der „Geist des friderizianischen Preußens"[6].

Nach vier Semestern und einem forstlichen Lehrjahr wechselte er an die Landesuniversität Greifswald, wo er sich in einer Seminararbeit der bedrängenden Landarbeiterfrage widmete. Noch im Gefängnis sah er für sie 1944 „nur eine Hilfe. Erst wenn der Glaube an Gott wieder herrschend ist und das Leben, Denken und Trachten der Menschen bestimmt, wenn sie nicht mehr begehren, was die Stadt bietet, wenn *Beständigkeit der Zustände* wieder einkehrt, erst dann wird das Streben zur Stadt und die Gefahr des Volkstodes beseitigt sein."[7] Nach dem Examen absolvierte er die Referendarstationen am Gericht in Greifswald und im Landratsamt

---

4   Zit. Kleist-Retzow, Revolutionär, S. 7.
5   Ewald von Kleist-Schmenzin, Reformation oder Revolution? (Schriftenreihe des Nahen Ostens), 3. Aufl. Berlin 1930, S. 7f.
6   Ders., Grundsätze und Aufgaben konservativer Arbeit (1929), in: Scheurig, Kleist-Schmenzin, S. 254.
7   Ders., Aufzeichnung vom 27.12.1944, in: Scheurig, Kleist-Schmenzin, S. 279.

Karthaus. Aber Bürokratie und Verwaltung befriedigten ihn nicht, weil er nach politischer Führung und eigenverantwortlicher Gestaltung strebte. Ein ernster Konflikt mit seiner Behörde ließ ihn den Abschied nehmen, kurz danach begann der Weltkrieg. Auch Kleist packte die Begeisterung der Augusttage 1914. Als Freiwilliger rückte er bei dem Bromberger Grenadier-Regiment zu Pferde ein, bei dem sein Vater als Rittmeister seinen Abschied genommen hatte, und unterwarf sich der harten Ausbildung. Innerhalb der I. Armee kämpfte sein Regiment an der Westfront. Kleist wurde zum Leutnant befördert, doch Rheuma verhinderte weiteren Waffendienst und erlaubte nur seinen Einsatz als Ordonnanzoffizier. Er teilte nicht die alldeutschen Hoffnungen auf einen Siegfrieden und deutsche Expansion, 1918 erwartete er eine Rettung durch Ludendorff, aber es folgte der Zusammenbruch. In Deutschland brach die Revolution los. Sie und die Republik sollten die entschieden bekämpften Gegner Kleists werden; der Krieg hatte seine konservativen Grundsätze nicht erschüttert. Mochte auch der Kaiser Preußen-Deutschland schmählich verlassen haben, Kleist blieb Monarchist – ohne König.

Ende September 1921 heiratete er die zehn Jahre jüngere Anning (Anna Antonie Mathilde) von der Osten, die Tochter des führenden Konservativen in der Neumark.[8] Sie stand ihrem Mann im Glauben, Denken und Handeln nahe. Dem Ehepaar wurden sechs Kinder geschenkt, bis Anning von Kleist am 3. Mai 1937 an Scharlach starb. Das war für ihren Mann ein schwerer Schlag, aber bereits ein Jahr später, am 17. Mai 1938, heiratete er eine Freundin seiner Frau, Alice Kuhlwein von Rathenow, die ihm harmonische Ruhe in der angespannten, gefahrvollen Zeit zu geben versuchte und noch eine Tochter und einen Sohn gebar.

Die Republik betrachtete Kleist-Schmenzin wegen der Revolution als illegal. Als Konservativer kämpfte er für die Wiederherstellung eines echten Staates gemäß preußischer Tradition. Solange dazu keine Gelegenheit bestand, sah er es als entscheidend an, „auf Dinge und Menschen so einzuwirken, daß das Gewollte möglich wird. Das Werkzeug dazu ist Macht, sichtbare und unsichtbare. Daher muß der Adel, um seine lebenswichtigen Aufgaben erfüllen zu können, ein gewisses Maß an Macht erringen und behaupten auf allen mit Politik irgendwie in Berührung stehenden Gebieten. [...] Er muß bereit sein, für jeden Fetzen des ihm

---

[8] Oskar von der Osten in Warnitz hatte 1916 als Mitbegründer des Verbandes der preußischen Landkreise Ulrich von Hassell als dessen Geschäftsführer gewonnen, woraus eine enge Freundschaft erwuchs; vgl. Ulrich von Hassell, Der Kreis schließt sich. Aufzeichnungen in der Haft 1944, Berlin 1994, S. 204ff.; Friedrich Frhr. Hiller von Gaertringen (Hg.), Die Hassell-Tagebücher, Berlin 1988, S. 10. Kleist missbilligte dagegen seine liberale und utilitaristische Tendenz.

zustehenden Einflusses zu kämpfen."⁹ Entsprechend dieser Forderung arbeitete er, nachdem ihm seine Großmutter mütterlicherseits im November 1918 die Verwaltung von Schmenzin und den dazugehörigen Gütern mit einer Größe von etwa 14 000 preußischen Morgen übertragen hatte. Seinen Arbeitern erklärte er feierlich: „Solange der König von Preußen widerrechtlich an der Ausübung der Regierung gehindert ist, übernehme ich diese hiermit stellvertretend für Schmenzin."¹⁰

Die erste Herausforderung bildete in der Erntezeit 1919 ein Landarbeiterstreik, bei dem Kleist die Großgrundbesitzer seines Heimatkreises Belgard hinter sich zum Widerstand versammelte. Nicht Klassenkampf, sondern der im Herbst 1919 gegründete Pommersche Landbund sollte als Vertretung der Gutsbesitzer und Arbeiter einen Ausgleich der Interessen im Sinne des suum cuique erreichen, wobei Kleist den Vorsitz der Arbeitgebergruppe übernahm; sein vier Jahre älterer Bruder Hermann-Conrad, der Erbe von Dubberow, leitete die Kreisgruppe Belgard. Die Versuche, im Frühjahr 1920 den Landbund durch Streiks zu sprengen, scheiterten nicht zuletzt am Widerstand des Schmenziners. Aber er wollte nicht nur Einfluß in Pommern gewinnen, sondern sich als Patriot für Deutschlands Zukunft einsetzen. Deshalb unterstützte er den Grenzschutz und die „Schwarze Reichswehr", indem er auf den Gütern seines Kreises Waffen vor dem Zugriff der alliierten Kontrolle versteckte und den Freikorps Unterschlupf gewährte. Als im März 1920 der Kapp-Lüttwitz-Putsch gegen die Republik losbrach, beteiligte er sich sofort und riß die politische Gewalt an sich, so daß es in Schmenzin zu Schießereien mit der Reichswehr kam.

Er war bereit, nicht nur mit Worten, sondern auch mit Waffen gegen die Republik zu kämpfen, aber Hitlers Putschversuch vom 9. November 1923 lehnte er ab, weil er alle geordneten Aufstandsversuche unmöglich machte. „Fortan begegnete er dem ‚Führer' der Nationalsozialisten mit Abneigung und Mißtrauen."¹¹ Er suchte jedoch Verbindungen zu rechten Gruppen wie dem Hochschulring deutscher Art, dem Stahlhelm und der Fichtegesellschaft sowie in der Deutschnationalen Volkspartei (DNVP). Und langsam fand er Beachtung. Ende 1924 riet Hauptmann Graf Brockdorff, Generalstabsoffizier beim Wehrkreis II in Stettin, dem damaligen Leiter des Politischen Referats im Reichswehrministerium, General Kurt

---

⁹ E. v. Kleist-Schmenzin, Adel und Preußentum, in: Süddeutsche Monatshefte 23, 1926, S. 379.
¹⁰ Bericht H.-J. v. Kleist-Retzow, zit. Scheurig, Kleist-Schmenzin, S. 33. Ausführlichere Version – ohne Nachweis – bei Jane Pejsa, Mit dem Mut einer Frau. Ruth von Kleist-Retzow, Matriarchin im Widerstand, Moers 1996, S. 174.
¹¹ Scheurig, Kleist-Schmenzin, S. 40, vgl. S. 89.

von Schleicher: „Den Namen eines Herrn aus Hinterpommern möchte ich noch erwähnen, weil er turmhoch über seinen Kollegen steht, ein Herr von Kleist-Schmenzin bei Belgard – Mitte 30 – *sehr* kluger und vernünftiger Mann – politisch nur hinter den Kulissen tätig."[12] Er war ein Mann des Gesprächs, der erst Ende der 20er Jahre auch publizistisch hervortrat.

In der Endphase der Republik exponierte sich Kleist deutlicher. Obwohl er Parteien und Parlamentarismus ablehnte, war er Mitglied der DNVP und unterstützte ihren antirepublikanischen Kurs, aber ihm fehlte bei diesem Zusammenschluß unterschiedlicher Strömungen konservative Eindeutigkeit und Stoßkraft. Erst recht beurteilte er die Partei kritisch, als sie 1925 und 1927 in die Kabinette Luther und Marx eintrat. Nun war sie zu Kompromissen gezwungen und mußte den zuvor bekämpften Dawes-Plan sowie Stresemanns „Erfüllungspolitik" mittragen. Als Konsequenz wertete der rechte Parteiflügel die starken Verluste bei der Reichstagswahl im Mai 1928; am 20. Oktober wurde Alfred Hugenberg neuer Vorsitzender der DNVP. Diesen Wirtschaftsmann hatte Kleist früher als „ganz spießigen Kerl"[13] abgelehnt, aber sein schroffer Oppositionskurs entsprach seinen Vorstellungen. Deshalb engagierte er sich im „Hauptverein der Deutschkonservativen"; am 13. April 1929 wurde er zum Vorsitzenden dieses „Großsiegelbewahrers des Konservatismus"[14] gewählt, der als Vereinigung der Deutschkonservativen ihre frühere Bedeutung verloren hatte und sich nun „Hauptverein der Konservativen" nannte.[15]

---

[12] Stettin, 8.12.1924, zit. Scheurig, Kleist-Schmenzin, S. 40.
[13] Mitteilung F. v. Schlabrendorff, zit. Scheurig, Kleist-Schmenzin, S. 68.
[14] Kleist-Schmenzin, Grundsätze, S. 240. Vgl. Jens Flemming, Konservatismus als „nationalrevolutionäre Bewegung". Konservative Kritik an der Deutschnationalen Volkspartei 1918–1933, in: Dirk Stegmann u.a. (Hg.), Deutscher Konservatismus. FS Fritz Fischer, Hamburg 1983, S. 295–331.
[15] Gegen Flemming, Konservatismus, S. 323ff., wird man Kleist kaum als Alldeutschen und als Vertreter deutschkonservativer Intentionen, also der Verteidigung des politisch-sozialen Status ostelbischer Großagrarier, verstehen können. Während des 1. Weltkriegs setzte er sich von den Alldeutschen ab, so daß er im Rahmen der Differenzierung der Konservativen um 1900 zu den christlich-altkonservativen Gruppierungen zu rechnen ist; vgl. zu dieser Aufgliederung Hans-Christof Kraus, Altkonservativismus und moderne politische Rechte, in: Thomas Nipperdey u.a. (Hg.), Weltbürgerkrieg der Ideologien. Antworten an Ernst Nolte, Berlin 1993, 108f. Christoph Weiling, Die „Christlich-deutsche Bewegung". Eine Studie zum konservativen Protestantismus in der Weimarer Republik (AKiZ.B 28), Göttingen 1998, S. 329, meint zwar, daß sich der Konservatismus der ausgehenden Weimarer Republik „kaum in verschiedene ideologische Richtungen oder gesellschaftliche Gruppierungen unterteilen" ließe, aber die Auseinandersetzungen Kleists in der DNVP und mit der NSDAP wiederholten Frontbildungen um 1900.

Energisch suchte Kleist ihre Isolation aufzubrechen und den Hauptverein zum Zentrum des Konservatismus zu machen, zum Kern einer „nationalrevolutionären Bewegung"[16], aber er sollte eine „Sekte ohne maßgebenden Einfluß"[17] bleiben. Kleists Hoffnungen auf ein Anwachsen der Konservativen erwiesen sich als illusionär, begründet in einer Fehleinschätzung der bestimmenden Kräfte in der Krise der Republik.

Seine „Konservativen Richtlinien" vom 2. Mai 1929 sollten mit dem Hauptverein alle Konservativen verpflichten. Kleist entfaltete sie am 10. Dezember vor der Mitgliederversammlung des Hauptvereins in Berlin: „Wir wissen wohl, daß wir entmachtet sind und entscheidende Erfolge nicht erzwingen können, aber eine erfolgreiche Politik würde sich doch treiben lassen, eine Politik, die dem Volke den Freiheitswillen nicht zerstört, sondern entfacht und sich damit selber wieder eine wirksame Waffe geschmiedet hätte. Wir wissen noch, was es heißt, einen Kampf zu führen um Ehre und Freiheit, und werden die letzte Kraft einsetzen für eine Politik, die diesen höchsten Gütern eines Volkes alles unterordnet."[18] Und das schloß eine grundlegende Veränderung ein, wie er 1930 in dem Heft „Reformation oder Revolution?"[19] betonte, weil das heutige System die notwendigen Reformen nicht zulasse und eine Ausweitung der Notverordnungen des Reichspräsidenten gemäß Artikel 48 der Reichsverfassung unter seinem Nachfolger „eine Befestigung des Parlamentarismus"[20] bedeuten würde. Entsprechend bezeichnete er die „Politik des Kabinetts Brüning" als „unser Unglück. Sie ist unverfälschte Politik des Systems. Es gilt mit allen Mitteln zu verhindern, daß diese Politik Unterstützung aus dem nationalen Lager erhält", hämmerte er dem Hauptverein am 23. Juli 1931 ein. Bei den erwarteten inneren Unruhen dürfe niemand „staatlichen Organen zwecks Wiederherstellung von Ruhe und Ordnung Hilfe [...] leisten, solange Brüning Kanzler ist."[21]

---

[16] Kleist-Schmenzin, Grundsätze, S. 246.
[17] Walter Görlitz, Widerstand gegen den Nationalsozialismus in Pommern, zit. Scheurig, Kleist-Schmenzin, S. 215.
[18] Kleist-Schmenzin, Grundsätze, S. 245.
[19] Ders., Reformation, erwartete noch nicht den Erfolg der NSDAP bei den Septemberwahlen; da auch die 3. Auflage 1930 datiert ist, ist die Erstausgabe wohl in der ersten Jahreshälfte erschienen. Dafür spricht auch die Nähe zu dem Aufsatz „Religiöskonservative Revolution" in: Der Nahe Osten v. 1.1.1930, S. 4–8.
[20] Ders., Reformation, S. 5.
[21] Ders., Was soll werden? (September 1931), zit. Scheurig, Kleist-Schmenzin, S. 83f. Die angeblichen Pläne und Gedanken Brünings ab 1931 betr. einer Wiederherstellung der Monarchie waren Kleist unbekannt; vgl. Friedrich Frhr. Hiller von Gaertringen, Zur Beurteilung des „Monarchismus" in der Weimarer Republik, in: Gotthard Jasper

Daß dieser Kurs wie bei der Ablehnung des Young-Planes – im Januar 1930 war er Mitglied des Reichsausschusses für das am 22. Dezember bereits gescheiterte Deutsche Volksbegehren geworden – keine Erfolge und der DNVP nach der Abspaltung gemäßigterer Gruppen einen weiteren Rückgang der Wählerstimmen brachte, irritierte Kleist nicht, weil er von demokratischen Mehrheiten nicht die notwendige Änderung erwartete. Wichtig war ihm die Gewinnung einzelner. „Es kann eine zahlenmäßig sehr schwache Minderheit genügen, wenn sie geschickt und rücksichtslos entschlossen geführt wird."[22] So entstand im Anschluß an eine Studententagung des Hochschulringes Deutscher Art auf Kleists Gut um 1930 die Freundschaft mit Fabian von Schlabrendorff (1.7.1907–1980), 1932/33 politischer Hilfsarbeiter des Staatssekretärs im Reichsinnenministerium Herbert von Bismarck.[23] Kontakt nahm er auf zu Ernst Jünger und anderen Gegnern der Republik, ohne dabei neben Anerkennung immer Zustimmung zu bekommen.[24]

Obwohl sich seine Position deutlich von den „Jungkonservativen" unterschied, veröffentlichte er Beiträge in der dem Erbe Moeller van den Brucks verpflichteten Zeitschrift „Der Nahe Osten". Er engagierte sich in dem zugehörigen Kreis, „der ein besonderes preußisches Bewußtsein pflegte, dessen Hauptelement neben dem Staatsgedanken das protestantische Bekenntnis war."[25] Als Kleist eine von ihren Studententagungen auf seinem Gut stattfinden ließ, lernte er den als Referenten eingeladenen Ernst Niekisch kennen, dessen Widerstand gegen Republik und Nazis sich mit demjenigen Kleists messen konnte, obwohl den Herausgeber der Zeitschrift „Der Widerstand. Blätter für sozialistische und nationalrevolutionäre Politik" trotz der gemeinsamen Verehrung für Preußen manches von Kleists Konservatismus trennte,[26] aber auch Schlabrendorff hatte zu

---

(Hg.), Tradition und Reform in der deutschen Politik. Gedenkschrift für Waldemar Besson, Frankfurt/M. 1976, S. 138, 172ff.; Herbert Hömig, Brüning. Kanzler in der Krise der Republik, Paderborn 2000, S. 489ff. Erst Ende 1932 erkannte Kleist: „Ich habe Brüning falsch eingeschätzt. Das wäre ein Mann gewesen, mit dem man hätte zusammengehen müssen." Kleist-Retzow, Revolutionmär, S. 42.

[22] Ders., Reformation, S. 32.
[23] Vgl. Fabian von Schlabrendorff, Begegnungen in fünf Jahrzehnten, Tübingen 1979, S. 101–148.
[24] Vgl. Scheurig, Kleist-Schmenzin, S. 78.
[25] Ernst Niekisch, Erinnerungen eines deutschen Revolutionärs, Bd. I, Köln 1974, S. 245. Kleist-Retzow, Revolutionär, S. 5, urteilt: „Geistig-politisch knüpfte er an Moeller van den Bruck an."
[26] Vgl. zuletzt Birgit Rätsch-Langejürgen, Das Prinzip Widerstand. Leben und Wirken von Ernst Niekisch, Bonn 1997.

Niekisch feste Beziehungen geknüpft.[27] In der Folgezeit trafen sich Niekisch und Kleist mehrfach, „ohne daß sich ein engeres Verhältnis herausgebildet hätte."[28] Erst 1933 wurden die Kontakte intensiver.

Kleists Ziel stand fest: „Die nationale Revolution muß eine religiöskonservative sein."[29] Dafür suchte er die evangelische Kirche zu gewinnen, die er als natürliche Stütze konservativer Positionen und als Möglichkeit zur Rückgewinnung geistigen Einflusses verstand, obwohl sie sich als „über den Parteien" stehend definierte.[30] Als die Verhandlungen Preußens mit der Evangelischen Kirche der altpreußischen Union über den Kirchenvertrag, das Pendant zum preußischen Konkordat von 1929, vor dem Abschluß standen,[31] formierte sich die Christlich-deutsche Bewegung (CdB).[32] Als ihr Sprecher trat Kleist am 15. November 1930 bei der Jahrestagung der „Vereinigten vaterländischen Verbände Deutschlands" in Berlin auf. Nachdem deren Vorsitzender, Rüdiger Graf von der Goltz, das Anwachsen der NSDAP bei den Reichstagswahlen begrüßt und die Versammlung die Bildung einer nationalen Regierung gefordert hatte, stellte Kleist die neue Gruppierung vor. Sie sollte der nationalen Bewegung vom Glauben her ein Fundament geben, weil gemäß ihrem wohl von Kleist formulierten Programm „nur auf christlicher Grundlage eine deutsche Zukunft erwachsen kann"[33].

Die nationalistischen Gruppierungen durch die CdB an den christlichen Glauben zu binden, war die volksmissionarische Intention ihres Initiators, Pastor Walter Wilm, der Kleist wegen seines Ansehens bei konservativen Kreisen als Führer neben Domprediger Bruno Doehring als theologischem Leiter gewonnen hatte. Der Wendung zu den noch christlichen oder bereits religiöse Mythen vertretenden Nationalisten entsprach andererseits die Forderung an die Kirche, als Volkskirche den nationalen

---

[27] Vgl. Schlabrendorff, Begegnungen, S. 75–100.
[28] Niekisch, Erinnerungen, S. 246.
[29] Kleist-Schmenzin, Reformation, S. 36.
[30] Vgl. Jonathan R. C. Wright, „Über den Parteien". Die politische Haltung der evangelischen Kirchenführer 1918–1933 (AKiZ.B 2), Göttingen 1977.
[31] Zum preußischen Staatskirchenvertrag vgl. Eckhard Lessing, Zwischen Bekenntnis und Volkskirche, Bielefeld 1992, S. 32–37; Gerhard Besier, Die neue preußische Kirchenverfassung und die Bildung des Deutschen Evangelischen Kirchenbundes, in: ders./Eckhard Lessing (Hg.), Die Geschichte der Evangelischen Kirche der Union, Bd. 3, Leipzig 1999, S. 112–117.
[32] Vgl. Weiling, Bewegung.
[33] Programm der CdB von Ende 1930, zit. Weiling, Bewegung, S. 21.

Gedanken zu unterstützen.³⁴ „Auch sie muß ihre Glieder anhalten zum Kampf gegen Bestrebungen weltlicher Macht, [die] die göttlichen Ordnungen, Staat, Ehe, Familie und alle anderen auflösen wollen. Sie darf der Entscheidung nicht ausweichen, auf daß unserem Volk wieder Obrigkeit geschenkt werde."³⁵ Diese Kleists Intentionen entsprechende Forderung bestimmte den Kampf gegen den Kirchenvertrag. Daß nach dessen „politischer Klausel" nur Personen mit einer loyalen Haltung zur Verfassung im höheren Kirchendienst tätig sein und deshalb der Staat ein Einspruchsrecht bei Besetzungen haben sollte, erschien der CdB als Eingriff in die Freiheit der Kirche. Für Kleist war das sozialdemokratisch regierte Preußen „ein der Kirche gegensätzliches, gottwidriges Wesen"³⁶, dessen „Einwirkung auf innere Dinge der Kirche" er entschieden ablehnte. Während die Generalsynode im April 1931 den Vertragsentwurf mit 166 gegen 47 Stimmen annahm, gab er als Synodaler zu Protokoll, die Synode hätte ihn ablehnen müssen „mit der Begründung, daß sie es mit ihrer Glaubenshaltung nicht vereinbaren könnte, etwas auf die Kirche einwirken zu lassen, was wider Gott ist."

Nach der Niederlage suchte die CdB ihren Einfluß durch persönliche Kontakte und Zusammenkünfte zu stärken. Aber wie das konservative Lager war die CdB keine Einheit, wobei sich besonders das Verhältnis zur NSDAP als Problem zeigte. Für die Vereinbarkeit von Christentum und Nationalsozialismus trat besonders Friedrich Wieneke, Dompfarrer in Soldin, auch in einem Bändchen der Schriftenreihe der CdB ein. Er war überzeugt: „Diese Bewegung oder keine vermag Deutschland vor der Vernichtung zu retten" und „die göttliche, auf Differenzierung eingestellte Schöpfungsordnung" wiederherzustellen.³⁷ Für Kleist reichte 1930 jedoch die „bewiesene Einsatzbereitschaft" noch nicht für ein definitives politisches Urteil, da die NSDAP „außerordentlich verschiedene Elemente und Strömungen vereint"³⁸. Aber die Harzburger Tagung der vaterländischen und völkischen Verbände am 10. Oktober 1931 zeigte ihm im Unterschied zu anderen Teilnehmern, daß Hitler sich nicht als Bündnispartner vereinnahmen lassen wollte. „Mindestens nach Harzburg oder bei

---

³⁴ Vgl. die Vaterländische Kundgebung des Deutschen Evangelischen Kirchentags in Königsberg vom 21.6.1927 mit dem begründenden Vortrag von Paul Althaus „Kirche und Volkstum"; dazu. Klaus Scholder, Die Kirchen und das Dritte Reich. Bd. I, Frankfurt/M 1977, S. 140ff.
³⁵ Zit. Weiling, Bewegung, S. 16.
³⁶ Zit. ebd., S. 83 – dort auch die folgenden Zitate.
³⁷ Friedrich Wienecke, Christentum und Nationalsozialismus, 1931, zit. Weiling, Bewegung, S. 131.
³⁸ Kleist-Schmenzin, Reformation, S. 22.

Aufstellung der Kandidaten zum ersten Reichspräsidentenwahlgang [13.3.1932] war es klar, daß mit den Nationalsozialismus und Hitler eine innere Gemeinschaft niemals möglich sein würde. ... Uns trennt und muß immer trennen vom Nationalsozialismus die Einstellung zur Religion."[39] Deshalb wandte er sich auch gegen eine Umwandlung der CdB in eine religiöse Harzburger Front. Als Wieneke im Oktober 1931 von ihm detaillierte Zusagen über den Machtanteil der Nationalsozialisten in der CdB forderte, kam es zur Entscheidung.[40] Am 17. November 1931 legte Kleist die Führung der CdB nieder, aber unter seinem Nachfolger, Landesbischof Heinrich Rendtorff, scheiterte Wieneke mit seinem Versuch, die CdB in eine nationalsozialistische Organisation umzuwandeln. Am 2. Dezember schied er aus der Mitarbeit aus, um bald bei der Gründung der „Deutschen Christen" mitzuwirken.

Kleists politisch und religiös begründete Entscheidung gegen den Nationalsozialismus ist 1931 bestätigt worden. Die Lektüre von Hitlers „Mein Kampf" und Rosenbergs „Mythus des 20. Jahrhunderts" sowie die Beobachtung der NS-Presse[41] ließen ihn die Unvereinbarkeit mit seinen Anschauungen erkennen, so daß es nach einem Zusammenstoß mit Goebbels am 8. Februar 1931[42] nicht noch der Begegnung mit Hitler 1932 im Hause Görings[43] bedurfte. Dabei offenbarte ihm dieser aber seine Kriegspläne, die Kleist nur als Weg zum Untergang ansehen konnte. Im gleichen Jahr veröffentlichte er seine Kampfschrift „Der Nationalsozialismus – eine Gefahr". Er sah im Nationalsozialismus keine konservative Bewegung, sondern die von ihm bisher bekämpften Elemente von Liberalismus und Sozialismus „im nationalen Mantel". „Der Angriff des Nationalsozialismus auf die Grundlagen allen staatlichen und menschlichen Lebens ist gefährlicher noch als der der Sozialdemokratie. Durch seinen innerlich unwahren Namen und die bewußte Doppelzüngigkeit der Führung verfallen ihm Menschen, die allen offen auftretenden Angriffen auf die genannten Grundlagen Widerstand geleistet hätten."[44] Der Rassismus „ist mit Glaube und Christentum unvereinbarer Materialismus"[45].

---

[39] Ders., Der Nationalsozialismus – eine Gefahr (1932), in: Annedore Leber (Hg.), Das Gewissen steht auf, Berlin–Frankfurt/M. 1966, S. 150; 2. erweiterte Aufl. 1932 bei Scheurig, Kleist-Schmenzin, S. 248–257, hier: S. 252f.
[40] Vgl. Weiling, Bewegung, S. 153.
[41] Die Zitate in der 2. Aufl. von „Der Nationalsozialismus – eine Gefahr" beginnen abgesehen von drei früheren Belegen im Juni 1931.
[42] Vgl. Weiling, Bewegung, S. 149.
[43] Vgl. Scheurig, Kleist-Schmenzin, S. 94f.
[44] Kleist-Schmenzin, Nationalsozialismus, in: Scheurig, Kleist-Schmenzin, S. 250.
[45] Ebd., S. 253.

Im letzten Jahr der Weimarer Republik suchte Kleist durch Reden und Aufsätze die drohende braune Pest abzuwenden, indem er besonders den Konservativen das wahre Gesicht des Nationalsozialismus hinter der Maske seiner Versprechungen zeigte und „das völlig falsche Bild, das sich die Menschen von Hitler machen", zu zerstören suchte. Aber Kleist konnte mit seinem bedingungslosen Kampf nur wenige überzeugen, am wenigsten die DNVP, die er auf ein Bekenntnis zur Monarchie der Hohenzollern gegen den „Wirbelsturm des Nationalsozialismus" festlegen wollte, nachdem sie sich zunehmend von dieser Forderung in ihrem Programm gelöst hatte.[46] In Kleists Sinn verfaßte Schlabrendorff einen „Vorschlag zur Reform der DNVP": „Die DNVP hat nur die Wahl, vor dem Nationalsozialismus zu kapitulieren oder den Kampf aufzunehmen. Sie muß Königgrätz schlagen, oder sie ist verloren."[47]

Nicht nur das Bekenntnis zur Monarchie machte den Kampf aussichtslos gegenüber der aufgeheizten Volksstimmung. Eine Lösung sah Kleist nur in einer autoritären Regierung, um die Machtübernahme durch die NSDAP zu verhindern, die Arbeitslosigkeit zu beenden und das „System" der Weimarer Demokratie in eine konstitutionelle Monarchie umzuwandeln. Die Entlassung von Brüning durch Hindenburg am 30. Mai 1932 war ganz in seinem Sinne, entsprechend begrüßte er das Kabinett Franz von Papen als erste Regierung, „die von den Parteien unabhängig"[48] und damit wieder „Obrigkeit" wäre. Ihre Maßnahmen bis hin zum Preußenschlag vom 20. Juli fanden seine Zustimmung, aber das von Papen und dem im Hintergrund agierenden General Kurt von Schleicher verfolgte Projekt einer Einbindung und damit „Zähmung" der NSDAP lehnte er entschieden ab. „Es ist kein konservatives Kampfziel, sich an den Schwanz eines durchgehenden Pferdes zu hängen, um etwas bremsen zu können. Man würde nichts anderes erreichen, als einer verhängnisvollen Politik in den Sattel zu verhelfen"[49], urteilte er klarsichtig. Als jedoch Hitler nach den Reichstagswahlen vom 31. Juli den Posten des Kanzlers forderte und so das Zähmungskonzept ad absurdum führte, verlangte Kleist, „das unerfreuliche Kapitel der Schleicherschen Verhandlungen mit den Nationalsozialisten"[50] endgültig zu beenden.

Nach den Verlusten der NSDAP bei den November-Wahlen versuchte Papen erneut die Zähmung nach dem Zwischenspiel von Schleichers

---

[46] Vgl. Hiller von Gaertringen, Beurteilung, S. 138–186, bes. S. 159ff.
[47] Vorschlag zur Reform der DNVP (1932), zit. Scheurig, Kleist-Schmenzin, S. 98.
[48] E. v. Kleist, Gegen Parteiherrschaft (Juli 1932), zit. Scheurig, Kleist-Schmenzin, S. 110.
[49] Kleist-Schmenzin, Nationalsozialismus, S. 256.
[50] Kleist-Schmenzin am 13.9.1932, zit. Kleist-Retzow, Revolutionär, S. 40.

Querfront-Planung – mit der Folge der „Machtergreifung". Dagegen leistete Kleist erbitterten Widerstand, weil er voraussah, daß Hitler seine Politik gegen Papen durchsetzen und die Nationalsozialisten nie von ihrer Alleinherrschaft abgehen würden. Durch eine Audienz bei Hindenburg Mitte Januar und intensive Unterredungen mit Hugenberg konnte Kleist das Unheil nicht verhindern.[51].

In unmittelbarer Nähe Papens erlebte er die Entstehung der Hitler-Papen-Regierung, andernfalls wäre er selbst in einem neuen Präsidialkabinett Papen Innenminister geworden, nachdem er 1932 zweimal für diese Position in Erwägung gezogen worden war. Am schwärzesten Tag seines Lebens, „[a]m 30. Januar besiegelten Deutschnationale und Stahlhelm ihren Verrat an Deutschland. Hitler war Kanzler und sehr bald Diktator."[52] Für Kleist ging es um eine fundamentale Wertentscheidung: „Jetzt zerschlagen sie mir mein Preußen."[53] Das war sein Lebensinhalt. Die Begeisterung für die „nationale" Revolution konnte ihn nur verbittern, weil er den Krieg und das Ende Deutschlands kommen sah. Am 13. Februar erklärte er in einem offenen Brief an Hugenberg seinen Austritt aus der DNVP: „Ich habe gegen das parlamentarische System und für eine autoritäre Staatsführung gekämpft, nicht um unter diesem Deckmantel eine Parteiregierung der Linken durch eine entgegen gesetzte Parteiregierung abzulösen, sondern, als Konservativer, ehrlich um eine wirklich unabhängige, selbstverständlich entschlossen vaterländische Regierung."[54] Ein letzter Versuch, durch Zusatzanträge das Ermächtigungsgesetz an rechtsstaatliche Bedingungen zu binden, scheiterte; es begann die Zeit der Konflikte, des Widerstandes und der Verhaftungen des entschiedenen Nazi-Gegners. In der Karwoche 1933 urteilte er: „Jetzt geht es auf das Schafott."[55]

2. Religiöse und politische Überzeugungen

Zwischen 1918 und 1933 dokumentierten die Äußerungen von Kleist-Schmenzin Grundpositionen, die sich in den wechselnden politischen

---

[51] Vgl. E. v. Kleist-Schmenzin, Selbsterlebte wichtige Begebenheiten aus den Jahren 1933 und 1934, in: Scheurig, Kleist-Schmenzin, S. 257–261.
[52] Ebd., S. 260.
[53] Bericht H.-J. v. Kleist-Retzow, zit. Scheurig, Kleist-Schmenzin, S. 122.
[54] E. v. Kleist, Eine Absage (März 1933), zit. Scheurig, Kleist-Schmenzin, S. 127.
[55] Zit. Arthur Wegner, Ewald v. Kleist-Schmenzin, in: Brief für Tradition und Leben Nr. 16, 1950, S. 7.

Situationen kaum änderten.[56] Für ihn war Konservatismus „etwas Unbedingtes, das kein (sic) Kompromiß zuläßt. Denn er ist eine Weltanschauung, also eine Gesamtschau aller Dinge von einem festen Standpunkte aus. Da er nur religiös zu begründen ist, so ist dieser feste Punkt in Gott und von dort aus ist die Aufgabe des Menschen zu begreifen, nämlich Gottes Willen zu erkennen und zu tun. In dieser Feststellung liegt die Kriegserklärung an die heute herrschende, aber im Zusammenbruch befindliche Welt, liegt der Angriff."[57] Gegen den Liberalismus, der „den Menschen in den Mittelpunkt aller Betrachtung gestellt" hat, wie gegen den Nationalsozialismus, der „als höchstes Gesetz des staatlichen Handelns nur die Rasse" und damit einen „mit Glaube und Christentum unvereinbare[n] Materialismus" anerkannte,[58] stellte Kleist den religiös begründeten Konservatismus, der mit Friedrich Julius Stahl die „Persönlichkeit Gottes als Prinzip der Welt" und „Gottes Weltordnung" als „Urbild aller positiven Rechtsbildung" verstand.[59] Wie für Stahl wiederholte sich für Kleist „nur Ein Kampf um Eine Entscheidung: [...] wer der Herr der sittlichen Welt sei, die Ordnung Gottes oder der Wille des Menschen'"[60].

Für Kleist war Politik „nicht eine Sache der Zweckmäßigkeit, sondern eine Sache der Religion, wie jede menschliche Betätigung."[61] Der Schlüssel zum Verständnis seiner Weltanschauung und politischen Stellungnahmen ist deshalb sein Glaubens- und Gottesverständnis, das unterschiedliche Traditionen miteinander verband. Als von der Pommerschen Provinzialsynode gewähltes Mitglied der Generalsynode der altpreußischen Union gehörte Kleist zu deren größter Gruppe, zur Positiven

---

[56] Wenn spätere Äußerungen diese Grundhaltung beibehalten, werden sie ergänzend herangezogen.

[57] Kleist-Schmenzin, Religiös-konservative Revolution, in: Der Nahe Osten 3, Heft 1 v. 1.1.1930, S. 4.

[58] Ders., Nationalsozialismus, in: Scheurig, Kleist-Schmenzin, S. 253.

[59] Friedrich Julius Stahl, Philosophie des Rechts. II: Rechts- und Staatslehre auf der Grundlage christlicher Weltanschauung, 1856, Auszüge in: Hans Barth (Hg.), Der konservative Gedanke, Stuttgart 1958, 156, 168. Ohne Namensnennung betonte Kleist: „Die konservativen Führer in der Mitte des vorigen Jahrhunderts [wohl die Gebrüder von Gerlach und Stahl] haben die konservativen Grundsätze stets vom Christentum aus begründet. Manches allerdings ist etwas eigenartig anmutend." Kleist-Schmenzin, Grundsätze, S. 240. Vgl. Rudolf Mau, Der konservative „Protestantismus als politisches Prinzip", in: Joachim Rogge/Gerhard Ruhbach (Hg.), Die Geschichte der Evangelischen Kirche der Union, Bd. 2, Leipzig 1994, S. 55–70.

[60] Friedrich Julius Stahl, Die gegenwärtigen Parteien in Staat und Kirche, 1863, zit. Mau, aaO., S. 58.

[61] Kleist-Schmenzin, Reformation, S. 34.

Union⁶². Obwohl sich die kirchlichen Parteien vielfach eher nach regionalen und soziologischen Gemeinsamkeiten als nach theologischen Positionen zusammensetzten,⁶³ grenzte sich die „Positive Union" als Abspaltung der Mittelpartei deutlicher von den Liberalen ab als von der theologisch und politisch konservativen Vereinigung der Evangelisch-Lutherischen, mit der sie in der Verfassunggebenden Kirchenversammlung als Bekenntnistreue Vereinigung verbunden war. Die entsprechenden Abgrenzungen vollzog Kleist allerdings deutlicher gegenüber der theologischen Rechten, da für ihn ähnlich wie für Adolf von Harnack „Dogmen und Bekenntnisfragen nur mittelbar mit Glauben etwas zu tun haben."⁶⁴

Wie die liberale Theologie wollte er den Glauben nicht gegen das moderne Weltbild setzen, sondern beide verbinden. „Wie sind doch die Menschen in ihren Gedanken an die kleine Erde gebunden, auch die Religionen. Daß Gott der Schöpfer nicht nur der Erde, sondern der unermeßlich großen Welt mit ihren Millionen Himmelskörpern und dem unendlichen Raum zwischen ihnen ist, bestimmt noch so wenig unsere Vorstellungen und Handlungen."⁶⁵ Deshalb mußte er aber den liberalen Glauben an die Persönlichkeit zurückweisen. „Es ist eine Überhebung des Menschen, wenn er glaubt, daß nur auf der von ihm bewohnten Erde, diesem Staubkorn, als dessen Krone er sich fühlt, das Wesentliche geschieht, daß nur er im ganzen Weltall eine Gott verantwortliche Seele hat." Die Ablehnung des „Fürwahrhaltens" von Glaubensinhalten als „kirchliche Verfälschung des Begriffes ‚Glauben'" entsprach der Tradition von Schleiermacher zu Ritschl und der Liberalen Theologie. Die Orientierung an Bekenntnissen war zwar in der altpreußischen Union unklar und unterlag in der Positiven Union während der zwanziger Jahre einer Funktionalisierung,⁶⁶ aber Kleist urteilte grundsätzlich: „Für das Leben des Menschen

---

[62] Vgl. Weiling, Bewegung, S. 44.
[63] Vgl. Reinold von Thadden-Trieglaff, Auf verlorenem Posten? Tübingen 1948, S. 28f. Bei Kleist dürfte die frühere Thron-Nähe der Positiven Union als „Hofpredigerpartei" eine Rolle gespielt haben. Vgl. Lessing, Bekenntnis, S. 40–68; zu den Anfängen R. Mau, Die Formation der kirchlichen Parteien. Die Dominanz der „Positiven Union", in Rogge/Ruhbach, Geschichte, S. 233–247; zum theologischen Profil im 19. Jhdt. Eckhard Lessing, Positive und liberale Theologie im Zusammenhang der preußischen Kulturpolitik, ebd., S. 331–355.
[64] Kleist-Schmenzin, Glaubt ihr nicht, so bleibt ihr nicht, in: Scheurig, Kleist-Schmenzin, S. 261; S. 261f. auch die folgenden Zitate.
[65] Kleist-Schmenzin, Aufzeichnungen aus der Haft vom 17.12.1944, in: Scheurig, Kleist-Schmenzin, S. 276.
[66] Vgl. Wilhelm H. Neuser, Union und Konfession, in: Rogge/Ruhbach, Geschichte, S. 29–42; Lessing, Bekenntnis, S. 42ff.

ist das Bekenntnis, das er für richtig hält, an sich ziemlich belanglos, und damit sind Bekenntnisstreitigkeiten überhaupt Fragen zweiter Ordnung." Das Profil dieser These wird besonders deutlich, wenn man die Ablehnung jedes Consensus der Bekenntnisse durch Friedrich Julius Stahl als „Lehrverdünnung"[67] bedenkt; augenscheinlich stand Kleist dessen religiös begründeten politischen Konservatismus nahe, aber nicht dessen konfessionellem Luthertum. Für Kleist war es „die Gefahr aller Kirchen, daß sie das Bekenntnis, also Menschenwerk, anstelle des Glaubens in den Mittelpunkt rücken."[68] Deshalb sollte auch die historische Kritik der Bibel in Predigt und Konfirmandenunterricht beachtet werden, zumal „die lebendige Verbindung mit Gott"[69] wichtiger sei als historische Zeugnisse von früheren Offenbarungen.

Das Zentrum bildet für Kleist ein Glaube, der „nichts anderes als unbedingter Gehorsam gegen Gott und unbedingtes Vertrauen" ist. Zwar offenbart sich Gott in der Geschichte, aber dabei betonte Kleist weniger die Rettung als die Verpflichtung und „Unterwerfung" unter seinen Willen. Deshalb hatte für ihn die Bitte des Vaterunsers: „Dein Wille geschehe," Vorrang vor allen anderen Gebetsanliegen. Hatte er bei seiner Großmutter ein Beten in „kindlicher Gläubigkeit" kennen gelernt, so ließ ihn ein stoisches Gottesverständnis „nur für innere Gaben ein inständiges Gebet" sprechen, „weil Gott in seiner Weisheit, unbeeinflußbar durch ein Gebet, gäbe oder verweigere."[70] Dies hat aber keineswegs eine passive Ergebenheit des Menschen zur Folge, im Gegenteil hat er „diesen Willen Gottes zu erkennen und zu tun oder, mit anderen Worten, Religion zu leben."[71] „Der Glaube weiß, daß der Mensch keine andere Aufgabe hat, als nur die eine einzige, den Willen Gottes zu tun, und zwar auf jedem Gebiet menschlicher Betätigung. Das ist das Einzige, was wichtig ist und über den Wert menschlicher Erfolge und Handlungen entscheidet."[72]

Glaube ist nur verstanden, wenn er „den leidenschaftlichsten, vollen Einsatz fordert und eine Grenze des Opfernmüssens nicht kennt."[73] Vor

---

[67] Vgl. Friedrich Julius Stahl, Die lutherische Kirche und die Union, 2. Aufl. Berlin 1860, S. 574ff.

[68] Kleist-Schmenzin, Glaubt ihr nicht, so bleibt ihr nicht, in: Scheurig, Kleist-Schmenzin, S. 261f.

[69] Kleist-Schmenzin, Aufzeichnung vom 17.12.1944, in: Scheurig, Kleist-Schmenzin, S. 268.

[70] Kleist-Schmenzin, Aufzeichnung vom 10.11.1944, in: Scheurig, Kleist-Schmenzin, S. 277; vgl. Lessings Unterscheidung von historische und VernunftWahrheit..

[71] Ders., Grundsätze, S. 240, als Zitat des „Fundamentalsatz[es] unserer Richtlinien".

[72] Ders., Glaubt ihr nicht, S. 262.

[73] Ders., Reformation, S. 35.

seiner Hochzeit sagte er 1938 zu seiner künftigen Frau: „Für seinen Glauben muß man bereit sein alles zu opfern, auch Besitz und wohl das Schwerste: die Familie."[74] Der Glaube enthält deshalb ein uneingeschränktes Verpflichtetsein. Die Pflicht verstand er als „bedingungslose Unterwerfung unter das Sittengesetz und Handeln nach dem Gewissen"[75], wobei er die preußische Tugend der Pflicht von der subalternen Ausführung von Weisungen absetzte. „Es kann nicht oft genug betont werden, daß das Wesen des Preußentums in der das ganze Leben, also auch das Verhalten der Menschen zueinander, gestaltenden Pflicht liegt."[76] Pflichterfüllung aber ist „Unterwerfung des ganzen Menschen unter ein geglaubtes höheres, nicht von Menschen gemachtes Gesetz". Bei dieser „Kennzeichnung des preußischen Pflichtgedankens [...] setze man statt ‚Gesetz' ‚Gott', und man hat den Begriff des Glaubens. [...] Männer wie Friedrich Wilhelm I. und Friedrich der Große haben durch Einprägung des Pflichtgedankens damit auch in religiöser Beziehung mehr geleistet als alle Theologen nach ihnen."[77]

Kleists Glaubensverständnis ist theozentrisch. „Glaube stellt Gott allein in den Mittelpunkt und erkennt nur ihn als den einzigen Wert an."[78] Deshalb spielte für Kleist Christus nur als Verkünder des Glaubens, aber nicht als Gottessohn und Erlöser eine Rolle, vielmehr war der Tod gemäß platonischem Leib-Seele-Dualismus „Freund und Erlöser"[79]. Platon hat nämlich „400 Jahre vor Christus schon wesentliche Erkenntnisse des Christentums vorausgenommen."[80] Nach Aussagen von Zeitzeugen gehörte für Kleist wie für Adolf von Harnack nur der Vater, nicht aber der Sohn in das Evangelium.[81] Auf Rückfragen eines Freundes betonte er aber, daß er „die Substanz aller drei Glaubensartikel" des Apostolikums

---

[74] Alice von Kleist-Schmenzin an A. Wegner, 8.6.1950, zit. Wegner, Kleist-Schmenzin, S. 11.
[75] Kleist-Schmenzin, Reformation, S. 34.
[76] Ders., Glaubt ihr nicht, S. 263.
[77] Für Kleist-Schmenzin, Reformation, S. 35, war auch Friedrich d. Gr. ein Vertreter einer Politik aus Religion; die entgegengesetzte Ansicht „verwechselt [...] entweder Religion mit Dogmengläubigkeit oder [...] weiß nichts von Friedrich dem Großen." 1930 formulierte er: „Den Totalitätsanspruch kann nur Gott stellen. Wenn ein Mensch das macht, dann muss es pervertieren." Zit. Kleist-Retzow, Revolutionär, S. 54.
[78] Kleist-Schmenzin, Glaubt ihr nicht, S. 262.
[79] Ders., Aufzeichnungen vom 8.10. und 16.11.1944, in: Scheurig, Kleist-Schmenzin, S. 267, 269.
[80] Zit. Kleist-Retzow, Revolutionär, S. 8.
[81] Vgl. Scheurig, Kleist-Schmenzin, S. 45; Pejsa, Mut, S. 182. Kleist-Schmenzin, Aufzeichnung vom 3.12.1944, aaO., S. 274: „Ich habe still für mich eine freundliche, schöne Adventsfeier gehalten. Du weißt, wie ich zu dem Dogma stehe."

bejahe. „Für mich liegt aber bereits im ersten Artikel die Notwendigkeit, die Substanz auch der beiden anderen zu bejahen. Substanz und Wortlaut sind freilich zwei Dinge, die wohl niemals ganz kongruent sind."[82] Wenn er begründend hinzufügte, er wehre sich dagegen, „daß Empirie mit Glauben gleichgesetzt wird", erinnert das an die Trennung von Glauben und Welterkennen bei Wilhelm Herrmann. Die Unterscheidung von Glaube und Bekenntnis, Substanz und Wortlaut, Glaube und Empirie zeigen Kleist als Vertreter des theologischen Liberalismus, was seine konservativen Freunde irritierte.[83] Diese theologische Position verdankte er kaum dem Einfluß zeitgenössischer Theologen, sondern der Prägung durch die preußische Tradition und die sie bestimmende Stoa-Rezeption. Kleists Gottes- und Gesetzesverständnis entsprach dem für die preußische Aufklärung kennzeichnenden christlichen Stoizismus, der ihn unter ethischem Gesichtspunkt entschieden vom theologischen Liberalismus trennte.

Politische und theologische Position verbanden sich in Kleists Ablehnung der Beschränkung der Religion auf die Gesinnung des einzelnen Christen und die entsprechende Reduzierung des umfassenden Anspruchs des Glaubens. „Der gewaltige Einbruch des Individualismus in das Christentum hat die Religion zu einer Angelegenheit des Privatlebens und des kirchlichen Lebens zusammenschrumpfen lassen. Nur noch Sozial- und Kulturpolitik werden als christliches Arbeitsgebiet anerkannt. Von allen anderen Aufgaben zieht sich das individualisierte und darum weltabgewandte Christentum heute zurück."[84] Kleist wandte sich damit gegen zwei kennzeichnende Ausformungen liberaler Theologie, gegen die mit dem Begriff Kulturprotestantismus bezeichnete Verbindung von Christentum und kultureller Welt und ihre evangelisch-soziale Antwort auf die soziale Frage.[85] Ihre Versuche, die Interessenkonflikte ausgleichen zu

---

[82] Kleist-Schmenzin an Arthur Wegner, 22.10.1935, zit. Wegner, Kleist-Schmenzin, S. 11.

[83] Wegner, aaO., S. 11, zitiert zustimmend Reinold von Thadden-Trieglaff: Kleist „sei ein konservativer Staatsmann mit liberaler Theologie; wenn seine Theologie anders wäre, würde er auch mit der konservativen Sache weiterkommen." Gegen diese auch von Schlabrendorff, Begegnungen, S. 104, vertretene Einordnung Kleists durch Scheurig, Kleist-Schmenzin, S. 45, wendet sich Weiling, Bewegung, S. 44f. Daß Kleist wesentliche Elemente des theologischen Liberalismus ablehnte, ist nicht zu übersehen.

[84] Kleist-Schmenzin, Revolution, S. 4f.

[85] Für die soziale Einstellung von Kleist-Schmenzin ist neben seinem Verhalten beim Landarbeiterstreik seine Zugehörigkeit zum Johanniterorden bemerkenswert, dessen Gelübde ihn zugleich geistlich und politisch band. Zu weit geht allerdings die These

wollen, „mußten fehlschlagen und das Uebel sogar noch vergrößern, weil diese Art Christentum in seiner Einseitigkeit eine christliche Weltanschauung, also eine christliche Gesamtschau preisgegeben" hat.

Weil für Kleist „der Gehorsam gegen Gott und der Glaube an ihn auch das ganze öffentliche Leben zu bestimmen"[86] hat, wendete er sich gegen jede Ausklammerung einzelner Bereiche aus dieser „Gesamtschau allen Lebens" durch die Behauptung, daß „eine gewisse Eigengesetzlichkeit irdischen Dingen zugestanden" werden müsse.[87] Den Begriff der Eigengesetzlichkeit hatte Max Weber geprägt, um die im Zuge der Neuzeit von der Religion gelösten Wirklichkeitsbereiche zweckrationalen Handelns zu charakterisieren; der Sache nach begegnet er auch bei dem religiössozialen Friedrich Naumann.[88] Im Gefolge Karl Holls verwendeten in den zwanziger Jahren mehrere Theologen den Ausdruck als geläufigen Terminus, während ihn und die damit implizierte Gesellschaftsanalyse der Religiöse Sozialist Leonhard Ragaz 1914 und später besonders Karl Barth ablehnten. Diese Kritik war Kleist kaum bekannt und deckte sich nur teilweise mit seinen Gründen, die besonders beim Vergleich mit der von Weber betonten Spannung der „religiöse[n] Brüderlichkeitsethik mit den Eigengesetzlichkeiten zweckrationalen Handelns in der Welt"[89] deutlich werden.

Für Kleist folgte die „Fremdheit beider Sphären"[90] aus der Herrschaft des Individualismus in beiden. Indem dieser „alles zu einer Zweckmäßigkeits- und Interessenfrage macht, lehnt er sich gegen die Weltordnung auf", während er gleichzeitig „durch ausschließliches Betonen der caritativen Linie das Christentum verfälscht"[91]. Deshalb bezeichnet Webers Analyse eine „Krisis für den Konservatismus" und ein „schwächlich werdendes Christentum", das „Religion immer mehr auffaßte als eine Ange-

---

von Fabian von Schlabrendorff: Kleists „Widerstand resultierte aus der Zugehörigkeit zum Orden"; zit. Bernd Baron Freytag von Loringhoven, Johanniter und der 20. Juli 1944, in: Wilhelm Karl Prinz von Preußen/Bernd Baron Freytag von Loringhoven, Johanniter und der 20. Juli 1944 (Schriftenreihe der Hessischen Genossenschaft des Johanniterordens 14), Nieder-Weisel 1985, S. 30.

[86] Kleist-Schmenzin, Nationalsozialismus, S. 253.
[87] Ders., Grundsätze, S. 241.
[88] Vgl. Martin Honecker, Das Problem der Eigengesetzlichkeit, in: ZThK 73, 1976, S. 92-130, hier: S. 96ff.; Wolfgang Huber, „Eigengesetzlichkeit" und „Lehre von den zwei Reichen", in: ders., Folgen christlicher Freiheit, Neukirchen 1983, S. 53–70.
[89] Max Weber, Gesammelte Aufsätze zur Religionssoziologie. Bd. I, 9. Aufl. Tübingen 1988, S. 554.
[90] AaO., S. 548.
[91] Kleist-Schmenzin, Revolution, S. 4f.

legenheit des kirchlichen und des Privatlebens und die Dinge dieser Welt, die doch die Hauptbeschäftigung des Menschen ausmachen, als etwas, an das zwar auch christliche Maßstäbe anzulegen wären, was aber doch eigentlich nichts unmittelbar mit Religion zu tun hätte."[92] Dem stellte Kleist die Forderung gegenüber: „Wir müssen endlich wieder begreifen lernen, daß das Leben eine Einheit ist, und zwar eine Gott zur Verantwortung stehende Einheit."[93] Deshalb lehnte er eine grundsätzliche Trennung von Kirche und Staat im Sinne einer Zwei-Reiche-Lehre wegen ihres gemeinsamen Auftrages ab, gemäß dem Willen Gottes zu handeln. Vielmehr betonte er schöpfungstheologisch bzw. im Sinne des stoischen Weltgesetzes „die Eigengesetzlichkeit aller Dinge" gegen den „individualistischen Liberalismus", der sich „gegen die harte göttliche Weltordnung" wendet.[94] „Seine Politik wird zwangsläufig zur Interessenpolitik, die zur Auflösung aller Ordnung führt. Alles wird zu einer Zweckmäßigkeitsfrage. Weil er sich auflehnt gegen die göttliche Weltordnung, kann er die Probleme dieser Welt nicht mehr meistern."

Diese Perspektive erweiterte er in den Aufzeichnungen während der Haft: „Der Glaube an Gott, den Maßstab und Schöpfer der Welt – und dazu gehört die Erkenntnis von der bedeutungslosen Winzigkeit der Erde, von der Ohnmacht des Menschen – ist die Waffe gegen die bösen Dämonen der Zeit, als da sind unter vielen anderen: die Hochschätzung der Zivilisation, der Prosperität, der Technik, der Maschine, des Welthandels, der Industrie, des sozialen Aufstiegs, des Erfolges im großen und kleinen, des Geldes, das Streben nach Gleichheit, die Überschätzung von Wissen und Bildung, das zügellose Streben nach Macht des Staates, die Selbstbeweihräucherung der Völker, der Glaube an den Fortschritt der Menschheit, das Begehren, was anderen gehört, der Neid."[95] Die von Kleist wie bei Paulus als Summe der Gebote verstandene Forderung: „Du sollst nicht begehren", verbindet sich einerseits mit der Betonung der Endlichkeit menschlichen Lebens und andererseits mit der stoischen Forderung der Übereinstimmung mit der Natur und der Warnung vor dem Übermaß.[96]

Konservative Politik folgte für Kleist aus dem Glauben an den Zusammenhang aller Dinge und ihrer Wechselwirkungen und ist darum „religiös-konservativ"; denn allein aus der religiösen Anschauungsweise ist „der konservative Staatsgedanke mit allen seinen Folgerungen zu

---

[92] Ders., Grundsätze, S. 240f.
[93] Ders., Glaubt ihr nicht, S. 262.
[94] Ders., Grundsätze, S. 241.
[95] Ders., Aufzeichnung vom 17.12.1944, in: Scheurig, Kleist-Schmenzin, S. 277.
[96] Vgl. ders., Aufzeichnung vom 27.12.1944, in: Scheurig, Kleist-Schmenzin, S. 278.

erhärten"⁹⁷. Der Staat ist kein formaler Mechanismus und durch Zweckmäßigkeitserwägungen bestimmter Verwaltungsapparat, „kein Nachtwächter- und kein Wohlfahrtsstaat, er ist auch mehr als nur Rechts- und Ordnungsstaat. Er ist ein hohes sittliches Gut, die Voraussetzung der Existenz eines Volkes und die Voraussetzung eines menschenwürdigen Daseins überhaupt. Er setzt der Willkür, der Interessenvertretung, allen wilden und schlechten Trieben der Menschen erst Grenzen. In höchster Gerechtigkeit hat er jedem das Seine zu gewähren."⁹⁸ Wie der Maßstab des Suum cuique auf die Tradition Preußens verweist, sah Kleist „das Geheimnis des Preußentums, des preußischen Staates und seiner fast unbegreiflichen Erfolge" darin, „daß hier der Glaube die bisher vollkommenste politische Darstellung gefunden hat"⁹⁹.

Daß die „preußischen Könige [...] keine Verehrung für sich forderten, sondern auch sich bedingungslos unterwarfen dem göttlichen Gesetz und nur vor ihm Verehrung und Unterwerfung forderten", entsprach auch Kleists Rechtsverständnis, daß nämlich „das Recht nicht von Menschen geschaffen wird, sondern allein von Gott gesetzt ist und alles, was in einem Volk in der Form von Gesetzen oder sonstwie als Recht ausgegeben wird, an diesem Maßstab unerbittlich zu messen ist."¹⁰⁰ Die „göttliche Weltordnung" zeigt sich damit als von Gott gesetztes Naturrecht, das gemäß dem preußischen Stoizismus im Suum cuique zusammengefaßt ist. Deshalb war für ihn das „Preußentum die bisher nicht wieder erreichte, mit aller Kraft wiederanzustrebende Höchstleistung des deutschen Volkes."¹⁰¹ So sehr Kleist immer wieder die vaterländische Orientierung betonte, hatte sie für ihn nur unter dieser Voraussetzung ihre Berechtigung. Gegen die nationalsozialistische Betonung von Volk und Nation stellte Kleist die „Verpflichtung, stets für das Ganze [...] zu leben als Erfüllung göttlichen Willens. Für uns ist also nicht die Nation als solche

---

⁹⁷ Ders., Reformation, S. 12.
⁹⁸ Ders., Revolution, S. 6.
⁹⁹ Ders., Glaubt ihr nicht, S. 262f.
¹⁰⁰ Ders. an A. Wegner, 22.10.1935, in: Wegner, Kleist-Schmenzin, S. 9. „Recht ist allein das Gebot, der Wille Gottes. Was recht ist, hat Gott unverrückbar für jeden einzelnen Fall gesetzt. Menschen können kein Recht setzen, sie können nur das göttliche Recht suchen"; ders., Aufzeichnung vom 28.11.1944, in: Scheurig, Kleist-Schmenzin, S. 273. Vgl. Stahl, Rechts- und Staatslehre, S. 168: „Das Recht ist [...] menschliche Ordnung, aber zur Aufrechterhaltung der Weltordnung Gottes." Es hat „an den Gedanken und Geboten der Weltordnung Gottes ein höheres Gesetz, dem es entsprechen *soll* [...]. So steht dem *positiven Recht* ein *Gottgebotenes, Gerechtes, Vernünftiges* gegenüber."
¹⁰¹ Ders., Glaubt ihr nicht, S. 263.

der letzte Maßstab, sondern der Wille Gottes, der uns verpflichtet, für die Nation zu leben. Das ist ein grundsätzlicher Unterschied."¹⁰²

Als Erziehungs- und Machtstaat muß der Staat von lebendigen Kräften getragen werden, „[d]enn auch die wirtschaftlichen oder sozialen Verhältnisse sind nichts anderes als Auswirkungen der Weltanschauungen der Menschen, die an ihrem Zustandekommen gewirkt haben."¹⁰³ Deshalb setzte sich Kleist auch für die Selbstverwaltung ein. Sie entspricht im Rahmen der „konservativen organischen Staatsauffassung" der Achtung und Betonung des Wertes bodenständiger Kräfte, was aber auch Begrenzung und Bindung der Selbstverwaltung beinhaltet. Sie bedeutet „Freiheit von Staatsbevormundung", nicht vom Staat – das ist „ein liberales Wunschgebilde" –, und deshalb zugleich „neue Bindung und Abkehr von dem Grundsatz der möglichsten Freiheit des Individualismus."¹⁰⁴ „Der konservative Mensch sieht alles, also auch sich von seiner Aufgabe her, sieht sein Glück also in der Erfüllung seiner Aufgabe und nicht in einem möglichst großen Anteil an irdischen Gütern. Der konservative Mensch ist für andere da, er erkennt die Weltordnung als göttlich an und empfindet sich daher stets als ein Teil einer Gemeinschaft, von der Familie beginnend bis zum Staat, und sich der Gemeinschaft, als ihm übergeordnet, verpflichtet."¹⁰⁵ Während der Haft notierte Kleist darum: „Nur und nur, soweit Kultur die Menschen zu Gott führt, hat sie Wert. Der Wert eines Volkes wird allein dadurch bestimmt, wie weit es auf Gott gerichtet ist. Es kann ein nichtchristliches Volk Gott viel näher stehen als ein christliches."¹⁰⁶

Kleists Konservatismus fand seinen prägnantesten Ausdruck in seinem Monarchismus, dem Einsatz für die Krone Preußens. „Nur, wer für die Hohenzollernmonarchie kämpfen will, hat das Recht zu politischer Führung"¹⁰⁷, während „[d]as Zurücktreten der monarchischen Idee [...] ein wesentlicher Grund unserer politischen Verworrenheit (ist)."¹⁰⁸ Im Unterschied zu Monarchisten wie Doehring und Wilm, mit denen Kleist in der CdB verbunden war, unterhielt er aber keine Kontakte zu dem ehemaligen Kaiser oder dem Kronprinzenpaar.¹⁰⁹ Machte er doch Wilhelm

---

[102] Ders., Nationalsozialismus, S. 253f.
[103] Ders., Reformation, S. 10.
[104] Ders., Reformation, S. 7.
[105] Ders., Grundsätze, S. 241.
[106] Ders., Aufzeichnung vom 2.12.1944, in: Scheurig, Kleist-Schmenzin, S. 273.
[107] Ders., Ergebnis der monarchischen Umfrage, in: Mitteilungen des Hauptvereins der Konservativen 1932, Nr. 3, S. 2.
[108] Ders., Für Hohenzollern, in: Eiserne Blätter 14, 1932, S. 152.
[109] Zu den entsprechenden Verbindungen der CdB vgl. Weiling, Bewegung, Register s.v.,

II. für die in seinen Augen verhängnisvolle Entwicklung zum Liberalismus mitverantwortlich, während sich der Kronprinz durch sein Verhalten während der letzten Kriegstage desavouiert hatte.[110] Nur mit Einschränkungen waren „im alten Staat die zur Führung notwendige Kraft und Willensstärke und Ungebrochenheit der Linie noch vorhanden"[111]; denn „[s]chon in der Vorkriegszeit haben die verantwortlichen Leiter des Staates über unverzichtbare Dinge Kompromisse geschlossen und nannten das ,mit der Zeit mitgehen'."[112] Deshalb unterschied er den „Kampf für die Monarchie" von dem Ziel einer „Wiederherstellung des Zustandes vor 1914"[113]. Die preußischen Tugenden sah Kleist verwirklicht bei Friedrich Wilhelm I. und Friedrich d. Gr., nicht aber bei lebenden Hohenzollern.

Wenn Kleist „für den monarchischen Gedanken, für die Wiederherstellung der Hohenzollern-Monarchie" eintrat, betrachtete er diese „nicht nur als eine Frage der Staatsform, sondern als eine Frage des Staatsinhalts und der Zukunft des deutschen Volkes schlechthin."[114] Ein politisches System kann nämlich „niemals nur von der formalen, der Außenseite"[115] aus betrachtet werden. „Die andere Seite, die mit der formalen in Wechselwirkung steht, ist die weltanschauliche, seelische, geistige oder wie immer man es nennen will, die Richtung und Ziele bestimmt und für die Fähigkeit, politisch, das ist staatspolitisch, zu sehen und zu handeln entscheidend ist." Mit „der Idee des Hohenzollernthrones" sah er entsprechend „eine ganze Reihe sittlicher und politischer Vorstellungen verbunden [...] Insbesondere ist es der Gedanke der Pflicht."[116] Wegen dieser

---

bes. S. 86ff. Wegner, Kleist-Schmenzin, S. 10f.: Kleists „Treue zur Krone war nicht oder nicht immer kindliche Anhänglichkeit an den König; gewillkürte ‚Lösung' der ‚Personenfrage' hinderte die unwillkürliche Königstreue." Bei festlichen Anlässen hob er nach F. v. Schlabrendorff sein erstes Glas zu Ehren des „Trägers der Krone"; Scheurig, Kleist-Schmenzin, S. 29, aber nach E. Niekisch, Erinnerungen, S. 246, widmete er es „Seiner Majestät dem Kaiser und König". Allerdings hatte Kleist als Mitglied des Johanniter-Ordens und der Casino-Gesellschaft auch Kontakte zu Hohenzollern wie Prinz Oskar, Prinz Louis Ferdinand u.a.

[110] Vgl. Scheurig, Kleist-Schmenzin, S. 21f., 28ff., 101f.
[111] Kleist-Schmenzin, Reformation, S. 7.
[112] Ders., Glaubt ihr nicht, in: Scheurig, Kleist-Schmenzin, S. 263. Vgl. oben, S. 188.
[113] Ders., Für Hohenzollern, S. 152.
[114] Ders., Konservative Richtlinien, zit. Scheurig, Kleist-Schmenzin, S. 70. Noch deutlicher akzentuiert Schlabrendorff 1932 im „Vorschlag zur Reform der DNVP": „Die Monarchie ist keine Frage der Staatsform, sondern des Staatswesens, keine Frage der Zweckmäßigkeit, sondern des inneren Blutschlages." Zit. Scheurig, Kleist-Schmenzin, S. 98.
[115] Ders., Reformation, S. 6.
[116] Ders., Für Hohenzollern, S. 152.

Perspektive forderte Kleist nicht eine Rückkehr Wilhelms II., sondern konzentrierte sich auf „die über allem [sic] Interessenstreit erhabene und von ihr unabhängige Krone" als Unterpfand einer „Politik, die jedem das Seine gibt und Sonderinteressen dämpft."[117]

Die in der Krone dargestellte Monarchie war ihm als „Voraussetzung eines daseinswürdigen Staates" eine „erhabene[.] Idee"; denn „die Kräfte, der ganze sittliche und politische Ideenkomplex, die einst eine ganz unbegreifliche Machtentfaltung gezeigt haben, sind nun einmal in der Krone naturnotwendig gebunden." Im Sinne Kleists formulierte Schlabrendorff: „Die Führung liegt einzig und allein der Krone von Gottes Gnaden ob."[118] Die Krone war damit ein absolutes Symbol der Legitimität jenseits ihrer historischen Verwirklichung und eventuellen Träger. Da die Krone in der Endphase der Weimarer Republik für Kleist zum Schibboleth wurde, hatte er Schwierigkeiten, gestaltend und nicht nur kritisch auf die Verhältnisse einzuwirken.

Im Gegensatz zur göttlichen Ordnung von oben stehen Liberalismus und Parteienherrschaft, was Kleist zum erbitterten Gegner der Republik und erst recht des Dritten Reichs werden ließ. In beiden galt für Kleist nämlich nicht Gott, sondern der Mensch und seine Interessen als Maßstab. Das entsprach der weltanschaulichen Alternative von „Glauben und Unglauben. Entweder wird Gott allein in den Mittelpunkt gestellt oder etwas Anderes allein oder neben ihm. Der Kampf dieser beiden Welten ist der einzige Gegenstand allen Geschehens und aller Geschichte."[119]

Da die Weimarer Reichsverfassung die Trennung von Kirche und Staat vollzogen hatte, war für Kleist die Republik nicht nur religionslos, sondern „atmet den Geist der Religionsfeindschaft"[120], was Entsittlichung zur Folge habe. „Die Mehrzahl" der Parteien, urteilte er 1930 „wertet und handelt bewußt oder unbewußt aus dem Geist der Diesseitigkeit, der Nützlichkeit, des Liberalismus, des Eudaimonismus, des Individualismus und kann daher nie die höchste Aufgabe des Staates und der Politik darin sehen, daß das Volk zu dem höchstmöglichen Grade innerer Gesundheit gelange und kann nicht nach der Kenntnis handeln, daß in diesem Rahmen staatspolitische Gesichtspunkte vor allen anderen den Vorrang haben."[121] Dabei wandte er sich nicht nur gegen die Parteien der Linken und der Mitte. Trotz entgegengesetzter Behauptungen könnte es nämlich „keinem Zweifel unterliegen, daß nicht nur in die Rechtsparteien, sondern

---

[117] Ders., Grundsätze, S. 245.
[118] Vorschlag zur Reform der DNVP (1932), zit. Scheurig, Kleist-Schmenzin, S. 98.
[119] Kleist-Schmenzin, Glaubt ihr nicht, S. 262.
[120] Ders., Reformation, S. 13.
[121] AaO., S. 6.

in alle sich national nennenden Volksteile starke Einbrüche der Weltanschauung der Diesseitigkeit, des Liberalismus usw. erfolgt sind. Diese Einbrüche datieren nicht erst seit der Revolution, sondern liegen auch in konservativen Kreisen schon Jahrzehnte zurück."[122] Dem setzte er seinen Glauben entgegen, „daß der konservative Gedanke auch bei uns eine große Zukunft hat, wenn er wirklich ernst vertreten wird und das Scheinkonservative und Erstarrte und die liberalen Einflüsse abstößt."[123]

Diese Hoffnung kulminierte in der These, daß die Zeit des Liberalismus sich dem Ende nähere, ja bereits abgelaufen sei. Nicht eine Bestätigung dafür, sondern im Gegenteil eine ernste Gefahr sah er im Aufkommen des Nationalsozialismus, weil seine Auswirkung „unsere Zukunft bedrohen."[124] „Die im nationalen Lager geduldete Auffassung, als ob der Nationalsozialismus als eine nationale Partei anzusehen wäre, der lediglich noch einige Mängel anhaften, hat eine Gefahr für unsere Zukunft heraufbeschworen, die nur mit äußerster Kraftanstrengung gebannt werden kann."[125] Bei ihm ist nämlich der nationale Gedanke zum Schlagwort verblaßt, während er den „Haß gegen die besitzenden Klassen bzw. ‚Bürgerstaat' und [die] Religion"[126] schürt. „Mit dem Nationalsozialismus als einer sozialistischen Bewegung ist untrennbar verbunden ein Grundzug von äußerem Glücksstreben, von liberalem Rationalismus, der auch in seinem Leitspruch – Gemeinnutz geht vor Eigennutz – zum Ausdruck kommt."[127] Letztlich entscheidend war für seine Ablehnung Hitlers aber der weltanschauliche Totalitätsanspruch, der nur Gott zukomme.[128] Kleist ließ sich durch die Schlagworte nicht täuschen, sondern deckte wie wenige andere Autoren 1932 in allen Bereichen der Politik die sozialdarwinistischen Grundpositionen und „die skrupellose Unwahrhaftigkeit"[129] Hitlers und der NSDAP auf. „Die entschlossene Abkehr von dem gefährlichen Irrtum der Zeitkrankheit des Nationalsozialismus ist Aufgabe aller konservativen Kräfte [...], weil wir es um der Zukunft Deutschlands willen nicht dulden dürfen, daß die Reste echter konservativer Haltung, auf denen der neue Staat aufgebaut werden muß, zerstört werden."[130]

---

[122] AaO., S. 7.
[123] Ders. an A. Wegner, 21.12.1929, in: Wegner, Kleist-Schmenzin, S. 8.
[124] Ders., Der Nationalsozialismus, S. 248.
[125] AaO., S. 252.
[126] AaO., S. 249.
[127] AaO., S. 253.
[128] Vgl. Scheurig, Kleist-Schmenzin, S. 140; oben, Anm. 75.
[129] Kleist-Schmenzin, Nationalsozialismus, S. 255.
[130] AaO., S. 257.

Kleists warnende Kritik des Nationalsozialismus war eine Zuspitzung und Weiterführung seiner Ablehnung der Republik mit ihren Parteien. Dabei trat zur Absage an den Geist des Liberalismus, der Religionsfeindschaft und der Interessenpolitik, der eine Reformation des „Systems" unmöglich machte, die Bestreitung seiner Legitimität. „Es darf keine Unklarheit darüber geduldet werden, daß das heutige System durch Verfassungsbruch entstanden ist und dieser Rechtsmangel niemals durch die Zeit geheilt werden kann, weil durch den Rechtsbruch an Stelle des Beseitigten nichts annähernd Gleichwertiges, nichts Daseinsberechtigtes gesetzt worden ist."[131] Da „das heutige System auch jetzt noch seine Macht usurpiert hat [...] sind die Gesetze nicht Recht, darum sind die Behörden keine Obrigkeit, darum haben wir einen rechtlosen Zustand. Das heutige System hat darum keinen religiösen, keinen sittlichen, keinen rechtlichen Anspruch auf Gehorsam und Anerkennung."[132] Kleist scheute nicht davor zurück, den mit der Republik gegebenen „Konflikt zwischen formalem Gesetz und Recht, zwischen Menschensatzung und göttlichem Gebot" mit dem „bolschewistischen Rußland" zu vergleichen.

Diese grundsätzliche Kritik des säkularen Rechtsstaats begründete Kleists Ablehnung des preußischen Kirchenvertrages. Sie verband ihn mit der konservativen Gruppe, die bei dem Deutschen Evangelischen Kirchentag in Königsberg 1927 zusammen mit dessen Präsidenten, dem Münchener Bankier Freiherrn Wilhelm von Pechmann, im vorbereiteten Entwurf der Kirchentagskundgebung die Aussagen über „den Gehorsam gegen den Willen Gottes, wie wir ihn auch heute wieder aus Römer 13 erkennen,"[133] ablehnten. Als Kirchenrechtler hatte der Reichstagsabgeordnete der DVP Wilhelm Kahl zuvor festgestellt, „daß auch die mit dem Erfolge der Selbstbehauptung durchgeführte Gesetzgebung einer Revolution rechtsschöpferische Kraft hat und verpflichtet", und dies theologisch mit Römer 13 begründet: „Paulus ist eindeutig und unerbittlich"[134]. In der endgültigen, von Pechmann und dreizehn anderen ebenfalls abgelehnten Fassung der Kirchentags-Kundgebung lautete die Forderung, „daß jedermann um des Wortes Gottes willen der staatlichen Ordnung untertan" sein soll. Kleist scheint sich 1930 gegen die Königsberger Verhandlungen

---

[131] Ders., Reformation, S. 13. Der kausale Nebensatz zeigt wie auch Kleists Forderung einer konservativen Revolution, daß er im Unterschied zu den Altkonservativen des 19. Jhdts. kein Legitimist gewesen ist. Entsprechend hat er zwar Bismarcks Indemnitätsvorlage 1866 kritisiert, aber nicht die Beseitigung der legitimen Fürstenhäuser.

[132] AaO., S. 14.

[133] Zit. Scholder, Kirchen, I, S. 143.

[134] Zit. Kurt Nowak, Evangelische Kirche und Weimarer Republik, Göttingen 1981, S. 174.

zu wenden, wenn er die Beseitigung der Weimarer Republik als „völkische und religiöse Pflicht" bezeichnete. „Mögen darüber auch aus Glaubensschwäche sich ängstlich und geistlos an den Wortlaut klammernde Dunkelmänner unter Hinweis auf den Satz: ‚Jedermann sei Untertan der Obrigkeit' vor Hilflosigkeit an die Brust schlagen."[135] Kleist hielt sich daran auch gegenüber dem „Dritten Reich" nicht; Pechmann trat aus der Deutschen Evangelischen Kirche aus, nachdem sie sich im April 1933 nicht gegen die nationalsozialistische Judendiskriminierung gewandt hatte und im September unter dem DC-Kirchenregiment zum „politischen Protestantismus" wurde.[136]

3. Widerstand

Kleist-Schmenzin war endgültig seit 1931 ein Gegner des Nationalsozialismus und hatte 1932 öffentlich vor ihm gewarnt, an der Macht präsentierte die Partei ihre Rechnung.[137] Als Kleist in Berlin war, fand in der Nacht vom 9. zum 10. April eine Hausdurchsuchung in Schmenzin statt, aber das belastende, anschließend von seiner Frau und Schlabrendorff vernichtete Material blieb unentdeckt. Am 1. Mai hißten SA-Männer in Hopfenberg auf der Kirche die Hakenkreuzfahne, als Patronatsherr reagierte Kleist auf die Provokation, indem er den Pfarrer die gesetzlich vorgeschriebene Kirchenfahne aufziehen ließ und den deutsch-christlichen Superintendenten informierte. Wenige Stunden später nahmen Polizei und SA Kleist „in Gewahrsam" und brachten ihn ins Gefängnis. Aber bald sammelte sich die SA der Umgebung, um in Schmenzin das Gutshaus zu stürmen. Freunde Kleists und Männer aus dem Dorf gelang es aber rechtzeitig, sich zu bewaffnen und das Gutshaus zu sichern. Am nächsten Tag wurde Kleist aus der Haft entlassen – bis zur nächsten Verhaftung am 21. Juni. Nun kamen zwanzig Mann zur Hausdurchsuchung, die wieder ergebnislos blieb, Kleist jedoch wurde in Schutzhaft genommen. Durch das Einschalten einflußreicher Freunde bis hin zu Hindenburg konnte er am 9. Juli wieder nach Schmenzin kommen.

Nachdem auch finanzielle Druckmittel Kleist nicht ernsthaft getroffen hatten, brachte ihn der „Röhm-Putsch" am 30. Juni 1934 in große Gefahr, da neben Führern der SA auch dem Regime verhaßte Personen ermordet wurden. Kleist konnte aber gerade noch rechtzeitig Schmenzin verlassen

---

[135] Kleist-Schmenzin, Revolution, S. 7.
[136] Vgl. Scholder, Kirchen, I, S. 338f.; Friedrich Wilhelm Kantzenbach, Widerstand und Solidarität der Christen in Deutschland 1933–1945, Neustadt/Aisch 1971, S. 41ff.
[137] Vgl. Scheurig, Kleist-Schmenzin, S. 130ff.

und vor seinen Häschern nach Berlin ausweichen. Während in Pommern und auf dem Gut seines Schwiegervaters nach Kleist gefahndet wurde, suchte er in Berlin eine Unterkunft bei Ernst Niekisch, den er seit März als Zentrum widerständiger Bestrebungen regelmäßig zum Austausch von Informationen aufsuchte.[138] Er nahm trotz der eigenen Gefährdung Kleist auf und meinte, bei einem Zugriff wäre es „für die Nazipresse ein gefundenes Fressen, berichten zu können, daß der hochkonservative Kleist und der radikale Niekisch aus einem Nest zusammen herausgeholt worden seien."[139] Nach einem weiteren Asyl in der Schwedischen Gesandtschaft kehrte Kleist Mitte Juli nach Schmenzin zurück.

Kleist ließ sich durch diese und andere Repressalien weder einschüchtern, noch wich er ihnen aus. So weigerte er sich im Herbst 1934, für das Winterhilfswerk „freiwillig" zu spenden. Das wäre eine Unterwerfung unter die NSDAP gewesen, zumal die Beiträge seiner Meinung nach nicht der Sozialhilfe dienten, sondern in die Kassen der Partei kamen. Auch ein Versuch des Kreisleiters, Kleist „um des lieben Friedens willen" zum Einlenken und zu einer Spende von 1 Mark zu bewegen, scheiterte an Kleists konsequenter Einstellung.[140] So schickte er jeweils entsprechende Geldbeträge an die Bodelschwinghschen Anstalten in Bethel.

Für seinen Widerstand suchte Kleist ab 1933 Informationen und ausgehend von seinem Bekanntenkreis in Pommern, z.B. seinem ihm schon lange verbundenen Vetter Hans-Jürgen Kleist-Retzow auf Kieckow, Gleichgesinnte.[141] So lernte Adam von Trott zu Solz ihn zufällig um Weihnachten 1934 als „Vorbild eines echten Landedelmanns"[142] kennen.

In seiner letzten Veröffentlichung rechnete Kleist im Mai 1933 mit der DNVP und denen, „die bisher den Kurs der nationalen Organisationen bestimmt haben", ab, indem er die Alternative mit Jesaja 7,9 formulierte:

---

[138] Vgl. Niekisch, Erinnerungen, S. 246f.
[139] AaO., S. 248.
[140] Vgl. Schlabrendorff, Begegnungen, S. 123f.
[141] Scheurig, Kleist-Schmenzin, S. 138, 140, beachtet zu wenig, wann die Kontaktaufnahme stattfand bzw. die betreffenden Personen dafür infrage kamen. So ist eine Bekanntschaft mit Pater Delp, nach Studien und Erziehertätigkeit am Jesuitenkolleg in Feldkirch und St. Blasien im Juni 1937 zum Priester geweiht und 1938 Promotion, damals kaum denkbar. Zu Kleist-Retzow vgl. die romanhaft ausgestaltete, vielfach ungenaue Biographie von Jane Pejsa: Mit dem Mut einer Frau.
[142] Adam von Trott zu Solz an seinen Vater, 28.12.1934, zit. Klemens von Klemperer, Der deutsche Widerstand gegen den Nationalsozialismus im Lichte der konservativen Tradition, in: Manfred Funke u.a. (Hg.), Demokratie und Diktatur, Düsseldorf 1987, S. 270; vgl. Klemens von Klemperer (ed.), A noble combat. The letters of Shiela Grant Duff und Adam von Trott zu Solz 1932–1939, Oxford-New York-Toronto 1988, S. 63.

„Glaubt ihr nicht, so bleibt ihr nicht."[143] „Es ist unser Wille, daß diese nahezu entmachtete seelische Haltung nie wieder die Führung in Deutschland erhält."[144] Demgegenüber wollte er „eine neue konservative Front", ein „Zusammenwirken im großen und kleinen zur Durchsetzung bestimmter Forderungen", die als „Dinge, die zu allen Zeiten die Voraussetzung für den Bestand von Staat und Volk sind", ein Gegenbild zum NS-Staat enthalten: „Dazu gehört, daß Staat vor Partei geht, daß niemals eine Partei dem Staat gleichgesetzt werden darf, ferner unbedingte Gerechtigkeit allen gegenüber, die unterschiedslose Bestrafung aller, die die Gesetze übertreten, ohne Rücksicht auf Parteizugehörigkeit, sofortige Entfernung aller Beamten, die aus politischen Gründen pflichtgemäßes Einschreiten verweigern, eine Außenpolitik, die mit Festigkeit und sachlichem Können geführt wird, kurz es gehören alle Voraussetzungen eines Rechtsstaates dazu und überhaupt alle unverzichtbaren konservativen Forderungen."[145]

Als „Lebensfrage auch unseres Volkes" ist in der Gegenwart die Rückkehr zum Glauben entscheidend; denn die in der Politik nötigen „Erfolge werden nur errungen von Menschen, die Glauben bewähren. [...] Wir glauben aber, daß es noch genügend Menschen in Deutschland gibt, die die Kraft aufbringen werden, ihre Pflicht zu tun, stets bereit, Gott mehr zu gehorchen als den Menschen, und die sich durch nichts Irdisches von der Pflichterfüllung abbringen lassen. [...] Die Bibel berichtet, daß Gott ein von ihm abgefallenes Volk nicht vernichtete um jener Siebentausend willen, die ihr Knie nicht gebeugt hatten vor Baal.[146] Daß sich diese Siebentausend auch bei uns finden werden, die Glauben halten und nur Gott gehorchen, das ist die Frage nach Sein und Nichtsein der Nation." Die Suche nach diesen Gerechten erwies sich aber im Gespräch mit Reichswehroffizieren als schwierig, weil gerade einflußreiche militärische Führer wie Gerd von Rundstedt sich der Herausforderung verweigerten.[147] So ließ sich Generaloberst Werner Freiherr von Fritsch Anfang Juni 1934 nicht von Kleist bewegen, die Alleinherrschaft Hitlers und die Vereidigung der Wehrmacht auf ihn nach Hindenburgs Tod zu verhindern.[148]

---

[143] Vgl. Gerhard Ringshausen, „Glaubt ihr nicht, so bleibt ihr nicht." Kirchengeschichtliche Beiträge und systematische Klärungsversuche, in: Norbert Clemens Baumgart/ Gerhard Ringshausen (Hg.), Das Echo des Propheten Jesaja, Münster 2004, S. 75-109.
[144] Kleist-Schmenzin, Glaubt ihr nicht, S. 264.
[145] AaO., S. 265.
[146] Kleist verbindet eigenwillig 1. Kön 19,18 mit Gen 18,23-33.
[147] Vgl. Niekisch, Erinnerungen, S. 247.
[148] Vgl. Kleist-Schmenzin, Begebenheiten, S. 261.

Freude bereitete Kleist demgegenüber der Widerstand innerhalb der evangelischen Kirche gegen die Deutschen Christen (DC) und das von ihnen durchgesetzte Führerprinzip. Sein Kampf gegen den Kirchenvertrag erscheint wie ein Vorspiel dafür, daß er nun den von Martin Niemöller am 21. September 1933 begründeten Pfarrernotbund und die 1934 entstehende Bekennende Kirche (BK) unterstützte. Von seinen theologischen Voraussetzungen aus trennten ihn aber Welten von Karl Barth und der wesentlich von ihm verfaßten Theologischen Erklärung von Barmen; obwohl dieser der „schärfste und klarste Denker der Zeit"[149] sei, stand Paul Althaus ihm näher. Die notwendige „Erneuerung des Glaubens" müßte „ohne Dogmatik und theologische, christologische, dialektische Kunststücke" erfolgen.[150] Entsprechend lehnte er das für Barmen konstitutive Schriftprinzip ab. „Wer da sagt, Gott hat sich früher aber einmal offenbart und jede Offenbarung, alles Reden geht nur durch das Mittel der früher geschehenen Offenbarung, die aufgezeichnet und nachzulesen ist, der stört die lebendige Verbindung des Menschen mit Gott."[151] Hier sah er nicht die Problematik der DC. Vielmehr hielt er das Auftreten der DC für „weit schlimmer, als wenn offen sich bekennender Unglaube dort waltete. Hier aber waltet die Irreführung."[152] Kaum zufällig griff Kleist damit seinen Vorwurf gegen Hitler auf und übertrug ihn auf die DC, die „Gott, Christus, Bibel, Evangelium und Bekenntnis sagen", aber „nicht die Alleinherrschaft Gottes anerkennen". Die christologische Konzentration auf das Wort Gottes in Barmen war ihm fremd, aber in Übereinstimmung mit dem dort betonten umfassenden Anspruch warf er den DC vor: „Sie erkennen nicht an, daß sie allein nach seinem Willen und nach nichts anderem zu leben haben: sie alle sind jemand anderem hörig."

Deshalb wandte er sich 1934 in einer Rede in Kieckow entschieden dagegen, weiter „eine Sprache zu hören von Menschen, die glauben, mit Filzpantoffeln Widerstand leisten zu können. Die entscheidungsscheuen Vermittlungsapostel sind vielleicht die größte Gefahr." Bezog sich diese Abgrenzung vermutlich auf die Lutheraner und die „intakten Kirchen", so fällt auf, daß Kleist ganz analog zu seinen politischen Auseinandersetzungen mit den Konservativen der DNVP argumentierte. Kleist forderte „den entschlossenen Angriff gegen den mächtigen, listigen und grausamen Feind," wobei er Luthers „Ein feste Burg ist unser Gott" anklingen ließ und die DC als Hilfstruppen des Teufels kennzeichnete. „Jetzt gilt es, in einem ungläubig gewordenen Volke den Glauben voranzutragen, für

---

[149] Kleist-Schmenzin, zit. Kleist-Retzow, Revolutionär, S. 56.
[150] Ders., Aufzeichnung vom 27.12.1944, in: Scheurig, Kleist-Schmenzin, S. 278.
[151] Ders., Aufzeichnung vom 17.12.1944, in: Scheurig, aaO., S. 277.
[152] Rede Kleists 1934, zit. Scheurig, aaO., S. 141 – dort die folgenden Zitate.

den in über 50jährigem blutigen Kampf die Niederlande gerungen haben, um dessentwillen Deutschland in einem Dreißigjährigen Krieg verwüstet worden ist."[153] Trotz dieser militärischen Erinnerungen betonte er, daß man nun „wie die Apostel als erste Missionare des Christentums" handeln müßte.

Aber sein Verständnis von „Widerstand" beschränkte sich nicht auf den indirekt politischen, von Barth betonten „geistlichen Widerstand", sondern schloß die direkt politische Auseinandersetzung ein. Wie er eine Trennung der „Bereiche" ablehnte, lehnte er den Gehorsam gegenüber der nationalsozialistischen Obrigkeit ab, da sich Paulus angesichts eines solchen Regimes „gehütet hätte, das dreizehnte Kapitel des Römerbriefes zu schreiben"[154]. Obwohl die BK gerade auch in dieser Beziehung Kleists Ansatz widersprach, trat er ihr 1935 bei und beteiligte sich an BK-Synoden und einem „Kreis prominenter kirchlicher Laien" in Berlin.[155] Als im gleichen Jahr einem DC-Pfarrer die Gemeinde in Schmenzin und Hopfenberg übertragen wurde, trat Kleist aus der Kirche aus. Den Gottesdienst besuchte er nun in Kowalk, wo Pfarrer Reimer aus Naseband predigte, der als entschiedenes Mitglied der BK zu den wenigen gehörte, die 1938 den Treueid auf Hitler ablehnten.[156] Einen der Kirchensteuer entsprechenden Betrag überwies Kleist der BK.

Die Konzentration der BK auf Kirche und Theologie wie ihre ab 1935 zunehmende Zerstrittenheit angesichts der kirchenpolitischen Lage bestätigten Kleists Vorbehalte. Die unrühmliche Auseinandersetzung um den Eid sollte ihm erneut beweisen, daß die Pfarrer nicht tatkräftiger und verantwortungsbewußter waren als die Militärs. Ein von Kleist entworfenes Flugblatt endete deshalb mit der zornigen Prophezeiung: „In Zukunft wird es heißen: Charakterlos wie ein deutscher Beamter, gottlos wie ein protestantischer Pfarrer, ehrlos wie ein preußischer Offizier."[157]

1936 lernte Kleist Dietrich Bonhoeffer kennen, als sich nach einem volksmissionarischen Einsatz der Finkenwalder Vikare auf Anregung von Hans-Jürgen von Kleist-Retzow Freunde des pommerschen Predigerseminars der BK mit Bonhoeffer im Gutshaus von Kieckow versammelten

---

[153] AaO., S. 142.
[154] Zeitzeugenaussage, zit. Scheurig, Kleist-Schmenzin, S. 142.
[155] Scheurig, Kleist-Schmenzin, S. 142, unter Verweis auf die Aussage eines Zeitzeugen gegen Schlabrendorff, Begegnungen, S. 104, der auf Kleists Kritik am „Rückzug der deutschen Anhänger von Karl Barth auf vergilbte Bekenntnisschriften" verweist. „An einem Rückzug mit Worten beteiligte sich Kleist nicht."
[156] Vgl. Eberhard Bethge, Dietrich Bonhoeffer. Theologe – Christ – Zeitgenosse, 9. Aufl. Gütersloh 2005, S. 678.
[157] Niekisch, aaO., zit. Scheurig, Kleist-Schmenzin, S. 144.

und über Unterstützungsmöglichkeiten berieten. Der profilierte Theologe war im April 1935 Leiter des neu eröffneten Seminars in Zingst, ab Juni in Finkenwalde, geworden, wo sich enge Kontakte zu den Kieckower Kleists, besonders zu Ruth von Kleist-Retzow, ergaben. Da Bonhoeffer und Kleist in der Ablehnung eines verhakenkreuzten Christentums einig waren, sich aber in ihren theologischen Ansätzen und politischen Zielsetzungen stark unterschieden, gab es neben Übereinstimmung „Diskussion [...], heftig in der Sache, aber urban in der Form"[158]. So lehnte Bonhoeffer den politischen Widerstand von Christen damals unter Hinweis auf Römer 13 ab.[159] Der Dialog erhielt seine Fruchtbarkeit jedoch dadurch, daß beide Männer fest zu ihren Überzeugungen standen. „Sooft Bonhoeffer in Kieckow Ferien machte, wurde ebenfalls nach Schmenzin kutschiert."[160] Bonhoeffer hat als der jüngere Gesprächspartner Elemente von dem konsequenten Konservatismus des Schmenziners und seines Kieckower Vetters Hans-Jürgen in sein späteres theologisches Denken aufgenommen.[161] Für Kleist-Schmenzins Glaubensverständnis läßt sich entsprechendes nicht nachweisen.

Ab 1933 suchte Kleist zwar die Konsolidierung des NS-Systems zu behindern und durch Kontakte und Informationen ein Netz von Gleichgesinnten zu bilden, aber das Regime fand zunehmend im In- und Ausland positive Resonanz. Der weitere Weg des Dritten Reichs war aber für den recht isolierten Kleist vorgezeichnet, und er wurde nicht müde, möglichen Gesinnungsgenossen auch in der Berliner Casino-Gesellschaft diese Zukunft vor Augen zu stellen. Diese Adelsvereinigung trat nach den Worten ihres Präsidenten von 1921 ein für „[e]rnstes Verantwortungsgefühl, Pflichttreue, Rechtlichkeit, Einfachheit und Kameradschaft: kurz alle Tugenden, die Preußen und Deutschland groß gemacht haben"[162] und für Kleist verbindlich waren. Hier hatte er auch die Möglichkeit, mit

---

[158] Schlabrendorff, Begegnungen, S. 280. Kaum zutreffend Bethge, Bonhoeffer, S. 618: Sie „verstanden einander schnell".

[159] Vgl. zur 1937 veröffentlichten „Nachfolge" oben, S. 97ff.; Dietrich Bonhoeffer, Nachfolge, hg. von Martin Kuske und Ilse Tödt (DBW 4), 3. Aufl. Gütersloh 2002, S. 256f.:"

[160] Bethge, Bonhoeffer, S. 618.

[161] Vgl. zu Bethge, Bonhoeffer, S. 810, z.B. die Betonung des Oben gegenüber dem Unten und die Ablehnung der Egalität Anfang 1943 bei Dietrich Bonhoeffer, Das „Ethische" und das „Christliche" als Thema, in: ders., Ethik, hg. von Ilse Tödt u.a. (DBW 6), 2. Aufl. Gütersloh 1992, S. 374ff.

[162] NN, Die Casino-Gesellschaft in Berlin im Rahmen des Zeitgeschehens 1786–1970, o.O.u.J., zit. Klaus Gerbet, Carl-Hans Graf von Hardenberg 1891–1958 (Deutsche Vergangenheit 79), Berlin 1993, S. 86. Vgl. Schlabrendorff, Begegnungen, S. 137.

ausländischen Mitgliedern wie dem englischen Journalisten Ian Colvin zu sprechen. Nach dem „Anschluß" Österreichs im März 1938 schilderte er ihm Hitlers aggressive „Pläne gegen Frankreich, Holland, Belgien, Dänemark, Rußland, gegen England und die Neue Welt."[163] Das nächste Ziel werde die Tschechoslowakei sein; nur wenn die britische Regierung „nein sagt – und sei es auch nur durch diplomatische Kanäle –, muß das Abenteuer aufgegeben werden."[164] Tatsächlich wurde diese Einschätzung über die britische Botschaft nach London weitergeleitet, ohne jedoch eine Änderung der englischen Politik zu bewirken.

Kleist setzte bei dem Gespräch die Ablehnung von Hitlers Kriegsplänen durch die Wehrmachtsführung sowie die Formierung des bürgerlich-militärischen Widerstandes um Ludwig Beck, Carl Goerdeler und Ulrich von Hassell seit der Fritsch-Affäre voraus. Ein Aktionszentrum bildete das Amt Ausland/Abwehr im OKW unter Admiral Canaris besonders durch Oberstleutnant Hans Oster. Da ein Schwager Kleists in der Abwehr arbeitete, konnte er Ende Juli 1938 mit Canaris und Oster seinen Plan[165] besprechen, als Emissär nach England zu fahren. Nachdem sich auch Beck im Gespräch mit Kleist dafür ausgesprochen hatte, wurden durch Colvin die nötigen Vorbereitungen in England getroffen, während Oster für die technische Durchführung sorgte. Während der Londonreise vom 17.–24. August führte Kleist Gespräche mit Sir Robert Vansittart, dem Ständigen Staatssekretär im Foreign Office, und den Oppositionspolitikern Lord Lloyd und Winston Churchill, mit dem er sich als einem „wirklichen Konservativen"[166] besonders gut verstand. Gegenüber Vansittart betonte er, er wolle unter persönlicher Gefährdung „als Konservativer, Preuße und Christ" das nach dem 27. September geplante Unheil abwenden. „Es besteht keinerlei Aussicht auf eine vernünftige Politik, solange Hitler die Staatsgeschäfte leitet. Aber ich glaube, daß, wenn der Krieg wie im Mai vermieden würde, dies das Vorspiel zum Ende des Regimes sowie die Wiedergeburt eines Deutschlands wäre, mit dem die Welt verhandeln könnte."[167] Obwohl Kleist im Unterschied zu den früheren

---

[163] Ian Colvin, Vansittart in Office, London 1965, zit. Schlabrendorff, Begegnungen, S. 121f. Vgl. Scheurig, Kleist-Schmenzin, S. 150; Klemens von Klemperer, Die verlassenen Verschwörer, Berlin 1994, S. 95.

[164] Colvin, aaO., zit. Scheurig, Kleist-Schmenzin, S. 152.

[165] Nach Scheurig, Kleist-Schmenzin, S. 153, geht der Plan auf Kleist zurück, so auch eingeschränkt Klemperer, Verschwörer, S. 95; nach Romedio Galeazzo Graf von Thun-Hohenstein, Der Verschwörer. General Oster und die Militäropposition, München 1984, S. 93, – ohne Nachweis – auf Canaris.

[166] Zit. Kleist-Retzow, Revolutionär, S. 67.

[167] Documents on British Foreign Policy, zit. Scheurig, Kleist-Schmenzin, S. 156.

Gesprächen Goerdelers in London und Paris außer der Beseitigung des Polnischen Korridors keine territorialen Forderungen stellte, konnte er nicht die erwünschte Festigkeit Englands gegenüber Hitler erreichen. Zwar fühlten sich die britischen Konservativen bestätigt, aber der über die Kontakte informierte Premier Neville Chamberlain blieb bei der Appeasement-Politik. So mußte Kleist in der Abwehr berichten: „Ich habe in London niemanden gefunden, der bereit wäre, einen Präventivkrieg zu wagen."[168] Immerhin hatte ihm Vansittart eine warnende Rede von Schatzkanzler Lord Simon und bei zunehmenden Spannungen britische Flottenbewegungen angekündigt, und Churchill gab ihm einen Brief mit, der auch im Namen des Außenministers Lord Edward Halifax unumwunden vor dem Überschreiten der tschechischen Grenze als Beginn eines langjährigen, bis zum bitteren Ende führenden Weltkrieges warnte und nicht nur im Kreis der Verschwörer verbreitet wurde, sondern auch ins Auswärtige Amt gelangte. Aber durch die Münchener Konferenz wurden auch die Pläne für einen militärischen Staatsstreich unmöglich gemacht und Hitlers Einschätzung von Großbritannien bestätigt. Kleist hatte keine Hoffnungen mehr auf eine Rettung durch England oder eine Aktion des Widerstandes; nach menschlichem Ermessen war die Katastrophe gewiß. Die „Reichspogromnacht" vom 9./10. November war ihm ein Beweis „fundamentierter Rechtlosigkeit"[169].

Im Vorfeld des Krieges gegen Polen wurden unter General Franz Halder, Nachfolger Becks als Chef des Generalstabes, erneut Umsturzpläne entworfen. Deshalb reiste Kleist wiederum im Auftrage von Beck und Canaris am 24. August 1939 – einen Tag nach Abschluß des Hitler-Stalin-Paktes - nach Stockholm, um im neutralen Schweden „schnellere und zuverlässigere Nachrichten über die Ereignisse im Ausland"[170] und dessen Reaktionen auf die bevorstehende Aggression zu bekommen. Während ihn seine Gesprächspartner besonders über die Haltung Englands informierten, wies er auf den deutschen Widerstand hin. Dem Redakteur des Svenska Dagbladet Otto Järte imponierte bei Kleist das „Rechtspathos, das Michael Kohlhaas unsterblich gemacht"[171] hat. Am letzten Augustsonntag betete er in der deutschen Kirche um die Befreiung Deutschlands von Hitler, am 1. September begann der 2. Weltkrieg, ohne

---

[168] Ian Colvin, Master Spy, New York-London 1951, zit. Scheurig, Kleist-Schmenzin, S. 160.
[169] Zeitzeugenaussagen, zit. Scheurig, Kleist-Schmenzin, S. 166.
[170] Otto Järte, Ein deutscher Widerstandskämpfer, zit. Scheurig, Kleist-Schmenzin, S. 168.
[171] Ebenso, S. 169.

daß die westlichen Alliierten über die Betonung ihrer Bündnisverpflichtungen hinaus eingriffen oder der Widerstand aktiv wurde.

Angesichts des von Hitler geplanten Angriffs im Westen wurde Kleist erneut aktiv. Seine Informationen zeigten ihm den Ernst der Lage, so daß er sie am 4. Januar 1940 einem Mitglied der Schwedischen Gesandtschaft in Berlin mitteilte. Er hoffte, daß sie nach London und Paris weitergegeben würden. „Eine große Offensive zu Lande und in der Luft sei seit Ende November oder mindestens Anfang Dezember im Prinzip beschlossen worden", wobei der Angriff zunächst dem „südlichen Teil der Niederlande und Belgien" gelten sollte.[172] Als Angriffstermin sei der 15. Januar festgesetzt „vorbehaltlich der Wetterverhältnisse, die einen gewissen Aufschub nötig machen könnten." Da auch die „Mehrzahl der höheren Befehlshaber [...] nicht an einen entscheidenden Erfolg der Offensive" glaubten, sah Kleist „die Voraussetzung geschaffen für eine Aktion seitens der höheren Militärs, um Hitler zu entfernen und das nationalsozialistische Regime zu stürzen."[173] Das durch die Informationen angestrebte Scheitern des von Hitler befohlenen Angriffs sollte die Motivation zu seinem Sturz verstärken. Die entsprechenden Pläne hätten „innerhalb eines gewissen Kreises das Stadium der vorbereitenden Gespräche überschritten." Kleist verwies damit auf die neuen, von Halder gesteuerten Umsturzpläne, nannte aber vor allem neben anderen Informationen den damals aktuellen Termin des Westfeldzuges. Er kannte auch bei Gesprächen mit der „Feindseite" keine Zurückhaltung, weil nur ein militärischer Rückschlag Hitlers Stellung erschüttern und dem Widerstand und damit der Zukunft Deutschlands eine Chance eröffnen könnte. War sein Handeln in den Augen des Regimes Landesverrat, so war es für Kleist „vaterländische Pflicht"[174]. Aber mit Mansteins „Sichelschnitt" wurde auch der Feldzug im Westen, gegen Frankreich, Belgien, Luxemburg und die Niederlande, zum „Blitzsieg", die Zustimmung zu Hitler erreichte ihren Höhepunkt. Kleist war verzweifelt und zog sich immer mehr zurück.

An den Gesprächen und Planungen des bürgerlich-militärischen Widerstandes beteiligte er sich nicht, da er keine entsprechende Position hatte. Er hoffte auf ein Eingreifen der Generäle, was aber vergeblich war angesichts der Erfolge Hitlers bis zum Rußlandfeldzug, dessen Ausgang Kleist voraussah. Jedoch auch nach der sowjetischen Gegenoffensive

---

[172] Bericht des schwedischen Gesandten in Berlin, 5.1.1940, in: Politische Studien 10, 1959, S. 435f.

[173] Ebd., S. 438.

[174] Ebd., S. 438. Vgl. zum Problem Hans-Jürgen von Kleist-Retzow/Fabian von Schlabrendorff, Landesverrat?, in: Deutsche Rundschau 84, 1958, S. 927–932; Klemperer, Verschwörer, S. 181f.

vom Dezember 1941 und dann der Wende von Stalingrad blieben sie im militärischen Gehorsam erstarrt. Anfang März 1943 hielt es Kleist nicht mehr in Schmenzin, er fuhr nach Berlin, um zum Staatsstreich zu mahnen. Ob er von den damaligen Attentatsplänen in der Heeresgruppe Mitte wußte, ist nicht bekannt. Im Bonhoefferschen Haus traf er die Brüder Klaus und Dietrich, Jakob Kaiser, Josef Wirmer und Prinz Louis Ferdinand von Preußen.[175] Kleist konnte den in engem Kontakt mit Otto John stehenden Kaiserenkel dafür gewinnen, als rechtmäßiger Kronprätendent das Signal zum Aufstand zu geben und die Heerführer mitzureißen. Aber als er davon General Friedrich Olbricht im Allgemeinen Heeresamt unterrichtete, verwies dieser darauf, daß er keine Aktion auslösen könnte.[176] Zudem untersagte der Kronprinz seinem Sohn jede Verschwörung.

In der Wohnung von Wirmer kam es wohl während dieses Besuches auch zu einer ersten Begegnung mit Carl Goerdeler, den Fritz-Dietlof Graf von der Schulenburg auf Kleist hingewiesen hatte.[177] Das Gespräch über die außenpolitische Lage führte auch zu einem Einverständnis „über die Notwendigkeit eines Staatsstreichs". Als aber „der Herbst 1943 ohne eine Tat der Fronde ins Land ging, war Kleist vom Ende Deutschlands überzeugt."[178] Am 12. Dezember kam es im Berliner Büro von Wirmer zu einem weiteren Treffen mit Carl Goerdeler, der Kleist als Politischen Beauftragten im Wehrkreis II (Pommern) gewann.[179] Zeitweise überlegte

---

[175] Vgl. Scheurig, Kleist-Schmenzin, S. 179; Peter Hoffmann, Widerstand – Staatsstreich – Attentat, 3. Aufl. München 1979, S. 245.

[176] Nach Helena P. Page, General Friedrich Olbricht, Bonn-Berlin 1992, S. 206ff., war Olbricht seit November 1942 zur Auslösung des Staatsstreiches durch das Ersatzheer bereit. Es könnten also andere Motive mitgespielt haben, wobei Olbricht, der „gerne und mit innerer Überzeugung der Republik gedient hat" (aaO., S. 68), eine monarchistische Lösung ablehnte oder die angelaufenen Attentatsversuche nicht gefährden wollte. Gemäß seiner Aussage vor dem Volksgerichtshof hat Kleist Olbricht erst nach den Treffen mit Goerdeler, also 1944, kennengelernt; vgl. Hans-Adolf Jacobsen (Hg.), „Spiegelbild einer Verschwörung", Stuttgart 1984, S. 754f. – weiterhin zit. als KB.

[177] Vgl. KB, S. 357; lt. KB, S. 755f., ging die Initiative von Kleist aus, der als möglichen Vermittler seinen am 8.9.1944 hingerichteten „Freund von Hassell" nannte, während Scheurig, Kleist-Schmenzin, S. 183, Schlabrendorff gemäß dessen Aussage – allerdings erst für das Treffen am 12. Dezember – nennt. Goerdeler datiert das Gespräch auf „Ende 1942/Anfang 1943". Demgegenüber betont Scheurig, Kleist-Schmenzin, S. 179, daß Kleist „Anfang März 1943" erstmals Schmenzin wieder verließ.

[178] Scheurig, Kleist-Schmenzin, S. 182.

[179] KB, S. 357. In der von den Ermittlern nach dem 20. Juli 1944 gefundenen Unterlagen ist Kleist nur als Unterbeauftragter unter v. Willisen vorgesehen; vgl. KB, S. 26, 50, 77.

er auch seine Verwendung als Minister.[180] Als jedoch Kleist bemerkte, daß andere über seine vorgesehene Funktion informiert waren, war er entsetzt über Goerdelers Leichtfertigkeit und sagte zu seiner Frau: „Das ist sicher auch nicht der Richtige."[181]
Inzwischen war Claus Schenk Graf von Stauffenberg als Chef des Stabes bei Olbricht zum entscheidenden Motor des Widerstandes geworden. Bevor er Zugang zu den Lagebesprechungen Hitlers hatte und sich selbst zur Ausführung des Attentats entschloß, suchte er Offiziere, die sich bei passender Gelegenheit mit Hitler in die Luft zu sprengen bereit waren.[182] Nachdem die geplante Uniformvorführung mit dem zur Tat bereiten Hauptmann Axel von dem Bussche-Streithorst durch die Vernichtung der Ausrüstungsgegenstände bei einem Luftangriff verhindert worden und Bussche wieder an die Ostfront zurückgekehrt war, wandte sich Schulenburg im Blick auf eine erneute Uniformvorführung an Leutnant Ewald Heinrich von Kleist, den ältesten Sohn des Schmenziners. Sechs Stunden sprachen Stauffenberg und Schulenburg Ende Januar 1944 mit dem jungen Kleist und schilderten ihm die Lage und den Plan. Schließlich fragte Schulenburg ihn, „ob er etwas in sich finde, was ihn zu diesem Selbststopfer verpflichte."[183] Kleist erbat sich Bedenkzeit und fuhr zu seinem Vater, um dessen Rat einzuholen. Im Herrenzimmer des Gutshauses berichtete er von dem Gespräch, sein Vater ging schweigend zum Fenster und schaute lange hinaus. Dann wendete er sich seinem Sohn zu und sagte: „Ja, das mußt Du tun. – Wer in einem solchen Moment versagt, wird nie wieder froh in seinem Leben."[184] Diese Antwort ist scheinbar unreligiös, fast utilitaristisch, aber sie ist getragen von einem Verständnis der Verantwortung und der Pflicht[185], in das die preußische Tradition einer Verbindung von Christentum und Kant eingegangen ist. Für den Schmenziner war das Verpflichtetsein gegenüber Gott ein entscheidendes Moment

---

[180] Vermutlich dachte Goerdeler an das Landwirtschaftsministerium; vgl. Scheurig, Kleist-Schmenzin, S. 231; tatsächlich wurde dafür erst spät Andreas Hermes oder andere vorgesehen.

[181] Bericht A. v. Kleist (14.4.1956, 20.3.1965), W. Eggert (15.11.1964), Mitteilung F. v. Schlabrendorff, zit. Scheurig, Kleist-Schmenzin, S. 184. Nach Kleist-Retzow, Revolutionär, S. 80, war das bereits die Reaktion auf das Gespräch.

[182] Vgl. Hoffmann, Widerstand, S. 397ff.

[183] Scheurig, Kleist-Schmenzin, S. 184; vgl. Eberhard Zeller, Geist der Freiheit, 5. Aufl. München 1965, S. 337.

[184] Mitteilung E.-H. v. Kleist (19.3.1956, 22.9.1964), zit. Scheurig, Kleist-Schmenzin, S. 184f.

[185] Nach Zeller, Geist, S. 337, erklärte der Vater „es dem Sohn in ernster Erwägung als Pflicht, der Forderung eines solchen Augenblicks, wenn sie an ihn komme, nicht auszuweichen."

des Glaubens. Sein Sohn erklärte sich zum Attentat bereit, aber die Uniformvorführung fand nicht statt.[186] Am 20. Juli gehörte er zu den jungen Offizieren, die im Bendlerblock als Adjutanten und Ordonanzen halfen.

Kleists Widerstand gegen den NS-Staat war wie sein politisches Engagement gegen die Weimarer Republik eine Konsequenz seines Glaubens, der jede Orientierung an diesseitigem Nutzen und Erfolg ablehnte. Deshalb teilte er mit vielen Mitgliedern des Widerstandes die Einsicht, daß das Christentum zur Grundlage der Neuordnung werden müßte. Noch in der Haft hoffte er: „Diese Zeit der Diesseitigkeit, der der Mensch und sein diesseitiger Nutzen Maßstab aller Dinge ist, geht in langen, furchtbaren Zuckungen rettungslos zu Ende. Es wird die Zeit kommen, wo den seelischen Führern wieder Gott Maßstab und Wertmesser aller Dinge, aller Werte, aller Erfolge, aller Menschen sein wird."[187] Aber er kannte wohl deutlicher die Reichweite der „notwendigen Umwertung aller Werte"[188], die er an einem Beispiel aufzeigte: „Wer ist größer, wer hat für die Welt mehr geleistet, Cäsar – man kann auch Napoleon als Beispiel nehmen – oder ein schlichter pflichttreuer, frommer Arbeiter, dessen ganzes Leben Vorbild eines gläubigen Menschen war? Ich meine, der Arbeiter. [...] Hiermit verurteile ich nahezu alle Vorstellungen, in denen die Welt sich tatsächlich bewegt. Auch fast alle Urteile der Geschichtsschreibung werden damit als unzulänglich angegriffen. Zieht man aus diesem Beispiel die Folgerungen, so ergibt sich wirklich ein neues Weltbild. Nicht mehr der Mensch oder etwas Diesseitiges ist dann der Maßstab und Wertmesser, sondern allein Gott. Für diese Wahrheit lohnt es sich zu kämpfen und zu leiden."

4. Nach dem 20. Juli 1944

Als Kleist-Schmenzin am Abend des 20. Juli von dem gescheiterten Attentat erfuhr, erschrak er und begann sofort, mit seiner Frau belastende Dokumente und Briefe zu vernichten. Am nächsten Tag wurde er in aller Frühe abgeholt, und der Polizeiwagen nahm in Kieckow auch Hans-Jürgen von Kleist-Retzow auf, um beide zur Gestapo nach Köslin zu bringen. Als sich die beiden Vertrauten zum letzten Mal verabschiedeten,

---

[186] Vgl. zu den Verhinderungen auch Joachim Kuhn, Eigenhändige Aussage, 2.9.1944, in: Boris Chavkin/Aleksandr Kalganow, Neue Quellen zur Geschichte des 20. Juli 1944 aus dem Archiv des föderalen Sicherheitsdienstes der Russischen Föderation, in: Forum für osteuropäische Ideen- und Zeitgeschichte 5, 2001, S. 386.
[187] Kleist-Schmenzin, Aufzeichnung vom 28.11.1944, aaO., S. 272.
[188] Ebd., S. 273 – in Umkehrung von Nietzsches Intention; vgl. aaO., S. 276.

flüsterte Kleist seinem Vetter zu: „Du wirst vielleicht noch einmal herauskommen; mich bringen sie um, und – es klingt sonderbar – ich bin froh, daß es nun soweit ist."[189] Er wußte, daß es bei seinem Widerstand immer ums Ganze gegangen war. Als politischer Gefangener wurde er in Handschellen nach Stettin überstellt, um am 18. August in Berlin-Moabit in das Gefängnis Lehrter Straße eingeliefert zu werden. Hier traf er viele aus dem Widerstand, zu seinem Entsetzen auch seinen ältesten Sohn, gegen den aber am 12. Dezember das Ermittlungsverfahren „mangels hinreichenden Tatverdachts" eingestellt wurde.[190]

Abgeschnitten von jeder Kommunikation mit der Außenwelt, ohne Möglichkeiten zu lesen und zu rauchen, folgten die schweren Wochen der Verhöre, während Kleist Handfesseln tragen mußte. In Schmenzin war der Brief Churchills vom August 1938 gefunden worden, so daß Kriminalkommissar Buchmann Kleists Englandfahrt neben seiner Nennung als Politischer Beauftragter als Beweis für verschwörerische Tätigkeit werten wollte. Aber Kleist ließ sich auch durch Drohungen nicht zu einem Geständnis oder der Nennung von Namen bewegen. Dann kam die lange Zeit der Haft in der Einzelzelle, wobei aber Informationen durchsickerten, die Kalfaktoren Kontakte herstellten und in unbeobachteten Augenblicken die Inhaftierten sogar miteinander sprechen konnten. „Viele Gefangene befragten ihn heimlich nach seiner Ansicht über die Lage, wenn neue Nachrichten zu uns drangen."[191] Aber erst am 6. Dezember ging Kleists „letzter großer Wunsch"[192] in Erfüllung, daß ihn seine Frau besuchen und sprechen konnte; noch zwei weitere Besuche folgten in Erwartung des nahen Todesurteils.

Einen tiefen Einblick in sein Denken, sein Sorgen um die Familie und seinen Glauben gewähren ab 6. Oktober 1944 die Aufzeichnungen, Briefe an seine Frau, die er nicht abschicken durfte, aber ihr noch beim letzten Besuch zustecken konnte. Der Gedanke an sie und die Kinder, der Schmerz über die Trennung, die Ungewißheit über ihr Schicksal und die Freude über Kontakte bestimmen immer wieder die Niederschriften. In seiner ersten Eintragung blickt er zurück auf die Zeit seit der Gefangennahme: „Die Stimmung hat oft geschwankt zwischen Hoffnung und trübsten Erwartungen, meistens nicht bestimmt durch verstandesmäßige Überlegungen, oft durch ziemlich unbedeutende Dinge. In Stettin hofften

---

[189] Zit. Kleist-Retzow, Revolutionär, S. 82.
[190] KB, S. 694. Bereits in der Aufzeichnung vom 7.12.1944 weiß Kleist: „Ewald-Heinrich auf freiem Fuß!" Scheurig, Kleist-Schmenzin, S. 275.
[191] Bericht E. Bethge, zit. Scheurig, Kleist-Schmenzin, S. 188.
[192] Kleist-Schmenzin, Aufzeichnung vom 7.12.1944, in: Scheurig, Kleist-Schmenzin, S. 275.

wir Leidensgenossen wohl meistens auf unsere baldige Entlassung [...]. In einem Punkt ist aber meine Stimmung bis heute ganz gleichmäßig, ruhig und fest geblieben: Ich habe mich bedingungslos in Gottes Willen ergeben, nicht ein einziges Mal ist mir eine Zweifelsanfechtung gekommen, daß Gottes Wille auch in diesem Falle gerecht und gut ist, nicht einen einzigen Augenblick habe ich mit Ihm gehadert."[193] Waren seine früheren Hinweise auf Gottes Willen eher durch die Stoa und den antiken Schicksalsglauben bestimmt, so klingt nun mit der Spannung von Zweifel und Gewißheit deutlich eine Aufnahme lutherischer Gedanken an. Daß Kleist in einer späteren Eintragung[194] Luther auch wörtlich zitiert, verweist auf eine intensive Auseinandersetzung mit dem Reformator. Sie ist wohl in die Zeit der politischen Untätigkeit zu datieren, wobei ihn vielleicht auch die Gespräche mit seiner zweiten Frau und die in Schmenzin nun üblichen Abendandachten beeinflußt haben.

Kleist sah rückblickend in diesen „letzten Jahren, von allem öffentlichen Leben abgekehrt, [...] eine Wandlung schon angebahnt"[195], die ihn von seiner Orientierung am „Überindividuellen, Allgemeinen" zu einer Beachtung der „kleineren und größeren Freuden" führte. „Hier in der Trostlosigkeit einer elfwöchigen Einzelhaft hat das rein Menschliche und das Kleine eine ganz andere Bedeutung für mich gewonnen." Dazu gehörte natürlich die Freude über die seit September möglichen Grüße und Lebensmittelsendungen seiner Frau,[196] aber auch die Begegnungen im Gefängnis. „Eins habe ich noch gelernt, dankbar sein, den Menschen auch für unscheinbare Freundlichkeiten, vor allem aber Gott."[197] „Ich habe es gelernt, Gott zu danken, und was es heißen soll: ‚Du sollst Gott lieben über alles.' [...] Ich habe früher immer Glauben, Gehorsam und Vertrauen betont, aber wohl zu wenig die Liebe, zu Gott und dem Nächsten."[198] Unter Nächstenliebe verstand er dabei wieder „nicht die weichmütige Liebe, die sogenannte Wohltätigkeit und ‚soziale Gesinnung', die

---

[193] Ders., Aufzeichnung vom 6.10.1944, aaO., S. 266; vgl. Aufzeichnung vom 8.10.1944, aaO., S. 267.
[194] Vgl. ders., Aufzeichnung vom 27.11.1944, aaO., S. 271.
[195] Ders., Aufzeichnung vom 7.10.1944, aaO., S. 266.
[196] Vgl. ders., Aufzeichnung vom 8.10.1944, aaO., S. 267: „Der ganze Tag, vorher und nachher, erhielt daher einen Schimmer. Der erste echte Kaffee im Thermos machte den Nachmittag zu einem richtigen Festtag. Über alles, eine schöne Birne, die Pflaumen, Melonen, die Becher mit allerhand schönen Dingen usw. konnte ich mich wirklich wie ein Kind freuen. [...] Am 19. September schicktest Du mir die ersten Rosen. Ein Blättchen von diesen Rosen – den Mechirosen – bewahre ich noch jetzt auf."
[197] Ders., Aufzeichnung vom 10.11.1944, aaO., S. 267.
[198] Ders., Aufzeichnung vom 10.11.1944, aaO., S. 268.

nur diesseitige, materielle Dinge im Auge hat, also Gott gerade entgegenhandelt", sondern anderen auf dem Weg zu Gott zu helfen.[199] Diesen Weg zu finden, erkannte er nun als den „Sinn unseres Lebens"[200] und „das Glück auf Erden". Aber daneben blieb ihm das Ideal des stoischen Weisen, die Ataraxia, da es „ohne Zufriedenheit kein Sichglücklichfühlen"[201] gäbe. Dazu zitierte er die ihm von seiner Mutter vermittelte milde Aufklärungsfrömmigkeit Christian Fürchtegott Gellerts: „Genieße, was dir Gott beschieden, entbehre gern, was du nicht hast." Entsprechend sollte der Mensch „sein Glück in den allen Menschen gleichmäßig zugänglichen Gütern der Seele suchen, sich das unnötige Sorgen abgewöhnen und sich zur Zufriedenheit erziehen."[202]

Hatte er in der ersten Zeit manchmal „beinahe körperlich die führende und zu sich ziehende Hand Gottes"[203] zu spüren gemeint, gewann sein Gottesverständnis deutlich personale Züge. Daß diese in Spannung zu seiner transzendenten Allmacht stehen, reflektierte Kleist in seiner veränderten „Einstellung zum Gebet"[204]. Er betonte zwar entsprechend seiner früheren Meinung den Segen des Gebets mit dem „inneren Zusatz ‚aber Dein Wille geschehe'", aber er bat nicht mehr nur um „innere Gaben". Obwohl ihm das Bittgebet und seine Erhörung fragwürdig blieben, betonte er, „daß ein ernstliches Gebet erhört werden kann, wenn die arme Vernunft es sich auch nicht vorstellen kann. Ich bete wieder ständig für vieles, namentlich für meine Lieben. Der Mensch soll sich mit allen Freuden und Sorgen zu Gott wenden, sonst verliert er die lebendige Verbindung mit ihm. Man soll es tun in gesammelter, ernster Versenkung, es soll ein Sich-Gott-Öffnen sein. In der Bitte soll man hören und hören wollen, und Gott bleibt nicht stumm. Ich weiß es." Diese neue Erfahrung ließ neben der Weisheit Gottes seine Zuwendung wichtig werden: „Gott bleibt nicht stumm, wenn es auch Zeiten gibt, wo wir ihn nicht hören. Gott ist Gnade, Gott ist die Liebe."[205] Und statt der schicksalhaften Gerechtigkeit Gottes hatte er „jetzt erst so richtig begriffen, daß es Gottes Güte ist, die uns Not

---

[199] Vgl. ders., Aufzeichnung vom 27.11.1944, aaO., S. 271.
[200] Ders., Aufzeichnung vom 10.12.1944, aaO., S. 275.
[201] Ders., Aufzeichnung vom 27.12.1944, aaO., S. 278.
[202] Ders., Aufzeichnung vom 27.12.1944, aaO., S. 279.
[203] Ders., Aufzeichnung vom 8.10.1944, aaO., S. 267.
[204] Ders., Aufzeichnung vom 10.11.1944, aaO., S. 268. Auch der Gottes Wille und Führung immer wieder betonende Jochen Klepper kam erst 1939 angesichts der Eroberung Prags zu der Erkenntnis: „Man darf Gott um alles ‚Äußere' bitten. Ich habe es immer nicht fassen wollen." Jochen Klepper, Unter dem Schatten deiner Flügel. Aus den Tagebüchern der Jahre 1932–1942, Stuttgart 1956, S. 739 (16.3.1939).
[205] Ders., Aufzeichnung vom 16.11.1944, aaO., S. 269.

und Trübsal auferlegt."²⁰⁶ Mit dem Dichter Samuel Rodigast bekannte er: „Was Gott tut, das ist wohlgetan"²⁰⁷, und mit dem Psalmisten „Er legt eine Last auf, aber er hilft uns auch" (Ps. 68,20). Ihn tröstete „das wunderschöne Gedicht"²⁰⁸ von Hedwig von Redern, der Mitbegründerin des Gebetsvereins der Frauenmission, das ihm seine Frau geschickt hatte und er wiederum ihr als Trost schrieb: „Weiß ich den Weg auch nicht, du weißt ihn wohl." Am Dritten Advent schrieb er seiner Frau: „Mit Gesangbuch, Bibel und Deinen Sprüchen und Liedern habe ich wieder einen schönen, stillen Morgen gehabt."²⁰⁹

Auch im Bewußtsein des kommenden Todesurteils stellte Kleist nicht die Theodizee-Frage, vielmehr suchte er festzuhalten an der seine Aufzeichnungen durchziehenden Bitte: „Dein Wille geschehe." Dabei hatte er den Weg des Martyriums vor Augen: „Und wenn der Gehorsam gegen Gott die furchtbarsten Leiden bringt, so dürfen wir doch keinen Augenblick zögern, Gott zu gehorchen um unserer selbst, das ist um unserer Seelen willen."²¹⁰ Entscheidende Bedeutung hatte dabei die Hoffnung auf das Leben nach dem Tode, da er „immer schon den Tod als einen Freund und Erlöser angesehen habe [...]. Nur die Gewißheit des Todes macht das Leben erträglich."²¹¹ Entscheidend ist nämlich die Unsterblichkeit der Seele, aber „[a]lles Irdische ist vergänglich, ist eitel (Prediger Salomo)."

Diese platonische Abwertung des leiblichen Lebens mutet befremdlich an angesichts der politischen Aktivität und dem Pflichtbewußtsein des Schmenziners, aber sie war deren Kehrseite. „Das Schwere in der Lebensaufgabe liegt darin, daß wir gleichzeitig dem Jenseits und dem Diesseits angehören. Das ist eine Spannung, die nicht zu beseitigen ist."²¹² Deshalb gilt einerseits, „wir sollen nicht weltabgewandt leben, sondern mit ganzer Kraft in den irdischen Dingen, sei es Politik, Wirtschaft, Kultur usw. arbeiten, um zu versuchen, nach bester Überzeugung diese Dinge nach Gottes Willen zu gestalten, wir dürfen und sollen uns auch an den irdischen Gaben Gottes freuen. Aber wir dürfen nie unser Herz an irgend etwas Irdisches hängen. Denn alles dieses wird vergehen,

---

[206] Ders., Aufzeichnung vom 10.12.1944, aaO., S. 275.
[207] Ders., Aufzeichnung vom 22.11.1944, aaO., S. 269. Evangelisches Gesangbuch, Nr. 372.
[208] Ders., Aufzeichnung vom 16.11.1944, aaO., S. 269. Vgl. Evangelisches Gesangbuch. Ausgabe für die Evangelisch-Lutherischen Kirchen in Niedersachsen und für die Bremische Evangelische Kirche, 1994, Nr. 591.
[209] Ders., Aufzeichnung vom 17.12.1944, aaO., S. 276.
[210] Ders., Aufzeichnung vom 27.11.1944, aaO., S. 270.
[211] Ders., Aufzeichnung vom 16.11.1944, aaO., S. 269.
[212] Ders., Aufzeichnung vom 10.12.1944, aaO., S. 275

auch alle Staaten und Völker. [...] Wir dürfen traurig sein über den Verlust irdischer Dinge, den Untergang dessen, wofür wir unser ganzes Leben gearbeitet haben, aber wir brauchen und dürfen nicht verzweifeln, es ist ja nur ein Verlust für einen so kurzen Augenblick wie das Leben, und unser Glück wird dadurch überhaupt nicht berührt, das ist allein zu Gott, jenseits des Lebens, und die Pforte dazu ist der Tod."[213] Seinen Kindern empfahl er deshalb das Ewigkeitslied von Paul Gerhardt zu lesen und auswendig zu lernen: „Ich bin ein Gast auf Erden".[214]

Die Hoffnung auf Gott gibt in den Aufzeichnungen während der Haft diesem antiken Diesseits-Jenseits-Denken einen warmen Ton des Vertrauens, der wohl einem Wandlungsprozeß bei Kleist entsprach. So trat neben den Tod als „Freund und Erlöser" die Aussage, daß Gott „dieses so kurze Leben [...] zu seiner Zeit beenden und uns in die ewige Heimat aufnehmen [wird], in die Seligkeit."[215] Darum bat er seine Frau: „Bitte sei nicht traurig, wenn ich sterbe. Siehe, ich bin dann bei Gott, in seinem Glück. Das soll Dich trösten. Gottes Wille ist heilig und gut. Und das ist mein tröstlicher Glaube, und das muß auch Dir Trost geben, daß wir uns wiederfinden werden bei Gott. Nach einer kurzen Prüfungszeit wirst Du mit mir wieder vereint sein bei Gott. Wir können wirklich durch Gottes Gnade sprechen: Tod, wo ist dein Stachel, Hölle, wo ist dein Sieg? Gott aber sei Dank, der uns den Sieg gegeben hat [1. Kor 15,55.57]. Gegen unsern Glauben ist alle Niedrigkeit, alle Menschenmacht völlig ohnmächtig. Alles Leid wird sich wandeln, ganz gewiß, in Seligkeit."[216]

Am 1. Dezember erhielt Kleist die Anklageschrift wegen Hoch- und Landesverrates, aber erst am 12. Januar sagte ihm der Rechtsanwalt, „voraussichtlich würde in etwa 14 Tagen gegen mich verhandelt. Die Todesstrafe wäre völlig sicher."[217] Kleist hatte das schon lange erwartet, aber erst am 3. Februar stand er zusammen mit seinem Freund Schlabrendorff und Oberst Wilhelm Staehle vor dem Volksgerichtshof unter Roland Freisler. Die Anklageschrift warf ihm Konspiration in England 1938 und Mitwisserschaft mit dem Putsch vor. Weit über die Anklage hinausgehend, nahm Kleist nach Schlabrendorffs Erinnerung ohne Vorbehalte Stellung: „Jawohl, ich habe Hochverrat betrieben seit dem 30. Januar 1933, immer und mit allen Mitteln. Ich habe aus meinem Kampf gegen Hitler und den Nationalsozialismus nie ein Hehl gemacht. Ich halte

---

[213] Ders., Aufzeichnung vom 16.11.1944, aaO., S. 269.
[214] Ders., Aufzeichnung vom 27.11.1944, aaO., S. 271.
[215] Ders., Aufzeichnung vom 22.11.1944, aaO., S. 269.
[216] Ders., Aufzeichnung vom 28.11.1944, aaO., S. 273. Bezeichnender Weise ließ er am Ende von 1. Kor 15,57 „durch unseren Herrn Jesus Christus" aus.
[217] Ders., Aufzeichnung vom 12.1.1945, aaO., S. 280.

diesen Kampf für ein von Gott verordnetes Gebot. Gott allein wird mein Richter sein."²¹⁸

Die Eindeutigkeit dieser Aussage verschlug selbst Freisler die Sprache, so daß er nach einer Pause die „Sache Schlabrendorff" aufrief. Aber dann ertönten die Sirenen, und es folgte der schwerste Angriff der amerikanischen Luftwaffe auf Berlin. Auch das als Gerichtsgebäude dienende Hotel in der Bellevue-Straße erhielt einen Treffer, so daß die Decke des Kellers über den Richtern, Zeugen und Gefangenen brach. Ein herabstürzender Balken traf Freislers Schädel, so daß er wenig später starb. Die Gefangenen wurden durch das brennende Berlin in das Reichssicherheitshauptamt zurückgefahren.

Daß sich das Ende des Dritten Reiches angesichts der herannahenden russischen Front immer deutlicher abzeichnete, erfuhr auch Kleist, aber auch die Gefahren für seine Frau und Familie, die in ihrer Verzweiflung nur knapp einer Selbsttötung angesichts der herannahenden Infernos entgingen. Deshalb wollte nun Kleist sein Leben retten. Als er am 23. Februar erneut vor dem ersten Senat des Volksgerichtshofs nun unter Vizepräsident Krohne stand, suchte er sich zu verteidigen und seine Verbindungen zu Goerdeler und anderen zu verharmlosen. Bereits vorher hatte er darüber nachgedacht, daß es „seltene Fälle gebe, wo die Unwahrheit zur Pflicht wird. Aber nur dort, wo im ernsten Aufblick auf Gott das in diesem Fall höhere Gebot Gottes gehört wird."²¹⁹ Darum behauptete er nun: „An irgendein illegales Vorgehen habe ich nicht gedacht. Auch das Angebot, Politischer Beauftragter der Wehrmacht in Stettin zu werden, habe ich als legal aufgefaßt."²²⁰ Die Aussage in früheren Vernehmungen ließ er nicht gelten, weil er unter Zwang die Protokolle habe unterschreiben müssen. Aber in seinem Schlußwort stellte er gegenüber dem Richter fest: „Die Hinnahme des Todesurteils wird mir leichter fallen, als es Ihnen fallen wird, das Todesurteil zu verhängen."²²¹ Am 15. März 1945 nahm er das Todesurteil „mit stoischer Ruhe und Gelassenheit" an.

Am 9. April 1945 holten ihn gegen 9 Uhr zwei Posten aus der Zelle. Dabei konnte er Pfarrer Eberhard Bethge noch Grüße an die Freunde auftragen. „Wenn Sie herauskommen sollten und einmal meine Frau und

---

[218] Mitteilung F. v. Schlabrendorff (25./26.1.1965), zit. Scheurig, Kleist-Schmenzin, S. 192; bei Fabian von Schlabrendorff, Offiziere gegen Hitler, Erstausgabe Zürich 1947, neu hg. von Walter Bußmann, Berlin 1984, S. 145, nur als Bericht in indirekter Rede.

[219] Kleist-Schmenzin, Aufzeichnung vom 28.11.1944, aaO., S. 272.

[220] Vorlage an den Reichsleiter: Verhandlung vor dem Volksgerichtshof gegen weitere Verräter des 20. Juli 1944, S. 2., zit. Scheurig, Kleist-Schmenzin, S. 194.

[221] Schlabrendorff, Offiziere gegen Hitler, Frankfurt/M. 1959, S. 167 (nicht in der Erstausgabe).

meine Familie sehen, so sagen Sie ihnen, daß ich in vollem Frieden mit Gott – sagen Sie: in vollem Glauben und Frieden – hinübergehe: Ich weiß, warum und wofür das geschieht." „Wie ein Held"[222] ging Kleist in Plötzensee in den Tod, ruhig und gefaßt starb er unter dem Fallbeil. Am gleichen Tag wurden in Flossenbürg Dietrich Bonhoeffer, Wilhelm Canaris, Ludwig Gehre, Hans Oster, Karl Sack und Theodor Strünck, in Sachsenhausen Hans von Dohnanyi und in Dachau Georg Elser ermordet.
Durch Freislers Tod und die eigene Nervenstärke unter der Folter und vor Gericht überlebte Kleists Freund Fabian von Schlabrendorff, der als Ordonnanzoffizier z.b.V. seit Beginn des Rußlandfeldzuges seinen Vetter Henning von Tresckow bis zu dessen Selbstmord am 21. Juli 1944 begleitet hatte. Mit anderen Nazi-Gegnern wurde er am 4. Mai 1945 in Südtirol durch amerikanische Truppen aus den Händen der Nazis befreit und auf die Insel Capri gebracht. Dort entstand sein Erlebnisbericht „Offiziere gegen Hitler"[223], in dessen Mitte der Widerstand der Fronde in der HGr Mitte um Tresckow steht. Der Neuausgabe 1959 hat Schlabrendorff eine Einführung vorangestellt unter der Überschrift „Deo – Patriae – Humanitati" als der ‚Devise auf dem Banner der deutschen Widerstandsbewegung'[224]. Bereits die Reihenfolge der Begriffe läßt die Nähe zum Denken Kleists erkennen. Auch für Schlabrendorff war der Kern des Nationalsozialismus, daß er „Gott absetzen und seinen Thron selbst einnehmen"[225] wollte. „Die Übersteigerung des Volksbegriffes, die Mißachtung alles geschichtlich Gewordenen, die Nichtachtung aller anderen Nationen, alles das bewies, daß der Nationalsozialismus keine Vorstellung von der wahren, nur vom Christentum her verständlichen Idee des Vaterlandes hatte." Deshalb bildete die geistige Grundlage des Widerstandes die „Anerkennung der christlichen Grundwahrheiten", nämlich „die Unterwerfung des Menschen unter Gott und die Nächstenliebe", wobei Kleist letztere wohl weniger betont hätte. Seiner Unerbittlichkeit und Begründung des Widerstandes im Glauben entsprach Tresckow, als er im April 1943 zu seiner Frau sagte: „Ich verstehe nicht, wie sich heute noch Menschen als Christen bezeichnen können, die nicht gleichzeitig wütende Gegner dieses Regimes sind. Ein wirklich überzeugter Christ *kann* doch nur ein *überzeugter Gegner* sein."[226]

---

[222] Mitteilung von Vizepräsident Krohne, zit. Kleist-Retzow, Revolutionär, S. 88.
[223] Die Erstausgabe Zürich 1946 trägt den Vermerk: „Nach einem Erlebnisbericht von Fabian von Schlabrendorff bearbeitet und herausgegeben von Gero von S. Graevernitz
[224] Schlabrendorff, Offiziere, 1959, S. 11-17, hier: S. 17.
[225] AaO., S. 16.
[226] Mitteilung Erika von Tresckow, zit. Bodo Scheurig, Henning von Tresckow, Frankfurt/M. 1997, S. 167.

Kapitel VII

Carl Goerdeler
31.7.1884 – 2.2.1945

Carl Goerdeler war das Zentrum des bürgerlichen Widerstandes und wirkte durch sein unermüdliches Engagement als „treibende Kraft", als „Haupt und Motor" der Verschwörung, wie die Ermittlungen nach dem 20. Juli 1944 zutreffend ergaben.[1] Deshalb wurde 1956 seine Biographie durch Gerhard Ritter zu einer Darstellung des Widerstandes überhaupt,[2] aber erst 2003 erschien eine umfangreiche Auswahl seiner zahlreichen politischen Schriften, Memoranden und Briefe.[3] „Zeitgenossen, die mit

---

[1] Hans-Adolf Jacobsen (Hg.), „Spiegelbild einer Verschwörung", Stuttgart 1984, S. 112. 543 (weiterhin zitiert: KB); vgl. die Aussage von Josef Wirmer, aaO., S. 178f.

[2] Gerhard Ritter, Carl Goerdeler und die deutsche Widerstandsbewegung, Stuttgart 1954; vgl. weiterhin Michael Krüger-Charlé, Carl Goerdelers Versuche der Durchsetzung einer alternativen Politik 1933–1937, in: Jürgen Schmädeke/Peter Steinbach (Hg.), Der Widerstand gegen den Nationalsozialismus, München 1985, S. 383–404; Marianne Meyer-Krahmer, Carl Goerdeler – Mut zum Widerstand, Leipzig 1998; Erich Korsthorst, Carl Friedrich Goerdeler, in: Rudolf Lill/Heinrich Oberreuter (Hg.), 20. Juli. Portraits des Widerstands, Neuausgabe Düsseldorf-Wien 1994, S. 185–217; Hans-Ulrich Thamer, Carl Friedrich Goerdeler – Der Motor des konservativ-bürgerlichen Widerstandes, in: Klemens von Klemperer u.a. (Hg.), „Für Deutschland". Die Männer des 20. Juli, Frankfurt/M.-Berlin 1993, S. 71–93; Michael Matthiesen, Ein Konservativer auf dem Weg in den Widerstand – Carl Friedrich Goerdeler (1884–1945), in: Hans-Christof Kraus (Hg.), Konservative Politiker in Deutschland, Berlin 1995, S., 235–271; Christoph Markschies, Carl und Friedrich Goerdeler, in: Joachim Mehlhausen (Hg.), Zeugen des Widerstands, Tübingen 1996, S. 142–172; Heinz-Eduard Tödt, Komplizen, Opfer und Gegner des Hitlerregimes, hg. von Jörg Dinger/Dirk Schulz, Gütersloh 1997, S. 228–237; Ines Reich, Carl Friedrich Goerdeler. Ein Oberbürgermeister gegen den NS-Staat, Köln-Weimar-Wien 1997; Hans Mommsen, Carl Friedrich Goerdeler im Widerstand gegen Hitler, in: Sabine Gillmann/Hans Mommsen (Hg.), Politische Schriften und Briefe Carl Friedrich Goerdelers, München 2003, S. XXXVII–LXV.

[3] Gillmann/Mommsen, Schriften; die dort angegebenen Entstehungsdaten werden nach der Überschrift angegeben, auch wenn sie nur erschlossen sind. Bereits 1974 erschien die englische Ausgabe von Arthur P. Young, Die 'X'-Dokumente. Die geheimen Kontakte Goerdelers mit der britischen Regierung 1938/1939, München 1989.

Goerdeler in Verbindung kamen, waren durchweg von der Lauterkeit, der persönlichen Integrität und Offenheit Goerdelers beeindruckt. Gegründet in einer ungebrochenen protestantischen Religiosität und dem bildungsbürgerlichen Humanismus strahlte Goerdeler bis in die letzten Tage seines Lebens einen überraschenden Optimismus aus", wie zuletzt Hans Mommsen betonte.[4] Als Grundlage des Widerstandes betrachtete Ritter die „sittlich-politische Überzeugung, die in der Überlieferung echter Religion wurzelte," aber bei Goerdeler fand er nur „religiös gesteigerte Ethik, Ethik edelster Art"[5]. Diese Unterscheidung zwischen Ethos und Religion entspricht jedoch kaum Goerdelers Selbstverständnis, da für seine moralische Einstellung bis hin zum Widerstand ein – sehr rational geprägter – Glaube grundlegend erscheint.[6]

1. Prägungen im Elternhaus

Carl Friedrich Goerdeler wurde als dritter von vier Söhnen[7] in der westpreußischen Kleinstadt Schneidemühl geboren und verlebte seine Jugendzeit in Marienwerder, wohin 1890 sein Vater als Amtsrichter versetzt wurde. Die überschaubare Welt der ländlichen Verwaltungs- und Garnisonstadt hat ihn zusammen mit der Einfachheit des Lebensstils im Elternhaus und dem großen Verwandtenkreis geprägt. Noch auf der Flucht vor der Gestapo und im Gefängnis hat er 1944 darüber berichtet.[8] Das preußische Ethos, die soziale Einstellung und die Achtung vor praktischer Arbeit im Elternhaus war für Goerdeler zeitlebens das maßgebliche Vorbild. „Die gesamte preußische Geschichte von der Sandbüchse zur Großmacht lehrt die Grundsätze, die allein einen deutschen Staat schaffen: Einfachheit, Sparsamkeit, Vaterlandsliebe und Anstand auf der Grundlage von Recht und Ordnung, von Moral und Gewissensfreiheit."[9]

---

[4] Mommsen, Goerdeler, S. LXII.
[5] Ritter, Goerdeler, S. 12. 435. Vgl. dagegen Franz Böhm, Widerstandsbewegung oder Revolution? (1955), in: ders, Reden und Schriften, hg. von Ernst-Joachim Mestmäcker, Karlsruhe 1960, S. 281–293.
[6] Andererseits wird man Goerdeler nicht mit Uwe Siemon-Netto, Luther als Wegbereiter Hitlers?, Gütersloh 1993, S. 81ff., aus der Tradition Luthers deuten können.
[7] Die Schwester Else (28.3.1879–14.6.1954) heiratete bereits 1900.
[8] Goerdeler, Jugenderinnerungen (unvollendet; BAK, NL 1113, 3); ders., Biographie für seine Frau (unvollendet; BAK, NL 1113, 20); Auszüge bei Meyer-Krahmer, Goerdeler, S. 25ff. Vgl. Reich, Goerdeler, S. 43ff.
[9] Goerdeler, Denkschrift zur deutschen Innenpolitik, August/September 1934, in: Gillmann/Mommsen, Schriften, S. 386.

Als wichtigstes Erbe „zärtlicher, gewissenhafter, hingebender Liebe und Treue"[10] seiner Eltern und Vorfahren betrachtete er „die Liebe zum Vaterland, die in uns Kindern gepflegt wurde, [...] Wahrhaftigkeit und Edelmut, Anstand und Sauberkeit, die wir als selbstverständliche Nährstoffe der Seele, als unentbehrliche Eigenschaften menschlichen Wesens in uns aufnahmen. In Sonderheit die Mutter konnte sehr begeistern, wenn sie von diesen Idealen des Lebens sprach; sie war eine wahrhaft edle, hochgemute, gütige und heitere Frau." Entsprechend würdigte die Gedächtnisrede den Vater, den Geheimen Regierungsrat Julius Goerdeler (14.8.1844–9.3.1928), als eine „Verkörperung des kategorischen Imperativs der Pflicht, der Treue, der Lauterkeit und Wahrhaftigkeit – streng in den Anforderungen gegen sich selbst, so ganz selbstlos und uneigennützig, und gegen andere von dieser sich stets gleichbleibenden herzgewinnenden Milde, Freundlichkeit und steter Hilfsbereitschaft"[11]. Dieses Ethos war letztlich religiös fundiert, was aber selten betont wurde. So erwähnte Goerdeler in seinen Erinnerungen Religion und Kirche nur am Rande. „Die Eltern waren keine eifrigen Kirchgänger; aber am heiligen Abend gingen wir alle um vier zur Christvesper. Weihnachten, du herrlichstes Fest unserer Kinder- und Jugendtage!"[12] Es war eine Welt bürgerlicher Honoratioren, wobei die Mutter durch ihre Vorfahren den Geist aufgeklärter Pastorenhäuser einbrachte und als Christentum der Tat lebte.

Der Besuch des humanistischen Gymnasiums vermittelte Carl Goerdeler eine „gediegene Allgemeinbildung, vor allem eine zusammenhängende Kenntnis der geschichtlichen Entwicklung"[13], aber „besonders schlecht" war der Religionsunterricht. „Das Beste daran war, daß wir die 10 Gebote, wichtige Bibelstellen und gute Kirchenlieder lernten; sonst aber war der Unterricht geistlos, in den hohen Klassen sogar unverantwortlich stumpfsinnig. Das ist mir eine unvergessene Lehre geworden, daß dieser Unterricht nur von wollenden, fähigen religiösen Menschen erteilt werden darf, lieber von Laien, wenn kein Lehrer oder Pfarrer zur Hand ist."

Die nebenberufliche Tätigkeit des Vaters als Syndikus der „Neuen Westpreußischen Landschaft", einer bedeutenden landwirtschaftlichen Bank, führte auch zum Verkehr mit dem benachbarten Adel. 1899 wurde Goerdeler Landtagsabgeordneter der Freikonservativen Partei, die zunächst die „Partei Bismarck sans phrase" war und später als Sammlungspartei für Wilhelm II. und seinen Willen zur Weltpolitik, aber auch für

---

[10] Goerdeler, Jugenderinnerungen, S. 2.
[11] Rede über Spr. 28,20: Ein treuer Mann wird viel gesegnet (BAK, NL 1113, 5).
[12] Goerdeler, Jugenderinnerungen, S. 10f.
[13] AaO., S. 20.

sein soziales Wollen eintrat.[14] Die Gespräche beim Frühstück und im abendlichen Familienkreis besonders über das deutsch-polnische Verhältnis prägten früh die politisch-historische Orientierung der Söhne, „die Liebe zum Vaterland"[15], aber auch einen „Nationalismus enger Art"[16]. Der älteste der Brüder, Gustav (30.9.1875–14.12.1955) wurde Arzt, entwickelte eine eng nationale Einstellung[17], die von den beiden jüngsten, Carl und Friedrich (Fritz, 6.3.1886–1.3.1945), in erregten Diskussionen kritisiert und abgelehnt wurde.

Nach der Schule ging Carl im Zuge des wilhelminischen Flottenenthusiasmus zur Marine, wandte sich aber nach wenigen Wochen gemäß der Familientradition dem Jura-Studium in Tübingen[18] und Königsberg zu, wobei ihm sein Bruder Franz (2.10.1876–1.3.1918) voranging und Fritz folgte. Nach dem „befriedigend" beurteilten Staatsexamen im Oktober 1905 und dem nachgeholten einjährigen Militärdienst bei dem 1. Ostpreußischen Feldartillerie-Regiment 16 durchlief Carl Goerdeler in den nächsten fünf Jahren das Justizreferendariat, das ihm auch Zeit zur Promotion an der Georg-August-Universität in Göttingen 1908 ließ.[19] Nach acht Monaten an verschiedenen Banken in Ostpreußen und Berlin schlug Carl 1911 wie später sein Bruder Fritz die kommunale Karriere ein, die beide in der Rheinprovinz begannen; Carl wurde Beigeordneter in Solingen,[20] Fritz in

---

[14] Vgl. Volker Stalmann, Die Partei Bismarcks. Die Deutsche Reichs- und Freikonservative Partei 1866–1890, Düsseldorf 2000.

[15] Goerdeler, Jugenderinnerungen, S. 2

[16] Ders., Gedanken eines zum Tode Verurteilten über die deutsche Zukunft, September 1944, in: Gillmann/Mommsen, Schriften, S. 1178.

[17] Zum Verhältnis Gustav Goerdelers zum Alldeutschen Verband vgl. Reich, Goerdeler, S. 92.

[18] Alle vier Brüder waren in der Akademischen Turnerschaft Eberhardina aktiv. Ende der 20er Jahre war Carl Mitglied der Fliegerschaft Preußen in Königsberg (vgl. Thomas Thamm, Korporationsstudententum in Königsberg/Preußen 1918–1945, Würzburg 1995, S. 68. 129), aber noch auf seiner Flucht fand er Aufnahme bei einem Bundesbruder (vgl. Markschies, Goerdeler, S. 147).

[19] Vgl. Reich, Goerdeler, S. 61ff.

[20] Von Solingen aus dürfte er den „Fall" des Dortmunder Pfarrers Gottfried Traub, der 1912 vom Oberkirchenrat wegen seiner Ablehnung des Apostolikums aus dem Dienst entlassen wurde, beobachtet haben. Vgl. Goerdeler, Das politische Testament, 1. Dezember 1937, in: Friedrich Krause (Hg.), Goerdelers Politisches Testament, New York 1945, S. 19: „Welches nie erlöschende Aufsehen hat [...] der Fall Traub erregt, in dem [...] die kirchlichen Aufsichtsstellen Stellung gegen eine zu freiheitliche Gestaltung des Pfarramts nahmen." Darauf bezieht sich wohl die Bemerkung in seiner „Biographie für seine Frau", S. 2: „Eine große Rolle spielten im Bergischen Land damals die kirchlichen Streitigkeiten zwischen Orthodoxen und

Remscheid. Sie heirateten 1911 und 1913 zwei Cousinen, die Schwestern Anneliese und Sabine Ulrich aus Königsberg.

1914 meldete sich Carl Goerdeler nach dem Mobilmachungsbefehl als Reserveoffizier beim Feldartillerie-Regiment 71, in dem auch seine Brüder Franz und Fritz standen. Er diente bis Januar 1919 an der Ostfront und in mehreren dortigen Stäben, zuletzt als Hauptmann d.R. beim Oberkommando der 10. Armee unter General Erich von Falkenhayn, wobei die Stabsarbeit sein Verständnis der Verwaltung beeinflussen sollte.[21] Ausgezeichnet mit dem Eisernen Kreuz II. und I. Klasse wurde er Anfang März 1919 aus dem Heer entlassen. Obwohl ein Jahr zuvor sein Bruder Franz bei St. Quentin gefallen war, kämpfte Carl „mit größtem Optimismus bis zum letzten Tage"[22]. So erlebte er das Kriegsende als demütigende Niederlage, die Revolution als Zerbrechen seiner Wertordnung und den Friedensvertrag als „Diktat" eines „Schmachfriedens"; entsprechend stand er der neuen Republik kritisch gegenüber und zweifelte auch an der Wiederaufnahme seines Berufes.

Preußentum und Heimatliebe ließen die Brüder Carl und Fritz gegen den drohenden Versailler Vertrag und seine Abtretungsbestimmungen aktiv werden, zumal Marienwerder zum Abstimmungsgebiet gehörte. Sie engagierten sich bei dem problematischen Versuch, durch einen selbständigen Oststaat die Annexion durch Polen mit Militärgewalt zu verhindern.[23] Im Februar 1919 trat Carl Goerdeler in die DNVP als Nachfolgerin der Freikonservativen ein, im gleichen Jahr folgte ihm Fritz. Obwohl er 1922 bis 1928 dem Vorstand der DNVP angehört hatte, löste sich Carl durch seine Unterstützung von Brünings Kurs von der Partei. Da sie unter Alfred Hugenberg das „System" bedingungslos bekämpfte,[24] trat Goerdeler am 8. Dezember 1931 aus der Partei aus. Ihre politischen und weltanschaulichen Grundsätze teilte er jedoch weiterhin.

Die Tugenden und Pflichten seiner Eltern bestimmten Goerdeler und sein Leben. Diesem Maßstab entspricht noch die Rundfunkansprache, die nach gelungenem Umsturz verlesen werden sollte: „Das Gebäude des Staates, das auf Unrecht, Willkür, Verbrechen aller Art, Eigennutz, Lüge aufgebaut wurde, wird niedergerissen werden. Das Fundament des neuen

---

Liberalen sozialistischer Richtung." Allerdings hatte Traub keineswegs sozialistische Tendenzen. Auf die Solinger Zeit könnte auch Goerdelers Vorliebe für das Synodalsystem zurückgehen; vgl. Anm. 149.

[21] Vgl. Reich, Goerdeler, S. 77f.
[22] Carl Goerdeler an Eggers, 3.6.1942, zit. Reich, Goerdeler, S. 75.
[23] Vgl. Reich, Goerdeler, S. 84ff.
[24] Vgl. Krüger-Charlé, Versuche, S. 387 mit Anm. 11; Mommsen, Goerdeler, S. XXXVIII. Zum Verhältnis Goerdeler–Brüning vgl. Meyer-Krahmer, Mut, S. 103f.

Staatsbaues werden die sicheren Grundlagen des menschlichen Zusammenlebens bilden, werden Recht und Gerechtigkeit, Wahrhaftigkeit, Anstand, Sauberkeit, Vernunft, Rücksicht aufeinander und Rücksicht auch auf die von Gott geschaffenen Völker und ihre Lebensinteressen sein."[25] Goerdeler votierte für eine moralische, letztlich religiös begründete Politik.

2. Als Oberbürgermeister von der Zusammenarbeit zur Opposition

Im Februar 1920 wurde Goerdeler Zweiter Bürgermeister von Königsberg, im Mai 1930 Oberbürgermeister von Leipzig. Bereits im Deutschen Städtetag hatte er sich für eine Reform der Gemeindeverfassung eingesetzt, die er in Leipzig im Sinne einer Zentralisierung der Verwaltung, der Sparsamkeit und der Heraushebung der Verantwortung des Oberbürgermeisters verwirklichen wollte, wie auch im Deutschen Reich die Stärkung des Reichspräsidenten den „Fluch des Parlamentarismus" überwinden sollte in einer „Diktatur über Jahre hinaus"[26]. Die ihm von Brüning übertragene Tätigkeit als Persönlicher Berater des Reichspräsidenten, bzw. als Reichspreiskommissar 1931/32 und dann unter Hitler 1934/35 entsprach seinem Sinn für Sparsamkeit, persönliche Verantwortung und Selbstbeschränkung, der ihm vom Elternhaus vermittelt worden war. Er bestimmte auch seine Mitarbeit im NS-System, die zur Distanzierung und schließlich zur Opposition führte.

In der Endphase der Republik wünschte er entweder das Verbot oder die Einbindung der NSDAP in die Regierung und begrüßte deshalb 1933 die „Regierung der nationalen Konzentration"; jedoch scheiterte seine Berufung als Minister an den von ihm geforderten Sondervollmachten.[27] In den Anfangsjahren des Regimes hoffte er auf eine Wendung „zu einer

---

[25] Goerdeler, Rundfunkansprache, in: Wilhelm Ritter von Schramm (Hg.), Beck und Goerdeler, Gemeinschaftsdokumente für den Frieden, München 1965, S. 248. Die wohl im Frühsommer 1944formulierte Fassung der Rede (Gillmann/Mommsen, Schriften, S. 1036–1045) enthält nicht diesen Passus, betont aber ebenfalls die für Goerdeler typischen Werte. Vgl. die Maßstäbe für eine Weltordnung nach dem Krieg in: Gedanken eines zum Tode Verurteilten über die deutsche Zukunft, September 1944, in: Gillmann/Mommsen, Schriften, S. 1178. Aähnlich betonte Beck, „daß kein Volk auf der Welt allein lebt, dass Gott vielmehr auch andere Völker geschaffen hat und sich entwickeln ließ, ohne ihnen eine Rangordnung festzusetzen"; Ludwig Beck, Die Lehre vom Totalen Krieg, in: ders., Studien, Stuttgart 1955, S. 243.

[26] Goerdeler, Denkschrift für den Reichspräsidenten zur Wirtschafts- und Finanzlage im Deutschen Reich, zit. Krüger-Charlé, Versuche, S. 385; vgl. Reich, Goerdeler, S. 101ff.

[27] Vgl. dazu und einem Versuch im März 1933 Reich, Goerdeler, S. 107.

konstruktiven Politik"²⁸ und hat mit dem Regime „vollkommen vertrauensvoll zusammengearbeitet"²⁹. Das Ermächtigungsgesetz schien die „unselige Parteizersplitterung"³⁰ zu beenden, wobei er eine umfassende Reichs- und Verwaltungsreform durch Hitler erwartete. Da die NSDAP von ihm die Bereitschaft zu Mitarbeit und Kompromissen erwartete, gehörte er zu den wenigen Oberbürgermeistern, die nicht – wie sein Bruder Fritz als Bürgermeister von Marienwerder – im Gefolge der Machtergreifung abgesetzt wurden, wenn ihm auch ein „Vertrauensmann der nationalen Erhebung" zur Seite gestellt wurde.

Goerdelers Orientierung an Recht und Ordnung führte wegen des weitergehenden Terrors zu Konflikten mit Parteigliederungen.³¹ Er mißbilligte die Entrechtung und Verfolgung von Kommunisten und Sozialdemokraten wie ihre Einlieferung in die KZs als Verstoß gegen rechtsstaatliche Prinzipien. Von Anfang an wandte er sich gegen die NS-Judenpolitik, indem er zunächst den Ausschluß der Juden aus dem Kulturleben zu verhindern suchte und sich beim „Judenboykott" vom 1. April 1933 schützend vor die jüdischen Pelzhändler Leipzigs stellte. Während der Zuzug von Ostjuden den Antisemitismus in der Stadt verstärkt hatte, setzte er sich damit als Oberbürgermeister für wichtige Institutionen Leipzigs ein. Seine Ablehnung des „gesetzlosen Treibens" verband sich mit der Sorge um das Ansehen der Messestadt Leipzig im Ausland, wie er auch in späteren Denkschriften an Partei- und Staatsstellen den außenpolitischen Schaden rechtloser Aktionen gegen die Juden betonte,³² während moralische Argumente anscheinend bis 1937 nicht bestimmend waren. Die Konflikte führten noch nicht zu grundsätzlicher Kritik am System, sondern Goerdeler sah eine hinreichende Basis für die Mitarbeit, „solange mir keine Erschütterung meiner auf Leistungs- und Gerechtigkeitsstreben gegründeten Autorität zugemutet wurde"³³. Eine Parteimitgliedschaft lehnte er wie sein Bruder Fritz jedoch ab, wie er sich gegen die Vereinnahmung seiner Kinder durch Parteigliederungen wehrte.

---

28 Vgl. Goerdeler an Franz Böhm, 1938, zit. Meyer-Krahmer, Mut, S. 112.
29 Goerdeler, Rechenschaftsbericht, Januar 1945, in: Gillmann/Mommsen, Schriften, S. 1203. Vgl. zur Anpassungsfähigkeit der Kommunalverwaltungen Sabine Mecking/ Andreas Wirsching (Hg.), Stadtverwaltung im Nationalsozialismus. Systemstabilisierende Dimensionen kommunaler Herrschaft, Paderborn 2005.
30 Verhandlungen der Stadtverordneten zu Leipzig, 29.4.1933, zit. Reich, Goerdeler, S. 108.
31 Vgl. Reich, Goerdeler, S. 125–134; Meyer-Krahmer, Mut, S. 114ff.
32 Vgl. aaO., S. 252ff.
33 Goerdeler, Unbetiteltes Schriftstück, wohl für englische Adresse (= Londoner Schrift), 9.7.1937 (BAK, NL 1113,12).

Eine Zusammenarbeit Goerdelers mit dem neuen Regime bot sich 1933 besonders in der Kommunalpolitik an, da beide eine Überwindung der Demokratie durch eine „Wiederherstellung der Verantwortung im Sinne des Führerprinzips"[34] wollten; da Goerdeler dieses im Zusammenhang der Selbstverwaltung und nicht im nationalsozialistischen Sinne von Führer und Gefolgschaft verstand, mehrten sich bald seine Konflikte mit Parteiorganisationen. Auch außenpolitisch gab es wegen der Überwindung von Versailles, besonders der Revision der Ostgrenze und der Wiedergewinnung von Kolonien, Übereinstimmungen, aber Goerdeler lehnte eine Kriegspolitik ab, zumal die Aufrüstung die deutsche Wirtschaftskraft überanstrengen würde. In der Wirtschaftspolitik standen die wirtschaftsliberalen Vorstellungen Goerdelers der nationalsozialistischen Autarkiepolitik und Planungswirtschaft entgegen; allerdings boten sich auch auf diesem Gebiet zunächst Möglichkeiten der Kooperation.[35] „Bis 1936 atmen die Denkschriften, aber auch die öffentlichen Stellungnahmen Goerdelers die Hoffnung, dass es möglich sei, die sich schrittweise herausbildende Diktatur in einem etatistisch-autoritären Sinn zurückzubilden."[36]

Goerdeler arbeitete in der Anfangsphase des Regimes mit diesem zusammen, wobei die Verbindung von Konsens und Dissens auf den einzelnen Feldern der Politik den Keim zu grundsätzlicher Opposition enthielt. In dem Maße, in dem Goerdelers „Versuche der Durchsetzung einer alternativen Politik" (M. Krüger-Charlé) nicht zum Zuge kamen, mußte seine Distanz zum Regime zur Teilopposition werden und schließlich grundsätzlichen Charakter annehmen.[37] Bis 1935 blieb er grundsätzlich kooperationsbereit, obwohl die Auflösung des Rechts, besonders beim „Röhm-Putsch", die zunehmende Durchsetzung des Parteiwillens auf lokaler Ebene und die Neuordnung der Kommunalverfassung zunehmend die Grenzen seines Verständnisses von Verantwortung überschritten. Besonders deutlich wurde der Prozeß der Desillusionierung Goerdelers bei der Deutschen Gemeindeordnung, an deren Entwurf er 1933 mitgearbeitet hatte, die aber in der Fassung vom 30.1.1935 die „Tötung der Idee der Selbstverwaltung"[38] durch die Staats- und Parteiaufsicht bedeutete. Entscheidender für Goerdelers Entwicklung war aber seine Tätigkeit als Reichspreiskommissar vom November 1934 bis Ende Juni 1935, da sie ihm Einsicht in die

---

34 Ders. an Frick, 12.10.1933, zit. Reich, Goerdeler, S. 141.
35 Vgl. Reich, Goerdeler, S. 139–161, die außerdem Übereinstimmungen in der „Judenfrage" – ohne hinreichende Belege – konstatiert.
36 Mommsen, Goerdeler, S. XLII.
37 Vgl. die ausführliche Analyse bei Reich, Goerdeler, S. 163–255.
38 Goerdeler, Gegenwartsaufgaben des deutschen Gemeinderechts, zit. Reich, Goerdeler, S. 217.

nationalsozialistische Wirtschafts-Politik und Rüstungsfinanzierung gewährte und er selbst bei den Kompetenzstreitigkeiten mit Ministerien und Parteigliederungen nicht die von Hitler zugesagte Unterstützung und die für eine Weiterführung des Amtes verlangten Vollmachten erhielt. Angesichts der aus dem Wirtschaftsdirigismus folgenden und durch die Rüstung verschärften Mangelerscheinungen forderte er seit Herbst 1935 eine entschiedene Umkehr, die er aber nicht mehr vom Regime erwarten konnte. Nach seiner Wiederberufung in das Amt des Leipziger Oberbürgermeisters am 22. Mai 1936 verschärfte sich Goerdelers Gegensatz zur NS-Wirtschafts- und Rüstungspolitik, während er für die Behandlung der Juden mit der Forderung der Verrechtlichung besonders im Blick auf ausländische Reaktionen noch an Verständigungsmöglichkeiten dachte.

Den entscheidenden Anlaß zum Übergang von der zunehmend gespannten Kooperation zur sich verschärfenden Opposition bildete die Beseitigung des Mendelssohn-Denkmals vor dem Gewandhaus in der Nacht vom 9. auf den 10. November 1936 auf Veranlassung von Bürgermeister Haake, der während einer Finnlandreise Goerdelers gegen dessen Willen handelte.[39] Vorausgegangen waren seit dem Frühjahr Forderungen der NSDAP-Kreisleitung, die sich auf die Stimmung der Bevölkerung berief, aber von Anfang an auf Goerdeler zielte. Zunächst konnte Goerdeler die Zustimmung von Hitler und Goebbels[40] für das Denkmal des Komponisten und langjährigen Direktors des Gewandhauses gewinnen, zumal im Jahr der Olympiade seine Entfernung inopportun war. Dagegen suchte Haake den Konflikt mit Goerdeler, weil dieser gegen die meisten nationalsozialistischen Maßnahmen opponiert habe, wie er nach der Beseitigung des Denkmals an Gauleiter Mutschmann schrieb. Nun aber sei entsprechend seiner dem Nationalsozialismus „entgegengesetzten Weltanschauung" seine Stellung zur Judenfrage „außerordentlich klar zutage getreten"[41].

Angesichts dieser Konfrontation handelte Goerdeler konsequent; am Ende stand die Entscheidung zur Niederlegung seines Amtes als Oberbürgermeister am 25. November 1936. Während sich Haake für sein Handeln

---

[39] Vgl. Reich, Goerdeler, S. 257–267.
[40] Goerdeler an Reichsstatthalter Martin Mutschmann, 23.11.1937 [sic], Kap. 10 G Nr. 685 Bd. 2, Stadtarchiv Leipzig. Diese und die Angaben der folgenden Anmerkung verdanke ich einem Manuskript von Kollegen Peter Hoffmann, Montreal.
[41] Acta, das Felix Mendelssohn-Bartholdy-Denkmal btr. ergangen vor dem Rathe der Stadt Leipzig 1859–1947, Stadtarchiv Leipzig Cap. 26A Nr. 39; Haake an Goerdeler 16.11.1936, Nichtöffentliche Beratung des Bürgermeisters mit den Ratsherren 2.12.1936, Haake an Reichsstatthalter und Gauleiter Martin Mutschmann 4.12.1936, alle in Goerdelers Personalakte Stadtarchiv Leipzig, Kap. 10 G, Nr. 685, Bd. 1 und 2.

auf sein „Gewissen als Nationalsozialist"[42] berief, sah Goerdeler darin fehlende Subordination. „Meine Autorität wäre rettungslos verloren gewesen, wenn ich diese Widersetzlichkeit hingenommen hätte."[43] Die Partei hatte den Konflikt gemäß ihrer Weltanschauung auf den rassischen Antisemitismus zugespitzt, da Goerdeler die Hetze gegen Mendelssohn-Bartholdy ablehnte. Insofern bildet sein Rücktritt in einer Situation, in der er im Regime keine Fürsprecher mehr fand, eine Antwort auf die NS-Judenpolitik. Zudem war ohne sein Wissen ein Kirchenneubau aus den Planungen für ein städtisches Wohnbauprojekt gestrichen worden.[44]

In den Jahren 1933 bis 1937 vollzog Goerdeler die Wendung von der Mitarbeit im Dritten Reich zur Distanz und Opposition, ab 1937 erwuchs daraus der grundsätzliche Widerstand, zu dessen treibender Kraft er nach Kriegsbeginn wurde. Seine Kritik am NS-System von 1937 bis 1940 hat sich besonders in Denkschriften, den Berichten über die fünf großen, von Friedrich Krupp und Robert Bosch finanzierten Auslandsreisen und den England-Kontakten[45] niedergeschlagen. Während er die Politik des Auslandes, besonders Englands, gegen Hitler zu stärken versuchte, betrachtete er die Denkschriften und Berichte immer noch als Möglichkeiten der Beeinflussung der Machthaber. „Noch 1938 hatte Goerdeler die Hoffnung, in eine offizielle Position zurückkehren zu können, die es ihm ermöglichte, auf den politischen Entscheidungsprozess unmittelbar einwirken zu können."[46]

3. Goerdelers Einstellung zu Religion, Kirche und Juden

Die Berichte über die Auslandsreisen sollten für eine Verständigungs- und Friedenspolitik werben und die nationalsozialistische Finanzplanwirtschaft problematisieren.[47] Goerdeler hatte daneben auch die kirchenpolitische

---

[42] Zit. Reich, Goerdeler, S. 261.
[43] Goerdeler, Unsere Idee, November 1944 (BAK, NL 1113, 26).
[44] Vgl. Klemens von Klemperer, Die verlassenen Verschwörer, Berlin 1994, S. 26.
[45] Vgl. Young, 'X'-Dokumente. Zu Robert Bosch und seinem in engem Kontakt zu Landesbischof Wurm stehenden Mitarbeiter Hans Walz vgl. Joachim Scholtyseck, Robert Bosch und der liberale Widerstand gegen Hitler 1933–1945, München 1999; Michael Kißner, Hans Walz (1883–1974), in: Rainer Lächele/Jörg Thierfelder (Hg.), Wir konnten uns nicht entziehen, Stuttgart 1998, S. 207–225.
[46] Mommsen, Goerdeler, S. XLIII. Allenfalls für 1937 hält Meyer-Krahmer, Mut, S. 153f., Illusionen Goerdelers für denkbar.
[47] Vgl. Goerdeler, Schlussbetrachtung der Reiseberichte Schweiz – Italien – Jugoslawien – Bulgarien – Rumänien, Dezember 1938, in: Gillmann/Mommsen, Schriften,

Situation im Blick. So hob er Ende 1938 das Wirken der orthodoxen Kirche in Bulgarien hervor, die „es durch die Art ihrer kirchlichen Handlungen und durch ihre Erziehung und Auslese ihrer Geistlichen hervorragend verstanden (hat), Fühlung mit dem Volk zu halten. [...] Der Pope auf dem Lande ist fast immer auch Bauer. Er hat dann seinen Ehrgeiz, in seinem Dorfe der beste Bauer zu sein. [...] er ist den Menschen auch Beispiel und Berater in den täglichen Aufgaben und Sorgen des Lebens"[48]. Diese Schilderung zeigt Goerdelers Einstellung zur Kirche, die nicht als Institution, sondern als pädagogisch wirksame Menschen innerhalb des Volkes gewürdigt wird. Entsprechend kritisierte Goerdeler an der evangelischen Kirche den „Bürokratismus" und forderte: „Der Pfarrer muß wieder neu [...] in die Niederungen des Lebens seiner Gemeinde herabsteigen. Er muß wissen, welche Nöte u[nd] Fragen seine Gemeindeglieder bewegen; er muß ihnen ebenso in praktischer Nächstenliebe helfen, wie sie unter Hinweis auf Christus stärken. Er soll nicht mit der Bibel kommen, wo die Vernunft entscheiden kann; aber er kann die Seele aufrichten, daß sie nicht der Härte der Vernunft erliegt."[49] Deshalb soll der Pfarrer „nach seiner Weihe mindestens 1 Jahr in praktischer Hilfsarbeit tätig sein" und „sein Leben lang die handwerkliche, körperliche Arbeit nicht scheuen, um seinen Gemeindegliedern auch ein praktischer Ratgeber sein zu können."

Religion war für Goerdeler vor allem ein Element der Ethik. Seine Kritik an der Innen- und Wirtschaftspolitik, an der Zerstörung des Rechtsstaats durch das NS-Regime führte ihn zur Klage über den „Verfall der Moral in Staat und Partei"[50] und damit zur Religion. „Daß menschliches Zusammenleben in Familie, Gemeinde, Staat, Verein usw. ohne klare Sitten u[nd] Rechtsordnung unerträglich wäre, lehrt uns die Vernunft. Daß aber die Vernunft allein nicht ausreicht, um solche Ordnung zu sichern,

---

S. 624: „In meinen früheren Berichten habe ich dargelegt, daß die Völker der Welt von einer ungeheuren Friedenssehnsucht beherrscht sind." Daraus ergeben sich Möglichkeiten der Revision von Versailles: „Die Grenzen von 1914 im Osten, Kolonien, Gold, Zutritt zu Rohstoffen dürften zu haben sein." Schlußbetrachtungen über die Reise Nordafrika, Vorderasien, 6.8.1939, zit. Markschies, Goerdeler, S. 164, Anm. 38.

[48] Goerdeler, Reisebericht Bulgarien, Dezember 1938 (BAK, NL 1113, 14), S. 1. Im ersten Absatz verweist der Text auf geographische und wirtschaftliche Gegebenheiten, im zweiten auf die selbstverständliche Anhänglichkeit, mit der „die Mohammedaner ihrer Kirche" verbunden sind; dann obiges Zitat. Vgl. Jugoslawien-Bericht, November 1938 (aaO.), S. 2: Die muslimische „Religionsbindung übertönt so teilweise die nationale".

[49] Goerdeler, Denkschrift zur Innenpolitik, Oktober/November 1938, in: Gillmann/Mommsen, Schriften, S. 760.

[50] Goerdeler, Politisches Testament, S. 38.

daß wir sie nicht allein um ihres materiellen Nutzens, sondern um ihrer Sittlichkeit willen mit der Kraft des Gemüts ersehen, ist eine Forderung der Seele. Die Religion, welche auch immer, soll sie stark machen. Aber ein Erfordernis hat jede Religion: ihr Sittengesetz darf durch menschliche Willkür nicht abänderbar sein!"[51] Da es „eine edlere Religion als die von Christus in Demut vor Gott und in Liebe zu den Menschen gelebte Religion" nicht gibt, ist das Christentum konstitutiv für die „Kultur unseres Vaterlandes". Nur die christliche Religion „vereint die Macht des Gewissens, edel und hilfreich zu sein, mit dem Befehl Gottes und läßt sie sich zu voller persönlicher Verantwortung entwickeln; sie allein erkennt aber die Schwäche des Menschen an, ohne ihm zu gestatten, sich mit äußeren Opfern von der Macht des Gewissens loszukaufen."[52]

Den christlichen Glauben verstand Goerdeler moralisch, wie die Moral religiös begründet ist; „sie beruht auf der Achtung vor den Geboten Gottes. Er hat unserem Gewissen klare Befehle anvertraut."[53] „Der Mensch lebt nicht vom Brot alleine. Er hat eine Seele, die nach dem Zweck des Lebens fragt und Gutes und Böses, Großes und Niedriges kennt. Auch diese Seele ist eine der dem Menschen von Gott verliehenen Kräfte."[54] Maßstab sind damit die Zehn Gebote, die Goldene Regel, besonders in der Gestalt von Kants Kategorischem Imperativ, und das Liebesgebot.

Die „Gebote Gottes" sind eine Grundkategorie für Goerdelers Vorstellungen der Weltordnung und des Rechts gemäß der von Gott gesetzten „Ordnung der Gerechtigkeit"[55], so daß der Richter „das Gesetz anzuwenden und dies auf das Peinlichste zu tun"[56] hat. Die an eine positivistische Rechtsgeltungslehre erinnernde Forderung wendet sich gegen Rechtswillkür unter Berufung auf die nationalsozialistische Weltanschauung und orientiert sich an dem der Ordnung Gottes entsprechenden Recht. „Gott hat uns in seiner Ordnung des Weltalls, in seiner Schöpfung des Menschen und in seinen Geboten die Notwendigkeit des Rechts, seiner gerechten und unparteiischen Anwendung, gesetzt. Er hat uns Einsicht und Kraft verliehen, die irdischen Einrichtungen zu seiner Sicherung zu schaffen."[57]

---

[51] Goerdeler, Denkschrift zur Innenpolitik, in: Gillmann/Mommsen, Schriften, S. 759.
[52] AaO., S. 759f. – irrtümlich lesen die Herausgeber „ohne ihr".
[53] Ders., Moralische Zustände, 1. Juli 1940, in: Gillmann/Mommsen, Schriften, S. 776.
[54] Ders., Stand von Wirtschaft und Verwaltung, in: Gillmann/Mommsen, Schriften, S. 807. Das Zitat: Mt 4,4 = Dt 8,3, ebenfalls in ders., Gesamtlage, November 1940, sowie in: ders., Das Ziel, aaO., S. 828. 879.
[55] Ders., Regierungserklärung, in: Schramm, Gemeinschaftsdokumente, S. 245.
[56] AaO., S. 234.
[57] AaO., S. 233f.

Für Goerdelers Weg in den Widerstand als „personifizierte Alternative zur Wirtschaftspolitik des Dritten Reiches"[58] war die Betonung der „von Natur gesetzten Grundlage", der „wirtschaftlichen Naturgesetze" maßgeblich: „Je besser der Mensch leben will, um so mehr muß er mit Kopf und Hand leisten."[59] Es sei ihm früh, wie er 1931/32 schrieb, „immer klarer geworden, daß Leben Kampf ist, daß jeder seinen Lebensstand nur durch Leistung gestalten und verbessern kann'"[60], was an Darwins „Kampf ums Dasein" erinnert. Um aus den „jetzigen Irrwegen der wirtschaftlichen Entwicklung herauszukommen", betonte er im Frühjahr 1933 in dem Hitler zugesandten Vortrag „Politik, Wirtschaft und Verwaltung" die notwendige Beachtung „natürliche[r] Wirtschaftsgesetze", der Wertschöpfung durch Arbeit, der Arbeitsteilung zum Wertaustausch und der stabilen Währung. „Derjenige wird der Retter Deutschlands sein, der den Mut und die Stärke hat diese Gesetze in ihrer ganzen Primitivität sich auswirken zu lassen."[61] Aber in der Folge betrieb die NS-Führung eine „allen Gesetzen der Natur, der Vernunft hohnsprechende[.] Finanz- und Wirtschaftspolitik"[62].

Den Anklängen an sozialdarwinistische Ideen entsprach bei Goerdeler zunächst, daß ethische Maßstäbe aus Religion und Philosophie nur korrigierende Bedeutung haben. „Jeder Mensch wird mit dem Willen geboren zu leben und sein Leben zu verbessern. Religionen und Philosophien bemühen sich, diesen materiellen Willen im einzelnen entgegenzuwirken. Aber es bleibt und kann nur ein Bemühen bleiben."[63] Auf „genügendes Traditionsgut und genügend Verantwortungsbewußtsein'"[64] in den Familien

---

[58] Elmar Müller, Widerstand und Wirtschaftsordnung, Frankfurt/M. 1988, S. 50.
[59] Goerdeler, Das Ziel, aaO., S. 907; vgl. „Geld spielt keine Rolle", Juni 1941 (BAK, NL 1113, 19), sowie das Projekt der „Wirtschaftsfibel". Noch in der Haft betonte Goerdeler, Gedanken eines zum Tode Verurteilten über die deutsche Zukunft, September 1944, in: Gillmann/Mommsen, Schriften, S. 1168: Sie und andere Schriften „enthalten alle diese Naturgesetze und die Ordnungen, die der Mensch daraus ableiten kann [...]. Das Volk, das sie am besten beherrscht und am klarsten und mutigsten anwendet, kommt an die Spitze, das ist die Gerechtigkeit Gottes!"
[60] Ders., Londoner Schrift, 9.7.1937 (BAK, NL 1113,12); vgl. ders., Das Ziel, aaO., S. 933: „Kampfcharakter des Lebens".
[61] Ders., Politik, Wirtschaft und Verwaltung (BAK, R 43 II/308a), Bl. 117. 97. 112; vgl. ders., Deutschland und die Weltwirtschaft, 22.5.1936: „Anerkennung der Gesetze der Natur und Achtung vor der segenspendenden Leistung", zit. Reich, Goerdeler, S. 244.
[62] Ders., Gesamtlage, S. 3.
[63] Ders., Economics and State Administration (Londoner Vortrag), März/April 1938 (BAK, NL 1113, 12).
[64] Ders., Stand des Bildungswesens, Juli 1940, in: Gillmann/Mommsen, Schriften. S. 801.

hoffte er deshalb noch 1940 trotz der nationalsozialistischen Erziehungsziele. Aber bereits seit 1937 sah Goerdeler einen Zusammenhang von Ethik, Ökonomie und anderen Lebensbereichen. Er nannte „eherne Naturgesetze der Wirtschaft und der Moral"[65] als Einheit, da „die Natur immer siegt und da ein menschliches Zusammenleben ermöglichendes Moralgesetz ebenfalls eine Naturnotwendigkeit ist"[66]. Die darwinistischen Gesetze des Kampfes zugleich als universale Gebote Gottes deutend forderte er: „Wir müssen im Kampfe des Lebens die Gesetze der Natur, die Gebote Gottes beachten; sie richten sich an Geist, Körper und Seele."[67] Diese Gesetze erinnern an die stoische Maxime, „in Übereinstimmung mit der Natur zu leben", indem sie dem Willen Gottes entstammen und seinem Wirken entsprechen, aber dazu befähigt die Teilhabe des Menschen an Gott, seine Gottesnatur: „Jeder Mensch hat Anspruch auf die Gottesnatur erhalten; aber er muß den Gesetzen dieser Natur auch gerecht werden. Die Kräfte kann er letztlich nur aus der Unterwerfung unter den hinter diesen Gesetzen wirkenden Willen Gottes ziehen."[68]

Diese vielfältige Auslegung der Grundnorm von „Gottes Gebot" folgt daraus, daß es das mit der Vernunft übereinstimmende Weltgesetz ist, das auch den gerechten Ablauf der Geschichte bestimmt. So war für Goerdeler „der frühere oder spätere Zusammenbruch nach dem von Gott in dieser Natur verankerten Gesetz vollkommen gewiß", wenn eines der drei Grunderfordernisse für „jede menschliche Gemeinschaft" fehlt: „Gleichgewicht in Einnahmen und Ausgaben; Recht in der Hand unabhängiger Richter; unabänderliche auf der Religion beruhende Moral. Kein lebender Deutscher vermag nachzuweisen, daß auch nur eine dieser drei Voraussetzungen heute in Deutschland vorhanden ist. [...] Ein Tyrann kann, wie die Geschichte und die psychologische Betrachtung beweisen, immer nur eine Tyrannis errichten" und „wird nach einem unwandelbaren Gesetz der Natur nach der Eroberung nicht weise und maßvoll, sondern immer ehrgeiziger, brutaler und eroberungslustiger."[69] Damit verfällt er der „ewigen Gerechtigkeit" Gottes, die sich in der Geschichte verwirklicht und im Endgericht durchsetzen wird. Deshalb war Goerdeler überzeugt, „daß die ewige Gerechtigkeit Gottes uns zur Verantwortung ziehen wird. Wenn Er die im Kriege befindlichen Völker zu einer wahren Verständigung im christlichen

---

[65] Ders., Brief an einen amerikanischen Politiker, S. 63.
[66] Ders., Londoner Schrift, 9.7.1937 (BAK, NL 1113,12).
[67] Ders., Gesamtlage, S. 2. Vgl. Goerdeler an Kriegsgerichtsrat Fröhlich, 25.5.1942, in: Gillmann/Mommsen, Schriften, S. 848: „Entscheidend ist, daß wir die von ihm [d.h. Gott] in die Natur und unsere Seele gelegten Gesetze beachten."
[68] Ders., „Geld spielt keine Rolle!", Juni 1941 (BAK, NL 1113, 19), S. 59.
[69] Ders., Moralische Zustände, Juli 1940, in: Gillmann/Mommsen, Schriften, S. 774.

Geiste führt, dann müßten wir ihm noch für die übergroße Gnade danken."[70] Dieses Gottesverständnis sah den Staat kaum im Sinne der lutherischen Berufung auf Römer 13, obwohl Goerdeler in diesem Sinne sagen konnte: „Nur das Schwert, das den friedlichen Pflug schützt, ist von Gott gestattet. Nicht das, das geschmiedet wird, um seine Arbeit zu vernichten und freie Menschen in Sklaven zu verwandeln."[71] Vollends fremd war seinem Denken eine Zwei-Reiche-Lehre, eher entsprach seinem Vertrauen auf Gottes Gesetz eine Ein-Reich-Lehre.

Als Grundlage von Goerdelers Glauben und Politik zeigt sich die Einheit von Vernunft und Offenbarung, Natur- und Gottesgesetz im Sinne der rationalistischen Theologie, wie sie etwa Julius Wegscheider (1771–1849) vertreten und unter Aufnahme von Kants Philosophie gerade in Preußen bis zur Mitte des 19. Jahrhunderts großen Einfluß hatte. Sie prägte Goerdelers Tatkraft und seinen Optimismus, daß das Gute und Vernünftige sich durchsetzen wird, weil es den Menschen dient. Dabei setzte er entsprechend der Vernunftgemäßheit der von Gott gesetzten Ordnung voraus, daß alle Menschen ihr entsprechen könnten und wollten. Dieses optimistische Menschenbild sollte ihn mehrfach in die Irre führen, da er das Böse im Menschen nicht erkennen wollte. Deshalb dauerte es lange, bis er in Hitler den Dämon sah, der Vernunftgründen nicht zugänglich ist.

Diese christlich-stoische Einstellung verdankte Goerdeler vielleicht auch Pfarrern seiner preußischen Heimat, vor allem aber wohl seinem Elternhaus. Allerdings ging Goerdeler bereits vor der „Machtergreifung", besonders aber entsprechend seinem Übergang zum konsequenten Widerstand seit Ende der 30er Jahre häufiger als seine Eltern in die Kirche; nun spielte auch zu Hause das Gebet eine Rolle.[72] Bei den beiden Pfarrern in Leipzig-Leutsch schätzte er die innerlich bewegenden Predigten und führte mit ihnen intensive Gespräche.[73] Dabei bedeutete ihm die Kirche auch

---

[70] Ders. an OStDir Gerhart Binder, Juni 1943, in: Gillmann/Mommsen, Schriften, S. 856.

[71] Ders., Vorschlag für eine päpstliche Initiative, 23.3.1939, in: Gillmann/Mommsen, Schriften, S. 763; vgl. Klemperer, Verschwörer, S. 117ff.

[72] Ulrich Goerdeler, dem ich auch die folgenden Informationen verdanke, datiert den Anfang des regelmäßigen Kirchenbesuchs auf seine Konfirmandenzeit 1927/28. Auf Ende der 30er Jahre datiert ihn Marianne Meyer-Krahmer im Brief vom 15.11.1994.

[73] Nur 1932–1935 amtierte Dr. Willy Daniel Schuster, der dann Heerespfarrer wurde, aber anscheinend auch danach mit Goerdeler in Verbindung stand und dessen Einstellung zum Regime kannte, so daß er wohl Hermann Kaiser auf ihn aufmerksam machte; vgl. unten, S. 282 mit Anm. 80. Besonders geistesverwandt war der aus dem Baltikum stammende Pfr. Philipp Georg Hellmuth Magawly von Calry, der auch Goerdelers Kinder Christian, Marianne und Reinhard konfirmierte; nach dessen Pen-

einen Freiraum des Denkens, der nicht von der Partei bestimmt wurde.

Mit der preußisch-protestantischen Herkunft verband sich ein antikatholisches Element[74], wie es auch der Gustav-Adolf-Verein vertrat. Bei dessen 100-Jahr-Feier 1932 in Leipzig wurde Goerdeler als Oberbürgermeister in den Central-Vorstand gewählt.[75] Nach seinem Rücktritt schied er jedoch nicht aus, sondern wurde 1937 zweiter stellvertretender Vorsitzender[76], was für eine Übereinstimmung mit dessen Linie angesichts der NS-Kirchenpolitik sprechen dürfte; der Verein hatte seine Erwartungen von 1933 bald fallen gelassen und eine Position der Mitte eingenommen.[77] Sie entsprach wohl auch Goerdelers Einstellung, der am Kirchenkampf nicht direkt als Mitglied der Bekennenden Kirche (BK) beteiligt war. Er war gemäß dem „lutherischen Grundsatz der Gewissensfreiheit" gegen „Zwangsmittel zur Einigung der evangelischen Kirchen", wie er im Herbst 1934 in der Denkschrift an Hitler schrieb,[78] aber die Vereinigung der Landeskirchen lehnte er keineswegs ab. Wie fern ihm die theologischen und kirchenrechtlichen Vorstellungen der BK waren, zeigt auch sein Vorschlag einer staatlichen Neuordnung der Kirchen.[79]

Pensionierung wurde 1944 nicht sein Nachfolger, sondern der seit 1937 die dritte Pfarrstelle innehabende Pfr. Karl Otto Delitz Konfirmator von Beningna.

[74] Vgl. Goerdeler, Denkschrift zur Innenpolitik, in: Gillmann/Mommsen, Schriften, S. 760: „[D]ie alte katholische Kirche ist am äußeren Opfer, dem Ablaß, verdorben; denn damit wurde sie heidnisch u[nd] leugnete die Macht des Gewissens." Eine neue Begegnung mit dem Katholizismus eröffnete ihm Ende 1943 eine Konferenz mit Vorträgen von Laurentius Siemer und Eberhard Welty, Dominikanern des Klosters Walberberg, im Kölner Ketteler-Haus sowie die Treffen mit Heinrich Körner in Bonn und mit Andreas Hermes in Godesberg. Vgl. Hugo Stehkämper, Protest, Opposition und Widerstand im Umfeld der (untergegangenen) Zentrumspartei. Teil II, in: Schmädecke/Steinbach, Widerstand, S. 899.

[75] Vgl. Goerdelers Begrüßungsansprache vom 17.9.1932 in: Die evangelische Diaspora 14, 1932, S. 411–414; zur Annahme seiner Wahl aaO., 15, 1933, S. 63.

[76] Vgl. aaO. 19, 1937, S. 206.

[77] Später gehörten zum Vorstand auch Hans von Dohnanyi, am 25.2.1939 berufen, und Gerhard Ritter, (auf Goerdelers Rat?) 1941 berufen; vgl. Bericht des Centralvorstandes des Ev. Vereins der Gustav-Adolf-Stiftung, Herbst 1940 bis Frühjahr 1942, S. 2; Die evangelische Diaspora 23, 1941, S. 144; Marikje Smid, Hans von Dohnanyi – Christine Bonhoeffer. Eine Ehe im Widerstand gegen Hitler, Gütersloh 2002, S. 217f.

[78] Ritter, Goerdeler, S. 71. Vgl. Goerdeler, Denkschrift zur deutschen Innenpolitik, August/September 1934, in: Gillmann/Mommsen, Schriften, S. 368f. Daß Hitler Adressat der Denkschrift war, ist nicht gesichert.

[79] Vgl. Goerdeler, Denkschrift zur deutschen Innenpolitik, aaO., S. 761. Die Einzelheiten des Übergangs „regelt ein Staatskommissar nach Anhörung der Bischöfe"; dafür

Die Ablehnung der NS-Kirchenpolitik führte bereits im Juni 1934 zum direkten Kontakt mit den BK-Juristen Wilhelm Flor und Eberhard Fiedler, um Hitler zur Absetzung von Reichsbischof Müller und dem „Rechtswalter der Deutschen Evangelischen Kirche" August Jäger zu bewegen.[80] Nachdem Martin Niemöller 1938 als „Persönlicher Gefangener des Führers" im KZ inhaftiert worden war, unterstützte Goerdeler dessen Frau finanziell[81] wegen des widerrechtlichen Eingriffs, obwohl er dessen Linie im Kirchenkampf kaum für richtig hielt. Von 1937 bis 1943 stand Goerdeler in intensivem Austausch mit dem in die Schweiz emigrierten Ökumeniker Friedrich Siegmund-Schultze, er hat diesen aber kaum als Theologen, sondern eher als Sozialpädagogen mit vielfältigen Verbindungen wahrgenommen und in sein Widerstandsnetz integriert.[82] Pfarrer Hans Asmussen, der 1934 bei der 1. Reichsbekenntnissynode der Deutschen Evangelischen Kirche die Barmer Theologische Erklärung erläutert hatte, besuchte er 1941 nach dessen achtwöchiger Gestapo-Haft[83] zusammen mit seiner Tochter Marianne. Bei weiteren Treffen erhielt Asmussen, der auch Gemeindepfarrer von Generaloberst Ludwig Beck war, Informationen über den Widerstand, den er aber nicht zur Sache der BK machen wollte. Allerdings bat ihn Goerdeler im Sommer 1942, „die Ansichten der Kirche zu wirtschaftlichen Fragen zu Papier zu bringen"[84]. Asmussen begleitete ihn auch seelsorgerlich nach dem Tod seines Sohnes Christian (15.5.1942).[85]

Seit 1940 stand Goerdeler in Verbindung mit dem württembergischen Landesbischof Wurm, der während des Krieges zum Repräsentanten der evangelischen Kirche wurde und ab 1942 durch Eugen Gerstenmaier auch über den Kreisauer Kreis informiert war. Goerdeler unterrichtete Wurm

---

käme Oberkonsistorialrat Bernhard Karnatz in Frage, der nach seiner Absetzung 1933 als Versicherungsvertreter arbeitete. Wegen seiner Mitarbeit am preußischen Staatskirchenvertrag von 1931 hatte er die theologische und juristische Ehrendoktorwürde erhalten. Nach der Beurlaubung des EOK der APU durch Staatskommissar Jäger verfaßte er 1933 die Klageschrift für das Verfahren beim Staatsgerichtshof in Leipzig, das aber nach dem Eingreifen Hindenburgs vom 29. Juni unterblieb. 1945 bis 1958 war er Vizepräsident der Kirchenkanzlei der EKD.

[80] Vgl. Klaus Scholder, Die Kirchen und das Dritte Reich. II., Berlin 1985, S. 283.
[81] Mitteilung von Ulrich Goerdeler.
[82] Vgl. Stefan Grotefeld, Friedrich Siegmund-Schultze. Ein deutscher Ökumeniker und christlicher Pazifist, Gütersloh 1995, S. 299ff.
[83] Vgl. Marianne Meyer-Krahmer an Verf., 15.11.1994; Enno Konukiewitz, Hans Asmussen. Ein lutherischer Theologe im Kirchenkampf, 2. Aufl. Gütersloh 1985, S. 232f.
[84] Konukiewitz, Asmussen, S. 241.
[85] Vgl. Hans Asmussen an Ger van Roon, 24.5.1963 (IfZ, ZS-A, 18,1). Merkwürdigerweise stellte diesen Kontakt Hans Gisevius her.

über die Lage des Widerstandes und dieser ihn über die Situation der evangelischen Kirche.[86] Durch ihn oder durch seine Kontakte zu Gerhard Ritter, Constantin von Dietze[87] und Franz Böhm nahm er Mitte November 1942 an der Klausurtagung des Freiburger Arbeitskreises teil[88]. Hier lernte er Helmut Thielicke kennen, den er „wenige Wochen vor dem 20. Juli" bat, „für seine Regierungserklärung den Passus über die Stellung des Staates zum Christentum und zur Kirche zu entwerfen"[89].

Erst 1937 scheint Goerdeler den grundsätzlichen Charakter der Auseinandersetzung des Regimes mit den Kirchen erkannt zu haben. Die NSDAP „lebt [in] dem Wahne, sie könne jeden Menschen, und wenn auch mit Zwang, dazu bringen, etwas bestimmtes zu glauben und das Leben nach einer bestimmten Fasson zu führen. [...] Diesem Streben aber müssen sich die moralischen Mächte des Lebens, muß sich insbesondere die christliche Religion in allen ihren Formen immer stärker widersetzen. Denn ihr befiehlt Gott durch den Mund Christi, zu bekennen, was gut und was schlecht ist, und dem Menschen in seinen Gewissensqualen zu helfen. Der Kampf gegen einzelne christliche Kirchen war nur Vorbereitung und Verschleierung des wahren Kampfes. Dieser muß sich gegen das Christentum richten."[90] 1937 prognostizierte Goerdeler damit die Ausschaltung des

---

[86] Vgl. Wilhelm Pressel an Ger van Roon, 22.9.1962 (IfZ, ZS-A, 18, 6).

[87] Vgl. Briefwechsel Ritters (BAK, NL 166, 453); daraus Briefe an Goerdeler vom 27.6.1941 und 28.1.1942 in: Klaus Schabe/Rolf Reichardt (Hg.), Gerhard Ritter. Ein politischer Historiker in seinen Briefen, Boppard/Rh. 1984, S. 365f., 372. Bei C. v. Dietze wohnte Marianne Goerdeler während ihres Studiums in Freiburg.

[88] Vgl. Einleitung zu: Denkschriften des „Freiburger Kreises", hg. von Reinhard Hauf, in: Schabe/Reichardt, Gerhard Ritter, S. 631; Dagmar Rübsam/Ernst Schadek (Hg.), Der „Freiburger Kreis", Freiburg 1990, S. 83f.

[89] Helmut Thielicke, Einleitung, zu: In der Stunde Null. Die Denkschrift des Freiburger „Bonhoeffer-Kreises", Tübingen 1979, S. 11. Die von Thielicke „etwas verklausuliert" übermittelte Vorlage, hat die „Regierungserklärung" kaum mehr verändert.

[90] Goerdeler, Politisches Testament, S. 39f. Charakteristisch für seinen Entscheidungsweg beginnt die Reihenfolge der verletzten Ordnungen in Goerdelers „Londoner Schrift", 9.7.1937 (BAK, NL 1113,12), mit dem Recht: Der Anspruch der NSDAP „auf allen Gebieten des Lebens allein zu entscheiden, was richtig und was falsch ist [...] muß sie in Widerspruch setzen zur Unabhängigkeit des Richters, ja zum Inhalt des Rechts, zur Familie und Erziehungsverantwortung der Eltern, zur Kirche als Vollstreckerin göttlichen Willens und schließlich zu jeder anderen Religion überhaupt. Damit aber tastet sie die natürlichen Wurzeln und die moralischen Grundlagen menschlichen Zusammenlebens an; zu ihnen muß sie in unlösbaren Widerspruch geraten. Da aber die Natur immer siegt und da ein menschliches Zusammenleben ermöglichendes Moralgesetz ebenfalls eine Naturnotwendigkeit ist, muß die Partei hieran zerbrechen."

Christentums, die von der SS und im Krieg besonders durch Martin Bormann für die Zeit nach dem „Endsieg" als „Endlösung der Kirchenfrage" vorangetrieben wurde. Als entscheidende Kraft sah Goerdeler aber Hitler. „Hitler ist entschlossen, das Christentum zu zerstören. Er kann nicht ertragen, daß Christus unser sittliches Leben lenkt. Hitler möchte der alleinige Herr des ganzen menschlichen Lebens sein."[91] Diese Analyse entsprach der Verschärfung seiner Kritik am Nationalsozialismus und wurde ihm durch die Verfolgung der Juden bestätigt. In den vorangehenden Jahren der zunehmenden Auseinandersetzung mit dem NS-Regime spielten anscheinend Religion und Goerdelers persönliche Frömmigkeit noch keine Rolle, die mit der Kritik an Politik, Wirtschaft und Recht vergleichbar wäre. Aber diese stieß beim Übergang zur grundsätzlichen Ablehnung auf die nationalsozialistische Vergewaltigung von Religion und Christentum als Zerstörung der Grundlagen von Recht und Moral. „Mit unausweichlicher Logik ist die Partei, wenn sie an der Macht bleiben will, gezwungen, nunmehr gegen den christlichen Glauben als solchen zu kämpfen."[92]

Den antichristlichen Charakter des NS-Regimes mag Goerdeler 1937 wegen den geheimen Charakters seines „Politischen Testaments"[93] so offen dargelegt haben, das erst zu einem späteren Zeitpunkt oder nach seinem Tode veröffentlicht werden sollte; dabei klingen wohl auch die Gespräche in Amerika nach.[94] Ein Jahr später wiederholte er aber die Kritik in seiner „Denkschrift zur Innenpolitik"[95] vom Oktober/November. Er sah die NSDAP „bedingungslos dem Grundsatz: ‚Der Zweck heiligt die Mittel'", huldigen „für die totale Beherrschung des Menschen auf allen Gebieten" und dadurch „in einen unlöslichen Widerspruch mit jeder Religion geraten, die einen anderen Mittler göttlicher Gesetze u[nd] göttlichen Willens setzt wie die Partei und ihren Führer. Die Partei leugnet Gott nicht, aber sie kann nur die göttlichen Gesetze anerkennen, deren Inhalt und Auslegung

---

[91] Goerdeler, Politisches Testament, S. 61. Wenn Meyer-Krahmer, Mut, S. 183f., aus der Schilderung der Phase der Machtergreifung (aaO., S. 24) schließt, Goerdeler hätte 1937 zwar den verbrecherischen Charakter des Systems erkannt, aber noch nicht Hitler als „Urheber von Verfassungsbrüchen", so belegt obiges Zitat, daß Goerdeler durchaus in Hitler die treibende Kraft sah.
[92] AaO., S. 39f.
[93] Vgl. zum Politischen Testament Meyer-Krahmer, Mut, S. 179ff.
[94] Vgl. besonders die Einleitung des Politischen Testaments, aaO., S. 19f.
[95] Die Veränderung von Goerdelers Position wird besonders deutlich, wenn man seine „Denkschrift zur deutschen Innenpolitik" vom August/September 1934 vergleicht, die sich nur gegen Zwangsmittel im Kirchenkampf wendet, „ohne die Wahrheit dieser Einigung zu gefährden und ohne schwere weitreichende Verstimmungen im Auslande [...] zu erzeugen. [...] Es ist zu begrüßen, daß der Führer Konfliktmöglichkeiten mit der katholischen Kirche ablehnt." Gillmann/Mommsen, Schriften, S. 368f.

sie selbst bestimmt. [...] Sie spricht von Gott, aber sie endet im Mißbrauch des unwandelbaren Gottesbegriffs für ihre Zwecke."[96] Da der Nationalsozialismus „nur Hitler, niemals Christus als Mittler zwischen Gott und den Menschen anerkennen" kann, wird er „*daran* zu Grunde gehen"[97].

In seiner großen Denkschrift „Das Ziel" stellte er im Herbst 1941 die von der NSDAP propagierte Entchristlichung in den weiteren Rahmen der Säkularisation, die er vergleichbar dem Kreisauer Kreis als Entwicklung seit dem Ausgang des Mittelalters kritisierte.[98] Der Glaube ist durch „die fortschreitende religiöse Verkümmerung unseres täglichen Lebens"[99] auch mit „Schuld der Kirchen" vielfach verloren gegangen, zumal sich der Mensch „nach der mittelalterlichen Beengung" durch die Entdeckung der „Gesetze und Kräfte der Natur" selbst „als Herrn der Schöpfung" betrachtet und „schließlich die göttliche Schöpfungskraft" leugnet. „Mit dieser Entwicklung schwand das Verantwortungsbewußtsein vor dem höheren Richter". Im „Dritten Reich" scheint diese „Fehlentwicklung ihren Höhepunkt zu erreichen"[100]. „Man spricht noch von Gott, aber dieser Gott ist nur noch Vorsehung, nicht mehr Richter. Er wird nur noch angerufen, wenn man ihn braucht; man dankt ihm für Erfolge. Aber Gott als Mahner, Warner und Rächer erkennt man nur noch als für die anderen Völker wirksam an. Es gibt nur noch einen deutschen Gott; daher der allerdings unfruchtbare Versuch, alte Göttervorstellungen zu beleben. Die Jugend wird nicht mehr angehalten, das eigene Handeln und das eigene Leben göttlichen Geboten zu unterwerfen"[101]. Da „der Erziehung [...] die religiöse Grundlage genommen" ist, soll sie nach dem Ende der NS-Herrschaft „wieder auf umfassende allgemeine Bildung und Stärkung der religiösen Kräfte

---

[96] Goerdeler, Denkschrift zur Innenpolitik, Oktober/November 1938, in: Gillmann/Mommsen, Schriften, S. 733. Vgl. ders., Vorschlag für eine päpstliche Initiative, 23.3.1939, in: Gillmann/Mommsen, Schriften, S. 762; ders., Grundsätze der Reichsregierung, Jahreswechsel 1942/43, in: Gillmann/Mommsen, Schriften, S.1026.

[97] Goerdeler, Denkschrift zur Innenpolitik, in: Gillmann/Mommsen, Schriften, S. 759; Hervorhebung im Text.

[98] Vgl. Hans Mommsen, Gesellschaftsbild und Verfassungspläne des deutschen Widerstandes, in: ders., Alternative zu Hitler, München 2000, S. 64ff.

[99] Goerdeler, Das Ziel, in: Gillmann/Mommsen, Schriften, S. 878. Vgl. ders., Die Aufgaben der deutschen Zukunft, zwischen 1. und 11.8.1944, in: ebd., S. 1024. „Unser Volk hat das religiöse Bewußtsein verloren [...] durch die materielle Entwicklung und durch die Schuld der Kirchen".

[100] AaO., S. 878f.

[101] Goerdeler, Stand des Bildungswesens, Juli 1940, in: Gillmann/Mommsen, Schriften, S. 796; als „vorläufigen Höhepunkt der Verzerrung des Bildungswesens" bezeichnete Goerdeler „die nationalsozialistischen Burgen", die Ordensburgen der SS (S. 798).

gerichtet sein, ohne die edle Menschlichkeit nicht möglich ist"[102].

Sein Rücktritt nach der Beseitigung des Leipziger Mendelssohn-Denkmals[103] machte ihn 1936 als Gegner der antisemitischen Politik bekannt. Darum wandte sich im März 1938 Franz Böhm an ihn, der in einem Gespräch im Hause von Ricarda Huch, seiner Schwiegermutter, die Verfolgung der Juden kritisiert und im anschließenden Dienststrafverfahren seine Lehrstuhlvertretung an der Universität Jena verloren hatte.[104] Weil Goerdeler die Judenpolitik als „Fahrt in den offenbaren Wahnsinn und in das unverhüllte Verbrechen"[105] ablehnte, versprach er Böhm seine Hilfe: „Wir haben Niemöller nicht im Stich gelassen und wir werden auch Sie und Ihre Familie nicht im Stich lassen."[106]

Die Politik gegen die Kirchen und die Vernichtung der Juden sah Goerdeler als Terrormaßnahmen in einem Zusammenhang.[107] 1937 schilderte er, daß in Belgien „die kirchlichen Prozesse und ihre Behandlung großes Aufsehen"[108] erregten und die „wenig in Erscheinung" tretende „Judenfrage" nur vom „Stürmer" angeheizt würde. Diese Verbindung begegnet auch im Reisebericht über Italien, wo nur das „immer radikaler werdende Drängen aus seiner Partei" Mussolini „zum Vorgehen gegen die Juden und zu Spannungen mit der Kirche" veranlaßt habe.[109] Nach dem Reichspogrom, den er nicht direkt erlebte, über den ihm aber während seiner Reise von der Schweiz in den Balkan berichtet wurde, verband Goerdeler in einem Telegramm-Entwurf für einen englischen Freund „Kirchen-" und „Judenfrage": „Letzte Ereignisse müßten Augen klar gemacht haben. Verstehe nicht, daß Engländer noch Talker befragen. Alles Luege. Man muß sehen, daß der Nihilismus heraufzieht. [...] Naechster Stoß trifft Kreuz, Uebernaechster Kapital."[110]

---

[102] Goerdeler, Aufstellung der Ziele für Markus Wallenberg, Stockholm, 20. Mai 1943, in: Gert Nylander, German Resistance Movement and England. Carl Goerdeler and the Wallenberg Brothers, Stockholm 1999, S. 52.

[103] Da der Rücktritt vom 2.12.1936 geheim bleiben sollte, wurde sein Ruhestand erst ab 1.4.1937 offiziell bekannt.

[104] Vgl. Traugott Roser, Protestantismus und Soziale Marktwirtschaft. Eine Studie am Beispiel Franz Böhms, Münster 1998, S. 111ff.

[105] Franz Böhm, Mitteilungen an Regine Büchel, 21.5.1969 (ACDP I-200-004/4).

[106] Franz Böhm, Notizen über die Besprechung mit Frl. Regine Büchel am 21.5.1969 (ACDP I-200-004/5). Vgl. weiterhin Roser, Protestantismus., S. 81ff.

[107] Vgl. die nach dem 20. Juli 1944 geschriebenen „Abschiedsworte" Goerdelers: „Terror in der Juden- und Kirchenangelegenheit" (BAK, NL 1113, 29), S. 2.

[108] Goerdeler, Reisebericht Belgien, 4.–12.6.1937 (BAK, NL 1113, 14), S. 2.

[109] Ders., Reisebericht Italien, 19.12.1938 (BAK, NL 1113, 14), S. 34.

[110] Ders., Brief- bzw. Telegrammentwurf in Blockschrift an „Lieber Freund" – vermutlich A. P. Young –, 17.11.1938 (BAK, NL 1113, 9); vgl. Brief an Reinhold Schairer

Das an Nietzsche erinnernde Nahen des „Nihilismus" beschreibt die Vernichtung abendländisch-christlicher Werte, was „Kapital" ökonomisch als „überaus gefährlichen Bolschewismus"[111] benennt; das wurde auch in anderen Kreisen des Widerstands als Zukunft des Nationalsozialismus befürchtet.[112] So deutete Ulrich von Hassell im Mai 1940 das „Heraufkommen des Sozialismus in Hitlerscher Form" als „Zerbrechen der Oberschichten, Verwandlung der Kirchen in bedeutungslose Sekten usw."[113] Entsprechend sah Goerdeler im Oktober 1938 „die ganze Entwicklung [...] in der Beseitigung des Christentums enden. Nicht Gerechtigkeit, Vernunft und Anstand, sondern brutale Gewalt werden die Welt formen."[114] Kurz vor dem Angriff auf Polen formulierte er: „Am Judentum hat [Hitler] am stärksten gereizt und zum Hasse entflammt die Lehre von dem einen Gott, der das ganze Leben des Menschen mit seinen Gesetzen und Geboten durchdringt. Die nächste in der Reihe seines Hasses ist die christliche Religion. Demut und Nächstenliebe machen ihn rasend und wild. Das Geheimnis des Lebens macht ihn rasend. Der Gedanke, daß der Mensch als Kind Gottes mit ihm unmittelbar in Verbindung steht, ist ihm eine furchtbare Irrlehre [...]. Soweit er in seiner abgrundtiefen Unbildung das Christentum kennt, setzt er sich selbst an die Stelle Christi."[115]

---

vom gleichen Datum sowie das Gespräch mit Arthur P. Young vom 4.12., in: A. P. Young, 'X'- Dokumente, S. 168. 258f. Diese Verbindung von „Kirchen-" und „Judenfrage" war „Tagesgespräch" (Hans Robinsohn, Bericht No. 7 vom Februar 1939, in: Horst R. Sassin, Liberale im Widerstand, Hamburg 1993, S. 310) und begegnet bei Juden, katholischen und evangelischen Christen; vgl. Konrad Repgen, Judenpogrom, Rassenideologie und katholische Kirche 1938, Köln 1988, S. 8 u. 15; Begegnungen mit Dietrich Bonhoeffer, hg. von Wolf-Dieter Zimmermann, 4. Aufl. München 1969, S. 12. Bereits Mitte September 1935 sah Elisabeth Schmitz in ihrer Denkschrift „Lage der deutschen Nichtarier" voraus, daß der „Versuch einer Ausrottung des Judentums in Deutschland" in eine „Christenverfolgung" übergehen würde; vgl. Dietgard Meyer, Elisabeth Schmitz: Denkschrift „Zur Lage der Nichtarier", in: Hannelore Erhart u.a., Katharina Staritz 1903–1953. Dokumentation, Bd. 1: 1903–1942, Neukirchen 1999, S. 186–269. Umgekehrt hatte 1933fritz-Dietlof Graf von der Schulenburg, Neuaufbau des höheren Beamtentums, April 1933 (BAK, NL 1301/1), die Errichtung des Dritten Reichs als Niederlage der „Mächte des Judentums, des Kapitals und der Kirche" gewertet.

[111] Goerdeler, Brief an einen amerikanischen Politiker, 11.10.1938, in: Krause, Politisches Testament, S. 59.
[112] Vgl. Mommsen, Gesellschaftsbild, S. 70ff.
[113] Die Hassell-Tagebücher 1938–1945, hg. von Friedrich Freiherr von Gaertringen, Berlin 1988, S. 195.
[114] Goerdeler, Brief an amerikanischen Politiker, aaO., S. 61.
[115] Ders., Zur Lage, Ende Juli 1939, zit. Siemon-Netto, Luther, S. 91.

Nach der Deportation der Leipziger Juden im Januar 1942 urteilte er, daß „aus der ganzen bisherigen Geschichte der Menschheit"[116] nichts der Judenverfolgung „in bewußter Unmenschlichkeit und in Anhäufung" zur Seite gestellt werden kann. „Vielleicht ist die Christenverfolgung unter Diocletia[n] ähnlich gewesen." Auf sie verwies er nach den Erinnerungen von A. P. Young bereits im November 1938.[117] „Ich kann mir nicht denken, daß ein deutscher Mann, der überhaupt noch Gefühl im Herzen hat, annehmen kann, daß solche Ungeheuerlichkeiten sich nicht an unserem Volke rächen müssen. [...] Ich weiß aus der Geschichte und aus meinem eigenen Leben nur, daß [...] Gott in seiner ehernen Gerechtigkeit stets eine folgerechte Vergeltung vollzieht."[118]

Deshalb beobachtete er mit großer Bestürzung „das Ausbleiben jeder stärkeren Reaktion in Presse, Kirche und Parlament der westlichen Demokratien auf die barbarische, sadistische und grausame Verfolgung von 100.000 polnischen Juden in Deutschland" und auf die Verfolgung der Christen.[119] Auch sein Versuch, durch Chaim Weizmann 1938 die britische Regierung zum Einsatz für die Juden zu bewegen, hatte in London keinen Erfolg.[120] Demgegenüber sah er es als seine Aufgabe, „das Schiff zwischen der Scylla der Vernichtung aller persönlichen Freiheiten und der Charybdis der Zerstörung der christlichen Kultur hindurchzubringen"[121].

Die „Behandlung" der Juden war ihm als „Vernichtung aller persönlichen Freiheiten" eine Grundfrage des Rechts und der Moral, ein Verstoß gegen das Gebot der Nächstenliebe. Deshalb formulierte er 1944 in einer Denkschrift: „Über die Ungeheuerlichkeit der planmäßig und bestialisch vollzogenen Ausrottung der Juden ist kein Wort zu verlieren; daß aber die moralischen und politischen Wirkungen nicht einmal für die Außenpolitik in Rechnung gestellt wurden, kann man nur als Wahnsinn bezeichnen."[122]

---

[116] Ders., Bericht über Judendeportationen, 1942, in: Gillmann/Mommsen, Schriften, S. 847.

[117] A.P. Young, Across the Years, London 1971, zit. Meyer-Krahmer, Mut, S. 162.

[118] Goerdeler, Bericht über Judendeportationen, 1942, in: Gillmann/Mommsen, Schriften, S. 847.

[119] Young, 'X'-Dokumente, S. 153f.; vgl. Goerdeler, Politisches Testament, S. 19.

[120] Vgl. Meyer-Krahmer, Mut, S. 163.

[121] Goerdeler, Schreiben an Reinhold Schairer, 19.10.1938, in: Gillmann/Mommsen, Schriften, S. 645.

[122] Goerdeler, Der Weg, April 1944, in: Gillmann/Mommsen, Schriften, S. 999 (Pétains Besuch in Paris am 26.4.1944 [aaO., S. 1001] ist terminus post). Christof Dipper, Der Widerstand und die Juden, in: Schmädeke-Steinbach, Widerstand, S. 603, sieht hier Goerdelers Orientierung am „Primat der Außenpolitik", was weder diesem Text noch sonst dem primären Denkhorizont Goerdelers entspricht. Goerdeler, Das Ziel, Herbst 1941, in: Gillmann/Mommsen, Schriften, S. 895ff., behandelt die „Neuord-

In der „Regierungserklärung" sollte darum die Einstellung der „Judenverfolgung, die sich in den unmenschlichsten und unbarmherzigsten, tief beschämenden und gar nicht wiedergutzumachenden Formen vollzogen hat,"[123] verkündet werden. Nach dem 20. Juli und seiner Verurteilung am 9. September betrachtete Goerdeler Deutschlands Schicksal als Strafe Gottes für den Reichspogrom, als „im November 1938"[124] durch den „Sturm gegen die Juden, Geschäfte, Synagogen [...] in gottlosem Haß Heiligstes geschändet" wurde. „Die Ausrottung der Juden begann." Der Abscheu davor, daß das Regime „Millionen von Juden bestialisch vernichtet"[125] hat, durchzieht seine Niederschriften im Gefängnis bis zu seinen letzten Äußerungen.[126]

Trotz dieser tiefgehenden Betroffenheit durch das Schicksal der Juden hielt Goerdeler an seinen Vorstellungen fest, daß eine „Neuordnung der Stellung der Juden [...] in der ganzen Welt erforderlich"[127] wäre. Darin schlug sich einerseits sein Vertrauen in das Recht und andererseits sein Verständnis der Juden als Nation nieder. „Wir dürfen den Juden die Rechte nicht versagen, die allen Menschen von Gott verliehen sind."[128] Deshalb hatte er für ihren eigenen souveränen Staat 1941 Teile Kanadas oder Südamerikas in Erwägung gezogen, nun schien ihm ähnlich wie Theodor Herzl „Palästina oder Südamerika" geeignet, während sich „das Recht der Juden in den Gastländern nach Fremdenrecht" richten sollte.[129] Deutlicher als 1941 forderte er aber eine Wiedergutmachung des Unrechts: „Ungerechtfertigte Bereicherungen am Judenvermögen sind unrecht und wieder gut zu machen. Entschädigung noch lebender Geschädigter ist unerläßlich."[130]

---

nung der Stellung der Juden" am Ende des außenpolitischen Teiles, weil er sie hier als internationales Problem wertete, was die Aufhebung der Nürnberger Gesetze und Wiedergutmachung einschloß.

[123] Schramm, Gemeinschaftsdokumente, S. 235.
[124] Goerdeler, Unsere Idee, November 1944 (BAK, NL 1113, 26), S. 19. Ebd., S. 19f., ausführliche Schilderung der späteren Vernichtungsaktionen.
[125] Ders., Stellungnahme zu einer Rede des Reichsaußenministers vom 11.12.1944, in: Gillmann/Mommsen, Schriften, S. 1201.
[126] Vgl. Mommsen, Goerdeler, S.LIX f.
[127] Goerdeler, Das Ziel, in: Gillmann/Mommsen, Schriften, S. 895.
[128] Ders., Gedanken eines zum Tode Verurteilten über die deutsche Zukunft, September 1944, in: Gillmann/Mommsen, Schriften, S. 1185. Vgl. dazu bereits die Überlegungen in seinem „Reisebericht Palästina", Sommer 1939, aaO., S. 630f.
[129] AaO., S. 1184; vgl. ders., Das Ziel, in: Gillmann/Mommsen, Schriften, S. 896.
[130] Dafür hatte Goerdeler bereits früher von Leo Baeck einen Entwurf (U. Siemon-Netto, Luther, S. 84) erbeten und über „die Wiedergutmachung des den Juden, den Staaten Polen und Tschechoslowakei und ihren Einwohnern [...] zugefügten

Für sein Denken in der Haft kennzeichnend scheinen aber die Überlegungen über „die einzigartige Tat des Judenvolkes, daß es seine Geschichte immer nach Gott ausrichtete, Erfolg zu finden glaubte, wenn es ihm gehorsamte und Misserfolg auf Abfall von Gott zurückführte. Eine gleich großartige und tiefe Auffassung von Bestimmung, Aufgabe und Wanderung des Volkes ist bisher nicht geschriebene Geschichte geworden, außer im Alten Testament."[131] Seine Leser mahnt er deshalb: „Laßt ab vom Rassenhaß. Bedenkt, daß es das jüdische Volk war, das ständig, wenn auch in vielen Sünden, mit Gott gerungen hat um die Erkenntnis seines Wesens und daß es gerade die jüdische Geschichte ist, die als einzige nicht nur von Kriegen und Wanderungen, von Irrungen und Wirrungen, von Verbrechen und Lastern – schonungslos offen – berichtet, sondern auch diese Offenheit übt, [...] um zu zeigen, wohin ein Volk gerät, das Gottes Gebote nicht mehr achtet."[132] Klingt damit der Weg des NS-Regimes an, stellte ihm Goerdeler die Bibel gegenüber als „die einzige Geschichte, die uns das Ringen eines Volkes und seiner Führer um die Erkenntnis Gottes berichtet [...]. Wollen wir es einem hochbegabten Volk verdenken, daß es, dies fühlend und wissend, sich in die Vorstellung erhob, das Auserwählte zu sein?" Aber aus christlicher Sicht fragte er, ob „nicht in der Übertreibung, allein auserwählt zu sein' die sündhafte Verirrung"[133] liege. „Hat nicht gerade Christus diese Verirrung aufgedeckt, indem er sein Wort schließlich auch an Nichtjuden richtete und die Jünger in alle Welt gehen ließ? Er lehrte nicht die Liebe zum Volksgenossen, sondern zum Nächsten. [...] Gott wendet sich an die Menschen und ihre menschlichen Bindungen, – der Rasse, dem Volke der Nation schenkt der durch Christus geoffenbarte Gott keine Beachtung."[134] Damit fällt die Abgrenzung von den Juden auf die Christen zurück: „Sollten wir nicht alle mit unserem einseitigen Nationalismus Gott zu nahe getreten sein und Abgötterei getrieben haben?"

Unrechts" auch mit F. Böhm gesprochen, der 1952 maßgeblich an den Verhandlungen zur „Wiedergutmachung an Israel" beteiligt war (ACDP I-200-004/4).

[131] Goerdeler, Rechenschaftsbericht, Januar 1945, in: Gillmann/Mommsen, Schriften, S. 1225; vgl. S. 1229.

[132] AaO., S. 1222. Die Adressaten des mit „Anlage" überschriebenen Textes sind unbekannt.

[133] AaO., S. 1225.

[134] Ebd. Zu Goerdelers bleibenden antijüdischen Vorbehalten vgl. seine Erinnerung in: Gedanken eines zum Tode Verurteilten über die deutsche Zukunft, September 1944, in: Gillmann/Mommsen, Schriften, S. 1185, sowie die Aufforderung an die Juden, zu begreifen, „daß Ihr Fehler gemacht und Euch bei den Gastvölkern vielfach in den Vordergrund gerade dann gedrängt habt, wenn Ihr Euch besser bescheiden und verständnisvoll zurückgehalten hättet." Rechenschaftsbericht, Januar 1945, aaO., S. 1222.

4. Grundlagen der Neuordnung

Goerdeler wollte nach gelungenem Attentat seine Regierungserklärung eröffnen mit den Worten: „Erste Aufgabe ist die Wiederherstellung der vollkommenen Majestät des Rechts."[135] Weil die NS-Politik Deutschland einem „Zustande der Rechtlosigkeit, der moralischen Zersetzung, der wirtschaftlichen Phantasie und der finanziellen Leichtfertigkeit"[136] ausgeliefert habe, sah er die wichtigste Aufgabe der Neuordnung in der „Wiederherstellung des Rechts, der Moral, der persönlichen und wirtschaftlichen Schaffensfreiheit in Deutschland; Wiederherstellung der nationalen Freiheiten der jetzt besetzten Länder"[137]. In seinem Brief an General Friedrich Olbricht hatte er 1943 hingewiesen auf die große „Zahl der auf Befehl vor und in diesem Kriege zum Tode gebrachten Zivilisten, Männer, Frauen und Kinder der verschiedenen Völker sowie der russischen Kriegsgefangenen [...]. Die Art und Weise ihrer Beseitigung ist ungeheuerlich und hat mit Ritterlichkeit, Menschlichkeit, ja mit den primitivsten Anstandsbegriffen primitiver Völker nichts zu tun."[138] In der Haft schrieb er: Hitlers „Hände triefen vom Blut unschuldig ermordeter und verhungerter Juden, Polen, Russen und Deutschen, vom Blut von Millionen Soldaten aller Völker, die er auf dem Gewissen hat."[139] Die von ihm immer wieder angeprangerte moralische Zersetzung sah er letztlich begründet in dem Kampf der NSDAP und ihres Regimes gegen die Religion und das Christentum als Grundlage der Moral.

Da „die rein materielle Betrachtung und Gestaltung des Lebens sich bei allen Kulturvölkern als unfruchtbar erwiesen hat"[140], forderte Goerdeler

---

[135] KB, S. 147; Schramm, Gemeinschaftsdokumente, S. 233. Vgl. Praktische Maßnahmen zur Umgestaltung Europas (BAK, NL 1113, 23), S. 3: „Erste Aufgabe der Wiederherstellung des Rechtes im vollen Umfang ist Unabhängigkeit der Richter, Schutz der Person und des Gewissens, der freien Meinung und des Glaubens sind die Ecksteine."

[136] Goerdeler, Politisches Testament, 1.12.1937, aaO., S. 42.

[137] Ders., Stand der Wirtschaft und Verwaltung, September 1940, in: Gillmann/ Mommsen, Schriften, S. 809.

[138] Goerdeler an General Olbricht, 17.5.1943, in: Gillmann/Mommsen, Schriften, S. 854; Vgl. ders., Das Ziel, aaO., S. 876: „Kein Volk lebt allein auf dieser Welt; Gott hat auch noch andere Völker geschaffen und sich entwickeln lassen."

[139] Ders., Rechenschaftsbericht, Januar 1945, in: Gillmann/Mommsen, Schriften, S. 1228.

[140] Ders., Das Ziel, in: Gillmann/Mommsen, Schriften, S. 879. Vgl. Vorgesehene Rundfunkrede nach der Übernahme der Regierungsgewalt, Frühsommer 1944, aaO., S. 1045: „Die Kulturentwicklung aller europäischen Völker ist ohne die gestaltenden Kräfte christlichen Glaubens nicht denkbar."

1942 in seiner „Erklärung zur Atlantik-Charta" eine universale „Stärkung des moralischen Bewußtseins", indem „jedes Volk die religiösen Bindungen als Grundlage sittlichen Verhaltens herstellt"[141]. Ein Jahr später wandte er diese Forderung auf seine künftige Regierung an: „Für uns wird die christliche Religion und ihre Lehren Stuetze und Leitsatz auch bei allen politischen Maßnahmen im Inneren und im Äußern bleiben"[142]. Bereits 1938 hatte Goerdeler es als „unsere Pflicht vor Vernunft und Seele, vor den Menschen und vor Gott" bezeichnet, „die christliche Religion als Grundlage unseres Lebens und Wirkens zu erhalten, in Christus allein den einen Gründer göttlichen Gesetzes zu sehen u[nd] ihn nicht von Eintagsgeschöpfen in den Hintergrund drängen zu lassen."[143]

Die Wiederherstellung des Christentums betrachtete Goerdeler nicht als Aufgabe der neuen Regierung, weil „mit den Mitteln der Politik kein Weg zu den abgerissenen religiösen Überlieferungen und Ordnungen des deutschen Volkes gefunden werden kann."[144] Aber wie Moltke ging er davon aus, daß sich „das religiöse Bewußtsein in Deutschland [...] durch die Unterdrückung im letzten Jahrzehnt ungeheuer vertieft und verbreitet"[145] hat. So meinte er, die Neuordnung auf eine religiöse Orientierung beziehen zu können, die er als notwendige Basis für Recht und Moral betrachtete. „Die Politik, die das Glück und Wohl der Völker zum Ziele sich setzt, muß auf die christlichen Grundsätze der Wahrhaftigkeit, der Menschlichkeit und der Hilfsbereitschaft aufgebaut sein, letztlich auf dem Grundsatz, daß man einem anderen nicht antun darf, das man selbst nicht erdulden will."[146] Die Goldene Regel in ihrer sprichwörtlichen positiven Fassung ist für Goerdeler der Kern christlicher Ethik. Sie bestimmt wohl auch die „christliche Gesinnung" im Entwurf der „Regierungserklärung": „Das Wirken des Staates wird von christlicher Gesinnung in Wort und Tat erfüllt sein, denn dem Christentum verdanken wir die Fähigkeit, die schlechten Triebe in uns zu bekämpfen."[147] Und zu Anfang der Zusammenfassung

---

[141] Ders., Erklärung zur Atlantik-Charta [vom 12.8.1941], 13.12.42, in: KB, S. 239.

[142] „Friedensplan Goerdelers, vermutlich für britische Leser bestimmt. Wahrscheinlich vom Spätsommer oder Herbst 1943", in: Ritter, Goerdeler, S. 576; vgl. KB, S. 255.

[143] Goerdeler, Denkschrift zur Innenpolitik, in: Gillmann/Mommsen, Schriften, S. 760.

[144] Ders., Grundsätze und Ziele der Reichsregierung, Jahreswechsel 1942/43, in: Gillmann/Mommsen, Schriften, S. 1029.

[145] Friedensplan Goerdelers, in: Ritter, Goerdeler, S. 576; vgl. KB, S. 255. Helmuth James von Moltke an Lionel Curtis, 18.4.1942, in: Freya von Moltke/Michael Balfour/Julian Frisby, Helmuth James von Moltke 1907–1945, Stuttgart 1975, S. 185.

[146] Goerdeler, Der Weg, in: Gillmann/Mommsen, Schriften, S. 1012.

[147] KB, S. 150. Vgl. Goerdeler, Grundsätze und Ziele der Reichsregierung, Jahreswechsel 1942/43, in: Gillmann/Mommsen, Schriften, S. 1029: „Unbeschadet der Religionsfreiheit Einzelner bekennt sich die Reichsregierung zum Christentum als

betont sie: „Gott selbst gibt uns die Frage auf, ob wir der von ihm gesetzten Ordnung der Gerechtigkeit entsprechen und seine Gebote, Freiheit und Menschenwürde zu achten sowie einander zu helfen, befolgen wollen oder nicht. [...] Denn Gott ist nicht dazu da, bei jeder billigen Gelegenheit als Vorsehung angerufen zu werden, sondern er fordert auch und wacht darüber, daß seine Ordnung und seine Gebote nicht verletzt werden."[148]

Gemäß diesem liberalen Protestantismus als Gewissensreligion votierte er für eine vom Staat unabhängige, „entpolitisiert[e]" Volkskirche in voller Selbstverwaltung.[149] In seiner vorbereiteten Rundfunkrede nach der Übernahme der Regierungsgewalt formulierte er jedoch ohne Einschränkungen: „Den von Hitler verfolgten christlichen Kirchen gebührt die volle Freiheit der Betätigung auf den verschiedenen Gebieten des menschlichen Lebens im Sinne ihres göttlichen Stifters. Das Recht der Selbstverwaltung wird keiner Religionsgemeinschaft vorenthalten werden."[150] Aber im Herbst 1941 war er davon ausgegangen, daß der Staat die „Oberen der Kirche" bestätigt und Auflagen für die Geistlichen festsetzen kann, während diese „in politische Körperschaften weder wählen noch gewählt werden" dürfen.[151] Allerdings liege im Interesse des Staates, daß die Kirche durch die „religiöse Erziehung der Jugend [...] dem Staatsbürger das ganze Leben hindurch sittlichen Halt gibt." Wie in den „Jugenderinnerungen" urteilte

---

onsfreiheit Einzelner bekennt sich die Reichsregierung zum Christentum als einer der Grundkräfte, die die deutsche Nation geschichtlich geformt haben."

[148] KB, S. 155.

[149] Goerdeler, Das Ziel, Herbst 1941, in: Gillmann/Mommsen, Schriften, S. 917. In den „Gedanken eines zum Tode Verurteilten über die deutsche Zukunft" vom September 1944 (aaO., S. 1155) präzisierte Goerdeler: „Die Kirchen erhalten das Recht der Selbstverwaltung und verlieren die Staatszuschüsse, sie finanzieren sich selbst. Die evangelische Kirche erhält Steuerrecht, nur wenn sie sich vereint nach dem Synodalsystem (Mitwirkung von Laien). Die katholische Kirche nur, wenn sie einen deutschen Primas stellt, der für Bestätigung hoher Kirchenstellenbesetzungen zuständig wird. – Die Kirchen erhalten Freiheit der Betätigung zur praktischen Übung ihrer Lehre, insbesondere auf dem Gebiet der Wohlfahrt, der Krankenpflege, der Erziehung. Ihre Einrichtungen stehen im Wettbewerb mit denen des Staates, der Gaue, Kreise und der Gemeinden."

[150] Gillmann/Mommsen, Schriften, S. 1045. Goerdeler, Praktische Maßnahmen zur Umgestaltung Europas (BAK, NL 1113, 23), S. 8, formulierte in der Haft für das Erziehungswesen: „Freiheit des religiösen Lebens, volle Anerkennung jeder ernsten Überzeugung und Verwirklichung der durch Christus geforderten Grundregeln der Liebe und Brüderlichkeit werden die Grundlage bilden. Alle Gedanken an die Totalität einer Partei[,] des Staates oder einer Kirche werden beseitigt."

[151] Goerdeler, Das Ziel, in: Gillmann/Mommsen, Schriften, S. 916f. Vgl. die Regelung für Beamte, aaO., S. 911.

Goerdeler 1941 in der Denkschrift „Das Ziel": „Der unentbehrliche Religionsunterricht wird in Zukunft von dazu besonders ausgebildeten und geeigneten Kräften erteilt; es können Pfarrer, es können Laien sein. Aber sie müssen wirklich Wert und Wesen der Religion von innen heraus erkannt haben und ein entsprechendes Leben führen."[152] Gesinnung und Moral bestimmten Goerdelers Religionsverständnis.

5. Unter dem Eindruck des Mißerfolges

Die religiös-moralische Orientierung an der Ordnung Gottes durchzieht die großen Denkschriften Goerdelers und ließ ihn trotz vieler Rückschläge immer wieder zum drängenden Motor des Umsturzes werden. Tief getroffen hat ihn der Tod seines zweiten Sohnes Christian, der als Schüler der Leipziger Thomas-Schule ein tieferes Verständnis des christlichen Glaubens gewonnen hatte.[153] Aus Gewissensgründen, die auch durch die Meinung seines Vaters bestimmt waren, wollte er 1936 den Soldateneid verweigern, aber Goerdeler ließ ihn durch seinen Bruder Fritz dazu überreden.[154] 1939 wollte er die Familie zum Weg in das Schweizer Exil überreden, was aber Goerdeler im Vertrauen auf seine Möglichkeiten der Beeinflussung des deutschen Weges ablehnte. Nachdem er in Frankreich Zeuge von Geiselerschießungen geworden war, kam er 1942 vor das Kriegsgericht durch die Anzeige eines Kameraden, dem er seine Denkschrift zur Gehorsamsverweigerung gezeigt hatte. Durch den Einsatz seines Kommandeurs, Oberst Botho Henning Elster, und der Juristen in der Heeresrechtsabteilung des Allgemeinen Heeresamtes im OKH, Heeresrichter Karl Sack, Generalstabsrichter Hans Bokelberg und Kriegsgerichtsrat d.R. Ludwig Kaiser[155], wurde er nicht wegen Wehrkraftzersetzung, sondern

---

[152] AaO., S. 901 (ohne die dortigen Hervorhebungen). Vgl. Denkschrift zur Innenpolitik, in: Gillmann/Mommsen, Schriften, S. 761: Als „Pflichtfach" kann Religion „auch durch Geistliche erteilt werden. Ziel: allmählich sollen ihn überall junge Geistliche erteilen." Die Aufgaben der deutschen Zukunft, 1.– 8.8.1944, aaO., S. 1014, räumen ein Ablehnungsrecht der Eltern ein.

[153] Während Ulrich Goerdeler entsprechend den Aussagen seines Vaters den Glauben Christians von dem des Vaters absetzt, möchte die Tochter Marianne Meyer-Krahmer (Brief vom 15.11.1994) eher die Ähnlichkeit betonen.

[154] Vgl. Goerdeler, Rechenschaftsbericht, Januar 1945, in: Gillmann/Mommsen, Schriften, S. 1212. 1226.

[155] Vgl. Welf Botho Elster, Die Grenzen des Gehorsams. Das Leben des Generalmajors Botho Henning Elster in Briefen und Zeugnissen, Hildesheim 2005, S. 80; Ludwig Kaiser, Ein Beitrag zur Geschichte der Staatsumwälzung vom 20. Juli 1944, abgeschlossen am 31.12.1945 (Besitz Peter Kaiser), S. 11.

‚nur' wegen „Vergehen[s] gegen das Heimtückegesetz" zu sechs Wochen verschärften Stubenarrestes und Beförderungssperre verurteilt.[156] Danach wurde er an die Ostfront versetzt und fiel zwei Monate später am 15. Mai 1942. Ihn hat Goerdeler nicht nur wie viele Väter betrauert, sondern er machte sich selbst Vorwürfe, daß er ihn in den Wehrdienst gezwungen habe. Für sein Selbstverständnis charakteristisch ist die Überhöhung des Christentums, das er bei seinem Sohn sah: Er hat im Prozeß „seine Sache auf unseren christlichen Glauben gestellt. Sein Wesen war lautere Wahrhaftigkeit. So lehnte er jede Abschwächung ab und beharrte auf der Wahrheit. Die formale Bestrafung konnte und sollte wohl auch nicht den moralischen Sieg verhüllen, den er in schwerer Anklage dem preußisch-deutschen Offizierstum, der Ritterlichkeit und Wahrhaftigkeit erstritten hatte."[157] Wie tief Goerdeler durch den Tod seines Sohnes getroffen war, ergibt sich auch daraus, daß er Pfarrer Hans Asmussen um seinen seelsorgerlichen Rat bat.

Durch den Tod des Sohnes wurde ihm einerseits „der Sturz des Hitler-Regimes [...] zu einer ganz persönlichen Pflicht"[158], andererseits hat er nach dessen Scheitern im Gefängnis mit seinen Selbstbezichtigungen gerungen. Obwohl er immer wieder mit seinem Optimismus den Widerstand anzutreiben suchte und dafür die gewagtesten Möglichkeiten erwog, fühlte er sich Anfang 1943 wegen des ständigen Mahnens und Wartens in „einem Tal der Ohnmacht" und wirkte „zergrübelt, oft bedrückt"[159]; er wollte sich mehrfach zurückziehen.[160]

Nachdem Stauffenberg am 15. Juli 1944 das Attentat nicht ausgeführt hatte, erfuhr Goerdeler zwei Tage später von dem gegen ihn erlassenen Haftbefehl. Er konnte ihm durch die Flucht entgehen, bis er am 12. August in der Nähe von Marienwerder, dem Ort seiner Jugend, gefaßt wurde.[161] Inzwischen war am 20. Juli das Attentat mißlungen, das er aus religiös-moralischen Gründen ablehnte. Es widersprach seiner Orientierung an Gottes Geboten; zudem befürchtete er die Bildung einer neuen Dolchstoßlegende, während er vom Prozeß gegen Hitler eine Aufklärung des Volkes über die nationalsozialistische Rechtlosigkeit erwartete. Bereits auf der Flucht verstand er das Scheitern als ein „Gottesurteil, wonach Hitler das von ihm leichtfertig verursachte Unglück des deutschen Volkes nun bis zum grauenhaften Ende selbst durchmachen muß [...]. Mögen die kommenden furchtbaren Monate des Kriegsendes für unser gesamtes Volk der

---

[156] Strafmaß gemäß der Militärakte bei Meyer-Krahmer, Mut, S. 247.
[157] Goerdeler an Oberst Groscurth, 6.7.1942, in: Gillmann/Mommsen, Schriften, S. 550.
[158] Ritter, Goerdeler, S. 342.
[159] Meyer-Krahmer, Mut, S. 246. 248.
[160] Vgl. Hermann Kaiser, Eintrag zum 1.2. im Tagebuch 1943 (BA-MA, MSg 1/3219).
[161] Vgl. Ritter, Goerdeler, S. 404ff.

Läuterungsprozeß sein, durch den es einer, so Gott will, glückhafteren Zukunft wieder entgegengeht."[162] Aber er hoffte auch, daß Gott ihn und die Mitverschworenen „in seiner Gerechtigkeit und Gnade rechtfertigen [wird], weil wir die Welt von einem Vampyr und dem Schänder des Menschentums erlösen wollten."[163]

Hier klingt eine neue Perspektive in Goerdelers Denken an, eine Wendung zu einem vertieften Glaubensverständnis. Er hoffte, daß nach dem Fall des „gefährlichsten Antichristen aller Zeiten" das deutsche Volk „von einem gewaltigen religiösen Aufbruch ergriffen wird", um es „im edelsten Sinne des Wortes zu rechristianisieren"[164]. Deshalb enden die „Abschiedsworte" Ende Juli mit der „Erkenntnis, daß der wahre Führer des deutschen Volkes nur sein kann, sein darf und wieder sein wird: Jesus Christus!"[165] „Daß Gott sein Wesen zuletzt durch Christus offenbart"[166] hat, bedeutete aber weiterhin, daß er „Forderungen an uns gestellt hat. Diese müssen wir erfüllen, auch wenn es uns hart ankommt. Wir müssen wieder lernen, Gott aus allen Kräften zu lieben und den Nächsten wie uns selbst. Gott lieben heißt seine Gebote zu befolgen; den Nächsten lieben heißt ihm helfen." Auch auf der Flucht vor den Schergen des Regimes hielt er an dem moralischen Verständnis des Christentums fest: „Kirchen und Menschen müssen sich wieder mit der Tat zu Christi Lehre bekennen."[167]

Am 8. September wurde Goerdeler zusammen mit Ulrich von Hassell, Paul Lejeune-Jung und Josef Wirmer zum Tode verurteilt. Da sich die Gestapo aber von ihm noch weitere Aufklärung über die Mitglieder der Verschwörung erwartete, wurde er im Unterschied zu den meisten nicht am gleichen Tag, sondern erst am 2. Februar 1945 zusammen mit Johannes Popitz in Plötzensee ermordet. Im Gestapo-Gefängnis in der Prinz-

---

[162] Goerdeler, Abschiedsworte, Ende Juli 1944 „im Walde der Dübener Heide" (BAK, NL 1113, 29), S. 3f.

[163] Goerdeler, Rechenschaftsbericht, Januar 1945, in: Gillmann/Mommsen, Schriften, S. 1228.

[164] Goerdeler, Abschiedsworte, S. 5. 7. Vgl. Randbemerkung (von Ritter?): „Goerd[eler] ganz fremd!"

[165] Vgl. ders., Die Aufgaben der deutschen Zukunft (zwischen 1. und 11.8.1944), in: Gillmann/Mommsen, Schriften, S. 1014: „Christus in den Mittelpunkt stellen, seine Lehre vermag die bösen Instinkte zu bändigen, die guten Sinne zu stärken und unser Leben auf Gott zu führen."

[166] AaO., S. 1024.

[167] Ebd.; vgl. den Schluß der „Gedanken eines zum Tode Verurteilten über die deutsche Zukunft", in: Gillmann/Mommsen, Schriften, S. 1189. Man wird deshalb nur bedingt den Herausgebern, aaO., S. 1053, zustimmen können, daß die Schriften im Gefängnis „Goerdelers Hinwendung zur Religion" zeigen; daß „stets ein skeptischer Unterton beigemischt bleibt", verzeichnet seine Einstellung.

Albrecht-Straße verfaßte er wie Popitz Denkschriften im Auftrag des Reichssicherheitshauptamtes,[168] obwohl er unter den Bedingungen der Einzelhaft mit dem grellen Licht nachts, der ständigen Fesselung und der mangelhaften Verpflegung sowie der psychologischen Beeinflussung durch Nachrichten über das Schicksal seiner Familie stark litt. Daneben konnte er aber in geheimen, durch den Wärter Wilhelm Brandenburg[169] aufbewahrten Niederschriften Rechenschaft ablegen über sein Planen und Denken in der Vergangenheit, im Widerstand und in der Haft. Sie sind Zeugnisse von tiefer Menschlichkeit. „Sie zeigen einen isolierten Häftling, der fünf Monate lang auf die Vollstreckung des gegen ihn gefällten Todesurteils wartete und sich mit dem ungewissen Schicksal seiner Familie quälte. Sie zeigen aber auch einen Patrioten, der sich bis zur Hinrichtung als ‚Landesverräter' Gedanken über die Zukunft seines Vaterlandes machte."[170]

Wohl im Januar 1944 verfaßte Goerdeler einen Rechenschaftsbericht, der als Anlage zu einem unbekannten Schreiben gedacht war. In diese ausführliche Darstellung seines Einsatzes im Widerstand ist unvermittelt eine Reflexion eingeschoben, eine Wiedergabe seines Nachdenkens „in schlaflosen Nächten" darüber, „ob ein Gott existiert, der am persönlichen Schicksal der Menschen Anteil nehme."[171] „Es ist mir schwer, daran zu glauben, denn dieser Gott ließe nun jahrelang Ströme von Blut und Leid, Berge von Grauen und Verzweiflung über die Menschheit durch einige Hunderttausende erzeugen, die vertiert, geisteskrank oder verblendet sind, jedenfalls keine normalen Menschlichkeits-Empfindungen haben."

Mit der gegen die Machthaber gewandten sozialdarwinistischen Sprache der NS-Ideologie formulierte Goerdeler die Theodizee-Frage. Ihm schien wegen des Sterbens von Unschuldigen die Erklärung als Gericht Gottes so abwegig wie die einer göttlichen Pädagogik. Er, der immer auf die gerechte Gottesordnung vertraut hatte, klagte: „Gott aber ist allwissend, kennt also die Verbrecher und Abtrünnigen und straft die Aufrechten

---

[168] Vgl. Gillmann/Mommsen, Schriften, S. 1054–1148.
[169] Vgl. Goerdeler an Wilhelm Brandenburg, November 1944, in: Gillmann/Mommsen, Schriften, S. 1195ff.
[170] Gillmann/Mommsen, Schriften, S. 1053.
[171] Goerdeler, Rechenschaftsbericht, Januar 1945, in: Gillmann/Mommsen, Schriften, S. 1224 – dort auch die folgenden Zitate. Vgl. bereits ders., Stellungnahme zu einer Rede des Reichsaußenministers vom 11.12.1944, in: Gillmann/Mommsen, Schriften, S. 1199: „[I]n leidvollen Monaten habe ich mich bemüht, nach dem Willen Gottes zu forschen. Weshalb duldet seine Allweisheit dieses millionenfache Leiden Unschuldiger? Weshalb schützt er die Urheber dieser ungeheuren Zerstörung christlicher Kultur?"

und Frommen mit?" Goerdeler verneinte: „Nein, ein solcher Gott wäre ein Stümper"; sein moralisches Bewußtsein mußte es ablehnen, „dass schließlich auch die Guten und Frommen durch das Übermaß des Leidens verhärtet werden".

Er suchte eine Erklärung in der selbstkritischen Überlegung, daß Gott seine Inanspruchnahme „für nationale Zwecke" als Verstoß gegen das 1. Gebot straft. Aber damit kam er doch wieder zu einer Erziehungsmaßnahme: „Ja, dann hätte das Geschehen einen Sinn, daß Gott es allen Völkern gründlich austreiben will, ihn vor ihre nationalen Wünsche zu spannen und nicht den Wahnsinn zu erkennen, der darin liegt, daß die verschiedenen Völker sich noch am Saume seines Rockes um den Platz streiten, an dem sie den Rock Gottes ergreifen können und sich noch im Bereiche seiner Hand um das Stückchen Brot zanken, das er zu verteilen im Begriffe ist. Dann können wir Gott nur bitten, daß er es nun genug sein läßt und an Stelle des Leides und der Tränen die Sendboten der Versöhnung walten läßt, die dieses Wesen Gottes und diesen Zweck seines Gerichts erkannt haben. Ich bete zu ihm darum."[172]

Aber diese Deutung blieb vorläufig und die Klage wurde wieder laut: „Wie der Psalmist hadere ich mit Gott, weil ich ihn nicht verstehen kann. Wen Gott liebt, nimmt er früh zu sich! Welche ungeheuerliche Negation des Lebens liegt in dieser Phrase."[173] Goerdeler verwies dagegen auf das Leben, das „ja auch von Gott geschaffen (ist), doch nicht dazu, daß es der Mensch in der Minute nach der Geburt wieder beendet."[174] Erneut suchte er in seinem eigenen Leben nach Ansätzen für eine Erklärung. Hätte er 1932 in die Regierung eintreten sollen? „Ich habe 1932 nicht zu Gott um den besten Rat und rechte Führung gebeten. Das kann die Antwort sein. Denn ich kann auch Augustinus nicht folgen, der da wähnt, auch in und durch die Sünden von Gott geführt und bearbeitet zu sein. [...] Nein, Gott hat uns die Gaben des Geistes, des Körpers und der Seele, wenn seine Schöpfung sinnvoll sein soll, anvertraut, damit wir sie nutzen."[175] Dann hat der Mensch die „freie Wahl, jene Kräfte recht, im rechten Zeitpunkt, zum Guten zu nutzen, oder uns von Gott zu entfernen und nur den natürlichen Frieden zu wählen." Deshalb ist er selbst „für alles verantwortlich".

---

[172] AaO., S. 1225. Beim „Saume seines Rockes" liegt Bismarcks Überlegung zum „Schritt Gottes" durch die Geschichte zugrunde; so auch aaO., S. 1230. Vgl. die verschiedenen Versionen bei Arnold Oskar Meyer, Bismarcks Glaube, 5. Aufl. München 1942, S.7.

[173] AaO., S. 1230. Vgl. Spr. 3,12: „Denn welchen der Herr liebt, den straft er, und hat doch Wohlgefallen an ihm wie ein Vater am Sohn." (Zumeist ohne v. 12c zitiert.)

[174] AaO., S. 1230f.

[175] AaO., S. 1231; vgl. ebd., S. 1239f.

So sehr diese Auffassung dem ethischen Glauben Goerdelers entsprach, sie beantwortete nicht die Frage der Theodizee, warum Gott die Gerechten leiden läßt. Dafür sah Goerdeler drei mögliche Antworten: „Entweder Gott ist gar nicht gütig und gut, die Menschen sind ihm gleichgültig. [...] Oder es gibt gar keinen Gott." Beide Möglichkeiten verwarf Goerdeler, weil ein gleichgültiger oder böser Gott „so gut wie kein Gott" ist. Dann bleibt nur die Möglichkeit: es gibt „einen gerechten Gott, der sich selbst an die Gesetze hält, die er der Natur gegeben hat[,] und sich begnügt, uns seine Gebote für unser sittliches Leben gegeben zu haben."[176] In der Tradition von Leibniz verband Goerdeler die metaphysische Mechanik Gottes mit der menschlichen Freiheit. Dieses Verständnis der Gerechtigkeit Gottes entsprach einer Grundfigur von Goerdelers Denken, aber nun sah er auch die damit gegebenen Probleme. „Dieser gerechte Gott ist ein sehr starrer und befriedigt keineswegs unser seelisches Bedürfnis. Letzten Endes ist er nur eine philosophische Kraft, entsprungen und vorgestellt unserem vernunftgemäßen Denken." Zutreffend erkannte Goerdeler, daß sein Verständnis Gottes und seines Weltgesetzes eine Variante des deistischen Uhrmacher-Gottes der Aufklärung ist. „Nein, die Vernunft kann keinen Ausweg finden."[177] Aber trotzdem rief er Gott zu: „Halte ein! Siehst Du denn nicht, daß diese Qualen den Unschuldigen nicht mehr verständlich sein *können*, daß sie stumpfe Ergebung, aufbäumende Empörung oder höhnende Verhärtung zur Folge haben müssen." Goerdeler wollte dabei zwar „mit dem Psalmisten" sprechen, aber seine Klage orientierte sich im Unterschied zu den Klagepsalmen nicht an der Zusage Gottes, sondern appelliert an seine Rationalität.

Die vielfältigen Zweifel trieben Goerdeler um, immer wieder stieß er an die Grenzen seines Rationalismus. „Und doch suche ich noch durch Christus den barmherzigen Gott; gefunde[n] habe ich ihn nicht. [...] O, Christus, wo ist die Wahrheit, wo ist der Trost, was vermögen wir Menschen, um wenigstens den Saum des Seelenfriedens und Seelenglücks zu

---

[176] Denkbar wäre, daß Goerdeler die Überlegung von Epikur kannte, der drei Möglichkeiten erörterte: Entweder will Gott die Übel beseitigen und kann es nicht, oder er kann es und will es nicht, oder er kann es und will es – warum handelt er dann nicht? Nach der ersten Möglichkeit ist er schwach, also nicht Gott, nach der zweiten mißgünstig, was ebenfalls auf Gott nicht zutrifft. Wenn er aber will und kann, was sich allein für Gott geziemt, woher kommen dann die Übel und warum nimmt er sie nicht weg? Vgl. Epikur, Von der Überwindung der Furcht, übersetzt von Olof Gigon, Zürich 1949, S. 80. Beim Vergleich mit Goerdeler ist dessen dritte Lösung in die Tradition von Leibniz einzuordnen, was auch der –widerwillig anerkannten – Deutung des Leidens als Strafe und Erziehungsmittel entspricht.

[177] AaO., S. 1232.

erfassen?"¹⁷⁸ Aber auch in dieser Extremsituation blieb er seinen Grundüberzeugungen treu; ausgeliefert „der Qual der Nutzlosigkeit" hoffte er auf physische und seelische Befreiung. Er suchte nach Möglichkeiten einer Übereinstimmung von gerechter Weltordnung und verantwortlichem Handeln, der er sich besonders im Widerstand verpflichtet wußte.

Die Ausweglosigkeit seiner Suche nach Gerechtigkeit wird besonders deutlich im Vergleich mit seinem Bruder Fritz, dem engsten Vertrauten im Widerstand. Nach sechs Monaten Haft konnte dieser Ende Februar 1945 einen Tag vor seiner Verhandlung vor dem Volksgerichtshof in seinem Abschiedsbrief an seine Kinder viel getroster von seinem Glauben reden als sein Bruder: „Immer habe ich zu Gott gefleht, daß er Euch gnädig behüten möge, Euch reine starke Herzen schenkt, mit deren Kraft Ihr gute tüchtige Menschen werdet. Haltet Euch im Glauben zu Gott und unserem Heiland. Er ist die lebendige Quelle allen Trostes. Das habe ich in der langen Einsamkeit des Kerkers verspürt und es war gut für mich, daß Gott mich vor diese Prüfung gestellt hat, der ich zu sehr die Behaglichkeit eines ruhigen Lebens liebte."¹⁷⁹ Leider reichen die Zeugnisse für Fritz Goerdeler nicht aus, um den Weg zu dieser Einsicht aufzuzeigen, während die Nähe zum Denken seines geliebten und verehrten Bruders Carl auch in der Hoffnung anklingt, daß nach dem Krieg das deutsche Volk „in der Not und im Leid wieder zu Gott finden, die bösen Mächte des Materialismus, der sich in Habgier, Eigennutz, Neid, Haß so verheerend in der ganzen Menschheit ausgewirkt hat, überwinden und dadurch zum Vorbild für die übrigen Völker werden" wird.

Bei Carl Goerdeler siegte bald wieder sein Glaube „an den Sieg des Guten und Gottes gerechtes Gericht"¹⁸⁰. Als „Gottes Willen zuwider" lehnte er weiterhin den Attentatsversuch ab. „Mein ist die Rache, spricht der Herr, Ihr aber versöhnt Euch, legt die Hände ineinander zu gemeinsamem Aufbau einer besseren Welt, die Gottes Naturgesetze und sittlichen Gebote beachtet."¹⁸¹ „Für das Glück der Menschen unerläßlich"¹⁸² ist „die Freiheit, der Anstand, das Recht und die bescheidene Selbstzucht, die das 19. Jahrhundert beherrschte". So blieb Goerdeler seiner Herkunft treu und schrieb noch im Januar 1945: „Ich habe mich [...] immer bemüht, die Gesetze der Natur zu achten und die göttlichen Gebote zu befolgen, von

---

¹⁷⁸ AaO., S. 1232.
¹⁷⁹ Friedrich Goerdeler an seine Kinder, 22.2.1945 (Kopie im Besitz des Verf.).
¹⁸⁰ Carl Goerdeler an Wilhelm Brandenburg, November 1944, in: Gillmann/Mommsen, Schriften, S. 1197.
¹⁸¹ Ders., Unsere Idee, November 1944 (BAK, NL 1113, 26), S. 20. Am Anfang Zitat: Mt 5,39; Röm 12,19 = Lev 19,18.
¹⁸² AaO., S. 4.

denen mir nach dem Vorleben meiner Eltern die Herrschaft des Guten abzuhängen schien. In Verfolg dieser einfachen Linie bin ich nicht ohne Anfechtung geblieben, aber Gott mag richten, ob ich sie überwunden habe."[183]

---

[183] Goerdeler, Erfahrungen und Erkenntnisse, Januar 1945 (BAK, NL 1113, 26), S. 4. Bei „überwunden habe" klingt die Sprache der Offenbarung (2,7.11.26; 3,5.12.21 u.ö.) an.

Kapitel VIII

Drei Brüder:
Heinrich, Hermann und Ludwig Kaiser
12.6.1883 – 29.6.1946
31.5.1885 – 23.1.1945
23.3.1889 – 28.9.1978

Eine große Rolle spielten im Widerstand verwandtschaftliche Beziehungen, die aber auch durch die politische Parteinahme zerrissen wurden. Einmalig ist wohl, daß sich drei Brüder beteiligten: Heinrich, Hermann und Ludwig Kaiser. Der bekannteste ist Hauptmann d.R. Hermann Kaiser, der seit Juni 1940 als Kriegstagebuchführer beim Befehlshaber des Ersatzheeres Vermittler zwischen zivilem und militärischem Widerstand war.[1] Durch ihn hatte der jüngste Bruder, Ludwig, – seit Herbst 1940 Oberkriegsgerichtsrat d.R. in der Heeresrechtsabteilung im Oberkommando des Heeres (OKH) – Kontakte zum Widerstand. Der älteste Bruder, Heinrich, stellte als Maler und Architekt sein Berliner Atelier als Tarnung für viele Treffen zur Verfügung. Leider ist für ihn die Quellenlage sehr ungünstig, während für Ludwig zumeist nur Äußerungen aus der Nachkriegszeit vorliegen.[2]

---

[1] Vgl. Ger van Roon, Hermann Kaiser und der deutsche Widerstand, in: VZG 24, 1976, S. 259–286; Peter M. Kaiser, Über Hermann Kaiser, in: Peter Joachim Riedle (Hg.), Wiesbaden und der 20. Juli 1944, Wiesbaden 1996, S. 83–101; ders., Die Verbindungen der Verschwörer des „20. Juli 1944" nach Hessen am Beispiel der Brüder Kaiser, in: Renate Knigge-Tesche/Axel Ulrich (Hg.), Verfolgung und Widerstand in Hessen 1933–1945, Frankfurt/M. 1996, S. 548–564; auch Fabian von Schlabrendorff, Begegnungen in fünf Jahrzehnten, Tübingen 1979, S. 289–320; Bernhard R. Kroener, Hermann Kaiser – Opposition aus konservativer Verantwortungsethik, in: Bernd Heidenreich/Sönke Neitzel (Hg.), Der militärische Widerstand gegen Hitler – der Beitrag Hessens zum 20. Juli 1944 (Polis 42), Wiesbaden 2005, S. 37–49. Die Herausgabe von Kaisers Tagebüchern wird von Peter M. Kaiser (Sohn von Heinrich Kaiser) vorbereitet, dem ich für vielfache Hilfe herzlich danke.

[2] Wenn nichts anderes angegeben, sind die Unterlagen für die Brüder Kaiser im Besitz von Dr. Peter M. Kaiser, zumeist jetzt in BA-MA.

1. Das Elternhaus

Der Vater, Ludwig Kaiser, wurde 1848 in Kirchberg im Hunsrück als Sohn eines Lehrers geboren. Da dieser nach damaligem Brauch auch Organist in der evangelischen Kirche war, entwickelte Ludwig früh musikalische Fähigkeiten; begabt mit dem absoluten Gehör, spielte er Cello und vertrat bereits mit zehn Jahren seinen Vater an der Orgel. Als Hauptfach des Studiums in Halle und Bonn wählte er jedoch Mathematik. Zugleich war er als Liebhaber der Alten Sprachen ein Vertreter des humanistischen Bildungsideals, obwohl ihn seine berufliche Laufbahn an die modernere Alternative, zur mathematisch-naturwissenschaftlichen Oberrealschule führte.

1872 begann er als Oberlehrer in Remscheid, wo er die Fabrikantentochter Alma Müller heiratete. Sie ergänzte ihn mit ihrer am Kölner Konservatorium ausgebildeten Gesangsstimme und wurde eine treu sorgende Mutter der in Remscheid und Wiesbaden geborenen drei Söhne und vier Töchter. In Wiesbaden war Ludwig Kaiser 1886 Direktor der Oberrealschule geworden. 1901 wurde er Geheimer Regierungs- und Provinzialschulrat in Kassel; es entsprach dem schulpolitischen Programm von Wilhelm II., daß damit erstmals seit 1866 kein Philologe, sondern ein Mathematiker im Provinzialschulkollegium für die Höheren Schulen zuständig war. Als Geheimrat Dr. Kaiser 1919 aus dem Amt schied, wurde er zum Ehrenmitglied des Provinzialschulkollegiums ernannt. Er starb am 12. Juli 1933.

Seine politische Prägung erhielt er in der preußischen Rheinprovinz durch die Reichsgründung 1871. Seine Rede zu der „vor 25 Jahren verkündeten Wiederaufrichtung des Deutschen Reiches"[3] verband die Freude über die politische Einigung mit der Mahnung zur sittlichen Erneuerung. Er hob bei dem „großen Kaiser" Wilhelm I. die „auf einen tiefen sittlichen Ernst gegründete Festigkeit" hervor und bei dem „eisernen Kanzler" Bismarck den Willen zur Versöhnung. Augenscheinlich war ihm Säbelrasseln zuwider, so daß er die Verbindung des Heeres zum Volk betonte, das „sittliche Kräfte in der Tiefe seines Gemüths" hat. Seine Hoffnung auf eine innere Einigung Deutschlands galt Friedrich III., dem „Liebling" des Volkes. „War Deutschland früher in sich uneins durch die politische Zersplitterung, so sind wir es heute durch die Zerfahrenheit der Parteien, den Streit der materiellen Interessen. Da gilt es das Herz zu reinigen von Selbstsucht und Eigennutz, da gilt es politische Opfer zu bringen, das Gesamtwohl höher zu stellen als die Autorität der

---

[3] Wiesbadener Tageblatt vom 20.1.1896.

Partei, das Interesse des Standes." Diese Mahnung entsprach liberalkonservativem Denken, das Bismarcks Ziele „nicht in dem Anwachsen der Macht, sondern in den Werken der Wohlfahrt und Gesittung" sah, was sich bereits seinem noch kleinen Sohn Hermann tief einprägte.[4] Damit stand er im Gegensatz zur Ära Wilhelms II. Bei dessen Besuch in Wiesbaden 1913 soll Hermann in den Taunus gefahren sein, während die ganze Stadt den Kaiser sehen wollte.[5]

Die Söhne lassen in unterschiedlicher Weise die Prägung durch das Elternhaus erkennen, dessen kirchliche Bindung nicht sehr lebendig war. „Wohl aber gab es bei allen Familienmitgliedern eine starke religiöse Bindung."[6] Der musikalisch begabte Ludwig wollte Musik studieren. Als dies der Vater verweigerte, wurde er Jurist, wirkte aber neben dem Beruf als anerkannter Konzertpianist. Heinrich lebte seit 1910 als Maler und Architekt in Berlin; so baute er u.a. Anfang der zwanziger Jahre die Siedlung Stadtheide in Potsdam. Hermann studierte nach dem Vorbild des Vaters Mathematik und Physik sowie Geschichte und Kunstgeschichte und trat auch in Halle in die „christlichen ethischen Tendenzen" verpflichtete Burschenschaft „Pflug"[7] ein. Nach der Beendigung des Studiums in Göttingen trat er als „Einjähriger" in das 1. Nassauische Feldartillerieregiment Nr. 11 „Oranien" ein. Ab 1912 war er – mit Unterbrechung durch den I. Weltkrieg – Studienrat am Wiesbadener Reform-Realgymnasium, der späteren Oranien-Oberrealschule, die bereits sein Vater geleitet hatte. Im Unterricht erläuterte er manchmal statt Mathematik auch Musikkompositionen.[8] War sein Vater historisch interessiert, so standen für ihn die Fächer Geschichte und Kunstgeschichte im Mittelpunkt und prägten seine Persönlichkeit. Außerdem unterrichtete er evangelische Religion und Turnen, wobei er besonders für Geräteturnen begabt war.

2. Weltkrieg und Weimarer Republik

Als Kriegsfreiwilliger nahm Hermann zuletzt im Range eines Oberleutnants am Weltkrieg an der Ost- und Westfront teil. Im Juni 1915 wurde er

---

[4] Vgl. Hermann Kaiser an General Wetzell, 5.5.1944 (wohl irrtümlich 1897 statt 1896).
[5] Pfr. i.R. Dietrich Baedeker an Verfasser, 21.9.1988.
[6] Ibid.
[7] Ibid. „Pflug" bildete mit „Arminia" Bonn, „Alemannia" Marburg und „Bubenruthia" Erlangen einen Verband.
[8] Brief von Claus Tecklenburg an Wiesbadener Kurier, 4.2.1955 (BA-MA, MSg 1/1982).

Abteilungsadjutant im Reservefeldartillerieregiment 56, was den unmittelbaren Kontakt zu dem Adjutanten des Kommandeurs, Oberleutnant Friedrich Fromm, bedeutete.[9] Diese Verbindung sollte für Kaiser schicksalhafte Bedeutung haben. Schon im September 1915 erhielt er das Eiserne Kreuz I. Klasse. Seinem Vater berichtete er „mit einem Herzen voll tiefer Dankbarkeit gegen Gott, der mir die Kraft zu einer tüchtigen Tat gab, und gegen dich, der du mir stets den Weg zum Guten und Rechten gezeigt hast. [...] In tiefer Demut beuge ich mich vor Gott, der mir trotz aller Schwächen und Fehler immer wieder verziehen, der mich in seinen Schutz genommen und sicher geleitet hat. Vor der Güte seines Angesichts finde ich die Kraft, an der inneren Läuterung fortgesetzt zu arbeiten."[10] Als bleibenden Charakterzug zeigt der Brief eine intensive Frömmigkeit der individuellen Verantwortung vor Gott im Vertrauen auf seine Führung.

Bei der Kriegsziel-Diskussion lehnte er die Alternative Schmach- oder Siegfrieden ab und betrachtete die Mäßigung im Sinne der Politik Bethmann Hollwegs als „das einzige Mittel, den Krieg zu einem guten Ende zu führen"[11]. Als „eines der Hauptziele, zu denen der Krieg führen müßte", wünschte er die „Heranziehung der Sozialdemokratie zu nationaler Arbeit und zur Teilnahme an der Verantwortung im Staat". Demgegenüber bewegte ihn die Kritik an Ludendorff noch in den vierziger Jahren, weil er den Krieg verloren habe. Nach dem durch die Hohenzollern mitverschuldeten Ende der Monarchie, „die uns von Gott gegeben"[12], kehrte Kaiser wegen der Revolution „mit einem Gefühl unsagbarer Trauer und Bitternis" in die Heimat zurück. Trotz der „parteipolitischen und sozialen Kämpfe" und der „Ohnmacht und Wehrlosigkeit des Reiches, dessen völligen Zerfall Frankreich mit dem ganzen fanatischen Haß seines Volkes herbeisehnt," hatte er „die frohe Hoffnung auf Erfüllung der großdeutschen Träume, auf die Wiedervereinigung mit Deutsch-Österreich, auf Bildung eines großen, einst wieder mächtig dastehenden deutschen

---

[9] Vgl. Bernhard R. Kroener, Generaloberst Friedrich Fromm. Der starke Mann im Heimatkriegsgebiet, Paderborn 2005, S. 90f.
[10] Auszug aus zwei Briefen, Sept. 1915. Bei den Zitaten sind die Abkürzungen aufgelöst.
[11] Brief an den ehemaligen Reichskanzler Theobald von Bethmann Hollweg (1856–1921), 31.1.1919.
[12] Tagebuch vom 27.7.1943 (BA-MA, MSg 1/3221). „Beim Kaiser war es Schwäche, beim Kronprinzen mangelnde Sittlichkeit." 1918 wünschte er eine der Volkssouveränität nachgeordnete konstitutionelle Monarchie; vgl. Kroener, Fromm, S. 106. Entsprechend stand er im Widerstand Goerdelers Gedanken einer Wiederherstellung der Monarchie, eventuell mit Louis Ferdinand von Preußen, positiv gegenüber.

Einheitsstaates", für den nicht Preußen-Deutschland, sondern das mittelalterliche Kaiserreich das Vorbild war. Er trug so schwer an der Niederlage, daß er körperlich litt und die Ende 1919 geschlossene Verlobung löste.[13] Der Republik stand er ablehnend gegenüber.

Wieder zu Kräften gekommen, widmete er sich dem Gedenken der Toten und der Sammlung der Überlebenden seines Regimentes sowie der Kriegsgeschichte. Bei den Reden zum Gedächtnis an die Gefallenen erinnerte er an die Augusttage 1914, als „aller Parteihader zu verstummen, aller Klassenhaß überwunden zu sein schien"[14], wie es sein Vater gewünscht hatte. Deshalb mahnen die „treuen Toten" heute: „Laß das Volk nicht untergehen! Erhebt es aus der Niedrigkeit von Hass und Zwietracht, Neid und Selbstsucht!"[15] Die Errichtung des Gefallenen-Denkmals zur Zweihundertjahrfeier des 1. Nassauischen Feldartillerie-Regiment Nr. 27 „Oranien" auf dem Wiesbadener Luisenplatz sollte den Höhepunkt dieser Arbeit bilden.[16] Für die Mitglieder dieses und der verwandten Regimenter – „da ist noch Echtheit und Treue und Hingabe und Opfersinn"[17] – organisierte er Treffen in Eberbach, bei denen Vorträge über Kriegs- und Kunstgeschichte das geistige Zentrum bildeten, nicht zuletzt seine eigenen Beiträge, beispielsweise über den Engelspfeiler im Straßburger Münster. Für seine Kriegsakten erwarb er Ende 1932 eine Kommode aus dem „Nachlaß von Maria Theresia mit herrlichen eingelegten Arbeiten. Ich bin so für alte Sachen, weil viel Gemüt und Liebe" daraus spricht.[18] Deshalb fühlte er sich in der Kulturlandschaft des Rheingaues mit den Weinbergen wohl; bis 1944 übernahm er immer wieder Weinbesorgungen. Noch 1943, als Goerdeler ihn als Kultusminister gewinnen wollte, wehrte er sich gegen die „Trennung von meiner alten Heimat", da er sich an Berlin nicht gewöhnen könnte.[19]

Sein Unterricht an der Oranienschule ließ auch seine politische Orientierung und seine Distanz zur Weimarer Republik erkennen.[20] In Geschichte und Kunstgeschichte galt sein Interesse dem Mittelalter; für die Betonung des preußischen Erbes war die Beschäftigung mit Friedrich dem Großen und den Reformern der Freiheitskriege kennzeichnend, die sein national-konservatives Staatsbild prägten. Aber als Wiesbadener war

---

[13] Bericht von Aletta Usener, Sommer 1945.
[14] Gedenkrede, gehalten am Volkstrauertag, den 13. März 1927, in Wiesbaden.
[15] Gedächtnisrede auf die Gefallenen, Wiesbaden, den 20.11.1921.
[16] Vgl. Brief an die Schwester Hedwig, 27.12.1932.
[17] Ibid.
[18] Ibid..
[19] Brief an Oberstleutnant Lange, 18.11.1943.
[20] Vgl. Roon, Kaiser, S. 261.

er ein Muß-Preuße, der mit Wehmut an den Untergang Nassaus 1866 dachte.[21]

Seine religiöse Einstellung zeigte sich im Religionsunterricht, der besonders in der Oberstufe religionsgeschichtlich angelegt war.[22] Das theologisch liberale fünfbändige Lexikon ‚Religion in Geschichte und Gegenwart'[23] stand in seiner umfangreichen Bibliothek. Seine „Ehrfurcht gegenüber jeglicher Frömmigkeit"[24] entsprach den „besten Kräften einer liberalen Theologie des späten 19. Jahrhunderts". Deshalb fand er keinen Zugang zur Theologie Karl Barths, die für den Kirchenkampf grundlegend war. In diesem hat sich Kaiser nicht engagiert; denn „die kirchliche Bindung war in der ganzen Familie, auch bei Hermann Kaiser, nicht sehr lebendig." Aber 1935 porträtierte Heinrich den beliebten Prälaten Wilhelm Diehl. Statt seiner war 1934 Ernst Ludwig Dietrich (DC) Bischof der neu gebildeten Landeskirche Nassau-Hessen geworden und hatte Diehl in den Ruhestand versetzt.[25]

Bruder Ludwig meldete sich nach dem Ende seiner Referendarausbildung im Dezember 1914 ebenfalls als Kriegsfreiwilliger, wurde aber als nicht frontverwendungsfähig Militärrichter und gab im Rahmen der kulturellen Truppenbetreuung Klavierkonzerte.[26] „Wegen seines Gerechtigkeitssinnes wurde er 1918 während der Novemberrevolution zum Soldatenrat gewählt."[27] Man wird darin auch ein Zeichen der Zustimmung zu dem Umsturz sehen dürfen, während ihn sein Bruder Hermann entschieden ablehnte.

---

[21] Am 14.4.1941 notierte er in seinem Tagebuch (BA-MA, MSg 1/3219) nach einer Wanderung auf dem Höhenweg oberhalb des Rheins: „Das Nassauer Land. Wie schön muß es noch 1866 gewesen sein." (Bei Zitaten aus den Tagebüchern werden die Abkürzungen zumeist aufgelöst.) Demgegenüber scheint der drei Jahre ältere Ludwig Beck aus Biebrich, dem Sommersitz der Nassauer Herzöge, bereits preußisch empfunden zu haben; vgl. Klaus-Jürgen Müller, Generaloberst Ludwig Beck, Paderborn 2008, S. 35f.

[22] Brief von Pfr. i.R. Dietrich Baedeker an Verf., 21.9.1988.

[23] Religion in Geschichte und Gegenwart, 1. Aufl. Tübingen 1909–1913; Eduard Meyer, Ursprung und Anfänge des Christentums, 3 Bände, Stuttgart 1921–23, sind in der beim Bombenangriff vom 2.2.1945 geretteten Restbibliothek. Vgl. Brief von Rütger Zilcken an Verf., 5.9.1988, in dessen Besitz sie überging. Im Tagebuch vom 24.4. 1943 erwähnt er die Lektüre von Rudolph Sohm, Kirchengeschichte im Grundriß, Leipzig 1888, in Kassel – wohl aus der Bibliothek seines Vaters.

[24] Brief von Pfr. i.R. Dietrich Baedeker.

[25] Vgl. Kurt Meier, Der evangelische Kirchenkampf, Bd. 1, Göttingen 1984, S. 425f.

[26] Vgl. Der Pianist Ludwig Kaiser, in: Gisela Hüttisch (Hg.), Ludwig Kaiser 1889–1978, Kassel 1989 (Privatdruck), S. 13f.

[27] Lebensdaten, aaO., S. 5.

1920 wurde Ludwig Regierungsrat am Finanzamt Kassel und später stellvertretender Leiter. Gleichzeitig entwickelte er eine vielfältige Konzerttätigkeit als Solist oder Klavierbegleiter, bald auch seiner ältesten Tochter.[28] Bei einer im Auftrage des Auswärtigen Amtes durchgeführten Konzertreise im Baltikum lernte er 1929 in Königsberg Carl Goerdeler kennen und war bei entsprechenden Reisen 1927 und 1931 Gast des damaligen Gesandten in Kopenhagen und dann in Belgrad Ulrich von Hassell.[29] In Kassel organisierte er 1922 das Johannes-Brahms-Fest, 1923 das Deutsche Tonkünstlerfest und 1928 das 16. Deutsche Bach-Fest; für 1933 bereitete er seit 1931 das 9. Deutsche Reger-Fest vor, das aber die neuen Machthaber verhindern wollten.

3. Ende der Republik und Anfangsjahre des Dritten Reiches

Als die NSDAP in Kassel um 1930 an Bedeutung gewann, geriet Ludwig Kaiser in Konflikt mit den Nazis. Als ersten Zusammenstoß betrachtete er die Auseinandersetzung mit den Brüdern Roland und Oswald Freisler, die in Kassel als Rechtsanwälte und in Parteifunktionen tätig waren.[30] 1929/30 sagte er zu ihnen angesichts eines Streitfalles: „Es gibt noch Mittel und Wege, um diesen Gesellen das Handwerk zu legen."[31] Darauf strengten die so oft wegen Beleidigung angeklagten Anwälte ein Beleidigungsverfahren gegen ihn an, siegten aber nur in erster Instanz, während die Berufungsinstanzen Kaiser freisprachen. Später erlebte er eine vergleichbare Auseinandersetzung der Brüder Freisler mit dem befreundeten Oberlandesgerichtspräsidenten Dr. Anz.[32] Wohl im Zusammenhang mit einer der beiden Reichstagswahlen 1932 unterzeichnete Ludwig Kaiser

---

[28] Vgl. Der Pianist Ludwig Kaiser, aaO., S. 14–19.

[29] Niederschrift von Ludwig Kaiser vom 9.11.1962; vgl. Ulrich von Hassell an L. Kaiser, Belgrad, 3.12.1931.

[30] Dr. R. Freisler wurde 1924 Stadtverordneter für den Völkisch-Sozialen Block und als solcher in den Preußischen Landtag gewählt, seit 1925 Mitglied der NSDAP, Gaurechtsberater, 1932 Mitglied des Deutschen Reichstages. In der Praxis bearbeitete er die Strafsachen, die Zivilsachen übernahm sein Bruder, später Leiter des NS-Rechtswahrerbundes.

[31] L. Kaiser, Erklärung von 1962. Das ungenau angegebene Datum ist eher als 1930 zu deuten, da die NSDAP in Kassel erst Ende 1929 genügend Anhänger für Gewalttaten gewann. Möglich wäre ein Zusammenhang mit der „Blutnacht" vom 18.6.1930; vgl. Wilhelm Frenz, Der Aufstieg des Nationalsozialismus in Kassel 1922 bis 1933, in: Eike Hennig (Hg.), Hessen unterm Hakenkreuz, Frankfurt/M. 1983, S. 70ff.

[32] Vgl. Ludwig Kaiser, Vortrag von 1963, zit.: Hüttisch, Ludwig Kaiser, S. 27.

als stellvertretender Leiter des Finanzamtes einen Aufruf von Behördenleitern gegen den Wahlterror der NSDAP. Diese suchte sich zu rächen, indem der Leiter der Fachschaft des Finanzamtes ihn als Juden bezeichnete.

Die „Machtergreifung" ermöglichte der Partei ein Terrorregiment[33] in Kassel und brachte auch für Kaiser eine Verschärfung. Der Leiter der NS-Kulturgemeinde sorgte für ein Verbot der Konzerttätigkeit, weil Kaiser politisch unzuverlässig und Jude wäre. Zumal er wegen der Ausschreitungen gegen Juden einzelnen bei der Ausreise geholfen hatte, empfand er diese Behauptung „als niederträchtig und für mich gefährlich"[34] und strengte einen Beleidigungsprozeß an; erst 1936 wurde das Verbot aufgehoben.

Kaiser fand Gleichgesinnte bei Juristen und im Militär. Daß seine Gegnerschaft gegen die NSDAP nicht prinzipiell politisch, sondern in seinem moralischen und rechtlichen Denken begründet war, zeigt seine Verbindung zu seinem Nachbarn in Kassel, dem Polizeipräsidenten Fritz Pfeffer von Salomon, der bis April 1933 Stabsführer der Generalinspektion der SA und SS für Hessen und Hessen-Nassau war.[35] Er erreichte, daß Kaiser trotz NS-Drohungen nach einjähriger Unterbrechung im Herbst 1934 unter Polizeischutz ein Klavierkonzert geben konnte; der „Saal war ausverkauft. Auf der ersten Reihe saßen der Gruppenkommandeur II General der Artillerie Ritter von Leeb und der Chef des Generalstabes Generalmajor Geyer". Dieser setzte gegen die Partei durch, daß das 9. Deutsche Reger-Fest im folgenden Sommer mit Kaiser als Pianisten stattfinden konnte.

Am 1. Juni 1933 schied Ludwig Kaiser aus dem Staatsdienst aus und wurde geschäftsleitendes Mitglied des Elektrozweckverbandes Mitteldeutschland. Als der Verband Ende 1937 gleichgeschaltet wurde, wurde er unter Kürzung der Bezüge zum Justitiar degradiert. Obwohl die Partei ihn entfernen wollte, konnte er sich zunächst noch durch den Schutz der Wehrmacht halten; 1935 hatte sich zu Generalmajor Ludwig von Nida, Chef des Stabes des stellvertretenden Generalkommandos des IX. Armeekorps, eine bis zum 20. Juli 1944 reichende Verbindung ergeben. Dem zunehmenden Druck der Partei entzog sich Kaiser, indem er aufgrund privater Beziehungen 1939 Justitiar und ehrenamtlicher Verwaltungschef der Kasseler Elena-Klinik wurde. Am 13. September 1939 wurde er als Kriegsgerichtsrat d.R. der 159. Division einberufen.

Überblickt man die Jahre bis zum Anfang des Krieges, so bestimmte

---

[33] Vgl. Frenz, Aufstieg, S. 91ff.
[34] L. Kaiser, Erklärung.
[35] Vgl. Frenz, Aufstieg, S. 97.

Ludwig Kaiser eine frühe Dissidenz gegenüber der NSDAP, die er zunehmend als „Verkörperung der Unwahrheit, Rechtswillkür und Gottlosigkeit"³⁶ betrachtete. Deshalb wandte er sich zuerst gegen die unanständige Rechtlosigkeit der Protagonisten des Regimes, das ihn bald als Gegner betrachtete und zu schikanieren suchte. Militärs und sogar Parteifunktionäre boten ihm Schutz, bis er sich in Räume des Überlebens zurückzog. Aber selbst in seiner Familie gab es zu Anfang des Dritten Reiches andere Haltungen.³⁷

Früh hat auch sein anglophil eingestellter Bruder Heinrich das Regime abgelehnt, da bereits das „ganze Gehabe und Auftreten" der NS-Größen seinem künstlerischen Empfinden widersprach.³⁸ Hinzukamen wohl bald rechtliche und politische Gründe.

Hermann hatte sich im Unterschied zu seinen Brüdern in der Endphase der Weimarer Republik der NSDAP genähert. Nach ihrem Wahlerfolg im September 1930 äußerte er in einer Rede zum Totensonntag die Hoffnung auf „ein Werk des Aufbaus und der Erneuerung"³⁹. Und zwei Jahre später, nach dem Preußenschlag im Juli 1932 und bei zunehmendem NS-Terror, als eine Regierungsbeteiligung Hitlers in Sicht war, sagte er, daß „in diesen Wochen und Tagen [...] Entscheidungen von schicksalschwerster Bedeutung getroffen werden"⁴⁰. Die Toten „fielen für ein Deutschland der Freiheit und der sozialen Gerechtigkeit. Laßt uns wehrhaft bleiben im Geiste der Toten." Einen Monat später hieß für ihn die Alternative Hitler oder die Kommunisten; denn „Schleicher macht es noch weniger als Papen" und „den Deutsch-Nationalen fehlt auch der wahre Opfermut"⁴¹. Da die bürgerlichen Zeitungen durch Verschweigen lügen würden, empfahl er seiner Schwester, öfter den Völkischen Beobachter zu lesen. Auch antisemitische Vorstellungen lassen sich bei ihm

---

³⁶ Als Zitat gekennzeichnet in: Ludwig von Nida, Meine vorbereitenden Maßnahmen für den 20.7.1944 im Wehrkreiskommando IX (25.1.1948), S. 1. L. Kaiser selbst formulierte 1963, „daß die Grundsätze der Achtung der Menschenwürde und der Ehrfurcht vor der göttlichen Schöpfung [...] von der Führung dieser Bewegung mißachtet wurden". Zit in: Ludwig Kaiser und der deutsche Widerstand, in: Hüttisch, Ludwig Kaiser, S. 27.
³⁷ Vgl. Brief von Hermann Kaiser an Schwester Hedwig, 27.12.1932: Tochter „Irmgard fand ich sehr durch die Nat.Soz.Jugenderziehung gehoben, voller Weiblichkeit und Mut. Überhaupt viel Nat.Soz.Stimmung bei Ludwig".
³⁸ Schreiben von Rütger Zilcken an Peter Kaiser, 18.11.1993; vgl. Roon, Kaiser, S. 263.
³⁹ Nachrichtenblatt der 76. Reservedivision, Oktober 1930, zit. Roon, Kaiser, S. 261.
⁴⁰ Frankfurter Nachrichten vom 20.11.1932, zit. Roon, Kaiser. Am 19.11. war Hitler bei Hindenburg!
⁴¹ Brief von Hermann Kaiser an seine Schwester Hedwig, 27.12.1932.

nachweisen.⁴² „Intellektmenschen können uns nicht mehr retten, nur weiter ins Elend stürzen." Im März 1933 trat er in die Partei ein „in der Annahme, daß es sich um eine große patriotische Bewegung handele"⁴³. Maßstab war nicht zuletzt der Wehrwille; 1935 begrüßte er begeistert die Wiedereinführung der allgemeinen Wehrpflicht. Das verhaßte ‚Versailler Diktat' galt nicht mehr, Hitler hatte die Jahre „der Zwietracht, der Ohnmacht, der Auflösung und des Widerspruchs"⁴⁴ beendet.

Angesichts seiner Verehrung der preußischen Reformer und der Orientierung am preußischen Erbe war zu erwarten, daß er bald angesichts der Realität des Dritten Reiches umdenken würde. Bereits 1934 ergaben sich erhebliche Spannungen zur Partei durch den „Röhm-Putsch"; von dem Blutbad erfuhr Kaiser wohl durch den Schwiegervater von Herbert von Bose.⁴⁵ Öffentlich und privat äußerte er seine Abscheu über diese Morde, so daß er von der Partei verhört, aber wieder freigelassen worden sein soll. Am 21.10.1934 konnte endlich die bereits für 1933 geplante Enthüllung des Gefallenen-Denkmals der „Oranier" in Anwesenheit mehrerer Generäle, Offiziere und Mannschaften des alten Heeres sowie der Reichswehr mit Vertretern der Stadt Wiesbaden stattfinden; an der Spitze der Repräsentanten der Partei war Gauleiter Sprenger erschienen. Kaiser vermied aber in seiner Rede jede Erwähnung Hitlers. Daß er sich dadurch in der Partei Feinde gemacht hatte, sollte er bald merken. Als er sich um eine Dozentenstelle für Kunstgeschichte an der Marburger Universität⁴⁶ bewarb, soll Sprenger seine Ernennung verhindert haben. Als endgültiges Überschreiten der Grenze bezeichnete er 1941 in seinem Tagebuch⁴⁷ die Fritsch-Krise vom Februar 1938, aber bereits seit dem „Röhm-Putsch" bestimmte ihn Dissidenz.

Obwohl Quellen dafür fehlen, wird man auch die Angriffe auf religiöse Überzeugungen durch die Kirchenpolitik der Partei sowie ihre Schulpolitik als Komponenten seiner Distanzierung ansehen dürfen. Deshalb urteilte er im Mai 1941: „Wenn das Heer nicht mehr auf christlicher

---

⁴² Dabei spielten seine Erfahrungen an der Ostfront des Weltkrieges eine Rolle; vgl. Kroener, Kaiser, S. 40.
⁴³ Schreiben von Pfr. i.R. D. Baedeker an Verfasser, 21.9.1988.
⁴⁴ Nachrichtenblatt, April 1935, zit. Roon, Kaiser, S. 262.
⁴⁵ Vgl. ibid.
⁴⁶ Kaisers Beziehungen zum Kunsthistorischen Institut der Universität Marburg waren sehr eng, da er bei Besuchen in Marburg und während der Freizeit in Berlin im Auftrag von Prof. Dr. Richard Hamann für einen Katalog des Instituts die Portalskulpturen und Kapitelle von Vézelay und Avalon sowie die Kapitelle von St. Pierre-le-Moutier bearbeitete; vgl. Tagebuch, 9.3.,7.4.1941 u.ö.
⁴⁷ Vgl. Tagebuch, 7.1. und 5.5.1941.

Grundlage stehen kann, sind wir schon ..."⁴⁸

Die letzten Jahre vor Kriegsbeginn widmete er neben dem Schuldienst der Festgabe für General der Infanterie Elstermann von Elster, die im Frühjahr 1939 abgeschlossen war, aber erst 1940 erschien.⁴⁹ Sechs, zum Teil umfangreiche Beiträge hat Kaiser selbst verfaßt; der Aufsatz über Friedrich Eichhorn, einen deutschen „Patrioten" der Freiheitskriege, ist wohl auch als Niederschlag seines Denkens zu verstehen. Zahlreiche Aussagen und Zitate scheinen auf das NS-System beziehbar.⁵⁰ Beachtenswert ist besonders, wie ausführlich er die Aussagen des Freiherrn vom Stein über das Recht des Widerstandes und die Ungültigkeit des Eides darstellt: „‚Wer Tyrannen bekämpft', so lautet es wie eine Verheißung im Kapitel vom gerechten und ungerechten Kriege, ‚ist ein heiliger Mann, und wer Übermut steuert, tut Gottesdienst [...]'"⁵¹ Und Friesen „ging so weit, daß er im Jahre 1812 daran dachte, Napoleon zu ermorden"⁵². Aber Kaiser übernahm nicht ausdrücklich diese Position, sondern fügte ein Zitat aus Karl Immermanns Erinnerungen an: „Die damalige Jugend lebte [...] mehr in Gefühl und Entschluß als in Verstand und Betrachtung." Wenn Kaiser aber später diesen Aufsatz als Anknüpfung für Widerstands-Kontakte nutzte oder notierte, sein Bruder Ludwig hätte ihn „erfaßt",⁵³ so wird man diesen Horizont bereits 1938 beim ihm voraussetzen müssen. Hitler lehnte er als Tyrannen ab.

Mitte Juli 1939 als Reserve-Offizier einberufen, wurde Kaiser zunächst als Adjutant bei einem Kavallerie-Regiment eingesetzt, bis er zu seiner alten Waffengattung der Artillerie nach Posen kam. Angesichts der Nachrichten über Ausschreitungen der Polen gegen Deutsche⁵⁴ meldete

---

[48] Tagebuch, 5.5.1941.

[49] Hermann Kaiser (Hg.), Aus der Kriegsgeschichte Deutscher Divisionen und des Oberkommandos der 10. Armee. Kriegserinnerungen von Mitkämpfern Nassauischer und Hessischer, Thüringischer und Rheinischer Truppen 1914–1918, Hanau 1940. Laut Vorwort Herbst 1938 Aufruf zur Mitarbeit; am 23.3.1939 einige Aufsätze im Druck überreicht. Auch in seiner Berliner Zeit unterhielt Kaiser Beziehungen zu General Elstermann.

[50] Roon, Kaiser, S. 267, denkt an ein historisches Interesse; die Aussagen wären erst 1940/41 aktuell geworden.

[51] Hermann Kaiser, Johann Albrecht Friedrich Eichhorn. Ein deutscher Patriot, 1806–1813, in: ders., Kriegsgeschichte, S. 29; Zitat: „Kurzer Katechismus für deutsche Soldaten" (1812).

[52] aaO., S. 30.

[53] Vgl. unten S. 281.

[54] Vgl. Jürgen Runzheimer, Die Grenzzwischenfälle am Abend vor dem deutschen Angriff auf Polen, in: Wolfgang Benz/Hermann Graml (Hg.), Sommer 1939, Stuttgart

sich wieder sein nationales Bewußtsein: „Alles spricht von der Vergeltung, kann es nicht abwarten, bis sie einsetzt. Auch ich kann es nicht abwarten und [bitte] Gott, daß die Übeltäter bestraft werden."[55] Aber knapp drei Wochen nach Beginn des Polen-Feldzuges schrieb er trotz des triumphalen Erfolges desillusioniert an seine Geschwister, daß er ihre Auffassungen teile. „Wir müssen in nächster Zeit viel aushalten und werden das auch können, wenn wir unser Schicksal in Gottes Hand geben."[56] Über die Rede Hitlers aus Danzig urteilte er in sarkastischer Ironie: „Großartig: ,das friderizianische Deutschland' und der Passus über den Hurrapatriotismus vom Jahr 1914. – Ja heute ist alles anders. [...] Ja ich weiß es ja selbst, wie es 1914 war, als der Krieg ausbrach mit Frankreich, England, Russland, Japan [...]. Heute mit Polen allein [...]." Seine Erfahrungen in Polen, die Mordaktionen der Einsatzgruppen hinter der Front, haben wohl seine Kritik verschärft, die frühzeitig die kommende Entwicklung des Krieges und den Bruch mit Rußland voraussah.[57] Anfang 1940 urteilte er: „Ein Leben ohne Wahrheit ist schlimmer als Sklaverei. Wie tief die Menschen gesunken sind, ist kaum zum Bewußtsein gekommen."[58] In seiner Eichhorn-Studie hatte er aus dessen Brief an Gneisenau vom Januar 1811 den Satz hervorgehoben: „Was der Mensch ist, ist er nur mit Freiheit."[59]

Im Juni 1940 nahm er ein Angebot von Generalleutnant Fromm als Chef der Heeresrüstung und Befehlshaber des Ersatzheeres (ChefHRüstuBdE), an, der ihn aus seinem alten Regiment kannte.[60] Als Oberleutnant, seit Januar 1941 Hauptmann d.R., übernahm Kaiser die Vertrauensstelle des Kriegstagebuchführers. Für seine Kenntnis der Ereignisse und die entsprechenden Aufzeichnungen im privaten Tagebuch war bei dieser

---

1979, 107–147; Günter Schubert, Das Unternehmen „Bromberger Blutsonntag". Tod einer Legende, Köln 1989.

[55] Karte an seine zwei Schwestern in Kassel, 16.8.1939 (BA-MA, MSg 1/3223). Angesichts der Kartenform ist es denkbar, daß Kaiser hier nur eine Gesinnung vortäuscht.

[56] Brief an die Geschwister, 20.9.1939.

[57] Ein Wiesbadener Bekannter sagte Kaiser am 3.1.1943, als sich die Entwicklung an der Ostfront abzeichnete: „Ich vergesse nie, was Sie 1939 gesagt haben. Sie haben sich als weitschauend erwiesen." Tagebuch 1943 (BA-MA, MSg 1/3221). Einen anderen Bekannten erinnerte er am 9.2.1943 an seine „Worte vom Jahr 39/40, wo ich seine hoffnungsvolle Einstellung zur Politik des Zusammengehens mit Sowjet-Rußland bezweifelte und ihm die Umkehr voraussagte."

[58] Karte an Schwester Maria, 4.1.1940.

[59] Kaiser, Eichhorn, S. 16.

[60] Im März 1939 hatte Fromm als ranghöchster Offizier der ehemaligen 76. Reserve-Division zum 80. Geburtstag von General Elstermann von Elster eine öffentliche Ansprache gehalten; Roon, Kaiser, S. 264. Zu Fromm vgl. Kroener, Fromm.

Position wichtig, daß er sich durch ausländische Zeitungen und „in persönlichen Gesprächen ein zutreffendes Bild von der Kriegslage zu verschaffen"[61] hatte. Dadurch wurde er „der ideale Verbindungsmann des Widerstandes". Vier Monate vorher war General Friedrich Olbricht Chef des Allgemeinen Heeresamtes (AHA) geworden, dessen unmittelbarer Vorgesetzter Fromm war. Im September 1940 wurde Ludwig Kaiser auf Betreiben seines zukünftigen Vorgesetzten, Ministerialrat Hans Bokelberg, als Oberkriegsgerichtsrat d.R. zur Heeresrechtsabteilung des OKH, Abteilung Gnadensachen, versetzt. In der Berliner Kurfürstenstraße 99 hatte sein Bruder Heinrich schon lange sein Atelier.

Während Olbricht im AHA eine „potentielle Schlüsselrolle" innehatte,[62] sollten die drei Brüder ihren Weg in den Widerstand gehen, wobei sich Hermann bald in seiner Widerständigkeit von den Brüdern abhob. Früh haben diese zwar die Nazis abgelehnt, während sich Hermann noch täuschen ließ, aber indem er sich an der deutschen Geschichte, besonders den Freiheitskriegen orientierte, geriet er zunehmend in Gegensatz zum NS-Regime. In dem „streng vertraulichen" Brief, in dem er nach einem klärenden Gespräch mit Heinrich einer seiner Schwestern die Annahme von Fromms Angebot mitteilte, entwarf er die Hoffnung auf Rettung vom NS-System: „Vielleicht kommt es doch so, daß eine siegreiche Armee nachher auch innenpolitisch durchgreift und alle unreinen Elemente aus der Verwaltung wieder beseitigt, Schule und Universität wieder aufbaut, die Wirtschaft reinigt und die Kirche achtet als höch-ste Instanz eines gläubigen Volkes, das durch ein tiefes Tal mußte, um geläutert zu werden. Wie sehr habe ich das selbst nötig und bin noch nicht fertig."[63] Aus diesen Motiven seiner Ablehnung ergab sich die Zielsetzung: „Es muß uns doch gelingen, ein Deutschland der Kraft, der Reinheit und Kultur wieder aufzurichten." Dabei war er sich seines Sinneswandels bis zur umfassenden Kritik bewußt. „Ich habe viel Mitleid mit unschuldigen Menschen."

Zwei grundsätzliche Voraussetzungen für den Widerstand hatte er sich im Eichhorn-Aufsatz erarbeitet, daß nämlich ein Widerstandsrecht besteht und die Eidbindung bei Tyrannen nicht gilt. So war sein Widerstand am Maßstab der von ihm verehrten Patrioten der Freiheitskriege ausgerichtet. Entsprechend hat er mehrere Gedichte dieser Zeit ausgewählt, als

---

[61] Kroener, Kaiser, S. 44.
[62] Müller, Beck,. S. 429. Ob Olbricht diese durch den Einfluß von Widerstandskreisen erhielt, ist unklar; vgl. Helena P. Page, General Friedrich Olbricht, Bonn 1992, S. 163.
[63] Brief von H. Kaiser an seine Schwester Maria, 6.6.1940. Für den Umsturz nach dem Sieg war Claus Schenk Graf von Stauffenberg noch im Herbst 1941; vgl. Freya von Moltke u.a., Helmuth James von Moltke 1907–1945, Stuttgart 1975, S. 157.

er im Krieg „Lieder für alte und junge deutsche Krieger" pseudonym herausgab.[64] Seine Regimekritik wurde wesentlich durch seine politischen Erfahrungen bestimmt, wobei er besonders die Innen- und Kulturpolitik betonte. Aufschlußreich erscheint seine Wahrnehmung der Kirchenfeindschaft des Regimes. Er war überzeugt, „daß uns nur eine religiöse Erneuerung retten könne."[65] Deshalb kritisierte er – ohne Erwähnung des Kirchenkampfes – gemäß einer Position der volkskirchlichen Mitte, daß die Nationalsozialisten die Kirche nicht „als höchste Instanz eines gläubigen Volkes" achteten.[66]

4. Hermann Kaisers Einbindung in den Widerstand

Im zweiten Halbjahr 1940 vollzog vermutlich Hermann Kaiser den Schritt in den aktiven Widerstand, wie die Motti zu seinem Tagebuch 1941 nahelegen: „'Pflicht ist die Erfüllung des Gebots der Stunde' (Goethe). ‚Noli me tangere.' Eine Warnung für Nicht-Eingeweihte." Da ein

---

[64] Arko Arminius, Lieder für alte und junge deutsche Krieger, Wiesbaden o.J. Sein Code-Name „Arko", den er auch im Tagebuch 1943 benutzte, stammt seiner Zeit als Ordonnanzoffizier im Stab Arko 76 (= Artilleriekommando der 76. Reserve-Division) 1916–1918.

[65] Tagebuch vom 9.1.1941.

[66] Einzelne Hinweise im Tagebuch lassen erkennen, daß Kaiser nur geringe Kenntnisse von den innerprotestantischen Fronten hatte. So fragte er im März 1943 eine Bekannte, die in Halle bei Ernst Wolf und Julius Schniewind, zwei herausragenden Theologen der BK, Theologie studierte (vgl. Tagebuch vom 11.4.1941), nach den Göttinger Theologen und notierte, daß sie auch den ihm anscheinend aus der Göttinger Studienzeit bekannten Emanuel Hirsch nicht kennt. Die Frage: „Ob er nicht d[eutscher] Christ sei?", ließ Kaiser unkommentiert, obwohl Hirsch Cheftheologe der DC war; Einschub bei 7.3.1943. Niemöller wird im Tagebuch 1941 zweimal in Fremdberichten genannt, bei der letzten Erwähnung vom 30.11.1941 hat Kaiser von dessen Absicht erfahren „katholisch zu werden. Ich prüfe dies nach, erfahre schon am Mo[ntag] durch Dr. M [= Goerdeler], daß dies Propaganda verbreitet hat." Aber am 21.4.1943 kam Kaiser auf den Niedergang der Kultur besonders im Rundfunk zu sprechen: „Hier muß grundlegender Wandel geschaffen werden. Wenn Niemöller erst wieder da ist. Und ich mit M. [= Goerdeler] helfen kann." Am 12.5.1943 erwähnte er die Devisenangelegenheit von Hans von Dohnanyi, dessen „Schwager Pf[arrer] v[on] d[er] Bekenntniskirche" sei. Die Trauung von Heinrich und Ingrid Kaiser am 6.7.1943 in der Kaiser-Wilhelm-Gedächtnis-Kirche vollzog nicht Pfr. Gerhard Jacobi, sondern Pfr. Gustav Heidenreich, der sich 1933/34 als DC-Pfarrer und Parteigenosse stark exponiert hatte, aber seit 1933/36 zur Mitte gehörte; vgl. Manfred Gailus, Protestantismus und Nationalsozialismus, Köln 2001, S. 674.

Tagebuch für 1940 fehlt,[67] ist unbekannt, wer Kaiser für den aktiven Widerstand gewonnen hat. Denkbar wäre ein Einfluß Olbrichts, da der Besuch bei ihm Ende 1941 anscheinend nicht der erste Kontakt war. Sein Aufsatz über Eichhorn und die sich 1941 ergebenden Verbindungen lassen aber vermuten, daß er keiner Werbung bedurfte, sondern nur noch die grundsätzliche Übereinstimmung festzustellen war. Sie ließ ihn im Laufe der Zeit zum „Vertrauensmann"[68] Olbrichts werden.

Ludwig wagte den Schritt in den Widerstand erst nach Hermann. Anfang Januar 1941 notierte dieser, sein Bruder habe „meinen Eichhorn erfaßt"[69]. Hermanns Aufsatz spielte auch bei anderen Gleichgesinnten eine wichtige Rolle. So stand das Gespräch über ihn am Anfang der Beziehung zu Friedrich Meinecke, der ihm in seiner Orientierung nahe stand, aber vor einem entsprechenden Handeln zurückschreckte. „Er hat Sorge. Märtyrer oder Arbeit mit Maske"[70] – er entschied sich für den Weg der inneren Emigration.[71] Trotzdem informierte ihn Kaiser weiter über Bestrebungen im Widerstand und machte ihn mit Beck bekannt.

Eine entscheidende Bedeutung für Kaiser sollte sein Treffen mit Generaloberst Ludwig Beck haben, der bereits im September 1940 einen Freund auf Kaiser und seine Eichhorn-Arbeit aufmerksam gemacht hatte; anscheinend kannte er Kaiser schon länger.[72] Zu einem Gespräch über diesen Aufsatz traf Beck Mitte Januar 1941 Kaiser, der ihn als „sehr kluge[n] Mann mit Charakter und Verantwortungsgefühl und von tiefer Bildung"[73] empfand. Da Beck im März 1937 zwei Aufsätze von Clausewitz als indirekte Stellungnahme zur Frage des Gehorsams veröffentlicht hatte,[74] sah er die Intention von Kaisers Aufsatz und zog die Linie von dem historischen Beispiel zur Gegenwart aus und bezeichnete es als Auf-

---

[67] Nach Dr. Hopf an Bormann, 18.1.1945, in: Hans-Adolf Jacobsen (Hg.), „Spiegelbild einer Verschwörung", Stuttgart 1984, S. 723 (zit. KB), hat Kaiser erst „[s]eit 1941 [...] ein Tagebuch geführt".

[68] So bezeichnete sich Kaiser selbst in der Eintragung vom 21.4.1943.

[69] Eintragung zum 3.1.1941. Das belegt zugleich, daß Kaiser die Eichhorn-Arbeit als Programm des Widerstandes verstand. Abkürzungen und Codenamen sind beim Tagebuch aufgelöst, wenn sie eindeutig bestimmbar sind.

[70] Eintragung vom 21.1.1941.

[71] Eintragung vom 12.1.1941. Vgl. Friedrich Meinecke, Die deutsche Katastrophe, Wiesbaden 1946, S. 144ff.; Roon, Kaiser, S. 265f.

[72] Vgl. Becks Karte vom 22.9.1940 (BA-MA, Nl 28,7). Kaiser sei „ein junger Kollege und Freund und Verehrer von unserem Prof. Lohr". Beck weiß auch, daß der Adressat den Aufsatz vor seiner Drucklegung schon erhalten hat.

[73] Eintragung zum 16.1.1941.

[74] Ludwig Beck, Zwei Briefe des Generals von Clausewitz – Gedanken zur Abwehr, in: Militärwissenschaftliche Rundschau 2 (1937), Sonderheft, Anfang März 1937, S. 8.

gabe, „den gordischen Knoten zu zerschlagen".[75] Die „Grenze [des Gehorsams bildet die] Verantwortung vor Volk, eigenem Gewissen [und] vor Gott." Damit waren die Bedingungen des Staatsstreiches konkret formuliert. In dem Gespräch von 2 1/2 Stunden waren beide „in allem einig". In recht dichter Folge fuhr Kaiser in den folgenden Monaten mehrfach zu Beck, wobei aufgrund der Übereinstimmung in vielen Feldern auch persönlich eine enge Vertrautheit entstand. Aber nach dem Sieg über Frankreich gab es trotz der zunehmenden Ausweitung des Krieges keinen Ansatzpunkt für den Widerstand. Selbst Kaiser bewunderte die Eroberung Kretas als „Leistung der kühnsten Art",[76] während sich Gerüchte über einen bevorstehenden Krieg gegen die UdSSR verbreiteten.[77] Tatsächlich waren auch die verbrecherischen Befehle zur Behandlung der Kommissare und Gefangenen von Hitler bereits unterzeichnet worden. Als die Operation „Barbarossa" am 22. Juni begann, war Kaiser „wie versteinert."[78] Aber auch ein unkritischer Bekannter müßte „jetzt einsehen, was es mit der Buff-Bum-Politik auf sich hat."

Am 11. September kam während eines Besuchs Kaisers bei Beck überraschend Goerdeler, der die Eichhorn-Arbeit bereits von diesem bekommen und gelesen hatte, so daß „der Kontakt sofort hergestellt"[79] war. Da Kaiser schon Mitte Februar Goerdeler zusammen mit einem ihm seit langem bekannten, früher in Leipzig tätigen Heerespfarrer erwähnte und besuchen wollte,[80] könnte dieser oder vielleicht auch Beck[81] ihm den

---

[75] Ausführlicher berichtet Meinecke, Katastrophe, S. 145, Becks Aussage: „Dieser gordische Knoten kann nur durch einen einzigen Schwerthieb gelöst werden. Wer aber diesen Schwerthieb tut, muß die gewaltige Maschine des deutschen Heeres sowohl kennen als auch beherrschen."

[76] Eintragung vom 21.5.1941.

[77] Eintragung vom 10.6.1941: Generaloberst Fromm „erzählte mir, daß Krieg gegen Sowjet Rußland geplant sei."

[78] Eintragung vom 22.6.1941.

[79] Eintragung vom 11.9.1941; vgl. Müller, Beck,. S. 432f., mit Datum 7.9.1941.

[80] Eintragung vom 6.2.1941: „Ich denke an Schuster und Gördeler" [sic]. Am 29.5.1941 notierte er: „Dr. Goerdeler Leipzig W 25, Cpt. Haunstr.", da „Armeepfarrer Schuster bei mir". Pfr. Schuster, Militärdekan in Frankreich und dann in der HGr. Mitte, hatte Kaiser am 4.1.1941 in Kassel besucht: „In der Beurteilung einig. GenFM v. Kluge bedeutend, aber ohne persönliche Initiative. Ein Div.Kdr. [= Tresckow?] ist gut." Kluge behandelten auch Gespräche am 29.5. und (mit Goerdeler) 17.10., wobei Kaiser sein Urteil wiederholte.

[81] So Roon, Kaiser, 267. Aber erst beim nächsten Treffen am 10.10.1941 sprach Beck mit Kaiser über Goerdeler und urteilte, dieser sei ein „vortrefflicher Mensch und Charakter, Mut zum Handeln. Lauterkeit der Gesinnung." Zu beachten ist auch, daß Kaiser Goerdeler zunächst als „G" kennzeichnete, erst ab 15.10. mit Code-Namen.

Namen Goerdeler genannt haben. Die Diskussion der drei Konspirateure führte nach einem Überblick über die sich zuspitzende Lage an der Ostfront zu einem Dissens zwischen Goerdeler und Kaiser. Während jener nun „erst recht alle Mühe auf Abschluß des Krieges" richten wollte, da „jetzt noch [ein] Friede mit [den] Grenzen [von] 1914 möglich" sei, äußerte Kaiser Zweifel und betonte: „Es muß sofort gehandelt werden. Jeder Tag ein Verlust" angesichts des „Winterfeldzuges. Generalstab bereitet ihn vor."[82] Obwohl Kaiser damit die Position der „Jungen" gegenüber dem nur ein Jahr älteren Goerdeler vertrat, ergab sich aus diesem Kontakt ein wesentliches Element seiner Aufgaben im Widerstand. Dazu gehörten neben dem Austausch von Informationen zwischen den Militärs und Goerdeler Berichte über die Lage und intensive Gespräche.[83]

Kaiser dachte nicht mehr wie im Juni 1940, eine „siegreiche Armee" solle später die „unreinen Elemente" beseitigen. Er war angesichts der „Buff-Bum-Politik" Hitlers zum sofortigen Handeln entschlossen, nachdem mit dem Angriff auf Rußland eine endlose Verlängerung des Krieges eingeleitet war.[84] Dabei stand ihm wohl das Schicksal Napoleons und der Großen Armee im Winter 1812 vor Augen; nun sollten deutsche Soldaten die Opfer der Hybris sein. Damals wollten die preußischen Patrioten auch vorher handeln.[85]

Am 12. September 1941 fuhr Kaiser mit Olbrichts Adjutanten, Major d.R. Fritz von der Lancken, nach Potsdam, um General Elstermann zu besuchen. Dabei erscheint in Kaisers Tagebuch erstmals der Name Olbricht: „Dieser ein unbedingt zuverlässiger Mann und Charakter. Kein Überflieger, aber christlich. Von der Lancken redete ihm oft zu, was ein ‚mutiger General' machen werde."[86] Am 18. November sprach Goerdeler mit Olbricht, wobei vielleicht Kaiser das wenig ertragreiche Gespräch

---

[82] Eintragung vom 11.9.1941. Eher im Blick auf die Lage meinte Beck zu Kaisers Enttäuschung, für den „Kampf gegen Bestien" sei der „Augenblick noch nicht gekommen"; Eintragung vom 10.10. 1941 Vgl. zu diesem Unterschied Gerhard Ringshausen, Hans-Alexander von Voß (1907–1944). Offizier im Widerstand, in: VZG 52, 2004, S. 384ff.

[83] So diskutierte Kaiser am 18.11.1941 mit Goerdeler dessen Briefe an Brauchitsch und Halder.

[84] Am 14.10.1941 notierte Kaiser: „Der Bericht [über Lage an der Ostfront] läßt erkennen, daß die Voraussicht Adolf Hitlers nicht zutrifft. Der Russe ist nicht niedergezwungen. Die Aussage der Vernichtung der HGr T[imoschenko] und Entscheidung des Krieges im Osten ist lügengestraft." Vgl. Eintragung zum 18.10.1941.

[85] Vgl. die Erwähnung von Freiherrn zum Stein in der Eintragung zum 10.10.1941.

[86] Nachtrag zum 12.9.1941. Kritik an dieser Einschätzung von Olbricht übt Page, Olbricht, bes. S. 252ff.; vgl. das positive Urteil Kaisers unten, Anm. 156.

vermittelt hatte.[87] Der durch das Tagebuch für den 1. Dezember gesicherte Besuch Kaisers bei Olbricht könnte wegen der offenen Aussprache nicht der erste gewesen sein, aber über seine Einstellung hatten ihn auch bereits Goerdeler und Beck unterrichtet.[88] In Goerdelers Auftrage übergab er eine Denkschrift[89] und „erzählte die Beziehungen zu Beck und Goerdeler durch Eichhorn 1808/13. Er [= Olbricht] hält Beck für einen hochgebildeten äußerst hochanständigen Mann, der keineswegs den Vorwurf Pessimist verdiene."[90] Kaisers Eindruck von Olbricht war sehr positiv: „Ernster, kluger sehr sympathischer Mann." Umgehend ging Kaiser zu einer Lagebeurteilung über: „Zwischen Hitler und realer Bedeutung der Dinge sei ein großer Unterschied [...]. Er [= Hitler] stehe noch auf christlicher Grundlage. Diese aber sei in Gefahr zerstört zu werden. Er [= Olbricht]: Sie ist uns bereits verloren gegangen."

Die Gefahr für das Christentum hat Kaiser in seinen Eintragungen des Jahres mehrfach bedacht, da „uns nur eine religiöse Erneuerung retten könne"[91]. Bei einem Bekannten in Wiesbaden las er den Brief von Landesbischof Wurm an Reichsinnenminister Frick über die Euthanasie.[92] Ende März ging er durch Berlin und besuchte „die schöne Hedwigs-Kirche"[93]. Dabei beurteilte er die „Unterweisung der Knaben durch den Priester" als „eindrucksvoll. – Das fehlt in der evangelischen Kirche." Eine Woche später nahm er an der Konfirmation der jüngeren Tochter seines Bruders Ludwig in der Kasseler Garnisonkirche teil. „Jedes Bibelwort wirkt wie eine Offenbarung. Bei der Einsegnung Trommel und Pfeiffenwirbel im Vorbeigang der HJ an der Kirche. Peitschenschlag. Die

---

[87] Eintragung vom 18.11.1941; Roon, Kaiser, S. 270. Allerdings hatte Goerdeler bereits bei der Fritsch-Krise 1938 Olbricht zum Handeln gedrängt, der Beck aus den 20er Jahren kannte; vgl. Page, Olbricht, S. 70f., 199, 222.

[88] Obwohl nach Roon, Kaiser, S. 270, das Gespräch Goerdeler-Olbricht „wohl" durch Kaiser vermittelt wurde, sollte er erst am 1.12.1941 „Olbricht näher kennenlernen und danach mit ihm in enger Verbindung bleiben".

[89] Roon, Kaiser, S. 271, vermutet den „Warnruf der deutschen Wirtschaft", wahrscheinlicher ist die große Denkschrift „Das Ziel", die später von der Gestapo bei Kaiser entdeckt wurde und von Sabine Gillmann/Hans Mommsen (Hg.), Politische Schriften und Briefe Carl Friedrich Goerdelers, München 2003, S. 873, vor 10.12.1941 datiert wird. Wohl wegen dieser Übergabe traf Kaiser am gleichen Tag auch Goerdeler.

[90] Eintragung vom 1.12.1941.

[91] Eintragung vom 9.1.1941.

[92] Eintragung vom 4.3.1941; Wurms Schreiben vom 19.7.1940 in: Gerhard Schäfer, Landesbischof D. Wurm und der nationalsozialistische Staat 1940–1945, Stuttgart 1968, S. 119–124. Ein Gerücht war, daß die „Antwort bereits Gesetz" sei, „das nicht veröffentlicht sei".

[93] Eintragung vom 30.3.1941.

Feier ist so ergreifend, daß ich zum Abendmahl bleibe"[94]. So deutlich der Gegensatz von Kirche und Nationalsozialismus gezeichnet ist, bleibt sein Verständnis von Kirche und Gottesdienst von subjektiver Frömmigkeit bestimmt; deshalb ging er nach seinen Tagebüchern sehr selten zum Abendmahl und nur etwa viermal im Jahr zu Gottesdiensten.

Seinem religiösen Empfinden entsprach besonders Bachs Matthäus-Passion. „In feierlicher Andacht hören wir das ergreifendste Werk der Musik. Die göttliche Majestät der Stimme Christi, wie sie dem Maulbronner Kruzifix gleich ist, der mir vor dem Auge steht. Ich denke, wie oft ich mit Papa in der Passion war [...]. – Diesmal bin ich wieder tief ergriffen von der Erhabenheit der Musik, der überirdischen Größe der Chöre, der Tiefe religiöser Offenbarung."[95] Daß diese Kirchenmusik im Wiesbadener Kurhaus aufgeführt wurde, störte Kaiser nicht.

Ende Mai erzählte ihm Heeresgruppenpfarrer Dr. Willy Schuster in Berlin über die Zustände in Warschau und den Hunger der Bevölkerung. „Es kommt vor, daß Frauen und Kinder auf der Straße zusammenbrechen und sterben", während Gauarbeitsführer Faatz erklärte: „Polen müssen verrecken, ausgerottet werden"[96]. Ausführlich notierte Kaiser die Folgen der Religionspolitik: „Zerstörung der Kirchen, der Altäre (Kleinkaliberschießen), Zerstörung von Kruzifixen, Zerschlagen mit Äxten. – Organisation im Wartegau, ohne Kirche."[97] Aber auch in Deutschland beobachtete Kaiser entsprechende Ansätze: „In Fürstenwalde sind alle evangelischen Kindergärten aufgelöst. Vom Kruzifix unterhalb der katholischen Kirche ist vor einigen Tagen nur das kahle Kreuz stehen geblieben."[98]

Diese Orientierung bestimmte Kaisers Gespräch mit Oberleutnant von Wickede, Fromms Adjutanten, Mitte Oktober. Nachdem dieser angesichts der schweren Kämpfe im Osten auf die rechtzeitigen Warnungen von General Köstring verwiesen hatte, „kommt er auf die Judenfrage zu sprechen. Die Art und Weise der Lösung billige er nicht. Ich werde sehr deutlich. Am schlimmsten [sei] aber zur Zeit der Religionsstreit. ‚Wenn die Leute doch nur die Austragung des Geisteskampfes bis nach dem

---

[94] Eintragung vom 6.4.1941.
[95] Eintragung vom 11.4.1941; der „Maulbronner Kruzifix" dürfte das Werk Conrad Syfers (1473) über dem Kreuzaltar vor den beiden Türen der romanischen Schranken sein. Vgl. auch Tagebuch vom 23.4.1943.
[96] Eintragung vom 28.5.1941.
[97] Die „Dreizehn Punkte" vom 10.7.1940 beginnen: „Es gibt keine Kirchen mehr im staatlichen Sinne, sondern es gibt nur noch religiöse Kirchengesellschaften im Sinne von Vereinen." Vgl. Paul Gürtler, Nationalsozialismus und Evangelische Kirche im Warthegau, Göttingen 1958.
[98] Eintragung vom 30.8.1941.

Kriege verschieben wollten.' Ich werde noch deutlicher. So sei es verschiedentlich zum Beseitigen und Zerschlagen von Kruzifixen gekommen. Frauen hätten sich versammelt und gesagt: Das wage man nur, weil ihre Männer im Felde seien. Meine Empörung, Entrüstung nicht mehr zurückhaltend, sage ich mit erhobener Stimme: Es handelt sich überhaupt nicht um einen Geisteskampf, sondern um Gewaltakte von Verbrechern. Es wäre sehr einfach, dem durch ein Machtwort zu begegnen, aber es herrsche Feigheit, mangele an Mut und Mut zum Bekenntnis. Ich würde die Kerle, die sich an Kruzifixen vergreifen, zu Paaren treiben. Es wäre traurig, daß es heute Deutsche gäbe, die sich an der durch Jahrhunderte überkommenen christlichen Religion versündigten. Die hätten überhaupt nichts mehr in sich. Von einem ‚Ersatzmittel' für das ‚Volk' sei keine Rede, da ja keine geistige Kraft auf der anderen Seite vorhanden [wäre], sondern nur brutale Gewalt, gemeine Gesinnung. Als Fundamente jeder Regierung bezeichnete ich: <u>Geistesfreiheit und Gerechtigkeit</u>. ‚Wer sie zerstört, stößt sein Volk in den Abgrund.' ‚Wer sie antastet, vernichtet sich selbst.' Dieses wiederholte ich so laut, daß man es durch alle Zimmer hörte."[99] Für Kaiser ergab sich die Ablehnung der Juden- und Kirchenpolitik aus seiner Ehrfurcht für religiöse Empfindungen; gerade das Zerschlagen von Kruzifixen und Zerstören von Kirchen notierte er als Argument für seinen Widerstand im Namen der Freiheit und Gerechtigkeit. Diese Normen verbanden ihn besonders mit Goerdeler,[100] aber auch bei Mitarbeitern des AHA fand er Zustimmung. Kennzeichnend ist aber für Kaiser, wie spätere Aussagen bestätigen, seine Orientierung an seinem eigenen Glauben und am Christentum als Kulturwert. Die Enttäuschungen im Widerstand sollten jedoch seine individuelle Glaubenserfahrung verstärken und reifen lassen.

5. Die drei Brüder im Widerstand

War 1941 das Jahr der Einbindung Hermann Kaisers in das Netz des Widerstandes, so haben sich 1942 seine Kontakte ausgeweitet. Zugleich intensivierte sich die Zusammenarbeit mit Goerdeler und besonders mit

---

[99] Eintragung vom 18.10.1941 (Unterstreichung im Original).
[100] Wie nahe Kaiser im Denken Goerdeler stand, zeigt besonders eine Tagebucheintragung vom 19.5.1943: „Auch der Politiker ist, auch wenn er zum Staatsmann wird, in seinem Handeln an die ewig unverrückbaren Grundlagen gebunden. Er wird dabei Konflikte erleben, aber wenn er die Politik als Kunst zu handhaben weiß, wird er die Dinge meistern und verstehen, die Konflikte zu lösen und die entstandene Kluft zu überbrücken."

Beck, dem er häufig abends bei anbrechender Dunkelheit Mitteilungen und Dokumente brachte und mit dem er Handlungsmöglichkeiten beriet. Deshalb kam er kaum dazu, „abends einmal auszuspannen, sondern habe immer mit Männern zu tun, die ihr Vaterland lieb haben"[101]. Da leider das betreffende Tagebuch verschollen ist, können nur einzelne Verbindungen und Arbeiten aus anderen Zeugnissen erschlossen werden.[102] Dabei wurden nun auch die beiden Brüder Ludwig und Heinrich Kaiser in den Widerstand eingebunden, wobei man sich zum Nachrichtenaustausch fast täglich bei Heinrich traf.

Dieser stellte für Gespräche mit Gesinnungsgenossen sein Atelier zur Verfügung, obwohl er seine Wohnung mit einem NS-Maler teilen und mit Beobachtung rechnen mußte. Außerdem hörte er in seiner Werkstatt Auslandssender ab. Ludwig sollte neben der Zusammenarbeit mit Hermann eine eigene Rolle spielen. Er hatte Goerdeler bereits 1929 in Königsberg getroffen; durch seinen Bruder Hermann lernte er ihn in den ersten Monaten des Jahres 1942 als treibende Kraft des Widerstandes kennen. Er besuchte mehrfach die „allwöchentlich regelmäßige[n] Zusammenkünfte" des Bruders mit Goerdeler in dessen Absteigequartier, dem Hospiz „Askanischer Hof" am Anhalter Bahnhof, oder in einem ihrer Dienstzimmer oder traf sich allein mit Goerdeler.[103]

Früh ergab sich mit diesem ein Vertrauensverhältnis aufgrund „der Übereinstimmung unserer Lebensauffassungen. Unser gemeinsamer Kampf war nicht nur ein Kampf gegen den Nationalsozialismus als politischen Machtfaktor, sondern darüber hinaus ein Kampf gegen die Rechtlosigkeit des Menschen, die Mißachtung seiner Würde und gegen die Gottlosigkeit. In der Verleugnung unseres christlichen Glaubens erblickten wir die letzte und tiefste Ursache zu dem Elend, in das Adolf Hitler – der Antichrist – nicht nur das deutsche Volk, sondern eine ganze Welt gestürzt hat." Auch wenn Kaiser diese Darstellung erst nach Ende des Dritten Reiches geschrieben hat und einzelnes wie die Deutung Hitlers

---

[101] Brief an Oberstleutnant Petri, 14.10.1942.
[102] Die entsprechenden Mitteilungen hat Roon, Kaiser, S. 271f., zusammengetragen. Carl-Hans von Hardenberg nennt ihn in seinem Erlebnisbericht „das Muster eines Offiziers von größter Tapferkeit und unbeirrt in der Verfolgung des als richtig erkannten Weges". Horst Mühleisen, Patrioten im Widerstand. Carl-Hans von Hardenbergs Erlebnisbericht, in: VZG 41, 1993, S. 458.
[103] Ludwig Kaiser, Ein Beitrag zur Geschichte der Staatsumwälzung vom 20. Juli 1944 (31.12.1945), S. 8. Daß er für Hermann Kaiser den Beginn seiner Beziehungen zu Goerdeler auf „Anfang 1942" und für sich selbst „kurz darauf" datierte, läßt vermuten, daß er das Datum seines Bruders aus seinem eigenen erschlossen hat.

als Antichrist wohl sekundär[104] ist, dürfte sie Ludwigs Denken und seine Nähe zu Goerdeler sachgemäß erfassen. Die Ablehnung von Rechtlosigkeit und Unanständigkeit kennzeichnete bereits früh seine Kritik am NS-System. Daß die „Verleugnung" des christlichen Glaubens „die letzte und tiefste Ursache" des NS-Systems und seiner Folgen wäre, erinnert einerseits an eine verbreitete Geschichtsdeutung und läßt andererseits den Glauben anders als bei seinem Bruder Hermann als Grundlage der Moral erscheinen. Das verband ihn mit Goerdeler. Dieser hätte auch formulieren können, daß sich unser Volk „zur Wahrhaftigkeit und Gerechtigkeit, zur Nächstenliebe und Ehrfurcht vor Gott rücksichtslos bekennen müsse, wenn es je wieder gesunden wolle".

Da Hermann Kaiser noch im Herbst auf einen Erfolg von Goerdelers Treffen mit GFM Günther von Kluge hoffte[105] und sich neuen Planungen entsprechend vermutlich erst Ende 1942 für eine gewaltsame Beseitigung Hitlers entschied,[106] fand wohl im Sommer 1942 das Gespräch zwischen ihm, seinem Bruder Ludwig und Goerdeler über die Frage statt, „ob man sich Hitlers gewaltsam entledigen oder ob man ihn gefangensetzen und zur Verantwortung ziehen solle. Wir entschieden uns für die letztere Alternative, weil die erstere mit unserem Christenglauben nicht im Einklang stand und weil wir der Auffassung waren, Hitler solle vor aller Öffentlichkeit Rechenschaft über sein Tun und Lassen ablegen. Bei dieser Gelegenheit wurde auch über die Bildung eines Staatsgerichtshofes gesprochen, der Hitler aburteilen sollte. Goerdeler bat mich um die Namhaftmachung geeigneter Richter aus der Heeresrechtsabteilung, zu der er [...]

---

[104] M.W. begegnet die auch L. Kaiser eher fremde Charakterisierung Hitlers als „Antichrist" bei Goerdeler erst nach dem 20. Juli 1944; vgl. oben, S. 261.

[105] Darauf ist wohl der Hinweis im Brief an Direktor G. Hundt vom 27.10.1942 zu beziehen: „Im übrigen hoffe ich, daß der Krieg nicht mehr so lange dauert, wie die allermeisten Menschen glauben." Vgl. Brief an Dr. Baumgarten, 14.11.1942. Zum Besuch Goerdelers in Smolensk im September suchte Henning von Tresckow ihn nach Fabian von Schlabrendorff „von der Notwendigkeit eines Attentates zu überzeugen", während Goerdeler „Ende 1942" Gerhard Ritter in „Andeutungen" nur von einer „Festnahme Hitlers bei einem Besuch des Hauptquartiers in Smolensk" berichtete, was beider Wünschen entsprach; Bodo Scheurig, Henning von Tresckow, überarbeitete Neuausgabe, Frankfurt/M. 1997, S. 148; Gerhard Ritter, Carl Goerdeler und die deutsche Widerstandsbewegung, Stuttgart 1954, S. 522, Anm. 14.

[106] Vgl. Roon, Kaiser, S. 272, mit Hinweis auf Andeutungen in Briefen und eine Mitteilung von Alfred Graf von Waldersee, mit dem H. Kaiser laut Tagebuch 1943 mehrfach zusammenkam. Für das Datum spricht auch die anlaufende Planung für „Walküre", die wohl die Grundlage für die Verpflichtung Olbrichts gegenüber Tresckow und Goerdeler zur Vorbereitung des Staatsstreiches im November 1942 war; vgl. Page, Olbricht, S. 242f.

großes Vertrauen hatte."¹⁰⁷ Dabei rechnete er auch mit Ludwig Kaiser.

Aus seinem früheren Bekanntenkreis konnte Ludwig zusammen mit Oberst Wagner aus dem AHA den Chef des Generalstabes beim Stellvertretenden Generalkommando des IX. A.K. in Kassel, Generalmajor Ludwig von Nida, in den Widerstand einbinden und später durch regelmäßige Informationen über die militärische und politische Lage zur Auslösung des Walküre-Befehls in seinem Bereich gewinnen.¹⁰⁸ Zwar vermochte dieser es dann wegen Krankheit nicht, selbst in Kassel „Walküre" auszulösen, aber der von ihm herangezogene Oberst von Vethacke versuchte, gemäß seiner Orientierung zu handeln.¹⁰⁹ Nach seiner Wiedergenesung gelang es Nida, in Kassel die Spuren seiner Beziehungen zu dem mißlungenen Umsturz zu verwischen.

Während Hermann durch seine zentrale Position als Vermittler zwischen bürgerlichem und militärischem Widerstand in zahlreiche Verbindungen und Pläne in Berlin eingeweiht war und Ende 1942 auch den Kontakt zwischen Fabian von Schlabrendorff und Olbricht, also zwischen der Fronde um Henning von Tresckow in der HGr Mitte und der zukünftigen Berliner Zentrale des Widerstandes herstellte, lag der Beitrag Ludwigs eher im Vorfeld, auch wenn er seinen Bruder bei Besprechungen manchmal vertrat. Die wichtigsten Beispiele sind die folgenschweren Aussprachen Tresckows mit Olbricht und Goerdeler und mit diesem allein Ende Januar 1943 im Dienstzimmer Ludwig Kaisers, weil sein Bruder krank war.¹¹⁰ Durch diese Verständigung wurde Olbricht zur entscheidenden Instanz des Widerstandes, der zunächst in Absprache mit General Hans Oster und der Abwehr das geplante Attentat in der Heeresgruppe Mitte absichern und nach dessen Scheitern die Vorbereitungen von „Walküre" leiten sollte. Bei dem nächsten Treffen zwischen Tresckow und Olbricht war es wieder Hermann, der Goerdelers Auftrag ausrichtete.¹¹¹ Dieser besprach die wichtigeren Probleme mit Hermann,¹¹²

---

¹⁰⁷ Ludwig Kaiser, Niederschrift eines Vortrages vom 18.6.1963, zit. in: Hüttisch, Ludwig Kaiser, S. 29.
¹⁰⁸ Vgl. Ludwig von Nida, Meine vorbereitenden Maßnahmen für den 20.7.1944.
¹⁰⁹ Vgl. Peter Hoffmann, Widerstand – Staatsstreich – Attentat, 3. Aufl. München 1979, S. 554ff.
¹¹⁰ Vgl. Eintragung vom 25.1. im Tagebuch 1943. Vgl. zur Vorbereitung der Attentate Gerhard Ringshausen, Kuriergepäck und Pistolen. Neue Quellen zu den Attentatsplänen in der Heeresgruppe Mitte im März 1943, in: VZG 56, 2008.
¹¹¹ Vgl. Eintragung vom 3.2.1943.
¹¹² Vgl. Tagebucheintragung vom 25.4.1943. Beide Brüder waren mit Goerdeler im Hospiz, wo Ludwig ihm die Zahl der Todesurteile mitteilte. Als er weg war, berichte-

obwohl ihm Ludwig besonders verbunden war.[113] Ludwig konnte für ihn auch andere Verbindungen herstellen, da ihn seine Konzerttätigkeit[114] 1942 für Reisen deckte und Olbricht ihn im März 1943 zur Wehrmachtsbetreuung abkommandierte. So fädelte er 1942 in Wien die Begegnung zwischen dem ihm bekannten Präsidenten Eugen Stirling und Goerdeler ein. In den Haag verhandelte er in Goerdelers Auftrag mit Dr. Adolf Süsterhenn.

Wohl 1942 machte Goerdeler die beiden Brüder Kaiser mit Oberst Wilhelm Staehle, dem Kommandanten der Invalidensiedlung Berlin-Frohnau, bekannt, der wegen seiner holländischen Verwandtschaft Goerdeler als Verbindungsmann nach den Niederlanden diente.[115] Aber 1943 bekam die Abwehr den Verdacht, daß Staehle die dortige Widerstandsbewegung begünstigte. Als ihm deswegen ein Verfahren drohte, half Ludwig Kaiser. Er sollte auch die Verteidigung Staehles nach dessen Verhaftung im Zusammenhang mit dem Solfkreis am 12. Juni 1944 übernehmen, was aber durch den 20. Juli und seine anschließende eigene Inhaftierung nicht mehr möglich war.

Rechtshilfe als Tat der Resistenz zur Rettung von Menschen und zur Sicherung widerständiger Personen war auch in anderen Fällen die Aufgabe Kaisers, der im AHA als sehr schweigsamer Mensch galt[116] und in der Heeresrechtsabteilung für Gnadensachen zuständig war.[117]

Einen politischen Hintergrund hatte sein Einsatz für Christian Goerdeler, der im Frühjahr 1942 wegen Zersetzung der Wehrkraft vor einem Kriegsgericht stand. Mit den Ideen seines Vaters hatte er eine Denkschrift zu Hitlers Politik verfaßt und zwei Kameraden gezeigt, von denen einer ihn verriet. Kaiser vermittelte deshalb den Kontakt zwischen seinem Vorgesetzten, Ministerialrat Hans Bokelberg, und Goerdeler und verhandelte mit den entsprechenden Dienststellen in Frankreich, so daß Christian „wegen Vergehen[s] gegen das Heimtückegesetz" und nicht wegen

---

te Goerdeler „über Ergebnis seiner Mission", so daß Hermann eine Unterredung zwischen ihm und Olbricht arrangierte.

[113] Entsprechend bezeichnete er sich „als Mitarbeiter Dr. Goerdelers und Mitbeteiligter an den Vorbereitungen dieser Staatsumwälzung"; L. Kaiser, Ein Beitrag, S. 3.

[114] Das „erste Symphoniekonzert der Wehrmacht" am 20.3.1942 mit Mozarts Doppelkonzert für zwei Klaviere, an denen Ludwig Kaiser und seine älteste Tochter Eva-Maria saßen, erwähnt Hermann Kaiser im Brief an Leutnant Walter Stath, 6.3.1942.

[115] Vgl. Ger van Roon, Wilhelm Staehle. Ein Leben auf der Grenze, München 1969.

[116] Mitteilung von Ludwig Pechel, vgl. Peter Kaiser an Verfasser, 1.8.1994.

[117] 1941 rettete er einen Soldaten trotz zweimaliger Fahnenflucht vor lebenslänglichem Zuchthaus durch Wiederaufnahme des Verfahrens, das wegen Unzurechnungsfähigkeit zur Einweisung in eine Heil- und Pflegeanstalt führte.

„Wehrkraftzersetzung" ‚nur' zu 6 Wochen verschärften Stubenarrestes und Beförderungssperre verurteilt wurde.[118] Danach versuchten die Brüder Kaiser vergeblich, ihn zur Ausbildung an eine Artillerie-Schule zu vermitteln.[119]

Für Rudolf Pechel, den Herausgeber der „Deutschen Rundschau", der in ein KZ eingeliefert worden war, setzte Ludwig sich auf Bitten Goerdelers ein.[120] Er erreichte Ende März 1943 eine Besuchserlaubnis für den Sohn durch die Hilfe von Dr. E.F.A. Schaffer, dem Hauptschriftleiter des Kasseler Sonntagsblattes, den er 1941 in Berlin kennengelernt hatte.[121] Aber auch Hermann Kaiser setzte sich auf Goerdelers Bitte für Pechel bei Oster ein, der bereits über den Fall informiert war.[122] Da Schaffer gute Beziehungen zum Reichssicherheitshauptamt und hohen Stellen der Partei hatte, konnte er Ludwig Kaiser auch über bedeutsame Vorgänge informieren, sogar über Material aus dem Panzerschrank Himmlers.

Zum Kreis um Olbricht und Hermann Kaiser[123] gehörte Oberst Fritz Jäger, Kommandeur der Panzer-Ersatztruppen II und XXI, der beim Umsturz das Reichssicherheitshauptamt besetzen sollte; aber am 1. April 1943 wurden er und sein Sohn verhaftet.[124] Als gegen sie ein Verfahren beim Reichskriegsgericht wegen hochverräterischer Umtriebe eingeleitet wurde, führte die Verbindung von Hermann und Ludwig Kaiser, die Bokelberg einschalteten, zum Freispruch des Sohnes[125] und zur Einstellung des Verfahrens für den Vater.[126]

---

[118] Vgl. oben, S. 159f.. L. Kaiser, aaO., S. 11, nennt als Urteilsgrund „Erregen von öffentlichem Ärgernis" und verschweigt die Beförderungssperre.

[119] Vgl. Tagebucheintrag vom 8. und 10.4.1943.

[120] L. Kaiser, aaO., S. 14f.

[121] „Ludwig hat Fall Pechel gefördert. Sohn konnte Vater sprechen. – Dr. Schaffer." H. Kaiser, Tagebuch vom 30.3.; vgl. 5.4. und 14.5.1943. Wann Ludwig die Besuchserlaubnis für Frau Pechel erwirkte, ist unbekannt.

[122] Vgl. Eintragungen vom 30.3. und 3.4.1943; Oster sagte, „es würde alles Erdenkliche für ihn getan."

[123] Vgl. Eintragungen vom 29.1. und 10.2. im Tagebuch 1943.

[124] Vgl. Eintragung vom 2.4.1943: „Der Sohn Jäger hat zu Oberst Brüggemann gesagt: ‚Jetzt geht's bald los, so nicht mehr weiter. Mein Vater übernimmt das Wachbataillon und Sie Brüggemann sein Adjutant.' Dies hat Brüggemann gemeldet". Gleichzeitig lief die „Affäre Schulenburg", weil er junge Offiziere für den Umsturz suchte, was er aber vertuschen konnte.

[125] Vgl. Eintragung vom 2.7.1943.

[126] Vgl. Eintragung zum 24.7.1943. Danach richtete H. Kaiser am 23.7. einen Appell an Bokelberg. L. Kaiser, Ein Beitrag, S. 12, spricht von „meines Bruders und meine Bemühungen mit Unterstützung des Generalrichters Bo[c]kelberg". Dieser wurde im August 1944 Nachfolger von Sack; Otto Peter Schweling, Die deutsche Militärjustiz

Wohl sein gefährlichster Fall war 1943 die Anzeige gegen einen Frontkameraden des Ersten Weltkriegs, der seinerseits Hermann Kaiser belastete. Das Ermittlungsverfahren wegen Zersetzung der Wehrkraft konnte durch das Eingreifen von Olbricht und Dr. Karl Sack, seit 1.10.1942 Chef der Heeresjustiz, eingestellt werden.[127] Nur in diesem Fall ist ein Zusammenwirken der beiden widerständigen Heeresrichter überliefert.[128]

Vermutlich bezog sich jener Kamerad auf einen der Kontakte, die Hermann Kaiser mit alten Bekannten bei deren Besuch in Berlin und durch seinen regen Briefwechsel pflegte. Die erhaltenen Briefe geben Einblick in sein Denken, obwohl er wegen der Zensur seine Meinung nur andeuten konnte. Aber die nicht eingeweihten Adressaten sollten nicht unmittelbar für den Widerstand gewonnen werden, sondern Maßstäbe zur Kritik des Regimes erhalten, die eine Resistenz begründeten. Hinweise zum Verständnis der Zeit und zum Verhältnis von Politik und Moral sollten helfen, Kriterien des Rechtsstaates zu entwickeln. Dabei bezog er sich auf die griechische Philosophie, auf Paulus und Luther, Friedrich d. Gr., Bismarck und Moltke, während er sich von Machiavelli absetzte. Im Sinne des Regimes war das natürlich Wehrkraftzersetzung.

So verwies er einen Leutnant zum „Verständnis der heutigen Zeit" auf den 1. Korintherbrief und den Römerbrief.[129] „In beiden kommt das zum Ausdruck, was uns heute fehlt." Entsprechend erinnerte er 1943 Gräfin Plessen an die Stelle: „Das Reich Gottes ist nicht Essen und Trinken, sondern Gerechtigkeit und Friede und Freude in dem Heiligen Geiste." (Röm 14,17)[130] „Sie enthält und sagt eigentlich alles, worauf es heute ankommt."[131] Soweit der Nachlaß ein Urteil erlaubt, hat Kaiser zunehmend Bibelverse in seinen Briefen zitiert. Aber auch das Studium von „Platos Staatslehre" könnte „ganz außerordentlich zum Nachdenken anregen" und „wertvolle Erkenntnis vermitteln".[132]

Fromm beurteilte er sehr kritisch, obwohl er ihn immer wieder – ohne

---

in der Zeit des Nationalsozialismus, bearbeitet von Erich Schwinge, 2. Aufl. Marburg 1978, S. 102f., beurteilt ihn als „weder fachlich noch charakterlich mit seinem Vorgänger" vergleichbar.

[127] Vgl. Einstellungsverfügung vom 28.10.1943. Den Gerichtsherrn GenLt. von Hase informierte wohl Olbricht, den Oberkriegsgerichtsrat Dr. Linke Sack.

[128] Allerdings weiß Roon, Kaiser, S. 284, der sich auf eine Erklärung von Dr. W. Weinheimer stützt, nichts von einer Mitwirkung von Ludwig Kaiser.

[129] Brief an Leutnant W. Stath, 6.3.1942.

[130] Ebenfalls im Brief an Frau Koch, 30.8.1943.

[131] Brief an Gräfin Plessen, 30.8.1943.

[132] Brief an Stath.

Erfolg – im Sinne des Widerstandes zu beeinflussen und zu gewinnen suchte.[133] Derartige Gespräche boten diesem den Anlaß, Ende 1941 eine Abhandlung über „Wesen und Aufgaben der Politik"[134] zu erbitten.

Am Ende von Kaisers Taschenkalender[135] finden sich Ausführungen zu diesem Thema, die wohl zur Vorbereitung der Denkschrift dienten. Sie zeigen sehr deutlich seine Position. „Die Politik umfaßt [...] die Führung des Staates als die ordnende Gewalt für das Leben der Gemeinschaft. Diese ruht auf dem Vertrauen des Volkes und ist daher verpflichtet zur Übung der Gerechtigkeit und Wahrung des Rechts und Gewährung der Sicherheit (Verteidigung). Wie jede Führung ist sie weder Wissenschaft noch Handwerk, sondern eine Kunst, weil schöpferisch. Die Politik strebt nach Entfaltung und Vertiefung von Anstand und Gesittung. Der Staat als totale Macht ist eine Geburt des reinen Teufels." Aber an sich ist er „die stärkste Institution der Erziehung zum Bürger, zum gebildeten Menschen und Soldaten. Es gibt keinen Gegensatz zwischen Politik und Moral. Die Träger der Politik sind die Menschen. Diese müssen gebildete, moralische & gottesfürchtige Menschen sein, sonst entartet die Politik. Ebenso, wenn sie zur ‚totalen' wird. Sonst wird sie reine Machtpolitik." Der Politik sind „Grenzen gesetzt. Humboldt. Sie muß veredeln, erziehen. Die Politik muß 1. frei von Phantasterei, auf dem Boden der Wirklichkeit [stehen], 2. die Grenzen des Möglichen erkennen (Einsicht), 3. sie darf gegen das eigene Volk nicht unwahrhaftig sein [und] wahllos in der Anwendung der Mittel." Für die weitere Entfaltung notierte Kaiser „Kant, Fichte, Cl[ausewitz]". In einem Brief betonte er zusammenfassend: Es gibt „Grenzen, Normen und Richtlinien [...], die nicht ungestraft übersehen oder verletzt werden dürfen"[136].

In vielen Briefen erläuterte Kaiser diese Gedanken als eine wesentliche Grundlage seines Denkens und seiner Kritik am Dritten Reich. „Der moralische Mensch wird nicht nur allen Lebensaufgaben mit Kraft und Festigkeit gegenübertreten können, sondern auch die Konflikte lösen und

---

[133] Kroener, Fromm, bes. S. 412ff., 478f., 626, hat m.R. herausgestellt, daß Kaisers Urteil über Fromm perspektivisch gelesen und verstanden werden muß.

[134] Zur Datierung vgl. Brief an Stath: „Neulich erbat ein Generaloberst von mir eine Definition vom Wesen der Politik." Weiterhin Brief an Oberst Martin, 13.11.1942: „Ich habe vor längerer Zeit für einen höheren Führer eine Abhandlung über Wesen und Aufgaben der Politik verfaßt".

[135] Taschenkalender 1941 (BA-MA, MSg 1/3219), vorletzte, unpaginierte Seiten, ohne Überschrift. Unklar ist, ob die Ausführungen über das Verhältnis des Staates zur Kirche dazugehören; vgl. unten, Anm. 147.

[136] Brief an Oberst Martin, 13.11.1942, als Inhaltsangabe der „Abhandlung über Wesen und Aufgaben der Politik".

überwinden, die das Leben mit sich bringt und aufzwingt. Der Träger der Politik aber wird nur dann als moralischer Mensch zu bezeichnen sein, wenn sein Charakter in seinem religiösen Glauben verankert ist."[137] Deswegen wünschte er einem jungen Gefreiten, unter seinen „Kameraden tüchtige Soldaten und ordentliche Menschen [zu] finden, die wissen, was sie dem Vaterland schuldig sind und welche Pflichten sie auf dem Gebiet der Humanität gegenüber ihren Mitmenschen zu erfüllen haben. Ritterlichkeit und Menschlichkeit nach siegreichem Kampf gegenüber dem überwundenen Feind oder den unschuldigen Bewohnern des Landes gehören zu denjenigen Eigenschaften, die das deutsche Heer von jeher ausgezeichnet haben."[138] Einem anderen gab er den Maßstab: „Patriotismus ohne Menschlichkeit ist unmöglich und wo sich das eine von dem anderen trennt, folgt die strafende Gerechtigkeit auf dem Fuße."[139] Umgekehrt gilt: „Wahrer Patriotismus kann nur bei den Menschen gedeihen, die die Tapferkeit des Krieges mit der Humanität des Christentums verbinden."[140] Als im Februar 1943 der neue Chef des Generalstabes der HGr Mitte, Generalleutnant Krebs, Hitler mit Friedrich dem Großen verglich, der trotz der verzweifelten Situation 1759 „standgehalten [habe] und [...] gerettet worden" sei, betonte Kaiser: „Der König habe die Mittel der Politik als Kunst gehandhabt und alles angeboten, um mit dem Bestand Preußens aus der Katastrophe herauszukommen. Er war ein König mit Ehrgefühl und Verantwortung gegenüber seinem Volk und Gott. Deshalb sei er gerettet worden und damit das Vaterland. Dies als Perspektive."[141]

Angesichts der Luftangriffe auf Mainz im August 1942 schrieb er einem „Patrioten": „Was Generationen gläubiger und patriotischer Menschen in Jahrhunderten aufgebaut haben, ist niemals wieder zu ersetzen, denn der Geist und der Glaube ist nicht mehr lebendig, aus dem heraus diese Bauwerke geschaffen wurden."[142] Aber nach einem Ende der Zerstörungen sollen die „noch vorhandenen edelsten Kleinodien" erhalten werden als „Ansporn für ein ehrbares Leben im Geiste der Ideale: Ehre, Freiheit, Vaterland." Die „Wiederherstellung des geistigen Primats" sah Kaiser als die große Aufgabe, weil der „Deutsche Geist [...] geknechtet und gefesselt (ist). Er hat es selber getan und ist sich untreu geworden.

---

[137] Brief an Stath.
[138] Brief an W. Ruppert, 18.6.1942.
[139] Brief an Direktor Hundt, 27.10.1942. An seinen Neffen Rütger Zilcken schrieb er am 1.4.1943: Vgl. auch die Tagebucheintragung zum 23.3.1943 u.ö.
[140] Brief an seinen Neffen Rütger Zilcken, 1.4.1943: Vgl. auch die Tagebucheintragung zum 23.3.1943 u.ö.
[141] Tagebucheintrag vom 19.2.1943.
[142] Aus einem „Brief an einen Patrioten" vom August 1942 (Fragment).

Ihn zu reinigen und zu erwecken die große Aufgabe."[143] Entscheidend gehört zu diesem verlorenen Erbe die „Religion der Väter", weil sie „für die einzuschlagende Richtung im persönlichen und allgemeinen Leben Weisungen und Richtpunkte" geben kann.[144]

So wie die Politik in der Moral begründet sein muß, lebt sie aus dem Glauben, was für das „Verhältnis Luthers zum Staat"[145] entscheidend war. „Sein Wort sagt uns heute mehr denn je, worauf es ankommt. Ordnung und Frieden zu halten ist sicher eine der wichtigsten Aufgaben des Staates und bedeutet die erste Rechtfertigung des Staates." So wäre „jede Revolution [...] unter allen Umständen zu verwerfen", er „forderte und erwartete von den Christen den ‚leidenden Gehorsam'".[146] Aber in diesem „konservativen Charakter" erschöpfte sich seine Aussage nicht. Vielmehr stellte er „der harten Lehre vom unbedingten Recht der bestehenden Obrigkeit [...] seine Auffassung von den Schranken der weltlichen Gewalt gegenüber, die der Seele nicht befehlen könne" wie die Politik des NS-Systems. Auf deren Eingriffe in die Kirche anspielend betonte Kaiser: „Der moralische Mensch als Träger der Politik wird sich nie vermessen, in Glaubensfragen einzugreifen und die letzten Dinge des Seelenlebens mit Gewalt zu beeinflussen. [...] Als Inhaber der staatlichen Gewalt wird er auch seine Aufgabe darin sehen, die Kirche als Gemeinschaft der Gläubigen gegen äußere Einflüsse und Gefahren zu schützen."[147] Aber die Kirche als „die Gemeinschaft der ‚Gläubigen' [...] zerfällt, wenn die Menschen nicht mehr glauben können. Dann sind Hochmut und Pharisäertum, Lüge, Frevel und Verbrechen mehr denn je am Werke."[148]

---

[143] Gespräch mit Meinecke, der den Brief von Jakob Burkhardt an Alfred v. Salis vom 21. April 1872 zitierte, daß der deutsche Geist frei werden müsse von „Macht, Reichtum und Geschäftemachen." Tagebuch 16.5.1943.

[144] Brief an „Lieber Herr", 5.1.1943 (BAK, Nachl. Pechel III/2).

[145] Brief an Stath.

[146] Kaiser bezieht sich augenscheinlich auf Martin Luther, Von weltlicher Obrigkeit, wie weit man ihr Gehorsam schuldig sei, 1523 (WA 11, 245ff.).

[147] Vgl. „Verhältnis des Staates zur Kirche" im Taschenkalender 1941: Der Staat „hat ihr den Schutz zu leihen, denn eine individuelle Religion ohne Gemeinschaftsgefühl ist ohne praktischen Wert, sondern führt zur Willkür und Entartung. Die Gemeinschaft der Gläubigen ist zusammengefaßt in der Kirche. Die religiösen (10) Gebote sind für jeden verbindlich. Aufgabe der Politik ist [, die] Kirche zu achten, vor Schmähungen und Schäden zu bewahren. Dies alles hängt mit den Aufgaben des Staat zusammen. Die Politik löst diese durch richtige Führung des Staates. (Vgl. die Einleitung zur Weimarer Verfassung.)" Als Literaturhinweise folgen: „Handwörterbuch für Staatsw[issenschaften], G. Rümelin, Aufsätze und Reden".

[148] Brief an Oberst Martin, 13.11.1942; vgl. an denselben, 14.3.1943.

Kaiser ging noch weiter und verwies auf Luthers „An den christlichen Adel", der „im Kampf mit dem entarteten Papsttum [...] ein rechtes und freies Konzilium" forderte. Kaiser zitierte: „Dieses [Konzil einzuberufen] vermag niemand so wohl als das weltliche Schwert, sonderlich weil sie nun auch Mitchristen sind, Mitpriester, mitgeistlich, mitmächtig in allen Dingen, und sollen ihr Amt und Werk, das sie von Gott über jedermann haben, frei gehen lassen, wo es not und nütze ist zu gehen."[149] Diese Aussagen „richtig zu verstehen und in ihrem Geiste zu handeln, bedeutet die höchste Aufgabe der deutschen Zukunft. Es gilt, den sittlichen Rechtsstaat mit der Gemeindekirche in Harmonie zu bringen." Indem Kaiser unter dem Bilde des Konzils gegen das entartete Papsttum den Widerstand gegen das Dritte Reich legitimierte, belegt der Brief, wie intensiv sich Kaiser mit dem Widerstandsrecht beschäftigte. Dazu hatte er seine Lutherausgabe auch in Berlin zur Hand.

So dürften seine Briefe Gespräche in seinem Arbeitszimmer spiegeln, über die für Januar bis August 1943 wieder sein Tagebuch informiert. Zum Jahresanfang notierte er: „Das Jahr der Entscheidung vorbei, das Jahr der Liquidierung zieht auf. Ich weiß, was es uns bringt. [...] Gedenke an das Alte Deutschland, an die Jugendzeit, an Stein und Bismarck. Ob wohl das Erwachen beginnt?"[150] Die folgenden Eintragungen zeigen, daß Kaiser nicht mehr wie in der Phase der Einbindung am Rande stand, sondern Anlaufstelle vieler Mitglieder der Konspiration und Vermittler zwischen dem militärischen und zivilen Widerstand geworden war. Auch die Zusammenarbeit mit Goerdeler intensivierte sich, der Kaiser bei der Abfassung von Memoranden wie der Denkschrift an die Generalität beteiligte. Heinrich bewahrte wichtige Denkschriften[151] auf, die zuletzt bei den zwei Schwestern Maria und Hedwig in Kassel hinterlegt wurden. Goerdeler wollte zudem Hermann als Kultusminister für seine Regierung nach dem Sturz Hitlers gewinnen, konnte ihn aber nur zur Übernahme der Stellung des Staatssekretärs überreden.[152] Kaiser hatte für die Hoffnungen

---

[149] Das Zitat aus „An den christlichen Adel" (WA 6, 413) ist von Kaiser unterstrichen.
[150] Eintragung zum 1.1.1943.
[151] Vgl. L. Kaiser, Ein Beitrag, S. 16: Denkschrift über Wirtschaftspolitik, insbesondere Währungspolitik, Listen über die Besetzung von Minister- und anderen Posten, die Briefe an die Generalität vom 26.3.1943, an Olbricht vom 17.5.1943 und an Kluge vom 25.7.1943 sowie einen von H. Kaiser verfaßten Aufruf Goerdelers an das deutsche Volk. Die Texte stammen wohl alle von 1943, was nur bei der Wirtschaftsdenkschrift unklar ist. Gerettet wurden nur die Briefe, die anderen Dokumente wurden nach dem 20. Juli vernichtet.
[152] Erstmals am 5.1.1943 bot Goerdeler lt. Tagebuch Kaiser diese auch von Popitz angestrebte Aufgabe an, der aber ablehnte und aufgrund der wissenschaftlichen Arbeiten

einzelner Mitverschworener auf Ministerämter „nur Verachtung"[153]. Vergeblich versuchte er bei seinen Besuchen in Göttingen, einen Studienfreund, den Physiker Robert Pohl, entsprechend seiner Ablehnung des Regimes als künftigen Kultusminister zu gewinnen.[154]

Die Zahl der Kontakte spiegelt die neue Lage; bisweilen erweckt das Tagebuch den Eindruck, daß sich neben alten und neuen Bekannten[155] die Frondeure 1943 bei Kaiser die Türklinke in die Hand gaben. Dabei spielte eine Rolle, daß die Attentatsplanung in der Heeresgruppe Mitte mit den Berliner Widerstandszentren abgesprochen wurde. Der Anfang des Jahres war angesichts der Katastrophe von Stalingrad eine Zeit intensivster Planung. Goerdeler drängte ungeduldig und drohte mit seinem Rückzug, während von den Feldmarschällen keine Initialzündung zu erwarten war.[156] „Tresckow teilt ganz die Auffassung von Goerdeler. Kein Tag zu verlieren. Es sei so bald als möglich zu handeln."[157] Deshalb sollte Kaiser auf Olbricht einwirken, der aber nicht allein handeln wollte.[158] Entsprechend den für einen Zivilisten wie Goerdeler kaum verständlichen

---

Prof. Dr. Gerhard Ritter vorschlug, obwohl er nach Meineckes Urteil zu „dogmatischen Urteilen" neige. Tatsächlich fragte Goerdeler in Freiburg Ritter, der sich aber die „Entscheidung vorbehalten" hat, so daß zuletzt Eugen Bolz ins Auge gefaßt wurde; Tagebuch, 22.2.1943. Vgl. Ministerlisten bei Ritter, Goerdeler, S. 601ff. Bei dem nächsten, von Kaiser wiederum abgelehnten Angebot am 16.5.1943 hatte Goerdeler einen „Mann für das Volksschulwesen gefunden", aber Kaiser müßte es machen. „Auf den Charakter käme alles an." Letzte Erwähnung 3.8.1943.

[153] „Was für Aspirationen für Männer, die Patrioten sein wollen." Eintrag vom 15.2.1943.
[154] Vgl. Ulf Rosenow, Göttinger Physiker unter dem Nationalsozialismus, in: Heinrich Becker u.a. (Hg.), Die Universität Göttingen unter dem Nationalsozialismus, 2. Aufl. München 1998, S. 572.
[155] Nicht in den Tagebüchern erwähnt ist z.B. die deshalb wohl 1942 entstandene Bekanntschaft mit dem Schriftsteller aus dem Eckart-Kreis August Winnig; vgl. Kroener, Fromm, S. 977, Anm. 22.
[156] Vgl. Eintragung vom 18.1.1943 u.a. Nachdem Goerdeler wegen der Spannungen mit den „Jungen" zum Verzicht auf die leitende Position bereit war (vgl. Eintrag vom 8.2.1943), sagte er am 15.2.1943, „ab Ende Febr. stehe er nicht mehr zur Verfügung." Vgl. 19.2.1943: „Auch mit Eisenmann [= Beck] nicht einverstanden, nennt ihn einen ‚Zauderer', der nicht zum Entschluß komme, es habe keinen Zweck, Woche für Woche ihn aufzusuchen, Gespräche und Überlegungen, aber kein Entschluß. Daher entschlossen, Ende Febr. Schluß zu machen. / Arbeiter enttäuscht, nicht mehr zu halten. Versagen der Generäle. Bereits mache sich der Radikalismus in den breiten Massen geltend und bemerkbar."
[157] Eintragung vom 3.2.1943; vgl. für die dem März-Attentat dienenden Absprachen Müller, Beck, S. 463ff.; Ringshausen, Kuriergepäck.
[158] Vgl Eintragungen vom 6., 19., 20.2.1943.

Mechanismen militärischer Hierarchie wußte Olbricht, daß er „nichts ohne Bulle [= Fromm] tun" konnte.[159] Seine Ablehnung übereilter Einzelaktionen lernte Kaiser jedoch zu würdigen, während seine Kritik an Goerdeler zunahm.[160] Obwohl sich Fromm den Einwänden Olbrichts und besonders Schulenburgs öffnete, war von ihm keine Initiative zu erwarten, da er „nur etwas tun [würde], wenn alles sicher oder vollzogen. [...] Der eine [= Olbricht] will handeln, wenn er Befehle erhält. Der andere [= Fromm] befehlen, wenn gehandelt ist."[161] Damit war er immerhin zur Hinnahme des Attentates bereit. So schrieb Kaiser eine Woche vor dem neuen Termin „1. März"[162] der Mutter eines früheren Schülers: „Nach wie vor glaube ich fest daran, daß der Krieg nicht mehr lange dauert, daß wir vielleicht schon im Frühjahr mit einer Entscheidung rechnen können, die geeignet ist, uns der Einleitung des Friedens näher zu bringen."[163]

Aber es kamen lauter Rückschläge im März, der mit schweren Luftangriffen auf Berlin begann. Kaiser war „tief erschüttert, als ich ringsum die schweren Brände sehe"[164] und die „Stätten der Zerstörung und des Grauens." Auf die Nachricht, daß die „herrliche Hedwigskirche ausgebrannt"[165] ist, las er „Trostgedanken Meister Ekkehardts", um das „Vertrauen auf Gott" zu bewahren. Beck wurde am 5. März in die Charité zur Operation durch Prof. Dr. Ferdinand Sauerbruch eingeliefert und war danach lange nicht aktionsfähig, so daß „der leitende Kopf der militärischen Seite fehlte"[166]. Dann mißlangen die Attentatsversuche der Heeresgruppe Mitte, und Anfang April wurden Hans von Dohnanyi, Dietrich

---

[159] Vgl. zur Eintragung vom 18.1.1943 Kroener, Fromm, S. 598.

[160] Nachdem auch Karl Arnold Olbricht zur Tat drängen wollte, sagte dieser zu Kaiser: „Seien Sie [= Kaiser] versichert, ich tue alles, was für das Vaterland heilsam und notwendig ist, von meiner Seite geschieht alles, was an Vorbereitungen für die Befreiung notwendig ist. Aber diese Männer können alles verderben." Kaisers Urteil: „Überzeugt und stark beeindruckt. Er ist doch die stärkere Kraft, weil besonnen u. einsichtig. Er wehrt sich gegen jede Erpressung." Eintrag vom 24.2.1943.

[161] Eintragung vom 20.2.1943. Zu den Versuchen, Fromm zu überzeugen, vgl. Kroener, Fromm, S. 599ff., der sogar Fromms Bereitschaft zur Beteiligung am Umsturz vermutet.

[162] Am 19.2.1943 „kommt Schlabfritz [= Schlabrendorff]. Auftrag Tr[eskow]. Anfrage bei Schw. [eiger = Olbricht] nach Termin. Ich vermittle. – Termin nach O. [lbricht] v. 15/II auf Anfang März verlegt."

[163] Brief von H. Kaiser an Lotte Stallforth, 23.2.1943. Vgl. Brief an Oberstleutnant Martin, 14.3.1943: „Es wird nicht mehr lange dauern, da wird die Sonne der Wahrheit und Gerechtigkeit wieder leuchten".

[164] Tagebucheintragung vom 1.3.1943.

[165] Tagebucheintragung vom 2.3.1943.

[166] Tagebucheintragung vom 15.5.1943. Vg. Müller, Beck, S. 470f.

Bonhoeffer und Josef Müller inhaftiert, was die Kaltstellung von Oster, durch den die Abwehr ein Zentrum des Widerstandes war, und die Gefährdung seines Chefs, Admiral Wilhelm Canaris, bewirkte.[167] Hinzukam ein Verfahren gegen General Erich Fellgiebel, weil er „defaitistische, kritische Äußerungen getan" habe.[168] So gab Olbricht bald „jede Hoffnung auf Revolution von oben" auf, Tresckow meinte, daß der „Zeitpunkt verpaßt" wäre.[169] Goerdeler hatte noch während der Attentatsplanungen der Fronde um Tresckow im März seine „Denkschrift" für die Generalität[170] verfaßt, als „Abschiedsschreiben"[171] und zugleich als letzten Ansporn, und drängte bald wieder zum Handeln – mit der Neigung, die Möglichkeiten zu positiv einzuschätzen. Kaiser kommentierte die Lage: „Nicht die finsteren Mächte haben uns zu Fall gebracht, sondern die eigene Verblendung."[172]

Aber dann kam das Scheitern der deutschen Rußlandoffensive und das Ende der Afrikaoperation in Tunis („Tunisgrad"). Die zunehmenden Zerstörungen in Deutschland haben Kaiser „tief bewegt und erschüttert. Wann gibt Gott Rettung und Erlösung?"[173] Gegen die Hoffnungen auf Vergeltung durch neue technische Entwicklungen wie die weitreichenden Raketen betonte er, „technische Steigerung ist eine Schraube ohne Ende. Technik und Industrie [ist] ein Werkzeug des Bösen geworden, im Dienst des Satans."[174] Für Kaiser war Hitler nur noch als Teufel zu deuten. Der

---

[167] Vgl. Eintragung vom 13.4.1943.
[168] Vgl. Eintragungen vom 30.3.1943; vgl. 13.4., 12.5.1943.
[169] Eintragungen vom 2. und 6.4.1943; vgl. 11.4. 1943.
[170] Ritter, Goerdeler, S. 577ff., datiert 26.3.1943. Am 3.3.1943 erhielt Kaiser von Goerdeler „Abschlußschreiben v. 3/III an die G.(enerale) zur Stellungnahme mit Anhang. Ich halte es stilistisch wie inhaltlich für unmöglich, nicht frei von Geltungsbedürfnis u Ehrgeiz u Selbstüberschätzung. Es finden sich auch unmögliche Sätze darin."
[171] Tagebucheintrag vom 9.3.1943.
[172] Eintragung vom 24.7.1943.
[173] Eintragung vom 17.5.1943.
[174] Eintragung vom 21.6.1943. Als am 28.6. auch Schlabrendorff sich von den Wirkungen der Raketen ein Verhandeln Englands erhoffte, betonte Kaiser: „1. Jede technische Steigerung der Wirkungskraft v. Kampfmitteln ist eine Schraube ohne Ende. Sehr bald Gegenwirkung. 2. Anwendung Rakete wird schlimmste Luftangriffe nach sich ziehen. Nicht mehr Kriegsproduktionsziele werden angegriffen, sondern Städte u. Siedlungen schlechthin. Grund: Rakete gewährleistet keinen Zielangriff, sondern Flächenangriff wahlloser Art, die unschuldige Menschen, offene Städte u Dörfer vernichtet. Engl. werde dann keine Hemmung mehr kennen u zu den schlimmsten Gegenangriffen ausholen, u.U. sogar die Landung forcieren. 3. Mit technischen Mitteln kann man keinen Krieg entscheiden, sondern nur durch die Führung einer überlegenen Poli-

Sturz Mussolinis und seine Verhaftung am 25. Juli machten auf Kaiser den „Eindruck eines ungeheuren Ereignisses". „Die Folgen ergeben sich mit Sicherheit geschichtlichen Gerichts. Gedanken an den Choral: Nun danket alle Gott, Befiehl Du Deine Wege. Ich bin tief ergriffen, und es übermannt mich mehrmals ein tiefes vaterländisches Gefühl. Alle Not, alles Elend soll es zur Läuterung geführt haben."[175]

Während Goerdeler noch Hoffnungen auf Grenzrevisionen bei Verhandlungen mit England[176] hatte, teilte wenige Tage später Tresckow mit, daß Kluge unter dem Eindruck der Lage an der Ostfront „endlich" zum Handeln bereit wäre; und Olbricht wollte dann Fromm unter Umständen festnehmen lassen und an seiner Stelle handeln: „Wenn er's nicht macht, mache ich's."[177] Am 2. August berichtete Fritz-Dietlof Graf von der Schulenburg als Ergebnis seiner Gespräche in Paris über die „Bereitschaft" von Carl-Heinrich von Stülpnagel, dem Militärbefehlshaber von Frankreich, „mitzuwirken. Er ist auch bereit, aus eigener Initiative zu handeln."[178] Gleichzeitig war Beck „wieder geistig frisch und gesund"[179], während sich Tresckow noch in Berlin aufhielt und die „Vorarbeiten" zur Tat beschleunigt werden sollten. Auch Kaiser rechnete mit dem baldigen Umsturz; daß er nicht kam, erfährt man nicht mehr aus Kaisers Tagebüchern, da der anschließende Band verloren ist oder bei der Verhaftung der Brüder der Gestapo in die Hände fiel.

Angesichts der Luftangriffe und der gedrückten Stimmung in der Bevölkerung war Kaiser sich des Ernstes der Lage bewußt: „Kann jede Stunde vor die Schranken des Jüngsten Gerichts treten."[180] Während die Bevölkerung panikartig Berlin zu verlassen suchte, wollte er eine „solda-

---

tik. Ist aber die Rakete erst einmal angewandt, so gibt es kein Halten mehr. Die totale Vernichtung wäre die Folge. [...] Ultima ratio lucifer."
[175] Eintragung vom 29.7.1943.
[176] Vgl. Eintragung vom 27.7.1943: „M. (= Goerdeler) gibt England Bedingungen für den Fall der Umstellung: 1. keine Bombenangriffe 2. Grenzen von 1914 für Deutschland im Osten. Im Westen Malmedy bei Deutschland. Lothringen erhält z.T. Frankreich. Im Elsaß Volksabstimmung nach 5 Jahren. 3. Europ. Staatenbund. 4. Arbeiter haben völlige Klarheit. NSDAP. Koloß auf tönernen Füßen."
[177] Eintragungen vom 29.7.1943.
[178] Eintragungen vom 2.8.1943. Hoffnungen weckte zudem die Mitteilung von Hauptmann Ludwig Gehre (Ausland/Abwehr): „Nachrichten liegen vor, daß Stalin im Falle des Umsturzes in Deutschland gegen Angebot der Räumung Rußlands einen Nichteinmischungspakt mit Deutschland zu schließen bereit sei, um völlige Unterwerfung Deutschlands unter England zu unterbinden." Mit Recht hielt Goerdeler diese auch von Eduard Brücklmeier geteilten Überlegungen für Illusionen.
[179] Beurteilung durch Olbricht, Eintragung vom 3.8.1943.
[180] Eintragung vom 31.7.1943.

tische und patriotische Haltung"[181] bewahren. „Auf einem Wagen des Güterverkehrs sah ich eine in eine scharlachrote Decke eingewickelte Statue von Johannes dem Täufer. Man blickte in ein strenges Antlitz, dessen Züge prophetische Weissagung mit unerbittlicher Gerechtigkeit und Wahrhaftigkeit zum Ausdruck brachten": „Tut Buße"![182]

Im Blick auf die Möglichkeit eines Umsturzes ließ er den Mut nicht sinken, urteilte aber zurückhaltender. Ende August schrieb er dem Wehrmachtspfarrer Baedeker, seinem ehemaligen Schüler, „daß wir heute auf allen Gebieten [...] die Verbindung mit der Grundquelle alles Schöpferischen in einem Maße verloren [haben], daß kein Vergleich mit einer früheren Epoche möglich ist. Unsere Nachfahren werden uns dermaleinst mit Recht den Vorwurf machen, daß wir nicht verstanden haben, das Erbe der Väter zu hüten. [...] Auch in unserer Gläubigkeit sind die Menschen unserer Zeit unecht geworden, deshalb müssen wir heute viel leiden. Ich möchte einmal gern eine gute Predigt hören über das Wort: ‚Wo die Sünde mächtig geworden ist, da ist doch die Gnade viel mächtiger geworden!' Vielleicht ist die Zeit nicht mehr fern, wo ein Mann aufstehen wird, der dazu in der Lage ist."[183] Bereits im Februar hatte Kaiser im Tagebuch notiert, daß „die Ankunft Graf Stauffenbergs"[184] angekündigt sei; aber erst am 10. August machte dieser seinen Antrittsbesuch in Berlin, um ab Oktober unter Olbricht zu arbeiten. Damit begann der letzte Abschnitt des Widerstands.

Im November 1943 fiel Kaisers ältester Neffe in Italien, während die Luftangriffe auf Berlin immer stärker das Leben bestimmten. Auch das Atelier seines Bruders Heinrich in der Kurfürstenstraße wurde zerstört, das nicht nur für Zusammenkünfte mit Verschworenen des 20. Juli diente, sondern auch für Fühlungnahmen zu Kommunisten.[185] So äußerte sich Hermann Kaiser in seinen Briefen immer ernster. Er entfaltete Gedanken an das Weltgericht[186] und mahnte zur Anerkennung Gottes: „Wer Gott

---

[181] Kaiser an Oberstleutnant von Reckow, 3.8.1943.
[182] Eintragung vom 2.8.1943.
[183] Brief an Dietrich Baedecker (sic), 26.8.1943; zum Adressaten vgl. Dietrich Baedeker, Das Volk, das im Finstern wandelt. Stationen eines Militärpfarrers, hg. vom Ev. Kirchenamt in der Bundeswehr, Hannover 1987. Zitat: Röm 5,20.
[184] Eintragung vom 2.2.1943.
[185] Heinrich Alfred Kaiser, Eidesstattliche Erklärung vom 28.1.1946, nennt als kommunistische Kontaktpersonen den Holländer Hersolde aus Amsterdam, Maurerpolier Mitterer aus München und den jüdischen Kunstmaler Brohmann aus Berlin. Auch Ludwig hatte Verbindung zu einem kommunistischen Widerstandskämpfer, der in Berlin Geigenbauer war; Brief von Peter Kaiser an Verfasser, 1.8.1994.
[186] Brief an einen Kameraden, 10.12.1943.

dienen will, muß ganz frei sein, d.h. er darf nichts für sich wollen, sondern muß fähig sein, alle Schicksale als Fügungen des göttlichen Willens aufzufassen. Man muß selbst forschen und wissen, was es bedeutet, wenn man sich von Gott heimgesucht fühlt. Wie schön heißt es doch in dem Lied Paul Gerhardts:
‚... bist du doch nicht Regente, der alles führen soll,
Gott sitzt im Regimente und führet uns ganz wohl'."[187]

6. Attentatsversuch und Haft, Tod und Leben

Das Tagebuch für 1944 fiel der Gestapo kurz nach dem 20. Juli 1944 in die Hände.[188] Aus ihm sind einzelne Zitate in die Untersuchungsberichte und die Urteilsbegründung[189] für Hermann Kaiser übernommen worden.[190] Sie zeigen, wie dieser nach dem Eintritt von Stauffenberg in die Umsturzplanung zum Mittelsmann zwischen ihm und Goerdeler geworden ist. Entsprechend hoffte er nicht nur auf ein Gelingen des Attentats, sondern hielt auch während Stauffenbergs Fahrten zum Führerhauptquartier am 10. und 15. Juli die Verbindung zu Goerdeler aufrecht.

Am 16. Juli schrieb er dem befreundeten Wiesbadener Stellvertretenden Generalkommandanten des XII. Armeekorps: „Habe spannende Tage der letzten Woche hinter mir, Dienstag [wohl irrtümlich für Montag] und letzten Samstag [= 11. (10.) und 15.7.] waren Höhepunkte im Ablauf der Geschehnisse. Pollux [= Hitler] am Ende seiner Laufbahn. Die höhere Fügung gab noch eine Verlängerung der Frist. Aber ich glaube, que les jours sont comtés."[191] Kaiser sollte nach gelungenem Umsturz in seiner Heimat Verbindungsoffizier des Wehrkreises werden und pflegte deshalb entsprechende Kontakte.[192] Gleichzeitig verschlechterte sich die Kriegs-

---

[187] Brief an Alma Zilcken (Schwester), 26.1.1944: Ende der 7. Strophe von Paul Gerhardt: „Befiehl du deine Wege", wobei „uns ganz" an Stelle von „alles" getreten ist.
[188] Vgl. Anm. 199.
[189] Urteil gegen Hermann Kaiser und Busso Thoma vom 17.1.1945, in: KB, S. 726–731.
[190] Für die Verhandlung am 18.1.1945 lag „durch Feindeinwirkung" nur ein Rest „für die Zeit vom 9.5. bis 15.7.44" vor; KB, S. 723; vgl. bereits KB, S. 127. Das Datum „25.1." im Urteil (KB, S. 727) muß 25.5. heißen (vgl. KB, S. 126).
[191] Brief an Rittmeister a.D. Dr. Rudolf von Ibell, 16.7.1944.
[192] Vgl. Rolf Faber/Axel Ulrich, Im Kampf gegen Diktatur und Rechtlosigkeit – für Menschlichkeit und Gerechtigkeit, in: Peter Joachim Riedle (Hg.), Wiesbaden und der 20. Juli 1944 (Schriften des Stadtarchivs Wiesbaden 5), Wiesbaden 1996, S. 181 („verschlüsselte Korrespondenzen" [aaO., S. 260f.] mit Ludwig Schwenck, der zum Freundeskreis um Heinrich Roos gehörte, sind allerdings kaum wahrscheinlich).

lage an allen Fronten. „Eine solche stürmische Entwicklung haben selbst die schärfsten Kritiker nicht für möglich gehalten." Bei einem Gelingen des Attentats hoffte Kaiser jedoch, den Feind noch „zum Halten zu bringen und wenigstens 14 Tage Zeit zu gewinnen". Zwar hatte er mit den Verschwörern schon zweimal „eingreifende Entscheidungen" erwartet, „doch die Wendung unter Gottes Fügung blieb aus. ‚Aber der Gerechten Seelen sind in Gottes Hand, und keine Qual rühret sie an.' Und im 33. Psalm steht: ‚Denn des Herrn Wort ist wahrhaftig und was er zusagt, das hält er gewiß. Er liebt Gerechtigkeit und Gericht; die Erde ist voll der Güte des Herrn.'"[193] Kaiser reagierte auf die Mißerfolge und das Warten auf den Durchbruch mit Psalmversen, mit dem Vertrauen auf Gottes Wirken für die Gerechten. Einen Tag später mußte er Goerdeler mitteilen, daß von der Gestapo ein bereits länger erwarteter Haftbefehl gegen ihn erlassen war.[194]

Von Hermann Kaiser schon früher geplant[195] und von Beck und Stauffenberg widerwillig genehmigt[196] war eine Reise am 19. Juli nach Kassel, wo sich alle Geschwister zu einem doppelten Familienfest treffen wollten. Zusammen mit dem 80. Geburtstag einer Tante wurde die Taufe des ersten Sohnes von Heinrich Kaiser gefeiert, wobei Hermann Pate des Stammhalters Peter Michael wurde.[197] Am 20. Juli hörten die an der Verschwörung beteiligten oder eingeweihten Familienmitglieder abends aus dem Radio von dem mißlungenen Attentat, das Hermann merkwürdiger Weise noch nicht erwartet hatte.

Schnell hatte die Gestapo Kaisers Bedeutung im Rahmen des Widerstandes erkannt, da er auf der Liste der Verbindungsoffiziere für den Wehrkreis XII (Wiesbaden) vorgesehen war. Deshalb wurde am 21. Juli morgens das Kasseler Haus seiner Schwestern von der Gestapo gesichert, die mittags die drei Brüder verhaftete.[198] Bei der Gefangennahme fiel der Gestapo wohl das letzte Tagebuch Hermann Kaisers in die Hände, während ein anderer Teil vernichtet werden konnte.[199] Er selbst wurde gefesselt und über Wiesbaden, wo man in seiner Wohnung Beweismaterial suchte, zur Vernehmung nach Berlin in das Reichssicherheitshauptamt

---

[193] Weisheit Salomos 3,1 (= Johannes Brahms, Requiem, Teil 3); Psalm 33, 4f. 10. 16.
[194] Vgl. Ritter, Goerdeler, S. 401; KB, S. 729.
[195] Vgl. Brief an R. v. Ibell.
[196] Vgl. Roon, Kaiser, S. 285.
[197] Geb. am 19.1.1944 als Sohn der 1943 verheirateten Heinrich und Ingrid Kaiser.
[198] Vgl. den Bericht von Ingrid Hallwachs, verw. Kaiser, in: I. Kammler (Hg.), Ich habe die Metzelei satt und laufe über ..., Fuldabrück 1985, S. 209–211.
[199] Das Tagebuch 1944 wird im Kielpinski-Bericht vom 26.7.1944 erstmals erwähnt; KB, S. 57; das vernichtete Tagebuch enthielt wohl die Eintragungen ab 4.8.1943.

gebracht und dann in das Polizei- und Zellengefängnis Lehrter Straße verlegt. Auch die bei ihm gefundene Denkschrift Goerdelers „Das Ziel" betrachtete die Gestapo als seine Arbeit.[200] Er galt deshalb als „einer der wesentlichen geistigen Hintermänner des Anschlages"[201]. Der Vernehmung Ende Juli folgte am 14. August der Ausstoß aus der Wehrmacht.

Die Brüder Ludwig und Heinrich lieferte man in das Zuchthaus Kassel-Wehlheiden ein; man hatte wohl keine genaueren Vorstellungen über ihre Beteiligung, was aber die Familienangehörigen nicht vor Beschimpfungen durch Nachbarn schützte. Vierzehn Tage später überführte man Ludwig in das Gefängnis Lehrter Straße, wo seine Zelle zeitweilig gegenüber der seines Bruders Hermann auf der anderen Seite des Ganges lag. Erst am 30. September durfte dieser seinen Geschwistern schreiben, nachdem er nach Tegel verlegt worden war, während er Heinrich wieder in Freiheit wähnte.[202] Er berichtete, daß er im Reichssicherheitshauptamt in der Prinz-Albrecht-Straße sein Neues Testament, das er in den beiden Weltkriegen bei sich hatte, und den alten Nassauischen Landeskatechismus in der Zelle haben durfte. „Die Vertiefung in beide war und ist nun meine tägliche Aufgabe." Nachdem er in das Gefängnis Lehrter Straße gebracht worden war, erhielten seine Schwestern endlich an Buß- und Bettag Besuchserlaubnis[203] – „ich war vorher gerade mit meinen Gedanken bei der Mahnung des Apostels Paulus, sich bewußt zu werden, daß Gottes Güte zur Buße leitet. Und nun hatte sich seine Gnade erneut und so sichtbar offenbart. Tiefe Dankbarkeit regte sich immer wieder in meinem Herzen, es war wie ein Lichtstrahl, der mit einem Mal die Finsternis durchleuchtet."[204] Die Frömmigkeit der Gefängnisbriefe erscheint nicht als grundlegende Wandlung, sondern steht im Zusammenhang mit früheren Äußerungen. In einem Brief schlug er einen Bogen zur Kindheit, indem er in „wachen Nächten" die „Schlummerlieder" singe und „dann stehe ich wieder in der Kirche, im Chor der Gemeinde preisen wir in mächtigem Choral die Ehre Gottes"[205].

Mitte Januar 1945 hoffte er, daß ihm „die Möglichkeit zum Wirken im Leben verbleibt"[206]. Aber wenige Tage später fand am 17. Januar die Verhandlung gegen ihn vor dem Volksgerichtshof durch Freisler statt;

---

[200] Erstmals im Bericht vom 1.8.1944 zitiert; KB, S. 119.
[201] Bericht vom 30.7.1944; KB I, S. 100.
[202] Im Brief an seine Geschwister vom 30.9.1944 frage er: „Wie geht es Heini [...] Ist er jetzt in Dresden?" Dorthin war er nach der Ausbombardierung ausgewichen.
[203] Hier erhielten sie wegen der Foltern blutige Wäsche; Hallwachs, aaO., S.210.
[204] Brief an seine Schwestern, 25.11.1944. Vgl. Röm 2,4.
[205] Ibid.
[206] Brief an die Schwestern, 14.1.1945.

zusammen mit Major Busso Thoma, der ebenfalls im AHA gearbeitet und im Kontakt mit Kaiser gestanden hatte, wurde er zum Tode verurteilt: „Sein Verrat sprengt alle Maße gesetzlicher Bestimmungen; ist Defaitismus, Meuchelmord an unserem Führer, ist Hochverrat, ist Landesverrat [...]."[207] Noch die Urteilsbegründung zeigt Freislers Diktion. Am 23. Januar, dem „Tag der zehn Toten"[208], wurde Hermann Kaiser erhängt.

Seinen Brüdern konnte man anscheinend nichts nachweisen. Heinrich wurde bereits am 25. Oktober 1944 ohne Begründung[209] aus der Haft entlassen. Aber durch die Zuchthaushaft war ein an sich kompensierter Herzfehler wieder aufgebrochen; er erhielt zwar Medikamente, wurde aber nicht in das Lazarett eingeliefert. Hinzutrat eine Netzhautablösung am rechten Auge, was ihn beim Malen sehr behinderte. Trotzdem widmete er sich nach Kriegsende in Dresden mit neuem Schwung der Arbeit und trat dem Antifaschistischen Block bei. Aber wegen der Erkrankungen sollte er das Ende des Dritten Reiches nur um ein Jahr überleben; am 29. Juni 1946 starb er in Dresden.

Auch durch Dunkelhaft konnte die Gestapo Ludwig nicht zum Reden zwingen, und die Verbindungen seines Freundes Schaffer verhinderten eine Anklageerhebung vor dem Volksgerichtshof.[210] Deshalb nahm man ihn Mitte Dezember aus dem Zentrum der Untersuchungen heraus und schob ihn ab zur Festungshaft nach Küstrin für den Fall, daß noch Belastungsmaterial auftauchen sollte. Angesichts des Nahens der Roten Armee wurde er zusammen mit anderen Gefangenen nach Süddeutschland verlegt; in Tübingen wurde er am 19. April 1945 von den Franzosen befreit.[211] „Meine Rettung verdanke ich göttlicher Gnade."[212] Aber die Haftbedingungen hatten eine Verringerung der Sehkraft zur Folge, die 1965 zur fast völligen Erblindung führte.

Neben seiner Rechtsanwaltspraxis und Konzerttätigkeit wirkte er für

---

[207] KB, S. 729.
[208] Jakob Kaiser, Zum Tag der zehn Toten, in: Neue Zeit vom 23.1.1946.
[209] Möglicherweise auf Intervention des Oberbürgermeisters von Potsdam, Herr Friedrich, an den seine Frau geschrieben hatte; briefliche Mitteilung von P. Kaiser.
[210] L. Kaiser, Bericht, S. 15.
[211] Im Gestapogefängnis in Berlin. Aufgezeichnet nach Erinnerungen von Irmgard Kaiser, in: Hüttisch, Ludwig Kaiser, S. 40.
[212] Brief von L. Kaiser an Hans Rothfels, 25.10.1948. Zu Haftbedingungen und Mithäftlingen in Küstrin wie zur Fahrt nach Süddeutschland vgl. Horst Mühleisen, Theodor Groppe. Ein General im Widerstand gegen den Nationalsozialismus, in: Kurtrierisches Jahrbuch 27, 1987, S. 192ff. Danach wurde die Häftlingsgruppe erst am 29.4. durch französische Truppen befreit. Kaiser war aber bereits vorher wegen der starken Verringerung seiner Sehkraft in die Universitätsklinik Tübingen eingeliefert worden.

die Aufklärung über den 20. Juli und das Gedächtnis der Ermordeten. Schon Ende 1945 hat er seine Erfahrungen in der „Goerdeler-Bewegung" schriftlich festgehalten; bis in die sechziger Jahre referierte er darüber.[213] Früh rechnete er auch die „Rote Kapelle" zu dem Widerstand, indem er mit großem Engagement den jahrelangen Entschädigungsprozeß der Witwe von John Graudenz bis zum guten Ende durchfocht.[214] Besonders galt jedoch seine Sorge der Erinnerung und Würdigung seines Bruders Hermann; er verpflichtete Ger van Roon zu einer Darstellung, die erst 1976 gekürzt erschien. Es spricht für seine eigene Bescheidenheit, daß er und Heinrich dabei hinter Hermann ganz zurücktreten.

Zweifellos war Hermann von den Brüdern am stärksten in die Entscheidungsprozesse des Widerstandes eingebunden. Dabei hatte er zunächst den Nationalsozialismus begrüßt, während seine Brüder schon vor 1933 aus moralischen und rechtlichen Gründen die Machtergreifung Hitlers kritisch beurteilten. Aus nationaler Gesinnung und militärgeschichtlichen Interessen war Hermann am stärksten politisch engagiert, bis die Liebe zu Deutschland, die Orientierung an den Freiheitskriegen und eine sich immer stärker an der Bibel orientierende Frömmigkeit seinen entschiedenen Widerstand begründeten. Dabei wurden die Brüder Heinrich und Ludwig zu Helfern seines Einsatzes.

---

[213] L. Kaiser, Ein Beitrag, abgeschlossen 31.12.1945; Vortrag vom 18.6.1963, zit. in: Hüttisch, Ludwig Kaiser, S. 27–35.
[214] Vgl. Peter Michael Kaiser, Ein Mensch, der mich prägte, in: Hüttisch, Ludwig Kaiser, S. 46.

Kapitel IX

Theodor Haubach
15.9.1896 – 23.1.1945

Theodor Haubach wurde von Freunden Theo und wegen seiner militärischen Erscheinung und Interessen „Der General" genannt. Zu „seinem Wesen voller Gegensätzlichkeit"[1] gehörte grundlegend die humanistische Bildung und philosophische Begabung. Seine Vitalität als Redner stand in Kontrast zu musischen Neigungen und bedächtigem, praktisch-nüchternen Abwägen. Sicher war ihm „das Christentum ein entscheidender Faktor"[2]; 1943 schrieb er einer Freundin: „Du weißt, daß ich in keiner Phase meines Lebens die Ehrfurcht vor Gott und dem Göttlichen verloren habe."[3] Außerdem liebte er die Musik. Noch wenige Monate vor der Verhaftung lernte er aus Liebe zu seiner Braut, der Sängerin Anneliese Schellhase, ein Klavierstück und hatte im Gefängnis in Erinnerung an sie „Wachträume in Musik – Bach, immer wieder Bach und Bruckner und Mozart!"[4] Auf breiter Quellengrundlage hat Peter Zimmermann 2004 eine Biographie vorgelegt, die aber Haubachs religiöse Orientierung nur am Rande erwähnt.[5]

1. Die Zeit des Werdens

Nach dem frühen Tod seines Vaters, des Kaufmanns Emil Haubach, zog seine Mutter mit ihm von seinem Geburtsort Frankfurt am Main nach

---

[1] Alma de l'Aigle, Theodor Haubach und Anneliese Schellhase, in: Walter Hammer (Hg.), Theodor Haubach zum Gedächtnis, 2. Aufl. Frankfurt/M. 1955. S. 64.

[2] Zusammenfassung des Gesprächs mit Anneliese Schellhase durch Heinrich von zur Mühlen, 6.5.1948 (BA, NL 1166, 131); vgl. Zusammenfassung der Besprechung mit Alma de l'Aigle, 4.5.1948 (BA, NL 1166, 131).

[3] Haubach an Alma de l'Aigle, 14.2.1943, in: dies., Meine Briefe von Theo Haubach, Hamburg 1947, S. 61.

[4] Haubach an Anneliese Schellhase, 7.12.1944, Auszug in: Hammer, Gedächtnis, S. 67; nicht im gekürzten Abdruck in: Helmuth Gollwitzer u.a. (Hg.), Du hast mich heimgesucht bei Nacht, München 1954, S. 250.

[5] Peter Zimmermann, Theodor Haubach (1896–1945). Eine politische Biographie, München-Hamburg 2004. Vgl. aber mit vielen Quellen Günter Brakelmann, Die Kreisauer: folgenreiche Begegnungen, 2. Aufl. Münster 2004, S. 373-412.

Darmstadt. Seine jüdische Mutter, die er mit großer Liebe umsorgte und vor der antisemitischen Verfolgung bis zu ihrem Tode im Alter von 73 Jahren 1939 schützte, hatte gegen den Willen der jüdischen und der christlichen Verwandten einen Christen geheiratet. Obwohl sie in der Ehe nicht konvertierte, scheint ihre religiös-jüdische Prägung nicht dominant gewesen zu sein. Sie suchte mit Unterstützung von Verwandten einem liberalen bürgerlichen Lebensstil zu entsprechen. So ermöglichte der Vormund Theo den Besuch des humanistischen Ludwig-Georg-Gymnasiums, das ihm die Liebe zur Antike und der klassischen Literatur vermittelte.

Aischylos und Hölderlin waren seine wichtigsten Dichter; sie wiesen ihm auch „den Weg zur Verehrung des Göttlichen und zur Bejahung des Religiösen"[6]. Als Protestant hatte er in seinem Ringen um Gotteserkenntnis nur lockeren, kritischen Bezug zur Kirche.[7] Später las er häufig die Bibel, überprüfte ihm wichtig scheinende Stellen im griechischen Urtext und widmete sich religionsphilosophischen Fragen. Aus der Schulfreundschaft zu Carl Mierendorff, genannt Carlo, wurde die Freundschaft der „Dioskuren" bis zu Carlos Tod.[8] Dessen Elternhaus erschloß ihm weite Bereiche der modernen Kultur und Kunst.

Als Mitglied einer Darmstädter Wandervogelgruppe nahm Theo 1913 am Wandervogel-Treffen auf dem Hohen Meißner teil[9] und unternahm im folgenden Jahr eine Wanderfahrt von der Lahn durch das Sauerland nach Hagen. Für das dortige Folkwang-Museum hatte er sich extra ein Empfehlungsschreiben des Darmstädter Museumskustos besorgt.[10] Wie viele seiner Altersgenossen, auch Mierendorff, zog er aus Vaterlandsliebe als Freiwilliger in den 1. Weltkrieg, nachdem er am 8. August 1914 das Notabitur abgelegt hatte. Hohe Auszeichnungen, mehrere Verwundungen und acht Lazarettaufenthalte belegten den Einsatz, zuletzt als Leutnant; die Narbe im Gesicht sollte ihn zeichnen. Der Krieg und die grauenhafte Erfahrung der Materialschlachten führten aber anscheinend nicht zu einem Zweifel an dem endgültigen Sieg, das Soldatische bestimmte auch weiterhin seine Erscheinung.

Nach der Revolution arbeitete er mit im Butzbacher „Arbeiter- und Soldatenrat", wo es aber bald wegen seiner intellektuellen Prägung zu

---

[6] Anneliese Schellhase, Vortragsmanuskript o.D. (Besitz von Frau Haubach-Schellhase, gest. 27.8.2001).
[7] Ebd.
[8] Vgl. Richard Albrecht, Der militante Sozialdemokrat Carlo Mierendorff 1897 bis 1943, Berlin-Bonn 1987.
[9] Albrecht, Mierendorff, S. 18, bezeichnet ihn als Mitglied des Deutschen Pfadfinderbundes.
[10] Vgl. Zimmermann, Haubach, S. 29.

Spannungen kam. Gleichzeitig engagierte er sich in der Darmstädter Kunstszene, beteiligte sich an der „Darmstädter Sezession" und äußerte sich zudem als Theaterkritiker. Noch waren seine musisch-kulturellen Neigungen stärker als das politische Engagement.

Bereits 1913 hatten er, Carlo und andere Schüler des Ludwig-Georg-Gymnasiums einen literarisch interessierten Kreis gebildet und hektographierte Flugblätter verlegt, die bald in regelmäßiger Folge und ab 1917 gedruckt erschienen; ab 1915 nannten sie sich und ihre expressionistische, antibürgerliche Zeitschrift „Die Dachstube".[11] Nach Kriegsende traten in Haubachs Texten an die Stelle individueller Befindlichkeiten gesellschaftliche und politische Orientierungen, während er an der von Mierendorff herausgegebenen Zeitschrift „Das Tribunal. Hessische radikale Blätter" maßgeblich mitarbeitete. Das wegen finanzieller Probleme nur 1919/20 mit insgesamt vierzehn Heften erscheinende Blatt wurde durch expressionistische Dichter und Maler wie Kasimir Edschmid, Johannes R. Becher, Karl Schmidt-Rottluff und Max Beckmann literarisch-künstlerisch geprägt, aber votierte vor allem radikal republikanisch und antibürgerlich für Revolution als geistige Bewegung gemäß dem Motto: „Gegen Hetze – für Gerechtigkeit / Gegen Lauheit – für Erneuerung / Weltgefühl über den Parteiparagraph"[12], wobei es sich entgegen der allgemeinen Stimmung für eine Versöhnung mit Frankreich einsetzte. Mierendorff verstand das „Tribunal" als „Arena für Redner geistigen Niveaus [...] Tummelplatz für vom Sturm der Zeit bewegte Jugend"[13].

Expressionistisch in der Form, idealistisch und voluntaristisch im Inhalt plädierte Haubach 1919 für „eine Entwertung des Apparats zu Gunsten des Menschen"[14] und entsprechend „wider die Politik"[15] als eine „entartete Funktion des Geistes". Da „alle Wege der Politik letzten Endes nur Verschleierungen des endgültigen Zieles sind", treten Behagen und Befriedigung an die Stelle der Idee des Glücks „als einsam selige Schau fern über der Welt, als Zenit der Seele" und „tiefste[r] Grundakkord alles Gelebten".

---

[11] Vgl. Ludwig Breitwieser u.a., Die Dachstube. Das Werden des Freundeskreises und seiner Zeitschrift, Darmstadt 1976; Jakob Reitz, Carlo Mierendorff 1897–1943, Darmstadt 1983; Zimmermann, Haubach, S. 41ff. Nach Paul Raabe, Die Zeitschriften und Sammlungen des literarischen Expressionismus, Stuttgart 1964, S. 59, handelt es sich um „eine der originellsten Schöpfungen unter den Zeitschriften des literarischen Expressionismus".

[12] Zit. Reitz, Mierendorff, S. 58.

[13] Bemerkung [des Herausgebers], in: Das Tribunal 1, 1919, S. 44. Vgl. Zimmermann, Haubach, S. 69ff.

[14] Theodor Haubach, Offener Brief an Kurt Hiller, in: Das Tribunal 1, 1919, S. 76.

[15] Ders., Wider die Politik, in: Das Tribunal 1, 1919, S. 50 und 52.

„Auch die neuesten und lebendigsten Erfindungen – Sozialismus, Kommunismus – [,] obwohl wie alle revolutionäre Politik am meisten von Geist befeuert, sind dahin zu verweisen." Sie sind „Neubauten auf dem allzu unsoliden Untergrund: dem unbefreiten, ungereinigten, ungöttlich rational tendierten Menschen. [...] Revolutionen (die doch immer noch politische Phänomene, noch keine Attacke gegen verkrüppelte Leiber und Seelen sind), die sich gegen Staatsformen, wirtschaftliche und geistige Organisationen – also gegen die Mechanik und nicht gegen die Triebkräfte wenden –, unterbleiben besser ganz."

„Nicht neue Politik, neue Religion" ist Haubachs Forderung im Anschluß an Nietzsche.[16] „Entdeckung eines neuen Dionysos, eines Gottes der neuen Räusche und Gesänge, Trunkenheit für erstarrte Seelen, Feuer für die Kalten, Bleichsüchtig-Klugen, Aufruhr der Geister, Revolution der Köpfe tut not. Dies ist der innerste und glühendste Sinn der Zeit, dies ihre Lehre: Diktatur der Verwegenen, Zukunftsgläubigen, Herrschaft des vollkommenen Menschen." Denn im Unterschied zum Bürger ist der Mensch „ungebärdig und nie ohne Chaos, Teufel und Gott". Aber trotz Nietzsches Ruf zur Treue gegenüber der Erde endet diese emphatische Beschwörung nicht damit, daß der Menschen „Leiber rein der Erde", sondern zugleich „deren Seele rein dem Unendlichen verschwistert sind."[17] Im Sinne Hölderlins hielt Haubach an den Göttern fest. Im Nietzeanismus und einer emphatischen Religion der Unendlichkeit zeigt er sich als Vertreter der jungen Generation und ihrer „Abkehr vom eudämonistisch-rationalen Lebensideal der Vorkriegszeit"[18], konnte aber darum das „Geistige" nicht mit der konkreten politischen Verantwortung verbinden, wie Mierendorff an einem ähnlich ausgerichteten Artikel von Wilhelm Michel kritisierte.[19]

Es lag nahe, daß Haubach Philosophie und Soziologie als Studienfächer wählte, um 1919–1923 wie Mierendorff und andere Freunde in Heidelberg, München und – nach einem Zwischensemester in Frankfurt/M.

---

[16] Bereits 1916 hatte er zweimal auf Nietzsche hingewiesen: Nietzsche: Geburt der Tragödie, in: Die Dachstube 1916, S. 165f.; Bemerkungen zu Nietzsches „Menschliches, Allzumenschliches", in: Almanach der Dachstube auf das Jahr 1916, Darmstadt 1916, S. 23ff.

[17] Vgl. Friedrich Nietzsche, Also sprach Zarathustra, in: ders., Sämtliche Werke. Studienausgabe hg. von Giorgio Colli und Mazzino Montinari, Bd. 4, Berlin 1980, S. 15: „Ich beschwöre euch, meine Brüder, bleibt der Erde treu und glaubt denen nicht, welche euch von überirdischen Hoffnungen reden!" Vgl. ibid., S. 99f.

[18] Theodor Haubach, Die militante Partei, in: Neue Blätter für den Sozialismus 2, 1931, S. 208–213, hier: 210.

[19] Vgl. Zimmermann, Haubach, S. 74; zu weiteren Beiträgen Haubachs ebd., 75f.

– Heidelberg zu studieren.[20] Die beiden ersten Semester in Heidelberg ließen ihn politisch aktiv werden, indem er sich in der „Sozialistischen Gruppe" als deren 2. Vorsitzender und AStA-Vertreter engagierte. Für seine spätere politische Laufbahn charakteristisch ist dabei, daß die Heidelberger im Unterschied zu den meisten sozialistischen Studentengruppen eine antibolschewistische, sozialreformerische Linie verfolgte, die in ihrer Zuwendung zu den Intellektuellen eine elitäre Haltung erkennen ließ.[21]

Als aber im März der Kapp-Putsch die Republik bedrohte, eilten Haubach und Mierendorff nach Darmstadt, um mit dem „Vorsitzenden im Gewerkschaftskartell", Wilhelm Leuschner, notfalls aktiv zu werden. Nachdem sich die Militärs jedoch eindeutig zur Verfassung bekannt hatten, verhinderte Leuschner einen Marsch auf die Kasernen, zu dem „die studentischen Feuerköpfe Theodor Haubach und Carlo Mierendorff"[22] aufgerufen hatten.

Wegen Max Weber wechselten beide im Sommer 1920 nach München, während die Sozialistische Gruppe in Heidelberg an Bedeutung verlor. Als Haubach im Sommersemester 1921 nach Heidelberg zurückkehrte, suchte er ein Kartell republikanisch orientierter Gruppierungen gegen die völkisch-nationalistische Mehrheit im AStA zu bilden. Als einer der vier Vertreter der „Republikanischen Studenten" wurde er im Wintersemester 1922/23 Mitglied des AStA. Als nach der Ermordung von Reichsaußenminister Walther Rathenau der antisemitisch eingestellte Professor für Physik Philipp Lenard am 27. Juni 1922 die angeordnete Staatstrauer mißachtete, beteiligte sich Haubach an der Organisation der studentischen und gewerkschaftlichen Protestaktion. In einem kurz danach veröffentlichten Artikel[23] deutete er die Ereignisse als Kampf für die Republik durch Überzeugen und Zwingen, wobei er besonders für den Einsatz des Staates im „Machtkampf" plädierte. Entsprechend dieser Einstellung wählte er den Weg in die Politik „in der Erkenntnis der Gefährdung eines neuen Deutschland"[24].

Neben dem politischen Engagement stand in Heidelberg aber das Studium bei Alfred Weber und Karl Jaspers im Vordergrund, wobei der intensive Austausch über literarische und künstlerische Fragen und Neuerscheinungen in dem schon in Darmstadt begründeten, nun unter anderem durch den Kunsthistoriker Wilhelm Fraenger erweiterten Freundeskreis einen

---

[20] Vgl. dazu Albrecht, Mierendorff, S. 46ff.; Zimmermann, Haubach, S. 77ff.
[21] Vgl. Zimmermann, Haubach, S. 81ff.
[22] Joachim G. Leithäuser, Wilhelm Leuschner. Ein Leben für die Republik, Köln 1962, S. 35.
[23] Theodor Haubach, Republik und Universität, in: Die Glocke 8, 1922, S. 539–543.
[24] Carl Zuckmayer, Als wär's ein Stück von mir, Frankfurt/M. 1966, S. 283; vgl. S. 307f.

weiteren Schwerpunkt bildete. So wurde Haubach nach seiner Nietzsche-Aufnahme ergriffen von dem Charisma Stefan Georges. In seinem Freundeskreis las er „mit ungewöhnlicher Feierlichkeit aus dem ‚Stern des Bundes' vor. Das sei zwar kein sozialistischer, sondern ein jenseits alles Politischen großer Dichter, der einer neuen klassenlosen Jugend Entscheidendes zu sagen habe."[25] Seine Dichtungen sollten Haubach neben denen Hölderlins bis in den Widerstand begleiten und eine geistige Beziehung zu Claus Schenk Graf von Stauffenberg begründen. Die vielen Zitate von George, Hölderlin und anderen Dichtern sind in seinen Briefen keine Dekoration oder Bildungsnachweis, sondern Mitteilung und Ausdruck seines Denkens und Empfindens.

Die Kunst als „das mikroskopische Symbol der gesamten Bewußtseinslage einer Zeit" bildete das Thema seiner Dissertation „Versuch einer Phänomenologie des ästhetischen Bewußtseins"[26], die er im Winter 1922/23 bei Karl Jaspers schrieb. Diesem war er „durch seine geistige Energie und Rücksichtslosigkeit in der Kundgabe und Rechtfertigung seiner Auffassungen" besonders im politischen Bereich aufgefallen.[27] In der Dissertation spiegeln sich die persönlichen Erfahrungen Haubachs, indem er Jugendbewegung und Expressionismus im „Kristallisationszentrum des Ästhetischen" vereint sah, zugleich aber die unterschiedliche Gewichtung politischer, wirtschaftlicher, wissenschaftlicher und religiöser Aspekte hervorhob. Für ihn hatte die Verbindung von Ästhetischem und Religiösem zur Deutung der Autonomie des Kunstwerks grundlegende Bedeutung: Die Kunst „ist das Bild des Göttlichen, ohne das Göttliche selbst zu sein." In einer „Skizze" hatte er sogar 1916 gemeint, daß das Kunstwerk vom Menschen „inniger und göttlicher erfunden werden muß, als alle Religionen mit ihrem dunstigen Rauch"[28]. Die ästhetische Note bildete auch weiterhin ein wesentliches Element seiner Religiosität.

Entgegen seinen philosophischen und literarischen Neigungen sollte die Arbeit in der SPD seine Aufgabe werden, nachdem er als Student bereits Positionen der Partei vertreten hatte. Vermutlich wurde er 1922 Mitglied,[29] nachdem Mierendorff bereits 1920 in die SPD eingetreten war. Beide Freunde vollzogen damit einen „Bruch mit dem Bürgertum, aus dem wir

---

[25] Claus Victor Bock, Untergetaucht unter Freunden. Ein Bericht Amsterdam 1942–1945 (Castrum Peregrini CLXVI–CLXVII), Amsterdam 1985, S. 55.
[26] Vgl. Zimmermann, Haubach, S. 68f. – dort auch die Zitate.
[27] Karl Jaspers, Doktor der Philosophie, in: Hammer, Gedächtnis, S. 14f.
[28] Theodor Haubach, Skizze, in: Die Dachstube 1916, zit. Zimmermann, Haubach, S. 68.
[29] Die in der Literatur genannte Jahreszahl ist quellenmäßig nicht gesichert; vgl. Zimmermann, Haubach, S. 96.

stammten", wie Mierendorff[30] im Rückblick formulierte. Was sie anzog, war nicht die politische Organisation der Arbeiterschaft zur Durchsetzung ihrer Interessen, sondern die Aufgabe geistiger Führung durch die Aufnahme der lebensreformerischen Impulse in einen jungen, geistigen Sozialismus der nationalen Kulturgemeinschaft, wie er von den Jungsozialisten entworfen wurde.

2. Politische Kämpfe für die Republik

Haubach zog 1923 nach Hamburg und wurde Assistent am Institut für Auswärtige Politik, das der Völkerrechtler Albrecht Mendelssohn Bartholdy initiiert hatte und leitete.[31] Weil Haubach sich aber für eine Politik im Sinne der SPD entschieden und entsprechend bald nach der Ankunft in Hamburg intensive Kontakte geknüpft hatte, verließ er im folgenden Jahr das parteilich nicht gebundene Institut und trat – gleichzeitig mit Gustav Dahrendorf – in die Redaktion der sozialdemokratischen Parteizeitung „Hamburger Echo" ein. Er wurde als außenpolitischer Redakteur Nachfolger seines Heidelberger Freundes Egon Wertheimer, der als Korrespondent nach London ging. „In seiner Redaktionsstube in der Fehlahndstraße hing der Ausspruch Hölderlins: >O heilig Herz der Völker, o Vaterland<, der ihm zum Leitspruch seines Tuns wurde. In dieser Deutschheit hölderlinscher und im sozialistischen Sinne auch fichtescher und lassallescher Prägung wurde er zum Kämpfer gegen die nationalsozialistischen Volkszerstörer, die alle Begriffe wie Ehre, Vaterland, Nation und Freiheit ihrer echten Würde entkleideten."[32]

Eine politische Heimat fand er im Hofgeismarkreis der Jungsozialisten, der den Sozialismus aus dem ethisch-nationalen Wollen geistig zu erneuern suchte.[33] Auf der wesentlich von den Hamburger Gruppen vorbereiteten

---

[30] Zit. Zimmermann, Haubach, S. 97.
[31] Vgl. Zimmermann, Haubach, S. 105ff.
[32] Walter G. Oschilewski, Politisches Gewissen der Zeit, in: Hammer, Gedächtnis, S. 41.
[33] Vgl. Ger van Roon, Neuordnung im Widerstand, München 1967, S. 41–47; Reinhard Lüpke, Zwischen Marx und Wandervogel. Die Jungsozialisten in der Weimarer Republik 1919–1931, 2. Aufl. Marburg 1985, 63–75, 142–152; Stefan Vogt, Nationaler Sozialismus und Soziale Demokratie. Die sozialdemokratische Junge Rechte 1918–1945, Bonn 2006, S. 78–98; zu Haubach vgl. Oschilewski, Gewissen; auch im Blick auf Haubachs weitere Entwicklung handelt es sich kaum um ein „Gastspiel bei den Jungsozialisten", wie Zimmermann, Haubach, S. 135, den entsprechenden Abschnitt seiner Biographie überschreibt.

Gründungsveranstaltung in Hofgeismar Ostern 1923[34] beschworen Karl Börger und andere den Zusammenhang von Sozialismus und „deutschem Geist", wobei Alma de l'Aigle große Zustimmung fand mit der These: „Im Staat vollzieht sich der Wille des Volkes, Volk zu sein, oder, wie bei uns, Volk zu werden", wozu eine „wahrhaft deutsche Verfassung" mit ständischen Elementen nötig sei[35]. Über „Sozialistische Politik im neuen Deutschland" führte Hugo Sinzheimer aus: „Der Wert des Sozialismus liegt im Wert des Menschen. [...] Wir müssen den schöpferischen Willen des Menschen aufrufen, damit Sozialismus wirtschaftlich und kulturell überhaupt möglich wird."[36] Statt für soziale und wirtschaftliche Interessen gemäß dem Materialismus des 19. Jahrhunderts wollten die „Jungen" unter dem Einfluß der Jugendbewegung für Nation und Republik als die zukunftsträchtige Staatsform des „Volkes" eintreten und um den neuen sozialistischen Menschen ringen. Das entsprach Haubachs Intentionen, der den Staat als „eine sittliche Idee, geprägte Wirklichkeit"[37] verstand. Indem sich Haubach zeitweilig von dem in Berlin und dann wieder in Darmstadt lebenden Mierendorff trennte,[38] beteiligte er sich seit dem Frühsommer 1923 an den Treffen eines Hamburger Kreises. In ihm stand durch die Pädagogin Alma de l'Aigle und ihn die theoretische Auseinandersetzung im Vordergrund, während andere der zwölf Hamburger Gruppen sich mehr der sozialen Arbeit widmeten.

Wie durch mehrere programmatische Vorträge bei jungsozialistischen Treffen engagierte sich Haubach bei der folgenden Tagung des Hofgeismarkreises Pfingsten 1924 im hessischen Städtchen Gudensberg. In dem zentralen Referat „Politische Aufgaben der Jungsozialisten" warb er für

---

[34] Vgl. Zimmermann, Haubach, S. 126ff., der die Referate als „romantisierenden, rückwärts gewandten Geist, vorgetragen in einem intellektualistischen, teilweise mystisch verklärten Tonfall" (127) ohne „Bezug zur gesellschaftlichen und politischen Gegenwart" (129) kritisiert; nur Gustav Radbruch, Eduard Heimann und Hugo Sinzheimer „öffneten sich [...] stärker der Realität".

[35] Zit. Franz Walter, Nationale Romantik und revolutionärer Mythos. Politik und Lebensweisen im früheren Weimarer Jungsozialismus, Berlin 1986, S. 44.

[36] Zit. Roon, Neuordnung, S. 44.

[37] Oschilewski, Gewissen, S. 44.

[38] Vgl. Albrecht, Mierendorff, S. 70 mit Anm. 17, S. 77, 85, 91f., der die Zuordnung Mierendorffs zu den Religiösen Sozialisten bestreitet, die zuletzt Dorothea Beck, Theodor Haubach, Julius Leber, Carlo Mierendorff, Kurt Schumacher, in: Archiv für Sozialgeschichte 26, 1986, S. 87–123, vertrat. Theodor Steltzer, Von deutscher Politik, Frankfurt/M. 1949, S. 75, überliefert die Aussage Mierendorffs: „Ich habe lange ohne Religion gelebt. Aber ich bin zur Überzeugung gekommen, daß nur das Christentum dem Leben Sinn und Halt geben könnte. Und ich gehe jetzt diesen Weg zu Gott."

eine Außenpolitik, die „vom bejahten Staat aus betrieben werden"³⁹ muß, womit er sich vom internationalistischen Ideal des Weltfriedens absetzte. Die bereits bei der ersten Tagung aufgetretene Spannung „Hie Volksgemeinschaft – dort Klassenkampf" qualifizierte er polemisch als engstirnigen „Fanatismus" beider Seiten. Obwohl er anderwärts diesen Gegensatz als Ausdruck des Konfliktes innerhalb der SPD am „Schnittpunkt der revolutionären und nationalen Kräfte"⁴⁰ verstehen und auch selbst auf den Klassenkampf Bezug nehmen konnte, erschien ihm dieser als „politisches Problem, welches politisch gelöst, konstruktiv überwunden werden muß."⁴¹ „Es geht im Sozialismus nicht um Reibungslosigkeit – es geht um eine universale Entfaltung und Steigerung menschlicher und gesellschaftlicher Kräfte. Es geht nicht um ein paradiesisches, sondern um ein heroisches Dasein."⁴² Auch bei der dritten Reichskonferenz der Hofgeismarer Ostern 1925 in Jena beteiligte er sich aktiv an der Diskussion, die bereits die Spaltung der beiden ideologischen Lager andeutete. Haubach sah in den Positionen der Linken die Gefahr einer Wendung zum „bankrotten Haufen der Kommunisten"⁴³.

Im November veröffentlicht der Hofgeismarkreis ein wesentlich von Haubach und Heinrich Deist verfaßtes „politisches Bekenntnis", das den Staat von heute als die Voraussetzung des Staates von morgen, der sozialistischen Gesellschaft, bezeichnet. Diesem Ziel wolle der Kreis durch politische Erziehungsarbeit dienen. Weil die intellektuellen Hofgeismarer 1925 gegenüber den linken, Klassenkampf und Revolution betonenden Gruppierungen im 1924 gebildeten „Hannoveraner Kreis" zur Minderheit unter den Jungsozialisten wurden, verließen sie 1926 die jungsozialistische Vereinigung und lösten sich auf, um in der Partei zu arbeiten. Aber aus Haubachs Begegnung mit Alma de l'Aigle, dem Mittelpunkt des Hamburger Kreises der Jungsozialisten, wurde eine lebenslange Freundschaft. Der Briefwechsel zwischen beiden bezeugt später auch ihre religiöse Orientierung. Zunächst bewegte sich ihr Gespräch im Umfeld von Nietzsche und Lebensphilosophie. „Du weißt, daß es für mich die Dreieinigkeit: Pan,

---

[39] Haubach, Grundlagen einer sozialistischen Außenpolitik, zit. Lüpke, Marx, 71; vgl. Walter, Nationale Romantik, S. 86f.; Zimmermann, Haubach, S. 135ff. Vgl. auch Haubachs Beitrag zur „Außenpolitischen Woche" im Sommer 1924 in Gudensberg; Zimmermann, Haubach, S. 149ff.

[40] Theodor Haubach, Die Fahne der Republik – die Fahne der Partei?, in: Die Glocke 10, 1924, S. 773.

[41] Theodor Haubach, Deutsche Politik!, in: Jungsozialistische Blätter 3, 1924, S. 196.

[42] Theodor Haubach, Zu einer positiven Theorie sozialistischer Außenpolitik, in: Politischer Rundbrief, Nr. 1, 1924, S. 24.

[43] Zit. Zimmermann, Haubach, S. 145.

Gott (Christus), Teufel gibt"⁴⁴, schrieb ihm de l'Aigle, die über den „Eros an sich" nachdachte, weil „die Zusammenhänge zwischen Liebenden die Zusammenhänge im Kosmos klein und komprimiert darstellen."⁴⁵ Sie sind „auch das, was man ‚den kosmischen Christus' nennt", das heißt der „Wille zur kosmischen Ureinheit hin", womit sie Gedanken der russischen Religionsphilosophie, besonders Berdjajews, aufnahm. Weiterhin beschäftigte sie sich mit Fragen der Gotteserkenntnis.⁴⁶

Haubach dachte politisch realistisch, wobei „in seinen Vorstellungen der Sozialismus nicht Kern, Ausgangspunkt und damit ‚Treibmittel' des demokratischen Kampfes war, ihn leiteten vielmehr die traditionellen konzeptionellen Vorstellungen der westeuropäischen Demokratien."⁴⁷ Allerdings unterließ er im Interesse der Partei die Kritik am marxistischen Lehrgebäude, so daß er „in seinen Aufsätzen nicht genügend klar für das Christentum Stellung bezog, auf dessen Boden er stand, weil in der Partei die Freidenkerlinie betont wurde"⁴⁸. Er trat ein für die Republik gegen linken und rechten Radikalismus, gegen Rom und Moskau,⁴⁹ während er über die benachbarten bürgerlichen Parteien DDP und Zentrum wohlwollend urteilte.

Angesichts des Kapp-Putsches hatten sich 1922 in Deutschland an vielen Orten Gruppierungen zum Schutz der Republik gegen rechts gebildet; in Hamburg hatten Mitglieder der SPD die „Vereinigung Republik" gegründet, die entsprechend der Parteilinie jede Zusammenarbeit mit kommunistischen Verbänden ablehnte.⁵⁰ Entsprechend wandte sie sich gegen die linke Gefahr, als im Spätsommer 1923 angesichts der wirtschaftlichen Lage ein Putsch der Kommunisten wahrscheinlicher wurde, der am 23. Oktober ausbrach. Bald nach seiner Ankunft in der Hansestadt engagierte sich Haubach in der Vereinigung und bildete als einer der „Führer" paramilitärische Einheiten von Freiwilligen aus, die wegen der Auflagen des Friedensvertrages ihre Übungen „unter strengster Geheimhaltung und

---

⁴⁴ Alma de l'Aigle an Th. Haubach, 3.2.1924 (BA, NL de l'Aigle, 14).
⁴⁵ Der Zusammenhang ist ein Abwägen von bi- und homosexueller Liebe.
⁴⁶ Zu Weihnachten 1940 schenkte ihr Haubach Hans Leisegang, Die Gnosis, 3. Aufl. Leipzig 1941, „weil Du Dich für Dinge dieser Art immer interessiert hast, Du hast über Fragen der Gotteserkenntnis – der Gnosis – viel nachgedacht"; Haubach an de l'Aigle, 16.12.1940, in: de l'Aigle, Briefe, S. 44.
⁴⁷ Zimmermann, Haubach, S. 182.
⁴⁸ Besprechung mit Alma de l'Aigle (wie Anm. 2).
⁴⁹ Vgl. Theodor Haubach, Leutnant Scheringer – unser Mann?, in: Neue Blätter für den Sozialismus 2, 1931, S. 352f.
⁵⁰ Vgl. Zimmermann, Haubach, S. 112ff.

sorgfältiger Sicherung nach außen"⁵¹, aber mit Wissen einflußreicher Senatoren unter dem Schutz der Polizei durchführten. Obwohl er als Süddeutscher die „alte deutsche Südsehnsucht"⁵² kannte, fand er leicht Zugang zu den Hamburger Arbeitern und Jugendlichen. So rangierte er bei den Delegiertenwahlen für den Heidelberger Parteitag 1925 an vierter Stelle und gehörte ab 1928 zu den fünf SPD-Abgeordneten in der Hamburger Bürgerschaft, die jünger als 35 Jahre alt waren. Als Abgeordneter kam er 1928 wie Mierendorff in die reichsweite SPD-Wehrkommission, wo er erfolglos für die Umwandlung der Reichswehr in eine Polizeitruppe eintrat. 1924 war Haubach Mitbegründer des Reichsbanners „Schwarz-Rot-Gold", später wurde er Mitglied des Hamburger Gau- und Kreisvorstandes und zeitweilig Redakteur der Bundeszeitung „Das Reichsbanner", in der er zahlreiche Beiträge zur politischen Orientierung und Profilierung der Verteidigung der Republik veröffentlichte.⁵³

Als fähiger Organisator und Sachkenner für militärische und außenpolitische Fragen wandte sich Haubach gegen pazifistische Strömungen und warb gegen großdeutsche Forderungen dafür, „die deutsch-polnische Grenzspannung und die deutsch-französische Reparationsspannung"⁵⁴ als Folgen des Versailler Friedensvertrages durch Verständigung zu überwinden, um so „das stabile, auf Dauer eingerichtete Fundament des künftigen Europa" zu gewinnen, für die „Vereinigten Staaten von Europa"⁵⁵. „Ohne Macht gibt es keine Ordnung, ohne Ordnung keine Organisation, ohne Organisation auf die Dauer keine europäische Existenz mehr. Das Revisionsprogramm des Sozialismus muß die Gestaltung – Gestaltung in des Wortes ernstester Bedeutung – Europas zum Ziele haben."⁵⁶ Entsprechend kritisierte er die zur Schwäche der Republik führenden Unentschiedenheiten der Weimarer Reichsverfassung, da „nur da eine freie Republik möglich ist, wo eine strenge Republik vorhanden ist. Die strenge Republik ist die unabweisbare Voraussetzung für jede Freiheit, die der Staat seinen Bürgern gewähren kann, weil nur dann Gewähr gegeben ist, daß der gefährlichste Feind der Freiheit, der Mißbrauch der Freiheit, geschlagen wird."⁵⁷

---

⁵¹ Th. Haubach, Der Hamburger Aufstand, 1931, zit. Zimmermann, Haubach, S. 116.
⁵² Haubach an de l'Aigle, 10.7.1930, in: de l'Aigle, Briefe, S. 19.
⁵³ Vgl. Zimmermann, Haubach, S. 221ff.
⁵⁴ Theodor Haubach, Revision der Friedensverträge? Grundlagen einer sozialistischen Europapolitik, in: Neue Blätter für den Sozialismus 2, 1931, S. 555.
⁵⁵ Th. Haubach, Der gefährliche Herriot (1925), zit. Zimmermann, Haubach, S. 167.
⁵⁶ Zu ähnlichen Forderungen bei Carlo Mierendorff vgl. J. Reitz, aaO., S. 79ff.
⁵⁷ Theodor Haubach, Positive Verfassungskritik. Ein Beitrag zur Reorganisation der Republik, in: Die Justiz 6, 1930/31, S. 628–639, hier: 639.

Das Ziel der Bewahrung und Stabilisierung der Republik verband jüngere Politiker aus SPD und DDP; beide Parteien gehörten zur in Hamburg regierenden Koalition und hatten auch sonst vielfältige Verbindungen. Sieben politische Freunde gründeten 1924 den „Klub vom 3. Oktober" für Vortrags- und Diskussionsabende, der aber später nur ein Gesprächskreis wurde.[58] Zur Sozialdemokratie gehörten neben Haubach sein Kollege vom „Hamburger Echo" Dahrendorf, sein damals in Amerika weilender Heidelberger Freund Alfred Vagts sowie Egon Bandmann, als Linksliberale waren Hans Robinsohn, Ernst Straßmann und Heinrich Landahl an der Gründung beteiligt, die maximal fünfzig Mitglieder umfassen sollte. Als jüngere Politiker wandten sie sich gegen „eine ganz verhängnisvolle Erstarrung der Parteiapparate"[59]. Sie wollten zu innovativen Ansätzen und „praktisch-politischen Grundproblemen" vordringen, um „die deutsche Linke" mit neuer Kraft zu erfüllen. Bei der ersten öffentlichen Versammlung des Clubs referierte Haubach über „Probleme ostasiatischer Politik", wie überhaupt die Außen- und Wehrpolitik einen Schwerpunkt der Clubdiskussionen bildete. Auf die Politik Einfluß nehmen konnte der Club allerdings nur bei der Ablehnung des Ausführungsgesetzes zum Art. 48 WRV, dessen Notstandsbestimmungen wegen eines von Haubach mitentworfenen Memorandums zurückgezogen werden mußten.

1929 wechselte der „Mußpreuße" nach Berlin und wurde Pressereferent von Reichsinnenminister Carl Severing und nach dessen Abgang 1930 bis 1932 beim Berliner Polizeipräsidenten Albert Grzesinski. Seit 1930 war Haubach führend im Kreis der Religiösen Sozialisten und Mitarbeiter der „Neuen Blätter für den Sozialismus"[60], welche die vom Berliner Kreis der Religiösen Sozialisten um Paul Tillich herausgegebenen „Blätter für den religiösen Sozialismus" 1930 ablösten und ein Forum der sich gegen den marxistischen Materialismus wendenden „Jungen Rechten" der SPD, der Hofgeismarer Richtung der Jungsozialisten und der Religiösen Sozialisten, bildeten. Wie Mierendorff wechselte Haubach 1931 vom Freundeskreis in den Beirat der „Neuen Blätter". Auf die inhaltliche Ausrichtung

---

[58] Vgl. Zimmermann, Haubach, S. 249ff.
[59] Zit. aaO., S. 251.
[60] Vgl. Martin Martiny, Die Entstehung und politische Bedeutung der „Neuen Blätter für den Sozialismus" und ihres Freundeskreises, in: VZG 25, 1977, 373–419; Stefan Vogt, Der Antifaschismus der sozialdemokratischen Jungen Rechten. Faschismusanalysen und antifaschistische Strategien im Kreis um die „Neuen Blätter für den Sozialismus", in: ZfG 48, 2000, S. 990–1011; Zimmermann, Haubach, S. 290ff. Vom späteren Kreisauer Kreis gehörte Adolf Reichwein seit Beginn 1930 zum Beirat. Zum Religiösen Sozialismus vgl. Daniela Dunkel, Religiöser Sozialismus, in: TRE 28 (1997), S. 504-513 (Literatur!)

des Organs nahmen die beiden Freunde zunehmend Einfluß, da seit den Septemberwahlen 1930 die NSDAP an Macht gewonnen hatte. Auch Haubach hatte noch 1929 die von den Nazis drohende Gefahr unterschätzt.[61] Dabei ging es den Freunden um eine Erneuerung der SPD, die sie schon lange von der bürokratischen Unbeweglichkeit und Vereinsmeierei zu straffer, verantwortlicher Führung und ideologischer Auseinandersetzung bewegen wollten. Der bisher nur im kleinen Kreis geäußerten Kritik an der Partei galten die erstaunlich zahlreichen Beiträge Haubachs in den „Neuen Blättern",[62] um zugleich Orientierung für die Auseinandersetzung mit der NSDAP zu geben. Diese doppelte Zielsetzung verfolgte er in Aufsätzen zur Außenpolitik wie zur Reform der SPD oder der Verfassungsordnung, wobei er die NSDAP nicht verteufelte, sondern als grundsätzliche Herausforderung für Staat und Partei deutete.[63]

1931–1933 waren die Jahre des mitreißenden Wahlkampfredners und zugleich der Krise der Republik, wobei Haubach zu den Sozialdemokraten gehörte, die in gleicher Weise gegen den Terror von NSDAP und KPD vorgehen wollten.[64] Die auf den Rücktritt der Regierung Müller folgende Gefährdung der parlamentarischen Demokratie angesichts der wirtschaftlichen Lage wurde noch nicht erkannt. Ein Postkartengruß vom 7. September 1930 lautete: „Seit 8 Tagen wie toll im Wahlkampf – jetzt auch 3 Tage Ostpreußen – es ist herrlich – hoch die Partei!"[65] Aber es war ein ‚böser Wahlkampf'; „er hat ja auch ein böses Ergebnis gehabt und alles brennt in mir, Revanche für diese Schlappe zu nehmen."[66]

Richtete sich noch der Wahlkampf der SPD für die Reichstagswahl im September 1930 gegen den „sozialreaktionären" Kurs Brünings und seiner

---

[61] Vgl. Friedrich-Wilhelm Witt, Die Hamburger Sozialdemokratie in der Weimarer Republik, Hannover 1971, S. 66.

[62] Zwischen Mai 1931 und Mai 1933 veröffentlichte er 12 Beiträge, z.T. unter Pseudonymen; vgl. Zimmermann, Haubach, S. 297. Noch der die „Krise der Sozialdemokratie" im Untertitel apostrophierende Beitrag „Politik und Agitation" in: Neue Blätter 2, 1931, S. 603–611, erschien wohl aus taktischen Gründen unter dem Pseudonym Walter Glenlow; vgl. Zimmermann, Haubach, S. 313.

[63] Vgl. die Referate bei Zimmermann, Haubach, 297ff.

[64] Vgl. Wolfram Pyta, Gegen Hitler und für die Republik. Die Auseinandersetzung der deutschen Sozialdemokratie mit der NSDAP in der Weimarer Republik, Düsseldorf 1989, S. 367.

[65] de l'Aigle, Briefe, S. 19.

[66] Haubach an de l'Aigle, 16.9.1930, in: de l'Aigle, Briefe, S. 20. Die Reichstagswahl am 14.9.1930 ergab für die SPD 21,6%, ein Verlust von gut 5% gegenüber 1928; die NSDAP stieg von 2,6 auf 18,3%. Vgl. Carlo Mierendorff, Lehren der Niederlage, in: Neue Blätter für den Sozialismus 1, 1930, S. 481–484.

Regierung, wobei sich auch Haubach siegessicher äußerte,⁶⁷ wurde nach dem für die SPD unerwarteten Erdrutsch-Sieg der NSDAP die bisher eher periphere Auseinandersetzung mit dieser zur zentralen Aufgabe.

Haubachs Analyse der „Schlappe" unterschied sich von vielen anderen in der SPD durch die realistische Einschätzung: „Wir sind hart am Rande einer Staatskrise und ernste Entscheidungen werden noch von uns verlangt. [...] Die Partei muß ganz klar sehen, daß jeder, aber auch jeder Schritt, den sie heute tut, gewaltige Gefahren heraufbeschwören kann."⁶⁸ Deshalb konnte Haubach sogar die Notverordnungen begrüßen, die in die Freiheit der Presse eingriffen.⁶⁹ Dabei wollte er nicht resignieren, vielmehr gab er gegen die „kommunistisch-faschistische Sturmflut" die Parole aus: „Angriff, Angriff in der Agitation, Angriff in der Organisation, weg mit den veralteten, verstaubten Methoden". Wie Mierendorff meinte er, daß die Arbeit der SPD nicht länger auf ihre Milieus und parlamentarischen Vertretungen zu beschränken sei, sondern durch „außerparlamentarischen Kampf" die „sozialistische Durchdringung aller arbeitenden Schichten aller Stände, Gruppen und Berufe"⁷⁰ anstreben muß. Aber sie sahen deutlich die Grenzen der sozialdemokratischen Auseinandersetzung und Propaganda gegen die NSDAP⁷¹. Während die Mehrzahl der Sozialdemokraten das nationalsozialistische Führerprinzip nur als Mittel zur Disziplinierung der Partei betrachtete und vom marxistischen Standpunkt aus ablehnte⁷², erkannte Haubach die „ungewöhnliche Stoßkraft im Rahmen der Organisation" und wollte – auch gemäß seiner Prägung durch die Jugendbewegung – „Nutzanwendungen für die sozialistische Bewegung [...] ziehen."⁷³ Statt der „Nutzlosigkeit einer schablonenmäßig gehandhabten Versammlungs-

---

⁶⁷ Vgl. Witt, Hamburger Sozialdemokratie, S. 79.
⁶⁸ Theodor Haubach, Parole: Angriff, in: Hamburger Echo, 19.9.1930, zit. Witt, aaO., S. 86. Aber die Reichstagsfraktion der SPD verurteilte sich zur Passivität, indem sie statt der Regierungsbeteiligung die Tolerierung der Regierung Brüning beschloß.
⁶⁹ Vgl. Theodor Haubach, Aufhebung der Pressefreiheit? In: Das Reichsbanner, Nr. 30, 25.7.1931; ders., Ende der Pressefreiheit? In: Neue Blätter 2, 1931, S. 403ff.
⁷⁰ Vorschläge zur Parteireform aus dem Freundeskreis der „Neuen Blätter" von Carlo Mierendorff, wahrscheinlich in Abstimmung oder Gemeinschaft mit Haubach, in: Martiny, Entstehung, S. 415–419, hier 416f. Zum außerparlamentarischen Kampf unter aktiver Beteiligung des Reichsbanners als Schutz- und Propagandatruppe vgl. Erich Matthias, Die Sozialdemokratische Partei, in: ders./Rudolf Morsey (Hg.), Das Ende der Parteien 1933, Düsseldorf 1960, S. 119ff.; Witt, Hamburger Sozialdemokratie, S. 93ff.
⁷¹ Vgl. Haubach, Die militante Partei, 208ff.; Carlo Mierendorff, Überwindung des Nationalsozialismus, in: Sozialistische Monatshefte 73, 1931, I, 225ff.
⁷² Vgl. Wolfram Pyta, Gegen Hitler, S. 81ff., 463ff.
⁷³ Haubach, Die militante Partei, S. 211f.

demokratie, die die wichtigsten Dinge zerredet, statt sie voranzutreiben," sollte die SPD demokratische und autoritäre Elemente verbinden, um entscheidungsfähiger zu werden.

Neben der Auseinandersetzung mit dem Nationalsozialismus galt der Kampf einer Militärdiktatur der Reaktion. „Als zweiter Vorsitzender des Reichsbanners forderte er [...] den gemeinsamen Einsatz von Reichswehr, Polizei, Reichsbanner und Gewerkschaften gegen die Machtergreifung von Papens"[74], aber es war vergeblich, und ein Zusammengehen mit Schleicher zur Verhinderung Hitlers fand in der SPD wegen ihrer Distanz zur Wehrmacht keine Zustimmung.[75]

Ende 1930 schrieb Haubach an Alma de l'Aigle: „Solange ich die Gelegenheit zum Hauen habe, bleibe ich in Berlin, auf jeden Fall und als Soldat und brav."[76] Ein Jahr später sah er die Entwicklung kritisch, blieb aber stoisch gefaßt: „Die politischen und wirtschaftlichen Dinge machen mir nicht mehr Sorgen, als für den Tag recht und billig sind. Sie berühren mich nicht allzusehr – ich bin gottergebener und schicksalsgläubiger denn je."[77] Aber am 20. Juli 1932 stürzte Papen die Regierung Braun, was die Entlassung Haubachs zur Folge hatte. Kurz vor der Machtergreifung waren Haubach, Mierendorff und Leuschner bei einer Sitzung des Internationalen Arbeitsamtes in Genf, aber trotz der drohenden Gefahr kehrten sie nach Deutschland zurück. Am 31. Januar 1933 ergriffen die Nationalsozialisten die Macht und nahmen Haubach für kurze Zeit in Haft, es sollte nicht seine letzte sein.

Die letzte Nummer der Wochenzeitung der Eisernen Front „Das Reichsbanner" vom 25. Februar 1933 brachte Haubachs Hauptartikel unter der Überschrift „Ungebeugt weiter". Deshalb wartete er nicht wie die SPD legalistisch ab, bis sie im Mai ins Exil ging, sondern sammelte im Untergrund Kräfte aus dem Reichsbanner zum Widerstand.[78] Aber er stand nun, wie er am Grabe eines Freundes sagte, „im schwarzen Schatten des Schicksals, in jenem Schatten, der [...] unser aller Werk und Arbeit zu vernichten droht."[79] Im Februar 1934 wurde er erneut verhaftet und im November in das KZ Esterwegen, eines berüchtigten Moorlagers im Emsland, eingeliefert, wo Carl von Ossietzky auf der benachbarten Pritsche lag

---

[74] A. Schellhase, Vortragsmanuskript.

[75] Vgl. Pyta, Gegen Hitler, S. 224ff.; Theodor Haubach, Wehrsport und Arbeiterbewegung, in: Neue Blätter für den Sozialismus 3, 1932, 658–660.

[76] Haubach an de l'Aigle, 20.12.1930, in: de l'Aigle, Briefe, S. 21.

[77] Haubach an de l'Aigle, 25.12.1931, in: de l'Aigle, Briefe, S. 22.

[78] Vgl. Frank Moraw, Die Parole der „Einheit" und die Sozialdemokratie, 2. Aufl. Bonn 1990, S. 33ff; Vogt, Nationaler Sozialismus, S. 388ff.

[79] Oschilewski, Gewissen, S. 45.

und auch Leber inhaftiert war. Haubach wurde im September 1936 wieder entlassen.[80]

3. Rückzug

Seit 1937 fand Haubach in der Papierfabrik seines Studienfreundes Viktor Bausch ein Auskommen. Nach der Haft hätte man bei seiner politischen Aktivität ein Engagement im Widerstand erwarten können, aber bis 1942 beschränkte er sich auf lockere Kontakte. Das entsprach zunächst der Tatsache, daß Ende 1936 der Widerstand aus der Arbeiterbewegung durch die Gestapo zerschlagen war, nur der persönliche Zusammenhang blieb den ehemaligen Mitgliedern der SPD. Haubachs Interesse wie das seiner Freunde galt vordringlich der Freilassung Mierendorffs, der bis 1937 im KZ Lichtenburg, danach im KZ Buchenwald und zuletzt zwei Monate im Gestapo-Gefängnis Prinz-Albrecht-Straße in Berlin in „Schutzhaft" gehalten wurde. Haubach suchte die Hilfe vieler wie Ernst von Harnacks[81] und ging sogar zu Eichmann. Aber erst im Februar 1938 wurde Carlo freigelassen. Danach war er häufig Gast bei den „Cercles" in Haubachs Wohnung, die durch die Teilnahme der Ehefrauen vor allem gesellschaftliche Ereignisse waren, aber auch Gelegenheit zu konspirativen Gesprächen boten oder doch Hinweise zu Treffen mit früheren Parteifreunden wie Ludwig Schwamb, Julius Leber, Gustav Dahrendorf und Wilhelm Leuschner gaben.[82]

Der linksliberale Hans Robinsohn, der mit Haubach zum Hamburger „Klub vom 3. Oktober" gehörte, suchte ihn im Sommer 1937 auf und vermittelte im Juni 1939 ein Treffen mit Carl Goerdeler.[83] Aber Haubach hielt sich noch von dem sich bildenden bürgerlich-militärischen Widerstand fern, während Mierendorff nach seiner Entlassung zu Leuschner den

---

[80] Daß die „Begegnungen mit Christen beider Konfessionen" im KZ zur „Hinwendung zur Religion" beitrugen (Roon, Neuordnung, S. 188), gilt zwar vielleicht für Mierendorff, aber nicht für Haubach, für den im Blick auf die Religion des Bild von den „Dioskuren" unzutreffend ist. Auch die auf Eugen Gerstenmaier zurückgehende Meinung, Haubach sei erst nach dem 20. Juli 1944 Christ geworden, ist falsch.

[81] Vgl. Ernst von Harnack, Jahre des Widerstands 1932–1945, hg. von Gustav-Adolf von Harnack, Pfullingen 1989, S. 71. Harnack hatte wie andere aus Mierendorffs Freundeskreis auch Beziehungen zu Werner Best, der seine Freilassung bewirkt haben soll; vgl. aaO., S. 82ff.; Albrecht, Mierendorff, S. 296f.

[82] Vgl. Zimmermann, Haubach, S. 380.

[83] Vgl. Horst R. Sassin, Liberale im Widerstand. Die Robinsohn-Strassmann-Gruppe 1934–1942, Hamburg 1993, S. 177.

Kontakt wiederaufgenommen hatte und Haubach immer neue Freunde ins Haus brachte. Willi Brundert machte 1939 die beiden Dioskuren mit Adolf Reichwein bekannt, der durch seine Anstellung im Berliner Völkerkundemuseum Verbindungen des Widerstandes herstellte.[84] Reichwein wies 1941 Mierendorff auf Helmuth James von Moltke hin, so daß er sich an den Gesprächen des Kreisauer Kreises beteiligte,[85] aber erst ab 1942 folgte ihm Haubach.[86] Dabei hatten beide Moltke schon 1927 im Hause Zuckmayers kennen gelernt.[87]

Statt politischer Aktivität fand Haubach 1938 in der Freizeit wieder zur Philosophie; „lese gerade im Spinoza und Descartes und finde gerade heute bei letzterem die wahrhaft königliche Feststellung, [...] daß die höchste menschliche Tugend – nicht etwa die Wahrheit oder die Güte oder die Pflicht – sondern die admiratio, die Fähigkeit zur Bewunderung ist."[88] Noch verstand er diesen scholastischen Begriff nicht theologisch, sondern ästhetisch-philosophisch.

Am 8. Januar 1939, zwei Monate nach dem Reichspogrom und ein halbes Jahr vor Beginn des Krieges, dem Tod seiner Mutter und der erneuten Verhaftung und Folterung am Ende des Jahres in Dresden[89], schrieb er an Alma de l'Aigle seinen Traum von den „Luftgeistern"[90], weniger eine Vision der Luftangriffe und des nahen Krieges als Beschreibung des zerstörenden Wirkens der Nazis und ihrer Macht über die Menschen. Denkbar wäre, daß der Traum ausgelöst wurde durch die Lektüre des Epheser-Briefes, der vom „Fürsten, der in der Luft herrscht," und seinen „bösen Geistern" spricht (Eph 2,2; 6,12). Möglich scheint auch eine Anregung durch die Zeile: „Der Fürst des Geziefers verbreitet sein Reich", des Gedichtes „Der Widerchrist" von Stefan George, das er 1943 einem Brief an Alma beilegte.[91]

---

[84] Roon, Neuordnung, S. 227.
[85] Erstmals im Brief vom 24.6.1941 erwähnt; Helmuth James von Moltke, Briefe an Freya 1939–1945, hg. von Beate Ruhm von Oppen, 2. Aufl. München 1991, S. 256.
[86] Erstmals ist er als Teilnehmer des 2. Kreisauer Treffens, 18.–20.10.1942, bezeugt.
[87] Vgl. Zuckmayer, Als wär's ein Stück von mir, S. 73f.
[88] Haubach an de l'Aigle, 21.7.1938, in: de l'Aigle, Briefe, S. 27.
[89] Die Haftzeit war im November/Anfang Dezember; vgl. Kurt Heyd, Begegnungen, ein Erinnerungsblatt, in: Hammer, Haubach, S. 14; entsprechend erwähnt Haubachs Brief an de l'Aigle vom 7.12.1939, in: de l'Aigle, Briefe, S. 38, bildlich Verhaftung und Folterung. Irrtümlich datiert Wilhelm Ernst Winterhager (Bearb.), Der Kreisauer Kreis. Porträt einer Widerstandsgruppe, Berlin 1985, S. 46, die Verhaftung „Ende August 1939". Er stand auf der Kartei des SD, Abbildung in: Albrecht, aaO., S. 191.
[90] Haubach an de l'Aigle, 8.1.1939, in: de l'Aigle, Briefe, S. 30–33.
[91] Brief vom 14.2.1943, aaO., S. 62.

In einer mittelgroßen Stadt Deutschlands verbreitet sich das Gerücht von den „Luftgeistern": „Wissen Sie schon, die ‚Luftgeister' sind in das Land eingefallen? Schrecklich sowas – wer hätte sowas im zwanzigsten Jahrhundert noch für möglich gehalten?" Haubach wehrt ab: „Das ist die natürlichste und bekannteste Sache der Welt – aber doch ohne jede Bedeutung. Das ist doch so ein minderwertiges, niedriges Dämonenpack zwischen Erde und Ewigkeit, das nirgends hingehört und doch nur bloßen Unfug anstiftet." Er konnte aber nur wenige beruhigen; dafür riefen die Luftgeister „ganze Serien von Unglücksfällen hervor. Sie traten immer als Windhosen auf" für ihr Vernichtungswerk.

„Ich sah im Traum viele derartige Zerstörungen, blieb innerlich jedoch völlig gleichgültig, ja ohne Interesse. In Gesprächen sagte ich öfter: ‚Das sind doch alles nur materielle Schäden [...]. Schlimm ist nur, daß die Bande über einen Teil von euch unwiderruflich Macht bekommen hat. Ihr glaubt an sie und darum seid ihr ihnen verfallen. Dabei ist es so leicht, den ganzen Spuk loszuwerden.' [...] ‚Ganz einfach – man muß sich auf die Seite Gottes stellen.' Manchmal sagte ich auch: ‚Auf die Seite der Götter!' Darauf sagte man mir: ‚Schöner Unsinn – Du wirfst uns vor, daß wir an die Luftgeister glauben und nun sollen wir einfach an etwas anderes glauben – an Gott oder an die Götter.' Darauf ich: ‚Glauben ist eben falsch. Der Glaube kann stimmen und auch nicht stimmen. Man muß von Gott (oder den Göttern) wissen!'"[92]

Der Wechsel von Gott und Götter erinnert an seine humanistische Religiosität aus Antike und Hölderlin, die sich schon 1919 nachweisen läßt.[93] In diesem Sinne sagte Haubach: „Zwischen dem dreieinigen Gott des Christentums und den Göttern des Olymp gibt es mehr Verbindung, als man in der Schule träumt."[94] Das ist kein kirchlich gebundenes Christentum, Reflexe auf den Kirchenkampf fehlen, aber auch nicht nur philosophisch gedacht, sondern Ausdruck einer erlebnismäßigen Einheit, die Haubach auch beten ließ.[95]

Bei der Deutung des Nationalsozialismus als „Glauben" wird man an die Einheit der Religion und die Absage an die pascalsche Differenz des Gottes Abrahams und des Gottes der Philosophen bei Paul Tillich erinnern können. Die Frage, worauf sich der Glauben bezieht – auf Gott oder die Dämonen, auf Gott oder Abgott –, läßt eine Tradition erkennen, die auch bei den Religiösen Sozialisten verbreitet war, die die NS-Ideologie als wahnhafte Religion bezeichneten, die dem Glauben an Christus und vor

---

[92] Unterstreichung im Original (BA, NL de l'Aigle, 14).
[93] Vgl. Mierendorff an H. Schniebelhuth, 2.4.1938: „Ich bete zu dem Unbekannten Gott" für dessen Gesundheit; J. Reitz, Mierendorff, S. 124.
[94] Zit. Roon, Neuordnung, S. 188.
[95] Vgl. dazu Haubach an de l'Aigle, 7.12.1939, in: de l'Aigle, Briefe, S. 38.

allem seiner Moral zuwider ist. Sicher religiös-sozialistisch ist die Betonung der menschlichen Aktivität, als „einige sagten: ,Wenn es Gott gibt, dann soll er doch die schreckliche Geschichte abstellen.' Ich erwiderte: Das kann er nicht, Gott ist ohne den Menschen ohnmächtig. Er ist wie ein General ohne Soldaten. Reiner Geist, aber ohne Macht."[96] Nach dem Traum erwachte Haubach „mit dem deutlichen Gefühl, daß die Menschen sich mit der Zeit von mir überzeugen lassen würden". Aber bis dahin sollte es noch lange dauern, er sollte es nicht mehr erleben.

Ein tiefer Einschnitt in sein Leben mit „Trauer und gar Verzweiflung über einen"[97] war der Tod seiner Mutter am 23. September 1939. Er löste in ihm heftige Schuldvorwürfe aus, daß er nur ihre Liebe genommen, sie aber nicht genügend an seinem Leben teilnehmen ließ. Deshalb wählte er als Text für die Beerdigungsansprache: „Wenn ich mit Engels- und Menschenzungen redete, und hätte der Liebe nicht."[98] „Nicht für mich, sondern für alle gesprochen" hat der Pfarrer auf Haubachs Bitte „eines der schönsten Worte der Bibel: ,Ihr habt Angst in der Welt – aber seid getrost: Ich habe die Welt überwunden!'"[99]

Auf Haubachs Selbstvorwürfe reagierte seine Freundin in ihrem Schreiben; sie wollte ihn nicht trösten, sondern deutete seine Nähe und bleibende Distanz zur Mutter als „archaisches Erlebnis der babylonischen Sprachverwirrung, das wie alle Urerlebnisse, wie Schöpfung, Sündenfall, Auferstehung, Pfingsten, Götterdämmerung, Baldurs Tod, immer da sind, nicht historisch, sondern ewig sind." Wie für Haubach Gott und Götter zusammengehörten, verband de l'Aigle Christliches und Germanisches – im Sinne Richard Wagners – zur Einheit der ewigen Gegenwart göttlicher Urerfahrung; Anregungen russischer Religionsphilosophie und Tillichs klingen an. „Das ist wohl auch Christentum, daß man an der Gesamtschuld teilnehmen will. [...] Deine Schuld war ganz unvermeidbar, eine wahrhaft tragische Schuld, aber sie ist Dir geschenkt als Teil oder Symbol der Menschheitsschuld."[100] Dagegen hilft nur die „Gnade". „Wir sind ja so verstrickt in Schuld, daß ein ,Lösen' unmöglich ist, es hilft nur ein ,Erlösen'. Das ist ja das Wunder, daß wir nichts zu tun brauchen, als inbrünstig unsere Schuld zu bejahen und zu bekennen und ihr nicht auszuweichen, um Anwärter auf die Gnade zu werden."

Die Ereignisse bewirkten eine tiefe Krise, und Haubach konnte sich nur

---

[96] Ebenso, 8.1.1939, aaO., S. 33.
[97] Ebenso, 7.10.1939, aaO., S. 35.
[98] 1. Kor 13,1. Luthertext wie Urtext: „Wenn ich mit Menschen- und mit Engelzungen ..."
[99] Joh 16,33. Luthertext beginnt wie Urtext mit: „In der Welt".
[100] de l'Aigle an Haubach, 19.10.1939 (BA, NL de l'Aigle, 14).

langsam wieder fassen: „Mein Glaube an mich selbst ist dünn und dürr geworden. Und Gott schweigt, wenn ich bete. Keine Stimme antwortet mehr, wenn ich bete. Darum bete ich nicht mehr."[101] Zwei Wochen später fragte er sich – wieder in der Doppelung von Gott und Göttern – „in ernsten Stunden [...], ob ich noch würdig bin, den Göttern zu dienen. Ich habe viele und ernste Zweifel! ‚Führe uns nicht in Versuchung, sondern erlöse uns von dem Übel!'"[102] Erst ein Winterurlaub gab ihm neue Zuversicht, aber ein Jahr später schrieb er: „Ich bin vorsichtig geworden in der Einschätzung meiner Kraft. Jedenfalls – wieviel schwerer ist Hinnehmen als Handeln! Und Gott hat mich auf Sand gespült – das braucht sehr viel Gehorsam."[103]

Bei einer Krankheit las er den „Schweizerischen Robinson"[104] mit seiner „Naturseligkeit von warm angezogenen Spaziergängen. Sie wußten wohl, wo Gott wohnt, aber sie kannten ihn nicht, sie kannten nicht Macht und Gestalt des Satans [...] – das alles ist dahin, aber für ihre Fehler zahlen wir heute. [...] Sie haben in freundlichster Absicht die Geheimnisse und Schrecknisse Gottes und seiner Schöpfung geleugnet, haben dem Menschen nur im Eros und Sexus wenn überhaupt die Kraft zugesprochen, sich wider Gott zu stellen und wider Gott zu handeln und haben so Gott und Mensch um Würde und Dimension gebracht. Die Bescherung erleben wir heute". Die Kriegseindrücke, die den Verlust der Mutter verstärkten, gaben der Kritik einen neuen Ernst des Glaubens und führten zu verschärfter Zeitdiagnose. So sah er „in der Abkehr von Gott die letzten Ursachen der Unabwendbarkeit dieses furchtbaren politischen Geschehens"[105] des NS-Regimes.

Trotz des Krieges erschien ihm das Jahr 1941 persönlich als „eines der besten in meinem Leben", so daß er die griechische „Angst vor der Götter Neid"[106] empfand, da „ich jeden Tag damit rechnen kann, wieder geholt zu werden"[107]. „Das nächste Jahr wird ernster werden, aber ich habe inzwischen gelernt, daß man mit Gehorsam, nur mit Gehorsam, den Angriffen des Geschicks widerstehen kann."[108] Das klingt stoisch angesichts des gnadenlosen Prozesses der Geschichte, aber zugleich las er „viel in der

---

[101] Haubach an de l'Aigle, 7.12.1939, in: de l'Aigle, Briefe, S. 38.
[102] Ebenso, 22.12.1939, aaO., S. 39.
[103] Ebenso, 27. 9. 1940, aaO., S. 43; vgl. ebenso, 16.12.1940, aaO., S. 45.
[104] Ebenso, 27.9.1940, aaO., S. 42f. Johann David Wyss, Der schweizerische Robinson, Erstausgabe: Zürich 1814.
[105] A. Schellhase, Vortragsmanuskript.
[106] Haubach an de l'Aigle, 24.1.1942, in: de l'Aigle, Briefe, S. 52.
[107] Ebenso, 17.8.1941, aaO., S. 49.
[108] Ebenso, 24.1.1942, aaO., S. 53.

Bibel". Er bezog sich daneben auf Goethe, „der im reichsten Sinne des Wortes ein frommer Mann war"[109]. Mehrfach verwies er auf dessen Lehre von den drei Ehrfurchten aus „Wilhelm Meister": „Ehrfurcht vor dem, was über uns, um uns, unter uns ist – das sei die Wurzel aller Sittlichkeit und Einsicht."[110]

Mitte 1941 sah Haubach weiterhin seine Tage „glatt und ergebnislos"[111] verrinnen. Nach der täglichen Arbeit las er, „sonntags fahre ich mit dem Rad in die sommerlichen Wälder. Sonderbare Idylle inmitten einer Welt der Untergänge und Umwälzungen."[112] Der politisch aktive Haubach mußte einsehen: „Die Zeit zum Handeln mag wiederkommen – jetzt ist sie nicht da und für Menschen unserer Art ziemt es sich, uns in der herrlichen Tugend der Geduld und des Gehorsams zu üben."[113] Die bei der Kinderlandverschickung Hamburger Kinder nach Bayern aktive Alma erinnerte er deshalb an die Geschichte von Maria und Martha: „Martha, Martha – Du hast viel Sorgen und Mühen – eins aber ist not ...!" (Lk 10,41 f.)

Nach dem Tod seiner Mutter ergab jedoch die „systematische Lektüre philosophischer und religiös-wissenschaftlicher Studien"[114] einen für seine Entwicklung wichtigen Neuansatz, indem er sich „von den antiken Philosophen und Hegel ausgehend [...] mit der scholastischen Philosophie – vorab und besonders mit Thomas von Aquin" beschäftigte.[115] Er studierte ihn nicht nur wegen seiner persönlichen Interessen, sondern auch für die Aufgaben nach Hitler. „Mir scheint, daß wir nach der Vernichtung des Hitlerregimes mit Gedanken wirken müssen, die diese Ebene des Thomas erreichen."[116] Die „Lücke zwischen Hochscholastik und Antike, die griechische Patristik, von der ich nichts wußte", füllte ihm die „Kosmische Liturgie"[117] des katholischen Theologen Hans Urs von Balthasar, ein Geschenk von de l'Aigle zu Weihnachten 1941. Zwar war ihm „seit langem klar", welche Bedeutung die christologischen Entscheidungen der Alten Kirche „für die Würde und Größe des abendländischen Denkens" hat, aber

---

[109] Ebenso, 17.8.1941, aaO., S. 49.
[110] Ibid., vgl. ebenso, 29.7.1941, aaO., S. 48; auch die Beurteilung Ricarda Huchs im Brief vom 24.1.1942, aaO., S. 51. Johann Wolfgang von Goethe, Wilhelm Meisters Wanderjahre, II., 1. Kapitel. Vgl. unten, S. 354, 357, 361.
[111] Haubach an de l'Aigle, 29.7.1941, in: de l'Aigle, Briefe, S. 47.
[112] Ebenso, 29.7.1941, aaO., S. 46.
[113] Ibid., S. 47.
[114] Haubach an de l'Aigle, 24.1.1942, aaO., S. 53.
[115] Ebenso, 29.3.1942, aaO., S. 54.
[116] Jaspers, Doktor, S. 17.
[117] Die Studie über Maximus Confessor, Dogmatiker und Mystiker des 7. Jhdts., erschien Freiburg 1941.

„die Darstellung von Balthasar unterbaut diese Gewißheit mit größter Genauigkeit und mit berechtigtem Stolz"[118]. Besonders schätzte er an ihm, „daß er im Zuge meiner bisherigen Lektüre der erste und einzige katholische Denker ist, der den über alles großartigen, noch gar nicht ausgeschöpften, heute wieder ganz neu zu entdeckenden Hegel versteht und auszuwerten imstande ist". Solche Lektüre dürfte Haubach vor den geistigen Augen gestanden haben, als er Anfang 1942 rückblickend meinte, das letzte Jahr habe ihn „äußerlich und innerlich zum Fortschreiten" und „eine seltene Übereinstimmung zwischen vita activa und vita contemplativa" gebracht.[119]

Während er inzwischen an den Beratungen des Kreisauer Kreises teilnahm, erfaßte ihn ein Jahr später wieder Angst und Sorge angesichts der Zukunft; „denn was uns allen bevorsteht, muß nach menschlichem Ermessen jedes Menschen Kräfte übersteigen."[120] Seit Anfang des Dritten Reiches lehnte er eine Flucht, Untertauchen oder Exil ab, aber er fragte: „Kehren die Himmlischen ihr nicht zu ertragendes Angesicht wieder unserm Land, unserm Volk zu? Treppenweise steigen sie herab, lehrt uns Hölderlin."[121] Im beigelegten Gedicht „Der Widerchrist" von Stefan George heißt es: „Der Fürst des Geziefers verbreitet sein reich"[122]. Mit der Gethsemane-Szene faßte Haubach seine Verzagtheit in das Gebet Jesu: „Mein Vater, ist's möglich, daß dieser Kelch an mir vorübergehe?" (Mt 26,39) Leiden und Kreuz Christi erkennt er als Signatur seines eigenen Lebens. Die biblische Sprache verbindet er – charakteristisch für seine Frömmigkeit – mit der Dichtung Hölderlins und Stefan Georges, um seine Freundin daran zu erinnern, „daß ich in keiner Phase meines Lebens die Ehrfurcht vor Gott und dem Göttlichen verloren habe. Der Ruf des verborgenen Gottes hat noch immer mein Ohr erreicht. Heute habe ich gelernt, mich wieder vor ihm auf die Knie zu werfen: ‚Die Furcht des Herrn ist der Weisheit Anfang.'" (Spr 1,7) Darum „dürfen [wir] die Mächte des Abgrunds, die das Schwere leicht machen ‚und ein Ding das wie Gold ist aus Lehm …' (George) nie wieder zu Hilfe rufen, sondern müssen den Weg der Wahrheit gehen. In der Wahrheit aber ist das Schwere schwer, das Steile steil, das Steinige steinig."[123] So wollte er zusammen mit seiner

---

[118] Haubach an de l'Aigle, 29.3.1942, in: de l'Aigle, Briefe, S. 55.
[119] Ebenso, 24.1.1942, aaO., S. 52f.
[120] Ebenso, 14.2.1943, aaO., S. 62.
[121] Ebd., S. 61.
[122] Beilage zum Brief vom 14.2.1943, aaO., S. 62; Stefan George, Der siebente Ring (Gesamtausgabe 6/7), Berlin 1931, S. 56f.
[123] Ebenso, S. 62. Ob der „Weg der Wahrheit" die Entscheidung für den Widerstand andeutet, scheint mir zweifelhaft; anders Zimmermann, Haubach, S. 379.

Braut, der Sängerin Anneliese Schellhase, „die Knie beugen: ‚Herr, Dein Wille geschehe!' [...] Wir wollen nicht den Schmerz weglügen und das Unheil wegheucheln, sondern aufrichtig das Schwere so schwer nehmen, wie es ist. Erst dann, wenn wir den Nacken gebeugt, in der harten Gewalt den dreimal heiligen Meister spüren, dann antwortet dem ‚De Profundis' das ‚Resurge te' der Engel!"[124]

4. Im Widerstand: Kreisauer Kreis

Seit Mitte 1942 beteiligte sich Haubach an den Beratungen des Kreisauer Kreises, wie er den Kreis um Helmuth James von Moltke bei den Vernehmungen im August 1944 nannte.[125] Damit trat an die Stelle der bisherigen Ruhe und Isolierung der aktive Einsatz im Widerstand und bei der Planung Deutschlands nach Hitler. Während Mierendorff bereits ein Jahr früher in den Kreis gekommen war, nahm Haubach an der zweiten Kreisauer Tagung im Oktober 1942 über Staats- und Wirtschaftsaufbau teil. In Übereinstimmung mit Moltke trat er für Betriebsgewerkschaften ein, während Leuschner wegen der Erfahrungen der Vergangenheit die Einheitsgewerkschaft forderte. Seit August 1943, als das Verhältnis zur Goerdeler-Gruppe nicht bereinigt werden konnte und Wilhelm Leuschner zu ihr überging, bewährte sich Haubach als Vertreter von Moltkes Linie.[126] „H. war in sehr guter Form, wie er sich in den letzten Wochen überhaupt bewährt hat und ganz erheblich gewachsen ist. Er gefällt mir eigentlich immer besser." Damit war im August 1943 ein Ton angeschlagen, der sich wiederholte.[127] Durch das endgültige Ausscheiden ihres langjährigen Freundes traten Mierendorff und Haubach in das Zentrum des Kreises und der Berliner Gespräche, während Julius Leber die Rolle von Leuschner übernehmen sollte. Die Inhalte der Besprechungen können allerdings gerade im Blick auf den Beitrag Haubachs nur erahnt werden.[128] Da Moltke Mierendorff als „klar, entschieden, klug, taktvoll, witzig" schätzte und ihn „lieber

---

[124] Haubach an A. Schellhase, 7.7.1943, in: Gollwitzer, Du hast mich heimgesucht, S. 245.
[125] Vgl. Zimmermann, Haubach, S. 383.
[126] Darauf beziehen sich viele Eintragungen der „Kaltenbrunner-Berichte"; vgl. Hans-Adolf Jacobsen (Hg.), „Spiegelbild einer Verschwörung", Stuttgart 1984, Register s.v. (zit. KB).
[127] Moltke an Freya, 20.8.1943, in: Moltke, Briefe, S. 526; vgl. 16., 17.11., aaO., S. 568f.
[128] Vgl. Zimmermann, Haubach, S. 383ff. Zu der Jungen Rechten im Kreisauer Kreis vgl. jetzt Vogt, Nationaler Sozialismus, S. 411ff.

allein als mit Theo"[129] bei sich hatte, stand Haubach lange hinter seinem Freund zurück.

Beide waren im Frühsommer 1943 an der Ausarbeitung einer Plattform für die „Sozialistische Aktion" beteiligt.[130] Der auf den 14. Juni 1943 datierte Aufruf wurde während der gleichzeitigen dritten Kreisauer Tagung durch Eugen Gerstenmaier Moltke ausgehändigt, da beide Verfasser nicht teilnehmen konnten. Er wurde aber nicht diskutiert, da er nur bedingt den Kreisauer Planungen entsprechend Ziele eines sozialistischen Widerstandes formuliert. Dabei verbindet dieses Programm einer Neuordnung zur „Rettung des gemeinsamen Vaterlandes vor politischem, moralischem und wirtschaftlichem Verfall" Haubachs Erfahrungen in Hamburg mit der Kreisauer Zielsetzung, wenn es eine Zusammenarbeit der „sozialistischen Bewegung" mit „Vertreter[n] der christlichen Kräfte" und „liberalen Kräften" vorsah, weil der „Nationalsozialismus und seine Lügen [...] mit Stumpf und Stiel ausgerottet werden" müssen.[131] Allerdings war er im Unterschied zu Mierendorff kaum für Kontakte zu Kommunisten, was seinen Erfahrungen in der Weimarer Republik entsprach.[132] „Die Achtung vor den Grundlagen unserer Kultur, die ohne das Christentum nicht denkbar ist", und die Einbindung „der christlichen Kräfte" entsprach demgegenüber ganz Haubachs Einstellung[133] sowie den Kreisauer Grundsätzen.

Einen harten Schlag bedeutete für Haubach der Tod Mierendorffs am 4. Dezember 1943 bei einem Luftangriff, nachdem er kurz zuvor selbst ausgebombt war und seine geliebte Bibliothek verloren hatte. Erika

---

[129] Moltke an Freya, 10.8.1943, 28.6.1943, in: Moltke, Briefe, S. 523, 498. Auch zu Mierendorffs Beitrag zum Kreisauer Kreis ist wenig bekannt; vgl. Albrecht, Mierendorff, S. 197ff.

[130] Vgl. zur Mitautorschaft Haubachs Zimmermann, Haubach, S. 391; zur Interpretation Hans Mommsen, Carlo Mierendorffs Programm der „Sozialistischen Aktion", in: ders., Alternative zu Hitler, München 2000, S. 341–351.

[131] Roon, Neuordnung, S. 589f. Mommsen, aaO., S. 345f., vermutet, daß auf Hans Robinsohn die Idee des Allparteienbündnisses zurückgeht, die über Haubach zu Mierendorff gelangt sei. Aber Haubach gehörte auch zum „Klub vom 3. Oktober".

[132] Vgl. Roon, Neuordnung, S. 274, 288. Vgl. dazu die Analyse der „Gleichsetzung von Nationalsozialismus und Bolschewismus" bei Hans Mommsen, Gesellschaftsbild und Verfassungspläne des deutschen Widerstandes, in: ders., Alternative, S. 70–76.

[133] Daß „Haubachs christlich-sozialistische Ideen in hohem Maße Eingang gefunden" hätten, wie Mommsen, Mierendorffs Programm, S. 342, meint, scheint übertrieben. Im späteren Entwurf wurde der Hinweis auf das Christentum wohl wegen Einwänden Lebers abgeschwächt zum Bekenntnis „zur deutschen Kultur und zur christlichen Vergangenheit des deutschen Volkes"; KB, S. 501. Zur Einbindung der Kirchen vgl. die Ergebnisse der ersten Kreisauer Tagung, 22.–25.5.1942, in: Roon, Neuordnung, S. 542.

Bausch, der Frau seines Gesinnungsfreundes und Arbeitgebers, schrieb er am 13. Dezember: „Gestern stand ich in dem grauenhaft zerstörten Leipzig vor dem kleinen Siedlungshaus, dessen Trümmer den armen Carlo erschlugen oder erstickten. Welch grauenhaftes Ende! [...] fast keine Zerstörung sonst in der ganzen Siedlung. Da wußte ich es ganz deutlich: dieses Haus hatte der Todesengel Gottes unter vielen bestimmt. ‚Herr, so geschehe Dein Wille.' Ich bin gelähmt und müde und weiß doch, daß dies erst der Anfang aller Schrecken ist. Nicht die Gefahr ist es, die mich schreckt – aber die Frage, ob ich die Gefahr bestehe, wie es vor Gott und den Menschen recht ist."[134] In seiner Gedenkrede beklagte er am 22.2.1944 den Verlust des ihm so eng verbundenen Freundes vor dem erhofften Sturz des Regimes, um „die göttliche Ordnung der irdischen Dinge [...] in liebendem Glauben einst freudig zu betreten"[135]. Alle Schläge des vergangenen Jahres versuchte Haubach als „eine jener schmerzhaften Metamorphosen" anzuerkennen, „die, wenn wir Menschen gehorsam sind, uns in eine höhere Ordnung hinaufverwandeln können. ‚Denen, die Gott lieben, müssen alle Dinge zum besten dienen!' So versuche ich denn langsam mich in Gehorsam zu üben."[136]

Da Haubach nicht „in die Bresche springen" wollte, wie Mierendorff für den Fall seines Ausfallens kurz vor seinem Tode vermutet hatte,[137] sollte Mierendorffs Aufgabe im Kreisauer Kreis Julius Leber übernehmen, obwohl er Moltke „viel weniger verwandt" erschien und schwieriger, ihn „in unsere Bahnen zu lenken."[138] Haubach war trotz des schmerzhaften Verlustes bald „wieder imstande, sich der Zukunft zu widmen."[139] Er hielt sich an die Hoffnung, „daß der Mensch die Kraft hat – wenn die Gnade bei ihm ist – Unheil in Segen zu verwandeln", und betete, „daß die Kraft bei [mir] bleibt".[140] So pflegte er weiterhin die Österreichkontakte; nach dem Umsturz sollte er statt Mierendorff die Stelle für Presse und Information

---

[134] Haubach an Erika Bausch, 13.12.1943, in: Hammer, Gedächtnis, S. 60.
[135] Haubach, Gedächtnisrede auf Carlo Mierendorff, in: Hammer, Gedächtnis, S. 22; vgl. die Metapher vom Betreten des heiligen Landes im Brief an Alfred Weber, zit. Zimmermann, Haubach, S. 402. Haubach konnte die heilige Ordnung auch präsentisch verstehen, vgl. seinen Brief an de l'Aigle, 14.2.1943, in: de l'Aigle, Briefe, S. 62f.: „Die Kräfte der heiligen Ordnung dulden nichts Falsches, keinen Zauber, keinen Schein und wir müssen durch die unerbittliche Helle hindurch."
[136] Haubach an Erika und Victor Bausch, 26.12.1943, in: Hammer, Gedächtnis, S. 61.
[137] Zit. Zimmermann, Haubach, S. 401.
[138] Moltke an Freya, 9.1.1944, in: Moltke, Briefe, S. 588f. Zitat: Röm 8,29.
[139] Ebd., aber im Brief an de l'Aigle klagte er am 6.1.: „Ich bin sehr müde; manchmal werde ich auch weich. Schließlich Nacht für Nacht Angst; wir wollens doch nicht leugnen." In: de l'Aigle, Briefe, S. 66; vgl. 12.2.1944, aaO., S. 67.
[140] Haubach an de l'Aigle, 6.1.1944, in: de l'Aigle, Briefe, S. 66f.

übernehmen. Mitte Juni besuchte er Heidelberger Freunde aus dem Kreis von Stefan George, die nun im Amsterdamer Exil waren.[141] Ob er dabei auch weitere Kontakte zum holländischen Widerstand knüpfte, ist unbekannt. Sein stärkeres Engagement und die Übernahme von Mierendorffs Aufgaben verhinderte aber Moltkes Verhaftung am 19.1.1944, welche die bisherige Form der Zusammenarbeit des Kreises beendete. Wahrscheinlich lehnte Haubach das Attentat mit Moltke ab, um nach dessen Verhaftung mit den meisten Kreisauern dafür zu tendieren. Nachdem es aber am 20. Juli 1944 versucht worden war, meinte er, es wäre nicht der „rechte Moment" gewesen; „ich kenne nämlich Stauffenberg."[142]

Ein kennzeichnendes Element seines Denkens seit den zwanziger Jahren verband ihn in besonderer Weise mit dem bürgerlich-militärischen Widerstand und vor allem den Kreisauern, die Auseinandersetzung mit dem Phänomen der Masse.[143] Zu Weihnachten 1942 schenkte Haubach seiner Hamburger Freundin ein Buch über Bruegel, den er besonders liebte „als Entdecker der winterlichen Stille, [...] der winterlichen Fernsicht, die mehr umfaßt als nur drei Dimensionen"[144]. Indem Haubach die „Höllenbilder" beschrieb, radikalisierte er den Traum von den „Luftgeistern" von 1939. Sah er damals erbarmungswürdige „kleine verkrüppelte Kinder" mit deformierten Köpfen,[145] betonte er nun „das wesenhaft Zerstörerische, das freventlich Auseinandergebrochene, das wesenhaft Böse, das dämonisch verhexte Massenhafte"[146]. Es sind „die der Bindung und Zucht des Göttlichen entronnenen Massen, die, auf sich gestellt, [...] zu Fratzen, Larven und Gespenstern entarten – gilt das nicht alles heute wie damals?" Der Mensch hat seine Gottebenbildlichkeit verloren. „Fahre nur in der Straßenbahn und Du wirst sie alle wiedererkennen, die Verdammten, dem Abgrund Verfallenen!"

Als Bruegel zu „Beginn des Massenzeitalters seine Konsequenz und sein Ende" sah, war „die Gotteswelt des Mittelalters [...] zerbrochen, vom Götterglanz der Antike reicht in die Nebelwelt des Nordens kein Strahl mehr. Die Menge hat sich selbständig gemacht; der Einzelne ist aufgefordert und traut sich auch zu, allein dem Abgrund des Göttlichen zu begegnen und mit ihm fertig zu werden. Luther hat sich hiervon eine äußerste

---

[141] Vgl. Bock, Untergetaucht, S. 55ff.; Eva Uhlemann, Wer zu den Amsterdamer Argonauten gehörte. Leserbrief, in: FAZ, Nr. 95 vom 24.4.1995, S. 11.
[142] Mitteilung von A. Haubach-Schellhase, 7.7.1993.
[143] Vgl. Mommsen, Gesellschaftsbild, S. 60ff.
[144] Haubach an de l'Aigle, 6.12.1942, in: de l'Aigle, Briefe, S. 58. Das „Büchlein" ist wohl: Das Bruegelbuch. Mit einer Einleitung von Leo Bruhns, Wien 1941.
[145] Haubach an de l'Aigle, 8.1.1939, in: de l'Aigle, Briefe, S. 32.
[146] AaO., S. 59f.

Steigerung der religiösen Kraft erhofft; das Gegenteil trat ein – die Masse resignierte." „Beachtlich, wie bei solcher Wendung das Göttliche nur noch einen Erscheinungsort hat: die Landschaft! [...] Die Götter sind in die Haine und Felder geflohen, Gott selbst webt nur noch im Licht des Tages oder in den Wettern der Dämmerung. Der Mensch ist ausgestoßen, die Dämonen plagen ihn und der nächtliche Schreckenszug des Todes überwältigt ihn."[147] Die Bildbeschreibung läßt damit die bedrängenden Erfahrungen im Widerstand durchscheinen.

Wie viele Kreisauer betrachtete Haubach die Masse als Folge der Säkularisierung und des modernem Individualismus, wobei „der Mensch zum boshaften, entarteten Fratzenwesen verzerrt wird. Kein Ebenbild Gottes mehr, unteilhaftig dem göttlichen Bereich [...]. Das Göttliche erscheint nicht mehr im Menschen und eben darum – in der Abwesenheit des Göttlichen – das Satanisch-Vereinzelte." „Wenn der Gott das Irdische nicht mehr heiligt und durchdringt, wird das Volk zur Masse, Mensch zu Larve, das Leben zur Qual, der Tod zum Schrecken!"

„Den Massen ist das Christentum nicht zurückzubringen. Dieses ist zu sehr belastet durch sein politisches Versagen", wie noch 1933 die katholischen Kirche beim Konkordat, sagte er Karl Jaspers.[148] In seiner einzigen überlieferten Aussage zum Kirchenkampf verbinden sich Anerkennung und Kritik. „Der Widerstand von Pfarrern aller Konfessionen sei bewundernswürdig. Doch es seien nur einzelne Männer", nicht die Kirche, die auch bei konfessionell der Kirche verbundenen Menschen keine Macht mehr habe. „Aber die Massen könnten auf die Dauer nicht ohne Religion bleiben," da man „ohne Gott wohl leben, aber nicht ernst werden könne." Weil Gott „den Menschen am ehesten auf den Wegen des Denkens wieder erreichbar" werde, müssen „wir nach Vernichtung des Hitlerregimes mit Gedanken wirken". Haubach orientierte sich dazu an Thomas von Aquin. So stimmte er dem Kreisauer Ziel einer „verpflichtenden Besinnung des Menschen auf die göttliche Ordnung"[149] zu und war gegen eine radikale Trennung von Kirche und Staat.[150] „Wir können uns, wenn ein menschenwürdiges Leben wachsen soll, nicht auf Politik und Technik beschränken."[151]

---

[147] Vgl. Haubachs Schilderung einer Nachtwanderung durch den Grunewald: „Am Rand der ungeheuren Stille donnerte die Flak, aber der Wald war wie eine elysische Insel. Wenn die Menschen von ihm abfallen, lebt Gott in den Bäumen, Blumen und Gräsern..."; Haubach an de l'Aigle, 8.5.1944, in: de l'Aigle, Briefe, S. 70.
[148] Jaspers, Doktor, S. 17.
[149] Grundsätze für die Neuordnung, 9.8.1943, in: Roon, Neuordnung, S. 561..
[150] Vgl. Haubach, Kassiber „Verteidigung" aus der Haft, der allerdings zahlreiche Schutzbehauptungen enthält (IfZ, ED 106, 48).
[151] Jaspers, Doktor, S. 17.

5. Letzte Wandlungen

1942 lernte Haubach die Sängerin Anneliese Schellhase kennen, die erste Frau, die nicht nur ihn, sondern die er liebte.[152] Von „tiefstem Ringen um Wahrheit und Glaube"[153] zeugen nun seine Briefe, die während der Haft, in der „Zeit der Not und der Wunder"[154], den Höhepunkt seiner „wunderbaren Entwicklung zum Menschlichen und tief Religiösen"[155] erreichen sollten.

Hatte Haubach 1939 Gottes Macht an das Handeln der Menschen gebunden, bemühte er sich 1943 „weder furchtsam noch dreist zu handeln. Man darf den lieben Gott nicht herausfordern, noch darf man versuchen, ihm davon zu laufen."[156] „Der ‚liebe' Gott, von dem wir Protestanten etwas dünn und einfältig reden," hält „dem Abgrund des Leidens" nicht stand, „aber jener andere Gott, jener Abgrund des Geheimnisses und der Macht, der Gott, der zu Hiob aus den Wettern redet."[157] Für Haubach verkündete diesen „Abgrund des Lichts" und „des Feuers" auch Hölderlins „Patmos":

Nah ist
und schwer zu fassen der Gott.
Wo aber Gefahr ist, wächst
das Rettende auch.

Deshalb widersprach er der Betonung des sündigen Menschen und seiner „Ärmlichkeit, Verworfenheit und Abgefallenheit"[158] in einer kirchlichen Praxis, die „nicht zugleich das Gegenteil anspricht, die Fähigkeit, Gottesgeschöpf und Gottebenbild zu sein". Gegen die paulinisch-lutherische Tradition bezog er sich auf „die patristische Theologie, insbesondere die Theologie der griechischen Väter"[159], die „von der Doppelnatur des Menschen ausgeht, der auf der einen Seite tief unter das Tier zu fallen imstande ist und auf der anderen Seite sich bis zu Gott zu erheben vermag. Diese Doppelnatur des Menschen macht seine Erlösungsbedürftigkeit aus." Eine „Ahnung" davon erkannte er auch bei dem „Dichter der Homerischen

---

[152] Vorher war es so, daß „je mehr Freundschaft er mit Frauen hatte, desto weniger sah er sie als Frauen" (Mitteilung von A. Haubach-Schellhase, 7.7.1993).
[153] Alma de l'Aigle, Vorwort in: de l'Aigle, Briefe, S. 14.
[154] Haubach an A. Schellhase, 10.12.1945, Auszug in: Hammer, Gedächtnis, S. 67.
[155] A. Schellhase an W. Hammer, 26.4.1955 (IfZ, ED 106, 49).
[156] Haubach an de l'Aigle, 16.9.1943, in: de l'Aigle, Briefe, S. 64.
[157] Haubach an A. Schellhase, 7.7.1943, in: Gollwitzer, Du hast mich heimgesucht, S. 245.
[158] Haubach an Pfarrer May in Neu-Kaliss, 6.7.1944, in: Hammer, Gedächtnis, S. 63.
[159] AaO., S. 62.

Gesänge"[160], der die „äußerste[.] Ehrfurcht [...] vor dem Bereich der Götter wahrt".

Durch die Luftangriffe wurde die Welt „immer apokalyptischer – die vier Reiter gehen um. Wenn ich das Ende dieser Zeit [...] erlebe, will ich Gott sehr danken. ([...] ich habe gelernt, das Knie zu beugen.)"[161] Mehrfach faßte er seine Bitte in den Gebetsruf Jesu in Gethsemane: „Mein Vater, ist's möglich, daß dieser Kelch an mir vorübergehe?"[162]

„Über Rilke und die Bedeutung der Engel bei diesem und bei Nietzsche"[163] sprach Haubach nach dem 20. Juli mit der ihn begleitenden Sekretärin von Viktor Bausch auf der Rückfahrt nach Berlin, nachdem sie in Mecklenburg eine Dienstreise geplant hatten. Während des Umsturzversuches hatte Haubach einen Urlaub im Allgäu verlebt im Haus von Emil Henk, einem Freund aus Heidelberger Tagen. In Garmisch verlobte er sich kurz nach dem 20. Juli mit Anneliese Schellhase[164]. Bald fuhr er aber zurück zur Berufstätigkeit in Berlin, um nicht der Gestapo aufzufallen. Noch hofften er und seine Braut wie zu Anfang des Jahres, daß „für uns noch eine gute Zeit freudig-frommen Lebens beschieden sein"[165] möge. Aber am 3. August beendete er seinen Gruß an Alma de l'Aigle mit dem Eingeständnis: „– wir brauchen jetzt viel Schutz und Segen von oben."[166] Er wußte, daß bereits viele Kreisauer verhaftet worden waren.

In seinem letzten Brief in der Freiheit zeigte sich am 7. August noch einmal seine große Empfänglichkeit für Natur und Kultur während einer Autofahrt nach Südwestmecklenburg. Über „Potsdam – immer schönere Winkel entdecke ich in diesem Städtchen – ging die Fahrt an Erntefeldern vorbei in die weite norddeutsche Landschaft mit ihren Windmühlen, Pappelgruppen und rotbeziegelten Bauerndörfern. [...] In Klezke, einem Dörfchen in der Westpriegnitz, sah ich ein heiteres reinliches Mädchen im Dorfgasthaus am Spinnrocken [...]. Mir fiel ein Wort von Rilke ein, das berichtet, wie tief wir beeindruckt werden, wenn wir den Urformen menschlicher Geräte, dem Bauernwagen, dem Fischerboot und ähnlichen Dingen gegenüberstehen. Das gilt auch vom Spinnrad! ‚Wie wahr, wie

---

[160] AaO., S. 63.
[161] Haubach an de l'Aigle, 31.1.1943 (BA, NL A. de l'Aigle 14).
[162] Mt 26,39; Haubach an de l'Aigle, 14.2.1943, in: de l'Aigle, Briefe, S. 61.
[163] Viktor Th. Bausch, Erinnerungen, in: Hammer, Gedächtnis, S. 57.
[164] A. Haubach-Schellhase nahm 1957 den Namen Haubach an und erhielt die „Rechtswirkungen einer gesetzlichen Ehe zuerkannt"; Zimmermann, Haubach, S. 409.
[165] Haubach an de l'Aigle, 1.2.1944, in: de l'Aigle, Briefe, S. 68. Die Heirat sollte Weihnachten sein.
[166] Haubach an de l'Aigle, 3.8.1944 (BA, NL A. de l'Aigle 14).

seiend' – darf man hier Goethe zitieren."[167] Aber der Brief endet ernst: „Ich kann es heute – nach Tagen – noch immer nicht begreifen: warum mir soviel Glück? Inmitten eines Meers von Unglück und Jammer für Millionen? Sollte mir nicht vor dem Neid der Götter grauen? Ich habe mich mein Leben lang bemüht etwas zu lernen: Demut und Ehrfurcht. Wenn sie mich jetzt verlassen, sollte mir der barmherzige Gott gnädig sein."

Am 8. August schickte er noch eine Karte an Alma de l'Aigle: „Bei mir ist alles in Ordnung."[168] Aber am nächsten Tag wurde er verhaftet. Nach kurzem Aufenthalt im Gefängnis Lehrter Straße kam er in die Polizeischule Drögen, wo die „Sonderkommission Lange" die Ermittlungen über den 20. Juli führte.[169] Mit den fortschreitenden Erkenntnissen der Gestapo wurde er in die Lehrter Straße zurückverlegt. Zwölfmal gelang es seiner Verlobten, ihn dort in seiner schwersten Zeit zu besuchen, in der er zudem unter Nierenkoliken litt; sie drang sogar zu dem gefürchteten Blutrichter Freisler vor. Haubachs Stimmung wechselte zwischen tapferem Ertragen[170], Hoffnung auf Freispruch und dem Wunsch, „nicht am Galgen [zu] sterben", sondern, „wenn es sein muß," durch Vergiftung.[171] Zuletzt aber siegte die Liebe seiner und zu seiner Verlobten, deren Besuche er als „Gnade von oben" verstand.[172] „Gott hat mich in diesen Wochen mit Zeichen seiner Gnade und Liebe überschüttet. – Er hat mir in Dir den großen Inhalt meines Lebens zugeführt."

So erreichte seine Persönlichkeit und Frömmigkeit einen letzten Grad an Reife. Hatte er zunächst das Walten Gottes oder der Götter als bestimmende Macht betont, wurde durch den Blick auf den Weg Jesu seine Angst und Ausgeliefertheit als Gleichgestaltigwerden entdeckt. Durch die Liebe seiner Braut erkannte er in der Not der Gefängniszelle Gottes Liebe. „Liebe kommt in des Wortes genauer und eigentlicher Bedeutung von Gott," denn „ER, der die Liebe selbst ist, ist auch der Herr über die Liebe. ER rührt der Menschen Herz an, und wenn das geschieht, dann ist Gnade,

---

[167] Ders. an A. Schellhase, 7.8.1944, in: Die Welt, Nr. 19, 23.1.1965.
[168] Winterhager, Porträt, S. 186.
[169] Vgl. Johannes Tuchel, Die Sicherheitspolizeischule Drögen und der 20. Juli 1944 – zur Geschichte der „Sonderkommission Lange", in: Florian von Buttlar u.a., Fürstenberg-Drögen, Berlin 1994, S. 120–138. Hier erhielt Viktor Bausch und seine Sekretärin unter dem Vorwand, „wehrwirtschaftlich wichtige Angelegenheiten" zu besprechen, die Möglichkeit, mehrfach mit Haubach zu sprechen, was im Gefängnis Lehrter Straße intensiviert wurde; vgl. Zimmermann, Haubach, S. 404ff.
[170] Vgl. Haubach an A. Schellhase, 17.8. und 3.9.1944, in: Tuchel, Sicherheitspolizeischule, S. 135f.; ebenso, 30.9.1944, Auszug in: Hammer, Gedächtnis, S. 65.
[171] Ders. an Viktor Bausch aus der Haft, ohne Datum (IfZ, ED 106, 48).
[172] Ders. an A. Schellhase, 29.11.1944, Auszug in: Hammer, Gedächtnis, S. 66.

Fülle, Segen. Dann strömt des Heiligen Gottes Macht in unser verlorenes Dasein und ‚schafft eine neue Erde und einen neuen Himmel, daß man der vorigen nicht mehr gedenken wird, noch zu Herzen nehmen' (so zu lesen im 65. Kap. V. 17 des Jesajas – dieses wohl besonders herrlichen Propheten)."[173]

Viele haben in der Haft eine Wendung zum Glauben und Gebet erlebt, als sie ohne ihre Familie in der Einsamkeit der Zelle vor dem Tod standen.[174] Aber durch die Begegnung mit seiner Braut – „begnadet mit einer Kraft des Herzens, begnadet mit einem Mut sondergleichen"[175] – erfuhr Haubach trotz erlittener Folter die Lenkung Gottes als Befreiung zur Liebe: „Gott hat mein Gebet erhört: Er ist im Begriff, mein steinernes Herz auszureißen und mir ein fleischern Herz einzusetzen. [...] Noch überfällt mich in langen Nächten der Widersacher mit Angst, Not, Verzweiflung. Noch brauche ich nicht nur Deine Stärke."[176] „Diese Wochen und Monate sind für mich eine heilige Zeit! Ich lerne und erfahre, wer ER ist, der über allen Himmeln thront."[177]

Der Advent erschien als „eine Zeit der Wunder! Der Herrgott geht wieder über die Erde, abzuschlagen, was faul ist, zu retten, was bereit ist. Wir kennen die Gedanken seines Gerichts nicht. Darum müssen wir warten – das ist schwer!"[178] Die Verschiebung des Prozeßtermins gab Anlaß zur Hoffnung auf das Herannahen der Alliierten, aber Haubach kannte auch die Unberechenbarkeit der Nazis. Im letzten Brief schrieb er am 6. Januar 1945: „Wir wollen doch die Dinge richtig sehen. Entweder läßt Gott in Gnade und Barmherzigkeit zu, daß alles gut geht [...], oder er läßt es nicht zu, dann helfen auch alle Götter nichts." Nun scheint die sein Leben begleitende Orientierung an Gott oder den Göttern zugunsten des Gottes der Gnade aufgebrochen, ohne daß Haubach deshalb seinen bisherigen Zielen untreu wird. „Wo immer Deutschland in Not stand, stand auch immer ich. Einen kleinmütigen und verzagten Angeklagten werden die Herrn in mir nicht kennenlernen."[179]

Bei den Vernehmungen suchte Haubach den Eindruck zu vermitteln,

---

[173] Ders. an A. Schellhase, 5.1.1945, Auszug in: Hammer, Gedächtnis, S. 67; vgl. das Zitat von Jes 57,15 im Brief vom 7.12.1944, ebd.

[174] Vgl. die Abschiedsbriefe in: Gollwitzer, Du hast mich heimgesucht.

[175] Haubach an A. Schellhase, 28.11.1944, in: Gollwitzer, Du hast mich heimgesucht, S. 248.

[176] Ebenso, 23.11.1944, aaO., S. 246. Vgl. Hes 11,19.

[177] Ebenso, 7.12.1944, aaO., S. 250.

[178] Ebenso, 10.12.1944 (Datierung nach: Hammer, Gedächtnis, S. 67; bzw. „Kurz vor Weihnachten" in: Gollwitzer, Du hast mich heimgesucht, S. 251).

[179] Ebenso, 6.1.1945, Auszug in: Hammer, Gedächtnis, S. 68.

daß er aus Interesse an Glaubensfragen an den Gesprächen des Kreisauer Kreises teilgenommen hätte, aber er nannte auch seine Verbindungen zu Julius Leber und Wilhelm Leuschner. Damit gehörte er jedoch für die Ermittler zu der besonders verhaßten Gruppe der Gewerkschaftsführer, dem „Gewerkschaftsklüngel", so daß sein Prozeß von dem gegen den Kern des Kreisauer Kreises abgetrennt wurde.[180] Durch den Volksgerichtshof unter Roland Freisler wurde er am 15. Januar 1945 zusammen mit Nikolaus Groß und Theodor Steltzer zum Tode verurteilt.[181] Die Hinrichtung wurde am 23. Januar, dem „Tag der zehn Toten"[182], in Berlin-Plötzensee vollstreckt. Am gleichen Tag wie Haubach wurden Helmuth von Moltke, Eugen Bolz, Hermann Kaiser, Nikolaus Groß, Franz Sperr, Ludwig Schwamb, Busso Thoma, Reinhold Frank und Erwin Planck ermordet.

---

[180] Eine detaillierte Analyse bietet Zimmermann, Haubach, S. 410ff.
[181] Vgl. Kurzbericht von Dr. Lorenzen, in: KB, S. 721.
[182] Jakob Kaiser, Der Tag der zehn Toten. Zum 23. Januar 1945, in: Neue Zeit, Nr. 18 vom 23.1.1946. „Noch vor seiner Hinrichtung überfielen ihn Anfälle (der Nierenkolik) mit solcher Stärke, daß er nicht mehr aufrecht stehen konnte." Harald Poelchau, Die letzten Stunden, Berlin 1949, S. 124.

Kapitel X

Helmuth James von Moltke
11.3.1907 – 23.1.1945

Helmuth James von Moltke und Peter Graf Yorck von Wartenburg gelten als „Kopf" und „Herz" der Widerstandsgruppe, die Theodor Haubach bei den Vernehmungen nach dem 20. Juli 1944 nach Moltkes Gut Kreisauer Kreis genannt hat.[1] Ihr Zusammenwirken hat sich in den Denkschriften des Kreises niedergeschlagen, für deren Vorbereitung im Gespräch der Freunde Yorck eine wichtige Funktion hatte, während die zusammenfassenden und weiterführenden Formulierungen meist von Moltke stammten. Über sein Denken und seine Rolle sind wir durch die Briefe an seine Frau Freya gut informiert, während wir von Yorck nur wenige schriftliche Zeugnisse besitzen. Sie lassen seine christliche Orientierung erkennen, deren Wandlungen können wir aber nur vermuten.[2] Demgegenüber dokumentieren Moltkes Briefe einen erstaunlichen Wandel seiner religiösen Orientierung im Zuge seines Engagements im Widerstand.

---

[1] Die Quellen sind publiziert in: Ger van Roon, Neuordnung im Widerstand. Der Kreisauer Kreis innerhalb der deutschen Widerstandsbewegung, München 1967; ders. (Hg.), Helmuth James Graf von Moltke. Völkerrecht im Dienste der Menschen, Berlin 1986; Roman Bleistein (Hg.), Dossier: Kreisauer Kreis, Frankfurt/M. 1987; Helmuth James von Moltke, Briefe an Freya 1939–1945, hg. von Beate Ruhm von Oppen, 2. Aufl. München 1991; Günter Brakelmann, Der Kreisauer Kreis. Chronologie, Kurzbiographien und Texte aus dem Widerstand, 2. Aufl. Münster 2004, S. 109–372. Als Biographie unüberholt Freya von Moltke/Michael Balfour/Julian Frisby, Helmuth James von Moltke 1907–1945. Anwalt der Zukunft, Stuttgart 1975; vgl. jetzt Günter Brakelmann, Helmuth James von Moltke 1907-1945, München 2007.
Als neuere Arbeiten, jeweils mit Lit., vgl. Franz Graf von Schwerin, Helmuth James Graf von Moltke. Im Widerstand die Zukunft denken, Paderborn 1999; Günter Brakelmann, Der Kreisauer Kreis: Folgenreiche Begegnungen, 2. Aufl. Münster 2004; Ulrich Karpen (Hg.), Europas Zukunft denken, Heidelberg 2005.

[2] Vgl. jetzt Gerhard Ringshausen, Bekennende Kirche und Widerstand. Das Beispiel der Brüder Paul und Peter Graf Yorck von Wartenburg, in: Katazyna Stokłosa/Andrea Strübind (Hg.), Glaube – Freiheit – Diktatur in Europa und den USA (FS Gerhard Besier), Göttingen 2007, S. 57-91.

1. Die ersten dreißig Jahre

Der Name Moltke war in Deutschland durch den Generalfeldmarschall Helmuth von Moltke bekannt, der durch die Siege im Preußisch-deutschen Krieg 1866 und über Frankreich 1870/71 zur deutschen Einigung unter Bismarck beitrug. Nach seinem Sieg in Königgrätz 1866 erhielt er von König Wilhelm I. eine Dotation, mit der er das Gut Kreisau (bis 1930 Creisau) erwarb; 1870 wurde er in den Grafenstand erhoben. Als er kinderlos starb, ging das Gut als Fideikommiß an seinen Bruder Wilhelm Adolf. Dem Feldmarschall verdankte sein Großneffe neben der – nicht korrekten – Anrede Graf und dem Erbe von Kreisau als Erstgeborener den Vornamen Helmuth, obwohl seine Eltern ihn Louis-James nennen wollten.[3] Der Vater Helmuth (1876–1939) war Mitglied des Preußischen Herrenhauses, überließ aber abgesehen vom Dienst in der Etappe während des Weltkrieges die militärische Tradition der Familie seinem Onkel, dem jüngeren Moltke, der als Chef der Obersten Heeresleitung bei der Anfangsoffensive im Westen scheiterte. Als seine Lebensaufgabe betrachtete er die Arbeit für die Christian Science, der er seine Heilung von schwerer Herzkrankheit als junger Mann zuschrieb. Für sie gewann er auch seine Frau Dorothy (1884–1935), deren Familie zur anglikanischen Kirche gehörte; ihr Vater war der liberale Sir James Rose Innes, 1914–1927 Chief Justice of South Africa und Gegner der Rassentrennung;[4] nach ihm erhielt Helmuth seinen zweiten Vornamen.

The First Church of Christ, Scientist wurde von Mary Baker Eddy nach Vorläufern 1892 in Boston gegründet. Sie sei, wie Dorothy ihrem Vater schrieb, „keine neue Sekte oder Religion [...], sondern einfach die Lehre Jesu Christi"[5], der seinen Jüngern das Heilen lehrte. Bei der Aufnahme muß man sich aber von jeder anderen Kirche lossagen; besonders das Verhältnis zur katholischen Kirche war ablehnend. Moltkes – der Besitzer von Kreisau war Patronatsherr der Kirche in Gräditz – haben jedoch die Beziehung zur evangelischen Kirche nicht abgebrochen und ließen ihre Kinder taufen, während Christian Science keine Sakramente kennt.

Daß Dorothy bei der Christian Science „eine rationale Antwort auf alle meine Fragen gefunden"[6] hatte, entsprach der „wissenschaftlichen Erklärung des Seins" durch einen exklusiven Theomonismus gemäß den vier „fundamentalen Sätzen der göttlichen Metaphysik": „1. Gott ist Alles-in-

---

[3] Vgl. Dorothy von Moltke, Ein Leben in Deutschland. Briefe aus Kreisau und Berlin 1907–1934, hg. von Beate Ruhm von Oppen, München 1999, S. 1.
[4] Vgl. Moltke/Balfour/Frisby, Moltke, S. 30 f.
[5] D. v. Moltke an ihre Eltern, in: dies., Leben, S. 10.
[6] AaO., S. 9.

Allem. 2. Gott ist gut. Das Gute ist Geist (mind). 3. Da Gott, Geist, alles ist, ist nichts Materie. 4. Leben, Gott, das allmächtige Gute, leugnet Tod, Böses (Übles), Sünde, Krankheit; Krankheit, Sünde, Böses, Tod leugnet das Gute, den allmächtigen Gott, Leben."[7] Entsprechend betonte Dorothy die „allmächtige Kraft"[8] Gottes, der Geist und „liebender Vater" sei. „Es ist unvorstellbar, daß das, was er nach seinem Ebenbild geschaffen und ‚sehr gut' genannt hat, Krebs haben kann, oder so wenig Gewalt über das, was auf der Erde ist – wie er uns versprach –, daß es nicht gehen oder sich bewegen kann". Da Christian Science „erheblich unsere persönliche Beziehung zu Gott" intensivierte, habe sie „den wundervollsten Frieden gefunden, das Allheilmittel für alle Furcht und den stärksten Beweggrund nicht nur für ein reines und rechtes Leben, sondern auch für ein reines und rechtes Denken."

Intensiv widmete sich das Ehepaar Moltke der Übersetzung des grundlegenden Werkes von Mary Baker Eddy: Science and Health, with Key to the Scriptures. Während des dafür nötigen Amerikaaufenthaltes ließen sie ihre drei Kinder (Helmuth, Joachim Wolfgang *1909, Wilhelm Viggo *1911; später kamen Carl Bernd *1913, Asta Maria *1915) vom August 1911 bis zum März 1912 – wohl behütet – in Kreisau zurück. Da das Werk „voller neuer metaphysischer Ideen" wäre, betrachteten sie die Arbeit als schwer, aber als wichtig, „da sehr viele Menschen in Rußland, Deutschland, der Schweiz nach dem Buch hungern"[9]. Es erschien 1912, 1932 folgte die autorisierte Übersetzung der Biographie.

Helmuth erhielt bei der Haustaufe durch den Gräditzer Pastor einen der „Lieblingstexte"[10] seiner Mutter als Taufspruch: „Denn ich bin gewiß, daß weder Tod noch Leben, weder Fürstentümer noch Gewalten, weder Gegenwärtiges noch Zukünftiges, noch keine andere Kreatur mag uns scheiden von der Liebe Gottes, die in Christo ist." (Röm 8,38f.) Zu ihrer Freude verstand er sich mit viereinhalb Jahren als „Wissenschaftler"[11], als Christian Scientist. Im April 1911 berichtete sie ihren Eltern, er habe zum ersten Mal bei geschlossener Tür im Dunkeln geschlafen mit der Begründung: „Ja, Mami, ich habe jetzt gelernt, daß Gott überall ist"[12] – eine grundlegende Gottesaussage von Christian Science. Im November gab sie

---

[7] Mary Baker Eddy, Wissenschaft und Gesundheit, zit. Kurt Hutten, Seher, Grübler, Enthusiasten, 12. Aufl. Stuttgart 1982, S. 388.
[8] D. v. Moltke an ihre Eltern, 4.5.1909, in: dies., Leben, S. 9.
[9] D. v. Moltke an ihre Eltern, 30.9.1911, in: dies., Leben, S. 33.
[10] D. v. Moltke an ihre Eltern, 5.4.1907, in: dies., Leben, S. 1.
[11] D. v. Moltke an ihre Eltern, 11.11.1911, zit. Beate Ruhm von Oppen, Einleitung, in: D. v. Moltke, Leben, S. XII.
[12] D. v. Moltke an ihre Eltern, 16.4.1911, in: dies., Leben, S. 28.

ein Gespräch zwischen Helmuth und einem etwas älteren Jungen wieder, wobei ihr Sohn betonte: „Ja aber im Himmel macht der liebe Gott alle Menschen wieder gut."[13] Auf die Gegenfrage, woher er das wüßte, antwortete er: „Das ist die Wissenschaft", d.h. Christian Science. Entsprechend lehnte er die anthropomorphe Gottesvorstellung seines Kameraden ab, was das Kindermädchen mit dem Hinweis, „daß Gott die Liebe ist," unterstützte. Von nun an kamen die beiden Buben in die evangelische Sonntagsschule bei der Diakonisse Ida Hübner. Natürlich gehörte zur religiösen Erziehung mittags das Tischgebet.[14]

1921 ließ sich Helmuth durch den lutherischen Pastor in Gräditz konfirmieren, mit dem er „stets große Disputationen"[15] hatte. Daß dabei die lutherische Auffassung der Erbsünde ein Streitpunkt war,[16] entsprach der Lehre der Christian Science und der Prägung durch seine Mutter – der Vater hatte kaum Einfluß auf seine Erziehung. Mit der Konfirmation folgte Helmuth der Familientradition, sie bedeutete wohl auch Abstand von der religiösen Welt seiner Mutter[17] und vielleicht den Beginn seiner abnehmenden Anteilnahme an Religion. Er scheint aber im Gymnasium in Schweidnitz einen guten Religionsunterricht gehabt zu haben. Vermutlich hat er ihn zur ausgiebigen Lektüre der paulinischen Briefe angeregt, so daß er später „große Stücke daraus annähernd auswendig" wußte; Luthers „Von der Freiheit eines Christenmenschen" hat sich ihm bleibend eingeprägt.[18]

---

[13] D. v. Moltke an ihre Eltern, 26.11.1911, in: dies., Leben, S. 34.

[14] Vgl. H. J. v. Moltke an Caspar und Konrad, 28.1.–5.2.1944, in: Brakelmann, Moltke, S. 347. An die Frankensteiner Diakonisse schrieb Moltke noch am 24.10.1944 aus der Haft; vgl. aaO, S. 341.

[15] AaO., S. 379.

[16] Vgl. H.J. v. Molte an Freya, 27.6.1944, zit. Brakelmann, Moltke, S. 322.

[17] D. v. Moltke, Leben, S. 75, beurteilte die Konfirmation am 11.2.1922 als „eine dumme Veranstaltung, aber am Ende wollte er sie wegen der Tradition, weil er der Älteste ist usw." Von seinen Geschwistern ist „keiner bei der Christian Science geblieben"; Freya von Moltke an Verf., 17.10.2007. Sie waren nach Moltke-Stiftung (Hg.), Moltke Almanach, Bd. I: Die Herkunft der Mitglieder des engeren Kreisauer Kreises, Berlin o.J., S. 16, evangelisch, nur bei Carl Bernhard fehlt Angabe; seine Mutter sah bei ihm „das meiste religiöse Gefühl" (D. v. Moltke an ihre Eltern, 3.9.1924, in: dies., Leben, S. 104).

[18] Vgl. H.J. v. Molte an Freya, 9.3.1944, zit. Brakelmann, Moltke, S. 320; der Rückblick auf die Zeit als „Kind" läßt sich mit der Angabe in seinem Brief an die Söhne verbinden, daß mit dem Besuch des Landerziehungsheimes Schondorf 1923 seine „eigentliche Kindheit zu Ende" war; Brakelmann, Moltke, S. 388. Luthers Freiheitsschrift zitiert Moltke gleichsam als Sprichwort im Brief an Freya Deichmann, 24.3.1930, zit. Moltke/Balfour/Frisby, Moltke, S. 48.

Während seiner glücklichen Jugend[19] in Kreisau wurde Helmuth durch das politische Interesse seiner Eltern, vor allem der Mutter, geprägt. In der Weimarer Republik votierte sie für die DDP bzw. Staatspartei, während der Vater Mitglied der DVP war. Ihr Sohn Helmuth erhielt die ersten politischen Eindrücke in der „Zeit der großen Parteikämpfe, in denen jeder den anderen beschimpfte und seine eigene Lehre für die einzig seligmachende hielt. Diese Zeit hat auf mich eine große Wirkung gehabt, indem sie mich von der Falschheit aller überzeugte, und zwar dadurch, daß ich jede einmal vertrat."[20] Statt den Parteien sollte deshalb in Zukunft sein Nachdenken der Verantwortung des einzelnen Staatsbürgers und der „kleinen Gemeinschaften" gelten.[21] Seine Mutter erkannte die Schwäche der Republik, war aber Mitte der zwanziger Jahre guter Hoffnung: „Ich persönlich glaube, daß die republikanische Idee mit der Zeit wachsen und das konservative Ideal überflügeln wird, denn die jüngere Generation ist entweder wild konservativ oder, und das ist bei den besseren und freieren Gemütern der Fall, ist ganz bereit, die Republik als ihre Regierungsform zu akzeptieren."[22] Deshalb hoffte sie, daß durch die Aufnahme Deutschlands in den Völkerbund „Europa jedenfalls für ein oder zwei Generationen gerettet ist."[23]

In der Endphase der Republik beobachtete sie besorgt die Arbeitslosigkeit und die Veränderungen der Parteienlandschaft. „Politisch ist alles hier sehr aufregend und prekär. Ich persönlich halte Brüning für ganz wunderbar [...]. Aber ich koche vor Wut über die Opposition, besonders auf der Rechten."[24] Das Kabinett Papen schien ihr zwar kompetent, „aber wir Liberale haben alle das Gefühl, es bedeutet den Abschied von der Demokratie, von der Republik und vielen anderen Dingen, die wir für den Fortschritt und die Humanisierung für wesentlich halten."[25] Nach der „Machtergreifung" Hitlers erkannte sie schnell, daß „die Macht durchaus an die Stelle des Rechts getreten ist"[26] aber sie konnte sich zunächst „nicht vorstellen, daß diese merkwürdige Koalition von langer Dauer

---

[19] Vgl. H. J. v. Moltke an Caspar und Konrad, 28.1.–5.2.1944, in: Brakelmann, Moltke, S. 345 ff.
[20] H. J. v. Moltke, Lebenslauf, 25.9.1926, in: Roon, Moltke, S. 40 f.
[21] Vgl. bereits H.J. v. Moltke, Youth looks In, and Out, Februar 1929, in: Roon, Moltke, S. 70: "Every citizen must feel his responsibility."
[22] D. v. Moltke an ihre Eltern, 13.5.1926, in: dies., Leben, S. 119.
[23] D. v. Moltke an ihre Eltern, Ende September 1926, in: dies., Leben, S. 126.
[24] D. v. Moltke an ihre Eltern, 6.12.1930, in: dies., Leben, S. 173; am 10.10.1931 (aaO., S. 188) schrieb sie: „Jetzt gibt es sogar de facto nur noch drei Parteien – Nazis, Kommunisten und Zentrum (d.h. Katholiken), und man mag sie alle nicht."
[25] D. v. Moltke an ihre Eltern, 3.8.1932, in: dies., Leben, S. 210.
[26] D. v. Moltke an ihre Eltern, 12.2.1933, in: dies., Leben, S. 223.

ist"[27]. Angesichts der gelenkten Presse und der Vertreibung der Juden urteilte sie jedoch bereits Ende März 1933: „Es ist eine äußerst demütigende Lage und eines Volkes mit Selbstachtung so unwürdig."[28]

Ihr war „der Konflikt des Christentums mit der nationalsozialistischen Weltanschauung und Praxis von Anfang an klar."[29] Deswegen besuchte sie nun häufiger die Gottesdienste „unseres lieben kleinen Pfarrers"[30] in Gräditz, um ihn „etwas zu ermuntern in diesen trüben Tagen für die evangelische Kirche."[31] Im November schilderte sie ihren Eltern die Lage:

„Innerhalb der protestantischen Kirche in Deutschland geht eine höchst interessante und wichtige Auseinandersetzung vor sich, zwischen den nichtregierungshörigen Mitgliedern und den ‚Deutschen Christen', die eine rein politische und fügsame Körperschaft sind. Die Deutschen Christen gewannen die erste Runde: Der Reichsbischof [= Friedrich von Bodelschwingh], ein Mann, der aller Liebe und Vertrauen genoß, wurde zum Rücktritt gezwungen, und Bischof Müller, Hitlers Freund, trat an seine Stelle. Seitdem tobt der Kampf, und die protestantische Kirche scheint die einzige Körperschaft zu sein, die imstande ist, den Machthabern etwas Widerstand entgegensetzen zu können. Seit ihrer ersten Niederlage haben sie wichtige Zugeständnisse erlangt und wachsen natürlich täglich an Gnade und geistiger Kraft, so daß Aussicht besteht, daß sie gewinnen. Das wäre nicht nur ermutigend und hoffnungsvoll, sondern zeigt auch, daß trotz dem modernen wissenschaftlichen Denken die Religion immer noch die stärkste Empfindung des Menschen ist. Und daß diese, trotzdem wir von unserem ‚materialistischen Zeitalter' und dem ‚Versagen der Kirche' sprechen, doch vielen immer noch mehr als alles andere bedeutet."[32]

Auch ihr Sohn Helmuth beurteilte die Kirchenwirren politisch. Als nicht gleichgeschaltete Gruppen bezeichnete er im Februar 1934 „die hohe katholische Geistlichkeit und die niedere katholische Geistlichkeit in Süd- und Westdeutschland, die evangelischen Geistlichen des Pfarrernotbundes; die Großgrundbesitzer; einzelne katholische Professoren jeder Fakultät; einzelne Privatbankiers und große Industrielle, die letzten aber nur sehr

---

[27] D. v. Moltke an ihre Eltern, 18.3.1933, in: dies., Leben, S. 228. Aber am 19.3. fügte sie hinzu: das „Leben wäre perfekt, wenn es keinen Hitler gäbe".
[28] D. v. Moltke an ihre Eltern, 26.3.1933, in: dies., Leben, S. 229.
[29] Ruhm von Oppen, Einleitung, aaO., S. XIII.
[30] D. v. Moltke an ihre Eltern, 14.4.1933, in: dies., Leben, S. 229. Im Sinne von Christian Science hätte sie aber in der Karfreitagspredigt „liebend gern über das Thema gepredigt, wofür Christus gelebt hat und gestorben ist, und über die christlichen Tugenden der Güte, Barmherzigkeit und Liebe."
[31] D. v. Moltke an ihre Eltern, 9.9.1934, in: dies., Leben, S. 289.
[32] D. v. Moltke an ihre Eltern, 19.11.1933, in: dies., Leben, S. 260.

vereinzelt, und schliesslich einige unabhängige Leute, die einen ererbten oder erworbenen Namen haben."³³ Vergleicht man diese Zusammenstellung mit dem späteren Kreisauer Kreis, fällt neben Übereinstimmungen die Nichterwähnung der Sozialisten auf, obwohl sie zu den ersten Opfern gehörten und Moltke bereits in den zwanziger Jahren entsprechende Beziehungen hatte.

Nach dem Abitur am Realgymnasium in Potsdam am 20. März 1925 hatte er im ersten Semester in Breslau neben dem Jurastudium Politikwissenschaften gehört. Deshalb besuchte er während der folgenden beiden Semester in Berlin neben der Universität die Hochschule für Politik. Auffällig war sein Interesse für „Sozialgeschichte und Geschichte des Sozialismus"³⁴. Im Wintersemester nahm er an einer Vortragsreihe über den Kommunismus sowie an der 5. Jahresfeier der Oktoberrevolution in der Sowjetischen Botschaft teil. Daß sich die liberale Position seiner Mutter – wie diese war er ein Verehrer Stresemanns – mit sozialen und sozialistischen Interessen verband, erschloß ihm Bekanntschaften außerhalb der Universität, besonders zu Journalisten. Neue Perspektiven eröffnete ihm die Begegnung mit der fortschrittlichen Erzieherin Eugenie Schwarzwald, Leiterin mehrere Wohlfahrtswerke, die ihn zum Studium in Wien (1926-27) überredete und in ihr Haus am Grundlsee einlud. In ihrem Kreis verkehrten Schriftsteller wie Bert Brecht, Carl Zuckmayer und Gottfried Benn, der Komponist Arnold Schönberg, der Kulturwissenschaftler Egon Fridell und Moltkes juristische Lehrer, der Staatsrechter Hans Kelsen und der Völkerrechtler Alfred Verdross. Auch seine spätere Frau Freya Deichmann lernte Moltke im Sommer 1929 am Grundlsee kennen. Während eines Besuches bei Zuckmayer in Henndorf im Sommer 1927 begegnete er Carlo Mierendorff und Theo Haubach.

In Kreisau traf er im Herbst 1926 den sozialdemokratischen Landrat von Waldenburg, Karl Ohle, der über die sozialen Probleme im Waldenburger Kohlen- und Textilrevier berichtete.³⁵ Um diese Notstandsgebiete kennenzulernen, arbeitete Moltke in den nächsten Ferien im Landratsamt. Erschüttert über die katastrophale Lage sorgte er durch seine Bekanntschaft mit Journalisten für eine breite Öffentlichkeit. Ein Jahr später entstand die Löwenberger Arbeitsgemeinschaft, für die Moltke im Reich und in Schlesien Sympathisanten und Helfer fand. Inzwischen studierte er wieder in Breslau und besprach das Problem Waldenburg mit seinem Vetter Carl Dietrich von Trotha und dessen Freund Horst von Einsiedel. Die drei

---

[33] H. J. v. Moltke an Maria Lazar, 7.3.1934, auf dem Schiff nach Kapstadt, in: Roon, Moltke, S. 85 f.
[34] H. J. v. Moltke, Lebenslauf, 25.9.1926, in: Roon, Moltke, S. 42.
[35] Vgl. D. v. Moltke an ihre Eltern, 8.10.1926, in: dies., Leben, S. 127.

Studenten fanden in Eugen Rosenstock-Huessy einen Mentor, der zwar Rechtsgeschichte lehrte, sich aber als sozial engagierter Christ für neue Wege der Erwachsenenbildung einsetzte. Durch den Kontakt zur Schlesischen Jungmannschaft bot das Volkshochschulheim Boberhaus in Löwenberg Raum für die Arbeitslager der Jungbauern, Jungarbeiter und Studenten.[36] Zum Kuratorium gehörten u.a. der sozialdemokratische Reichstagspräsident Paul Löbe, der durch „Die Weber" berühmte Schriftsteller Gerhart Hauptmann und die Breslauer Professoren Rosenstock und Gerhard von Schulze-Gaevernitz. Im September 1927 nahm Moltke zu Heinrich Brüning, dem Reichstagsabgeordneten des Zentrums für Schlesien, und zu dem Preußischen Kultusminister Carl Heinrich Becker Verbindung auf. Vermutlich gehörte auch der Besuch bei Zuckmayer in diesen Zusammenhang. Vom Reichspräsidenten Paul von Hindenburg erhielt er eine Geldspende.

Neben Moltke, Trotha und Einsiedel sowie dem Breslauer Juristen Hans Peters nahmen an dem ersten Lager im März 1928 u.a. Theodor Steltzer und Friedrich Christiansen-Weniger teil;[37] die Hauptreferate zum Thema „Lebensformen der heutigen Wirtschaft" hielten Rosenstock und Adolf Reichwein, der Leiter der Volkshochschule Jena. Wie später im Kreisauer Kreis waren in Löwenberg unterschiedliche politische Richtungen und Angehörige der beiden Konfessionen beteiligt. Löbe repräsentierte als Vizepräsident der Paneuropa-Union die für die Kreisauer wichtige europäische Orientierung; die Paneuropa-Idee von Graf Coudenhove-Kalergie hatte Moltke im Mai 1926 kennen gelernt.

Seine Einstellung beschrieb Moltke im November 1928: „Ich fühle mich erstens Europa, zweitens Deutschland, drittens dem Osten Deutschlands und viertens dem Grund und Boden verpflichtet."[38] Diese Bindung konkretisierte sich im Interesse für die Probleme Ost- und Südosteuropas. „Ich glaube, daß die ganze europäische Krise zwischen Westen und Osten und die Agrarkrise in ganz Osteuropa aus der gleichen Wurzel kommen,

---

[36] Vgl. das Positionspapier von Einsiedel und Trotha, zit. Brakelmann, Moltke, S. 41 f..

[37] Brakelmann, Begegnungen, S. 14, zählt auch Otto Heinrich von der Gablentz zu den Teilnehmern, aber nach seiner autobiographischen Skizze „Otto Heinrich von der Gablentz" (IfZ, ZS/A 18, Bd. 13, 3) hat er Moltke erst 1940 kennen gelernt, während ihn Einsiedel als Referenten für Löwenberg gewonnen hatte, wohl 1929. Zum Boberhaus vgl. Walter Greiff, Das Boberhaus in Löwenberg/Schlesien 1933–1937. Selbstbehauptung einer nonkonformen Gruppe, Sigmaringen 1985.

[38] H. J. v. Moltke an Sir James Rose Innes, 12.11.1928, in: Moltke/Balfour/Frisby, Moltke, S. 40.

und es ist unsere Pflicht, an diesem Problem zu arbeiten."³⁹ Bereits als Student hatte er im Abstimmungsgebiet Oberschlesien für die „Gemischte Kommission" gearbeitet und dabei Hans Lukaschek, seit 1929 Oberpräsident der neuen Provinz Oberschlesien, kennen gelernt. Im Juli 1928 reiste Moltke nach Agram und nahm in Heidelberg an einer Tagung über Probleme des deutschen Ostens teil; dort besuchte er Willy Hellpach, einen der geistigen Führer der DDP. Von der Vorbereitung des Löwenberger Arbeitslagers 1929 zog er sich demgegenüber zurück, um es nicht zu dominieren, zumal er sich auf sein juristisches Examen vorbereitete. Aber sein Leben wollte er nicht der Juristerei widmen, wie er seinen Großeltern schrieb, sondern der Politik

Nach dem Referendarexamen begann er im September 1929 in der Statistischen Abteilung der Berliner Handelsgesellschaft als Volontär, nachdem er zunächst in New York bei der New York Evening Post arbeiten wollte. Am 12. Oktober rief ihn jedoch sein Vater nach Kreisau und machte ihn zum Generalbevollmächtigten. Schon länger hatte sich die völlige Überschuldung Kreisaus abgezeichnet – 1928 war die Familie wegen der Heizungskosten vom Schloß in das Berghaus umgezogen –, so daß für den jungen Referendar ein langer Kampf um die Erhaltung des Besitzes begann. Die aufreibenden, ihm aber auch „belanglos" erscheinenden Sanierungsanstrengungen beschrieb er – ohne religiösen Bezug – mit Luthers Doppelthese: „Ein Christenmensch ist ein freier Herr über alle Dinge und niemand untertan – ein Christenmensch ist ein dienstbarer Knecht aller Dinge und jedermann untertan."⁴⁰ Als die Konsolidierung absehbar war, begann er im Juni 1930 seine Referendarausbildung am Amtsgericht Reichenbach. Gleichzeitig vertiefte sich die Beziehung zu der vier Jahre jüngeren Freya Deichmann, die im Oktober 1930 Abitur machte, während die Deichmannsche Bank durch die Weltwirtschaftskrise in Schwierigkeiten geriet. Sie mußte schließen – kurz vor der Hochzeit von Helmuth James und Freya am 18. Oktober 1931 in Köln; im Oktober 1932 zog das junge Ehepaar nach Berlin, wo Freya 1935 ihr Jurastudium mit der Promotion abschloß.

Da Moltke Hitlers „Mein Kampf" gelesen und als Programm verstanden hatte, betrachtete er die politische Entwicklung mit Sorge. Er machte im Rahmen seines Referendariats ein Praktikum im Anwaltsbüro von Erich Koch-Weser, bis 1930 Vorsitzender der DDP, und Alfred Carlebach, einem Freund der Schwarzwalds. Er durchlief gerade seine Station am

---

³⁹ H. J. v. Moltke an seine Großeltern, 6.9.1928, in: Moltke/Balfour/Frisby, Moltke, S. 40.
⁴⁰ H. J. v. Moltke an Freya Deichmann, 24.3.1930, zit. Moltke/Balfour/Frisby, Moltke, S. 48; vgl. Martin Luther, Von der Freiheit eines Christenmenschen, WA 7, 21.

Kammergericht Berlin, als Hitler am 30. Januar 1933 Reichskanzler wurde. Die Teilnahme an einem Ausbildungslager war die Voraussetzung für das Assessorexamen am 10. Februar 1934. Danach fuhr Moltke mit seiner Frau für ein halbes Jahr zu den Großeltern nach Südafrika und für zwei Wochen nach England, wo er bei Lionel Curtis, dem Mitbegründer des Round-Table-Kreises und Freund der Rose Innes, eingeführt wurde.

Da die Beamtenlaufbahn für Moltke nach Hitlers „Machtergreifung" nicht mehr in Frage kam, hatte das Ehepaar im Mai 1933 überlegt, nach Südafrika oder USA auszuwandern, aber von den Südafrika-Reisen 1934 und 1937 kehrten sie nach Deutschland zurück. „Mit irgendwelchen öffentlichen Angelegenheiten innerhalb Deutschlands kann ich mich nicht befassen, weil ich mit der Regierung nicht übereinstimme, und für eine Opposition der falschen Klasse angehöre; das bequeme Mittelding der intellektuellen Opposition gibt es nicht mehr."[41] Einer anderen Freundin aus dem Schwarzwald-Kreis schrieb er im März 1934, daß er „die Jurisprudenz vorläufig wohl aufgeben werde. Die alte Jurisprudenz, die ich gelernt habe und die von einem Begriff abstrakter Gerechtigkeit und Menschlichkeit ausgeht, ist ja heute nur noch von historischem Interesse, denn wie sich die Dinge in Deutschland entwickeln mögen, für die nächste Zeit ist mit einer Wiederkehr dieser alten Rechtsfindungsmethoden nicht zu rechnen. Sie sind zwar durch die Jahrhunderte erprobt und gefestigt, jedoch sie sind so gründlich eingerissen worden, daß Jahrzehnte wenigstens daran zu arbeiten haben werden, um sie wieder unter dem Schutt hervorzuholen."[42]

Zunächst eröffnete er mit einem Kompagnon eine Kanzlei für Internationales Recht, die auch Hilfen für verfolgte Juden erlaubte. Auf der Suche nach einer zusätzlichen Tätigkeit reiste er Anfang 1935 nach Basel zur Bank für Internationalen Zahlungsausgleich, im März zum Völkerbund in Genf, im April zum Ständigen Internationalen Gerichtshof in Den Haag und anschließend nach London. Hier entschloß er sich zu einer Ausbildung als Barrister. Das verpflichtete ihn als Mitglied des Inner Temple bis zum Abschluß im Oktober 1938 zu regelmäßigen Reisen nach London, wo ihn Curtis mit einflußreichen Engländern bekannt machte.

Im Juli 1935 lernte er so Bischof Headlam von Gloucester, den mit den Nazis sympathisierenden Vorsitzenden des Auslandsausschusses der anglikanischen Kirche, kennen. Im November gab er dessen Kaplan Informationen über den Stand des Kirchenkampfes zur Weiterleitung an George

---

[41] H.J. v. Moltke an Karin Michaelis, 22.9.1934, Rückfahrt von Südafrika, in: Roon, Moltke, S. 87.

[42] H.J. v. Moltke an Karin Michaelis, 7.3.1934, in: Moltke/Balfour/Frisby, Moltke, S. 56; vgl. ders. an seinen Großvater, 12.9.1938, in: Roon, Moltke, S. 94 f.

Bell, den Bischof von Chichester und Freund Bonhoeffers, damit dieser erneut für die BK interveniere. Die Nachrichten verdankte er Martin Gauger, dem faktischen Leiter der Rechtsabteilung der I. VKL, den er vom Studium in Breslau und dem 2. Löwenberger Arbeitslager kannte.[43] Er schilderte die Lage als gefährlich; zur Spaltung der BK wegen der Kirchenausschüsse käme die Zensur der Veröffentlichungen und Vervielfältigungen, vor Jahresende sei die Erklärung der BK als illegale Körperschaft und ihre gewaltsame Auflösung zu erwarten.[44] „Schärfere Maßnahmen gegen die Juden und die Kirche sind 1937 vorauszusehen nach den Olympischen Spielen", wenn die außenpolitischen Rücksichten wegfielen.

Unbekannt ist, ob Moltke den Kontakt zu Gauger weiterhin pflegte, sie trafen sich jedoch am 20. Oktober 1939 bei Carl Dietrich von Trotha und unterhielten sich über die „Aussichten der christlichen Welt"[45]. Aber ein in der Gründungsphase des Kreisauer Kreises für Ende Juni 1940 geplantes Treffen kam wegen Gaugers Flucht nach Holland und seiner anschließenden Verhaftung nicht zustande.[46] Wie Moltke Gaugers Übergang von der I. VKL zum Lutherrat[47] beurteilte, ist unbekannt, aber bei seinem geringen Interesse für die BK und angesichts der Vertretung der Mitte im Kreisauer Kreis wird er ihn kaum mißbilligt haben. Zudem entsprach seine Verbindung zu Gauger weniger kirchlichen als politischen Gründen. Sie bewegten ihn zur Weitergabe der Informationen, obwohl ihm die Gefahr, bei Bekanntwerden des Kontaktes in ein KZ zu kommen, bewußt war. Insofern war die Beobachtung Headlams zutreffend: „Moltke scheint ein erbitterter Gegner des ganzen Hitler-Regimes zu sein und ist offenbar entschlossen, den Kirchenkampf aufrechtzuerhalten, weil er mit Recht annimmt, das werde dem Nationalsozialismus schaden."[48] Seine Distanz zu Glaubensfragen überwand Moltke nur, als am 11. Juni 1935 überraschend seine geliebte Mutter starb. Im Gespräch mit den Geschwistern trat die sonst verschwiegene religiöse Prägung hervor; „wie schlimm wäre diese Trennung, wenn man nicht an ein Wiedersehen glaubte."[49]

---

[43] Vgl. Boris Böhm, „Die Entscheidung konnte mir niemand abnehmen ..." Dokumente zu Widerstand und Verfolgung des evangelischen Kirchenjuristen Martin Gauger (1905-1941), Dresden 1997, S. 14 ff.
[44] Bericht von Philipp Usher an Arthur Carley Headlam, 8.11.1935, in: Roon, Moltke, S. 92 ff.
[45] Moltke an Freya, 20.10.1939, in: ders., Briefe, S. 80.
[46] Vgl. Moltke an Freya, 1.6.1940, in: ders., Briefe, S. 142.
[47] Vgl. Böhm, Entscheidung, S. 23 f.
[48] Headlam an Bell, 16.11.1935, zit. Moltke/Balfour/Frisby, Moltke, S. 73.
[49] Roon, Neuordnung, S. 67, aufgrund der Mitteilung des Bruders Joachim Wolfgang von Moltke.

In der Schlußphase der Barrister-Ausbildung erlebte Moltke in London die Tschechenkrise und Chamberlains Nachgeben bei der Münchener Konferenz am 29. September 1938. Entsetzt über den Judenpogrom kehrte Moltke im November „in tiefer Besorgnis über Europas Zukunft nach Deutschland zurück. Wenn dieser Kontinent für längere Zeit unter die Herrschaft der Nazis geriete, würde unsere in Jahrhunderten aufgebaute und letztlich auf das Christentum und die Klassik gegründete Zivilisation verschwinden, und wir wissen nicht, was statt dessen entstände."[50] Moltke war aber sein weiterer Weg noch unklar, wie er im Februar 1939 Lionel Curtis schrieb. Sollte er in Kreisau seinen zweijährigen Sohn Caspar erziehen oder nach London gehen? „Was mich wirklich anzieht, ist nicht die vage Chance, die ich als Barrister habe, sondern daß ich vielleicht nützlich sein könnte, das europäische Glaubensbekenntnis gegen das cäsarische zu verteidigen und vielleicht neu zu formulieren. Kurz, was mich wirklich anzieht, ist, auf der richtigen Seite zu sein."[51] Pläne für eine teilweise Übersiedlung nach London machte der Beginn des Weltkrieges obsolet, Moltke wurde Mitte September 1939 wegen seiner völkerrechtlichen Kenntnisse als Kriegsverwaltungsrat für die neue „Beratungsstelle für Völkerrecht" in der Abteilung „Ausland" der Abwehr im Oberkommando der Wehrmacht dienstverpflichtet, wo sein Kampf gegen völkerrechtswidrige Entscheidungen begann. Frühzeitig erfuhr er von den Kriegsverbrechen in den eroberten Ländern.

2. Im Kreisauer Kreis

Die christliche Prägung Moltkes war nach der Kindheit ganz in den Hintergrund getreten, nur in seltenen Fällen kam sie wieder zur Sprache.[52] Entsprechend zeigen ihn die Gespräche im entstehenden Kreisauer Kreis als einen politisch engagierten Juristen, aber beim Durchdenken einer neuen Staatsordnung stieß er auf die Fragen der Religion. Daß die Gespräche mit den Freunden zu einem neuen Selbstverständnis als Christ führten, gehört zur inneren Geschichte des Kreises. So wurde er sich im Oktober 1941 „einer Wandlung bewusst, die [...] ich nur einer tieferen Erkenntnis

---

[50] Moltke an L. Curtis, 20.11.1938, in: Moltke/Balfour/Frisby, Moltke, S. 88; engl. in: Roon, Moltke, S. 98.

[51] Moltke an L. Curtis, 15.2.1939, in: Moltke/Balfour/Frisby, Moltke, S. 91; engl. in: Roon, Moltke, S. 101.

[52] Deshalb übersehen Biographien und biographische Abrisse Moltkes frühe religiöse Sozialisation; vgl. zuletzt Brakelmann, Begegnungen, S. 105 f.; ders., Moltke, S. 24 f.; Klaus Harpprecht, Harald Poelchau, Reinbek 2004, S. 32.

christlicher Grundsätze zuzuschreiben vermag."⁵³ Ihr entsprach als äußere Geschichte die Eskalation des Unrechts und der individuellen Gefährdung.

Seit Mitte 1938 hatte Moltke alte Freundschaften aus der Breslauer Zeit wiederbelebt; in seinen Briefen begegnen die Namen von Peters, Lukaschek, Einsiedel, Reichwein, Gablentz und Arnold von Borsig, bei dem er Theo Haubach erneut traf. Wohl im Zusammenhang mit diesen ersten Ansätzen zum Kreisauer Kreis, die sich mit dem Grafen-Kreis um York verbanden, verfaßte Moltke Ende 1939/Anfang 1940 „Die kleinen Gemeinschaften"⁵⁴. Am 16. Januar 1940 berichtete er seiner Frau von einem Besuch im Hause von Peter Graf Yorck in der Hortensienstraße, den er in Zukunft „wohl öfter sehen" werde.⁵⁵ Wenig später entdeckte er die Bibel als Deutung der gegenwärtigen Ereignisse. „Früher waren das für mich im Grunde Geschichten, zum mindesten das Alte Testament, heute aber ist mir all das Gegenwart. Es hat für mich eine ganz andere Spannung als je zuvor."⁵⁶ Daß ihm diese Lektüre „mehr Freude [...] als je zuvor" bereitete, entsprach der Suche nach einem Verstehen der politischen Entwicklungen, nicht einer glaubenden Anteilnahme. Das sollte sich im Verlauf der Gespräche mit den Freunden ändern.

Die schnelle Eroberung Frankreichs löste eine konsequente Planungsarbeit, die Sammlung des späteren Kreisauer Kreises aus, „da wir damit rechnen müssen einen Triumph des Bösen zu erleben", der paradoxerweise einen „Sumpf von äußerem Glück, Wohlbehagen und Wohlstand" herbeiführt.⁵⁷ Bereits am 1. Juni hatte er seiner Frau geschrieben: „Es ist unsere Pflicht, das Widerliche zu erkennen, es zu analysieren und es in einer höheren, synthetischen Schau zu überwinden und damit für uns nutzbar zu machen. [...] Wer aber jeden Tag weiß, was gut ist und was böse und

---

⁵³ Moltke an Freya, 11.10.1941, in: ders., Briefe, S. 300.
⁵⁴ In: Roon, Moltke, S. 154 ff. Vgl. Hans Peters, Bemerkungen zur Theorie der Selbstverwaltung – 8 Thesen, in: Levin von Trott zu Solz, Hans Peters und der Kreisauer Kreis. Staatslehre im Widerstand, Paderborn 1997, S. 161 ff.
⁵⁵ Moltke an Freya, 16.1.1940, in: ders., Briefe, S. 106. Zuletzt hatte sie sich 1938 bei der Taufe des Sohnes von Hans Adolf von Moltke und seiner Frau Davida, geb. Gräfin Yorck von Wartenburg, getroffen. Kennen gelernt haben sich die beiden Schlesier vermutlich beim 2. Löwenberger Arbeitslager; vgl. Brakelmann, Moltke, S. 140.
⁵⁶ Moltke an Freya, 17.3.1940, in: ders., Briefe, S. 126; im Brief vom 26.5.1940, aaO., S. 138, betonte er, „daß alles was man tut, auch wenn es auf historischem oder philosophischem Gebiet liegt, ob es Tolstoy ist, oder ob man die Bibel liest, so unheimlich aktuell erscheint."
⁵⁷ Moltke an Yorck, 17.6.1940, in: Roon, Neuordnung, S. 479. Vgl. ders. an Freya, 1.6.1940, in: ders., Briefe, S. 142. Die Bezeichnung „Kreisauer Kreis" wurde 1944 bei den Verhören wohl durch Haubach geprägt, hat sich aber in der Forschung für den Freundeskreis ab 1940 durchgesetzt.

daran nicht irre wird, wie groß auch der Triumph des Bösen zu sein scheint, der hat den ersten Stein zur Überwindung des Bösen gelegt."[58] Diese ethisch-politische Deutung unterschied sich von der Analyse Yorcks, für den „die von einem Menschen gewollte Durchsetzung des Nihilismus"[59] noch nichts aussagte über das, „was sich unabhängig oder gar gegen dessen Willen vollzieht – der das Böse will und vielleicht das Gute schafft." Yorck verband seine Beobachtungen in Frankreich mit geistesgeschichtlichen und theologischen Kategorien, die Moltke fern lagen.

Für das weitere Gespräch mit Einsiedel thematisierte Moltke Fragen der Wirtschaftsordnung[60] und mit Yorck „die Grundlagen einer positiven Staatslehre". Bereits Anfang Juni hatte er sich mit Yorck und Fritz Dietlof Graf von der Schulenburg für das Verständnis eines gerechten Staates darauf geeinigt, „daß Gerechtigkeit darin bestünde, daß im Rahmen des Staatsganzen ein jeder sich voll entfalten und entwickeln könnte."[61] Orientiert an der individuellen Selbstbestimmung sei es zwar „die Bestimmung des Staates, den Einzelmenschen dahin zu führen, daß er nach den Geboten der Vernunft lebt," aber seine „letzte Bestimmung" sei es, „der Hüter der Freiheit des Einzelmenschen zu sein."

Yorck fehlte bei dieser Definition die soziale Bindung der Menschen. Deshalb sollte „diese Freiheit einem ethischen Postulat unterstellt"[62] werden, „das auf die Gemeinschaft und damit wieder auf den Staat hinweist." Für Yorck gehörte „Recht und Sittlichkeit untrennbar zusammen", so daß „auch der Staatswille sich der Sittlichkeit beugen muß. Der Wahre Inhalt des Staates ergibt sich mir nun dort, wo er als Trieb göttlicher Ordnung den Menschen erscheint und von ihnen empfunden wird."[63] Moltke wollte die ethische Forderung zwar für den einzelnen und auch für den „Inhaber staatlicher Macht"[64] gelten lassen, aber nicht für den Staat als solchen; er „ist amoralisch, weil er abstrakt ist."[65] Für ihn als Kelsen-Schüler gehörte

---

58 Moltke an Freya, 1.6.1940, in: ders., Briefe, S. 142. Vgl. Moltke an Einsiedel, 16.6.1940, in: Roon, Neuordnung, S. 478: „Die Verhältnisse werden uns nicht zu Hilfe kommen und wir werden sie erst meistern, nachdem wir uns über sie klargeworden sind und sie innerlich bezwungen haben."
59 Yorck an Moltke, 7.7.1940, in: Roon, Neuordnung, S. 481.
60 Diese bleibt für diese Studie ausgeklammert; vgl. Albrecht von Moltke, Die wirtschafts- und gesellschaftspolitischen Vorstellungen des Kreisauer Kreises innerhalb der deutschen Widerstandsbewegung, Köln 1989.
61 Moltke an Yorck, 17.6.1940, in: Roon, Neuordnung, S. 480.
62 Yorck an Moltke, 7.7.1940, in: Roon, Neuordnung, S. 482.
63 Ebenso, S. 483.
64 Moltke an Yorck, 15.7.1940, in: Roon, Neuordnung, S. 484.
65 Moltke an Gablentz, 31.8.1940, spätere Korrektur Moltkes im Anschluß an Gablentz, in: Roon Neuordnung, S. 490, Anm. 2; vgl. Gablentz an Moltke, 7.9.1940,

„die Staatslehre zu dem Gebiet der Philosophie, nicht zu dem der Theologie"[66]. Er hielt es „für außerordentlich gefährlich, einer staatlichen Ordnung eine religiöse Erklärung und einen religiösen Unterbau zu geben."
Da Yorck sich selbst für die Entfaltung der ‚göttlichen Ordnung' und entsprechend für eine theologische Begründung des Staatsrechts zu wenig gerüstet fühlte, sandte er Moltke den Aufsatz „Das Bild des abendländischen Staates" seines in der BK engagierten Bruders Paul.[67] Diese Schrift hat zwar Moltke „auf das Lebhafteste interessiert"[68], aber in seiner Trennung der beiden Bereiche gerade bestätigt. „Sie ist vielleicht gute Theologie aber keine Staatslehre"[69], wobei ihn besonders die vor- und antiaufklärerische Intention störte, während er selbst gerade Spinoza gelesen hatte.[70] Im Gefolge der Aufklärung und des Toleranzgedankens standen für ihn „auf der einen Seite: Religion, Offenbarung durch Christus und die Propheten, Glaube und Gehorsam, auf der anderen Philosophie, Weisheit durch Anwendung der Vernunft, Erkenntnis. Beide Linien treffen sich in der Ethik, da m.E. die christliche Morallehre sich mit der aus der Vernunft abzuleitenden deckt."
Moltkes Distanz zum Christentum, die rechtsphilosophisch zugleich eine Ablehnung Hegels war, ließ Religion im Gefolge der Aufklärung nur als an seiner Vernünftigkeit zu messender Beitrag zur Ethik gelten. Er sah „neben der freien Spekulation nur die Vernunftschlüsse und bei dieser Wahl ziehe ich die Vernunftschlüsse vor." Da so das Gespräch mit Yorck zu scheitern drohte, wurde auf Anraten Einsiedels dessen Freund Otto Heinrich von der Gablentz[71] als theologisch versierter Fachmann in das Gespräch einbezogen.[72] Der Michaelsbruder arbeitete damals wie Einsiedel

---

aaO., S. 492. Roon, Neuordnung, hat die Beteiligung von Gablentz an den Gesprächen von 1940 nicht erkannt; vgl. aber ders., German Resistance to Hitler. Count Moltke and the Kreisau-Circle, London 1971, S. 299, 301, 304, 307; vgl. O. H. von der Gablentz, Der Kreisauer Kreis. Eine Würdigung von van Roons Gesamtdarstellung, in: PVS 9, 1968, S. 592 ff.

[66] Ebenso, S. 485.
[67] Als Anlage gedruckt bei Ringshausen, Bekennende Kirche, S. 80-91.
[68] Moltke an Yorck, 21.7.1940, in: Roon, Neuordnung, S. 486.
[69] Ebenso, S. 487.
[70] Vgl. Moltke an Freya, 16.6. und 30.6.1940, in: ders., Briefe, S. 146, 15; vgl. Schwerin, Moltke, S. 65 ff.
[71] Vgl. Gerhard Ringshausen, Evangelische Kirche und Widerstand, in: Huberta Engel (Hg.), Deutscher Widerstand – Demokratie heute, Bonn 1992, S. 95 ff.; Wilhelm Ernst Winterhager, Otto Heinrich von der Gablentz (1898-1972), in: Günter Buchstab u.a. (Hg.), Christliche Demokraten gegen Hitler, Freiburg 2004, S. 197-204.
[72] Am 30. Mai 1940 hatte Moltke dafür Martin Gauger erwartet, der aber als Kriegsdienstverweigerer nach Holland geflohen war, wo er der Gestapo in die Hände fiel.

in der Reichsstelle Chemie, so daß ihn neben den theologischen auch die wirtschaftlichen Fragen im Kreisauer Kreis interessierten.

Gablentz bestätigte für die Ethik Moltkes Position, indem er eine inhaltlich besondere „christliche Morallehre" ablehnte. „Es gibt eine für alle Menschen gleich richtige abstrakte Moral, eine ‚humanistische', dem Stoiker ebenso einleuchtend wie dem Christen und dem Konfuzianer. Für uns ist sie am eingängigsten formuliert in Goethes Ehrfurcht vor dem, was unter uns ist, was uns gleich ist und was über uns ist."[73] Das verstand er als entscheidend für einen „demütig glaubenden Menschen"[74]. Aber gegen Moltke meinte er, „daß Staatslehre überhaupt nur von der Theologie zu begründen ist. Ohne eine solche Begründung kommt man rettungslos in das Dilemma zwischen Gesinnungs- und Verantwortungsethik, wie es Max Weber in seinem Vortrag ‚Politik als Beruf' aufgezeichnet hat."[75] Die damit gegebene Alternative zwischen selbstbestimmtem Wollen und fremdbestimmtem Sollen, zwischen Autonomie und Heteronomie, zwischen „persönlicher und politischer Ethik" lasse sich nur durch Hingabe und durch Vertrauen auf einen einsehbaren Sinn überwinden. Um sich nicht auf Selbstbehauptung zu beschränken, hätte die „richtige Ethik" im Anschluß an Paul Tillich „‚theonom' zu sein". Für die Staatslehre ergab sich daraus für Gablentz: „Der Staat hat einen Sinn, soweit er sich ausrichtet nach dem Maßstab des Reiches Gottes, nämlich durch den freien Menschen die richtige Ordnung der Dinge zu verwirklichen."[76] Die Theonomie

---

[73] Gablentz an Moltke, 9.8.1940, in: Roon, Neuordnung, S. 489; vgl. Johann Wolfgang von Goethe, Wilhelm Meisters Wanderjahre, 2. Buch, 1. Kapitel. Gablentz, Jenseits von Staat und Wirtschaft, Oktober 1932 (ACDP, I-195-002/2), S. 6 f., betonte: „Die Moral des Konfuzius steht so hoch wie die des hl. Thomas, die Philosophie der Upanischaden braucht den Vergleich mit keiner mittelalterlichen Ontologie, mit keinem neuzeitlichem Idealismus zu scheuen."

[74] Otto Heinrich von der Gablentz, Die materiellen Grundlagen einer internationalen Ordnung (1937, IfZ , ZS/A 18, Bd. 13); die Arbeit war die Vorlage für die Ökumenische Konferenz in Oxford: Die Kirche Christi und die Welt der Nationen, Frauenfeld 1938, S. 67–95, hier: 69.

[75] Gablentz an Moltke, 9.8.1940, in: Roon, Neuordnung, S. 488; vgl. Max Weber, Politik als Beruf, in: ders., Gesamtausgabe, Bd. I/17, hg. von Wolfgang J. Mommsen/Wolfgang Schluchter, Tübingen 1992, S. 237ff.

[76] Vgl. Gablentz, Grundlagen, S. 68: „Gott will nicht ein geistiges Leben fern von den Dingen, sondern er will die richtige Ordnung *in* den Dingen. Er hat den Menschen dazu berufen, nicht nur Glied, sondern zugleich Herr der Schöpfung zu sein, diese richtige Ordnung in Freiheit zu gestalten." Daß der Mensch „schwankt zwischen den beiden Polen, als bloßes Glied in der Natur aufzugehen und als willkürlicher Herrscher die Natur zu vergewaltigen", könnte Moltkes Rede von (Gegen-)Polen bestimmt haben.

ist damit ein Prinzip von Ethik und Staatslehre, das „für einen bestimmten Staat zu bestimmten Zeiten" inhaltlich konkretisiert werden muß. Während Yorcks „Trieb göttlicher Ordnung" an die neulutherische Lehre von den Schöpfungsordnungen erinnert, lehnte Gablentz zusammen mit einer christlichen Materialethik jede Form von Naturrecht ab; „die richtige Ordnung der Dinge" ist für den freien Menschen einsichtig, der dem Prinzip der Theonomie verpflichtet ist.[77]

Moltke löste diesen Ansatz aus dem theologischen Zusammenhang, indem er von „natürlicher Ordnung"[78] oder der „Ordnung der Dinge"[79] sprach. „Recht im wahren Sinn des Wortes kann daher nicht aus der Willkür Einzelner stammen, sondern muß sich aus der Natur der Dinge, oder [...] der natürlichen Ordnung ergeben."[80] Mit dem Verweis auf die „Natur der Dinge" wollte Moltke einerseits den Rechtspositivismus und seine Orientierung am willkürlich gesatzten Recht, andererseits aber dessen Normierung im Sinne des Naturrechts[81] ausschließen; gemeint sind die vom Dritten Reich negierten „sachlogischen Strukturen, in denen die

---

[77] Gablentz, Grundlagen, S. 69, betont, daß die „rechte Ordnung" nicht gegeben ist, „aber in Jesus Christus haben wir den Maßstab für die richtige Haltung: dem, der den Willen des Vaters tut, gehorchen die Dinge und wandeln sich zu ihrem eigentlichen Sinn."

[78] Moltke an Gablentz, 31.8.1940, in: Roon, Neuordnung, S. 490.

[79] Moltke an Yorck, 1.9.1940, in: Roon, Neuordnung, S. 491. Der Ausdruck könnte neben Gablentz (vgl. Anm. 82) auf die Spinoza-Lektüre Moltkes zurückgehen; vgl. Moltke, Briefe, s.v. (natura rerum, nature des choses). Das kommt der Natur der Sache nahe; vgl. Gustav Radbruch, Die Natur der Sache als juristische Denkform, in: Festschrift Rudolf Laun, Hamburg 1948, S. 157–176; Herbert Schambeck, Der Begriff der „Natur der Sache", Wien 1964; Ralf Dreier, Art. Natur der Sache, in: HWPh 6, Basel-Stuttgart 1984, Sp. 478–482.

[80] Moltke, Über die Grundlagen der Staatslehre, 20.10.1940, in: Roon, Neuordnung, S. 500.

[81] Trotz begrifflicher Ungenauigkeit vertrat Moltke wie Gablentz keinen „naturrechtlichen Ansatz"; so aber zuletzt Schwerin, Moltke, S. 71. Vgl. Gerhard Ringshausen, Die Überwindung der Perversion des Rechts im Widerstand, in: ders./Rüdiger von Voss (Hg.), Widerstand und Verteidigung des Rechts, Bonn 1997, S. 226–229. Den unterschiedlichen Zugang hat treffend Gablentz formuliert: Der „katholische Naturbegriff ist anders als unserer. Er faßt die Natur nicht so sehr als Schöpfung auf wie als Ordnung." Deshalb „sind wir davon überzeugt und meinen, es auch zu erfahren, daß Gott seine Schöpfung nicht abgeschlossen hat, sondern daß er unmittelbar wirkt bis hinein in alle Einzelheiten des Naturlebens und unseres Eigenlebens. Der Mensch hat nicht die Verantwortung für die gesamte Ordnung, sondern er hat nur Verantwortung dafür, selbst jederzeit offen zu sein für Gottes Ruf." O.H. v. d. Gablentz an Wilhelm Stählin, 23.1.1941 (ACDP, I-155, 032/1).

„materialen Bedingungen des Gesetzgebers' stecken"[82]. Sie können wie die Freiheit weder bewiesen noch begrifflich definiert, sondern nur „in unmittelbarer Anschauung erkannt werden." Dazu hätte die Erziehung zu verhelfen, obwohl „die meisten Menschen einen Zustand der Unfreiheit und einen Zustand der mangelnden natürlichen Ordnung zu erkennen imstande sind."[83] Mit dieser Einschränkung hat Moltke den Gesichtspunkt der Evidenz von Gablentz übernommen, aber bei der „natürlichen Ordnung" war ihm der protestantische Problemzusammenhang von Schöpfungsordnung und Naturrecht im Unterschied zum theologisch versierten Mitglied der Michaelsbruderschaft nicht bewußt.[84] Deshalb formulierte er: „Der Sinn des Staates besteht darin, Menschen die Freiheit zu schaffen, die es ihnen ermöglicht, die natürliche Ordnung zu erkennen und zu ihrer Verwirklichung beizutragen."[85]

Für das Gespräch mit Yorck konnte Moltke durch den Verweis auf die „natürliche Ordnung" die von diesem geforderte „Hypothek der Freiheit" aufnehmen und „Freiheit im Rahmen der natürlichen Ordnung" als Aufgabe des Staatsrechts bezeichnen.[86] Zwischen den Polen Freiheit und Ordnung bestände eine Interdependenz; denn „Freiheit existiert nie als Absolutum, sondern nur im Rahmen einer natürlichen Ordnung; außerhalb der Ordnung gibt es keine Freiheit; eine natürliche Ordnung setzt überdies Freiheit voraus, weil eine Ordnung ohne Freiheit eben nicht natürlich ist; das ergibt sich aus dem der Natur gemäßen Trieb zur und Recht der Selbsterhaltung sowohl des Individuums wie der Spezies."[87] Deshalb sind

---

[82] Eberhard Wölfel, Art. Naturrecht, in: EvStL³, S. 2225; vgl. die Aussage von Gablentz auf der Konferenz über „The churches and the international crisis", 14.–18.7.1939: „the realistic necessities arising out of the nature of things themselves"; Minutes of the Conférence de Beau-Séjour (AÖR, Life and Work, box 19).

[83] Moltke an Yorck, 1.9.1940, in: Roon, Neuordnung, S. 491.

[84] Deshalb wollte Gablentz auch in der Denkschrift Moltkes „Über die Grundlagen der Staatslehre" die „natürliche" durch „rechte" und in der Denkschrift „Die richtige Gestaltung der Wirtschaft" durch „gerechte Ordnung" ersetzen; Roon, Neuordnung, S. 499; BAK, Kl. Erw. 824, 2, 23.

[85] Moltke an Gablentz, 31.8.1940, in: Roon, Neuordnung, S. 490; aufgenommen in: Denkschrift Moltkes, Grundlagen, 20.10.1940, aaO., S. 499; dass. Kurzfassung, aaO., S. 506.

[86] Moltke an Yorck, 1.9.1940, in: Roon, Neuordnung, S. 491.

[87] Ebenso, S. 492. Vgl. Kants Definition in der Einleitung zu den „Metaphysischen Anfangsgründen der Rechtslehre": „Das Recht ist der Inbegriff der Bedingungen, unter denen die Willkür des einen mit der Willkür des anderen nach einem allgemeinen Gesetz der Freiheit zusammen vereinigt werden kann"; Immanuel Kant, Die Metaphysik der Sitten, in: Wilhelm Weischedel (Hg.), Kant-Studienausgabe, Darmstadt

es diese „beiden Gegenpole [...], zwischen denen sich die Staatskunst bewegen muß. Und diese beiden Pole sind einer weiteren Auflösung und Definition nicht zugänglich."[88]

Das Gespräch mit Gablentz hat Moltke zu einer deutlichen Absetzung vom „Liberalismus entarteter Form" geführt, der „die Ehrfurcht vor dem was uns gleich ist unter Vernachlässigung der beiden anderen Ehrfurchten" vor dem, was über uns ist, und vor dem, was unter uns ist, lehrt.[89] Demgegenüber habe der Nationalsozialismus zwar „uns wieder gelehrt die Ehrfurcht vor dem was unter uns ist, d.h. also den Dingen, dem Blut, der Abstammung, unserem Körper." Neben der Zerstörung der Ehrfurcht vor dem, was uns gleich ist, habe er aber „getötet die Ehrfurcht vor dem was über uns ist, nämlich Gott, oder wie immer Du es bezeichnen magst, und hat versucht, dieses unter uns zu ziehen, durch die Vergottung diesseitiger Dinge, die unter die Rubrik der Ehrfurcht vor dem, was unter uns ist, fallen." Bei diesem Brief an seine Frau bezieht sich die distanzierte Rede von Gott auf deren Einstellung. Hat Moltke sie für sich noch geteilt?

Auch nach der Beratung mit Gablentz am 23. August insistierte Moltke auf der Position: „Theologie und Staatslehre sind getrennte Gebiete; es gibt keinen christlichen Staat."[90] Gablentz war mit der Ablehnung des christlichen Staates einverstanden, schlug aber für seine Begründung vor: „Es gibt keine unmittelbar theologische Lehre vom Staat, sondern nur eine vom Menschen im Staat."[91] Mit dieser vermittelnden Formulierung hatte er einerseits eine material christliche Staatslehre, nicht aber ihre prinzipiell christliche Begründung abgelehnt. Unter dieser Voraussetzung konnte er der These Moltkes zustimmen: „Wenn wir heute eine Staatsgrundlehre formulieren wollen, so gehen wir von Grundsätzen der Ethik aus, die eine ‚humanistische' Ethik ist, und unabhängig von dem Offenbarungsgehalt einer christlichen oder einer anderen Religion. [...] Der Staat ist amoralisch", und zwar, „weil er abstrakt ist"[92]. Er ist nicht Repräsentant Gottes oder einer Idee, sondern als „eine mit dem Attribut der Souveränität ausgestattete Gemeinschaft"[93] ein soziologisches Faktum zur Ausübung des

---

1956, IV, S. 337. Zu der von Moltke betonten Trennung von Recht und Ethik vgl. Kant, aaO., S. 323 ff., 338.

[88] Moltke an Freya, 25.8.1940, in: ders., Briefe, S. 199.
[89] Ebenso, S. 198.
[90] Moltke an Gablentz, 31.8.1940, in: Roon, Neuordnung, S. 490.
[91] Gablentz an Moltke, 7.9.1940, in: Roon, Neuordnung, S. 492; von Moltke übernommen im Brief an Gablentz, 31.8.1940, in: Roon, Neuordnung, S. 490, Anm. 1.
[92] Moltke an Gablentz, 31.8.1940, in: Roon, Neuordnung, S. 490.
[93] Moltke an Gablentz, 18.7.1940, in: Roon, Neuordnung, S. 587.

Rechts. Er ist „nicht Selbstzweck"[94], sondern eine „amoralische Maschine"[95], die nicht im Namen eines Staatsinteresses ethische Forderungen an die Bürger gegen deren eigene Verantwortung richten kann. „Furcht, Macht und Glaube", den totalen Staat charakterisierende Elemente, sind nur gültig, „soweit sie [...] von den einzelnen Staatsbürgern abgeleitet sind"[96]. „Wenn man den Staat einer möglichen moralischen Rechtfertigung seiner Handlungen entzieht, tritt die ethische Verantwortlichkeit des Einzelnen unverwischt hervor."[97] Moltke plädierte für einen liberalen Staat, in dem der Bürger Träger der Souveränität und der Politiker verantwortlich sind.

Für Yorck faßte Moltke die Überlegungen zusammen: „Ich sehe keine ethischen Grundsätze, die nicht für das Verhalten des Menschen allein gelten. Ist der Staat eine moralische Persönlichkeit, so ist man m.E. auf einem Wege, der über Hegel zur Vergottung des Staates führt."[98] Die weltanschauliche Staats- und Rechtsbegründung im Nationalsozialismus war für Moltke das Gegenbild. Deshalb haben „Forderungen ethischer Art an den Einzelnen" oder an den Staat keinen „rechten Platz im Staatsrecht"[99]. Yorcks „Hypothek der Freiheit" kann so nicht gewährleistet werden. Aber in Aufnahme Goethes hatte Moltke eine Alternative zur formalen Freiheits- und Rechtsbestimmung Kants gewonnen. Yorck teilte er deshalb mit, er habe sich „von der Unzulänglichkeit [s]einer ersten Formulierungen überzeugt"[100], was zur Denkschrift „Über die Grundlagen der Staatslehre" vom 20. Oktober 1940 führte.

Sein Verständnis der „natürlichen Ordnung" ließ neben die „Lehre vom Staat" die „Lehre vom Staatsmann" treten, der „sich durch ethische Gebote, aus welcher Quelle immer er sie ableiten mag, verpflichtet fühlen" muß.[101] Gablentz hatte die Variabilität der materialen Ethik nämlich gebunden an die Verantwortung der einzelnen Person, also an den „konkreten

---

[94] So die wohl von Gablentz formulierten „Fragestellungen für das Gespräch über Staat und Kirche" in: Bleistein, Dossier, S. 88; vgl. die späteren „Gedanken zur europäischen Ordnung", aaO., S. 129, als deren Verfasser R. Bleistein „von der Gablentz, Poelchau oder Reichwein" vermutet. Steltzers Beitrag für die 1. Kreisauer Tagung war wohl der Text über das „Verhältnis zwischen Staat und Kirche" in: Bleistein, Dossier, S. 95–101.
[95] Moltke, Grundlagen, 20.10.1940, in: Roon, Neuordnung, S. 505.
[96] Moltke an Yorck, 17.6.1940, in: Roon, Neuordnung, S. 480.
[97] Moltke, Grundlagen, 20.10.1940, in: Roon, Neuordnung, S. 504.
[98] Moltke an Yorck, 16.11.1940, in: Roon, Neuordnung, S. 495 f.
[99] Moltke an Yorck, 1.9.1940, in: Roon, Neuordnung, S. 492.
[100] Moltke an Yorck, 1.9.1940, in: Roon, Neuordnung, S. 491.
[101] Moltke an Gablentz, 31.8.1940, in: Roon, Neuordnung, S. 490.

Staatsmann"¹⁰². Deshalb formulierte Moltke: „Diese Aufgabe erfordert einen Mann von Erkenntnis, Selbstverleugnung und Selbstsicherheit, welche nach Ihrer Auffassung nur aus der christlichen Offenbarung geschöpft werden können", so daß von einem „christlichen Staatsmann" zu sprechen sei.¹⁰³ Diese Engführung wollte Gablentz vermeiden und schlug deshalb vor, statt vom „christlichen" vom „rechten Staatsmann" zu reden. „Ich bin zwar überzeugt, daß in jedem rechten Menschen Christus wirkt, denke aber nicht daran, jemanden für das Christentum als Gemeinschaft in Anspruch zu nehmen, der es nicht selbst weiß und will."¹⁰⁴ Jedoch wollte er auch Menschen „als gläubig in Anspruch nehmen, die es selbst ablehnen, einen Glauben „zu haben", weil „ein ungläubiger Mensch kein rechter Staatsmann sein kann"¹⁰⁵.

Moltke hatte diese Differenz einen Monat zuvor in den „Grundlagen der Staatslehre" nivelliert, indem er einerseits den „lebendigen und wirkenden Glauben"¹⁰⁶ als die „wichtigste[.] Kraftquelle" der Bürger zur „Erkenntnis der ‚natürlichen Ordnung'" bezeichnete, andererseits aber meinte, daß die „Schaffung und Erziehung des rechten Staatsmannes"¹⁰⁷ doch „im Ergebnis die Erziehung des christlichen Staatsmannes bedeuten" würde. Diese Unklarheit spiegelt wohl Moltkes Distanz zum Christentum. Wichtig war ihm deshalb die Bestimmung der „ethischen Grundlagen" als ‚'humanistisch': Es gibt eine für alle Menschen des abendländischen Kulturkreises verbindliche Morallehre, die von dem Offenbarungsgehalt der christlichen Religion unabhängig ist, wenn sie auch für den Christen in der christlichen Morallehre ihre klarste Formulierung gefunden hat."¹⁰⁸

Die Diskussion mit Gablentz öffnete Moltke neue Horizonte, so daß er

---

[102] Ibid., spätere Korrektur Moltkes wegen des Schreibens von Gablentz an Moltke, 7.9.1940.
[103] Ibid.; vgl. Gablentz, Grundlagen, S. 94: „Solche Menschen werden mit Sachkenntnis und Ehrfurcht an die Aufgaben der nationalen und internationalen Ordnung gehen – und mehr können wir nicht verlangen, denn ‚wenn alle wüßten, was die Dinge fordern, dann töten sie den Willen Gottes' (Adalbert Stifter)."
[104] Gablentz an Moltke, 7.9.1940, in: Roon, Neuordnung, S. 492.
[105] Moltke an Gablentz, 16.11.1940, in: Roon, Neuordnung, S. 497, als Referat von Gablentz. Die Basis bildet der „gläubige Realismus"; vgl. Paul Tillich, Gläubiger Realismus I und II, in: ders., Gesammelte Werke, Bd. 4, Stuttgart 1961, S. 77–87, 88–106. Zum Verhältnis Tillich–Gablentz vgl. O. H. von der Gablentz, Vom religiösen Sozialismus, in: Zeitwende 5, 1929, S. 363–369. In seiner autobiographischen Skizze betonte er allerdings für den Briefwechsel mit Moltke besonders den Einfluß der Michaelsbruderschaft.
[106] Moltke, Grundlagen 20.10.1940, in: Roon, Neuordnung, S. 505.
[107] Moltke, Grundlagen, 20.10.1940, in: Roon, Neuordnung, S. 503.
[108] AaO., S. 504.

ihm Mitte November schrieb: „Auf diesem Wege will ich Ihnen gern folgen, da wir sachlich durchaus einer Meinung sind"[109], und „[Ihnen] in kurzer Zeit einen umgearbeiteten Entwurf übersenden". Auch die Einwände Yorcks „zur Frage der Bedeutung des Glaubens, der Geschichte und der Geistesbildung für die Erkenntnis des Staates"[110] hatten die Notwendigkeit einer Revision der „Grundlagen der Staatslehre" vom 20. Oktober 1940 ergeben. Als Überarbeitung der Aussagen über die „Beziehungen zwischen Staat und Glauben" entstand der Text „Die Beziehung des Staates zum Geist"[111]. Er unterscheidet „die *Erkenntnis* der gerechten Ordnung", deren Weckung und Förderung zu den Aufgaben des Staates und des Schulwesens gehören, von der „Bildung des *Willens*", der von der öffentlichen Meinung getragen wird, die zwar vom Staat kontrolliert, aber nicht gemacht werden kann. „Fester Wille und sachgemäße Erkenntnis finden dort zusammen, wo ein sicherer *Glaube* an den Inhalt der gerechten Ordnung besteht. Der ungläubige Staatsmann verfällt der Willkür oder der skeptischen Lässigkeit. Der Staat ist darauf angewiesen, daß das geistige Leben vom Glauben durchdrungen wird", kann aber dafür nur einen Raum freihalten und dem Mißbrauch wehren. Im Anschluß an die Überlegungen von Gablentz ordnete damit Moltke dem Staatsrecht eine religiös motivierte Tugendlehre zu.

Diese Grundsätze werden inhaltlich näher entfaltet unter der Voraussetzung, „daß z.Zt. ein verbindlicher Glaubensinhalt nicht da ist. An seine Stelle droht sich abstraktes Dogma oder verkrampfter Wille zu setzen," was Gablentz an Karl Barth und der BK kritisierte.[112] Deswegen kann der „gläubige Staatsmann" nicht „als Glied einer religiösen Gemeinschaft behandelt werden", sondern er muß „den Zusammenhang zwischen seiner politischen Aufgabe und seiner religiösen Bindung erst selbst neu erleben und gestalten", indem er – im Unterschied zum „ungläubigen Staatsmann" – „auf den inneren Sinn jedes rechten Handelns vertraut."

Ähnlich den Ausführungen über die „Grundlagen der Staatslehre"

---

[109] Moltke an Gablentz, 16.11.1940, in: Roon, Neuordnung, S. 497.
[110] Moltke an Yorck, 16.11.1940, in: Roon, Neuordnung, S. 495.
[111] Der Text ist als III. bezeichnet; hinzugehört „IV. Die richtige Gestaltung der Wirtschaft" mit handschriftlichen Korrekturen von Gablentz (BAK, Kl. Erw. 824,2, 230–22 und 23–26). Roon, Neuordnung, S. 358 f., zitiert aus „Beziehung des Staates zum Geist" einen kurzen Abschnitt ohne Datierung.
[112] Vgl. Gablentz an Ger van Roon, 24.11.1970 (IfZ, ZS/A 18, Bd. 13). Auch die 1. und die 3. Fassung von Moltkes Denkschrift „Ausgangslage und Aufgaben" vom 9.6. und 24.8.1941 sehen als Aufgabe der Kirchen „Vermeidung des Dogmenstreites", in: Walter Lipgens (Hg.), Europa-Föderationspläne der Widerstandsbewegungen 1940–1945, München 1968, S. 120; Roon, Neuordnung, S. 516.

entsprechen „die sittlichen Anforderungen [...] einer allgemein verbindlichen, humanistischen Ethik", die Goethe in der „Lehre von den drei Ehrfurchten" zusammengefaßt habe. Aber die Neubearbeitung fügt in polemischer Abgrenzung hinzu: „Aus der dünnen Luft abstrakter Ethik wird kein Staatsmann Kraft zur politischen Gestaltung gewinnen können." Ob er die „inhaltliche Sinngebung des Lebens" aber in der Kirche findet, hängt von dieser ab, indem „sie ihre Lehre und ihren Kultus so ausbildet." Dann kann man nicht nur von einem gläubigen, sondern positiv von einem „christlichen Staatsmann" sprechen, nicht aber von einem „christlichen Staat". „Keine irdische Ordnung hält [nämlich] den absoluten Maßstab der Wahrheit und Liebe aus." Da der irdische Staat der Kritik bedarf, „ist eine Kirche, die um den Maßstab des Lebens weiß und sich keine staatlichen Funktionen selbst anmaßt, der geborene Zensor des Staates."

Die Ausführungen über „Die Beziehung des Staates zum Geist" bilden einen wichtigen Meilenstein in der beginnenden Arbeit der Kreisauer. Im Blick auf Moltke selbst verschärften sie die Frage, inwiefern er sich selbst bereits als gläubiger oder christlicher „Staatsmann" verstand. Jedenfalls hat das Gespräch mit Yorck und Gablentz die Eingangsvoraussetzungen Moltkes über den Zusammenhang von Freiheit des Einzelnen und Bestimmung des Staates grundlegend verändert. Die These: „Der Staat ist darauf angewiesen, daß das geistige Leben vom Glauben durchdrungen wird"[113], bedeutet, daß auch die Kirche/n eine positive Funktion für den Staat haben soll/en. War in der Erstfassung der „Grundlagen" „der Glaube ein wesentlicher Faktor in der Kritik an dem Staate und an den Handlungen seiner Organe"[114], wird nun die vom Staat getrennte Kirche trotz ihres gegenwärtigen Zustandes als „der geborene Zensor des Staates" in Anspruch genommen.

Von seinem Ansatz aus hatte Moltke bereits in seinem ersten Brief an Gablentz im Juli 1940 die Trennung von Kirche und Staat gefordert, „da eine Staatskirche, eine vom Staat abhängige Kirche und eine den Staat dominierende Kirche gleich unmögliche Gestaltungen sind"[115]. Gablentz wollte entsprechend „die längst überständige Kirchensteuer"[116] im Interesse der Kirche abschaffen, wobei „man vielleicht noch über die Wiederherausgabe früher säkularisierten Kirchengutes verhandelt." Seiner durch die Mitgliedschaft in der Michaelsbruderschaft geprägten Sicht entsprach,

---

[113] Moltke, Grundlagen, 20.10.1940, in: Roon, Neuordnung, S. 505, hatte formuliert: „Der Staat bedarf des lebendigen und wirkenden Glaubens zur Erfüllung seiner Aufgabe, die Erkenntnis der ‚natürlichen Ordnung' zu fördern."
[114] Moltke, Grundlagen, 20.10.1940, in: Roon, Neuordnung, S. 505.
[115] Moltke an Gablentz, 18.7.1940, in: Roon, Neuordnung, S. 588.
[116] Gablentz an Moltke, 9.8.1940, in: Roon, Neuordnung, S. 489.

daß die Kirche „eine reale geistliche Substanz hat", deren Verlust sie „zur bloßen moralpredigenden Organisation" werden läßt; denn sie lebt „vom Sakrament, vom Gebet, von der Meditation, aber nicht von der Sittenlehre". Deshalb muß der Staat „etwas riskieren im Verhältnis zur Kirche" und ihr „völlige Freiheit lassen für den Gottesdienst und für die Verkündigung, d.h. für die christliche Deutung der Natur und Geschichte." Damit tritt aber die Kirche in eine spannungsvolle Beziehung zum Staat. Zwar soll er ihr „Haltungen und Lehren untersagen, [...] die ehrfurchtslos und gehässig sind", aber grundsätzlich darf „die Kirche sich kein Lebensgebiet vorenthalten lassen. Der Staat muß sich die Verkündigung der Kirche gefallen lassen", wie Gablentz im Anschluß an Paul Yorck feststellte.[117] Während dieser deshalb die Kirche als „Mahnerin" verstand, wurde sie bei Gablentz verschärfend „der geborene Zensor des Staates", was Moltke übernahm.

„Die Beziehung des Staates zum Geist" zeigt die weitgehende Aufnahme der Ansätze von Gablentz durch Moltke, trotzdem haben beide sich „im Winter" 1940 „festgeredet"[118], so daß das Gespräch nicht weiterging. Die Verstehensschwierigkeiten beruhten wohl auf den unterschiedlichen Denkvoraussetzungen. So schrieb Moltke Gablentz bereits Mitte November 1940: „Sie stellen in der Beziehung des Staates zum Einzelnen das Recht mehr in den Vordergrund, ich die Förderung der Erkenntnis = Erziehung und die Förderung des Willens, der Erkenntnis gemäß zu handeln, nochmals = Erziehung." Als Ziel betrachtet er dabei, „daß die Machtanwendung überflüssig wäre, wenn alle Einzelnen vollständig die natürliche Ordnung erkennen und sie verwirklichen würden."[119] Als Lutheraner

---

[117] Gablentz an Moltke, 7.9.1940, in: Roon, Neuordnung, S. 494. Vgl. Paul Graf Yorck von Wartenburg, Das Bild des abendländischen Staates, in: Ringshausen, Bekennende Kirche, S. 88: „Wie immer die Regenten sich selbst zur christlichen Botschaft verhalten mögen, der Staat muß sich in seinem Lebensraum die Verkündigung der Kirche gefallen lassen." Während Yorck als Mitglied der BK in das Zentrum der Kirche die Verkündigung des Wortes vom Kreuz stellte, sah Gablentz bei der „heutigen Kirche" nicht mehr die „Möglichkeit der Objektivität und des Verantwortungsgefühls". Wie die Michaelsbruderschaft forderte er eine „erneuerte Kirche" angesichts „der allmählich absterbenden Kraft der christlichen Erkenntnis" als „säkularisiertes Christentum".

[118] Moltke an Freya, 16.7.1941, in: ders., Briefe, S. 270.

[119] Moltke, Grundlagen, in: Roon, S. 500. Vgl. dazu auch die Kritik von Gablentz an der Abwertung der Macht zugunsten des Rechts bei Paul Yorck; seiner Ansicht nach wird Staatsrecht „immer beides sein, wenn es in Ordnung ist. Es wird staatsloses, d.h. wirkungsloses Recht, wenn die Macht fehlt, und es wird bloße, d.h. böse Macht, wenn es nur Macht ist." Gablentz an Moltke, 7.9.1940, in: Roon, Neuordnung, S. 493.

widersprach Gablentz dieser liberalen Hoffnung auf Reduzierung der Macht und meinte, als Grenze staatlichen Handelns seien „Mindestrechte unabdingbar"[120], die Moltke nur bei den Machtverhältnissen der Wirtschaft für nötig hielt. Zudem sah Gablentz die Bildungsaufgabe des Staates kritischer: „Der Staat kann nicht selbst Träger der Bildung sein, sondern nur Raum für sie schaffen. Träger der Bildung kann nur eine selbständige Bildungsgemeinschaft, d.h. wenn sie ihre Aufgaben richtig sieht, die Kirche, sein."[121] Der tiefste Grund der Differenz war jedoch, daß für Moltke das Christentum als ethische Religion ein Beitrag zur Neuordnung war, während Gablentz jedes „Bindestrich-Christentum"[122] als überholt betrachtete; angesichts der zunehmenden kulturellen Verflechtung der Welt „kann man einen Vorrang der christlichen Kultur nicht mehr ernsthaft behaupten."[123] Aber „das Wesentliche des Christentums liegt nicht" in seiner kulturellen und ethischen Bedeutung.

Moltke nahm das Gespräch mit Gablentz erst im Juli 1941 erneut auf, weil er ihn sich und Yorck „darin weit überlegen" sah, „daß er von der konkreten Lage der protestantischen Kirche und von Theologie immerhin etwas versteht."[124] Inzwischen war jedoch im Mai 1941 mit Hans Bernd von Haeften ein weiterer engagierter Protestant zu dem Kreis gestoßen.[125] Die katholische Seite wurde durch Hans Peters vertreten, aber Moltke war an weiteren Mitgliedern interessiert.[126] Neuer Gesprächsbedarf ergab sich, weil seit Juni bei der Beschreibung der „Ausgangslage" und der „Ziele und Aufgaben" der Beitrag der Kirchen zu bedenken war. Die Denkschrift nennt wohl auf Anregung von Peters klassische Konkordatsthemen.[127] Aber die „Frage der Repräsentanz der Kirche gegenüber dem Staat" sei

---

[120] Ebd., Anm. 1. Die Notiz auf der Randlinie ist wegen Moltkes Brief an Gablentz, 16.11.1940, in: Roon, Neuordnung, S. 497, Gablentz zuzuschreiben.
[121] Gablentz an Moltke, 7.9.1940, in: Roon, Neuordnung S. 494.
[122] Obwohl Gablentz der Theologie Karl Barths ablehnend gegenüberstand, hat er mit diesem Begriff zugleich einen Grundgedanken von dessen programmatischer Schrift „Theologische Existenz heute!" aufgegriffen.
[123] Gablentz, Jenseits von Staat und Wirtschaft, S. 7.
[124] Moltke an Freya, 23.7.1941, in: ders., Briefe, S. 275.
[125] Vgl. oben, S. 159 f.
[126] Zu Peters vgl. Trott zu Solz, Hans Peters. Am 30.6.1941 beauftragte Moltke Guttenberg mit der Suche weiterer katholischer Kontakte; vgl. Moltke an Freya, 1.7.1941, in: ders., Briefe, S. 259.
[127] 1. Fassung: Ausgangslage und Aufgaben, 9.6.1941, in: Lipgens, Europa-Föderationspläne, S. 117–121, hier S. 120; die 2. Fassung ohne Titel beginnt mit „Ausgangslage", 20.6.1941, in: Roon, Neuordnung, S. 518–520, hier S. 519; 3. Fassung: Ausgangslage, Ziele und Aufgaben, 24.8.1941, ebd., S. 507–517, hier S. 516; zur Datierung vgl. Moltke, Briefe, S. 277, Anm. 1.

„für die protestantischen und die griechisch-katholischen Konfessionen" offen.[128] Grundsätzlich sollte der Staat „der Kirche lediglich einen freien Raum für ihre Wirksamkeit erhalten," wobei die „Finanzzwangsgewalt", die Kirchensteuer, abzuschaffen war.

Nach diesen knappen Hinweisen zu den „Aufgaben der Menschenbildung" gewann das Thema Kirche und Glaube in der dritten Fassung der Denkschrift vom 24.8.1941 an Bedeutung. Die „Ausgangslage" erscheint geprägt durch die Geschichte der Säkularisierung[129] seit dem „Höhepunkt der Bindungen im frühen Mittelalter [...], als jeder Einzelne sich an die Kirche gebunden fühlte". Aber mit dem Erlahmen dieser gemeinsamen Orientierung „zerfällt die europäische Welt in kleinere Gruppen bis schließlich die Reformation die Neutralisierung [...] sinnfällig macht. Die alte allgemeinverbindliche Bindung wird durch eine Anzahl von verschiedenen Bindungen abgelöst," auch wenn „gewisse Querverbindungen" bestehen bleiben oder neu gebildet werden durch „das gemeinschaftliche europäische Erlebnis der Renaissance," die Romantik und „die internationale Arbeiterbewegung". Durchgesetzt hat sich aber der Staat, weil er „den ganzen Menschen" forderte. „Da aber der Staat ‚von dieser Welt ist' hat sich seine Forderung auf den ganzen Menschen als Mißbrauch weltlicher Gewalt erwiesen und mit diesem Mißbrauch der Gewalt ist das Gefühl der Bindung verloren gegangen so wie vielleicht auch der Mißbrauch weltlicher Gewalt durch die Kirche des Mittelalters zum Verlust ihrer Bindungskraft geführt hat." Die im Hintergrund stehende Zwei-Reiche-Lehre läßt Anregungen von Hans Bernd von Haeften vermuten, der sie im Mai im Brief an seinen Freund Herbert Krimm ebenfalls im Kontext der Säkularisierungsproblematik diskutiert hatte.[130] Während er Luther von seinen Auswirkungen im Luthertum abgesetzt und eher die Renaissance kritisch gesehen hat, entsprach die Kritik der Reformation dem katholischen Geschichtsbild, so daß die Mitarbeit von Peters eingeflossen sein könnte.

---

[128] Moltke, Ausgangslage, 9.6.1941, in: Lipgens, Europa-Föderationspläne, S. 120; vgl. dass., 20.6.1941, in: Roon, Neuordnung, S. 519, wo der merkwürdige Plural (Abschreibfehler?) als Singular erscheint. Was bei der Orthodoxie gemeint ist, erscheint unklar.

[129] Moltke, Ausgangslage, 24.8.1941, in: Roon, Neuordnung, S. 507 f. – dort die folgenden Zitate. Zur Verbreitung des Gedankens im Widerstand vgl. Hans Mommsen, Gesellschaftsbild und Verfassungspläne des deutschen Widerstandes, in: ders., Alternative zu Hitler, München 2000, S. 64 ff.

[130] H.B. v. Haeften an H. Krimm, Mai 1941; vgl. oben, S. 148f. Da die Hochschätzung des Mittelalters und entsprechend die Säkularisierung das Denken der Michaelsbruderschaft bestimmte, dachte ich beim Geschichtsbild früher an den Einfluß von Gablentz; Ringshausen, Begründung, S. 220.

Ein Beitrag von Gablentz scheint demgegenüber erst in der Auseinandersetzung mit dieser Fassung greifbar. Moltke hatte gemäß der Unterscheidung „von dieser Welt" und „ganzem Menschen" gefordert, daß „das Gefühl der inneren Gebundenheit an Werte, die nicht von dieser Welt sind, wieder erweckt werden" muß. Eine Randbemerkung wendet dazu kritisch ein: „Die Werte dieser Welt müssen auch ohne Rückbezogenheit" gelten; das entspricht dem Ansatz von Gablentz, daß die Ethik keiner religiösen Begründung bedürfe.[131] Allerdings ging es Moltke nach den früheren Klärungen nicht um besondere christliche, sondern um für alle Menschen gleiche und von ihnen zu definierende Werte. Nur bei der Förderung der inneren Bindung, einer „Aufgabe, die sich für die Zeit nach Kriegsende stellt", meinte er: „Es scheint mir Aufgabe der Kirche zu sein, dieses Gefühl zu wecken; das Einzige, was der Staat dazu tun kann, ist der Kirche den Raum für ihr Wirken freizuhalten."[132]

Wie Moltke selbst in dieser Zeit Kirche und christlichen Glauben sah, zeigen seine Eindrücke von einer Berliner russisch-orthodoxen Kirche, die er im Mai 1941 anläßlich einer Hochzeit besuchte. „Das für unser Auge auffallendste war die Tatsache, daß in den unendlichen Bildern und Ikonen Christus immer nur als der Verklärte, Auferstandene dargestellt wurde, nie als Mensch oder als leidender Mensch. Das ist für unser Gefühl doch kaum noch Christentum, weil die Konsequenz eben doch sein muss(,) Seine Gebote nicht auf Erden zu erfüllen und das darin liegende Leid zu bejahen, sondern auf die Verklärung durch Ihn zu hoffen."[133] Bemerkenswert erscheint, daß zu der ethischen Aufgabe die Bejahung des Leidens hinzugekommen ist, dessen aktive Überwindung Moltke früher betont hatte. Zugleich enthält diese Kritik eine entschiedene Distanz zur Leugnung des Leides durch die Christian Science. Moltke kehrte nicht zur Religion seiner Kindheit zurück, sondern kam zu einem Glaubensverständnis, das an Luthers theologia crucis erinnert.[134]

---

[131] Roon, Neuordnung, S. 509, dachte an Yorck, weil ihm der Beitrag von Gablentz entgangen war.

[132] Moltke, Ausgangslage, 24.8.1941, in: Roon, Neuordnung, S. 514.

[133] Moltke an Freya, 22.5.1941, in: ders., Briefe, S. 248. Vgl. zur „Bejahung des Leidens" die Todesbejahung von Fürst Andrey in Tolstois „Krieg und Frieden" und bei Moltkes Großmutter; Moltke an Freya, 7.9.1941, in: ders., Briefe, S. 282 f. Klemens von Klemperer, Glaube, Religion, Kirche und Widerstand gegen den Nationalsozialismus, in: Hermann Graml (Hg.), Widerstand im Dritten Reich, Frankfurt/M. 1984, S. 145 ff., betrachtet „eine Frömmigkeit des Leidens und Mitleidens" als kennzeichnend für die Jüngeren im Widerstand.

[134] Allerdings bezeichnet Hermann J. Abs Moltke, den er 1941 kennen lernte, als Christian Science; Hermann J. Abs an Ger van Roon, 29.2.1964 (IfZ, ZS-A 18). Paulus van Husen, der als Freund von Hans Lukaschek Moltke schon als Studenten

Moltke selbst wurde sich im Oktober „einer Wandlung bewußt, die während des Krieges in mir vorgegangen ist und die ich nur einer tieferen Erkenntnis christlicher Grundsätze zuzuschreiben vermag. Ich glaube nicht, daß ich weniger pessimistisch bin als früher, ich glaube nicht, daß ich das Leid der Menschheit jetzt, wo es grob materialistische Formen angenommen hat, weniger fühle, ich finde auch heute, daß der Mörder mehr zu bedauern ist als der Gemordete, aber trotzdem trage ich es leichter; es hemmt mich weniger als früher."[135] Diese Erkenntnis bezog Moltke auf seine Erfahrungen in der Abwehr und die Informationen über das vielfältige Leid auf den Kriegsschauplätzen. Zu vermuten ist, daß die Lektüre von Leo Tolstoi und Wladimir Solowjew ihn angeregt haben.[136] Die Anerkennung des Leidens stand dabei allerdings in der Gefahr einer Umwertung im Sinne Nietzsches: „Die Erkenntnis, daß das, was ich tue, sinnlos ist, hindert mich nicht, es zu tun, weil ich viel fester als früher davon überzeugt bin, daß nur das, was man in der Erkenntnis der Sinnlosigkeit allen Handelns tut, überhaupt einen Sinn hat."

Daß die Fragen des Glaubens Moltke stark bewegten, zeigt auch sein gleichzeitiger Bericht über eine „2-stündige Unterhaltung" mit Carlo Schmid, wobei er auf das Gespräch mit den Freunden anspielt: „Wie immer mit allen Leuten, die wirklich meiner Auffassung zuneigen, waren wir bereits nach zehn Minuten bei der Frage der Religion angelangt, und ich habe wenige Unterhaltungen erlebt, die so konzentriert und befriedigend waren."[137] Dieses Interesse ließ ihn die „schon lange" überlegte Frage an seine Frau richten, „ob wir nicht über die Kinder das Tischgebet auch wieder einführen sollen. Es ist mir in diesen Jahren immer klarer geworden, daß von der Aufrechterhaltung der in den 10 Geboten niedergelegten moralischen Grundgesetze die Existenz eines jeden von uns abhängt, nämlich Freiheit und körperliche Unversehrtheit, aber auch Essen und Trinken,

---

van Husen, der als Freund von Hans Lukaschek Moltke schon als Studenten kennen gelernt hatte, ihn 1940 im OKW wieder traf und Ende 1942 zum Kreisauer Kreis kam, sah in Moltkes Religiosität „neben dem landeskirchlichen Urgrund Elemente des Pietismus und der Christian Science mitbestimmend, die für mich als Katholiken schwer ergründbar sind." Paul van Husen, Lebenserinnerungen eines katholischen Juristen, hg. von Karl Joseph Hummel (VKZG.A 53), Paderborn (im Druck).

[135] Moltke an Freya, 11.10.1941, in: ders., Briefe, S. 300. Schmid war in der Militärverwaltung Nordfrankreich.
[136] Zu Tolstoi, Krieg und Frieden, vgl. oben, Anm. 133, sowie Moltke an Freya, 28.9., 11., 20.10.1941, in: ders., Briefe, S. 294, 300, 306. Auf Solowjew, Die Geschichte vom Antichrist (vgl. Moltke an Freya, 9.5.1941, in: ders., Briefe, S. 241), hat wohl Gablentz Moltke hingewiesen.
[137] Moltke an Freya, 11.10.1941, in: ders., Briefe, S. 299.

Wohnung, Kleidung und Heizung."¹³⁸ Moltkes Ansatz seit 1940 entsprach die Betonung der „moralischen Grundgesetze", dem man bei der gemeinsamen Mahlzeit „Ausdruck geben kann". Daß das „zur Förderung der Tischsitten führt", gehörte zur „Wiederherstellung der Ausdrucksformen"¹³⁹ als Aufgabe der Zukunft. Hatte er dabei anthropologisch den Zusammenhang von Freiheit und Bindung betont, so gehörte nun zu den „ersten Grundlagen aller europäischen Kultur, daß [...] jeder Mensch ein selbständiger Schöpfungsgedanke Gottes ist"¹⁴⁰. Bei der Erörterung des Tischgebets betonte er die formalen Aspekte, fügte aber hinzu, daß er „von aller religiösen Fundierung"¹⁴¹ abgesehen hätte. Ihr entsprach jedoch die Mahnung: „Du musst imstande sein, es ernst zu nehmen."¹⁴² Aber seine Frau entschied sich gegen das Tischgebet.

Das Verständnis des Menschen als „selbständiger Schöpfungsgedanke Gottes" bedeutete keine Idealisierung, sondern betonte seine unantastbare, von Gott verliehene Würde. Gerade für sich selbst war Moltke der Beschränkung individueller Existenz bewußt. „Vor was für riesigen Problemen stehen wir, und welcher Gigant soll sie lösen? Ist es denkbar, daß eine Gruppe von Durchschnittsmenschen das schafft?"¹⁴³

Am Maßstab „selbständiger Schöpfungsgedanke Gottes" beurteilte er im Februar 1942 die Beisetzung seines engsten Mitarbeiters, Ernst Martin Schmitz, in Bonn als „sehr grässlich"¹⁴⁴, weil der „Mann im Talar [...] allerhöchstens Deutscher Christ war. Kein Wort aus der Bibel kam vor, statt dessen Gedichte aller Art und deutsche Sinnsprüche, auch Sprichwörter. Das Wort ‚Christus' kam nicht vor, das Wort ‚Gott' zum Schluss in einem Nebensatz; dafür kam das Bild vor ‚die Standarte Horst Wessel in Walhall'; es wurde kein Lied gesungen. Am Grabe wurde das Vaterunser gebetet aber mit einigen abgewandelten Worten; in der Kapelle wurde ein ‚Gebet' gesprochen, das eine sinnlose Aneinanderreihung von Gedankensplittern darstellte und auf der Grundlage ‚Tod ist Quelle neuen Lebens'

---

¹³⁸ Moltke an Freya, 5.11.1941, in: ders., Briefe, S. 311. Daß sich die Aufzählung von „Essen und Trinken ..." mit Luthers Erklärung des 1. Artikels im Kleinen Katechismus berührt, war Moltke wohl kaum bewußt. Noch in einem Gespräch mit einer Aufseherin im KZ Ravensbrück meinte er, „daß es eine Kindererziehung ohne christliche Religion nicht gäbe"; Moltke an Freya, 28.11.1944, in: ders., Briefe, S. 600.
¹³⁹ Moltke, Ausgangslage, 24.8.1941, in: Roon, Neuordnung, S. 514.
¹⁴⁰ Moltke an Freya, 11.12.1941, in: ders., Briefe, S. 335.
¹⁴¹ Moltke an Freya, 5.11.1941, in: ders., Briefe, S. 311.
¹⁴² Moltke an Freya, 8.11.1941, in: ders., Briefe, S. 314.
¹⁴³ Moltke an Freya, 16.11.1941, in: ders., Briefe, S. 323 f.
¹⁴⁴ Moltke an Freya, 4.2.1942, in: ders., Briefe, S. 352.

aufgebaut war, also nicht Bezogenheit auf etwas Übermenschliches sondern Rückbezogenheit auf andere Menschen, damit Aufgabe des Grundsatzes, daß jeder Mensch ein eigener Schöpfungsgedanke ist. Mir wurde geradezu speiübel." Nicht nur der Schluß von Moltkes Beurteilung: „Kein Kreuzeszeichen", zeigt, worin für ihn wesentliche Elemente des christlichen Glaubens bestanden.

Die Äußerungen belegen, daß Moltke im Sommer 1941 neue Aspekte des christlichen Glaubens entdeckt hat. Die Hinweise auf den inneren Prozeß lassen die Anstöße durch die Freunde jedoch nur ahnen. Als wichtiger Zusammenhang ist die Entwicklung des NS-Regimes und seine Ausweitung auf Europa zu bedenken; deutsche Truppen waren vom Nordkap bis Nordafrika im Einsatz und überfielen am 22. Juni die Sowjetunion. Nachdem im Herbst 1940 in Polen Ghettos für die Juden errichtet worden waren, weitete sich die Judenverfolgung aus. Am 1. September 1941 wurde der Judenstern im Reich verordnet, und am 18. Oktober begannen die Deportationen.[145] Demgegenüber entwickelte der bürgerlich-militärische Widerstand zwar Pläne, aber angesichts der Erfolge Hitlers wagte er keine Tat.

Den Krieg gegen die UdSSR beurteilte Moltke trotz der Propaganda als gefährlich, aber zunächst nicht grundsätzlich ablehnend,[146] da für ihn Kommunismus und Nationalsozialismus verwandt waren.[147] Überrascht von der Widerstandskraft der Russen, nahm er trotz der Kämpfe und Verluste an, „daß es ganz gut gehen wird."[148] Sonst „bekommen wir weder Getreide, noch Erdöl, noch Lokomotiven und Eisenbahnwagen. Und ohne diese Dinge geht es eben nicht mehr sehr lange."[149] Wegen dieser wirtschaftlichen Prioritäten beurteilte er den versuchten Durchstoß nach Moskau als „sinnloses Unternehmen"[150]. Einen Monat nach Beginn zweifelte er: „Vom Krieg im Osten werden optimistische Auffassungen verbreitet. Hoffentlich stimmen sie."[151] Das Ziel Moskau wäre jedoch „ein unabsehbares Abenteuer und es reut mich sehr, daß ich es im Inneren meines Herzens gebilligt habe. Ich habe, durch Vorurteile verführt, geglaubt, Russland würde von innen zusammenbrechen und wir könnten dann in dem Gebiet eine Ordnung schaffen, die uns ungefährlich sein würde." Auch in den folgenden Tagen schwankte er, sah „Gründe für einen gemässigten

---

[145] Vgl. Moltke an Freya, 21.10.1941, in: ders., Briefe, S. 308.
[146] Vgl. Moltke an Freya, 25.6.1941, in: ders., Briefe, S. 257.
[147] Vgl. Mommsen, Gesellschaftsbild, S. 70 ff.
[148] Moltke an Freya, 1.7.1941, in: ders., Briefe, S. 259; vgl. die folgenden Briefe.
[149] Moltke an Freya, 8.7.1941, in: ders., Briefe, S. 264.
[150] Moltke an Freya, 13.7.1941, in: ders., Briefe, S. 267.
[151] Moltke an Freya, 16.7.1941, in: ders., Briefe, S. 270.

Optimismus"¹⁵² oder wurde „immer zweifelhafter über das militärische Ergebnis"¹⁵³. Hatte Moltkes Denkschrift vom 9. Juni die „russischen Gebiete bis zum Ural"¹⁵⁴ dem europäischen Bundesstaat „in der Form von Schutzbefohlenen" zugeordnet, so sollte nach der Denkschrift vom 24. August die „europäische Souveränität [...] bis zu einem möglichst weit nach Osten vorgeschobenen Punkt"¹⁵⁵ gelten. Er rechnete mit Erfolgen im Osten, nicht aber mit einer militärischen Niederlage. Vielmehr betrachtete er Deutschland als „besiegt", wenn es „willensmäßig außerstande [ist], den Krieg weiter zu führen" als „Folge einer physischen Erschöpfung der Bevölkerung, [...] einer industriellen Erschöpfung, [...] innenpolitischer Umwälzungen in Deutschland" oder nicht einzudämmender Revolten in den besetzten Gebieten, „die schließlich zu bewaffneter Invasion der Angelsachsen führen."

Bereits einen Monat vorher orientierte sich Moltkes Urteil nicht mehr nur am militärischen Geschehen, sondern an den Opfern. „Eines jedenfalls scheint mir sicher: zwischen heute und dem 1. April nächsten Jahres kommen in dem Gebiet zwischen Ural und Portugal mehr Menschen elendiglich um als jemals zuvor in der Weltgeschichte. Und die Saat wird aufgehen. Wer den Wind säet wird den Sturm ernten [Hos 8,7], aber wenn das schon der Wind ist, wie wird der Sturm aussehen?"¹⁵⁶ Ende August betonte er, daß „offenbar doch sehr, sehr grosse Verluste"¹⁵⁷ zu beklagen seien. „Das wäre aber noch erträglich, wenn nicht Hekatomben von Leichen auf unseren Schultern lägen. Immer wieder hört man Nachrichten, daß von Transporten von Gefangenen oder Juden nur 20 % ankommen, daß in Gefangenenlagern Hunger herrscht, daß Typhus und andere Mangel-Epidemien ausgebrochen seien, daß unsere eigenen Leute vor Erschöpfung zusammenbrächen. Was wird passieren, wenn das ganze Volk sich klar ist, daß dieser Krieg verloren ist, und zwar ganz anders verloren als der vorige? Dazu mit einer Blutschuld, die zu unseren Lebzeiten nicht gesühnt und nie vergessen werden kann, mit einer Wirtschaft, die völlig zerrüttet ist? Werden die Männer aufstehen, die imstande sind, aus dieser Strafe die Busse und Reue und damit allmählich die neuen Lebenskräfte zu destillieren? Oder wird alles im Chaos untergehen?" Auch die Chancen des Widerstandes zur Neuordnung waren damit gefährdet und sein Ziel, das „Bild des

---

¹⁵² Moltke an Freya, 19.7.1941, in: ders., Briefe, S. 273.
¹⁵³ Moltke an Freya, 21.7.1941, in: ders., Briefe, S. 274.
¹⁵⁴ Moltke, Ausgangslage und Aufgaben, 9.6.1941, in: Lipgens, Europa-Föderationspläne, S. 118.
¹⁵⁵ Moltke, Ausgangslage, Ziele und Aufgaben, in: Roon, Neuordnung, S. 512.
¹⁵⁶ Moltke an Freya, 22.7.1941, in: ders., Briefe, S. 274.
¹⁵⁷ Moltke an Freya, 26.8.1941, in: ders., Briefe, S. 278.

Menschen in den Herzen unserer Mitbürger"[158] wiederherzustellen. Zwei Wochen nach den weit ausgreifenden Planungen der Denkschrift vom 24. August meinte Moltke: „Wenn sich die Lage weiter zu unseren Ungunsten klärt, dann verlieren wir auch die Verhandlungsfähigkeit, die wir dringend benötigen."[159]

Eindringlich mahnte er seine Frau: „Wir müssen uns immerzu vergegenwärtigen, daß wir ganz grauen Tagen entgegengehen, Tage deren Sorgen und Leiden wir uns garnicht auszumalen vermögen." Ihm schien die Zeit für den Widerstand wegzulaufen, „weil ich den Verfall sehe, und jeder Tag, der vergeht, ohne daß diesem Elend und Morden Einhalt geboten ist, einem verpaßten Tag gleichkommt."[160] Die große Zahl der Toten auf deutscher und russischer Seite „ist ein schrecklicher Preis, der jetzt für Untätigkeit und Zögern gezahlt werden muss." Schon früher hätten die Militärs den Umsturz wagen müssen. Dabei wuchs nicht nur in Polen und Rußland die „Mitschuld", sondern auch in Frankreich und auf dem Balkan durch die Geiselerschießungen; in Berlin begannen die Deportationen der Juden. Darum fragte sich Moltke: „Darf ich denn das erfahren und trotzdem in meiner geheizten Wohnung am Tisch sitzen und Tee trinken? Mach' ich mich dadurch nicht mitschuldig? Was sage ich, wenn man mich fragt: und was hast Du während dieser Zeit getan?"[161]

Diese Reflexionen und Erfahrungen bestimmten Moltke, als er im April 1942 von Stockholm aus in einem Brief an Lionel Curtis die Situation des Widerstandes schilderte und dabei auch seine eigene Einstellung erläuterte: „Vielleicht erinnern Sie sich, dass ich in Gesprächen [über Ihr Buch Civitas Dei] vor dem Kriege der Meinung war, dass der Glaube an Gott nicht wesentlich sei, um dahin zu kommen, wo wir jetzt sind. Heute weiß ich, dass ich unrecht hatte, ganz und gar unrecht. Sie wissen, dass ich die Nazis vom ersten Tag an bekämpft habe, aber der Grad von Gefährdung und Opferbereitschaft, der heute von uns verlangt wird und vielleicht morgen von uns verlangt werden wird, setzt mehr als gute ethische Prinzipien voraus, besonders da wir wissen, dass der Erfolg unseres Kampfes wahrscheinlich den totalen Zusammenbruch unserer nationalen Einheit bedeutet. Aber wir sind bereit, dem ins Gesicht zu sehen."[162] Diese Bereit-

---

[158] Moltke an Lionel Curtis, 18.4.1942, in: Moltke/Belfour/Frisby, Moltke, S. 185.
[159] Moltke an Freya, 6.9.1941, in: ders., Briefe, S. 282.
[160] Moltke an Freya, 28.9.1941, in: ders., Briefe, S. 294.
[161] Moltke an Freya, 21.10.1941, in: ders., Briefe, S. 308.
[162] Moltke an Lionel Curtis, 18.4.1942, in: Moltke/Balfour/Frisby, Moltke, S. 176; engl. Original in: Roon, Resistance, S. 376 f., hier S. 377. Gemäß Anmerkung hatte Moltke zunächst statt „vor dem Kriege" geschrieben „your book Civitas Dei", also Lionel Curtis, Civitas Dei, 3 Bände, London 1934-37. Demgegenüber hatte Moltke im Brief

schaft ist nicht ethisch, sondern angesichts der realen Gefährdung und geforderten Opferbereitschaft nur religiös zu begründen. Obwohl der Widerstand in Deutschland anders als im eroberten Ausland den „Konflikt der Pflichten"[163] aushalten mußte, brauchte er nach Moltkes Einsicht nicht den Glauben als Motivation oder Maßstab. Moltke behauptete vielmehr die Notwendigkeit des Glaubens für einen Widerstand, der angesichts des Krieges mit der UdSSR erst in einer Niederlage zum Zuge kommen kann und deshalb nicht durch seinen Erfolg gerechtfertigt werden wird, sondern in der Bereitschaft zum Leiden erfolgt. Deshalb bezeichnete er als wichtigste Veränderung innerhalb Deutschlands „das geistige Erwachen, das verbunden ist mit der Bereitschaft, gegebenenfalls zu sterben."[164]

Als Element des Handelns ist für Moltke dieses Leiden nicht abgesichert durch einen jenseitigen Trost, sondern hat sein Urbild im leidenden Menschen Jesus, den er im Mai 1941 von dem verklärten Auferstandenen absetzte. Insofern berührt sich der Brief an Curtis mit dem Hinweis auf die Wandlung seiner religiösen Einstellung im Brief vom Oktober 1941. Das Leiden erhält im Brief an Curtis noch den zusätzlichen Akzent durch die Erfahrung der Mitschuld, die Moltke seit Ende August wegen der „Hekatomben von Leichen" bewegte. Aber „heute dämmert es einer nicht allzu breiten, aber aktiven Schicht, nicht daß sie betrogen worden sind, nicht daß ihnen eine schwere Zukunft bevorsteht, nicht daß sie den Krieg verlieren könnten, sondern daß das, was geschieht, eine Sünde ist und daß sie persönlich verantwortlich sind für jede grausame Tat, die geschieht, nicht im weltlichen Sinne natürlich, sondern als Christen."[165] Als ein solcher Christ verstand sich nun Moltke als Ergebnis „einer tieferen Erkenntnis christlicher Grundsätze".

Dieses neue Selbstverständnis ist zu unterscheiden von der Moltke seit 1940 bewegenden Frage nach dem Beitrag der „Religion" und der Bildung für die Entwicklung und Wahrnehmung der Verantwortung des einzelnen Menschen. Diese Funktion im Rahmen der Ethik setzt jedoch faktisch das Wirken der Kirchen voraus, die Moltke mit neuen Hoffnungen beobachtete, weil „die beiden christlichen Konfessionen" das „Rückgrad" für „das allmähliche geistige Erwachen" und die damit verbundene Opferbereitschaft seien.

Hatte er bereits 1934 bei der katholischen Geistlichkeit eine stärkere

---

an L. Curtis vom 20.11.1938 formuliert, die europäische Kultur „is founded in its last resort on Christianity and the Classics", in: Roon, Moltke, S. 98.

[163] Moltke an Lionel Curtis, 18.4.1942, aaO., S. 186.
[164] Moltke an Lionel Curtis, 18.4.1942, aaO., S. 185.
[165] Ebd. Daran schließt sich der oben zitierte Abschnitt über Moltkes Einstellung zum Glauben unmittelbar an.

Widerstandskraft als bei den Protestanten beobachtet, so suchte er seit Mitte 1941 den Kontakt zum Bischof von Berlin, Konrad Graf von Preysing.[166] Ihn besuchte er erstmals Anfang September[167], nachdem er Abschriften der Predigten des Münsteraner Bischofs Clemens August Graf von Galen über die Rechtlosigkeit im NS-Staat, die Beschlagnahmung kirchlichen Eigentums und die Ermordung „lebensunwerten Lebens" erhalten hatte. Einen Monat später wurde durch Karl Ludwig Freiherr von und zu Guttenberg das Treffen mit Augustin Rösch, dem Provinzial der Oberdeutschen Provinz der Jesuiten, vermittelt. Er hat Moltke „sehr gut gefallen. Wir haben über konkrete Fragen der Seelsorge, der Erziehung und des Ausgleichs mit den Protestanten gesprochen und der Mann schien vernünftig, sachlich, zu erheblichen Konzessionen bereit."[168] Während Erziehung ein Thema der 1. Kreisauer Tagung sein sollte, galt Moltke der Ausgleich der Konfessionen als notwendige Bedingung für die Rettung des Christentums angesichts des NS-Regimes sowie für ein Handeln im Sinne des Widerstandes. Ein bemerkenswertes Element der im November beschlossenen Zusammenarbeit der Kreisauer mit Rösch war, daß sich nach dessen Erinnerung Moltke in diesem Gespräch ausdrücklich als „evangelischer Christ" bezeichnet hat.[169]

Politisch wurde die Vorbereitung der Kreisauer Pfingsttagung überlagert zunächst durch Moltkes Einsatz für einen Umsturzversuch[170] und dann durch die Ereignisse an der Ostfront, wo der Vormarsch der Heeresgruppe Mitte vor Moskau im russischen Winter zum Stehen kam. Die sowjetische Gegenoffensive konnte im Dezember einen Keil zwischen die Heeresgruppen Mitte und Nord treiben. Für Moltke war „mit der Schlacht, die in den Weihnachtstagen begann, eine neue Zeit angebrochen,"[171] nämlich „das endgültige Ende des Heiligen Römischen Reiches, vielleicht seine

---

[166] Vgl. oben, S. 338; Moltke an Freya, 20.7.1941, in: ders., Briefe, S. 273.
[167] Vgl. Moltke an Freya, 6.9.1941, in: ders., Briefe, S. 281.
[168] Moltke an Freya, 15.10.1941, in: ders., Briefe, S. 303. Zum Treffen vgl. Roon, Neuordnung, S. 237 f.
[169] „In der Diskussion über die Entwicklung innerhalb der evangelischen Kirche äußerte Moltke plötzlich: ‚Eines will ich als evangelischer Christ Ihnen sagen: Das Christentum in Deutschland kann nur durch die deutschen Bischöfe und den Papst gerettet werden.'" Roon, Neuordnung, S. 238.
[170] Am 15.11.1941 versuchte er, in Stettin General Max Föhrenbach für einen Umsturz zu gewinnen; vgl. Moltke an Freya, 14. und 16.11.1941, in: ders., Briefe, S. 319. 323. Nach Klaus-Jürgen Müller, Generaloberst Ludwig Beck, Paderborn 2008, S. 439, hatte er „die seltsame Idee", daß Beck „zusammen mit Halder den Verbrechen durch eine Absetzung Hitlers Einhalt" gebieten sollte, was sich aber so nicht aus Moltkes Briefen ergibt.
[171] Moltke an Freya, 11.1.1942, in: ders., Briefe, S. 343.

Wiederauferstehung". Anders formuliert hieß die Alternative: „Wird jeder einzelne seine Schuld erkennen? Wird Ostdeutschland, sprich Preussen, dann plötzlich missioniert und christianisiert werden? Oder wird alles im Strudel des heidnischen Materialismus verschwinden?" Auf der einen Seite fürchtete er die Eroberung durch den Bolschewismus, auf der anderen Seite hatte er die Hoffnung auf eine Wiedergeburt eines christlichen Deutschlands durch die Schulderkenntnis hindurch. Daß er diese „Wiederauferstehung" ausdrücklich als (Re-)Christianisierung verstand, entsprach seiner „tieferen Erkenntnis christlicher Grundsätze" und sollte auf der Kreisauer Pfingsttagung Konsequenzen haben.

In den Verhandlungen des Kreises machte sich die neue Einsicht zunächst nicht direkt bemerkbar. Nachdem im September Theodor Steltzer als weiteres Mitglied der Michaelsbruderschaft zu dem Kreis gestoßen war,[172] sollte Moltkes Gespräch mit Gablentz erst in der Vorbereitung der 1. Kreisauer Tagung im Mai 1942 angesichts ihres Themas „Kirche und Staat" wieder aufgegriffen werden. Deshalb diskutierten Moltke und Gablentz im November 1941 „kirchliche Fragen [...], während Yorck zuhörte und von Zeit zu Zeit etwas beisteuerte."[173] Dadurch wurde „Gablentz auf neue Fragen und Einzelprobleme angesetzt", an denen er „gewiss ein bis 2 Monate zu tun" hat. Die Vorbereitung der Tagung sollten allerdings auf evangelischer Seite Steltzer und auf katholischer Rösch mit Hilfe von Yorck und Guttenberg übernehmen.[174] Trotzdem verfaßte Gablentz „Fragestellungen für das Gespräch über Staat und Kirche", die auch die ihm wichtige Frage einer Überwindung der konfessionellen Spaltung erörtern.[175] Dabei fand er die Zustimmung Moltkes, der im Januar 1942 seiner Frau über ein Gespräch mit ihm schrieb: „Die früher schwierigen Beziehungen haben sich ganz gelöst und heute zieht er ganz voll mit."[176] Da jedoch „dringende dienstliche Verpflichtungen" seine Fahrt nach Kreisau verhinderten, gab er die Einladung an Harald Poelchau weiter. Er schien Moltke von „Gablentz kolossal verschieden"[177], obwohl beide durch den

---

[172] Vgl. Moltke an Freya, 17.9.1941, in: ders., Briefe, S. 289. Kurz darauf traf Moltke Harald Poelchau, ebenso, 24.9.1941, a.a.O., S. 291.
[173] Moltke an Freya, 9.11.1941, in: ders., Briefe, S. 342.
[174] Vgl. Moltke an Freya, 10.12.1941, in: ders., Briefe, S. 333.
[175] In: Bleistein, Dossier, S. 88–94; vgl. oben, Anm. 94. Zum interkonfessionellen Interesse von Gablentz vgl. seinen Briefwechsel mit Josef Caspar und den Beitrag „Christliche Begegnung" (ACDP, I-155, 032/1).
[176] Moltke an Freya, 9.1.1942, in: ders., Briefe, S. 342.
[177] Moltke an Freya, 24.4.1942, in: ders., Briefe, S. 368. Da Moltke auf eine „gute Diskussion" hoffte, rechnete er noch mit der Teilnahme von Gablentz und Poelchau

Religiösen Sozialismus Paul Tillichs beeinflußt waren. Die „theoretisierende Leidenschaft des Kreises"[178] lag Poelchau jedoch weniger als Gablentz.

Aus evangelischer Sicht referierte bei der Kreisauer Pfingsttagung (22.-25.5.1942) Steltzer über das „Verhältnis zwischen Staat und Kirche"[179], die katholische Sicht erläuterte Rösch. Obwohl „ein Opus zur Kirchenfrage" von Peters Moltke im November „nicht voll" befriedigt hatte,[180] erörterte dieser in Kreisau Konkordatsfragen. Sie berührten sich besonders bei dem intensiv diskutierten Religionsunterricht mit den Schulfragen, die eine Vorlage von Reichwein[181] thematisierte. Moltke trug Gedanken zur nötigen Reform der Hochschulen vor.[182]

Als Ergebnis der Tagung formulierte Moltke programmatisch: „Wir sehen im Christentum wertvollste Kräfte für die religiös-sittliche Erneuerung des Volkes, für die Überwindung von Haß und Lüge, für den Neuaufbau des Abendlandes, für das friedliche Zusammenarbeiten der Völker."[183] Damit zog er eine Bilanz der Überlegungen seit 1940 über den ethisch bildenden Beitrag der christlichen Religion für die Menschen und ihr Zusammenleben, ohne dem Christentum eine Funktion für Staat und Recht zuzuweisen. Obwohl die im Brief an Curtis betonte Bedeutung der Kirchen bei der Würdigung der „wertvollste[n] Kräfte" mitschwingen dürfte, nannte Moltke diese nicht. Sie kommen erst im anschließenden Satz über die aus der Trennung von Kirche und Staat folgende Notwendigkeit eines Ansprechpartners des Staates vor: „Wir begrüßen und anerkennen

---

bei der Pfingsttagung. Zu Poelchau vgl. zuletzt Henriette Schuppener, „Nichts war umsonst" – Harald Poelchau und der deutsche Widerstand, Berlin 2007."

[178] Joachim Fest, Staatsstreich. Der lange Weg zum 20. Juli, Berlin 1994, S. 160.

[179] In: Bleistein, Dossier, S. 95–101; vgl. oben, Anm. 84.

[180] Moltke an Freya, 14.11.1941, in: ders., Briefe, S. 319. Der Auftrag für diese Parallelarbeit zu den „Fragestellungen" von Gablentz könnte am 30.9., als sich Moltke mit Peters „erfolgreich unterhalten" hatte, ergangen sein; vgl. Moltke an Freya, 1.10.1941, in: ders., Briefe, S. 297. Am 14.10. war Reichwein für seinen Beitrag über Schulfragen an der Arbeit; vgl. Moltke an Freya, 15.10.1941, in: ders., Briefe, S. 303.

[181] Vermutlich „Lehre und Erziehung in Schule und Hochschule" in: Bleistein, Dossier, S. 102–114. Zur Diskussion über den Religionsunterricht vgl. Ringshausen, Begründung, S. 225 f., 228 ff.; Sebastian Müller-Rolli, Evangelische Schulpolitik in Deutschland 1918-1958, Göttingen 1999, S. 307 f.

[182] Bereits 1939 hatte er „Bemerkungen zur Hochschulbildung" verfaßt, die aber bisher in den Diskussionen des Kreises anscheinend keine Rolle gespielt hatten; vgl. Roon, Neuordnung, S. 363 f.

[183] Moltke, Ergebnisse der Besprechungen vom 22. bis 25. Mai 1942, in: Roon, Neuordnung, S. 542.

den bereits erfolgten Zusammenschluß von führenden Männern bestehend aus je einem Bischof als Vertreter der beiden großen christlichen Bekenntnisse, für eine einheitliche Regelung aller die Gestaltung des öffentlichen Lebens betreffenden gemeinsamen Fragen der christlichen Weltanschauung." Diese Aussage begrüßt eine institutionelle Regelung, die es allerdings noch nicht gab.

Das Erreichen dieses Zieles erwies sich als schwierig. So hatten die Kreisauer bisher noch keine Verbindung zu einem evangelischen Bischof, die erst im Juni durch Eugen Gerstenmaier zu dem württembergischen Landesbischof Theophil Wurm hergestellt werden konnte. Das Gespräch mit Wurm ging dann am 24. Juni „widerstandslos und glatt"[184]. Das verwunderte Moltke, aber tatsächlich entsprachen seine Überlegungen und das Ergebnis der Pfingstkonferenz bereits mit der Unterscheidung von Christentum und Kirchen trotz der Beteiligung von Katholiken protestantischem Denken. Deshalb verlief jedoch das Gespräch Moltkes mit Preysing über das „Kreisauer Programm [...] nicht ganz glatt"; dieser brachte nämlich „einige Einwände an, die berücksichtigt werden müssen."[185] Obwohl Peters diese nicht teilte und Rösch zusammen mit seinem Sekretär Lothar König SJ, der seit Mai den Kontakt zwischen München und Berlin aufrecht erhielt, die Position des Kreises gegenüber Preysing verteidigte,[186] gab Moltke dem Wunsch nach, daß „hinsichtlich des ersten Teiles eine eindrucksvollere und eindeutigere Formulierung gewünscht wird."[187] Da er im August in den Gesprächen mit dem katholischen Episkopat, mit dem Münchener Kardinal Faulhaber, dem Freiburger Erzbischof Gröber und dem Fuldaer Bischof Dietz, eine Kontaktperson für die Kreisauer gewinnen wollte, wie er sie auf evangelischer Seite in Landesbischof Wurm gefunden hatte, mußte er zu Konzessionen bereit sein. Um nicht die geplante Neuordnung aufzugeben, wollte er den Verhandlungen nicht die Kreisauer

---

[184] Moltke an Freya, 24.6.1942, in: ders., Briefe, S. 386; vgl. Eugen Gerstenmaier, Streit und Friede hat seine Zeit, Frankfurt/M. 1981, S. 149 ff., der als Gesprächsthemen die für die katholischen Bischöfe problematische Entscheidung der Kreisauer gegen die Konfessions- und für die christliche Gemeinschaftsschule sowie die Wiederherstellung des Rechtsstaates nennt.

[185] Moltke an Freya, 10.6.1942, in: ders., Briefe, S. 377.

[186] Vgl. Moltke an Freya, 20. und 30.6.1942, in: ders., Briefe, S. 383, 387.

[187] Inhalt und anzustrebendes Ergebnis der August-Unterhaltungen, 7.7.1942, in: Bleistein, Dossier, S. 180. Da sich der Text in der 1. Person Plural auf die Arbeit und Planungen der Kreisauer bezieht, dürfte Moltke der Verfasser sein. August-Unterhaltungen sind die Gespräche mit katholischen Bischöfen; so seine früheren Angaben (Dossier, S. 180) korrigierend auch Roman Bleistein, Alfred Delp, Frankfurt7M. 1989, S. 266; vgl. Moltke an Freya, 2.8.1942, in: ders., Briefe, S. 399.

Texte, sondern eine Predigt Preysings zugrunde legen.[188] Da sich kein anderer Bischof bereit erklärte, vertrat faktisch Preysing, mit dem sich Moltke regelmäßig traf, die katholische Kirche; jedoch „von einer ‚kirchenamtlichen Billigung' des Kreisauer Programms konnte vom Selbstverständnis der Bischöfe her ohnehin nicht die Rede sein, doch war hier für das Grundanliegen der Überwindung des Nationalsozialismus und des Aufbaus einer gerechten Ordnung stets uneingeschränkte Unterstützung zu finden."[189]

Die im Nachlaß von König erhaltenen Papiere lassen den Streitpunkt deutlich erkennen. Daß sich „die religiös-sittliche Erneuerung" nach Moltke nicht an einer material christlichen Ethik ausrichtete, stand im Gegensatz zur katholischen Lehre des Naturrechts, die Preysing bereits in seiner Predigt mit den Leitsätzen: „Gott steht über allem Irdischem, vor Ihm sind alle Menschen gleich", und „Der Mensch wird mit Rechten geboren, die nicht vom Staate abgeleitet, sondern ursprünglich und von Gott gegeben sind", betont hatte und nun einforderte; von den Katholiken im Kreis, besonders von Hans Peters, war sie bisher nicht eingebracht worden. Auf die katholische Intention, die Kreisauer Pläne durch das Naturrecht zu fundamentieren, ließ sich Moltke aus taktischen Gründen ein. Um „die beiderseitigen Bemühungen aufeinander abzustimmen"[190], bedachte er sogar für die Kirchen die Möglichkeit, durch ihre „geistige Führung des deutschen Volkes und des Abendlandes [...] die Aufklärung zu überwinden"[191]. Als entschiedener Vertreter des Naturrechtes und der katholischen Soziallehre kam Alfred Delp SJ Ende Juli im „Auftrage der drei Bischöfe Faulhaber, Pr[eysing] und Dietz"[192] zu Moltke und wurde in alle Bereiche der Berliner Diskussionen eingebunden. Zumal Gerstenmaier für die Begründung der Ethik in den Schöpfungsordnungen eintrat, drohten damit die zentralen Klärungen aus der Anfangszeit des Kreises verändert zu werden.

Besonders Gablentz hatte 1940 Moltkes Ablehnung des Naturrechts und einer theologischen Lehre vom Staat unterstützt. Daß Moltke nun das katholische Naturrecht aufgriff, bewirkte wohl seinen Bruch mit Gablentz. Nachdem dieser zuletzt im Juni bei der Vorbereitung des Gesprächs mit Wurm mitgearbeitet und „in den letzten 2 Monaten aussen vor gestanden"

---

[188] Vgl. aaO., S. 181. Als wichtigsten öffentlichen Niederschlag ist Preysings, mit Moltke beratener Hirtenbrief über das Recht vom 20.12.1942 zu betrachten.

[189] Wilhelm Ernst Winterhager, Der Kreisauer Kreis. Porträt einer Widerstandsgruppe, Mainz 1985, S. 127.

[190] Moltke, Zur Führung des Gesprächs [mit den Bischöfen], in: Bleistein, Dossier, S. 200.

[191] AaO., S. 199.

[192] Moltke an Freya, 1.8.1942, in: ders., Briefe, S. 397.

hatte,[193] war Moltke im Oktober 1942 „der Versuch, ihn einzuspannen […] vollständig mißglückt. Er ist schon ein rasend sturer Mann und verbohrt in irgendwelche Theorien, die schlechthin absurd sind. Das Schlimme ist, daß er sie dann auch noch theologisch begründet"[194], wobei er sich auch gegenüber Steltzer[195] isolierte. Daran änderte auch ein letztes Treffen im Juni 1943[196] nichts mehr.

Es ist bemerkenswert, daß die Beschlüsse der Kreisauer Herbsttagung vom 16. bis 18. Oktober 1942 und die vorbereitenden Arbeiten für die Pfingsttagung vom 12. bis 15. Juni 1943 fast keine Aufnahme der Naturrechtsthematik enthalten, obwohl mit der Verfassung und dem Staatsaufbau sowie der Bestrafung der Kriegsverbrecher entsprechende Probleme thematisiert wurden. Auch der Katholik Paulus van Husen griff in seinem Entwurf „Wiederherstellung der gebrochenen Rechtsordnung"[197] nicht auf das Naturrecht zurück. Zusammen mit der katholischen Soziallehre gemäß den päpstlichen Enzykliken war es aber für die Überlegungen Delps zur Neuordnung[198] grundlegend. Seinem Einfluß dürfte es zuzuschreiben sein, wenn in einzelnen Beschlüssen der dritten Tagung und späteren Texten Hinweise auf das Naturrecht aufgenommen wurden.[199] Dadurch enthielten die beschlossenen Dokumente innere Spannungen, weil besonders Moltke naturrechtliche Vorgaben kaum mit seinem Rechtsverständnis verbinden konnte. Zudem hatte er sich durch Gerstenmaier über „Fragen der theologischen Dogmatik und die Kirchengeschichte belehren […] lassen, so über die heutige Bedeutung von Tridentinum und Augustana, die Stellung von Karl Barth, usw."[200]

Bei den zu vermutenden Diskussionen über die katholischen Einwendungen dürften auch die Vertreter der Arbeiterschaft eine Rolle gespielt haben. Bereits im Sommer 1940 hatte Moltke seine Löwenberger Bekanntschaft mit Reichwein reaktiviert, der 1941 Carlo Mierendorff und Theo Haubach sowie Wilhelm Leuschner, als dessen Vertrauter Hermann Maaß

---

[193] Moltke an Freya, 23.10.1942, in: ders., Briefe, S. 423; vgl. 24.6.1942, aaO., S. 385.
[194] Moltke an Freya, 24.10.1942, in: ders., Briefe, S. 424.
[195] Die Differenz der beiden Michaelsbrüder zeigt sich bereits in den beiden Texten über das Verhältnis von Kirche und Staat; vgl. oben, Anm. 94; Ringshausen, Begründung, S. 222 ff.
[196] Vgl. Moltke an Freya, 5.4.1943, in: ders., Briefe, S. 445.
[197] In: Bleistein, Dossier, S. 296–299.
[198] In: Bleistein, Dossier, S. 278–296.
[199] Vgl. Ringshausen, Begründung, S. 232 ff. Demgegenüber behauptete zuletzt Brakelmann, Begegnungen, S. 111: „Moltke stand ihrem [der Jesuiten] naturrechtlichen und ordnungsethischen Denken sehr nahe."
[200] Moltke an Freya, 8.9.1942, in: ders., Briefe, S. 401 f.

1942 hinzukam, und Ende 1943 Julius Leber in den Kreis einführte. Sie vertraten nicht die marxistische Religionskritik, sondern gehörten zu den Religiösen Sozialisten oder standen doch der Religion aufgeschlossen, teilweise aber den Kirchen kritisch gegenüber.[201]

Die vielfältigen Beratungen führten im August 1943 zur Festlegung der „Grundsätze für die Neuordnung", deren Präambel die Beschlüsse der ersten Kreisauer Konferenz im Stil einer Regierungserklärung aufnimmt:

> „Die Regierung des Deutschen Reiches sieht im Christentum die Grundlage für die sittliche und religiöse Erneuerung unseres Volkes, für die Überwindung von Haß und Lüge, für den Neuaufbau der europäischen Völkergemeinschaft. Der Ausgangspunkt liegt in der verpflichtenden Besinnung des Menschen auf die göttliche Ordnung, die sein inneres und äußeres Dasein trägt. Erst wenn es gelingt, diese Ordnung zum Maßstab der Beziehungen zwischen den Menschen und Völkern zu machen, kann die Zerrüttung unserer Zeit überwunden und ein echter Friedenszustand geschaffen werden."[202]

Der auch von Yorck 1940 verwendete Ausdruck „göttliche Ordnung" kann im Zusammenhang mit dem Gespräch Moltkes mit Gablentz 1940 als „natürliche Ordnung" verstanden werden, er ist aber auch offen für eine Deutung im Sinne des Naturrechts, das Delp wichtig war. Deshalb wollte er es auch im Eingangssatz einfügen und „Christentum ersetzen durch: im Naturrecht, das im Christentum seine Vollendung und die Garantie seines Bestandes erfährt."[203] Ihm erschien „das Bekenntnis zum Christentum zu einseitig und eng. Es wird dadurch vielen Menschen, mit denen eine Begegnung und Zusammenarbeit auf dem Boden des Naturrechts möglich ist,

---

[201] Nach Haubach hat Maaß bei den Kreisauer Diskussionen „an seiner antikirchlichen Haltung festgehalten", während Leber „äußerst heftig mit den Christen aneinandergeraten sei", weil er nicht „der gewünschten Einigkeit wichtige Grundsätze der alten Sozialdemokratie" opfern wollte; KB, S. 234 f.; vgl. Kurt Finker, Graf Moltke und der Kreisauer Kreis, Berlin (Ost) 1978, S. 231 f. Zur Religiosität von Maaß, der aus der Kirche ausgetreten war, vgl. seinen Brief aus der Haft, 12.8.1944, in: Sigrid Grabner/Henrik Röder (Hg.), Im Geist bleibe ich bei Euch. Potsdam 1997, S. 12. Leber – katholisch getauft und erzogen, aber der Kirche entfremdet – gehörte als Freimaurer nicht zur Kirche. Spielte diese Frage auch eine Rolle bei den Schwierigkeiten mit Mierendorff und Leuschner vor der Pfingsttagung 1942? Vgl. Moltke an Freya, 6.4. 1942, in: ders., Briefe, S. 359.

[202] Grundsätze für die Neuordnung, 9.8.1943, in: Roon, Neuordnung, S. 561.

[203] Anmerkung Delps zu den „Grundsätzen für die Neuordnung", in: Bleistein, Dossier, S. 322. Wohl wegen entsprechender Einwände hatte Moltke bereits in „Zur Führung des Gesprächs" Anfang August 1942 „Christentum" durch „christliche Religion" ersetzt; Bleistein, Dossier, S. 199.

der Zugang und die Mitarbeit erschwert." Die Korrektur schien nur auf eine größere Akzeptanz ausgerichtet, bedeutete aber als „kirchlich profilierte Aussage"[204] eine gravierende Differenz zu Moltke, für den der protestantische, ein historisches Phänomen bezeichnende Begriff „Christentum" gerade als Basisformel für die Zusammenarbeit der Kirchen und „gläubigen Staatsmänner" diente.

In seinen Briefen berichtete Moltke 1942 und 1943 seiner Frau kontinuierlich über seine Reisen und die zahllosen Gespräche, in denen er mit seinen Freunden die Tagungen und programmatischen Entscheidungen vorbereitete und deren Folgen vorantrieb, ohne daß die genauen Themen immer deutlich werden. Dabei galt es die Differenzen innerhalb des Kreises auszugleichen, wobei die Gewerkschaftsfrage zum Ausscheiden von Leuschner führte, dessen Nachfolger Julius Leber wurde. Größere Anstrengungen verursachte die Abgrenzung von der Goerdeler-Hassell-Beck-Gruppe,[205] die ein anderes Konzept der Neuordnung vertrat und auf einen Umsturz drängte. So waren Haeften, Yorck und Gerstenmaier „in der Beurteilung der Chancen viel positiver"[206] als Moltke, was „zu erheblichen Differenzen Anlass" gab. Moltke freute sich, wenn eine Predigt Preysings oder ein Schreiben Wurms durch die Anregungen von ihm oder Gerstenmaier die notwendige Kritik am Regime enthielt, aber die Briefe geben über seine Glaubenseinstellung keine weitere Auskunft. Nur durch den Bericht von Bischof Eivind Berggrav ist bekannt, daß Moltke bei seinem Besuch in Oslo im März 1943 mit diesem über die Problematik des Attentats gesprochen hat.

---

[204] Bleistein, Delp, S. 273. Wohl weil er eine spezifisch kirchliche, katholische Prägung vermißte, wollte Delp Moltkes Aussage streichen: „Der Weg zu ihrer Lösung liegt offenbar in der entschlossenen und tatkräftigen Verwirklichung christlichen Lebensgutes." Bleistein, Dossier, S. 323.

[205] Vgl. Moltke an Freya, 9.1.1943, in: ders., Briefe, S. 450 f.; Die Hassell-Tagebücher 1938–1944, hg. von Friedrich Frhr. Hiller von Gaertringen, Berlin 1988, S. 347. Vgl. zuletzt Klaus-Jürgen Müller, Generaloberst Ludwig Beck, Paderborn 2008, S. 459 ff. Da Moltke im Brief an Freya, 24.1.1943, in: ders., Briefe, S. 455 f., „das Nachgeben über Neujahr und den anschliessenden Versuch eines Ausgleichs mit den Exzellenzen" verbindet, sind die in den Briefen vom 21., 24. und 26.1.1943 erwähnten Differenzen innerhalb des Kreises und die „Diskussionen des letzten Monats" wohl auf die Frage des Zusammengehens mit Goerdeler zu beziehen; vgl. Gerstenmaier, Streit, S. 168 f. Das Attentat spielte kaum eine Rolle, da es von Moltke und Goerdeler abgelehnt wurde.

[206] Moltke an Freya, 22.1.1943, in: ders., Briefe, S. 455. Hassell, Tagebücher, S. 437, unterschied Gerstenmaier von Moltke, nachdem er bereits einen Monat vorher einen „ganz befriedigende[n] Gedankenaustausch mit den „Jüngeren'" (S. 340) hatte, mit Yorck, Haeften und Trott, die in Moltkes Briefen als Abweichler begegnen.

3. Einstellung zum Attentat und Staatsstreich

Eivind Berggrav, seit Februar 1942 Führer des norwegischen Kirchenkampfes, stand seit 1940 in engem Kontakt zu Steltzer, der in Norwegen als Transportoffizier eingesetzt war. Weil der Bischof von Oslo am 8. April 1942 ins Gefängnis gekommen war und man bereits in der nächsten Woche den Prozeß vor dem Volksgerichtshof erwartete, informierte Steltzer telegraphisch Moltke. Er und Bonhoeffer reisten als Emissäre der Abwehr, offiziell zur Sicherung der deutschen Wehrmacht, am 10. April nach Oslo.[207] Aber nicht ihr Interventionsversuch, sondern andere Berliner Stellen bewirkten eine Entspannung; bereits am 13. April schaltete sich Himmler und zwei Tage später Bormann ein, so daß Berggrav am 16. April ohne Prozeß erneut nur unter Hausarrest gestellt wurde. Moltke konnte aber außer Mitgliedern der norwegischen Widerstandsbewegung besonders im Smedbråten-Kreis heimlich auch den Osloer Bischof treffen.[208] Ob und in welcher Weise er mit ihm und mit dem „guten Bonhoeffer"[209] über Fragen des Glaubens sprach, ist unbekannt, aber es gab zwischen ihm und Bonhoeffer Meinungsverschiedenheiten.[210] Auf der Rückfahrt schrieb er in Stockholm seinen wichtigen Brief an Curtis.[211]

Drei weitere Norwegenreisen unternahm Moltke Mitte September 1942, Mitte März und Anfang Oktober 1943, wobei er die Norweger über den deutschen Widerstand und die Kreisauer Planungen informierte, im März

---

[207] Vgl. Moltke an Freya, 9., 10., 15., 17., 18.4.1942, in: ders., Briefe, S. 360–366; Moltke/Balfour/Frisby, Moltke, S. 182 ff.; Eberhard Bethge, Dietrich Bonhoeffer. Theologe – Christ – Zeitgenosse, 9. Aufl. Gütersloh 2005, S. 845 ff.; Winterhager, Porträt, S. 165 ff.; Brakelmann, Moltke, S. 214 ff.

[208] Vgl. Eivind Berggravs, Bøker om tysk undergrunn, 1948, in: Winterhager, Porträt, S. 232. In seinem ausführlichen Bericht an Freya nannte Moltke dieses Treffen nicht, obwohl er sonst nicht mit Zensur rechnete.

[209] Moltke an Freya, 10.4.1942, in: ders., Briefe, S. 361 f. Moltke erzählte Freya abgesehen von einem gemeinsamen Kinobesuch nur, daß er sich strategisch und über den Tagesplan mit Bonhoeffer abgestimmt habe. Dietrich Bonhoeffer hatte er mit dessen Bruder Klaus erstmals im Januar 1941 getroffen; vgl. Moltke an Freya, 23.1.1942, in: ders., Briefe, S. 348.

[210] Bonhoeffer berichtete Bethge bei der Fahrt zu Canaris „von dem Gespräch mit Moltke, aber er setzte hinzu: leider sind wir verschiedener Meinung"; Roon, Neuordnung, S. 327. Bethge bezog das 1962 auf die Frage des Attentats, das damals aber nicht in Planung war und erst 1943 diskutiert wurde. Die Meinungsdifferenzen zwischen Bonhoeffer und Moltke könnten sich deshalb auf die Theologie bzw. auf Moltkes Einschätzung des Christentums für die Neuordnung bezogen haben. Vgl. auch Bethge, Bonhoeffer, S. 848.

[211] Vgl. oben, S. 370 f.

1943 zudem über die am 18. Februar verhaftete „Weiße Rose"[212], so daß deren Flugblätter in Norwegen durch die Widerstandspresse und im BBC veröffentlicht wurden.

Die dritte Reise nach Oslo brachte „in der Nacht vom 18. zum 19. März 1943"[213] wieder eine Begegnung mit Berggrav. Moltke gab „eine Übersicht über die damals aktuellen Pläne, die gegen das Leben Hitlers gerichtet waren"[214], also über die mit der Abwehr abgestimmten Planungen Trescskows in der HGr Mitte. Dabei war Moltkes „erste Frage" an Berggrav: „Können Sie als Christ eine Rechtfertigung für den Tyrannenmord finden?" Da der Bischof die „in der christlichen Geschichte umstrittene Frage" durchdacht hatte,[215] beantwortete er sie „prinzipiell" mit Ja, weil der Tyrannenmord „in gewissen Fällen gerechtfertigt werden könne." Er wies aber darauf hin, daß es für die anzustrebende neue Regierung „zu spät" sei. Moltke hatte sich demgegenüber „bis dahin – ebenso wie der Kreis, mit dem er zusammenarbeitete – neutral gestellt gegenüber dem Teil der Verschwörung, der das Attentat auf Hitler in seine Pläne einbezog. Sein Grund dafür war indes nicht direkt der, daß eine Liquidierung Hitlers als christlich unzulässig anzusehen sei. [...] Diese Seite der Frage nahm er gewiß tief ernst. [...] Im wesentlichen aber lag das Problem für ihn darin: Kann durch eine solche Handlung etwas eingeleitet werden, das *zum Segen wird*? Gehört nicht die Methode selbst dem Bereich des bösen Feindes zu? Würde eine solche Handlung sich isoliert durchführen lassen, würde sie nicht Konsequenzen nach sich ziehen und die ganze folgende Entwicklung und damit das neue System, das man in Deutschland aufbauen wollte, in die Verdammung hineinziehen?"[216] Trotzdem lehnte Moltke das Attentat nicht grundsätzlich ab. „Er war sich darüber im klaren, daß es sich so ergeben könnte, daß dies eine Pflicht wurde. Er würde sich dem nicht entziehen, wenn diese Pflicht auf ihn fallen würde."

---

[212] Vgl. Moltke, The case of Hans Scholl, Maria Scholl, Adrian Probst, Professor Kurt Huber, teilweise in: Winterhager, Porträt, S. 235 f.; vgl. aaO., S. 141 f.

[213] Berggrav, Bøker, in: Winterhager, Porträt, S. 232 f. B. Ruhm von Oppen bezieht auch „einige erfreuliche personelle Überraschungen" in Moltkes Brief an Freya vom 22.9.1942 auf ein Treffen mit Berggrav; Moltke, Briefe, S. 412 mit Anm. 2.

[214] E. Berggggrav, Følesnes-vippe og fremtids-syn, o.D., wohl 1945, in: Winterhager, Porträt, S. 234.

[215] Im Frühjahr 1941 hielt Berggrav den Vortrag: Wenn der Kutscher trunken ist. Luther über die Pflicht zum Ungehorsam; vgl. Arnd Heling, Die Theologie Eivind Berggravs im norwegischen Kirchenkampf, Neukirchen 1992, S. 254 ff.

[216] Berggrav, Bøker, in: Winterhager, Porträt, S. 233. Vgl. das Gespräch Moltkes mit Hans Christoph von Stauffenberg; Roon, Neuordnung, S. 285 – am 20./21.9.1943? Vgl. Moltke an Freya, 20., 21.9.1943, in: ders., Briefe, S. 544 ff.

Diese ethisch-politische Argumentation hat augenscheinlich eine theologische Basis, die explizit in den Überlegungen Haeftens begegnet, daß man den Teufel nicht mit Beelzebul austreiben darf, aber vor Gott zum Attentat verpflichtet sein kann.[217] Die entsprechenden Belege sind zwar später entstanden, verbinden sich aber unter Befolgung des 5. Gebotes zwanglos mit seinem Denken. Deshalb könnte er Moltke die theologische Begründung seiner Argumente eröffnet haben. Als „mehr taktischer" Grund für die Ablehnung des Attentats galt für Moltke die damit verbundene Gefährdung für „das ganze, weit größere Aufbaunetz, das Schlüsselstellungen im ganzen Lande umfaßte". Er sah die Aufgabe des Kreises nämlich darin, „sich bereitzuhalten für eine neue [...] Regierung".

Als Moltke auf der Rückreise in Stockholm wieder an Curtis schrieb, benannte er mit den Fehlern der Opposition den politischen Grund für seine Ablehnung des Umsturzes: „Der Hauptirrtum war, sich auf eine Aktion der Generäle zu verlassen. Diese Hoffnung war von vornherein aussichtslos, aber die meisten konnten nicht rechtzeitig davon überzeugt werden. [...] Der wichtigste soziologische Grund ist, daß wir eine Revolution brauchen, nicht einen Staatsstreich; und eine solche Revolution wird den Generälen niemals denselben Spielraum und dieselbe Stellung geben, wie sie ihnen von den Nazis eingeräumt worden sind und heute noch eingeräumt werden."[218]

Bei diesem Urteil spielte auch seine Einschätzung der Kriegslage eine Rolle, wobei er die Ereignisse in Nordafrika seit der Landung der Alliierten in Marokko und Algerien am 8. November 1942 neben der Entwicklung im Osten als entscheidend betrachtete, während er noch ein Jahr zuvor einem Staatsstreich positiv gegenüberstand.[219] Nun häufen sich Ermahnungen wie: „Die üblen Zeiten kommen noch. Sie werden in jeder

---

[217] Vgl. oben, S. 161f.
[218] Moltke an Curtis, 25.3.1943, in: Moltke/Balfour/Frisby, Moltke, S. 217; engl. Fassung: Henrik Lindgren, Adam von Trotts Reisen nach Schweden 1942–1944, in: VZG 18, 1970, S. 287. Vgl. Moltkes Äußerung 1943: „Wenn Generäle putschen, dann geht es fast immer haarscharf daneben." Moltke/Balfour/Frisby, Moltke, S. 207.
[219] Vgl. Moltke an Freya, 8.2.1942, in: ders. Briefe, S. 354. Den Attentatsplan hat er nicht gekannt oder nicht als Problem angesehen; vgl. Gerhard Ringshausen, Hans-Alexander von Voß (1907-1944), in: VZG 52, 2004, S. 381 ff. Im Juni 1942 hat er Gerstenmaier angedeutet, daß er über einen Umsturz „zurückhaltend denke." Aber Staatsstreich und Niederlage waren zwei Möglichkeiten; denn auch „ein geglückter militärischer Staatsstreich werde nur dann zu einem politischen Erfolg, wenn man vorher wisse, was am Tage X plus 1 geschehen müsse." Gerstenmaier, Streit, S. 149 f. Einen Wandel sieht Gerstenmaier, aaO., S. 166, zum Jahreswechsel 1942/43.

Hinsicht übel sein und zudem werden wir sehr arm sein."[220] Dieser Erwartung des nahen Endes entsprach die Ablehnung der Umsturzpläne, die seit Ende 1942/Anfang 1943 durch die Absprache zwischen Goerdeler, Olbricht und Tresckow in eine neue Phase getreten waren und am 13. März zur mißglückten Tat führten.[221] Ausdrücklich wandte sich Moltke am 21. Januar gegen „all die Geschäftigkeit der Anderen"[222], weil er nichts anderes tun könnte als warten. Auch im Kreisauer Kreis waren nur Mierendorff und Steltzer „wirklich einig" mit Moltke. „Warten ist eben viel schwieriger als Handeln und daher ist es undankbar."

Im Juli 1943 entstand mit dem Sturz Mussolinis und der Gründung des „Nationalkomitees ‚Freies Deutschland'" eine neue Situation, seit Ende des Monats verdichteten sich in Berlin die Bemühungen um einen Staatsstreich.[223] Demgegenüber sah Moltke bei einem Umsturz im Sinne der Goerdeler-Beck-Gruppe die Gefahr, daß „wir für unsere Lebenszeit die Hoffnung auf eine gesunde, organische Lösung begraben"[224] können. „Aber noch ist es ja nicht geschehen und vielleicht läßt es sich verhindern." Dafür suchte er Mierendorff zu gewinnen. „Tatsächlich muss eben noch viel mehr in Schutt und Asche liegen, ehe die Zeit reif ist. Wie ungern ringt man sich zu dieser Konsequenz durch." Obwohl die Unterhaltung mit Mierendorff „sehr befriedigend" war, mußte Moltke einen Weg gehen, „der zwar nicht das wiederherstellt, was war, der aber zu einer positiven Lösung weiterführt."[225] Um seine Ziele mit den Staatsstreichplanungen zu verbinden, erarbeitete der Kreis Maßnahmen für den Fall einer neuen Reichsregierung: „Bestrafung der Rechtsschänder", „Erste Weisung an die Landesverweser", „Grundsätze für die Neuordnung", die mit dem Plan der Neugliederung Deutschlands in der Nacht vom 8. auf den 9. August verabschiedet wurden.[226] Außer den Mitgliedern von Goerdelers Kabinettsliste sollten zu den Militärs der einzelnen Wehrkreise politische Beauftragte als

---

[220] Moltke an Freya, 23.11.1942, in: ders., Briefe, S. 440.
[221] Vgl. Peter Hoffmann, Widerstand – Staatsstreich – Attentat, 3. Aufl. München 1979, S. 338 ff.; Gerhard Ringshausen, Kurierpäck und Pistolen, Neue Quellen zu den Attentatsplänen in der Heeresgruppe Mitte im März 1943, in: VZG 56, 2008.
[222] Moltke an Freya, 21.1.1943, in: ders., Briefe, S. 454.
[223] Vgl. Detlef Graf von Schwerin, „Dann sind's die besten Köpfe, die man henkt." Die junge Generation im deutschen Widerstand, München 1991, S. 307 ff.; Peter Hoffmann, Claus Schenk Graf von Stauffenberg und seine Brüder, Stuttgart 1992, S. 309 ff.
[224] Moltke an Freya, 4.8.1943, in: ders., Briefe, S. 519.
[225] Moltke an Freya, 8.8.1943, in: ders., Briefe, S. 522 f.
[226] Vgl. Moltke an Freya, 10.8.1943, in: ders., Briefe, S. 523. Die Texte in: Roon, Neuordnung, S. 550–571; Bleistein, Dossier, S. 344 ff.

Zivilverwaltung benannt werden, die auch im Falle der Besetzung Deutschlands durch die Alliierten funktionsfähig sein sollte. Deshalb mußten nun die Landesverweser gesucht und eingewiesen werden.[227]

Was Moltke über geplante Maßnahmen wußte, zeigte sein Gespräch mit Lukaschek am 9. August. Ihm berichtete er, daß Hitler zusammen mit Göring und Himmler in der Wolfsschanze von einer Panzerdivision festgenommen und dann vor Gericht gestellt werden sollte. Zugleich las er ihm die vorbereitete Erklärung Becks vor und unterrichtete ihn über die geplante Regierung Goerdeler.[228] In seiner Skepsis gegenüber putschenden Generälen rechnete er aber anscheinend auch mit dem Scheitern, so daß er ein „neues Testament" machte und seinen ältesten Sohn zum Erben von Kreisau bestimmte.[229] Obwohl Moltke nur wenige Tage zuvor angesichts des Übertritts von Leuschner „zu dem Exzellenzen-Club" eine Stärkung der „Reaktion" und in ihrer Folge „die Kerenski-Lösung" – die Stichworte der Auseinandersetzung zwischen den Alten und Jungen im Januar – befürchtet hatte,[230] war er nun mit seinen Freunden damit verbunden. War also Moltke bereit, entgegen seiner Überzeugung durch einen Staatsstreich „das Elend Europas, falls es wider Erwarten möglich sein sollte, abzukürzen"[231]? Das erscheint unwahrscheinlich, da die Beteiligung am Staatsstreich die Abgrenzung von der Goerdeler-Beck-Gruppe aufgehoben hätte. Moltkes Zustimmung war nur taktischer Natur im Interesse der Einheit des Kreises, grundsätzlich hielt er an der Ablehnung eines Staatsstreichs mit oder ohne Attentat fest. Als am 20. August der Fehlschlag der Umsturzplanungen feststand,[232] war er „erfreut darüber, daß wir die schwere Krise

---

[227] Vgl. Roon, Neuordnung, S. 257 ff. Auch Schwerin, Generation, S. 316 f., bezieht bereits den „Personalplan" (Moltke an Freya, 26.11.1942, in: ders., Briefe, S. 442) auf die Landesverweser. Aber Kontakte z.B. für Ostpreußen (Moltke an Freya, 19.8. 1943, in: ders., Briefe, S. 526), für Bayern und Österreich (Yorck an König (?), 20.8. 1943; Moltke an König (?), 21.8.1943, in: Bleistein, Dossier, S. 342, 344) sind erst nach Verabschiedung der „Einweisung" bezeugt. Das Treffen Moltkes mit Delp und Gerstenmaier am 26.11.1942 war „eine Besprechung in rein kirchlichen Sachen" (Moltke an Freya, 27.11.1942, in: ders., Briefe, S. 442), die wohl auch das „Vorexamen" für die am 17.12. geplante „Abschlussbesprechung im Plenum" bestimmten, das den „Personalplan" (Kontaktperson des katholischen Episkopats?) fertigstellen sollte.

[228] Vgl. Schwerin, Generation, S. 317 f., mit Anm. 38.

[229] Moltke an Freya, 10.8.1943, in: ders., Briefe, S. 524.

[230] Moltke an Freya, 4.8.1943, in: ders., Briefe, S. 519. Zur Trennung von Leuschner und Maaß vgl. zuletzt Brakelmann, Moltke, S. 232 ff.

[231] Schwerin, Generation, S. 318; vgl. zuletzt Schwerin, Moltke, S. 41, Anm. 99.

[232] Vgl. Schwerin, Generation, S. 319 ff.

unserer Freunde ohne eine einzige menschliche Enttäuschung überstanden haben."²³³

Angesichts der Auflösungserscheinungen in Berlin hatte er bald wieder den Eindruck „daß das alles nur noch ganz kurze Zeit währen kann", ohne daß sich „irgendwie dauerhafte Verhältnisse" abzeichnen.²³⁴ Aber am 1. Oktober 1943 wurde Claus Schenk Graf von Stauffenberg Chef des Stabes im Allgemeinen Heeresamt (AHA). Damit war eine Möglichkeit für die Auslösung der Walküre-Befehle gegeben, die Stauffenberg für etwa 10. November plante.²³⁵ Das hatte sofort wieder Rückwirkungen auf die Freunde. „Wir durchlaufen eine grundsätzliche Gefahrenzone, in der manche hoffen, das Boot schwimmfähiger zu machen, indem sie Grundsätze opfern, dabei aber vergessen, daß sie dadurch dem Boot die Steuerbarkeit nehmen."²³⁶ Dieses Mal befanden sich Mierendorff und Leber „auf Abwegen, die denen des Onkels [= Leuschner] nicht unähnlich sind. Es wird großer Anstrengungen bedürfen, sie wieder auf den rechten Pfad zurückzuführen."²³⁷ Aber Ende des Monats hatte Moltke den Eindruck, daß er sich „im wesentlichen durchgesetzt"²³⁸ habe.

Überblickt man die Äußerungen Moltkes zur Frage des militärischen Staatsstreiches und des Attentates, so kann man grundsätzlich die Berechtigung seines Rückblicks nach dem 20. Juli 1944 bestätigen: „Ich habe [...] nie Gewaltakte wie den 20.7.44 gewollt oder gefördert, sondern ihre Vorbereitung im Gegenteil bekämpft, weil ich aus vielerlei Gründen solche Maßnahmen mißbilligte und vor allem glaubte, daß damit das geistige Grundübel nicht beseitigt würde."²³⁹ Diese Äußerung wird durch die

---

²³³ Moltke an Freya, 20.8.1943, in: ders., Briefe, S. 526.
²³⁴ Moltke an Freya, 22.8.1943, in: ders., Briefe, S. 529. Hat sich deshalb Moltke für Attentatspläne geöffnet? Nach der Erinnerung von Alexander Frhr. von Falkenhausen hat Moltke dem Militärbefehlshaber von Belgien Mitte September 1943 gesagt: „Trotz aller Bedenken bleibt uns keine andere Wahl übrig, als Hitler physisch zu liquidieren." Zit. Brakelmann, Moltke, S. 274. Nach den Erinnerungen von Paulus van Husen hat Moltke sogar im Kreis der Freunde erzählt, daß es um die konkrete Einbeziehung von Falkenhausen in Umsturzplanungen ging, wobei ein – dann jedoch abgesagtes – Gespräch mit Leber in Köln „einen soliden politischen Hintergrund der Aktion verschaffen sollte." Husen, Erinnerungen.
²³⁵ Vgl. Hoffmann, Stauffenberg, S. 309 ff.; ders., Staatsstreich, S. 396 f.
²³⁶ Moltke an Freya, 9.11.1943, in: ders., Briefe, S. 563.
²³⁷ Moltke an Freya, 11.11.1943, in: ders., Briefe, S. 564; vgl. 14., 15., 28.11.1943, aaO., S. 566, 567, 573.
²³⁸ Moltke an Freya, 29.11.1943, in: ders., Briefe, S. 575; vgl. 30.11.1943, ibid.
²³⁹ Moltke an Caspar und Konrad, 11.10.1944, in: Roon, Moltke, S. 312. Vgl. Moltke an Ida Hübner, 24.10.1944, zit. Brakelmann, Moltke, S. 341: „Mit dem Attentat und

Vorgänge Anfang August 1943 durchaus bestätigt, weil Moltke den Staatsstreichvorbereitungen erst zustimmte, als seine Gegenwehr erfolglos geblieben war. Diese bedingte Teilnahme setzte Moltkes Ablehnung des Staatsstreichs durch die Militärs voraus. Während ein „Putsch" die Gefahr einer Dolchstoßlegende mit sich brachte, war die „gesteuerte Niederlage"[240] Deutschlands die Bedingung für eine Neuordnung, um das „Bild des Menschen in den Herzen unserer Mitbürger" wiederherzustellen. Diese politische Beurteilung bestimmte Moltke, seit die Unmöglichkeit eines deutschen Sieges deutlich geworden war. Demgegenüber ist sein Rückblick hinsichtlich des Jahreswechsels 1941/42 zu korrigieren, da er angesichts der militärischen Lage und wegen der Massenmorde die Widerstandsplanungen der Militärs positiv beurteilte und später die Ablösung von Brauchitsch durch Hitler als Oberbefehlshaber der Wehrmacht als nicht genutzten „richtige[n] Tag" bezeichnete.[241]

Im Unterschied zur Grundsatzentscheidung gegen einen Umsturz mit Hilfe der Militärs liegt die Ablehnung des Attentates auf einer anderen Ebene. Sie ist nicht politisch, sondern ethisch-religiös begründet. Daß zwischen beiden Argumentationen Spannungen bestanden, zeigt sich daran, daß Moltke im Gespräch mit Berggrav mit der Möglichkeit rechnete, die Beteiligung am Attentat könnte für ihn „Pflicht" sein.

4. Gefangenschaft, Prozeß und Tod

Am 2. Januar 1944 schrieb Moltke seiner Frau: „Welch ein Jahr liegt vor uns. Hinter diesem Jahr werden, falls wir es überleben, alle anderen Jahre verblassen."[242] Seitdem seine Wohnung durch einen Bombenangriff zerstört war, wohnte er bei Peter und Marion Yorck und ging mit ihnen zum

---

Putsch, mit dem ich zusammengekoppelt werde, habe ich nicht das Geringste zu tun."
[240] Hans Bernd Gisevius, zit. Moltke/Balfour/Frisby, Moltke, S. 292.
[241] Moltke an Freya, 8.2.1942, in: ders., Briefe, S. 354; vgl. das Treffen mit Beck am 28.9.1941 und den Besuch bei General Max Föhrenbach in Stettin Mitte November; Briefe, S. 204. 324. Daß sich die „Hoffnung auf ein baldiges Ende dieses Krieges" im Brief vom 13.12.1939 auf Umsturzplanungen bezieht, ist wenig wahrscheinlich; gegen Moltke, Briefe, S. 98; Brakelmann, Moltke, S. 122. Erstens hatte Halder den geplanten Staatsstreich bereits am 5.11.1939 abgeblasen, und zweitens rechnet der weitere Brief damit, daß am gleichen Tag die Entscheidung über den Weihnachtsurlaub falle; das ist wohl auf die „Besprechung" am Abend (aaO., S. 99) zu beziehen, so daß Moltke am nächsten Tag seiner Frau seinen Weihnachtsaufenthalt in Kreisau ankündigen konnte.
[242] Moltke an Freya, 2.1.1944, in: ders., Briefe, S. 582.

Gottesdienst bei Pfarrer Hanns Lilje. Dabei vermißte er zwar zunächst das Gemeinschafts- und Zusammengehörigkeitsgefühl, das die Gemeinde in Gräditz ihm vermittelte,[243] aber im Neujahrsgottesdienst beeindruckte ihn die Predigt von Lilje. „Ich glaube, daß das die beste Predigt war, die ich bisher gehört habe; und sie war so grundlegend für das Jahr 44. Mein Lieber, wir können nur hoffen, daß wir die Kraft haben werden, uns der Aufgabe, die dieses Jahr uns stellen wird, würdig zu erweisen."[244] Zugleich war der Jahresanfang überschattet von dem Tod Mierendorffs bei einem Fliegerangriff auf Leipzig am 4. Dezember 1943.

Am 19. Januar 1944 wurde Moltke im Amt verhaftet, weil er Otto Kiep über die gegen ihn und die anderen Teilnehmer der Tee-Gesellschaft von Elisabeth von Thadden laufenden Ermittlungen informiert hatte.[245] Nach seiner Verhaftung hatte Kiep unter Folter den Namen Moltkes preisgegeben. Für den SD war das eine schon lang ersehnte Gelegenheit, über das Verfahren gegen Hans von Dohnanyi und Bonhoeffer und das Ausschalten von Hans Oster hinaus die Abwehr als Konkurrenzunternehmen lahm zu legen. Am 18. Februar wurde die Hauptabteilung Abwehr Himmler als Chef der Geheim- und Abwehrdienste unterstellt, während die Auslandsabteilung dem Wehrmachtsführungsstab zugeordnet wurde. Der von Moltke gesammelte Kreisauer Kreis aber blieb nur teilweise im Gespräch miteinander, vor allem suchten nun mehrere die Verbindung zu Stauffenberg, der bereits am Abend von Moltkes Verhaftung mit Yorck über die Notwendigkeit eines Attentats auf Hitler angesichts der Greueltaten des Regimes sprach. Hatte Moltke für eine einheitliche Ablehnung gekämpft, so wurden nun die Differenzen deutlich. Einige wie Haeften konnten sich allerdings erst nach langem Ringen für die Unterstützung des Attentats entscheiden, manche wie Steltzer blieben bei der Verweigerung.

Moltke wurde nach der Verhaftung in das Reichssicherheitshauptamt in der Prinz-Albrecht-Straße gebracht, wo er am 25. Januar wegen der Verbindung zum Solf- bzw. Thadden-Kreis verhört wurde; aber anschließend

---

[243] Vgl. Moltke an Freya, 25.12.1943, in: ders., Briefe, S. 576. Früher sind Gottesdienstbesuche selten erwähnt. Am Totensonntag, 21.11.1942, sollte seine Frau in Gräditz in die Patronats-Kirche gehen, „da zum Ernte- und Reformationsfest keiner von uns in der Kirche war", aber erst am 1. Advent wollten beide gehen; am 4.10.1943 stellte er sich den Kirchgang seiner Frau vor; Moltke, Briefe, S. 428, 436, 549. In Oslo besuchte Moltke mit Steltzer am 5.10.1943 „eine sogenannte Berneuchener Messe", bei der trotz geringen Besuchs „die Atmosphäre [...] sehr schön und erhebend" war; aaO., S. 553. In München nahm er am 1.8.1943 mit Rösch an einer Messe in St. Michael teil; aaO., S. 515 f.

[244] Moltke an Freya, 2.1.1944, in: ders., Briefe, S. 582.

[245] Vgl. dazu unten, Kap. XII.

wurden auch Akten aus seinem Büro in der Abwehr sichergestellt. Es ging dem SD also von Anfang an um einen Einbruch in diese Konkurrenzorganisation. Nach einem weiteren Verhör in der Gestapo-Ausweichstelle Kurfürstendamm wurde er am 6. Februar in den Zellenbau des KZ Ravensbrück bei Fürstenberg gebracht, da die für die Tee-Gesellschaft zuständige Sonderkommission Lange in die Sicherheitspolizeischule Drögen umgezogen war.[246]

Die Verhöre Moltkes fanden in Berlin statt, während er in Ravensbrück als Schutzhäftling einige Freiheiten und auch Umgang mit den Mitgefangenen hatte. Er durfte Zivilkleidung tragen, Briefe seiner Frau empfangen und ihr dreimal, ab Ende April nur noch zweimal in der Woche schreiben. Während sie ihn bis Ende Mai einmal im Monat besuchen durfte, kam sein Vorgesetzter, Oberst Werner Oxé, regelmäßig zu Besprechungen und mit Akten, die er bearbeiten sollte. Dabei gewann er aber den Eindruck, daß mit dem Bedeutungsverlust der Völkerrechtsgruppe seit seiner Inhaftierung „[a]lle wirklich wesentlichen Ergebnisse meiner Arbeit in den letzten Jahren […] in den wenigen Monaten verwirtschaftet worden" sind.[247]

Entscheidendes Gewicht hatte für ihn in der Ravensbrücker Zeit die Möglichkeit der Lektüre; sogar die Parliamentary Debates und die Times durfte er lesen. „Den Tag verbringe ich mit dem Lesen und Nachdenken. Ich poliere eifrig an meinem inneren Menschen herum und bin gespannt, ob das Erfolg haben wird. Die Voraussetzungen dafür sind natürlich glänzend, denn hier gilt nur, was man in sich selbst hat oder finden kann"[248], schrieb er Ende Februar seiner Frau, die ihm ständig die gewünschten oder besonders von Gerstenmaier empfohlenen Bücher brachte. Die umfangreiche „Lektüre ging vom Obstbau und den Briefen des Feldmarschalls Moltke bis zur Bibel,"[249] wobei ihn die tägliche Bibellese auch auf Fragen der historischen Kritik stoßen ließ. Er las Literatur des 19. und 20. Jahrhunderts, Klassiker der Geschichtsschreibung und theologische Quellen und Darstellungen. Bei der Dichtung traf er sich in der Wertschätzung von Goethes Wilhelm Meister und Adalbert Stifter mit Bonhoeffer.[250] Die

---

[246] Vgl. Johannes Tuchel, Die Sicherheitspolizeischule Drögen und der 20. Juli 1944 – zur Geschichte der „Sonderkommission Lange", in: Florian von Buttlar u.a., Fürstenberg-Drögen. Schichten eines verlassenen Ortes, Berlin 1994, S. 120-127. Zum Zellenbau vgl. Bernhard Strebel, Das KZ Ravensbrück. Geschichte eines Lagerkomplexes, Paderborn 2003, S. 281 f.
[247] Moltke, Tagebucheintragung, 26.6.1944, zit. Brakelmann, S. 323.
[248] Moltke an Freya, zit. Brakelmann, Moltke, S. 318.
[249] B. Ruhm von Oppen, Einleitung, in: Moltke, Briefe, S. 49.
[250] Vgl. Brakelmann, Moltke, S. 318; Dietrich Bonhoeffer, Widerstand und Ergebung, hg. von Christian Gremmels u.a. (DBW 8), Gütersloh 1998, Register s.v. Zu Goe-

theologischen Autoren reichten von Augustin bis zu Walter Künneth und Friedrich Brunstäd, dem Lehrer von Eugen Gerstenmaier. So erlaubte ihm die erzwungene Ruhe nach den Jahren der pausenlosen Arbeit und Gespräche „ein geregeltes Studium der Theologie"[251], wobei ihm allerdings Gerstenmaiers Dissertation „Kirche und Schöpfung" „kaum verständlich"[252] erschien. Besonders die intensive und umfangreiche Lektüre von Schriften Luthers[253] diente zur Vertiefung der Fragen, die ihn seit der „tieferen Erkenntnis christlicher Grundsätze" bewegten, aber er erfreute sich auch an Luthers plastischer Sprache. Hatte er im Brief an Curtis im April 1942 den Hinweis auf seine veränderte Einstellung mit einer Erinnerung an die Diskussion über dessen Werk Civitas Dei beginnen wollen, gab er dieses jetzt einer Mitgefangenen zur Lektüre.[254] Er selbst las nun Augustins De civitate Dei.

Die Ermittlungen führten zu keiner Belastung Moltkes. Deshalb rechnete er mit baldiger Freilassung, besonders da Anfang Juli die Thadden'sche Tee-Gesellschaft ohne ihn vor dem Volksgerichtshof angeklagt und verurteilt wurde. Nachdem sogar Gestapo-Chef Müller und Kriminalrat Lange eine baldige Entlassung für möglich gehalten hatten, änderte der 20. Juli 1944 die Situation grundlegend. Beim Umsturzversuch waren nämlich die Kreisauer Yorck und Gerstenmaier in der Bendlerstraße, der Zentrale des Widerstandes, und wurden dort am Abend verhaftet. Moltke war über das Mißlingen des Attentats auch wegen seiner eigenen Gefährdung enttäuscht und zugleich entsetzt wegen seiner grundsätzlichen Ablehnung dieses Weges. „Wenn ich draußen gewesen wäre, wäre das nicht passiert", sagte er Anfang August zu seiner Frau.[255] Zugleich verabredeten sie einen Code, mit dem er ihr den Stand seiner Chancen mitteilen wollte.

Bereits im ersten Prozeß gegen die Männer des 20. Juli vor dem Volksgerichtshof wurde Yorck am 8. August zum Tode verurteilt. Vor seiner anschließenden Hinrichtung konnte er aber Poelchau sagen, daß der SD die Verwicklung der Kreisauer noch nicht entdeckt habe, aber seinen letzten Weg mußte er allein gehen. Zwei Tage später wurde Moltkes „nähere Untersuchung" in den Kielpinski-Berichten, welche SS-Gruppenführer

---

thes Wilhelm Meister vgl. bereits das Gespräch mit Gablentz (oben, S. 354) und Haubach (oben, S. 327), zu Stifters Witiko auch Haeften (vgl. oben, S. 158).
[251] Gerstenmaier, Streit, S. 181.
[252] Moltke an Freya, 27.6.1944, zit. Brakelmann, Moltke, S. 322.
[253] Aus den unpublizierten Briefen und Tagebuchnotizen Moltkes hat Brakelmann, Moltke, S. 406, die Lektüre von 20 Lutherschriften nachgewiesen.
[254] Vgl. Moltke/Balfour/Frisby, Moltke, S. 296.
[255] Moltke/Balfour/Frisby, Moltke, S. 292.

Kaltenbrunner an Bormann sandte, angemahnt.[256] Die Vernehmung des als Politischer Beauftragter vorgesehenen Franz Rehrl hatte nämlich ergeben, daß Moltke „mit ihm Fragen einer Regime-Änderung besprochen hat. Über Moltke gehen die Verbindungen weiter zu dem Jesuitenpater Delp."[257] Damit war er in den Augen des SD in zwei schwerwiegenden Komplexen belastet, der Vorbereitung des Umsturzes und der Verbindung mit der katholischen Kirche, während Gerstenmaiers Beziehung zu Wurm und die Rolle Preysings nicht aufgedeckt wurden.[258] Zu den „konfessionelle[n] Bindungen" kam durch die Vernehmung des am 9. August verhafteten Haubach der Kontakt zum „alten Gewerkschaftsklüngel"[259]. „Am 14. nachts um 11 Uhr wurde ich zur Vernehmung geholt und damit war klar, daß man mir ans Leben wollte."[260] Zusammengefesselt mit Haubach und Leber wurde Moltke in der Nacht vom 15. auf den 16. August, verhört, am folgenden Tag nur mit Leber, am übernächsten nur mit Haubach.

„Am 19.8. wurde ich dann eingekleidet und in eine dunkle Zelle der Nordseite gesperrt, ohne Buch, ohne Papier zum Schreiben, ohne eigene Sachen, ausser Socken und Taschentücher, mit schlechtem Essen und eine Woche lang ohne Ausgang."[261] Er bekam eine Zelle neben General Halder, während seiner Frau „Kleider, Bücher und alle Gegenstände, deren Gebrauch ihm erlaubt gewesen war"[262], ausgehändigt wurden. Als sie am 28. September erneut ohne Besuchsgenehmigung nach Drögen kam, war ihr Mann gerade nach Berlin verlegt worden, wo er nach kurzem Zwischenaufenthalt im Gestapo-Gefängnis Lehrter Straße wegen dessen Bombenschäden wie Delp und Gerstenmaier in das Gefängnis Tegel kam. Da hier Poelchau seit 1933 als Gefängnisseelsorger zusammen mit seinem katholischen Kollegen Peter Buchholz wirkte, konnte er fast täglich Briefe zwischen den Eheleuten und Kassiber zwischen den Freunden zur

---

[256] Hans-Adolf Jacobsen (Hg.), „Spiegelbild einer Verschwörung", Stuttgart 1984, S. 189 (zit. KB).

[257] KB, S. 190. Vgl. den Haftbefehl in: Roon, Neuordnung, S. 594, zu Delp KB, S. 101.

[258] Vermutlich wurden diese Verbindungen bewußt nicht thematisiert, weil die Bischöfe wegen ihres Ansehens – noch – nicht angreifbar waren. Nach Moltkes Bericht hat Freisler zwar Moltkes Besuche der Bischöfe genannt, aber ohne Namensnennung und Konfessionsbezeichnung; Moltke an Freya, 10.1.1945, in: ders., Briefe, S. 615. Im Urteil kommt nur der Fuldaer Bischof Dietz vor, der die Bedeutung der Enzyklika „Quadragesimo anno" für die katholische Soziallehre im Sinne Delps bestätigt hätte; Bengt von zur Mühlen (Hg.), Die Angeklagten des 20. Juli vor dem Volksgerichtshof, Berlin-Kleinmachnow 2001, S. 337 f.

[259] KB, S. 232 ff.

[260] Moltke an Freya, 28.11.1944, in: ders., Briefe, S. 604.

[261] Ebd.

[262] Moltke/Balfour/Frisby, Moltke, S. 298.

Abstimmung ihrer Aussagen schmuggeln. Die Verteidigungslinie, die Moltke unterstützte, betonte die Differenz der Gespräche im Freundeskreis gegenüber den Umsturzplänen der Goerdeler-Beck-Gruppe. Bereits in den ersten Vernehmungen hatten die Verhafteten versucht, die Kreisauer nur als Diskussionszirkel vor allem über kirchliche Fragen erscheinen zu lassen. Obwohl die Ermittlungskommission bald weitere Zusammenhänge aufdeckte, konnte Gerstenmaier diese Position noch erfolgreich vor Freisler vertreten.

Moltkes persönliche Situation in Tegel war deutlich beengter als die erste Zeit in Ravensbrück, aber durch die Kontaktmöglichkeiten mit Poelchau, Delp und Gerstenmaier besonders in geistlicher Hinsicht reicher als der letzte Monat dort. Sie waren wichtig auch für sein Nachdenken als Christ, das nun nur auf Bibel und Gesangbuch angewiesen war. „Beide kannte er annähernd auswendig. Bei der Lektüre des Gesangbuchs wußte er manchmal besser als die Herausgeber, auf welche Bibelstellen sich ein Lied bezog."[263] Hinzukamen die Anregungen der Freunde, ihre Hinweise auf Bibeltexte und vertiefende Gedanken. Am, 27. September wurden sie wegen des nahenden, aber immer wieder bis Januar verschobenen Prozesses in das „Totenhaus" des Tegeler Gefängnisses verlegt, vierzehn Tage später erhielten sie den Haftbefehl vom 11. Oktober, dem erst am 8. Januar die Anklageschriften folgten.

Tragende Bedeutung hatte für Moltke die durch Poelchau ermöglichte Verbindung mit seiner Frau. Viermal erhielt sie Sprecherlaubnis, aber die lange mit gefesselten Händen geschriebenen Briefe spiegeln den „Kampf, den Helmuth kämpfte, zwischen der Bereitschaft für den Tod und der Hoffnung auf das Leben"[264] – eine bisweilen unerträgliche Spannung. „In alledem waren wir getragen von unserem Glauben, Glaube, der kam und ging wie Ebbe und Flut." Wie eng das Verhältnis der beiden Eheleute nicht nur in dieser Zeit war, hat Moltke ausgedrückt, indem er nochmals die Deutung des Menschen als Schöpfungsgedanken Gottes aufgriff: „Nur wir zusammen sind *ein* Mensch. Wir sind, was ich vor einigen Tagen symbolisch schrieb, *ein* Schöpfungsgedanke Gottes."[265] Der Tod war immer nahe, auch wenn die Zeit des Abschiedes von Helmuth und Freya fast vier Monate dauern sollte. Zum täglichen Abschiednehmen angesichts des herannahenden Todes gehörte auch der Brief an seine Söhne,[266] denen er

---

[263] Ruhm von Oppen, Einleitung, S. 49 f.
[264] Bericht von Freya von Moltke in: Moltke, Briefe, S. 608. Die Briefe sind bisher nicht veröffentlicht.
[265] Moltke an Freya, 11.1.1945, in: Moltke, Briefe, S. 625.
[266] Moltke an Caspar und Konrad, 28.12–5.2.1944, in: Brakelmann, Moltke, Moltke, S. 365 ff.

scheinbar ungezwungen von seinem Leben, von der Kindheit und Jugend in Kreisau bis zur Eheschließung erzählte, aber ein Bild ihres Vaters als Vermächtnis hinterlassen wollte. Im Oktober schrieb er an die Diakonisse Ida Hübner, die ihn in Kreisau seit der Kindheit begleitet hatte: „Ich sterbe für eine gute und gerechte Sache, für eine, für die man eben auch bereit sein muss, sich umbringen zu lassen."[267]

Das Todesurteil stand ihm und seiner Frau bereits vor der Verhandlung des Volksgerichtshofes fest. „In den Tagen, die der Verlegung nach Berlin folgten, war Helmuth bereit zu sterben; er war ganz frei und in Frieden."[268] Aber im Austausch mit Delp und Gerstenmaier entstanden neue Hoffnungen, und am Jahresende wollte er „ganz definitiv nicht sterben, darüber ist gar kein Zweifel. Das ständige Arbeiten an den Argumenten, mit denen das zu vermeiden sei, hat in mir den Willen, um diese Sache herumzukommen, ganz mächtig angeregt."[269] Er schrieb sogar an Himmler und schickte seine Frau zu dessen Stellvertreter, SS-General Heinrich Müller, und zu Freisler. Aber bei keinem war Hilfe zu erwarten. Am 8. Dezember erwarteten Moltke und die anderen ihren Prozeß, so daß sie neun Tage lang einen gemeinsamen Text beteten, eine „betende Una Sancta in vinculis. Für Moltke wird in der Krypta von St. Gereon in Köln jeden Tag Messe gelesen."[270] Sie hofften auf ein Wunder, aber der Prozeß wurde nur verschoben.

Am Jahresende schieb Moltke in Tegel einen Brief, der „vieles von den Monaten dort zusammenfaßt"[271]. „So endet das Jahr, das ich in unmittelbarer und ganz vertrauter, ich möchte sagen vertraulicher Nachbarschaft mit dem Tode verbracht habe, in einem Widerstandswillen, der viel entschlossener ist, als er es am 19. Januar war, oder vielmehr am 24.1. – Und trotzdem, mein Herz, muss ich jeden Augenblick freudig bereit sein zu sterben, dieses Gefühl, dafür bereit zu sein und sich ohne Widerstand gegen Gott darein zu schicken, wenn er es befiehlt, das muss ich mir erhalten."[272] Die Spannung zwischen Hoffnung auf Überleben und Todeserwartung wurde angesichts der alltäglichen Todeserfahrung überlagert von derjenigen zwischen Bereitschaft und Gewöhnung, die Moltke in der Gethsemane-Erzählung [Mk 14,32–42] abgebildet sah. „Darum ist eben der Mahnruf ‚wachet und betet' [v 38] so nötig und doch versinke ich

---

[267] Moltke an Ida Hübner, 24.10.1944, zit. Brakelmann, Moltke, S. 341.
[268] AaO., S. 607.
[269] Moltke an Freya, 28.12.1944, in: Moltke, Briefe, S. 609.
[270] Delp an Franz von Tattenbach, 18.12.1944, in: ders., Gesammelte Schriften, hg. von Roman Bleistein, Bd. IV, Frankfurt/M., 1984, S. 60.
[271] Bericht von Freya von Moltke in: Moltke, Briefe, S. 608.
[272] Moltke an Freya, 28.12.1944, in: Moltke, Briefe, S. 609.

immer wieder in „Schlaf" [v 40], und wenn ich sehe, daß noch 8 oder 14 Tage bis zum Termin Zeit sind. Es ist eben auch für jemanden, der so viel Zeit daran wendet wie ich, einfach unmöglich, in jedem Augenblick die unmittelbare Gegenwart des Todes zu spüren. Dagegen lehnen Fleisch und Blut [v 38; 1Kor 15,50] sich wild auf."

Diese intensive Glaubenserfahrung war gebunden an die Situation „im Angesicht des Todes"[273], aber sie ließ Moltke auch fragen, „wie alles wäre, wenn ich am Leben bliebe, und wundere mich, ob ich das wohl wieder vergessen würde, oder ob man aus dieser Zeit doch ein reales Verhältnis zum Tod und damit zur Ewigkeit behält."[274] Diese Frage der Perseveranz beantwortete er nicht im Sinne eines missionarischen Auftrages für die Zukunft, sondern er stellte sich ihr als existentieller Herausforderung. Er kam nämlich „zu dem Ergebnis, daß auch da Fleisch und Blut alles dran setzen würden, die Erkenntnis wieder zu verdrängen, so daß ein ständiger Kampf nötig wäre, um die Früchte dieser Zeit zu retten."

Im Zusammenhang paulinischer Theologie ließe sich diese Spannung von Geist und Fleisch als Sünde reflektieren, aber Moltke dachte sie als kulturelles Problem: „Wir sind eben ein jämmerliches Geschlecht, darüber ist kein Zweifel, nur wissen wir es meist garnicht, wie jämmerlich wir sind. Jetzt weiss ich auch, warum Paulus und Jesaja, Jeremia und David und Salomo, Moses und die Evangelisten nie veralten; sie waren eben nicht so jämmerlich; sie hatten ein Format, das für uns unerreichbar ist auch durch Menschen wie Goethe ja selbst für Luther nicht erreichbar. Was diese Männer erlebt und erfahren haben, das werden wir nie ganz verstehen." Sie waren „doch wie eine andere Spezies Mensch."

Einen Tag später notierte Delp in der Nachbarzelle: „Der abendländische Mensch ist weithin heimatlos, nackt und ungeborgen. Und wo er einmal über den Durchschnitt hinausragt, da spürt er nicht nur die Einsamkeit, die ab und zu den Großen umgibt."[275] Delp benannte damit Folgen der Säkularisierung; „mit dem Ordo und dem Universum des Mittelalters und der Vorzeit ist viel mehr zerbrochen als ein System oder eine fruchtbare Überlieferung." Solche Überlegungen sind bei Moltkes Reflexionen mitzudenken, aber in seiner Diagnose spiegelte er seine eigene Erfahrung der „Einsamkeit", die Beglückung im „Geist" und die Gegenwart und erwartete Zukunft unter dem Einfluß von „Fleisch und Blut", den er mit seinem pessimistischen, kritischem Realismus einschätzte.

---

[273] Vgl. Alfred Delp, Im Angesicht des Todes, hg. von Paul Bolkovac, Frankfurt/M 1947; Neuausgabe durch Roman Bleistein in Bd. IV von A. Delp, Gesammelte Schriften.
[274] Moltke an Freya, 28.12.1944, in: Moltke, Briefe, S. 610.
[275] Delp an M., 29.12.1944, in: ders., Schriften IV, S. 71.

Sein Kassiber an die inhaftierten Freunde zum neuen Jahr faßte die Reflexionen im Zeugnis und Trost des Glaubens zusammen: „Der Herr hat uns wunderbar bis hierher geführt; er hat in den letzten zwei Monaten auch im menschlichen Kausalzusammenhang Stellen gezeigt, die uns günstige Wendungen vorbereiten und ermöglichen können; er hat uns durch vielerlei Zeichen gezeigt, daß er bei uns ist. Daraus schließe ich, daß, wenn ich ständig darum bitte, er weiter uns spüren lassen wird, daß er bei uns ist; aber das kann er am Galgen in Plötzensee genauso gut tun, wie in der Freiheit in Kreisau oder sonstwo. Ich will meinem Fleisch nicht erlauben, sich auf das Faulbett angeblicher göttlicher Verheißung weiteren Lebens zu legen, und das täte es so gerne. Ich muß es mit dem Bewußtsein des nach menschlicher Erkenntnis in wenigen Tagen oder höchstens Wochen bevorstehenden Todes ständig züchtigen, wenn ich es im rechten Zustand des ‚Wachet und Betet' erhalten will. Ich kann nicht glauben und kann mir auch nicht erlauben zu glauben, daß Gott mir heute offenbaren wird, was er morgen mit uns vorhat. Mir jedenfalls antwortet er, sobald ich neugierig werde, wie er es Paulus schon in anderem Zusammenhang getan hat: ‚Laß Dir an meiner Gnade genügen.' [2Kor 12,9] – Das dürft Ihr aber nicht Unglauben nennen, genauso wenig wie ich Euch für Magier halte. Und damit Gott befohlen! Auch im neuen Jahr, ich halte Lukas 1,74 + 75 sehr schön, aber vielleicht darf ich meinem Temperament gemäß vorschlagen, Röm 14,8 nicht aus den Augen zu lassen. Eines aber ist ganz gewiß, daß wir ohne Unterlaß beten dürfen und müssen [vgl. 1Thess 1,2]."[276] Bei aller Verbundenheit mit den Schicksalsgenossen wird in der Absetzung von den ‚Magiern' ein protestantisches Element sichtbar, das ihn zur Wahl von Röm 14,8 führte: „Leben wir, so leben wir dem Herrn; sterben wir, so sterben wir dem Herrn. Darum: Wir leben oder sterben, so sind wir des Herrn."

Diese Gewißheit bestimmte den Prozeß, dessen Termin der Pflichtverteidiger am 6. Januar mitteilte. Am 10. und 11. Januar 1945 fand die Verhandlung des Volksgerichtshofs in dem früheren Hotel Eden in der Bellevue-Straße unter Vorsitz von Freisler statt. Angeklagt waren neben Moltke Delp und Gerstenmaier sowie die bayerischen Partner Franz Reisert, Franz Sperr und Josef Ernst Fürst Fugger von Glött, der in Tegel zur geistigen Gemeinschaft gehört hatte. Die Verfahren gegen Steltzer und Haubach wurden abgetrennt. Während am ersten Tag neben der Verlesung der Anklage die Verhandlungen gegen Delp und Sperr stattfanden, begann der zweite Tag mit der Vernehmung Moltkes.[277] Ihren Höhepunkt hatte sie in

---

[276] Moltke an Liebe Freunde, Anf. Januar 1945, in: Delp, Schriften IV, S. 435 f.
[277] Vgl. für den Prozeß die Schilderung Moltkes im Brief an Freya, 10.1.1945, in: Moltke, Briefe, S. 611 ff.

der Behandlung der Kreisauer Tagungen. „Wer war denn da? Ein Jesuitenpater! Ausgerechnet ein Jesuitenpater! Ein protestantischer Geistlicher, 3 Leute, die später wegen Beteiligung am 20. Juli zum Tode verurteilt worden sind. Kein einziger Nationalsozialist! Kein einziger! Und da will ich doch nur sagen: nun ist aber das Feigenblatt ab!"[278] Freisler hatte seinem Haß gegen Jesuiten bereits bei der Vernehmung von Delp durch „eine große Beschimpfung der Kirche und des Ordens"[279] Ausdruck gegeben. „Ein Jesuit ist und bleibt eben ein Schuft." Zu dieser Feindschaft kam beim Verfahren gegen Moltke Gerstenmaier als „der andere Geistliche, was hatte der dort zu suchen? Die sollen sich ums Jenseits kümmern, aber uns hier in Ruhe lassen." Entsprechend kritisierte er Moltkes Kontakte zu den Bischöfen.

Moltke begrüßte diese „Zuspitzung auf das kirchliche Gebiet"[280], weil sie „dem inneren Sachverhalt" entspräche und zeige, „daß F. eben doch ein guter politischer Richter ist. Das hat den ungeheuren Vorteil als wir nun für etwas umgebracht werden was wir *a*. getan haben und *b*. sich lohnt. Aber daß ich als Märtyrer für den heiligen Ignatius von Loyola sterbe – und darauf kommt es letztlich hinaus, denn alles andere war daneben nebensächlich –, ist wahrlich ein Witz" angesichts der antikatholischen Einstellung seines Vaters als Christian Scientist, auch seine Mutter würde „wohl nicht ganz einverstanden sein". Als entscheidend betrachtete er, sie wären „nach dieser Verhandlung aus dem Goerdeler-Mist raus, wir sind aus jeder praktischen Handlung heraus, wir werden gehenkt, weil wir zusammen gedacht haben."

Daß „eben nur Gedanken ohne auch nur die Absicht der Gewalt" zum Todesurteil führten, begrüßte Moltke, weil er den Umsturz abgelehnt und sich intensiv bemüht hatte, den Kreis davon zu überzeugen. Er sah darin sogar eine Fügung Gottes. Er hatte den 2. Korintherbrief gelesen, und Gerstenmaier hatte für die gemeinsame Lektüre in den getrennten Zellen für den 10. Januar neben der Geschichte vom Seewandel und Sinken des Petrus (Mt 14,22–33) die Leidensgemeinschaft mit Christus (2Kor 4,7–18) vorgeschlagen. Darin erkannte Moltke sich wieder. „Denk mal, wie wunderbar Gott dies sein unwürdiges Gefäss bereitet hat: In dem Augenblick, in dem die Gefahr bestand, daß ich in aktive Putschvorbereitungen

---

[278] AaO., S. 614. Gemeint sind Delp, Gerstenmaier, Yorck, Reichwein und Maaß, die an der 2. und 3. Tagung teilgenommen haben, das Urteil behauptet aber, daß Delp schon bei der ersten Tagung vorgetragen hätte; vgl. Urteil gegen Moltke u.a., in: Mühlen, Die Angeklagten, S. 337.

[279] Delp an Franz von Tattenbach, 10.1.1945, in: Delp, Schriften IV, S. 98; vgl. Bleistein, Delp, S. 377 f.

[280] Moltke an Freya, 10.1.1945, in: Moltke, Briefe, S. 616.

hineingezogen würde – Stauffenberg kam am Abend des 19. [Januar] zu Peter – wurde ich rausgenommen, damit ich frei von jedem Zusammenhang mit der Gewaltanwendung bin und bleibe."[281]

Daß Moltke „nur gedacht" habe, bedeutet für heutiges politisches Bewußtsein und Widerstandsverständnis eine Herausforderung,[282] aber es entsprach Moltkes Selbstverständnis und seiner Deutung des NS-Systems als Gestalt des Ungeistes, wie er im Abschiedsbrief an seine Söhne schrieb: „Ich habe mein ganzes Leben lang, schon in der Schule, gegen einen Geist der Enge und der Gewalt, der Überheblichkeit, der Intoleranz und des Absoluten, erbarmungslos Konsequenten angekämpft, der in den Deutschen steckt und der seinen Ausdruck in dem nationalsozialistischen Staat gefunden hat. Ich habe mich auch dafür eingesetzt, daß dieser Geist mit seinen schlimmen Folgeerscheinungen wie Nationalismus im Exzeß, Rassenverfolgung, Glaubenslosigkeit, Materialismus überwunden werde. Insoweit und von ihrem Standpunkt aus haben die Nationalsozialisten recht, daß sie mich umbringen."[283] Weil der Kampf auf die Überwindung des nationalsozialistischen „Geistes" zielte, war sein Ziel ein wirklicher Neuanfang, nachdem im NS-Regime eine universale Entwicklung mit dem säkularisierten absoluten Staat zu ihrem Endpunkt gekommen war.[284] Es war nicht die Ablehnung der Gewalt, sondern die Orientierung an dem notwendigen Neuanfang, die Moltkes Entscheidung gegen das Attentat und den Umsturz bestimmte. Wenn als säkulare Wende „das Kriegsende eine Bereitschaft zu Einkehr und Buße"[285] bringen würde, sollte das Christentum den Neubeginn durch „wertvollste Kräfte für die religiös-sittliche Erneuerung des Volkes, für die Überwindung von Haß und Lüge, für den Neuaufbau des Abendlandes, für das friedliche Zusammenarbeiten der Völker"[286] unterstützen.

Angesichts dieser Konzeption verstand Moltke seine Verurteilung und die seiner Freunde als grundsätzliche Auseinandersetzung über ‚einen

---

[281] Moltke an Freya, 11.1.1945, in: Moltke, Briefe, S. 623.

[282] Bereits das Urteil betonte neben dem „Nichtmelden" der Umsturzvorbereitungen: „Er hat sich nicht nur Gedanken gemacht, sondern einen Kreis gesammelt, in dem Pläne in Diskussionen zur Entwicklung gebracht und sich schließlich um Männer zur Durchführung umgesehen." Mühlen, Die Angeklagten, S. 338.

[283] Moltke an seine Söhne, 11.10.1944, in: Moltke/Balfour/Frisby, Moltke, S. 315. Mit Schule ist der „Landheimgeist" im Internat Schondorf gemeint; vgl. aaO., S. 27 f.

[284] Vgl. Hans Mommsen, Der Kreisauer Kreis und die künftige Neuordnung Deutschlands und Europas, in: ders., Alternative, S. 209 ff.

[285] Moltke, Ausgangslage, 24.8.1941, in: Roon, Neuordnung, S. 511.

[286] Moltke, Ergebnisse der Besprechungen vom 22. bis 25. Mai 1942, in: Roon, Neuordnung, S. 542.

einzigen Gedanken': „womit kann im Chaos das Christentum ein Rettungsanker sein?"[287] In seinem letzten Brief aus der Haft erinnerte er deshalb an die Aussage von Freisler: „Nur in einem sind das Christentum und wir gleich: wir fordern den ganzen Menschen!"[288] Diese Forderung des „ganzen Menschen" entsprach nicht nur Moltkes Analyse, sondern auch Schulungsprogrammen der NSDAP.[289] Für Moltke war klar: „Von der ganzen Bande hat nur Freisler mich erkannt und [...] der weiss, weswegen er mich umbringen muss." Weil er „als Protestant vor allem wegen seiner Freundschaft mit Katholiken attackiert und verurteilt" werden soll, „steht er vor Freisler nicht als Protestant, nicht als Großgrundbesitzer, nicht als Adeliger, nicht als Preusse, nicht als Deutscher – das alles ist ausdrücklich in der Hauptverhandlung ausgeschlossen [...] –, sondern als Christ und als garnichts anderes."[290] Darin sah Moltke Gottes Gnade, für die er ihm dankte. „Mir war, als ich zum Schlusswort aufgerufen wurde, so zu Mute, daß ich beinahe gesagt hätte: Ich habe nur eines zu meiner Verteidigung anzuführen: nehmen sie den Leib, Gut Ehr, Kind und Weib, lass fahren dahin, sie haben's kein Gewinn, das Reich muss uns doch bleiben."[291]

Moltke verstand seinen Prozeß und diese Wendung als Werk Gottes. „Zu welch einer gewaltigen Aufgabe ist Dein Wirt ausersehen gewesen: all die viele Arbeit, die der Herrgott mit ihm gehabt hat, die unendlichen Umwege, die verschrobenen Zickzackkurven, die finden jetzt plötzlich in einer Stunde am 10. Januar 1945 ihre Erklärung. Alles bekommt nachträglich einen Sinn, der verborgen war." In diesem letzten Rückblick seines Lebens war sich Moltke seiner Wandlungen, der „verschrobenen Zickzackkurven" bewußt, angefangen mit der Kindheit über „Kreisau und seine Nöte", dem sozialen Engagement im Löwenberger Arbeitslager, der frühen Gegnerschaft zur Partei bis zu „Curtis und d[en] englischen Reisen, Adam und Peter und Carlo", die inzwischen ermordet waren. Seine erstaunliche Wandlung zum Christ, der bereit ist für das Martyrium, hat er nicht ausdrücklich erwähnt. Sie erfolgte im Gespräch mit den Freunden und führte über die „tiefere Erkenntnis christlicher Grundsätze" 1941 zur Erfahrung

---

[287] Moltke an Freya, 10.1.1945, in: Moltke, Briefe, S. 617.
[288] Moltke an Freya, 11.1.1945, in: Moltke, Briefe, S. 622; variiert wiederholt S. 623.
[289] Vgl. Merkblatt Nr. 7 für die Teilnehmer an Arbeitsgemeinschaften zur Vorbereitung auf Führerlager. Christentum und Kirche als weltanschauliche Gegner, 18.2.1942 (StA Hamburg, Polizeibehörde I, 765): „Beide Weltanschauungen erheben Anspruch auf den ganzen Menschen, daher klare Entscheidung möglich. Ein Christ kann nicht Nationalsozialist sein." Für Moltke vgl. oben, S. 364.
[290] Moltke an Freya, 11.1.1945, in: Moltke, Briefe, S. 624.
[291] Moltke an Freya, 10.1.1945, in: Moltke, Briefe, S. 619. M. Luther, Ein feste Burg ist unser Gott, 4. Strophe.

im Glauben, zur „Dankbarkeit und Erschütterung über diese Dokumentation Gottes. Uns ist es nicht gegeben, ihn von Angesicht zu Angesicht zu sehen [vgl. 1Kor 13,12], aber wir müssen sehr erschüttert sein, wenn wir plötzlich erkennen, daß er ein ganzes Leben hindurch am Tage als Wolke und bei Nacht als Feuersäule vor uns hergezogen ist, und daß er uns erlaubt, das plötzlich zu sehen."[292]

In den ersten Tagen nach dem Prozeß schilderte er in Briefen an seine Frau den Prozeß als sein Vermächtnis und als seine Glaubenserfahrung. Dabei hatte er die Hoffnung, „daß die Söhnchen eines Tages diesen Brief verstehen werden, [...] aber ich weiss, daß es eine Frage der Gnade ist, nicht einer äußeren Beeinflussung."[293] Obwohl er nur 38 Jahre alt wurde, meinte er, „mein Leben ist vollendet, und ich kann von mir sagen: er starb alt und lebenssatt."[294] Für ein Weiterleben „bedürfte es eines neuen Auftrages Gottes. Der Auftrag, für den mich Gott gemacht hat, ist erfüllt. Will er mir noch einen neuen Auftrag geben, so werden wir es erfahren. [...] Vielleicht gibt es noch einen neuen Auftrag."[295] In diesem Glauben und Vertrauen stimmte er mit Dietrich Bonhoeffer überein, der zum Jahreswechsel 1944/45 in der Zelle dichtete: „Von guten Mächten treu und still umgeben ...", in der Bereitschaft, „den schweren Kelch den bittern des Leids" aus der „guten und geliebten Hand" Gottes zu nehmen, und in der Hoffnung, er werde „noch einmal Freude schenken". In seinem letzten Kassiber an Delp schrieb Moltke: „Wir haben als Leidende einen Auftrag erfüllt. [...] Dafür kann es nur Dank geben, auch wenn der Weg nach Plötzensee führt."[296] Moltke sah seiner Hinrichtung bewußt entgegen, wie er bereits am 3. Januar der befreundeten Marie Louise Sarre im KZ Ravensbrück schrieb: „Was Gott mit uns und mit Euch vorhat, das ist in seinem unerforschlichen Ratschluß verborgen. Wir wissen nur, daß er uns in die Seligkeit einführen will, und daß wir die Wege, die er zu diesem Ziel für nötig hält, freudig gehen müssen, wir, die vorangehen, und Ihr, die Ihr noch etwas verweilt."[297]

---

[292] Moltke an Freya, 11.1.1945, in: Moltke, Briefe, S. 625; vgl. Ex 13,21.
[293] Ebd.
[294] AaO., S. 626; vgl. Gen 25,8; Hiob 42,17.
[295] Ähnlich Moltke an Delp, Mitte Januar 1945, in: Delp, Schriften IV, S. 437. Delp selbst sah für sich zwei „Auswege: den über den Galgen in das Licht Gottes oder den über das Wunder in eine neue Sendung." Delp an Luise Oesterreicher, 16.12.1944, aaO., S. 49 f.
[296] Moltke an Delp, 1945, in: Delp, Schriften IV, S. 437.
[297] Moltke an Puppi, 3.1.1945, in: Roon, Moltke, S. 313. Die Aussage ist deutlich bestimmt durch Luthers Unterscheidung von deus absconditus und deus revelatus. An-

Aber nach dem Prozeß mußte Moltke noch fast zwei Wochen auf die Hinrichtung warten. Er fürchtete neue Vernehmungen mit Folter, vor der er bisher verschont geblieben war. An die Bischöfe wagte sich der SD jedoch nicht heran, und für die noch nicht verhafteten Kreisauer hatte er anscheinend kein Interesse; das rettete auch Gablentz das Leben. Für Moltke ging der tägliche Briefverkehr mit seiner Frau durch Poelchaus Hilfe weiter, sie bekam auch noch einmal Besuchserlaubnis. Dabei hatte er bereits am 10. Januar im Brief von ihr Abschied genommen. „Ich aber sage Dir zum Schluss, kraft des Schatzes, der aus mir gesprochen hat und der dieses bescheidene irdene Gefäss erfüllt: Die Gnade unseres Herrn Jesu Christi und die Liebe Gottes und die Gemeinschaft des heiligen Geistes sei mit Euch allen [2Kor 13,13]. Amen."[298]

Auch am 23. Januar besuchte Poelchau gegen 11 Uhr Moltke und brachte ihm einen Brief seiner Frau. Um den Antwortbrief abzuholen, ging er kurz vor Mittag nochmals zu der Zelle, aber diese war leer. Moltke war gerade nach Plötzensee abgeholt worden. Deshalb informierte Poelchau seinen katholischen Kollegen Buchholz, der dort seine Dienstwohnung hatte. Er „ging sofort hinüber in die Todeszelle, sprach mit Moltke und konnte seiner Frau am nächsten Tage berichten, er sei ruhig und fest, ja freudig in den Tod gegangen."[299]

---

gesichts der Verborgenheit Gottes muß sich der Glaube an den offenbaren Gott, an das Evangelium, die Verheißung der Seligkeit halten.

[298] Moltke an Freya, 11.1.1945, in: Moltke, Briefe, S. 626.
[299] Moltke/Balfour/Frisby, Moltke, S. 314.

Kapitel XI

Cäsar von Hofacker
11.3.1896 – 20.12.1944

Nach Kriegsteilnahme und Gefangenschaft engagierte sich Hofacker als Student im nationalistischen „Deutschen Hochschulring" (DHR) und suchte danach den Weg in die Politik, um sich im national-konservativen Sinne für Deutschland einzusetzen. Anders als viele Gleichgesinnte begleitete er Hitlers Politik lange zustimmend und kritisch, bis er sich dem Widerstand anschloß und „der Kopf der am 20. Juli 1944 in Paris abgelaufenen Putschmaßnahmen"[1] wurde.[2]

1. Die Zeit des Werdens

Die schwäbische Familie Hofacker stellte mit Ludwig (1798–1828) „den

---

[1] Hans-Adolf Jacobsen (Hg.), „Spiegelbild einer Verschwörung", Stuttgart 1984, S. 92 (zit. KB). Die Schreibweise des Namens wechselt zwischen Caesar (s. z.B. Anm. 2) und Cäsar; letzterer folge ich, weil sie von ihm selbst verwendet wurde.

[2] Manfred Schmid, Caesar von Hofacker. Der 20. Juli in Paris, in: Michael Bosch/ Wolfgang Niess (Hg.), Der Widerstand im deutschen Südwesten 1933–1945, Stuttgart 1984, S. 207–215; Ulrich Heinemann, Caesar von Hofacker – Stauffenbergs Mann in Paris, in: Klemens von Klemperer/Enrico Syring/Rainer Zitelmann (Hg.), „Für Deutschland". Die Männer des 20. Juli, Frankfurt/M. 1994, S. 108–125; erweiterte Fassung: Widerstand als politischer Lernprozeß. Caesar von Hofacker und der 20. Juli 1944, in: Christian Jansen/Lutz Niethammer/Bernd Weisbrod (Hg.), Von der Aufgabe der Freiheit. (FS Hans Mommsen), Berlin 1995, S. 451–466; Friedrich Frhr. Hiller von Gaertringen, „Sie sollten jetzt schweigen, Herr Präsident" – Oberstleutnant d.R. Caesar von Hofacker, in: Bengt von zur Mühlen/Frank Bauer (Hg.), Der 20. Juli 1944 in Paris, Berlin-Kleinmachnow 1995, S. 41–60 (leicht veränderte Fassung in: Joachim Mehlhausen [Hg.], Zeugen des Widerstands, Tübingen 1996, S. 65–90); Gerd R. Ueberschär, Cäsar von Hofacker und der deutsche Widerstand gegen Hitler in Paris, in: Stefan von Martens/Maurice Vaissa (Hg.), Frankreich und Deutschland im Krieg, Bonn 2000, S. 621–631. Eine Deutung hat der jüngere Sohn, Alfred v. Hofacker, in einem Vortrag versucht, für dessen Überlassung ich danke. Cäsar von Hofacker war ständig im Briefkontakt besonders mit Mutter und Frau, so daß der Nachlaß (im Besitz der Familie) neben Drucksachen viele Briefe enthält, die ich mit Datum ohne besondere Hinweise zitiere.

bekanntesten Erweckungsprediger des Landes"³; sein Bruder Wilhelm (1805–48) verhalf in Stuttgart der Bewegung zum Sieg. Demgegenüber diente Bruder Karl (1794–1866) als Regierungskommissär der Universität Tübingen und zuletzt als Präsident des Kassationshofs in Stuttgart dem württembergischen Königshause, das ihm wie auch später seinem Sohn Cäsar (1831–96) als württembergischem Landoberstallmeister den persönlichen Adel verlieh.⁴

Cäsars Sohn Eberhard (1861–1928) wählte die militärische Laufbahn und wurde 1909 in den erblichen Adelsstand erhoben. Am Ende des Weltkrieges war er Generalleutnant und Träger des Ordens Pour le Mérite. Danach setzte er sich für die sozialen Nöte der Tübinger Studentenschaft ein und wurde deshalb zum Ehrensenator der Universität ernannt. 1895 hatte er Albertine Gräfin Üxküll-Gyllenband (1872–1946) geheiratet, eine Urenkelin des preußischen Reformers Neidhardt von Gneisenau.⁵ Ihre jüngere Schwester Caroline heiratete 1904 Alfred Schenk Graf von Stauffenberg; die Brüder Stauffenberg sind so Vettern von Cäsar Nikolaus Fritz Ludwig Max von Hofacker und seinen Geschwistern, einem Bruder und drei Schwestern.

Dem Elternhaus, besonders seiner Mutter, war ähnlich wie den Stauffenbergs die Verbindung zum Königshaus wichtig sowie die soziale Einstellung. Der Vater liebte „das vielstündige Wandern und Beobachten aller Vorgänge in der imposant schönen Natur"⁶. Politisch hoffte er auf eine „starke und glückliche Zukunft"⁷ Deutschlands. Cäsar urteilte 1922, daß er „auf beruflichem, insonderheit politischem und in gewisser Beziehung auch auf charakterlichem Gebiet"⁸ von ihm geprägt sei, während er „auf persönlichem, rein menschlichem Gebiet das meiste Gute und Brauchbare" seiner Mutter verdanke. Sie war von einer starken Religiosität bestimmt, die sie auch den Kindern zu erschließen suchte. So gingen die Söhne in den Kindergottesdienst, sorgfältig suchte sie für ihren Konfirmandenunterricht den geeigneten Pfarrer aus, der dann lebenslang der

---

³ Erich Beyreuther, Die Erweckungsbewegung (Die Kirche in ihrer Geschichte 4, R), Göttingen 1963, S. 38. Vgl. ders., Art.: Hofacker 2) Ludwig, in: NDB 9, S. 375f.; Gerhard Schäfer, Art.: Hofacker, Ludwig, in: TRE 15, S. 467ff.
⁴ Vgl. zum württembergischen Verdienstadel Bernd Wunder, Der württembergische Personaladel (1806–1913), in: ZWLG 40, 1981, S. 494–518.
⁵ Aus ihrem Besitz erhielt Cäsar von Hofacker Briefe Eichhorns; vgl. Brief an seine Mutter, 18.5.1927.
⁶ Brigitte von Kaehne-Hofacker, Lebenserinnerungen (Mskr.), S. 5.
⁷ Hofacker an seinen Vater zum 61. Geburtstag, 2.7.1922.
⁸ Ders. an seine Mutter, 6.6.1922.

Familie verbunden blieb.[9] Während bei Cäsar die religiöse Prägung in der Jugend später zurücktrat, begleitete ihn die innige Verbindung zur Mutter sein ganzes Leben.

Zum Oster-Termin 1914 legte er – zehn Jahre nach Carl-Heinrich von Stülpnagel – am humanistischen Lessing-Gymnasium in Frankfurt/M. das Abitur ab und hielt den Festvortrag: „Theodor Körner, der Held der napoleonischen Freiheitskriege"[10]. Bei Kriegsbeginn unterbrach er seine Sprachstudien in Frankreich und England und meldete sich freiwillig zu den Ludwigsburger Ulanen, deren Kommandeur zeitweise sein Vater gewesen war. Im Kriegserlebnis spürte er „die große Umwertung, Vertiefung und ‚Verwandlung' aller Lebenswerte"[11], die „auch den alten Glauben der Kindheit an eine höhere, leitende Kraft einem wiedergebracht hat". Nach Kämpfen an West- und Ostfront wurde er 1916 Jagdflieger. Als er im März 1917 aus Mazedonien zum Urlaub zu Stauffenbergs nach Lautlingen kam, erfuhren er und seine Eltern, daß der ein Jahr jüngere Bruder Alfred am 10. März bei Verdun gefallen war.[12] Im Juni 1918 zur Deutschen Militär-Mission in der Türkei abkommandiert, fiel der mehrfach ausgezeichnete Oberleutnant im Oktober in Bulgarien in Gefangenschaft. Erst 1920 entließen ihn die Franzosen in Saloniki, so daß er am 13. März, am Tage des Kapp-Putsches, nach Hause kam.

An der Universität Tübingen begann er zusammen mit dem Jurastudium die politische Arbeit, die gegen den von ihm wie von vielen Deutschen als demütigende Schmach empfundenen Versailler Vertrag an die Fronterfahrung anknüpfte. Sie bestimmte vielfach die Studenten, die am Krieg teilgenommen hatten. „Ein ungeheurer Schatz liegt für uns in diesem gewaltigsten nationalen Erlebnis"[13]. Am 21. Februar 1921 wurde er bei Gründung des Tübinger „Hochschulrings deutscher Art" (HdA) dessen 1. Vorsitzender und beteiligte sich am Ausbau des aus den örtlichen Hochschulringen gebildeten „Deutschen Hochschulrings" (DHR), der als Vereinigung der nationalen und völkischen Studentenorganisationen[14]

---

[9] Anna Freifrau v. Rosen (Tochter von C. v. Hofacker) an Verf., 25.6.1998.
[10] Kaehne-Hofacker, Lebenserinnerungen, S. 76. Zwei Aufsätze zu Körner (u.a. Sedanstag 1913) sind erhalten.
[11] Hofacker an einen Pfarrer und früheren Lehrer, 18.11.1914.
[12] Vgl. Peter Hoffmann, Claus Schenk von Stauffenberg und seine Brüder, Stuttgart 1992, S. 27f. Wie sehr Cäsar an dem Bruder gehangen hat, zeigen Erinnerungen in mehreren Briefen.
[13] Hofacker an seine Mutter, 14.9.1922.
[14] Vgl. Jürgen Schwarz, Studenten in der Weimarer Republik. Die deutsche Studentenschaft in der Zeit von 1918 bis 1923, Berlin 1971, S. 168–174, 245; Walther Schulz, Der Deutsche Hochschulring. Grundlagen. Geschichte und Ziele, Halle 1921.

1921 zwei Drittel aller Studenten vertrat. Er wollte Studenten in sozialen Notlagen beistehen und als Erziehungsgemeinschaft dem „Aufbau der großen, über unsere jetzigen staatlichen Grenzen weit hinausreichenden wahrhaften deutschen Volksgemeinschaft"[15] dienen. Im Auftrag des DHR ging Hofacker im Sommersemester 1921 nach Graz, wo er am 28. April programmatisch die „Ziele und Grundsätze des Hochschulrings" darlegte. „Weil der deutsche Hochschulring grundsätzlich die wahre Volksgemeinschaft als sein höchstes Ziel hinstellt, deswegen lehnt er auch jede *Formaldemokratie*, in der der einzelne nur als Stimme innerhalb der Masse zählt und alles politische Geschehen von dem Zustandekommen einer zahlenmäßigen Mehrheit abhängt, als dem innersten Wesen der Volksgemeinschaft widersprechend ab und bekennt sich zu der aristokratischen Auffassung, in dem Bewußtsein, daß ein wahrer Führer nicht durch Stimmenzählung gewählt werden kann, sondern immer *aus* dem Volk herauswachsen wird, wenn er mit ihm wurzelfest verbunden ist."[16]

Dem Bekenntnis zur „wahrhaften deutschen Volksgemeinschaft" entsprach für Hofacker auch, daß er dem antisemitischen Standpunkt der österreichischen Studenten und dem Ausschluß jüdischer Kommilitonen aus den „deutscharischen" Studentenschaften Österreichs zustimmte. Allerdings konnte der DHR diese Position in der Vertretung aller deutschen Studenten, der „Deutschen Studentenschaft" (DSt), „deren völkisches Gewissen der Hochschulring ja sein wollte"[17], auch wegen deren öffentlich-rechtlichen Anerkennung zunächst nicht durchsetzen. Der Dritte Deutsche Studententag in Erlangen gliederte 1921 trotz großdeutscher Einstellung den einheitlichen Verband in die Deutschen Studentenschaften Deutsch-Österreichs und der Sudetenländer und die Reichsdeutsche Studentenschaft und definierte diese unter Ausschluß der Abstammung, was Hofacker als „politische Unreife" und „schwere[n] Schlag für die nationale Sache" verurteilte.[18] Die Aufhebung der Erlanger Ordnung

---

[15] Cäsar von Hofacker, Ziele und Grundsätze des Hochschulrings deutscher Art, in: Hochschulring deutscher Art Graz, Nr. 1, 18. Mai 1921, S. 1; vgl. die Erklärung anläßlich des Göttinger Studententages am 22.7.1920: „Zusammenschluß aller Kräfte […], welche aus gemeinsamer Abstammung, Geschichte und Kultur heraus die Volksgemeinschaft aller Deutschen und damit die Wiedererstarkung unseres Volkes und Vaterlandes erstreben"; Schulz, Hochschulring, S. 17.

[16] Hofacker, Ziele, S. 7 (Hervorhebung dort).

[17] Schulz, Hochschulring, S. 18.

[18] Hofacker an seine Mutter, 13.7.1921. Ähnlich Schulz, Hochschulring, S. 19: Man hat „den Begriff einer ‚deutschen Nation' (gemeinsame Kultur und Geschichte, nicht Abstammung!) festgelegt, die unserm völkischen Empfinden ins Gesicht schlägt." Vgl. Schwarz, Studenten, S. 245ff.; zum Antisemitismus Heike Ströle-Bühler, Studenti-

durch den Spruchhof der DSt im Dezember führte sogar zur Aufgabe des gesamtdeutschen Anspruchs und damit der antisemitischen Tendenzen in der Göttinger Notverfassung, von der sich der DHR nach anfänglicher Zustimmung am 6. Mai 1922 lossagte. Deshalb kehrte der vor allem von nichtvölkischen Studentenschaften besuchte außerordentliche Studententag im Mai zur Erlanger Ordnung zurück. Das Verbot des Studententags der Nationalen in Marburg im Juni 1922 durch den Oberpräsidenten für Hessen-Nassau betrachtete Hofacker als den „Gipfel der Parteityrannis und des jüdischen Einflusses! – Ein Jammer, daß die Deutschnationalen keinen großen Führer der Opposition besitzen."[19] Seine Verlegung nach Würzburg hatte die Spaltung der DSt zur Folge, aber dazu äußerte sich Hofacker nicht mehr.

Der politische Einsatz ließ ihn nach einer „beinahe einjährigen Pause"[20] Ende Mai 1921 wieder „in die Bahnen systematischen Studiums" kommen. Die Jurisprudenz war ihm jedoch „nur noch Mittel zum Zweck, Objekt eines ‚Willens zur Macht'"; als „angehender Politiker" wollte er sich auf das konzentrieren, „was ich brauche für meine Zukunft". So interessierte ihn die Nationalökonomie, „weil sie vielfach völlig identisch ist mit dem Studium der gegenwärtigen Politik. Sie besitzt die eigentlich schöpferischen, vorwärtsdrängenden Gedanken, während die Jurisprudenz nur das nachträgliche Regulativ, die nachträgliche Sicherung der durch Politik und Wirtschaft erreichten Macht darstellt." Aber sie begründe nicht die Politik, da „der absolute menschliche Verstand und Wille stets das Primäre sind" und „fast alle wirtschaftlichen Wirklichkeiten letzten Endes geistige Wirklichkeiten sind und ‚der Geist es ist, der sich den Körper baut'". Der von der Frankfurter Zeitung „bekämpfte Machiavellismus ist im Grunde in der Politik doch das einzig Rechte. Nur muß er von einem wirklich überlegenen Mann"[21] vertreten werden.

Ab Sommersemester 1922 studierte Hofacker in Göttingen, einer Hochburg des DHR. Mit Vertretern von österreichischen und deutschen Korps wollte er Schulungswochen veranstalten, „auf der führende Hochschulring-Leute und uns nahestehende Politiker über die Aufgabe der nationalen Erziehung sprechen."[22] Im anschließenden Wintersemester 1922/23 beteiligte er sich an der Gründung der Göttinger SA und nahm

---

scher Antisemitismus in der Weimarer Republik. Eine Analyse der Burschenschaftlichen Blätter 1918–1933, Frankfurt/M u.a. 1991, S. 123ff.

[19] Ders. an seinen Vater, o.O. und D. (Göttingen, um 20.6.1922); vgl. Schwarz, Studenten, S. 259.
[20] Hofacker an die Eltern, 30.5.1921.
[21] Ders. an seine Mutter, 5.9.1921.
[22] Ders. an seine Eltern, Göttingen o.D. (wohl Juni 1922).

„an einem politischen Lesezirkel der jungnationalen Studentengruppe teil und an einem größeren politischen Colloquium [...] unter Leitung eines sehr hochstehenden Historikers, Professor Kahrstedt"[23], wo „die Ereignisse der letzten Woche durchdiskutiert werden".

Im Kreise adeliger Studenten lernte er den sechs Jahre jüngeren Fritz-Dietlof Graf von der Schulenburg kennen, der „ziemlich sämtliche Freikorps- und Selbstschutzabenteuer mitgemacht [hat]. War bei den Sachsen aktiv,"[24] stimmte aber mit Hofacker „in der Verurteilung der nationalen Passivität des Corps" Saxonia überein. „Klug, energisch, aktiv, das Gegenteil von hochmütig, von jener wirklichen Aristokratie, wie man sie in wirklicher Echtheit im Grunde auch im Adel sehr selten antrifft"[25], wurde ihm Schulenburg bald „der sympathischste und ‚innerlich gleichste' der hiesigen Menschen".

In der Verdrängung des Adels aus der öffentlichen Verantwortung sah er „nicht das Hauptunglück"[26] der Republik. „Es ist ein Durchgangs- und Übergangsstadium, das naturnotwendig zeitlich begrenzt ist. Denn die Tüchtigen und Wertvollen werden sich mit Naturgewalt über kurz oder lang wieder an die Spitze ringen. [...] Und schließlich war die führende Schicht der wilhelminischen Epoche auch reif zum Ableben. Wenn die jetzige noch viel unfähiger ist, so darf einen dieses nicht darüber hinwegtäuschen, daß die frühere sich ihren Aufgaben fast ebensowenig gewachsen erwiesen hat. [...] Die Revolution war ja im Grunde gar keine Revolution, sondern nur die moderne Form der Niederlage. – Gerade dadurch, daß die frühere Schicht heute heruntergestürzt wird, wird sie gezwungen, sich auf sich selbst zu besinnen, Schlacken auszuscheiden und ihre eigenen Werte herauszuarbeiten." Daß „wir Jungen in nächster Zeit immer mehr wieder in kriegsähnliche Zustände hineinkommen, in denen man nach allen Seiten hin freie Hand haben muß, ist für mich keine Frage."[27]
Ein Vortrag von Großadmiral Alfred von Tirpitz (1849–1930) erschien

---

[23] Ebenso, 18.11.1922. Zu Ulrich Kahrstedt (1888-1962) vgl. Cornelia Wegeler, „... wir sagen ab der internationalen Gelehrtenrepublik". Altertumswissenschaft und Nationalsozialismus. Das Göttinger Institut für Altertumskunde 1921-1962, Wien 1996.

[24] Ders. an seine Mutter, 3.2.1922. Vgl. Ulrich Heinemann, Ein konservativer Rebell. Fritz-Dietlof Graf von der Schulenburg und der 20. Juli, Berlin 1990; Detlef Graf von Schwerin, „Dann sind's die besten Köpfe, die man henkt" Die junge Generation im deutschen Widerstand, München 1991.

[25] Ebenso, 11.3.1923.

[26] Ders. an seine Eltern, Göttingen o.D. (wohl Juni 1922). Besonders seine Mutter betonte die Zugehörigkeit zum Adel und die daraus erwachsende Verpflichtung, worauf Hofacker in seinen Briefen vielfach Rücksicht nahm.

[27] Ders. an seine Mutter, 5.2.1923.

Hofacker im Mai 1923 trotz inhaltlicher Kritik[28] als einer „der eindrucksvollsten Abende meines Lebens, vielleicht sogar der eindrucksvollste."[29] Die „Epigonenumgebung" der „Ära Willhelms II." hätte allerdings „in erster Linie die wenigen negativen Seiten seines großen Charakters gefördert".

„Die paar demokratischen Sympathien, die ich nach Rückkehr aus [der] Gefangenschaft hatte, sind restlos aufgebraucht"[30], schrieb er im Juni 1922. „Ich stehe jetzt vollkommen auf dem Standpunkt Bismarcks, der die Demokraten und Liberalen immer und stets als hoffnungslose, gemeingefährliche Schädlinge ansah [...]; die eigentlich schöpferischen Aufbaukräfte, die der deutschen Zukunft einstmals Form und Gestalt geben werden, liegen jedenfalls ganz wo anders als bei den heutigen Demokraten". Hofackers Konservatismus setzte sich ab von den Schattenseiten der wilhelminischen Monarchie.[31] Sein Interesse an Nationalbildung sollte ihn in der Krise der Weimarer Republik zu den jungkonservativen Ideen der Herrschaft einer sozial verantwortlichen Elite führen.

Im Februar 1922 zeigte er sogar „Freude und Stolz auf die deutsche Regierung"[32] unter Josef Wirth. „Das lärmende Verhalten der National-Sozialisten im jetzigen Zeitpunkt mißbillige ich sehr." Ambivalent sah er das Attentat auf Außenminister Walter Rathenau am 24. Juni. Einerseits habe dadurch „jetzt erst [...] die Republik und das neue jüdisch-demokratische Deutschland entscheidende Wurzeln geschlagen"[33], andererseits bedeute sein Tod „personell m.E. ein ungeheurer Verlust! Nicht als ob ich Rathenau für den Mann hielte, aber weil diejenigen, die jetzt nach vorn kommen, ihm sicher nicht das Wasser reichen können." Darum verwarf er „diese 21jährigen Bengels, die sich anmaßen einen Rathenau zu morden". Wenn sie „auch das Beste gewollt haben", haben sie „2000 mal mehr Schaden angerichtet, als der ganze Rathenau jemals hätte anrichten können".

---

[28] Hofacker verteidigte seinen „Haller-Standpunkt", womit er wohl besonders Johannes Haller, Die Ära Bülow, Stuttgart 1922, meinte.
[29] Ders. an seine Eltern, 2.5.1923.
[30] Ders. an seine Mutter, 13.6.1922.
[31] Dabei folgte er auch der Kritik von J. Haller. Aber anders als dessen populäres Werk „Die Epochen der deutschen Geschichte" (1923) betonte Hofacker (an Schwester Annemarie, 11.9.1930), daß „nicht der ‚Dolchstoß', nicht die Sozialdemokraten, sondern die Schlappheit der alten kaiserlichen Gestalten die Hauptschuld an der Revolution und Niederlage tragen".
[32] Hofacker an seine Mutter, 3.2.1922.
[33] Ders. an seinen Vater, 2.7.1922.

2. Der Weg in die Wirtschaft

Im Juni 1923 schloß Hofacker sein Studium mit dem Referendarexamen ab und promovierte 1924 in Göttingen[34]. Nun suchte er als Sprungbrett für den Weg in die Politik, besonders in den diplomatischen Dienst,[35] eine Stellung in der Wirtschaft, was sich wegen der Wirtschaftskrise als schwierig herausstellte. So arbeitete er bei der Reutlinger Handelskammer; im November 1923 begann sein Referendariat bei der Staatsanwaltschaft in Potsdam. Daß auch Schulenburg gerade dort angefangen hatte, machte ihm die Zeit „nochmal so nett"[36]. Beide wohnten nebeneinander. „Wir boten uns das Du an und führen vollkommen gemeinschaftliche ménage, wie zwei Brüder". Hofackers Lebensmut wuchs „wie seit 5 Jahren nicht mehr"[37].

Bereits Anfang März 1924 erhielt er eine Stelle beim „Verein deutscher Seidenwebereien" (VdS) in Krefeld, damals noch Crefeld. Schulenburg gratulierte: „Ich freue mich sehr für Dich, daß die Wartezeit nun vorbei ist, trotzdem Du auch sicher viel von ihr gehabt hast. Aber auf die Dauer ging es wohl doch ein bißchen auf die Nerven"[38]. Er selbst sollte in Potsdam „auf Befehl" seines Vaters die Dissertation vollenden. Aber kurze Zeit später heuerte er auf einem Kohlendampfer für eine Fahrt nach Südamerika an. Diese Sehnsucht war auch Hofacker nicht fremd. Nach einem Besuch von Linz bedauerte er, „nur ein paar Stunden" dort gewesen zu sein, statt „einige Wochen dort unten im Südosten mich herumtreiben zu können und mich vollzutrinken an all der Schönheit, Romantik, heiterer Lebensfreude und alter Kultur. Es ist ein ganz anderer Lebensgenuß, eine so viel, viel schönere Welt."[39]

In Krefeld tauchte er ein in die rheinische Lebensweise, spürte aber bald die Gefahr, von seinem „durch Familie, Herkunft und Eigenart angemessenen inneren Lebensgeleise"[40] sich „durch Rheinland, industriellen Beruf und traditionslose Umgebung [...] abdrängen zu lassen". Im

---

[34] C. v. Hofacker, Die Frage der Anrechnung der gesetzlichen Pension auf den Ersatzanspruch des Beamten bzw. seiner Hinterbliebenen wegen Körperverletzung bzw. Tötung. Rechts- und staatswissenschaftliche Diss., Göttingen, 7.10.1924 (Maschschr. UB Göttingen).

[35] Auch sein Vetter Berthold Schenk Graf von Stauffenberg hat vergeblich versucht, die diplomatische Laufbahn einzuschlagen.

[36] C. v. Hofacker an seine Mutter, 18.11.1923.

[37] Ebenso, Potsdam, 20.12.1923.

[38] F.D. Graf v. d. Schulenburg an Hofacker, 10.3.1924.

[39] Hofacker an seine Mutter, 10.2.1926.

[40] Ebenso, 14.3.1927.

Frühjahr 1926 lernte er Ilse-Lotte Pastor (12.12.1898–27.9.1974) aus einer rheinischen Industriellenfamilie kennen; ihre Mutter war eine Großnichte von Friedrich Engels. Am 26. November 1927 heirateten sie in Berlin; aus der Ehe sollten zwei Jungen und drei Mädchen hervorgehen.

Im VdS konnte er ein gutes Verhältnis zu seinem Vorgesetzten aufbauen. Da er jedoch ebenfalls in die Politik wollte, mußte Hofacker nach zwei Jahren feststellen, daß der VdS „zu klein und zu eng für zwei solche Menschen" ist.[41] Im Sommer 1927 konnte er als wissenschaftlicher Hilfsarbeiter bei der Berliner Verwaltungsstelle des ein Jahr vorher gegründeten Montankonzerns der Vereinigten Stahlwerke (VSt) anfangen, wo er 1931 zum Sonderbevollmächtigten und 1936 zum Prokuristen aufstieg.[42]

In der Konsolidierungsphase der Weimarer Republik wurde auch Hofacker politisch gemäßigter. Im Herbst 1924 engagierte er sich als Wahlredner für die DNVP und hoffte auf deren Erfolg und ihre Teilnahme an einer Koalitionsregierung, die aber am Votum der SPD scheiterte. Deshalb löste Reichspräsident Friedrich Ebert den Reichstag wegen fehlender parlamentarischer Mehrheiten wieder auf, was Hofacker scharf kritisierte; er hätte wegen der allgemeinen Not die Parteien zur Verständigung anhalten und teure Neuwahlen vermeiden müssen. Als nach seinem Tod am 28. Februar 1925 der erste Wahlgang keinem Kandidaten für das Amt des Reichspräsidenten die nötige Mehrheit brachte, wollte die Rechte zunächst Reichswehrminister Otto Geßler (DDP) aufstellen, entschied sich dann aber für Generalfeldmarschall Paul von Hindenburg. Hofacker hielt das wie sein Vater für falsch: „Ich hätte an Stelle der maßgeblichen Rechtsblockinstanzen lieber eine Niederlage in Kauf genommen als diesen Schritt getan. Der eigentlich Schuldige ist Stresemann, der die Kandidatur Geßler aus persönlichen Gründen sabotierte."[43] Aber nach Hindenburgs Wahl begrüßte er seinen Erfolg[44] und unterstützte ihn später auch politisch.

Die DNVP sah er zunehmend kritisch: „Die phrasenhaften Reden auf dem deutschnationalen Parteitag [14.–16.11.1925] verursachten mir inneres Herzbluten. Welch grenzenlose politische Instinktlosigkeit, auf innenpolitischem Gebiet noch mehr als auf außenpolitischem! Welcher Mangel

---

[41] Ebenso, 25.4.1927.
[42] Zu den VSt vgl. Gerhard Th. Molin, Montankonzerne und „Drittes Reich". Der Gegensatz zwischen Monopolindustrie und Befehlswirtschaft in der deutschen Rüstung und Expansion 1936–1944 (Kritische Studien zur Geschichtswissenschaft 78), Göttingen 1988, S. 52ff.
[43] Hofacker an seinen Vater, o.D.
[44] Vgl. ders. an seine Eltern, 13.5.1925.

an Mut bei den Führern! Ich weiß nicht, ob ich noch deutschnational wählen würde, wenn heute Neuwahlen wären."⁴⁵ Als sein Vater den „Schlagwort-Regen"⁴⁶ auf einer DNVP-Veranstaltung im Sommer 1926 ablehnte, ergänzte Cäsar: „Absolut <u>falsch</u> finde ich aber, derartigen nationalen Massenkundgebungen ein monarchistisches Gepräge zu geben. Wir müssen nun einmal die Streitfrage, ob Monarchie, ob Republik, soweit als möglich begraben, wenn uns die Hindenburg'sche Einigkeitsparole keine leere Schale ist. Ich persönlich halte jede monarchistische Agitation für ein Vergehen an den nationalen Erfordernissen der Gegenwart; [...] die Monarchie <u>ist</u> [...] eine sentimentale Reminiszenz. Jede Unterstützung monarchischer Kundgebungen ist eine Unterstützung des der deutschen Zukunft im Wege stehenden <u>unpolitischen</u> Seins der Deutschen."

Der Kontakt zu Industriellen machte ihn zum Gegner von „Ideologien und gefühlsmäßigen Allgemeinheiten"⁴⁷. Die „staats- und verfassungsbejahende Bestimmtheit des Reichsverbandes der Industrie findet meine vollste Zustimmung. Ich bleibe darum nach wie vor Deutschnational ebenso wie [... die] Präsidialmitglieder des Reichsverbandes, die der Silverberg'schen Rede zugestimmt haben [...]. Ich erblicke in der Haltung dieser deutschen Industriekapitäne jene <u>richtige</u> konservative Politik, die die realpolitischen Forderungen der Zeit erfüllt, mit der Zeit mitgeht und darum im Sattel bleibt (so wie die englischen Konservativen). Demgegenüber macht m.E. die offizielle deutschnationale Partei den gleichen Fehler wie die Konservativen vor dem Krieg, daß sie sich aus Dogmatik und kurzsichtiger Parteitaktik heraus vor den realpolitischen Forderungen der Zeit verschließt und sich darum vollkommen die Führung der Dinge aus der Hand gleiten läßt."⁴⁸

Seine Position sei „etwas ganz anderes als der ‚Patriotismus'"⁴⁹ der Vorkriegszeit; der „Nationalismus" der „jungen deutschen Rechte" wolle nämlich „eine sich anbahnende Synthese politischer, sozialer, religiöser, kultureller Elemente, ist eine den ganzen Menschen in allen seinen Lebensäußerungen umfassende Religion der Pflicht, der bewußten sittlichen

---

⁴⁵ Ebenso, 17.11.1925.
⁴⁶ Ders. an seinen Vater, 11.7.1926.
⁴⁷ Ders. an Paul Albrecht, 11.12.1930, zit. Heinemann, Hofacker, S. 110.
⁴⁸ Ders. an seinen Vater, 9.9.1926. Hofacker bezieht sich auf Paul Silverbergs berühmte Rede über den „staatsbejahenden Standpunkt" der deutschen Unternehmer vor dem Reichsverband der Deutschen Industrie am 4. September 1926; vgl. dazu Reinhard Neebe, Großindustrie, Staat und NSDAP 1930–1933. Paul Silverberg und der Reichsverband der Deutschen Industrie in der Krise der Weimarer Republik (Kritische Studien zur Geschichtswissenschaft 45), Göttingen 1981, S. 35ff.
⁴⁹ Ders. an Prof. Koessler in Paris, 15.6.1929.

Verantwortung des Individuums gegenüber der nationalen Gemeinschaft. Wohl stellt dieser Nationalismus das Wohl seines Volkes über alles, aber er bleibt sich – eben aus seinem größeren Verantwortungsgehalt heraus – stets bewußt, daß gerade das Wohl des eigenen Volkes die schärfste Bekämpfung alles rein gefühlsmäßigen, der Vernunft widersprechenden Ressentiments, kurz weise Mäßigung an Stelle starren Festhaltens an alten Dogmen erheischt, und daß eine, wenn auch mit Opfern erkaufte Verständigung für die Nation oft unendlich viel mehr Wert ist, als selbst der glänzendste ‚Waffensieg'." So könnte dem „Verzicht Frankreichs auf einseitige Entwaffnung Deutschlands oder den polnischen Korridor" der „freiwillige Verzicht des Deutschen Volkes auf sein historisches und ethnographisches Recht auf den überwiegenden Teil Elsaß-Lothringens [oder] seine früheren Kolonien" entsprechen. Unmöglich schien ihm nur eine pazifistische Versöhnung mit Frankreich, wie sie Friedrich Wilhelm Foerster vertrat; das sei „Landesverrat, ganz gleichgültig, aus welchen Motiven heraus"[50].

3. Ende der Weimarer Republik und „Machtergreifung" der NSDAP

Hofacker ging parteipolitisch ungebunden in die Endphase der Weimarer Republik. Im Sommer 1927 führte ein Treffen mit „Schul- und Kriegskameraden" zu der Entscheidung: „Ich werde in Berlin dem Stahlhelm beitreten."[51] Jedoch schloß er sich diesem „Bund der Frontsoldaten" erst 1930 an. Wie Schulenburg und viele seiner Generation war er auf der Suche bei Gruppierungen der Rechten und bei Autoren wie Oswald Spengler und August Winnig.

Hofacker wurde besucht vom „Ehepaar Ernst Jünger (im ‚Stahlgewitter'). Du siehst, wir werden der Mittelpunkt aller Elite-Menschen!"[52] Eingeladen wurde er von dem evangelischen Theologieprofessor Erich Seeberg.[53] In enger Verbindung stand er mit dem jüngeren Bruder seiner

---

[50] Ders. an Dr. Erich von Prittwitz und Gaffron, 1.6.1929.
[51] Ders. an seine Mutter, Krefeld o.D. (wohl Anfang Juni 1927).
[52] Ebenso, 16.12.1927
[53] Ebenso, 14.12.1930. Zu Seeberg vgl. Thomas Kaufmann, „Anpassung" als historiographisches Konzept und als theologiepolitisches Programm. Der Kirchenhistoriker Erich Seeberg in der Zeit der Weimarer Republik und des „Dritten Reiches", in: ders./Harry Oelke (Hg.), Evangelische Kirchenhistoriker im „Dritte Reich", Gütersloh 2002, S. 122-272; zu seiner Ablehnung von Demokratie, Kapitalismus und Sozialismus die Beiträge in: Zum Verständnis der gegenwärtigen Krisis in der europäischen Geisteskultur, Leipzig 1923.

Mutter, dem verehrten Onkel und väterlichen Freund Nikolaus Graf von Üxküll-Gyllenband, genannt Nux. Als sein „politisches Tabakskollegium"[54] trafen sich bei ihm u.a. „Fritzi, Wahl, Pleyer, ein Herr v. Haeften (Attaché, Corpsstudent in Göttingen), ein Herr von Oppen (junger Rechtsanwalt)"[55]. Die Verbindung mit Fritzi Schulenburg war nie abgerissen, aber als Regierungsassessor konnte er nur zu Besuch aus Recklinghausen nach Berlin kommen; im November 1930 bat ihn Hofacker, die „Quintessenz Deiner verwaltungspolitischen Erfahrungen"[56] als Vortrag darzulegen. Kleo Pleyer, früher Mitarbeiter Martin Spahns als DNVP-Reichstagsabgeordneten, war spiritus rector der Bündischen Reichsschaft, die für „ein eigengesetzlich gestaltetes Deutschland" eintrat. So forderte 1930 auch Hofacker „die Umgestaltung unserer vom Westen importierten, für uns Deutsche geradezu selbstmörderischen formaldemokratischen Verfassung nach dem bündischen Prinzip, d.h. nach demjenigen deutschen Lebensgesetz, dem allein die großen geschichtlichen Leistungen unserer Nation – wie z.B. das mittelalterliche Reich, der Ritterorden, der preußische Staat eines Frhr. v. Stein, die preußischdeutsche Armee usw. – zu verdanken sind"[57]. Als „Leiter der wirtschafts- und sozialpolitischen Hauptgruppe" hielt er im Januar 1931 einen „Vortrag vor Leuten der jungen Rechten im Berliner Rathaus [...] über politische und wirtschaftliche Gegenwartsfragen"[58] angesichts der steigenden Arbeitslosigkeit[59]. Es war ein „durchschlagender Erfolg", so daß er für Februar ein weiteres Referat zusagte.

In der seit März 1930 amtierenden Präsidialregierung Brüning sah er den Beginn einer konservativen Revolution. „Das bis jetzt außerordentlich geschickte Verhalten der neuen Regierung berechtigt zu großen Erwartungen. Nur muß man Geduld haben, die Ablösung vom System geht nicht von heute auf morgen; man darf nicht – wie Hugenberg und Hitler es tun – in Überschätzung der eigenen Kraft alle feindlichen Positionen auf einmal – anstatt einen nach dem anderen – nehmen wollen."[60] Die

---

[54] Ebenso, Himmelfahrt 1930.
[55] Ibid. Gerrit von Haeften (1899-1971) war seit 1928 Attaché; Karl von Oppen, Göttinger Freund Schulenburgs, wohnte nach dessen Südamerika-Reise mit ihm in Berlin zusammen.
[56] Ders. an F.D. Graf v. d. Schulenburg, 15.11.1930, zit. Heinemann, Schulenburg, S. 12. Daraus wurde im März 1931 der Vortrag „Preußisches Beamtentum".
[57] Ders. an Herbert von Samson-Himmelstjerna, 1.9.1930.
[58] Ders. an seine Mutter, 25.1.1931.
[59] Daraus ergab sich seine Schrift: Die Arbeitslosigkeit. Ihre Ursachen und ihre Bekämpfung, Heidelberg:: Bündischer Verlag, 1931.
[60] Ders. an seine Mutter, 19.4.1930.

„Hugenberg'sche Selbstmordpolitik"[61] lehnte er ab, während der 1924 verstorbenen Karl Helfferich „der gegebene Führer einer starken Rechtsbewegung gewesen wäre". Aber schon kurze Zeit später waren Onkel Nux und er „sehr deprimiert über das Versagen der Regierung [Brüning], auf die wir große Hoffnungen gesetzt hatten".[62] Er setzte jedoch weiter auf sie, „weil sie – trotz vieler heute noch vorhandener Schönheitsfehler – die erste Regierung seit der Revolution ist, die bewußt den Kampf gegen Parlament, Sozialismus und bisheriges System aufnimmt. Von ihr zu verlangen, daß sie dieses gigantische Ziel in ein paar Monaten erreicht, [...] bedeutet eine vollständige Verkennung der Macht der Gegner auf der Linken."[63]

Bei den Reichstagswahlen im September 1930 setzte er sich für die Volkskonservativen und einen ihrer Kandidaten ein. „Ich kann eine Stimmabgabe für die Nazis viel besser verstehen als eine solche für Hugenberg. Wenn schon – denn schon, aber nicht das Weder-Noch Hugenbergs [...], der – unbeschadet seiner von mir nie bezweifelten glühenden nationalen Gesinnung – letztendlich doch nur mit den liberalen Mitteln des Aufbaus einer auf Geld beruhenden Apparats zu politischer Macht gekommen ist". Die Nationalsozialisten lehnte er ab, „weil diese vom italienischen Händegruß [...] bis zu den sachlichen Einzelheiten ihres ‚Programms' keine einzige selbsterarbeitete schöpferische Idee, sondern nur ‚Gefühle' haben und weil sie ferner nichts im ‚Parlament' zu suchen haben". Aber grundsätzlich betrachtete er „jede Partei nur als ein notwendiges Übel, niemals wird von irgendeiner Partei die Rettung ausgehen, sondern nur von Männern, die es verstehen, sämtliche Parteien samt und sonders ohnmächtig zu machen und ihrem eigenen überlegenen Willen zu unterwerfen. Es geht in diesem Wahlkampf überhaupt nicht um das Wohl und Wehe dieser oder jener Partei, sondern einzig und allein darum: Für oder gegen die Regierung."

Die Verehrung des Reichs- und Ehrenpräsidenten des Stahlhelms „Hindenburg und die Treue zu meinem alten Feldmarschall" lasse ihn „leidenschaftlich für die Regierung" sein. „Und wenn Hindenburg [...] aus seiner Reserve heraustritt, dem roten Preußen offen den Fehdehandschuh hinwirft (s. Stahlhelmbrief)[64], eine bestimmte Regierung in provozierender Weise als Regierung seines besonderen Vertrauens bezeichnet und mit antiparlamentarischen Vollmachten ausstattet, [...] dann gehöre

---

[61] Ebenso, 18.5.1930.
[62] Ebenso, Pfingstsonntag.
[63] Hofacker an seine Schwester Annemarie, 11.9.1930 (mit Unterstreichungen); zur entsprechenden Haltung der Großindustrie ab Juli 1930 vgl. Neebe, aaO., S. 73f.
[64] Gemeint ist vermutlich Hindenburgs Brief an Braun wegen des Stahlhelmverbotes.

ich nicht zu denjenigen, die in solch entscheidendem Augenblick den Mann, dessen heroischer Selbstverleugnung wir die Rettung Deutschlands vor dem Bolschewismus im Jahre 1918/19 zu verdanken haben, im Stich lassen." Trotzdem begrüßte er beim Wahlergebnis vom 14. September 1930 das Wachsen der NSDAP von 12 auf 107 Mandate: „Ich bin zu wenig Parteimann und zu stark Nationalist, um mich im Grunde meines Herzens nicht über den Erfolg der Nationalsozialisten zu freuen. Gebe Gott, daß sie ihre große Chance richtig ausnützen, auf daß es nicht einen erneuten Rückschlag wie beim Kapp-Putsch 1920 oder Hitler-Putsch 1923 gibt."⁶⁵

Am Jahreswechsel 1930/31 fürchtete er, außenpolitisch sei der Gedanke an „einen neuen Weltkrieg [...] heute keine Utopie mehr". „Alle Staaten um uns herum rüsten, rüsten, rüsten. Ein kleiner Anlaß nur und alles kann wieder lichterloh brennen. [...] Gebe Gott, daß es nicht so kommt, denn noch sind wir und unsere möglichen Bundesgenossen viel zu schwach."⁶⁶ Innenpolitisch erwartete er „ein entscheidenderes Jahr [...] als jedes bisherige Jahr seit 1918. Das nachrevolutionäre System ist im Begriff, auf der ganzen Linie zusammenzubrechen. Sind die Kräfte, die etwas Besseres an seine Stelle setzen wollen, hierzu stark und innerlich weit genug? Werden sich Männer à la Stein, Gneisenau, Scharnhorst, werden sich wirkliche Reformer – nicht bloße Flickwerker – finden?"⁶⁷ Der Verweis auf die preußischen Reformer gehörte bei vielen Konservativen zur Ablehnung der westlichen Demokratie und zur Orientierung an der nationalen Aufgabe.

Als Stahlhelm-Führer betonte Hofacker wie früher beim Hochschulring die Aufgabe, „nicht immer nur an anderen, sondern in erster Linie an uns selbst" zu arbeiten.⁶⁸ Bei „Verachtung der Phrase" gehe es um „Erziehung zur Wahrheit, zum Mut, zur Schlichtheit, zur Zähigkeit, kurz zur Härte gegen sich selbst in einer Zeit, die mehr denn je nicht gefühlsmäßigen Rausch, sondern eisernes Durchhaltenkönnen erfordert. Nicht politisches Programm, sondern Haltung wollen wir zeigen, nicht Masse, sondern Beispiel wollen wir sein". Angesichts der Wirtschaftskrise „inmitten eines sich selbst zerfleischenden Volkes" forderte er, gegen die „heute auf- und morgen absteigende Bewegung" des Wahljahrs 1932 „der feste, einigende, sammelnde Richtpunkt einer Front [zu sein], die nicht Hitler,

---

⁶⁵ Ders. an seine Mutter, 20.9.1930. Zur Stellung der Industrie zwischen dem Wunsch nach Großer Koalition, der Gewinnung durch Brüning und der NSDAP vgl. Neebe, aaO., S. 80ff.
⁶⁶ Ebenso, 31.12.1930.
⁶⁷ Ebenso, 26.12.1930.
⁶⁸ C. v. Hofacker, Rede für Stahlhelm zur Reichstagswahl vom 31.7. oder 6.11.1932.

nicht Papen, nicht Thälmann, sondern allein – <u>Deutschland</u> heißt". Diese nationale Position jenseits der Parteien entsprach der Linie des Stahlhelms, der die Regierung Papen unterstützte, um sich nach der „Machtergreifung" der NSDAP zuzuwenden.

Die Reichstagswahl am 5. März 1933 „bezwecke den endgültigen Sieg der Rechten"[69], meinte Hofacker in einer Stahlhelm-Rede: „In zwei großen Heersäulen – jedoch nicht mehr wie bisher gegen-, sondern Schulter an Schulter miteinander – sammelt sich die gesamte nationale Front", wobei der Stahlhelm „innerhalb dieser Gesamtfront" dort stehe, „wo uns der überparteiliche Geist altpreußischer Staatsgesinnung am reinsten verkörpert scheint, der Stahlhelm steht bei Schwarz-Weiß-Rot". Als Gegner des parlamentarischen Systems forderte er, das Volk solle die Regierung ermächtigen, „in Zukunft mit dem ewigen Wählen endlich Schluß zu machen, den Reichstag durch die Diktatur, das Wort durch die Tat zu ersetzen", durchaus nach dem Motto: „Wo gehobelt wird, da fallen Späne ... Wer nicht für uns ist, ist gegen uns."

Hofacker ließ sich jedoch anscheinend nach der „Machtergreifung" nicht vom nationalen Rausch anstecken, sondern hielt abwartend, im Urteil schwankend Distanz zur NSDAP. Damit unterschied er sich deutlich von dem Engagement seines alten Freundes Schulenburg, der nur ihn und seine Frau zu seiner Hochzeit am 10. März 1933 eingeladen hatte; er war inzwischen in Königsberg Leiter der Politischen Amtes in der NSDAP-Gauleitung Ostpreußen und Regierungsassessor am Oberpräsidium geworden.[70]

4. Die Frage der Religion

Selten äußerte sich Hofacker in den Briefen über Glauben und Religion, da er sonst etwa Ostern gemäß bürgerlicher Bildungsreligion mit Goethes Osterspaziergang verband.[71] Aber wie bei der Kriegserfahrung konnte er zu persönlichen Aussagen aus unmittelbarer Betroffenheit finden, die aber meist nicht mit politischen Interessen verbunden war. So schrieb er 1920 in Freude über die Gesundung der Mutter, er habe „nach langer Zeit wieder mal richtig zum lieben Gott dankgebetet."[72] Zehn Jahre später reagierte er auf eine positive Nachricht über die langwierige Krankheit seiner jüngsten Schwester Eva (1907–1962): „Wie gnädig hat es Gott, der

---

[69] C. v. Hofacker, Wahlrede (ohne Titel).
[70] Vgl. Schwerin, Köpfe, S. 97f.
[71] Ders. an seine Mutter, 15.4.1922; J.W. v. Goethe, Faust I, Vor dem Tor.
[72] Ebenso, 25.8.1920.

Herr, doch mit uns gefügt! Laßt uns ihm auf den Knien danken und ihn um weiteren Beistand anflehen. Denn wir sind ja doch allesamt nur in seiner Hand."[73]

„Religion fängt, glaube ich, erst dann an, wenn man irgendwann und irgendwie im eigenen Leben praktisch erlebt hat, daß es eine höhere Macht gibt. Man muß doch irgendwie auf die Reise geschickt worden sein."[74] Diese Betonung eines religiösen Grunderlebnisses läßt sich nicht aus der pietistischen Familientradition erklären, sondern entspricht der Bedeutung individueller Erfahrung für Hofacker. Zudem deutet das Absehen von spezifischen Glaubensinhalten auf einen theologischen Liberalismus. So verstand Hofacker Religion auch als Beziehung zu einem geliebten Menschen wie seiner Mutter. „Mein religiöses Glaubensbekenntnis, mein Dogma bist einzig und allein Du," schrieb er ihr.[75] „Mehr Religion, mehr Glaube an hohe überirdische unsterbliche Dinge kann es doch gar nicht geben. [...] So wie bei jungen Völkern der kindliche intuitive Glaube an die Gestalten ihrer religiösen Mythologie den Raum einnimmt, den bei den alten Völkern die Wahrheit und Philosophie innehat, so ersetzt auch bei jungen Menschen der starke elementare Glaube an einen anderen Menschen vollwertig das, was bei den alten aus Selbsterarbeitetem, Selbsterlebtem, Selbsterreichtem quillt." Die Religion erscheint nicht als spezifische Erfahrung der Menschen, sondern als Durchgangsstufe zur allgemeinen Wahrheit und zum Selbstbewußtsein der Person. Darum gewinnt die Religion gemäß der geistigen Struktur des einzelnen Gestalt; sie kann bei entsprechender Veranlagung verborgen bleiben oder auch wie die Musikalität fehlen und durch andere Orientierungen ersetzt werden. Im Herbst 1933 meinte Hofacker, weder er noch seine Frau habe eine religiöse Begegnung „bisher erlebt, wir sind daher erst im Stadium des Ahnens, noch nicht in dem des ‚Besitzes'. Die Frage ist nur, ob ein solches Erlebnis kommen muß oder ob es nicht sehr viele Menschen gibt, denen – auch im Alter – ein solches Erlebnis nie wird. Die einen haben ein Organ dafür, die anderen nicht; die einen denken und fühlen Religion, die anderen tragen sie unbewußt in sich. Denke nur an Vater! Wie stark ist sein Leben gewesen, ohne daß doch Religion im eigentlichen Sinne – als ‚Quelle von Liebe, Kraft und Hilfe' – bei ihm irgendeine bewußte Rolle gespielt hätte. Oder Nux!"[76]

Bei dem verehrten Onkel hatte er zehn Jahre zuvor Weihnachten nur

---

[73] Brieffragment, wohl April 1930.
[74] Ders. an seine Mutter, 2.9.1933.
[75] Ebenso, 13.5.1925.
[76] Ebenso, 2.9.1933. Zitate im Text entstammen dem nicht erhaltenen Brief seiner Mutter.

als ein „glückliches Familienfest"⁷⁷ erlebt; es war aber „nicht eigentlich das, was ich unter Weihnachten verstehe. Es fehlte der typische cadre, – jene gewisse unbeschreibliche Weihnachtsweise, kurz das religiöse Moment. Es war eine Bescherung, aber kein Weihnachten. Kein Lied, kein Gebet, keine Bibel, nichts, gar nichts, was an den Sinn dieses Festes erinnerte". Aber „dieser religiöse Sinn ist doch so untrennbar mit dem deutschen Geist verbunden". Sein väterlicher Freund, den er „zu den wenigen ganz großen Menschen" rechnete, könnte „auf das Religiöse ganz und spurlos verzichten", aber „bei solchen ausgesprochenen Männern der Zeit" ist doch „irgendwo im Innersten ihres Wesens ein Organ für das Religiöse verborgen", da „es doch nicht ganz gleichgültig ist, ob jenes Etwas ganz brach liegt oder nicht". „Es braucht ja auch gar kein Christentum zu sein, kein Gottesglaube, – nur etwas Bindung auch an überpersönliche, jenseitige Dinge!" Entsprechend achteten er und seine Frau auf die religiöse Erziehung der Kinder; das gemeinsame Abendgebet bildete für sie den selbstverständlichen Abschluß des Tages, wie sie den lieben Gott in ihre kindliche Welt einbezogen.⁷⁸ Aber für eine genauere Auseinandersetzung mit der Religion schien ihm selbst „doch nur der Weg verstandesmäßigen Suchens und philosophischer Vertiefung übrig [...]. Da aber jener verstandesmäßige Weg höchst unsicher ist und niemals zum Ziele führen kann, ist es schon besser, man verwendet seine Zeit auf zweckvollere Dinge."⁷⁹

Eine national-politische Persönlichkeitsreligion zeigt sein Lutherbild. Als ein italienischer Historiker den Weltkrieg mit dem Niedergang des Protestantismus in Verbindung brachte, schien ihm das „gesucht geistreich, aber nicht richtig"⁸⁰. Der Niedergang hat „tiefere Ursachen. Und wenn der Protestantismus 1000mal niedergehen sollte, so war und bleibt Luther trotzdem für alle Zeiten einer der standhaftesten Sieger der Weltgeschichte!!" Er hat „unter furchtbaren Kämpfen und persönlicher Leib- und Lebensgefahr den nachfolgenden Geschlechtern die Freiheit der Meinungsäußerung erkämpft[.]".

5. Die Anfangsjahre des Dritten Reichs

Die Konsolidierung des Führer-Staates und die Selbstgleichschaltung des Stahlhelms machten im Sommer 1933 eine politische Neuorientierung

---

[77] Ebenso, 24./25.12.1923.
[78] A. Frfr. v. Rosen an Verf., 25.6.1998.
[79] Hofacker an seine Mutter, 2.9.1933.
[80] Ebenso, 18.11.1923.

Hofackers nötig. Dazu wollte er den Vertrag zwischen Stahlhelmführer Seldte und Hitler vom 21. Juni nutzen, der für Mitglieder des Stahlhelms nur die Zugehörigkeit zur NSDAP erlaubte und ihre spätere Überführung in die SA vorsah. „Das Stahlhelm-NSDAP-Abkommen ist Erlösung von einem Alpdruck. Ich trete jetzt der Partei bei, da man außerhalb vollkommen Statist der Wahlpflichten ist. Die Partei muß sich in vielem freilich noch wandeln und wird dies aber niemals durch Druck von außen, sondern nur von innen heraus tun. Sich durch Beitritt die Mitwirkung bei den kommenden internen Auseinandersetzungen zu erzwingen, ist Pflicht aller zukunftsbejahenden, innerlich zu Hitler stehenden, aktiven, anständigen politischen Kräfte."[81] Hofacker dachte damit ähnlich wie Schulenburg und viele andere. Die NSDAP hatte jedoch wegen der Masseneintritte nach der Regierungsübernahme einen Aufnahmestopp verfügt und dokumentierte zugleich ihren Führungsanspruch, indem sie Hofacker auf die Möglichkeit verwies, einer Parteiorganisation wie der SA beizutreten.[82] So wurde er erst mit der Eingliederung des Stahlhelms 1934 als Sturmführer in die SA übernommen. Ohne daß besondere Aktivitäten bekannt sind, mußte er 1936 aus der SA wegen Aufnahme in die Luftgaureserve ausscheiden; ab Frühjahr 1934 hatte er als ehemaliger Flieger mehrfach an zunächst geheimen Übungen der Luftwaffe teilgenommen. Als er 1937 Mitglied der NSDAP wurde, hatte sich die Struktur der Partei verändert; nun war eine kritische Mitbestimmung des Kurses von Partei und Regierung erst recht nicht mehr gefragt.

Im Sommer 1933 ging der revolutionäre Ausnahmezustand in die etablierte Macht der NSDAP über, die aber weiterhin durch innerparteiliche Auseinandersetzungen und die Spannungen infolge des Machtdualismus von Partei und Staat bestimmt wurde. Auf diese nie geklärten Prozesse bezogen sich Hofackers positive Urteile über das neue Regime. So schien ihm die Ernennung des „hervorragend tüchtigen Schmitt" als Reichswirtschaftsminister am 29. Juni „endlich wieder einmal etwas, was mein Vertrauen zu Hitler neu belebt."[83] Tatsächlich wollte Hitler durch diesen Nachfolger Hugenbergs führende Kreise der Wirtschaft beruhigen. Hofacker teilte ihre Sorgen vor wirtschaftspolitischen Experimenten wie Staatssozialismus und -kapitalismus. Deshalb gehörte für ihn Anfang Juli „[d]er neue Kurs Hitlers mit den scharfen und durchgreifenden Maßnahmen gegen die Nebenregierung einzelner größenwahnsinniger Partei-

---

[81] Ebenso, 24.6.1933.
[82] N.S.D.A.P. Zelle Solquell, 9.8.1933.
[83] Hofacker an seine Mutter, 1.7.1933. Dr. Kurt Schmitt, Mitglied der NSDAP, war „früher Generaldirektor eines großen Wirtschaftskonzerns" (ebenso, Freitag o.D.), der Allianzversicherung.

instanzen und gegen die illegalen Eingriffe in die Wirtschaft"[84] zu den
„wieder einmal ganz starke[n] Beweise[n] des staatsmännischen Weitblicks Hitlers und seines planmäßigen Bestrebens, allmählich die richtigen Männer an die richtigen Stellen zu setzen. Wenn nur die außenpolitische Isolierung Deutschlands nicht so trostlos und gefahrdrohend wäre."

Persönlich erhoffte er sich vom neuen Regime Hilfe bei dem Weg in den diplomatischen Dienst. Deshalb reaktivierte er alte Verbindungen. „Von Graf Groeben erhielt ich heute die Nachricht, daß er auf zwei verschiedenen Wegen meine Befürwortung an das Außenpolitische Amt der NSDAP weiterleiten werde. Ich werde noch kurze Zeit warten und dann unter Mitwirkung des Personalreferenten im AA, Legationsrat v. Wühlisch (Bruder des Afrikaners), der sich mir hierzu bereits empfohlen hat, den Erbprinzen Josias Waldeck aufsuchen"[85]. Hofacker kannte ihn und vermutlich auch Karl Graf von der Groeben aus Göttingen. Seine Mutter riet ihm zwar, bei den VSt zu bleiben, aber er wollte heraus: „Sicherheiten gibt es heute nirgends, alles ist va banque. Wer nicht wagt, gewinnt nicht." Aber sein Versuch scheiterte, wie auch die späteren keinen Erfolg haben sollten.

Anfang November 1933 beurteilte er die Lage insgesamt positiv: „Wenn man von dem Grundsatz: ‚Nehmt Alles nur in Allem', ausgeht, kann man als Deutscher heutzutage politisch nicht deprimiert sein, sondern muß man nach wie vor den Nationalsozialismus (sowohl als politische Erscheinungsform wie im bisher Erreichten) und insbesondere seinen großen Führer stärkstens bejahen. Daß außenpolitisch der Himmel voller Wolken hängt, hat damit nichts zu tun, sondern ist die notwendige und unvermeidbare Folge jeder männlichen deutschen Außenpolitik."[86] Dabei gelte es, die „von Fall zu Fall schwankende französische Politik so lange vom Präventivkrieg abzuhalten, bis Deutschland allmählich erstarkt", was Gewinnung von Bündnispartnern und Aufrüstung bedeute. „Der Entschluß, rüsten zu lassen, ist für mich ein Zeichen von Hitlers staatsmännischer Veranlagung", zumal die Volksabstimmung über den

---

[84] Ebenso, Freitag o.D.; vgl. Hitlers Rede vor der Reichsstatthalterkonferenz in der Reichskanzlei vom 6.7.1933 sowie die Ernennung von Wilhelm Keppler zum „Beauftragten des Reichskanzlers für die Wirtschaft"

[85] AaO. Zu Karl Graf v. d. Groeben, der wie Schulenburg im Corps Saxonia aktiv war, vgl. Heinemann, Schulenburg, Register s.v. Zu Josias Erbprinz zu Waldeck und Pyrmont, der auf Wunsch Hitlers und Himmlers im Juni 1933 als erster SS-Vertreter in das AA übernommen und zum Legationsrat ernannt wurde, aber wegen mangelnder Erfahrung 1934 ausschied, vgl. Hans-Jürgen Döscher, Das Auswärtige Amt im Dritten Reich, Berlin 1987, S. 140f.

[86] Hofacker an seine Mutter, 5.11.1933.

Austritt aus dem Völkerbund am 12. November „das Risiko eines auch nur stimmungsmäßigen Mißerfolges" enthalte, wenn viele nicht zur Wahl gingen. „Aber gerade diese Fähigkeit, auch einmal ein Risiko einzugehen, va banque zu spielen (nach dem Motto: ‚Wer nicht wagt, gewinnt nicht'), ist so sympathisch, weil es von staatsmännischer Passion und Elan zeugt. [...] An die Möglichkeit der Mogelei glaube ich nicht, weil das Mogeln selbst wegen der Gefahr des Bekanntwerdens ein zu großes Risiko ist. Im übrigen ist es sicher auch mit ein Zweck der Wahl, Hitler selbst einwandfrei Klarheit darüber zu verschaffen, ein wie großer Teil des Volkes innerlich noch nicht gewonnen ist."

Hofacker wollte im Frühjahr 1934 wegen der „heutigen ungewissen Zeiten"[87] ein Haus „als Refugium in Zeiten der Not für Kinder und Enkel" erwerben, aber im Sommer betrachtete er die Hoffnung auf privates Eigentum als illusionär, weil „im Falle eines Sturzes des 3. Reiches als Erbe einzig der Kommunismus in Frage kommt".[88] „Daß das 3. Reich noch lange nicht auf Erz gegründet und noch von 1000 tödlichen Gefahren bedroht ist, ist selbstverständlich" wie „bei allen großen Staatsschöpfungen im Geburtsstadium". Zur Verteidigung des Dritten Reichs veranlaßte ihn besonders die Kritik seiner Mutter, die er auf ihren Tübinger Bekanntenkreis und auf Stauffenbergs zurückführte.[89] „Du wirst es noch erleben, wie unbegründet im Großen Dein mangelndes Vertrauen in Hitler ist. Laß ihm doch Zeit! – Zum ersten Mal in meinem Leben empfinde ich einen ganz harten politischen Gegensatz dir gegenüber. Ich verstehe durchaus deine Kritik im Detail und unterschreibe sie weitgehend; nicht aber Deine Kritik im Großen."[90] Die noch vorhandenen „Mißstände en masse"[91] schienen ihm eine Folge früherer Entwicklungen, aber „Hitler ist die einzige, durch den Erfolg bestätigte Schöpferkraft, die ich habe, welche das Chaos zu bannen [...] vermag. Robespierre und Napoleon, Priester und Staatsmann in einer Person". Das bisher Erreichte „und die Tendenz, die er in entscheidenden Standpunkten (zuletzt am 30.6. [dem „Röhm-Putsch"]) verfolgt, geben jedenfalls mir Kraft zu der Hoffnung, daß auch die vielen noch ungelösten Aufgaben im Laufe der Zeit gelöst werden [...]. Revolutionäre Zeiten wie die jetzigen, in denen auf allen Gebieten (Politik, Wirtschaft, Gesellschaft, Recht, Religion) alle bisheri-

---

[87] Ebenso, 13.3.1934 (PS vom 14.3.).
[88] Ebenso, 21.7.1934.
[89] Er schickte seiner Mutter am 19.8.1934 „einige Zeitungsausschnitte als Gegengift gegen die in Tübingen und wohl erst recht in Lautlingen auf dich einwirkenden einseitigen Einflüsse".
[90] Ebenso, 23.8.1934; vgl. ebenso, 30.8.1934.
[91] Ebenso, 30.7.1934.

gen Grundlagen schwanken und überall aus der Auflösung heraus neue Formen, Bindungen, Ziele geschaffen werden müssen, können nicht mit Maßstäben beurteilt werden, die aus der Zeit vor 1914 entnommen sind."

Zu seinem Berliner Gesprächskreis stießen seine jüngeren Vettern, Peter Graf Yorck von Wartenburg und Berthold Schenk Graf von Stauffenberg. Schulenburg war in Königsberg Persönlicher Referent des Oberpräsidenten und Gauleiters Erich Koch sowie Regierungsrat und Referatsleiter „Politische Angelegenheiten und Polizeisachen" geworden, aber seit Juni 1934 verlor er an Einfluß und Ende November wurde er als Landrat politisch kaltgestellt. Trotzdem bat er noch Anfang Oktober Hofacker, den Neuaufbau der Wirtschaft in Ostpreußen zu übernehmen.[92]

Zum Gespräch dieses Gruppe, aus der ab 1936 der „Grafenkreis"[93] um Yorck wurde, gehörte wohl ein Brief Hofackers an einen unbekannten Freund vom April 1935.[94] In der Beurteilung der politischen Lage verband er Erfahrungen des Weltkrieges mit der Erwartung, daß der Kommunismus bei der Schwäche Deutschlands in einem europäischen Krieg siegen würde. Die außenpolitische Situation wäre trotz einzelner Erfolge weiterhin gefährlich, aber das sei nur „eine unvermeidbare und darum freudig bejahte Konsequenz unserer Befreiungspolitik". Seine Sorge galt Rußland, weil es zusammen mit der von der deutschen Aufrüstung bedrohten Tschechoslowakei ein Bündnis mit Frankreich anstrebte. Demgegenüber müßte Deutschland das Verhältnis zu Polen verbessern und Zeit für die eigene Rüstung gewinnen. England würde sich Deutschland nähern und die Möglichkeit einer antirussischen, vielleicht sogar antifranzösischen Koalition eröffnen. Wirtschaftspolitisch sah er „keine entscheidenden Gefahren", seine „Hauptsorgen liegen auf innenpolitischem Gebiet", da bisher „diejenige wahrhafte stahlharte innere Geschlossenheit der Nation" noch nicht erzeugt wäre, „die mindestens genauso notwendig ist, um einen Existenzkampf zu bestehen, wie die rein militärischtechnische Aufrüstung. Ich bin der Letzte, der wirtschaftlichen Sozialismus predigt. Denn auf diesem Gebiet werden wir mit Marxismus und Kommunismus niemals mit Erfolg konkurrieren können. Umso leidenschaftlicher predige ich aber jenen geistigen Sozialismus preußischen Stils, jenen Sozialismus der Haltung, der Schlichtheit, der Härte, wie er

---

[92] Vgl. F.D. Graf v. d. Schulenburg an Hofacker, 1.10.1934.
[93] Vgl. Ger van Roon, Neuordnung im Widerstand, München 1967, S. 213f.; Heinemann, Schulenburg, S. 92ff.; Schwerin, Köpfe, S. 250ff.; Hoffmann, Stauffenberg, S. 136f.
[94] Hofacker an NN, 19.4.1935; Heinemann, Hofacker, S. 112, nennt ohne Begründung Schulenburg als Adressaten; dagegen sprechen nach Hiller v. Gaertringen, Hofacker, S. 59, „inhaltliche und formale Gründe".

sich in der Person des Führers so wundervoll und in den Persönlichkeiten der Unterführer leider so wenig verkörpert." Wie Schulenburg nahm er Ideen von Oswald Spenglers „Preußentum und Sozialismus" auf und wandte sie kritisch gegen das „Bonzentum"[95]; denn „der Nationalsozialismus war das Geheimnis des innenpolitischen Sieges des 3. Reiches." Entgegen dem „Kompromiß arrivierter Kleinbürger mit der wilhelminischen Ära, wie er sich heute in der Haltung so vieler zeigt", gehe es um „die Ausprägung eines wahrhaft sozialistischen Ethos". „[W]ir müssen doch aus dem Dritten Reich etwas anderes, Universelleres, Umstürzenderes, Weltbewegenderes, Moderneres machen können, als der Faschismus aus Italien oder der tatarische Bolschewismus aus Rußland! [...] Wenn wir nicht rechtzeitig nationale Sozialisten werden, wird uns spätestens der nächste Krieg alle zu Kommunisten oder einen Kopf kürzer machen."

„Das Jahr 1937 wird in jeder Hinsicht entscheidungsreich sein"[96], zumal das Regime „auf verschiedenen Gebieten [...] in Sackgassen geraten ist (Agrarpolitik, Kirchenpolitik, Aufrüstungstempo, parteipolitische Personalreformen etc. pp.)"[97]. Eine Einsetzung von Göring als Reichskanzler schien ihm deshalb als „eine Art politischen ‚Rückzugs in die Siegfriedstellung'" denkbar, „ohne das Prestige und die Politik des Führers aufs Spiel zu setzen." Aber „lächerlich" wären Gerüchte, daß „Deutschland den Krieg beginnen müsse, da ihm nichts anderes übrig bleibe", auch wenn „Ende Dezember die rüstungspolitische Lage infolge der englisch-französischen Aktion in der Spanienfrage, der verschiedenen Schiffszwischenfälle und der Gefahr russischer U-Bootsangriffe gegen deutsche Kriegsschiffe recht kritisch gewesen war, ohne jedoch [...] den Keim eines Weltbrandes in sich zu tragen. Denn dazu ist 1) die Abneigung aller Regierungen gegen den Krieg zu groß und 2) die Frage zu problematisch, wer gegen wen nun eigentlich Krieg führen soll und will." Allerdings schienen ihm die auch von ihm gehegten Hoffnungen auf Verbesserung der englisch-deutschen Beziehungen unbegründet, weil die Interessen des Empire angesichts der italienischen Flanke eine Gefährdung der Freundschaft mit Frankreich verböten.[98] Deshalb fand er im Juni die „neueste außenpolitische Entwicklung einer deutsch-englisch-französischen Entspannung und Annäherung [...] außerordentlich erfreulich."[99]

---

[95] Vgl. Heinemann, Schulenburg, S. 15ff.; Schwerin, Köpfe, S. 100f.
[96] Hofacker an seine Mutter, 1.1.1937.
[97] Ebenso, 14.1.1937.
[98] Vgl. ebenso, 7.1.1937 (wegen seiner Sprachstudien in englischer Sprache).
[99] Ebenso, 19.6.1937.

Persönlich und beruflich fand er „große Befriedigung"¹⁰⁰ bei den VSt, aber sein Wunsch galt weiterhin dem Eintritt in den Auswärtigen Dienst, so daß er sich intensiv der Verbesserung seiner Englisch-Kenntnisse widmete. Wenn er demnächst „als SA-Führer P.G."¹⁰¹ würde, wollte er „beim AA einmal anfragen, ob sich dadurch an den Gründen meiner seinerzeitigen Ablehnung etwas ändert." Aber wieder zerschlugen sich die Hoffnungen auf Erfüllung seiner Wünsche.

Schulenburg wurde Ende Juli 1937 Polizeivizepräsident von Berlin. Bei der Taufe seines einzigen Sohnes ein Jahr später hielt Hofacker eine für beide Freunde bezeichnende Rede: „Wenn soeben in überzeugtem Festhalten an uralt heiliger Sitte der jüngste männliche Sproß aus dem Hause Schulenburg zum <u>christlichen</u> Ritter geschlagen wurde und wenn ich als einziger <u>Süddeutscher</u> in unserem Kreis Sie bitten soll, das erste Glas dieses schwäbisch-heimatlichen Tropfens auf die Zukunft des jungen <u>Preußen</u> zu leeren, so scheint mir dies nicht nur ein Spiel zufälliger Gedanken, sondern beinahe etwas Sinnhaftes zu sein. Denn was kommt in diesen Stichworten letztendlich anderes zum Ausdruck als jenes Dreigestirn, das dem Wesen aller großen Schulenburger zugrunde lag [...] nämlich Christ in der Demut der Haltung, Preuße in der Härte des Handelns, Deutscher in der Weite des Zieles, im Schwung der Gedanken."¹⁰² Schulenburg war persönlich überzeugt, „daß Preußentum anders als christlich nicht zu denken ist und daß wir beide – Preußentum und Christentum – gerade heute mehr brauchen denn je"¹⁰³, was aber für ihn noch keine grundsätzliche Kritik am Nationalsozialismus zur Folge hatte. „Aus dem Gottvertrauen zieht der preußische Mensch seine Kraft zum Dienst in der straffen Ordnung des Staates."¹⁰⁴ Demgegenüber konnte Hofacker nur distanziert vom Glauben reden. So schrieb er im Sommer 1937 seiner Frau, ihre beiden Söhne habe in einer Gefahr „ein gütiges Geschick uns bewahrt [...]. Für uns Heutigen ist dieses ganze Gebiet <u>nur</u> deshalb schwerer als für frühere Generationen, weil uns dazu <u>Gottvertrauen</u> fehlt. Aber solche Erlebnisse bringen einen wohl dazu."¹⁰⁵

---

¹⁰⁰ Ebenso, 11.4.1937.
¹⁰¹ Ebenso, 30.5.1937.
¹⁰² Hofacker, Taufansprache vom 16.7.1938.
¹⁰³ Schulenburg an seine Frau, 21.5.1936, zit. Schwerin, Köpfe, S. 108.
¹⁰⁴ Ders., Das preußische Erbe und der nationalsozialistische Staat, März 1938, in: Heinemann, Schulenburg, S. 197.
¹⁰⁵ Hofacker an seine Frau, ohne Datum.

6. Der Weltkrieg und der Weg in den Widerstand

Im Frühjahr 1939 verfaßte Hofacker wohl für seinen politischen Gesprächskreis eine Denkschrift, die zu Hitlers Außenpolitik deutlich Stellung nahm.[106] Wie in früheren Äußerungen beurteilte er die Politik der Revision von Versailles bis zur Münchener Konferenz positiv, um die Entwicklung seit dem 29. September 1938 scharf zu kritisieren. Die durch München eröffneten „Möglichkeiten wurden von der deutschen Politik bewußt nicht ausgenützt, sondern erstmalig durch die Saarbrücker Rede Hitlers gegen England, im weiteren Verlauf durch die deutsche Pressekampagne gegen England, die Maßnahmen des 10. November 38 und schließlich die Auflösung der Tschechei in ihr Gegenteil verkehrt." Der Judenpogrom[107] wird damit in die Kriegsvorbereitungspolitik Hitlers eingeordnet, während Hofacker nach den Erfahrungen des I. Weltkrieges „die endgültige Aufrichtung einer dann wahrscheinlich unangreifbar werdenden deutschen Großmacht" erhoffte. Hitlers „va-banque-Spiel" ließe die Gefahr einer gegnerischen Koalition entstehen und führe „notwendig zu einer schweren diplomatischen Niederlage mit all ihren unübersehbaren Konsequenzen oder dem Eintritt in einen wahrscheinlich aussichtslosen Krieg", in dem das Dritte Reich „entsprechend dem Geist seines Führers und seinen inneren dynamischen Gesetzen lieber zugrunde gehen als feige zu Kreuze kriechen" würde. Klarsichtig hat Hofacker damit die Entwicklungstendenzen der NS-Politik analysiert, wobei der Wechsel von früher positiv notierten Elementen zu der Ablehnung des va-banque-Spiels sein Umdenken besonders deutlich werden läßt. „Eine Verständigung mit Rußland als letzter verzweifelter, im Falle seines Gelingens allerdings genialer Ausweg erscheint kaum denkbar, denn welchen entscheidenden Anreiz sollte sie Rußland bieten? Bleibt nach menschlichem Ermessen nur der Krieg, hier allerdings auch die Feststellung, daß dessen Möglichkeiten wie immer unübersehbar sind und sich in Zukunft weniger denn je auf das militärisch-außenpolitische Gebiet beschränken werden."

Nachdem er während der Tschechenkrise als Führer einer Aufklärungsstaffel reaktiviert worden war, wurde er im August 1939 für den Polenfeldzug als Flieger-Verbindungsoffizier eingesetzt. Das Ausbleiben des Angriffsbefehls erklärte er sich Ende des Monats damit, „daß für den Staatsmann am Verhandlungstisch eine noch nicht abgefeuerte Pistole ja

---

[106] C. v. Hofacker, Bemerkungen zur Lage; vgl. Hiller v. Gaertringen, aaO., S. 48f.
[107] Wohl in die anschließende Phase der Judenverfolgung gehört Hofackers Einsatz für einen jüdischen Hausbesitzer, der enteignet werden sollte und dem die Mieter keine Miete mehr zahlten; Bericht von Josef Boslak, zit. in: Annedore Leber (Hg.), Das Gewissen steht auf, neu hrg. von Karl Dietrich Bracher, Mainz 1984, S. 413.

viel wertvoller ist, als wenn der Schuß heraus ist. Und ich hoffe immer noch, daß jetzt nach der Sache mit Rußland [dem Nichtangriffspakt vom 23.8.1939] ein neues München vielleicht doch noch zustande kommt."[108] Gern hätte er darüber mit Onkel Nux gesprochen; aber „der Führer wird schon seine Gründe haben und die Sache mit Rußland ist und bleibt eine geniale Tat, die zu neuem Vertrauen in ihn verpflichtet."[109] Trotz dieses Schwankens betrachtete er den Polenkrieg als sinnlos; entsetzt war er aber über den Vernichtungskrieg und die Morde an Juden und polnischen Intellektuellen. Zu seiner Schwester sagte er nach Ende der Kämpfe: „Gnade uns Gott, wenn diese Blutschuld einmal über uns kommt."[110]

Nach dem Polenfeldzug wurde seine Staffel für den Angriff auf Frankreich nach Westen verlegt. Hofacker war, wie er nach den „schönsten, weihevollsten, friedlichsten Tagen des Jahres" am Jahresende seiner Frau schrieb, „lieber Soldat als Kaufmann, aber meine eigentliche Berufung ist doch die politische. Und weil [...] ich infolgedessen als Politiker den eigentlichen letzten Sinn dieses Krieges verneine, deshalb kann ich heute wohl ein vielleicht brauchbarer und im Einzelfall passionierter, aber kein innerlich überzeugter Soldat sein. Bei dieser Einstellung trotzdem genau das Gleiche zu leisten, als ob man überzeugter Soldat wäre, erfordert ein Maß an Energie und gewissermaßen Verhärtung, von dem Du Dir wohl nur schwer eine Vorstellung machen kannst."[111] Noch führte sein politisches Urteil, das sich wie das seiner Frau „gegen den Wahnsinn der Menschen"[112] wandte, nicht zu entsprechenden Handlungsperspektiven.

Nach dem Waffenstillstand mit Frankreich wurde Hofacker im Juni 1940 Leiter des Referates „Eisenschaffende Industrie und Gießereien" beim Militärbefehlshaber in Paris, wobei er zugleich die Verbindung zu den VSt pflegte, die Anfang 1941 auch für seine Tätigkeit „seitens der Gesamtindustrie eine besondere finanzielle Vergütung"[113] aussetzten. Wie er seiner Frau schrieb, sah er seine „persönliche Position in einer Weise gefestigt [...], daß du um meine berufliche Zukunft und die finanzielle Sicherung der Familie nicht mehr bange zu sein brauchst, wenn wir den Krieg gewinnen."[114] Noch sah er „den unmittelbaren Kriegsausgang

---

[108] Hofacker an seine Frau, 28.8.1939.
[109] Ähnlich beurteilte er den Freundschaftsvertrag vom 28.9., ebenso, 2.10.1939.
[110] Mitteilung von Brigitte v. Kaehne an F. Frhr. Hiller v. Gaertringen, ders., aaO., S. 49.
[111] Hofacker an seine Frau, 30.12.1939.
[112] L. v. Hofacker an ihren Mann, 5.1.1940.
[113] Hofacker an seine Frau, 11.2.1941.
[114] Ebenso, 12.10.1940.

nach wie vor optimistisch"[115], besonders wegen der Ernährungslage hielt er es aber im Februar 1941 für „unbedingt notwendig, daß wir noch in diesem Jahr den Krieg entweder gewinnen oder durch Kompromiß beenden".[116] Für die Zeit danach war er jedoch sehr besorgt wegen der Machtansprüche der SS; denn „das Ende des Krieges wird gleichzeitig der Anfang einer inneren Umwälzung sein, bei der schonungslos alles hinweggeschwemmt wird, was sich diesem sich bahnbrechenden Strom [...] in den Weg stellt."[117] Das sollte auch das Christentum treffen, so daß seine Frau besonders im Blick auf die Kindererziehung eine klarere Bestimmung wünschte, „auf welcher Seite man steht."[118] Aber Hofacker betrachtete nur die gegenseitige Liebe der Ehepartner als „unsere Religion, auch für die Kinder"[119].

Entscheidend für Hofackers Weg sollten die Besatzungspolitik und die Kompetenzstreitigkeiten rivalisierender Instanzen werden, die ihn schon im Februar 1941 seinen Rücktritt erwägen ließen, „weil ich den Franzosen gegenüber nicht als Wortbrüchiger dastehen will."[120] Bereits kurz nach dem Waffenstillstand fragte er nach dem Sinn der deutschen Neuordnungs- und Annektionsvorstellungen. „Ich bezweifle, ob die Franzosen zu der erhofften ‚lokalen Zusammenarbeit' bereit sein werden, wenn sie erfahren, daß außer Elsaß-Lothringen ihre [...] Nord-Departements (Nord und Pas de Calais) aus Frankreich ausgegliedert und zu dem niederländisch-belgischen Raum geschlagen werden."[121] Industrielle wie Röchling zeigten bei den Verhandlungen in Versailles, daß sie „nichts dazugelernt"[122] hätten; „[u]nter Stresemann für Verständigung, jetzt wieder Annexionspolitiker" wären sie „politische Stümper", die „ihre Fahne nach dem Wind hängen". Für Hofacker war das „politische, militärische und wirtschaftliche Übergewicht"[123] Großdeutschlands wichtiger als

---

[115] Ebenso., 5.1.1941.
[116] Ebenso, 23./24.2.1941.
[117] L. v. Hofacker an ihren Mann, 31.12.1940, mit Hinweis auf dessen „Gedankengänge" – nach einem Gespräch mit einem Mitglied der SS- und HJ-Führung.
[118] Noch deutlicher artikuliert ihr Interesse am christlichen Glauben der Bericht über den Besuch der Mitternachtsmesse an Heilig Abend 1941, während ihr Mann im Antwortbrief vom 31.12.1941 nur auf die häusliche Feier mit den Kindern eingeht, wie sie „so voll heiter strahlenden Glücks und so voller Tiefe [...] nur eine <u>deutsche</u> Frau und Mutter fertig bringen kann."
[119] Hofacker an seine Frau, 26.1.1941.
[120] Ebenso, 11.2.1941.
[121] Ebenso, 1.7.1940.
[122] Ebenso, 25.7.1940.
[123] Ebenso, 15.7.1940.

Grenzveränderungen. „Ich würde [...] Holland und Belgisch-Flandern einverleiben, den Franzosen Nordfrankreich völlig belassen und ihnen im Austausch gegen Elsaß-Lothringen (in dem die französische Minderheit durch Sonderrechte besonders großzügig zu behandeln wäre) die Wallonie geben, eine Währungs- und Wirtschaftsunion zwischen Frankreich und Deutschland proklamieren und in einem feierlichen symbolischen Akt auf den gemeinsamen Totenfeldern von Verdun eine ewige deutsch-französische Allianz begründen. Ganz Frankreich würde uns zujubeln. Der Kontinent wäre geeinigt. Und die Möglichkeit eines großen wahren Friedens mit England wäre hierdurch in keiner Weise präjudiziert."

Das Konzept einer „bündnisähnlichen" Hegemonialpolitik, das bereits in früheren Äußerungen Hofackers anklingt und sich auch bei anderen Mitgliedern des Widerstandes wie Ulrich von Hassell[124] findet, läßt sich über die Kriegszieldiskussion des I. Weltkrieges auf Bismarck zurückführen. Entsprechend schlug Hofacker in der ausführlichen Denkschrift vom 6. Januar 1943 einen Friedensschluß mit Garantie der Reichsgrenzen von 1914 vor. Den Ausbeutungsimperialismus des NS-Regimes und dieses selbst kritisierte er immer deutlicher. Die Liebe zu Frankreich verschärfte seine politische Beurteilung, zumal er sich wegen der Versorgungslage für das „Schicksal hunderttausender französischer Arbeiter und ihrer Familien"[125] verantwortlich wußte.

Verurteilte er zunächst die rivalisierenden Instanzen, so machte er Anfang 1941 „Führer und System"[126] dafür verantwortlich, daß als „Folge unserer napoleonischen statt Talleyrand'schen Politik" die Kriegsgewinne „auf die Dauer" nicht zu halten wären. Im Herbst äußerte er in einer sehr scharfen Lagebeurteilung für Schulenburg „den Eindruck, daß man den kriegsentscheidenden Beitrag, den Frankreich leisten könnte, entweder nicht sieht oder nicht sehen will."[127] Dabei sei es „trotz aller gemachten Fehler [...] auch heute noch nicht zu spät", Frankreich auf Deutschlands Seite zu ziehen, aber „leider suche man vergeblich nach Anzeichen einer entsprechenden Kursänderung"; das Gegenteil zeigten die „Geiselerschießungen im Verhältnis 1:100 (!)" als Revanche für Attentate der

---

[124] Vgl. Gregor Schöllgen, Ulrich von Hassell 1881–1944, München 1990, S. 142ff.
[125] Hofacker an seine Frau, Dezember 1940, zit. Hiller v. Gaertringen, aaO., S. 50.
[126] Hofacker an seine Frau, 5.1.1941.
[127] Hofacker an F.D. Graf v. d. Schulenburg, 30.9.1941. Das war der Streitpunkt zwischen der Militärverwaltung in Paris und dem Führerhauptquartier; vgl. auch zum folgenden Ulrich Herbert, Die deutsche Militärverwaltung in Paris und die Deportation der französischen Juden, in: Jansen/Niethammer/Weisbrod, Aufgabe, S. 427–450, bes. S. 437; Ahlrich Meyer, Die deutsche Besatzung in Frankreich 1940-1944. Widerstandsbekämpfung und Judenverfolgung, Darmstadt 2000.

Résistance. „Die psychologische Lage hierzulande im Vergleich zur Zeit vor einem Jahr hat sich wesentlich verschlechtert. Die Franzosen empfinden unsere Politik als unehrlich, hinterhältig, napoleonisch, jedenfalls uneuropäisch", wie auch Hofacker urteilte. „Hinter unserer passiven Politik Frankreich gegenüber steht m.E. letztendlich als innerstes Motiv derselbe Totalitätsfanatismus auf außenpolitischem Gebiet den wir innenpolitisch in den letzten 8 Jahren durchexerziert haben. [...] Man will [...] die unmittelbare, uneingeschränkte, sofortige zentrale Diktatur von Berlin".

Angesichts der Geiselerschießungen und der Judenverfolgung verband sich die politische Kritik mit moralischen Motiven. „Wenn es so weiter geht, werden wir hier bald ähnliche Verhältnisse wie in Prag haben"[128], schrieb er Ende 1941. „Morgen werden wieder 100 Geiseln erschossen und 1500 Juden nach dem Osten deportiert. Darunter Ritter der Ehrenlegion. Es ist zum Verzweifeln. Zum ersten Mal in meinem Leben muß ich mich zwingen, nicht Stimmungen tiefster Depression nachzugeben." Dieser Kritik entsprechend rettete er einzelne Franzosen vor dem Erschießen. Ende 1941 bedrückten ihn zudem die Gegenangriffe der Roten Armee an der Ostfront; das „Opfer an wirklich bestem Blut greift mir wie Dir tief ins Herz"[129], wobei ihn als Soldaten auch „das bedeutende Gefühl nicht dabei zu sein" bewegte. „Aber zu einer akuten Sorge um das Gesamtschicksal unserer Sache, zu Gedanken an 1812 ist trotz allem wirklich kein Anlaß." Es sei zwar eine Niederlage, aber „noch *keineswegs* eine entscheidende." Noch gab er die Hoffnung nicht auf, daß bei eingeschränkter Zielsetzung „wir die Zügel des Weltgeschehens wieder in die Hand bekommen und die Dinge doch noch zu einem guten Ausgang bringen".

Im Sommer 1942 schien sich ihm ein beruflicher Aufstieg zu eröffnen, als der neue Rüstungsminister Speer im Zuge einer Neugliederung wegen der angespannten Wirtschaftslage ihm am 19. August die „Außenstelle zentrale Planung" für die französische Eisenindustrie übertrug; tatsächlich aber entstanden dadurch Kompetenzkonflikte mit dem Militärbefehlshaber und den VSt.[130] Dabei hatte er kein Interesse mehr an einem „Aufstieg auf rein wirtschaftlichem Gebiet"[131]. „Man kann heute selbst in den höchsten Stellungen an der entscheidenden Linie doch nichts ändern.

---

[128] Hofacker an seine Frau, 14.12.1941.
[129] Ebenso, 29.12.1941.
[130] Für die Schwierigkeiten seiner Position bereits vor Übernahme des neuen Amtes vgl. Moulin, aaO., S. 219f.
[131] Hofacker an seine Frau, 21.8.1942.

Sie verläuft automatisch nach dem Willen eines Mannes."[132] Aber er war kein Fatalist: „Wenn mein neues Amt mir nur einmal die Gelegenheit zuspielen sollte, mit dem Minister Speer, der zur Zeit der wirtschaftlich mächtigste Mann in Deutschland und persona gratissima beim Führer ist, eine Stunde unter 4 Augen über politische Dinge zu sprechen, so wäre mir das wichtiger als alles andere, was mit meinem neuen Amt zusammenhängt. Denn was hilft alle wirtschaftliche Karrierearbeit, wenn die politische Konstruktion falsch ist?"[133] Mit Sorge sah er zudem die weitere Entwicklung des Krieges. „Wir können nur noch auf ein Wunder hoffen. Aber solche sind ja in der Weltgeschichte mehr als einmal vorgekommen."[134]

Nach einem Jahr im neuen Amt stellte er am 28. Juli 1943 wegen der verstärkten Kompetenzstreitigkeiten zwischen der Militärverwaltung in Paris und den „Berliner Zentralbehörden" sowie der ungebremst wachsenden Planwirtschaft ohne genügende „Bedarfsdeckung für die deutsche Rüstungsproduktion" einen ausführlich begründeten Antrag um „anderweitige Verwendung" bei Dr. Elmar Michel, dem Chef der Militärverwaltung.[135] Nach dem Abschied am 17. September legte er am 13. Oktober seine Aufgabe als Leiter der „Außenstelle zentrale Planung" nieder. Daß der Oberstleutnant d.R. nun als Stabsoffizier z.b.V. beim Militärbefehlshaber in Frankreich, General Carl-Heinrich von Stülpnagel, Koordinationsaufgaben zwischen einzelnen Stäben[136] übernahm, läßt vermuten, daß die Argumente des Entlassungsantrags den entscheidenden Grund verbargen, die Wende zur grundsätzlichen Opposition.

Nachdem Stülpnagel im Februar 1942 als Militärbefehlshaber seinem Vetter Otto gefolgt war, hatten sich wichtige Übereinstimmungen mit Hofacker ergeben, besonders dessen Denkschrift vom 6.1.1943 und die anschließenden Gespräche ließen „im Frühjahr 1943 ein enges Vertrauensverhältnis"[137] entstehen. Dabei wurde Hofacker auch für die Planungen des Widerstandes gewonnen. Bei seinem Besuch in der Berliner

---

[132] Ebenso, Juni 1942, zit. A. v. Hofacker, Vortrag, S. 39.
[133] Ebenso, 21.8.1942.
[134] Ebenso, 22.9.1942.
[135] Vgl. Hofacker an Chef der Militärverwaltung, Paris, 28.7.1943.
[136] Daß diese Tätigkeit „im wesentlichen eine Alibifunktion" war (Schwerin, Köpfe, S. 303), bestreitet mit dem Hinweis auf konkrete Aufgaben Heinemann, Hofacker, S. 117.
[137] KB, S. 135; nach Heinemann, Hofacker, S. 117, soll Hofacker „seit Frühjahr 1942", nach Schwerin, Köpfe, S. 303, „spätestens im September 1942" „ein offenes Verhältnis" zu Stülpnagel gefunden haben, während die „vielleicht" von Stülpnagel angeregte Frankreich-Denkschrift das Vertrauen vertieft habe.

Zentrale des Widerstandes am 13. Mai teilte Stülpnagel General Friedrich Olbricht mit, daß er Hofacker als seinen „ständigen Vertrauensmann" für die Verbindung zu ihm ernannt habe.[138] Entsprechend erzählte Schulenburg am 5. Juni Hauptmann d.R. Hermann Kaiser, daß Hofacker als „Verbindungsoffizier zu Stülpnagel"[139] Rittmeister d.R. Alfred Graf von Waldersee ablöse, der bereits Ende 1941 an der Attentatsplanung in Paris[140] beteiligt und mehrfach im Auftrage Stülpnagels nach Berlin gefahren war, aber im Frühjahr 1942 durch Oberstleutnant Helmuth Groscurth IIa beim XI. Armeekorps an der Ostfront wurde.

Die 1938 einsetzende Kritik an der Kriegspolitik Hitlers führte Hofacker über die wirtschaftspolitischen Erfahrungen mit der deutschen Frankreichpolitik und der Konzeption von Alternativvorstellungen zur Bereitschaft zum Handeln. Ob weitere Informationen über die NS-Politik oder die Lage an der Ostfront Hofackers Entscheidung bewirkten oder ob Stülpnagel nur die Möglichkeit des Widerstandes eröffnen mußte, läßt sich nicht klären. Mit der Einbindung in den Widerstand hatte Hofacker aus seiner Kritik eine entschiedene Konsequenz gezogen, die in zahlreichen Aussprachen mit Schulenburg vertieft wurde.[141]

Schulenburg war am 9. Juni im „Sonderstab des Generals von Unruh" nach Paris gekommen. Während der „Sonderstab" die Stäbe durchkämmte und Möglichkeiten der Personaleinsparung für den Kriegseinsatz suchte, nutzte Schulenburg den Aufenthalt im Interesse des Widerstandes zur „Bildung einer geheimen oppositionellen Zelle im Stab des Militärbefehlshabers"[142]. So war wohl auch Hofackers Ausscheiden aus seinem bisherigen Aufgabenfeld mit Stülpnagel und ihm abgesprochen, zumal er bereits zwei Monate vorher den strategischen Teil seiner Anstellung im Stab des Militärbefehlshabers übernommen hatte. Schulenburg verließ

---

[138] KB, S. 135: Stülpnagel hat ihn „im Sommer 1943" bei seinem Besuch bei Olbricht – das Tagebuch von Hermann Kaiser nennt in dem Zeitraum nur das Treffen am 13.5.1943 – „als ständigen Vertrauensmann benannt", der „in der Folgezeit" in seinem Auftrag Olbricht und Stauffenberg aufsuchte. Dagegen führt Hiller v. Gaertringen, Hofacker, S. 52, diese Funktion Hofackers auf Stauffenberg zurück; dafür spricht – wohl unzutreffend – der Prozeßbericht von Dr. Friedrich an Bormann, 29.8.1944 (IfZ 277/52), daß Hofacker erst „im Herbst 1943 mit Stülpnagel gesprochen und sich ihm offenbart" habe.

[139] Hermann Kaiser, Tagebuch 1943, Nachtrag zum 5.6. (BA-MA, MSg 1/3221).

[140] Vgl. Gerhard Ringshausen, Hans-Alexander von Voß (1907–1944), in: VZG 52, 2004, S. 383.

[141] Hofacker an seine Frau, 18.7.1943: „Jeden zweiten Morgen Ausritt mit Fritzi."

[142] Wilhelm Ritter von Schramm, Aufstand der Generale. Der 20. Juli in Paris, Neubearbeitung München 1964, S. 13. Zur Kritik von Heinemann, Schulenburg, S. 152ff., vgl. Schwerin, Köpfe, S. 304f. mit Anm. 17; Hoffmann, Stauffenberg, S. 307.

zwei Tage nach Hofackers Versetzungsantrag am 30. Juli Paris mit der Zusage Stülpnagels, beim Umsturz „mitzuwirken" und auch „aus eigener Initiative zu handeln"[143]. Noch Mitte Mai war er zwar „im Prinzip bereit, den ‚Anstoß' zu geben, [hielt] aber die Lage dazu nicht [für] reif. Der psychologische Moment nicht da."[144] Seine Bereitschaft dürfte wohl auf die Einwirkung Schulenburgs und die Einbindung Hofackers zurückzuführen sein.

Schulenburg war spätestens seit 1942 zum Widerstand entschlossen, hatte aber bereits vorher vielfältige Verbindungen zu Widerstandskreisen der älteren und jüngeren Generation.[145] Mit Yorck war er wie Hofacker im „Grafenkreis" zusammen gewesen, Treffen mit Moltke lassen sich seit 1940 immer wieder nachweisen, im November 1941 wurde er von diesem und Yorck „geworben"[146], so daß sich die Zusammenkünfte 1942 häuften.[147] Dabei sollte im November Hofacker „als Rekrut eingestellt werden"[148], was sich aber im August 1943 als nicht dauerhaft erwies. Daß er nun fest eingebunden war in die Umsturzplanungen von Berlin und Paris, kommentierte Moltke als „ganz aus den Pantinen gekippt"[149]. Demgegenüber sollte Hofacker Ende 1942 wohl nur wegen der Planungen für die Neuordnung und vielleicht im Blick auf Kontakte zum französischen Widerstand in den Kreisauer Kreis eingebunden werden. Die Briefe Moltkes bestätigen damit, daß Hofacker den Schritt von der Zukunftsvorstellungen entwickelnden Opposition zum den Umsturz planenden Widerstand zwischen November 1942 und August 1943 getan hat.

Ausschlaggebende Bedeutung hatte für Hofacker die Begegnung mit Stülpnagel, hinzukamen die intensiven Gespräche mit seinem alten Freund Schulenburg. Religiöse Motive, wie sie bei seiner Frau einmal anklingen, haben bei dem Weg in den Widerstand anscheinend keine

---

[143] Kaiser, Tagebuch, 2.8.1943. Heinemann, Hofacker, S. 118, datiert Hofackers „Entscheidung zum Widerstand [...] Ende 1942 angesichts der heraufziehenden Katastrophe von Stalingrad". Aber abgesehen davon, daß Hofacker die Ereignisse in Nordafrika näher lagen, belegt der Brief an seine Frau vom 17.1.1943 (Hoffmann, Stauffenberg, S. 306f.) keinen Gesinnungswandel.

[144] Vgl. Kaiser, Tagebuch, Eintrag vom 14.5.1943.

[145] Vgl. Heinemann, Schulenburg, S. 97ff.

[146] Moltke an Freya, 14.11.1941, in: Helmuth James von Moltke, Briefe an Freya, hg. von Beate Ruhm von Oppen, München 1988, S. 322.

[147] Vgl. Freya von Moltke/Michael Balfour/Julian Frisby, Helmuth James von Moltke 1907–1945, Stuttgart 1975, S. 192

[148] Moltke an Freya, 3.11.1942, in: ders., Briefe, S. 428. Thema der Besprechung war die „europäische Zusammenarbeit mit England"; Moltke an Freya, 4.11.1942, aaO, S. 430.

[149] Moltke an Freya, 21.8.1943, in: ders., Briefe, S. 528.

tragende Rolle gespielt. Die Quellen erlauben nicht das Urteil: „Als Christ wurde ihm die innen- und rechtspolitische Entwicklung zur NS- und Hitlerdiktatur zur gewissensmäßigen Belastung."[150] Es gibt jedoch Hinweise auf die zunehmende Bedeutung einer Perspektive, die über die primär entscheidende politische Dimension hinausgeht.

Im Juni 1943 meinte er nach einem Bericht über eine Radtour mit dem befreundeten Gotthard Freiherr von Falkenhausen durch das geschichtsträchtige Loire-Tal: „Man braucht so etwas, um wieder ewige Maßstäbe zu bekommen."[151] Als in diesem Jahr die älteste Tochter ihre Freundin zusammen mit ihrer sehr kirchlich eingestellten Familie bei einem Bombenangriff verlor, führte sie mit dem Vater einen intensiven Briefwechsel über „Leben und Sterben, Glauben und Religion"[152]. Dabei betonte Hofacker, „daß er sich auch mit weniger Kirche als einen genauso guten und aufrichtigen Christen empfände wie jene und daß der christliche Glaube eine ganz feste Größe in seinem Leben sei." Allerdings lassen seine Kontakte zum Militärseelsorger[153] auch ein stärkeres Interesse an der Kirche erkennen. Ein dominierendes Motiv für den Weg in den Widerstand war jedoch wie in seinem bisherigen Denken patriotischer Natur: „Eine innere Stimme sagt mir, daß bestimmt schwere, sehr schwere Zeiten kommen werden, die auch in vielem ganz anders ausfallen werden, als sich heute berechnen oder auch nur ahnen läßt, die aber auf jeden Fall starke Möglichkeiten für Deutschland enthalten, sich à la longue dennoch und trotz allem wieder durchzurackern."[154]

---

[150] G. Brakelmann, Hofacker, in: Harald Schultze/Andreas Kurschat (Hg.), „Ihr Ende schaut an..." Evangelische Märtyrer des 20. Jahrhunderts, Leipzig 2006, S. 313.
[151] Hofacker an seine Frau, 16.5.1943.
[152] Frfr. A. v. Rosen an Verf., 25.6.1998.
[153] Hofacker an seine Frau, 30.5.1943 (Sonntag): „In der Kirche war ich nicht mehr, habe dafür – was mir mehr liegt – gestern einen langen Spaziergang mit unserem jungen Soldatenpfarrer [Damrath] gemacht, dem es immer ein Bedürfnis ist, mir sein Herz auszuschütten." Damrath, vorher an der Garnisonkirche in Potsdam (vgl. zu seiner Einstellung Wolfgang Paul, Das Potsdamer Infanterie-Regiment 9, 1918–1945, Osnabrück 1983, S. 84), war „in Paris berühmt und berüchtigt wegen seiner mutigen Predigten"; Walter Bargatzky, Hotel Majestic. Ein Deutscher im besetzten Frankreich, Freiburg 1987, S. 152. Mit Major Hans-Viktor von Salviati, Adjutant von GFM Rundstedt, gehörte er zu einem regimekritischen Freundeskreis; Abschrift von Tagebuch Salviatis (Kopie im Besitz des Verf.). In der SS-Führung, die den „Kreis um Stülpnagel mit größtem Mißtrauen beobachtet", galten nach Hofackers Informationen Damrath und Jünger „als undurchsichtig und verdächtig"; Ernst Jünger, Das zweite Pariser Tagebuch, in: ders., Sämtliche Werke, 1. Abt., Bd. 3, Stuttgart 1979, S. 242.
[154] Ebenso, 12.11.1943; vgl. Gotthard Frhr. v. Falkenhausen zit. A. v. Hofacker, aaO., S. 40f.

Ende Oktober – inzwischen erwartete er nach dem Sturz Mussolinis einen Angriff der Alliierten „auf Süd- und wahrscheinlich auch Westfrankreich"[155] – traf er bei der Hochzeit einer Kusine seinen Vetter Claus Schenk Graf von Stauffenberg wieder, der seine am 1. November beginnende Position als Chef des Stabes des Allgemeinen Heeresamtes zur neuen Zentrale des Widerstandes ausbauen wollte.[156] Beide Vettern waren sich einig, der „verlorene Krieg müsse durch Systemwechsel politisch liquidiert werden und dafür sei die Beseitigung des Führers Voraussetzung"[157]. Bereits vorher hatte Stauffenberg die Walküre-Pläne überarbeitet, so daß Hofacker im Winter 1943/44 die Planungen für den Tag X in Paris erstellte. Ein fünfwöchiger Urlaub Ende 1943/Anfang 1944 brachte ihn nicht nur mit Goerdeler zusammen, bei dem er sich für den Verbleib von Elsaß-Lothringen bei Frankreich einsetzte, sondern bot ihm auch Gelegenheit, seine Frau in seine Beteiligung am Widerstand und in die Attentatspläne einzuweihen.[158]

Über Hofackers Tätigkeit im Widerstand bis zur Invasion der Alliierten in der Normandie am 6. Juni 1944 gibt es nur wenige Nachrichten[159]; Absprachen mit der Zentrale dienten die Berlin-Aufenthalte über Ostern und Anfang Juni.[160] Im Gespräch mit Ernst Jünger betonte er Ende März: „Das Vaterland sei jetzt in äußerster Gefahr. Die Katastrophe sei nicht mehr abzuwenden, wohl aber zu mildern und zu modifizieren, da der Zusammenbruch im Osten fürchterlicher als der im Westen drohe und sicher mit Ausmordungen größten Stiles verbunden sei. Infolgedessen müsse im Westen verhandelt werden, und zwar *vor* einer Landung; man stehe bereits in Fühlung in Lissabon. Voraussetzung sei das Verschwinden

---

[155] Hofacker an seine Frau, 28.8.1943; vgl. Entwurf. Geheim, 20.10.1943.
[156] Vgl. Hoffmann, Stauffenberg, S. 339; Hiller v. Gaertringen, Hofacker, S. 52.
[157] Aussage Hofackers bei der Vernehmung, zit. im Urteil des Volksgerichtshofes gegen Karl Heinrich v. Stülpnagel, Cäsar von Hofacker u.a. vom 30.8.1944, S. 4, in: Jürgen Zarusky/Hartmut Mehringer (Bearb.), Widerstand als „Hochverrat", München 1994–98, Micro-Fiche 0708.
[158] KB, S. 136; A. v. Hofacker, aaO., S. 45.
[159] Verbindungen mit der illegalen KPD in Frankreich und zum KFDW behauptet aufgrund einer Information von Otto Niebergall im Oktober 1944 Gerhard Leo, Frühzug nach Toulouse. Ein Deutscher in der französischen Résistance 1942–1944, Berlin 1992, S. 261; auf eine Aufzeichnung Niebergalls beruft sich Karlheinz Pech, An der Seite der Résistance. Die Bewegung „Freies Deutschland" für den Westen in Frankreich (1943–1945), 2. Aufl. Berlin (Ost) 1987, S. 126–131; zur Kritik vgl. Klemens von Klemperer, Die verlassenen Verschwörer. Der deutsche Widerstand auf der Suche nach Verbündeten 1938–1945, Berlin 1994, S. 321; Heinemann, Lernprozeß, S. 465f.
[160] Vgl. KB, S. 136.

Kniébolos [= Hitler], der in die Luft zu sprengen sei [...] während der Lagebesprechung im Hauptquartier"[161]. Er konnte aber Jünger nicht von der Notwendigkeit eines Attentates überzeugen, zumal dieser den Mitgliedern der Konspiration nicht die nötige Härte zutraute. Bei ihnen dränge „die moralische Substanz zum Zuge", aber „nicht die politische."[162]

Die Berliner Verschwörer hatten Hofacker zunächst als Verbindungsmann zu Pétain und für eine Vermittlung mit den westlichen Alliierten nach gelungenem Umsturz vorgesehen, aber nach Beginn der Invasion hatte er die Hoffnung auf eine diplomatische Absicherung aufgegeben, da „weder ein Sieg-Friede noch ein Kompromiß-Friede möglich sei. Es gehe nur noch darum, die unvermeidliche Niederlage so erträglich wie möglich zu gestalten und den militärisch verlorenen Krieg politisch zu liquidieren."[163]

Die sich zuspitzende Lage Deutschlands und die erneute Intensivierung der Attentatsplanungen ließen Hofacker in Verbindung mit zu vermutenden Gesprächen mit Mitverschworenen und Regimekritikern wie Jünger erneut darüber nachdenken, wie er die Entscheidung zum Widerstand begründen könnte. Daß er dabei zur Frage der letzten Verantwortung vor Gott vorstieß, zeigt der Brief zur Konfirmation seiner beiden ältesten Kinder am 2. April 1944[164], der nicht wie die Taufansprache 1938 auf die Tradition verweist, sondern – in augenscheinlich ihm ungewohnter, suchender Sprache – die gegenwärtige Glaubensdeutung erschließen will: „Warum haben wir gerade in heutiger Zeit Anlaß, uns mit besonderer Inbrunst zum christlichen Glauben zu bekennen? Weil wir mehr denn je fühlen, daß jeder von uns in Gottes Hand ist, daß Er die Menschen und Völker lenkt und daß wir daher tief demütig sein müssen; daß die Menschen die Demut, die Ehrfurcht vor etwas Höherem, Reinerem, Größerem als sie selbst brauchen, wenn sie nicht den Übermut, dem Größenwahn, dem Verbrechen verfallen wollen. Weil wir fühlen, daß es bestimmte ewige Gesetze des Gut-Seins, des Edelmuts, der Gerechtigkeit gibt, die man nicht ungestraft verletzen darf, und die die Menschen nur dann einhalten, wenn sie – anstatt nur an die Möglichkeit dieser Gesetze – an einen Gott glauben, der das Gute will und das schlechte bekämpft." Indem Gottes Handeln als Führen und Strafen das Ethos trägt, bilden

---

[161] Jünger, Pariser Tagebuch, 27.3.1944, aaO., S. 242. Zu den – erfolglosen – Kontakten über Lissabon vgl. Klemperer, aaO., S. 305, 308.
[162] Jünger, Journal 1943, 27.3.1944, zit. Heimo Schwilk, Ernst Jünger. Ein Jahrhundertleben, München 2007, S. 404.
[163] KB, S. 136 (Hervorhebungen getilgt).
[164] Helmut Gollwitzer u.a. (Hg.), Du hast mich heimgesucht bei Nacht. Abschiedsbriefe und Aufzeichnungen des Widerstandes 1933–1945, München 1954, S. 389–391.

Vertrauen, Demut und Ehrfurcht vor ihm den Gegenpol zum NS-System und seiner Amoralität. „Und immer hat es dann schwere Rückschläge und Katastrophen gegeben, wenn die Menschen glaubten, ohne Religion, d.h. ohne innere Bindung an Gott, ohne Ehrfurcht vor einer höheren Macht auskommen zu können. Es gibt nun einmal in der ganzen bisherigen Geschichte keine geistige Macht, die so wie das Christentum es verstanden hat, die Menschen dazu zu bringen, ihre eigenen Grenzen zu erkennen, das Gute zu wollen und dem Schlechten zu widerstehen."

Die Unterscheidung von Glaube und Ethik wird allerdings bei der Deutung Jesu nicht durchgehalten, die wie auch die Rede vom Gefühl an die aufgeklärt-liberale Religionsdeutung Hofackers in der Zwischenkriegszeit erinnert: „Weil wir fühlen, daß Gott in der einmaligen großen Persönlichkeit von Jesus Christus, unserem Heiland, den Menschen ein Geschenk gemacht, eine Offenbarung gespendet hat, für die wir gar nicht genug dankbar sein können. Durch seinen Mund, durch sein Leben und Wirken und Leiden hat uns Gott jene großen ewigen Lehren und Grundsätze verkündet, die wir Menschen einhalten, nach denen wir leben und streben müssen, wenn wir besser, reiner, glücklicher werden wollen." Die Lehre Christi wird ganz im Sinne Lessings als „Erziehung des Menschengeschlechts" gedeutet, als „das größte und tiefste Vermächtnis, das Gott uns Menschen bisher gegeben hat. Beinahe 2000 Jahre hat sie die Entwicklung der Menschen, insbesondere in Europa, bestimmt und gerade die Besten und Edelsten unter ihnen immer wieder veranlaßt und angespornt, zu versuchen, die Menschen auf eine höhere Stufe der Sittlichkeit emporzuheben."

Die sittlichen Wirkungen des Glaubens, „dem alle unsere Vorfahren angehangen haben," bilden das entscheidende Argument; gerade in dieser Perspektive widerspreche sich Christ-sein und Deutsch-sein nicht, „sondern im Gegenteil [beides] ergänzt und steigert sich. Wir Deutschen werden uns um so mehr die Achtung der fremden Völker erwerben, wenn das, was wir tun, nicht gegen diejenigen christlichen Gesetze verstößt, die auch sie hochhalten." Hofacker dachte dabei angesichts seiner Erfahrungen in Frankreich wohl besonders an die Goldene Regel. Der Gegenwartsbezug, zunächst im Blick auf die Situation des Weltkrieges, wird noch deutlicher in der Mahnung, den Glauben „überzeugt und freudig" zu übernehmen, um „Millionen verzweifelter Menschen wieder inneren Halt, Zuversicht, ruhige Stärke zu geben" und besonders „durch das eigene Beispiel unser armes, aus tausend Wunden blutendes deutsches Volk wieder auf den richtigen Weg zu bringen." Damit könnte auch Hofackers Einsatz im Widerstand aus dem Glauben gedeutet sein.

Nach der Invasion hatte er die Abteilungsleiter der Militärverwaltung ständig über die Lage zu informieren; bereits sechs Tage nach der Landung erarbeitete er eine „Denkschrift mit bestimmten Eigengedanken und Vorschlägen zur Lage"[165] für Generalleutnant Hans Speidel als Generalstabschef von Feldmarschall Rommel, der als Oberbefehlshaber der Heeresgruppe B für die Westbefestigungen zuständig war. Ihn sollte vermutlich das mit Stülpnagel abgesprochene „Produkt vorangegangenen monatelangen Grübelns, Ringens und Reifens" zur Kapitulation im Westen bewegen, aber Hofacker zweifelte am Erfolg, weil die Planung „zu ihrer Durchführung einen Mann ganz großen historischen Formats erfordert. Und der fehlt. Ja, wenn Claus [Stauffenberg] hier wäre!" Immerhin konnte er zwei Tage später im Blick auf Speidels Zustimmung mitteilen, „die erste Stufe ist erklommen, aber ein Berg steht noch bevor."[166]

Verstärkung erhielt die Konspiration durch die Versetzung von Oberst i.G. Eberhard Finckh als Oberquartiermeister der HGr B, der Hofacker am 25. Juni „gleich in der 1. Stunde nach seiner Ankunft zu sich befahl", so daß sich die beiden Schwaben in „einer dreistündigen nächtlichen Unterredung unter 4 Augen" aussprachen.[167] Am 9. Juli sprach Hofacker Rommel unter vier Augen in La Roche-Guyon und schien ihn von der Notwendigkeit raschen, eigenständigen Handelns zu überzeugen, zumal sein Vater 1917/18 Divisionskommandeur Rommels gewesen war; aber schließlich war dieser nur zu einem Einwirken auf Hitler bereit.[168] „Ich könnte Dir stundenlang erzählen, auch von Dingen, die einem trotz allem neue Kraft und neuen Mut geben. Aber mein Mund muß verschlossen bleiben. Nur so viel kann ich Dir sagen, daß ich auf ‚Hochtouren' bin wie immer, wenn man ein großes Ziel vor sich sieht und sich zur Klarheit über den einzuschlagenden Weg durchgerungen hat."[169]

In seine Erwartungen für die Zukunft gingen seine Erfahrungen und Gespräche mit den Mitverschworenen ein: „Es ist für mich keine Frage, daß über Hekatomben von Opfern und nach zahllosen Racheorgien [...] aus der Tiefe der Seele aller Völker (mit Ausnahme vielleicht der Slawen) als primärer, bewegender Faktor nicht [...] mehr nationale Leidenschaft, sondern eben jener Geist die kommende Zeit bestimmen wird, der

---

[165] Hofacker an seine Frau, 13.6.1944.
[166] Ebenso, 15.6.1944. Die Briefnotiz rät zur Zurückhaltung im Blick auf Rommels Beziehungen zum Widerstand; vgl. Reinhard Stumpf, „Ich werde die Konsequenzen ziehen" – Generalfeldmarschall Erwin Rommel und der Widerstand, in: Der 20. Juli in Paris, S. 133–147.
[167] Ebenso, 26.6.1944.
[168] Zur Besprechung und Rommels Antwort vgl. die weitergehende Deutung bei Hoffmann, Stauffenberg, S. 367f., und die zurückhaltende bei Stumpf, aaO., S. 142f.
[169] Hofacker an seine Frau, 26.6.1944.

die Massen am 1.10.38 bewegte. Kein Staatsmann wird sich dem auf die Dauer entziehen können; das elementare Bedürfnis nach Frieden und Ruhe wird alles, selbst den größten Haß, die imperialistischste Eroberungsgier, überwiegen und sich irgendwie durchsetzen. Es wird eine Zeit kommen, wo auf lange hinaus das Schwergewicht der erschöpften Menschheit sich von der technischen und materiellen Expansion zur inneren seelischen Neuordnung und Vertiefung verlagern wird."[170] Das erinnert an die Neuordnungsvorstellungen wie an die Überlegungen einiger, die wie Schulenburg nach dem Kriege Pfarrer werden wollten.

Seit Ende Juni richteten sich Hofackers Hoffnungen auf das Attentat, das sich immer wieder verzögerte.[171] Seit dem 10. Juli hielt er sich deswegen in Berlin auf, wo er von Claus Graf Stauffenberg am nächsten Tag über das an diesem Tag wegen des Fehlens von Göring und Himmler verschobene Attentat und den Stand der Planung informiert wurde. Am Abend berichtete er Beck über die Lage an der Westfront und Rommels Einstellung und besprach mit ihm den nach erfolgreichem Attentat zu verlesenden Aufruf. Einen Kompromiß-Frieden hielt er nicht mehr für möglich, vielmehr gehe es bei dem Systemwechsel durch den Staatsstreich „nur noch darum, die unvermeidliche Niederlage so erträglich wie möglich zu gestalten", also „Deutschland eine einigermaßen erträgliche Stellung in Mitteleuropa zu erhalten."[172] Diese Einschätzung trug er auch am 16. Juli den Freunden vor, als er bei Claus in Wannsee mit dessen Bruder Berthold, Yorck, Trott, Schwerin, Schulenburg, Merz und Hansen zusammentraf, um die Möglichkeiten der Beendigung des Krieges und der Verhandlungen mit den Alliierten zu besprechen. Im Rückblick auf derartige Gespräche schrieb er: „Ich habe in den letzten Wochen mehr Freundschaften fürs Leben geschlossen als in den letzten 15 Jahren."[173] In der Nacht zum 18. Juli fuhr er nach Paris zurück, ohne nochmals seine Familie gesehen zu haben, „weniger deshalb, weil es aus zeitlichen Gründen schlechterdings keine Wahl gab, sondern mehr deshalb, weil die Tragweite und [der] Inhalt meines Wirkens so geschichtliches Niveau angenommen haben, daß es auf dieser Ebene den früher häufigen Konflikt zwischen ‚dienstlichem' und privatem Leben nicht geben kann. [...] Heute

---

[170] Ebenso, 30.6.1944. Mit „1.10.38" meinte Hofacker wohl nicht den Einmarsch in das Sudentenland an diesem Tag, sondern die durch die Münchener Konferenz am 29.9. ausgelöste Hoffnung auf Frieden.

[171] Vgl. ibid.: „Die Wahrscheinlichkeit verdichtet sich, daß ich im Laufe der übermorgen beginnenden Woche dienstlich nach Berlin muß." Ebenso, 3.7.1944: die „Dienstreise [...] aus zwingenden Gründen kurzfristig verschoben, [...] nicht vor dem 10. Juli".

[172] Zit. Schwerin, Köpfe, S. 390..

[173] Hofacker an seine Frau, 18.7.1944.

wäre jedes ungenutzte Verstreichenlassen auch nur weniger Stunden eine Sünde wider den heiligen Geist und ein Verstoß nicht zuletzt gegen meine Pflichten als Mann einer deutschen Frau und Vater deutscher Kinder." Er sollte sie nicht wiedersehen.

In Paris erstattete er Stülpnagel umgehend Bericht und überprüfte nochmals die Vorbereitungen für die bei dem Umsturz vorgesehenen Verhaftungen. Die Chancen des Gelingens schienen ihm zwar gering[174], was aber sein Engagement eher verstärkte. Am späten Nachmittag des 20. Juli traf endlich das Stichwort für das erfolgte Attentat in Paris ein,[175] so daß die Aktion mit den Festnahmen von Angehörigen des SD und der Gestapo beginnen konnte. Für die geplanten Verhandlungen mit den westlichen Aliierten fiel aber der am 17. Juli schwer verwundete Rommel aus, dessen Nachfolge inzwischen Feldmarschall Hans von Kluge angetreten hatte. Als Stülpnagel und Hofacker deshalb in dessen Hauptquartier eintrafen, hatten inzwischen Ferngespräche mit dem Führerhauptquartier und Rundfunknachrichten ergeben, daß das Attentat fehlgeschlagen war und Hitler lebte. So konnten weder Hofackers leidenschaftlicher Appell noch Stülpnagels Hinweis auf Kluges Kenntnis der Verschwörung diesen zum Handeln bewegen.

Noch in der Nacht zum 21. Juli mußten die Inhaftierungen aufgehoben werden. Während Stülpnagel nach Berlin befohlen wurde, schwankte Hofacker zwischen dem Untertauchen in Frankreich, der Flucht ins Ausland – entsprechende Vorschläge von Freunden lehnte er auch wegen seiner Familie ab – oder der vorgetäuschten Unbeteiligtheit, indem er sich zur neuen Verwendung im Luftfahrtministerium in Berlin meldete. Noch in Paris wurde er jedoch am 25. Juli in der Wohnung des befreundeten Ernst Röchling, des deutschen Generalbeauftragten für die eisenschaffende Industrie Frankreichs, verhaftet.[176] Ersten Vernehmungen in Paris folgte die Überführung nach Berlin in die Gestapo-Zentrale in der Prinz-Albrecht-Straße; seine Frau und die Kinder wurden wenige Tage später in „Sippenhaft" genommen.

---

[174] Nach Bargatzky, Hotel Majestic, S. 131, meinte Hofacker am 19. Juli bei der Schlußbesprechung, „nur 10 % sprächen für das Gelingen des Umsturzes".

[175] Nach Urteil gegen Karl Heinrich von Stülpnagel u.a. erhielt die Mitteilung aus Berlin zunächst Finckh, der dann für die Benachrichtigung Stülpnagels durch Hofacker sorgte; gemäß KB, S. 136, wurde Stülpnagel von Berlin benachrichtigt, der dann als ersten Hofacker informierte; nach Bargatzky, Hotel Majestic, S. 132 (Aufzeichnung von 1945), hat Stauffenberg seinem Vetter telephonisch das Gelingen des Attentats mitgeteilt.

[176] Vgl. KB II, S. 709f., 714ff. Heinemann, Hofacker, S. 122, schreibt irrtümlich Hermann Röchling.

Zusammen mit den Pariser Mitverschworenen Stülpnagel, Finckh und Oberst i.G. Hans Otfried von Linstow sowie mit Oberstleutnant i.G. Günther Smend und Oberstleutnant i.G. Karl Ernst Rahtgens stand er am 29. August vor dem Volksgerichtshof, der unter Ausschluß der Öffentlichkeit tagte. Hofacker zeigte sich ungebrochen und fest in Erwartung des Todesurteils. Getroffen hat er seine Richter, als er die Legitimität des Widerstandes durch die „ungeheuerliche Behauptung" begründete, „er habe am 20. Juli mit dem gleichen Recht gehandelt, wie der Führer am 9. November 1923."[177] Als Freisler ihn unterbrechen wollte, sagte er: „Sie sollten jetzt schweigen, Herr Präsident, heute geht es um meinen Kopf, in einem Jahr um den Ihren!"[178]

Während die bereits vorher feststehenden Todesurteile bei Hofackers Mitangeklagten umgehend vollstreckt wurden, stand ihm noch eine Leidenszeit von fast vier Monaten in der Gestapo-Haft bevor. Da er in den Vernehmungen nur über sein Handeln ausgesagt hatte, wollte man den „Kopf der am 20. Juli 1944 in Frankreich abgelaufenen Putschmaßnahmen"[179] durch die Anwendung der Folter zu Angaben über weitere Mitverschworene zwingen.[180]

Gesehen hat ihn in dieser Zeit nur Speidel, als er im September dem zum Tode verurteilten und gefesselten Hofacker gegenübergestellt wurde. Er „hatte sich völlig in der Hand, obwohl er Spuren von Mißhandlungen aufwies. In souveräner Weise stellte er sich vor mich. Ehe er abgeholt wurde, bat er – offensichtlich zum wiederholten Male – um eine Bibel, was mit den Worten abgelehnt wurde: ‚So etwas führen wir nicht. Sie hätten längst Zeit in ihrem Leben gehabt, darin zu lesen.'"[181] Auch der ihm persönlich verbundene Angestellte der VSt, der als einziger „an der Kellertür in der Prinz-Albrecht-Straße Wäsche, einige Lebensmittel und Zigaretten für ihn abgeben konnte", berichtete von Buchwünschen: „[I]ch sollte ihm Bücher von Bismarck, Goethe, Engels bringen, und die Bibel."[182] Nach Speidels Aussage hat die Gestapo die Weiterleitung der Bibel verweigert. Hofacker ließ „mir mit dem Wäschewechsel immer die gleiche Frage auf einem Zettel übermitteln: ‚Wie geht es meiner Frau, wie geht es meinen fünf Kindern?'"

---

[177] Prozeßbericht von Dr. Friedrich an Bormann, 29.8.1944 (IfZ 277/52); vgl. Urteil gegen Karl Heinrich von Stülpnagel u.a..
[178] Nach Filmbericht zit. Leber, Gewissen, S. 413.
[179] KB, S. 92.
[180] Vgl. Bargatzky, Hotel Majestic, S. 140.
[181] Hans Speidel, Aus unserer Zeit. Erinnerungen, Berlin 1977, S. 216.
[182] Josef Boslak, zit. Leber, Gewissen, S. 413.

Am 19. Dezember sah ihn Speidel noch einmal in der Gestapozentrale auf dem Flur: „In ungebeugter Haltung ... [n]ur mit den Augen konnten wir uns grüßen."[183] Am 20. Dezember wurde Cäsar von Hofacker in Plötzensee ermordet. In seinen Erinnerungen „In Memoriam Caesar von Hofacker" deutete Gotthard Frhr. von Falkenhausen Hofacker abschließend durch den Hinweis auf Wilhelm von Oranien, den „Rebell aus Vaterlandsliebe, Rechtsgefühl und Standesbewußtsein, in der Niederlage noch größer als im Erfolg, gleichgültig gegen kirchliche Dogmen und doch tief religiös, der Welt zugewandt und doch über sie hinweggehend bis zum letzten Atemzug der Diener seiner Aufgabe."[184]

---

[183] Speidel, Aus unserer Zeit, S. 191f.
[184] Gotthard Frhr. von Falkenhausen, In Memoriam Caesar von Hofacker (BA, NL 1166, 155).

Kapitel XII

Der Solf-Kreis und die Tee-Gesellschaft[1]

Der nationalsozialistische Machtanspruch bewirkte bei den traditionellen Eliten aus höheren Beamten, Militärs und Intellektuellen Anpassung und/oder Dissidenz. Beide Reaktionen konnten sich in einer Person oder Gruppe verbinden, beispielsweise als Parteimitgliedschaft und als Ablehnung der Kirchenpolitik. Nach dem 20. Juli erlitten vier der sechzehn Mitglieder der Mittwochs-Gesellschaft den Tod, aber zu dieser Berliner Vereinigung von Gelehrten und Ministerialbeamten gehörten auch Anhänger Hitlers. Was diesen Kreis beispielhaft für andere Gruppierungen erscheinen läßt, war die geistige Gemeinschaft und ein Ethos, für das „‚die alte Auffassung von Recht und Gerechtigkeit' noch galt"[2]. Dazu gehörte auch die christliche Tradition, die als individueller Glaube vielfach ohne ausgeprägte Kirchlichkeit gelebt wurde. Kirchenaustritte wurden auch dann nicht vollzogen, wenn sich das Christentum angesichts des naturwissenschaftlichen Denkens auf einen Humanismus reduzierte. Aber Mitglieder der Eliten konnten sich auch zusammen mit akademisch gebildeten Vertretern des Bürgertums in Bibelkreisen der BK sammeln oder Gottesdienste von Pastoren wie Martin Niemöller besuchen. Zur Badischen Bekenntnisgemeinschaft gehörten die Professoren der Freiburger Universität, die nach der Reichspogromnacht zusammen mit ihren Ehefrauen und zwei Pfarrern das „Konzil" bildeten. Gehörten dazu zeitweilig auch katholische Priester, so entsprach die ökumenische Zusammensetzung auch bei nicht-kirchlichen Gruppen der im Dritten Reich zu beobachtenden Annäherung der Konfessionen.

Verwandtschaftliche Bindungen, berufliche Beziehungen und gemeinsame Interessen stärkten den Zusammenhalt und begründeten ein gegenseitiges Vertrauen. Solche intakten Gruppierungen entzogen sich der von Staat und Partei geforderten Systemloyalität. Im NS-Staat durfte man gemäß einer Urteilsbegründung des Volksgerichtshofes vom Anfang 1945

---

[1] Eine andere Fassung dieses Kapitels ist erschienen unter dem Titel „Zwischen Dissens und Widerstand" in: Matthias Riemenschneider/Jörg Thierfelder (Hg.), Elisabeth von Thadden. Gestalten – Widerstehen – Erleiden, 2. Aufl. Karlsruhe 2003, S. 188–229.

[2] Klaus Scholder (Hg.), Die Mittwochs-Gesellschaft. Protokolle aus dem geistigen Deutschland 1932–1944, Berlin 1982, S. 36 – im Anschluß an Eduard Spranger.

zwar „Gespräche über politische Dinge" führen, aber „nicht nichtnationalsozialistische politische Pläne miteinander bereden und so eine Art politischer Gruppe außerhalb des Nationalsozialismus mit anderen als nationalsozialistischen Ideen bilden."[3] Aus diesen Kreisen, Salons und Zirkeln zur Bewahrung ihrer Nonkonformität wagten nur einzelne den Schritt in den konspirativen Widerstand, aber vielfach dienten sie als Basis für die Hilfe an gefährdeten und verfolgten Personen.

Bereits 1949 betonte Hans Rothfels, daß für den Widerstand diese breite gesellschaftliche Verankerung wichtig war, und nannte den Solf-Kreis, um die Breite der „Nicht-Gleichschaltung" zu dokumentieren und die Tatsache, „daß von Menschen prinzipieller Orientierung dem Rassenfanatismus des Regimes Widerstand geleistet wurde."[4] So betrieb Elisabeth von Thadden „nicht aktive Opposition im politischen Sinne, aber in ihrem beispielhaften Sein war sie eine Quelle der Kraft für andere und ein Vorwurf gegen das Regime, solange sie lebte."[5] Zu ihrer Einordnung in die ganze Breite des Widerstandes scheint Richard Löwenthals Unterscheidung von „drei Grundformen des antitotalitären Widerstandes"[6] hilfreich; die „offen politische Opposition" setzt er ab von Formen der Nonkonformität durch „gesellschaftliche Verweigerung" und durch „weltanschauliche Dissidenz". Beide Haltungen unterscheiden sich dadurch, daß sich die über den punktuellen Dissens hinaus dauerhafte Dissidenz auf die Weltanschauung und den Deutungsanspruch des NS-Regimes bezog, während sich Verweigerung im Negieren, Unterlaufen und Übertreten von einzelnen Normen und Handlungsaufforderungen des Regimes und seiner Handlanger äußerte. Weltanschauliche Dissidenz bildete dabei vielfach die Motivation für gesellschaftliche Verweigerung, ohne diese notwendig zur Folge zu haben.[7]

---

[3] Urteil gegen Wilhelm zur Nieden u.a., 19.1.1945, in: Hans-Adolf Jacobsen (Hg.), „Spiegelbild einer Verschwörung" [weiterhin zitiert als KB], Stuttgart 1984, S. 761.

[4] Hans Rothfels, Die deutsche Opposition gegen Hitler. Eine Würdigung, Krefeld 1949, S. 43. In den späteren Ausgaben nennt er außer Hanna Solf und Kiep noch Kuenzer: Rothfels, Die deutsche Opposition gegen Hitler, (Fischer-TB 198) Frankfurt/M. 1958, S. 37; dass. 1969 = neu hg. mit einer Einführung von Friedrich Frhr. Hiller von Gaertringen, Zürich 1994, S. 72.

[5] Ebd.

[6] Richard Löwenthal, Widerstand im totalen Staat, in: ders./Patrik von zur Mühlen (Hg.), Widerstand und Verweigerung in Deutschland 1933–1945, Bonn 1984, S. 11–24, hier S. 14ff.

[7] AaO., S. 22f., verdeutlicht die weltanschauliche Dissidenz an der „Inneren Emigration" von Schriftstellern und Künstlern.

1. Der Solf-Kreis

Dr. Wilhelm Solf (1862–1936)[8] gründete 1915 die „Deutsche Gesellschaft 1914", deren liberale Mitglieder wie die Historiker Hans Delbrück und Friedrich Meinecke, die Theologen Ernst Troeltsch und Adolf von Harnack und Industrielle wie Robert Bosch den „Geist von 1914" und den „Burgfrieden" pflegten und statt der alldeutschen Annexionspolitik einen Verständigungsfrieden wünschten.[9] Diesen Zielen entsprach die Regierung Max von Baden, in der Solf zu seiner bisherigen Aufgabe als Staatssekretär im Reichskolonialamt (1911–18) das Auswärtige Amt übernahm, nachdem man ihn zuvor als Reichskanzler in Erwägung gezogen hatte. Der Anhänger einer friedlichen Lösung internationaler Konflikte gehörte wie manche seiner Freunde aus der „Deutschen Gesellschaft 1914" Ende 1918 zu den Gründungsmitgliedern der „Deutschen Liga für Völkerbund".[10] In Berlin war sein Bekanntenkreis „weit größer als der jedes anderen Staatssekretärs, rechneten zu ihm doch auch viele Parlamentarier, angefangen von den Konservativen bis hin zu den Sozialdemokraten,"[11] aber auch junge Künstler und Gelehrte. Als Botschafter in Tokio (1920–1928) erwarb er sich hohes Ansehen, so daß der japanische Außenminister Yosuke Matsuoka im Juni 1941 während seines Staatsbesuches in Deutschland die Witwe des Diplomaten aufsuchte und seine Vermittlung für ihren Sohn in englischer Internierung anbot.[12] In der Endphase der Republik bemühte sich Solf um eine Sammlung der bürgerlichen Mitte[13] aus liberalen und

---

[8] Vgl. Eberhard von Vietsch, Wilhelm Solf. Botschafter zwischen den Zeiten, Tübingen 1961; ders. (Hg.), Gegen die Unvernunft. Der Briefwechsel zwischen Paul Graf Wolff Metternich und Wilhelm Solf 1915–1918, Bremen 1964.

[9] Vgl. Joachim Scholtyseck, Robert Bosch und der liberale Widerstand gegen Hitler 1933 bis 1945, München 1999, S. 38ff., der auch den „Kniefall vieler Liberaler vor der Versuchung der Macht" (40) beachtet; Stephan Malinowski, Vom König zum Führer. Sozialer Niedergang und politische Radikalisierung im deutschen Adel zwischen Kaiserreich und NS-Staat, Berlin 2003, S. 130ff., weist auf die Mitgliedschaft des alldeutschen Publizisten Ernst Graf von Reventlow hin, aber auch auf das frühe Ausscheiden der rechten Mitglieder.

[10] Vgl. Detlev Acker, Walter Schücking (1875–1935), Münster 1970, S. 146–149.

[11] Vietsch, Solf, S. 140.

[12] Vgl. Die Hassell-Tagebücher 1938–1945, hg. von Friedrich Frhr. Hiller von Gaertringen, Berlin 1988, S. 247; Ernst von Harnack an Werner Best, Juli 1944, in: ders., Jahre des Widerstands 1932–1945, hg. von Gustav-Adolf von Harnack, Pfullingen 1989, S. 89.

[13] Vgl. Larry Eugene Jones, Sammlung oder Zersplitterung? Die Bestrebungen zur Bildung einer neuen Mittelpartei in der Endphase der Weimarer Republik 1930–1933, in: VZG 1977, S. 272ff.

konservativen Kräften. Diese Mittelpartei sollte sich von NSDAP und DNVP abgrenzen, aber die Zusammenführung der zersplitterten Gruppen scheiterte.

Auf Grund seiner internationalen Erfahrung und seiner Orientierung an Recht, Humanität und Frieden lehnte Solf den Nationalsozialismus von Anfang an ab, den Aufmarsch der NS-Formationen aus Anlaß der „Machtergreifung" beurteilte er als „Finis Germaniae". Nach dem Boykott jüdischer Geschäfte am 1. April 1933 schrieb er seiner Tochter: „Es ist unsagbar traurig, was sich hier täglich abspielt. Die Juden werden tatsächlich zu Bürgern 2. Klasse degradiert und überall herausgeworfen."[14] Deshalb galt der Hilfe für Juden sein besonderer Einsatz. Ende des Jahres begrüßte der liberale Menschenfreund, der ein guter Christ zu sein versuchte,[15] den Widerstand des Pfarrernotbundes gegen die Deutschen Christen, bei dem „die protestantischen Pastoren sich wirklich als echte Protestanten gezeigt haben und sich forsch benahmen."[16]

Nach dem Tode ihres Gatten am 6. Februar 1936 setzte die 25 Jahre jüngere Johanna (Hanna) Solf, geb. Dotti (1887–1954), nicht nur die Hilfe für jüdische und andere verfolgte Mitbürger fort,[17] sondern pflegte auch die Kontakte ihres Mannes und versammelte deutsche und ausländische Diplomaten um sich;[18] hinzukamen weitere Bekannte und Gleichgesinnte. Seit 1938 wohnte auch die Tochter Lagi (1909–1955) in Berlin und nahm am Gesprächskreis ihrer Mutter teil; mit ihr sorgte sie für Juden und deren Flucht in die Schweiz.[19] 1940 heiratete sie Hubert Graf von Ballestrem,

---

[14] Zit. Vietsch, Solf, S. 328.
[15] So kennzeichnete Hanna Solf, The Story of the „Solfkreis" (IfZ, ED 29/3), ihren Mann im Verhör durch Freisler vor dem Volksgerichtshof.
[16] W. Solf an Friedrich Heilbron, 27.12.1933, zit. Vietsch, Solf, S. 328.
[17] Eugen Solf hat für die Anerkennung seiner Großmutter als „Gerechte der Völker" Sabine Weyl (*1920) als Zeugin gefunden, die 1943-1945 in Würzburg untergetaucht war. Bei Martha Liebermann hatte sie Hanna Solf kennen gelernt, die sie und ihre Mutter wie auch Anni Schulz mit Geld und Lebensmittelmarken unterstützte; Eugen Solf, Interview with Ms. Sabine Weyl, 7.12.2004 und 31.1.2005 (Archiv des Verf.).
[18] Vielleicht hat sie schon vor dem Tod ihres Mannes die Leitung des Kreises übernommen, so traf sich Heinrich Brüning im Frühjahr 1934 mit Hannah von Bredow-Bismarck und Arthur Zarden „bei Frau Solf"; H. Brüning an H. v. Bredow-Bismarck, 8.11.1958, in: Frank Müller, Die „Brüning Papers", Frankfurt/M. 1993, S. 176.
[19] Zu Lagi Countess Ballestrem-Solf, Tea Party, in: Eric H. Boehm (Hg.), We Survived. Fourteen Histories of the Hidden and Hunted of Nazi Germany (1949), Reprint Santa Barbara, CA 1985, S. 133f., vgl. Maria Gräfin von Maltzan, Schlage die Trommel und fürchte dich nicht. Erinnerungen, Frankfurt/M. 1988, S. 169f. Obwohl

der zu dem früh den Nationalsozialismus ablehnenden Kreis um Carl von Jordan gehörte, aus dem besonders Edgar Julius Jung, Herbert von Bose, Fritz Günther von Tschirschky, Wilhelm Emanuel Freiherr von Ketteler als Mitglieder des jungkonservativen Widerstandes um Franz von Papen bekannt sind.[20]

„Die schönen, mit ostasiatischen Kunstwerken geschmückten Räume Alsenstraße 9 stellten einen der wenigen Salons dar, die Berlin besaß"[21], beschrieb Ernst von Harnack (1888–5.3.1945)[22], der frühere sozialdemokratische Regierungspräsident von Merseburg, den Treffpunkt des Solf-Kreises. „Meine Beziehungen zum Hause Solf gehen auf meinen heimgegangenen Vater [Adolf v. Harnack] zurück. Zwischen beiden Männern bestand ein freundschaftliches, auf gegenseitiger Schätzung beruhendes Verhältnis." Die Unterhaltungen erfolgten „[n]icht im Sinne des seichten Diplomatenklatsches oder einer verantwortungslosen Drahtzieherei, sondern in dem des kultivierten Gesprächs über alle wesentlichen Dinge zwischen Himmel und Erde. Daß die politischen Vorgänge dabei im Vordergrund standen, war bei der vom Hausherrn überkommenen Tradition und dem aus allen Ländern stammenden Freundeskreis der Hausfrau nur natürlich. Ich verdanke der Teilnahme manche Erkenntnis und Anregung, und vor allem: ich hatte stets den Eindruck, daß unser Land dort in sehr glücklicher Weise repräsentiert wurde."

Die genaue Ausdehnung des Kreises läßt sich kaum eindeutig bestimmen; es gab keine „Mitgliedschaft", sondern Kontinuität und Wechsel, häufigere oder seltenere Teilnahme an den Gesprächen. Maria Gräfin von Maltzan, eine Freundin von Lagi Gräfin Ballestrem, fand es wegen der Gesprächsthemen „im Laufe der Zeit sehr bedenklich, daß immer wieder neue Gesichter in der Gruppe Solf auftauchten."[23] Darum differieren die Aussagen von Hanna Solf und ihrer Tochter über die Angehörigen des Kreises, der nicht wie der Kreisauer und andere Widerstandskreise auf ein

---

Ballestrem-Solf den Titel „Tea Party" auf das Treffen bei E. v. Thadden bezog, nennt Gerlind Schwöbel, Die Teegesellschaft in Berlin oder der Solf-Kreis, in: dies., Nur die Hoffnung hielt mich, Frankfurt/M. 2002, S. 80–118, den Solf-Kreis Teegesellschaft, weil man bei den sonntäglichen Treffen Tee trank.

[20] Vgl. Ballestrem-Solf, Tea Party, S. 133. Zum Jordan-Kreis vgl. Klaus von der Groeben, Nikolaus Christof von Halem im Widerstand gegen das Dritte Reich, Wien-Köln 1990, S. 27ff.

[21] Ernst von Harnack an Werner Best, Juli 1944, in: ders., Jahre, S. 89.

[22] Hier und im folgenden verweisen die vollständigen Todesdaten auf die Hinrichtung bzw. Ermordung durch Organe des NS-Staates.

[23] Maltzan, Trommel, S. 168.

konkretes Ziel hinarbeitete.[24] Zusätzliche Unklarheiten ergaben sich in der Literatur dadurch, daß der Zugriff der Gestapo auf die Tee-Gesellschaft bei Elisabeth von Thadden deren Teilnehmer als Mitglieder des Solf-Kreises erscheinen ließ,[25] obwohl dieser erst später von den Untersuchungen der Gestapo erfaßt und gesondert verurteilt wurde.[26] Aber andere, die nicht in diese Prozesse verwickelt waren, wurden bisher übersehen.[27]

Entsprechend dem Lebenshorizont von Wilhelm Solf trafen sich im Solf-Kreis besonders ehemalige Diplomaten und Ministerialbeamte. Daß es nach dem Urteil seiner Tochter „kaum eine der bekannten Personen aus den verschiedenen Widerstandskreisen [gab], die nicht in meinem Elternhaus verkehrten"[28], entsprach weniger dem Ansehen des Kreises als der soziologischen Herkunft der Mitglieder des bürgerlich-militärischen Widerstandes. Als „Hauptfreunde, die später mit uns unter dem Namen ‚Solf-Kreis' wegen Hochverrats angeklagt wurden," nannte sie „Geheimrat Richard Kuenzer, Graf Albrecht Bernstorff, Prof. Erxleben und Dr. Maximilian von Hagen". Ihre Mutter verwies zudem auf Staatssekretär a.D. Zarden und Legationsrat i.R. Herbert Mumm von Schwarzenstein;[29] weiterhin rechnete sie Ernst von Harnack, Erwin Planck, Wilhelm Staehle sowie Franz Kempner zu den „nahen Mitarbeitern im Kampf".

Ein alter Freund von Wilhelm Solf war der Wirkliche Legationsrat i.R. Dr. Richard Kuenzer (1875–24.4.1945).[30] Seine 1904 begonnene diploma-

---

[24] Das betont m.R. Knut Hansen, Albrecht Graf von Bernstorff. Diplomat und Bankier zwischen Kaiserreich und Nationalsozialismus, Frankfurt/M. u.a. 1996, S. 227.

[25] Bereits Ballestrem-Solf, Tea Party, S. 135, bezeichnet die Gäste der Geburtstagsfeier – abgesehen von Reckzeh – als Freunde, aber auch KB, S. 175, verbindet Tee-Gesellschaft („Barock"; vgl. S. 462) und Solf-Kreis.

[26] Vgl. Nachtragsschrift und Nachtragsanklageschrift gegen Johanna Solf, Dr. Richard Kuenzer u.a., 15.11.1944, in: Jürgen Zarusky/Hartmut Mehringer (Bearb.), Widerstand als „Hochverrat", München 1994–98, Mikrofiche 0680.

[27] Die Nennung von Karl Ludwig Freiherr von und zu Guttenberg als Mitglied des Kreises bei Hermann Graml, Solf-Kreis, in: Wolfgang Benz/Walter H. Pehle (Hg.), Lexikon des deutschen Widerstandes (Fischer-TB 50232), Frankfurt/M. 1999, S. 298f., beruht wohl auf einem Mißverständnis der Angaben von Peter Hoffmann, Widerstand – Staatsstreich – Attentat, 3. Aufl. München 1979, S. 51. Günter Brakelmann, Helmuth James von Moltke 1907–1945, München 2007, S. 315, nennt ohne Belege Rechtsanwalt Alfred Etscheid als Mitglied des Solf-Kreises.

[28] Gräfin Lagi Ballestrem-Solf, Gestapo auf der Teegesellschaft, in: Frauenkorrespondenz o.J. (IfZ, ED 106/Bd. 101).

[29] Vgl. Hanna Solf an Ricarda Huch, 5.7.1946 (IfZ, ZS/A 26, Bd. 3); dies., The Story.

[30] Vgl. Vietsch, Solf, Register s.v.; Hanna Solf, Ein Sendbote der Güte (1945), bei: Hugo Ott, Dr. Max Josef Metzger (3.2.1887–17.4.1944), in: Freiburger Diözesan-Archiv 106, 1986, S. 225f.; Armin Boyens, Kirchenkampf und Ökumene 1939–1945,

tische Laufbahn endete 1916 in englischer Gefangenschaft, die seine Gesundheit schwer schädigte. Deshalb bekam er nach seiner Entlassung 1919 trotz der Ernennung zum Wirklichen Legationsrat 1920 keine angemessene Position, bis er 1923 in den einstweiligen und 1933 von den Nationalsozialisten in den endgültigen Ruhestand versetzt wurde. Ab 1925 leitete er das Zentrumsblatt „Germania" im Sinne des „linken Flügels" des Zentrums, so daß er im September 1927 wegen Papens Rechtskurs ausschied. Politisch wandte er sich gegen jeden Nationalismus, indem er für die deutsch-französische und deutsch-polnische Aussöhnung eintrat in der Hoffnung auf die „Vereinigten Staaten von Europa". Nach Beratertätigkeiten für Wirtschaftsunternehmen wurde er 1931 Devisenberater. So konnte er im Dritten Reich neben kleineren diplomatischen Aufträgen besonders beim Transferieren jüdischen Kapitals trotz der Devisenbewirtschaftung, aber auch bei der Einführung von Unterstützungen aus der Schweiz für untergetauchte Juden in Deutschland helfen.

Mit der Hilfe für Emigranten waren die Bankhäuser M. M. Warburg und A. E. Wassermann befaßt.[31] In die Berliner Wassermann-Bank war 1934 Botschaftsrat i.R. Dr. Albrecht Graf von Bernstorff (1890–24.4. 1945) eingetreten, der 1937 Mitinhaber als Treuhänder der jüdischen Besitzer wurde. Im Unterschied zu seinem Vater betonte er seinen evangelischen Glauben wenig, vielmehr verstand er sich als humanistischer Weltbürger, der engagiert Juden half. 1918 hatte er sich im Auswärtigen Amt unter Wilhelm Solf stark mit dem Kurs der Regierung Max von Baden identifiziert, und der daraus erwachsenen persönlichen Verbindung entsprach, daß Frau Solf ihn mit ihrer Tochter 1925 in London besuchte.[32] Nach der „Machtergreifung" verließ er den Auswärtigen Dienst, da er ein „Deutschland, das in einen Kasernenhof verwandelt wird, [...] nicht im Ausland vertreten"[33] könnte. Er blieb aber mit Solf in Verbindung, bei dem er u.a. Kuenzer kennen lernte.[34]

München 1973, S. 112; Uwe Schellinger, Dr. Richard Kuenzer, in: Helmut Moll (Hg.), Zeugen für Christus, 2. Aufl. Paderborn 2000, S. 233–236; ders., Tod eines „Friedenssüchtigen". Zur Biografie von Dr. Richard Kuenzer (1875-1945); in: Freiburger Diözesan-Archiv 119, 1999, S. 427-437; Biographisches Handbuch des deutschen Auswärtigen Dienstes 1871-1945, Bd. 2, bearb von Gerhard Keiper/Martin Kröger, Paderborn 2005, S. 695ff.

[31] Vgl. Hansen, Bernstorff, S. 214.
[32] Vgl. aaO., S. 154.
[33] AaO., S. 196.
[34] Hansen, Bernstorff, S. 214, rechnet mit einer Bekanntschaft „mindestens seit 1936", ohne die Verbindung beider zum Ehepaar Solf zu beachten.

1932 bis 1933 war Dr. Arthur Zarden (1885–1944) Staatssekretär im Reichsfinanzministerium.[35] Bis zum Krieg wohnte er mit seiner Frau und Tochter Irmgard im gleichen Haus wie Solfs und hatte sich mit Wilhelm Solf bereits in der liberalkonservativen Tischgesellschaft des Mitbegründers der DDP, Eugen Schiffer, getroffen, zu der auch Otto C. Kiep gehörte.[36] Der Historiker Dr. Maximilian von Hagen (1886–1960), bis 1927 Referent der Presseabteilung des Auswärtigen Amtes, war als Kolonialsachverständiger seit 1929 bei Wilhelm Solf ein gern gesehener Gast.[37]

Auch als Violinvirtuose und Sänger war der katholische Armeeoberpfarrer a.D. Dr. Dr. Friedrich Erxleben (1883–1955) ausgebildet; das Collegium Germanicum ernannte ihn zum Professor für Alte Sprachen. Neben seinen vielfältigen wissenschaftlichen Interessen hatte er Freunde in Politik und Wissenschaft. Als Frontseelsorger hatte er am Weltkrieg teilgenommen und wurde 1920 Religionslehrer am Mädchengymnasium der Ursulinen und 1923 Seelsorger des 1937 nach Berlin-Frohnau verlegten Invalidenhauses.[38] Schon vor Kriegsbeginn hatte er dessen Kommandanten, Oberst Wilhelm Staehle (1877–23.4.1945), in den Kreis um Frau Solf eingeführt,[39] mit der ihn und seine Frau Hildegard über die Ablehnung des

---

[35] Nach „Biographisches Register" zu Herbert Michaelis/Ernst Schraepler (Hg.), Ursachen und Folgen. Vom deutschen Zusammenbruch 1918 und 1945 bis zur staatlichen Neuordnung Deutschlands in der Gegenwart, Berlin (1959), ist Zarden „wegen jüdischer Abstammung ausgeschieden", aber nur seine Frau war Jüdin; vgl. KB, S. 421; Irmgard Ruppel (geb. Zarden), Memories, New York 2001, S. 46. Sie nennt aaO., S. 18, keinen Grund für die Versetzung in den einstweiligen Ruhestand am 1.4., also vor dem Gesetz zur Wiederherstellung des Berufsbeamtentums. Die Ursache war wohl die Neubildung der Regierung; Hitler schrieb Zarden einen Dank für seine Arbeit; aaO., S. 56. Durch seine Arbeit im Finanzministerium kannte Zarden Goerdeler, der ihn im Sommer 1943 für eine Regierung nach Hitler zu gewinnen suchte; vgl. ebd., S. 51.

[36] Vgl. Ger van Roon (Hg.), Helmuth James Graf von Moltke. Völkerrecht im Dienste der Menschen, Berlin 1986, S. 20, 146, Anm. 3. Möglicherweise lernte Kiep in diesem Kreise Moltke erstmals kennen. Zu Schiffer vgl. Hellmuth Auerbach, in: Wolfgang Benz/Hermann Graml (Hg.), Biographisches Lexikon der Weimarer Republik, München 1988, S. 291.

[37] Vgl. Maximilian von Hagen, Dem Andenken Solfs, in: Europäische Revue 1942, S. 596f. Biographisches Handbuch des deutschen Auswärtigen Dienstes, Bd. 2, S. 168f.

[38] Vgl. Winfried Meyer, Friedrich Erxleben, in: ders. (Hg.), Verschwörer im KZ, Berlin 1998, S. 228-231.

[39] Vgl. Ger van Roon, Wilhelm Staehle. Ein Leben auf der Grenze 1877–1945, München 1969, S. 41f. Eine weitere Beziehung bestand vielleicht dadurch, daß Wilhelm Solf auf dem Invalidenfriedhof bestattet war.

Dritten Reiches hinaus die Hilfe für Verfolgte als Mitglied des Helferkreises des „Büro Grüber" für evangelische „Nichtarier" verband.

Legationsrat i.R. Dr. Herbert Mumm von Schwarzenstein (1898-20.4.1945) war Legationssekretär in der Londoner Gesandtschaft, als dort auch Bernstorff arbeitete, und wechselte anschließend zur Botschaft in Tokio unter Wilhelm Solf. 1935 wurde er wegen Homosexualität auf Grund des „Gesetzes zur Wiederherstellung des Berufsbeamtentums" aus dem Staatsdienst ausgeschlossen.[40]

Staehle wurde unbeschadet seiner vielen Verbindungen zum Widerstand im Zuge der Ermittlungen der Gestapo gegen den Solf-Kreis am 12. Juni 1944 verhaftet, aber von der Literatur in diesem Zusammenhang bisher kaum beachtet, während der von der Gestapo dem Solf-Kreis zugeordnete Dr. Franz Kempner (1879-5.3.1945), 1925-26 Staatssekretär in der Reichskanzlei, übersehen wurde.[41] Wie Staatssekretär a.D. Erwin Planck (1893-23.1.1945)[42], der unter ihm Regierungsrat und von 1932 bis zur „Machtergreifung" sein Nachfolger als Staatssekretär war, gehörte er zum Kreis um Johannes Popitz und Ulrich von Hassell. Im Einsatz „für Recht und Menschlichkeit"[43] und bei der Hilfe für Verfolgte entsprach der Sohn des Physikers Max Planck den Intentionen von Hanna Solf, die ihn wie Staehle und Ernst von Harnack in den sieben Jahren ihres Kreises zu den „nahen Mitarbeitern im Kampf"[44] rechnete. Aber in seinen Tagebüchern erwähnte Planck Hanna Solf nicht, sondern nur einzelne Mitglieder wie besonders Kempner.[45] Deshalb hatte er wohl eher lose Kontakte im Unterschied zu Harnack, der sich besonders der Hilfe für politisch Verfolgte[46]

---

[40] Vgl. Anklageschrift gegen Dr. Herbert Mumm von Schwarzenstein und Nikolaus-Christoph von Halem, 22.4.1944, in: Groeben, Halem, S. 85.

[41] Vgl. KB, Register s.v.; Hassell, Tagebücher, s.v.; Walter Wagner, Der Volksgerichtshof im nationalsozialistischen Staat, Stuttgart 1974, S. 745ff. Hanna Solf an Ricarda Huch, 5.7.1946, rechnet Kempner zu „den Freunden und Mitstreitern".

[42] Vgl. Hassell-Tagebücher, Register s.v. Kempner, Planck; Heinz Boberach, Planck, Erwin, in: Benz/Graml, Lexikon, S. 253f.; Astrid von Pufendorf, Die Plancks. Eine Familie zwischen Patriotismus und Widerstand, Berlin 2006.

[43] Annedore Leber (Hg.), Das Gewissen steht auf. Lebensbilder aus dem deutschen Widerstand 1933-1945, neu hg. von Karl Dietrich Bracher, Mainz 1984, S. 106. Helmuth Rhenius an Ricada Huch, 25.10.1946 (IfZ, ZS-A, 29,3): „Sein Ziel war der homo humanus, aufgeschlossen für alles Geistige, mitlebend mit den Interessen alter Kulturvölker, Erholung in der Musik suchend und in allen Beziehungen der Menschen untereinander die Freiwilligkeit und die Freiheit voranstellend."

[44] H. Solf an Ricarda Huch, 5.7.1946.

[45] Vgl. Astrid von Pufendorf an Verf., 9.4.2007.

[46] Vgl. Harnack, Jahre, S. 64ff.; oben, Kapitel V.

widmete und Verbindung zu vielen Personen des bürgerlich-militärischen Widerstandes hatte.

Weitere Gleichgesinnte kamen bisweilen zu den zwanglosen Treffen wie Hannah von Bredow (1893–1971), die Tochter von Fürst Herbert von Bismarck, aber auch Peter Graf Yorck von Wartenburg (1904-8.8. 1944)[47]. Daß die Kontakte Wilhelm Solfs zu Friedrich-Werner Graf von der Schulenburg (1875-10.11.1944), dem Botschafter in Moskau, und Adam von Trott zu Solz (1909-26.8.1944), dem Außenpolitiker des Widerstandes,[48] von Hanna Solf weitergeführt wurden, scheint wenig wahrscheinlich.[49]

Mumm von Schwarzenstein war seit 1939 mit Dr. Nikolaus von Halem (1905-9.10.1944) befreundet, der im Jordan-Kreis mit Hubert Graf von Ballestrem zusammengekommen war. Entsprechend der dort herrschenden Einstellung war der entschiedene Anti-Nazi Halem 1933 aus dem Justizdienst in die Industrie gewechselt und hatte begonnen, „Menschen zum Aufstand gegen Hitler zu sammeln"[50] und Verbindungen zu sich bildenden Widerstandsgruppen aufzubauen. 1940 wurde er durch Vermittlung von Hubert Graf von Ballestrem Berater und Leiter der Berliner Außenstelle des im Familienbesitz befindlichen schlesischen Kohle- und Stahlkonzerns.[51] Durch diese Anstellung unterstützte die Familie Ballestrem bewußt die Widerstandsaktivitäten von Halem, der über Graf Hubert dessen Frau Lagi kennen lernte.[52] Ob er aber als Mitglied des Solf-Kreises bezeichnet werden kann, erscheint fraglich.[53]

In anderer Weise zeigt sich das Problem einer Zurechnung zum Solf-Kreis bei dem Gründer des Friedensbundes deutscher Katholiken und Promotor der Una-Sancta-Bewegung, Dr. Max Josef Metzger (1887-17.4. 1944), der in der ordensähnlichen „Christkönigsgesellschaft vom Weißen

---

[47] Vgl. Maltzan, Trommel, S. 168.
[48] Vgl. Henry O. Malone, Adam von Trott zu Solz. Werdegang eines Verschwörers 1909– 1938, Berlin 1986, S. 216; Giles MacDonogh, A good German. A Biography of Adam von Trott zu Solz, Woodstock, NY, 1992, S. 257.
[49] Als „vertraute Freunde und häufige Besucher" nennt Ballestrem-Solf, Gestapo, neben Schulenburg und Trott u.a. Goerdeler, der wie Schacht im Hause Solf verkehrte und dort auch Friedrich Siegmund-Schultze kennenlernte (vgl. Scholtyseck, Bosch, S. 235f.), aber eindeutig nicht mehr zum Kreis ihrer Mutter gehörte.
[50] Brief von Hans Graf zu Lehndorff, o. D., zit. Groeben, Halem, S. 33.
[51] Gemäß Anklageschrift war er nur vom 1.10.1940–31.1.1942 angestellt, während Groeben, Halem, S. 18, eine Tätigkeit ab 1.7.1940 für wahrscheinlich hält.
[52] Ballestrem-Solf, Gestapo, bezeichnet Halem als einen „der besten Freunde ihres Mannes".
[53] So auch mündlich Klaus von der Groeben, 23.1.2000. Ballestrem-Solf, Gestapo, nennt Halem jedoch einen „häufige[n] Besucher" des Solf-Kreises (vgl. Anm. 49).

Kreuz" in Meitingen bei Augsburg als Bruder Paulus wirkte und seit 1940 in deren Berliner Niederlassung, dem Pius-Stift, lebte. Bald nach Kriegsende galt er als Mitglied des Solf-Kreises,[54] allerdings hatte er selbst am 30. Juli 1943 in seiner Erklärung zu den Ermittlungen der Gestapo betont, daß ihn Frau Solf aus Interesse für die Una-Sancta-Arbeit nur einmal im Frühjahr 1943 in ihren Salon eingeladen hätte.[55] Von den dazu gebetenen ehemaligen Diplomaten Richard Kuenzer und Albrecht Graf Bernstorff kam nur Kuenzer, der zum Friedensbund deutscher Katholiken gehörte und seinerseits später Metzger zu einem Gespräch mit einem Gast einlud, der gerade aus der Schweiz zurückgekehrt war. Am 29. Juni wurde Metzger verhaftet, als er Erzbischof Erling Eidem von Uppsala ein Memorandum über die Neuordnung Deutschlands nach Hitler durch die naturalisierte Schwedin Dagmar Imgart senden wollte; diese war aber eine Agentin der Gestapo-Abteilung IV B (Beobachtung der Kirchen). Bei den Ermittlungen

---

[54] Vgl. Ballestrem-Solf, Gestapo; Klaus Drobisch, Wider den Krieg. Dokumentarbericht über Leben und Sterben des katholischen Geistlichen Dr. Max Josef Metzger, Berlin (Ost) 1970, S. 70 mit Anm. 126. Dazu beigetragen hat, daß H. Solf, The Story, betont, ihr seien durch die Freundschaft und Hilfe für Metzger Schwierigkeiten bei den Verhören entstanden. Nach Irmgard von der Lühe, Elisabeth von Thadden. Ein Schicksal unserer Zeit, Düsseldorf-Köln 1966, S. 189, soll E. v. Thadden Metzgers Verbindung zu Eidem hergestellt haben, was aber nach dessen Angaben Dagmar Imgart tat, während das Urteil gegen Metzger nur auf die Una-Sancta verweist. Thomas Schnabel, Max Josef Metzger, in: Michael Bosch/Wolfgang Niess (Hg.), Der Widerstand im deutschen Südwesten 1933–1945, Stuttgart 1984, S. 111, behauptet sogar Beziehungen zwischen Eidem und dem Solf-Kreis. Hugo Stehkämper, Protest, Opposition und Widerstand im Umkreis der (untergegangenen) Zentrumspartei. Ein Überblick. Teil II: Widerstand, in: Schmädeke/Steinbach, Widerstand, S. 893, wertet zudem Metzgers Denkschrift für Erzbischof Eidem vom Frühjahr 1943 als „Manifest" des Solf-Kreises; daß „eine Denunziantin" Metzger „bei einem Solf-Treffen zu diesem Ausschreiben bewogen und es alsdann der Gestapo zugespielt" hätte (ähnlich Wagner, Volksgerichtshof, S. 664, Anm. 11), verzeichnet die Rolle D. Imgarts, die keine Beziehungen zum Solf-Kreis hatte; vgl. Drobisch, Krieg, S. 79ff. Zuletzt behauptete Gertraud Grötzinger, Elisabeth von Thadden (1890–1944), in: Karl-Joseph Hummel/Christoph Strohm (Hg.), Zeugen einer besseren Welt, Leipzig 2000, S. 202, daß Siegmund-Schultze sich für die Una-Sancta-Bewegung engagiert und Thadden deshalb Kontakte zu Metzger unterhalten habe. Ohne derartige Verweis zuletzt Klaus Kienzler, Dr. Max Joseph Metzger, in: Moll, Zeugen, S. 212-215 (Lit.!).

[55] Vgl. Drobisch, Krieg, S. 132f.; dazu auch die Eingabe Metzgers vom 1.10.1943 bei Ott, Metzger, S. 217. Das Datum ergibt sich aus den erwarteten Veränderungen im Auswärtigen Amt, die z.B. Helmuth James von Moltke am 1. April 1943 erfuhr; vgl. Helmuth James von Moltke, Briefe an Freya 1939–1945, hg. von Beate Ruhm von Oppen, München 1988, S. 464.

der Gestapo belastete Metzger Kuenzer, nicht aber Bernstorff, ohne das besondere Interesse der Gestapo auf Frau Solf zu richten. Angesichts seiner sonstigen Offenheit lassen sich keine Gründe für ein Verschweigen weiterer Namen[56] erkennen, zumal er bis zu seinem Prozeß vor dem Volksgerichtshof am 14. Oktober 1943 mit dessen Rechtsförmigkeit rechnete. Der vermutete Zusammenhang mit den Verhaftungen von Kuenzer und Bernstorff ließ ihn jedoch durch das am 17. April 1944 vollstreckte Todesurteil zum ersten Todesopfer des Solf-Kreises werden.

Als Mitglieder des Solf-Kreises, genauer als relativ häufige Teilnehmer der Tee-Gespräche, zu denen Hanna Solf nach dem Tode ihres Mannes einlud, wird man die folgenden Personen bezeichnen können: Richard Kuenzer, Wilhelm Staehle, Franz Kempner, Friedrich Erxleben, Maximilian von Hagen, Arthur Zarden, der sich aber mehr und mehr wegen des zunehmenden Terrors und der Spitzelgefahr von den Einladungen zurückzog, Ernst von Harnack, Albrecht Graf von Bernstorff, und Herbert Mumm von Schwarzenstein sowie mit Einschränkungen wohl auch Erwin Planck; abgesehen von den beiden letzten sind sie zwischen 1875 und 1890 geboren. Die meisten waren mit Wilhelm Solf durch berufliche und politische Orientierung verbunden gewesen. Von den Diplomaten und Ministerialbeamten unterschieden sich jedoch Erxleben und Staehle; beide sind wohl erst nach dem Tod von Solf zum Kreis gestoßen, was für Staehle gesichert ist.

Was den lockeren Gesprächskreis neben persönlichen Beziehungen verband, war die Ablehnung des NS-Regimes aus einer humanistischen und teilweise christlichen Grundhaltung. Er war „a sort of political oasis where our friends and other like-minded people could speak freely, vent their disgust and despair, receive information, and take counsel."[57] Wegen der von den Teilnehmern geschätzten, aber unvorsichtigen Offenheit „mieden namhafte Politiker, Diplomaten, auch solche der Opposition, ihre Zusammenkünfte"[58]. So lehnte Goerdeler, der in den Anfangsjahren des Regimes mehrfach mit Wilhelm Solf zusammengetroffen war, Einladungen von Frau Solf stets ab, jedoch fand die Gestapo bei ihr einen Brief von ihm.[59]

---

[56] Anders Drobisch, Krieg, S. 199, Anm. 126. Eine Tendenz zur Bagatellisierung behauptet auch Johannes Tuchel, Die Sicherheitspolizeischule Drögen und der 20. Juli 1944 – zur Geschichte der „Sonderkommission Lange", in: Florian von Buttlar u.a., Fürstenberg-Drögen. Schichten eines verlassenen Ortes, Berlin 1994, S. 122.
[57] Ballestrem-Solf, „Tea Party", S. 132f.
[58] Lühe, Thadden, S. 199.
[59] Vgl. Solf, The Story; dies. an Ricarda Huch, 5.7.1946; KB, S. 351. Allerdings gab H. Solf an Ricarda Huch, 5.7.1946, als Grund an, daß ihr „Haus, wie es hieß, ‚wohlwollend bewacht' war seit Anbeginn".

Parteipolitisch war der Kreis nicht festgelegt und entsprechend der liberalen Einstellung Wilhelm Solfs keineswegs konservativ dominiert. Bis 1933 war Kuenzer im Zentrum aktiv, Kempner gehörte zur DVP und Bernstorff 1919–1923 zur DDP, Harnack war 1919–1933 SPD-Mitglied. In religiöser Hinsicht zeigte der Kreis eine große Spannweite, mit Kuenzer und Erxleben war der Katholizismus prägnant vertreten, Harnack gehörte zu den Religiösen Sozialisten, aber für die evangelischen Teilnehmer war anscheinend sonst keine ausgeprägte Kirchlichkeit bestimmend.[60]

2. Der Thadden-Kreis oder die Tee-Gesellschaft

Das Erbe der Erweckungsbewegung verband sich bei den Thaddens auf dem Gut Trieglaff in Pommern mit sozialem Engagement, das Elisabeth von Thadden (29.7.1890–8.8.1944)[61] zur sozialen Arbeit verpflichtete. Sie gilt als herausragendes Mitglied des Solf-Kreises, da im Anschluß an die von ihr ausgerichtete Geburtstagsfeier am 10. September 1943 mit deren Teilnehmern auch Hanna Solf von der Gestapo überwacht und verhaftet wurde.

Ihre deutsch-nationale und christlich-konservative Orientierung hatte Thadden 1932 ein Ende der „moralischen Auflockerung"[62] durch „starke nationale und wachsende religiöse Kräfte" erhoffen und das Dritte Reich begrüßen lassen. Daran änderte 1934 auch ihre Mitgliedschaft in der Badischen BK, der Evangelischen Bekenntnisgemeinschaft, nichts, die ihrer Ablehnung der DC entsprach. Bedrängender war 1937 die kurze Inhaftierung ihres Bruders Reinold wegen seines Engagements in der BK, aber entsetzt war sie über die Judenverfolgung, besonders den Reichspogrom 1938, da mehrere Schülerinnen ihres evangelischen Landerziehungsheimes Schloß Wieblingen bei Heidelberg nicht „rein-arisch" waren. Thadden hatte sie bewußt aus Ablehnung des NS-Rassismus aufgenommen. Gleichzeitig wandte sie sich gegen einen evangelischen Konfessionalismus, indem

---

[60] Ob bei Hanna Solf und ihrer Tochter christliche Motive abgesehen vom Interesse für die Una-Sancta eine Rolle spielten, lassen ihre Äußerungen nicht erkennen. Deshalb ist ihre Würdigung als eine der „Glaubenszeuginnen" zwischen Katharina Staritz und Hildegard Staehle durch Gury Schneider-Ludorff, Leidenszeugen, in: Harald Schultze/Andreas Kurschat (Hg.), „Ihr Ende schaut an …" Evangelische Märtyrer des 20. Jahrhunderts, Leipzig 2006, S. 211, kaum begründet.
[61] Vgl. Riemenschneider/Thierfelder, Thadden.
[62] Zit. Jörg Thierfelder, Von der Kooperation zur inneren Distanzierung, in: Riemenschneider/Thierfelder, Thadden, S. 97.

Gespräche mit katholischen Geistlichen eine ökumenische Gesinnung in der Schule verbreiten sollten.

Wegen der im Westen erwarteten Kämpfe mit Frankreich wurde die Schule im Oktober 1939 nach Tutzing am Starnberger See verlegt. Dort führte 1940 eine Denunziation bei der Gestapo zur Überwachung, so daß die Schule nach Baden zurückkehrte, aber im Sommer 1941 entzog das badische Kultusministerium Thadden die Leitung ihrer Schule. Sie fand 1942 in Berlin beim Deutschen Roten Kreuz eine neue Aufgabe in der Betreuung von Kriegsgefangenen. Während zahlreiche Verwandte und Freunde ihr das Einleben in Berlin erleichterten, lud sie ihre dort wohnenden ehemaligen Schülerinnen regelmäßig zu „Wieblinger Tees" ein und beriet sie in Notlagen.[63]

Zu ihrem Bekanntenkreis gehörte besonders ihre frühere Lehrerin Anna von Gierke, die wegen ihrer jüdischen Mutter 1933 die Leitung des Jugendheimes und der angeschlossenen Institutionen in Berlin-Charlottenburg verloren hatte.[64] Nach dem Tod ihrer Mutter zog sie mit ihrer Mitarbeiterin Isa Gruner in ihr Elternhaus, Carmerstraße 12; in diesem „Hort aller Verfolgten"[65] fanden viele, besonders Juden, Rat und Hilfe und Thadden eine Unterkunft. Hier traf sich mittwochs ein zunächst von Pfarrer Gerhard Jacobi von der Kaiser-Wilhelm-Gedächtniskirche und später von dem Bibliothekar und Bachforscher Friedrich Smend betreuter, ökumenisch gesinnter Kreis abwechselnd zum Bibelstudium und zu religiösen und literarischen Vorträgen mit bis zu 80 Teilnehmern.[66] Die Vortrags-

---

[63] Vgl. Lühe, Thadden, S. 209; Ehrengard Schramm, Zum Gedächtnis von Elisabeth von Thadden-Wieblingen 1890–1944, in: Reinold von Thadden-Trieglaff, Auf verlorenem Posten?, Tübingen 1948, S. 215; Ute Horeld/Matthias Riemenschneider, Die letzten Jahre – Berlin 1941 bis 1944, in: Riemenschneider/Thierfelder, Thadden, S. 137f.

[64] Vgl. Marie Baum, Anna von Gierke. Ein Lebensbild, Weinheim 1954, S. 88ff.

[65] Marie Baum, Rückblick auf mein Leben, Heidelberg 1950, S. 309; vgl. Erich Hopp, „Your Mother has Twice given Your Life", in: Boehm, We Survived, S. 103; Heinrich Wilhelm Wörmann, Widerstand in Charlottenburg (Widerstand in Berlin von 1933 bis 1945, 5), Berlin 1991, S. 171–176.

[66] Vgl. Lühe, Thadden, S. 171f.; Baum, Gierke, S. 103f. Elly Heuss-Knapp, die sich zur Dahlemer Gemeinde Martin Niemöllers hielt und seit Anfang 1934 auch vortragend zu dem Kreis ihrer alten Bekannten gehörte und im Januar 1941 donnerstags (!) über „Das Tagebuch eines Landpfarrers" von Georges Bernanos sprach, nennt allerdings nur „vierzig Leute […], alte und ganz junge" Teilnehmer, „eigentlich erstaunlich"; Margarethe Vater (Hg.), Elly Heuss-Knapp. Bürgerin zweier Welten. Ein Leben in Briefen und Aufzeichnungen, Tübingen 1961, S. 280; vgl. aaO., S. 238, 240, 287. Daß Smend zur Dahlemer BK-Gemeinde gehörte, deutet auf entsprechende Verflechtungen hin, aber die Jacobi-Gruppe war vergleichsweise gemäßigt-

abende wurden jedoch Ende 1942 von der Gestapo verboten. Die wenigen Aussagen über diesen Mittwochs-Kreis lassen ihn als akademisch geprägten Treffpunkt der Berliner BK erscheinen, der sich auch um Hilfen für untergetauchte Juden durch das Sammeln von Lebensmittelmarken bemühte und dadurch von anderen BK-Gruppen unterschied; aber Hinweise auf darüber hinausgehende Kritik am Regime fehlen. Elisabeth von Thadden war allerdings durch ihre guten Kontakte zum sozial engagierten und seit 1933 im Schweizer Exil lebenden Friedrich Siegmund-Schultze[67] sowie die Erfahrungen in ihrer Schule und bei deren Schließung über die spezifisch kirchliche Dissidenz hinausgewachsen, ohne sich jedoch im Sinne eines politischen Widerstandes zu engagieren.[68]

Durch die zu ihrem Prozeß führenden Ereignisse waren besonders vier Personen aus ihrem Bekanntenkreis betroffen, die wegen der Beteiligung von Hanna Solf zugleich als Mitglieder des Solf-Kreises gelten. An erster Stelle ist dabei Dr. Otto Carl Kiep (1886–26.8.1944) zu nennen, da er wie Thadden zum Tode verurteilt wurde. Als Generalkonsul in New York hatte er im März 1933 demonstrativ an einem Essen für Albert Einstein teilgenommen und wegen weiterer Differenzen mit der NS-Politik um Versetzung gebeten, so daß er im Herbst vom Auswärtigen Dienst freigestellt wurde.[69] Trotzdem übernahm er einige diplomatische Aufträge bei internationalen Wirtschaftsverhandlungen, bis er Ende August 1939 als Reserveoffizier in das Amt Ausland/Abwehr des Oberkommandos der

---

unpolitisch; als deren Mitglied nennt eine Liste von 1940/41 Isa Gruner (Mitteilung von Manfred Gailus, 3.4.2001). Zur ökumenischen Orientierung gehört, daß auch Romano Guardini als Vortragender eingeladen wurde.

[67] Vgl. Lühe, Thadden, S. 28ff. und pass.; Riemenschneider/Thierfelder, Thadden, pass.; Stefan Grotefeld, Friedrich Siegmund-Schultze. Ein deutscher Ökumeniker und christlicher Pazifist, Gütersloh 1995.

[68] Vgl. Thierfelder, Kooperation, S. 96–133.

[69] Vgl. Otto C. Kiep, Mein Lebensweg 1886–1944. Aufzeichnungen während der Haft, hg. von Hildegard Rauch/Hanna Clements, München 1982 (Privatdruck); Bruce Clements, From Ice Set Free. The Story of Otto Kiep, New York 1972; Biographisches Handbuch des deutschen Auswärtigen Dienstes, Bd. 2, S. 523ff. Für die Übergabe von Kieps „Lebensweg" und die Einsicht in seinen von ihr verwahrten Nachlaß bin ich Frau Rauch in Pullach zu Dank verpflichtet. Bereits 1931 äußerte er angesichts der Harzburger Front „seine Verwunderung über das törichte Treiben der sogenannten ‚nationalen Opposition'"; seine Mutter informierte sich im Juli 1933 bei dem Ballenstedter Superintendenten Karl Windschild über die Lage der Kirche und konnte durch ihren Sohn „recht Interessantes beibringen, was die Nazis nicht erfreut hätte"; Günter Windschild/Helmut Schmid (Hg.), Mit dem Finger vor dem Mund ... Ballenstedter Tagebuch des Pfarrers Karl Fr. E. Windschild 1931-1944, Dessau 1999, S. 9. 95.

Wehrmacht als außenpolitischer Berater einberufen wurde. 1942 stellte er sich dem Widerstand für die Neuordnung nach dem Umsturz zur Verfügung, nachdem ihn ein Jahr zuvor Moltke – vergeblich – für die Kreisauer „einzuspannen" versucht hatte.[70] Goerdeler als künftiger Reichskanzler sah ihn als Leiter seiner Presseabteilung vor.[71] Als Teilnehmer des gesellschaftlichen Lebens von Berlin kannte er das Ehepaar Solf. Mit Wilhelm Solf hatte er sich beispielsweise 1934 in der Tischgesellschaft von Eugen Schiffer getroffen,[72] aber bei Kriegsbeginn brach er wegen der Tätigkeit im OKW den Verkehr mit Diplomaten ab,[73] so daß er 1943 nicht mehr als Mitglied des Solf-Kreises gelten kann.[74] In diesen Zusammenhang geriet er mit seiner Frau Johanna (Hanna), geb. Alves, durch die Bekanntschaft mit Elisabeth von Thadden. Außer einer Nichte hatte ihre Tochter Hildegard zeitweilig die Schule in Wieblingen besucht, damit sie in christlichem und nicht in nationalsozialistischem Geist erzogen würde. Entsprechend seiner evangelischen Einstellung war Kiep außerdem mit Elisabeths Bruder Reinold befreundet.[75]

Als eine der „halb-arischen" Schülerinnen besuchte Irmgard Zarden (geb. 1921) 1937–1938 die Haushaltsschule in Wieblingen. Obwohl sie danach andere Berufe ausübte,[76] entstand dadurch eine vertraute Verbindung zwischen ihrem Vater Arthur Zarden und Thadden. Er war anscheinend das einzige Mitglied des Solf-Kreises[77] unter Thaddens Bekannten

---

[70] Kiep informierte, ohne Namensnennung, am 30.9.1943 seine Schwester Ida, vgl. Ida Westphal, Mein Bruder Otto, S. 19f. (um 1950, NL Kiep); Moltke an seine Frau, 18.11.1942, in: ders., Briefe, S. 439.

[71] Vgl. Gerhard Ritter, Carl Goerdeler und die deutsche Widerstandsbewegung, 2. Aufl. Stuttgart 1955, S. 602.

[72] Vgl. Roon, Helmuth James Graf von Moltke, S. 146, Anm. 3.

[73] Vgl. Otto C. Kiep, Kassiber vom 2.6.1944 (NL Kiep). – Bei den auch weiterhin als Kassiber bezeichneten Schreiben Kieps an seine Frau ist der Weg der Übermittlung unbekannt. – Gemäß KB, S. 421, gehörte er zusammen mit Planck und Zarden sowie Kuenzer zum Bekanntenkreis von Kempner, also zum Solf-Kreis.

[74] Nach dem Kassiber Kieps vom 5.6.1944 war er zuletzt vor 1–2 Jahren bei Frau Solfs Tee, stand aber auf der Gästeliste von Solf und der von Bernstorff.

[75] Vgl. Westphal, Mein Bruder, S. 19. Nach der Anklageschrift gegen Elisabeth von Thadden u.a., in: Bengt von zur Mühlen (Hg.), Die Angeklagten des 20. Juli vor dem Volksgerichtshof, Berlin-Kleinmachnow 2001, S. 324, hat Kiep zu Thadden „bei früheren Gelegenheiten [als der Geburtstagsfeier am 10.9.1943] von Friedensmöglichkeiten durch kirchliche Kreise gesprochen".

[76] Vgl. Ruppel, Memories, S. 52; dies., Bericht, 2.7.1979 (GDW, Sml. Varia); dies. an Verf., 4.6.05. Zur Abstammung vgl. oben, Anm. 35.

[77] Allerdings erwähnte Bernstorff E. v. Thadden 1941 in einem Brief; Hansen, Bernstorff, S. 227.

und hat sie vermutlich auf Frau Solf hingewiesen. Aber über kurzfristige Kontakte hinaus entstand daraus keine feste Bindung, so daß diese sie „kaum kannte"[78].

Ein enges freundschaftliches Verhältnis verband Inge van Scherpenberg mit Elisabeth von Thadden. Nachdem diese das Wieblinger Landerziehungsheim nach Tutzing verlegt hatte, vertieften sich die auch verwandtschaftlich begründeten Bande.[79] Scherpenbergs hatten nämlich 1937 im Blick auf den erwarteten Krieg in der Nähe auf dem Peißenberg einen Hof mit Fremdenpension erworben, während Legationsrat Dr. Albert Hilger van Scherpenberg (1899–1969) in Berlin im Auswärtigen Amt arbeitete. Bei seinem letzten Besuch in London hatte er 1936 den befreundeten Militärschriftsteller und Mitarbeiter des britischen Nachrichtendienstes Basil H. Liddell Hart über die angelaufene Kriegsplanung informiert; während des Krieges stand er in Verbindung mit Admiral Wilhelm Canaris, Generalmajor Hans Oster und Regierungsrat Dr. Hans Bernd Gisevius in der Abwehr.[80] Sein Schwiegervater, der frühere Reichswirtschaftsminister Hjalmar Schacht, hatte zwar als Gründungsmitglied der „Deutschen Liga für Völkerbund" auch Beziehungen zum Freundeskreis von Wilhelm Solf, aber diese waren von Scherpenberg nicht weiter gepflegt worden.

Während sich Kiep, Zarden, Scherpenberg und Frau Solf aufgrund früherer Kontakte kannten, begegnete ihnen Fanny von Kurowsky (1878 – 1969) anscheinend erstmalig bei der verhängnisvollen Geburtstagsfeier.[81]

---

[78] Solf, The Story: „I scarcely knew"; dies. an Walter Hammer, Fragment o.D. (IfZ, ED 106, Bd. 101). Aber Lühe, Thadden, S. 202f.: „Frau Solf kenne Fräulein von Thadden sehr gut". Auch Maria Gräfin von Maltzan, Trommel, rechnet Thadden zu den Angehörigen des Solf-Kreises. Zutreffend nannte bereits Ricarda Huch, In einem Gedenkbuch zu sammeln ... Bilder deutscher Widerstandskämpfer, hg. von Wolfgang M. Schwiedrzik, Leipzig 1998, S. 130, die Thadden'sche Tee-Gesellschaft einen „gesellige[n] Kreis, den sie um sich versammelt hatte". Wegen ihrer in Berlin intensivierten ökumenischen Kontakte könnte auch eine Verbindung über Max Josef Metzger bestanden haben; vgl. Schramm, Gedächtnis, S. 216.

[79] Mündl. Auskunft von Helga Hach, geb. van Scherpenberg; vgl. Lühe, Thadden, S. 164, 252; aber lt. aaO., S. 202, soll H. Solf Thadden mit Scherpenberg und Kiep bekannt gemacht haben.

[80] Mündl. Mitteilung von Helga Hach, geb. van Scherpenberg.

[81] Solf rechnete sie nicht zu ihren Freunden, Kiep und Scherpenberg war sie augenscheinlich unbekannt; vgl. seinen Eintrag in der Familienchronik (Besitz Hach). Auch der auf Informationen von Erwin Planck und besonders Irmgard Zarden beruhende Bericht von Kunrat Frhr. von Hammerstein, Spähtrupp, Stuttgart 1963, S. 230, spricht von „einem Fräulein von Kurowski". Nur Ruth Wagner-Nigrin, Volksgerichts-Prozeß, o.D., wohl 1944 (Familienarchiv von Thadden), nennt Kurowsky

Sie gehörte bis 1935 zum Hauptvorstand des Vaterländischen Frauen-Vereins vom Roten Kreuz, zuletzt als 2. Stellvertretende Vorsitzende.[82] Der 1866 gegründete Verein wollte über die Ausbildung und den Einsatz freiwilliger Krankenpflegerinnen hinaus sittliche, gesundheitliche und wirtschaftliche Not bekämpfen.[83] Der Charlottenburger Zweigverein bot in seinem 1909 errichteten Cecilienhaus nicht nur Raum für die eigenen Aktivitäten, eine Klinik, mehrere Küchen, Kinderkrippe sowie Fürsorgestelle für Lungenkranke und Alkoholsüchtige, sondern das Haus diente wegen seiner zentralen Lage gegenüber dem Rathaus auch anderen Vereinigungen der Wohltätigkeit und Wohlfahrtspflege wie dem von Hedwig Heyl gegründeten Hauspflegeverein und dem von ihrer Schülerin Anna von Gierke geleiteten Verein Jugendheim.[84] Hier dürften die beiden Charlottenburgerinnen[85] Kurowsky und Gierke sich getroffen haben. Als deren Vertraute hatte Thadden wohl Kurowsky kennen gelernt und zum Geburtstag eingeladen, zumal auch eine Nähe zu ihrem beruflichen Weg von der Sozialen Frauenschule zum Roten Kreuz bestand.

Dieser Bekanntenkreis spiegelt Kontakte, die sich aus dem Lebensweg und besonders der Berufstätigkeit von Elisabeth von Thadden ergeben haben. Politische Motive scheinen dabei keine Rolle gespielt zu haben, obwohl Scherpenbergs als ehemalige SPD-Mitglieder Gegner des Regimes waren und Kiep es aus politischen und moralischen Gründen von Anfang an ablehnte. Während sie Mitwisser von Umsturzplanungen wurden, zeigten die anderen Thadden'schen Bekannten anscheinend eine mehr oder minder ausgeprägte Nonkonformität. Wie Elisabeth von Thadden verbanden viele eine politisch konservative und evangelische Orientierung mit sozialer Gesinnung.

„mit Elisabeth [von Thadden] befreundet". Vgl. Fabian von Schlabrendorff, Begegnungen in fünf Jahrzehnten, Tübingen 1979, S. 65f.

[82] Vgl. Handbuch des Vaterländischen Frauenvereins vom Roten Kreuz, 3. Aufl. Berlin 1926, S. 16; F[anny] v. Kurowsky, Berufstätige Frauen in der praktischen Arbeit des Roten Kreuzes, in: Blätter des Deutschen Roten Kreuzes 1930, S. 583–587. Sie selbst stellte sich im I. Weltkrieg als Krankenschwester dem Roten Kreuz zur Verfügung, war aber nicht in dessen Hauptvorstand tätig; die Anklageschrift gegen E. von Thadden u.a., aaO., S. 320f., verwechselt den Vaterländischen Frauen-Verein vom Roten Kreuz mit dem Deutschen Roten Kreuz.

[83] Vgl. Carl Mirsch, Geschichte des Vaterländischen Frauen-Vereins vom Roten Kreuz 1866–1916, Berlin 1917.

[84] Vgl. Birgit Jochens/Claudia Schoppmann, Soziale Arbeit und Frauenbewegung, in: Birgit Jochens/Sonja Miltenberger (Hg.), Zwischen Rebellion und Reform. Frauen im Berliner Westen, Berlin 1999, S. 14.

[85] Vgl. Anklageschrift gegen E. von Thadden u.a.

3. Die Beziehungen des Solf-Kreises zum politischen Widerstand

Gegenüber der kirchlichen und sozialen Prägung des Thadden-Kreises, zu dem nur zufällig auch Mitwisser des Widerstandes gehörten, kennzeichneten den Solf-Kreis ehemalige Diplomaten und Ministerialbeamte mit vielfältigen Beziehungen aus ihrer Berufstätigkeit. Die aus dem Dienst ausgeschiedenen Beamten standen aber nicht in direktem Zusammenhang mit der Gruppe im Auswärtigen Amt um Staatssekretär Ernst Freiherr von Weizsäcker und ihrem Versuch der Kriegsverhinderung, wenn auch Bernstorff mit ihr durch Trott verbunden war.[86] Aber es entsprach der beruflichen Laufbahn einzelner sowie der Einbettung des Kreises in die Berliner Gesellschaft, daß sich vielfältige persönliche Kontakte zu Mitgliedern des bürgerlich-militärischen Widerstandes nachweisen lassen. So erwähnte Hassell mehrere in seinen Tagebüchern.

Kuenzer war 1938 an den Umsturzüberlegungen während der Tschechenkrise beteiligt und stand in Verbindung zu Eugen Bolz sowie zum früheren Reichskanzler Joseph Wirth im Schweizer Exil;[87] für Hanna Solf war er der „ständige Kontakt" zu Goerdeler.[88] Dieser hatte 1943 Kempner angesprochen und ihn als Staatssekretär in der Reichskanzlei vorgesehen. Staehle war gemäß seiner konservativen, evangelisch-reformierten Einstellung von Anfang an Gegner des NS-Regimes und unterhielt wohl seit 1937 enge Beziehungen zu Goerdeler, für den er Kontakte zum niederländischen Widerstand herstellte. Unter seinen mannigfachen Verbindungen zu Widerstandsgruppen des In- und Auslandes ist besonders seine Zugehörigkeit zum Kreis um Oster in der Abwehr hervorzuheben. Planck wurde durch seinen Freund Johannes Popitz 1939 bei Ulrich von Hassell eingeführt und kannte bereits früher Goerdeler. Im Popitz-Kreis arbeitete er mit an den Plänen für ein Deutschland nach Hitler. Bernstorff war zwar mit vielen Regimegegnern wie Oster befreundet, aber seine Überzeugung vom notwendigen Sturz Hitlers ließ den Einzelgänger nicht zum Mitglied einer

---

[86] Vgl. Hansen, Bernstorff, S. 226. In der Literatur wird vielfach neben Bernstorff auch Kiep der Gruppe zugerechnet; vgl. z.B. Romedio Galeazzo Graf von Thun-Hohenstein, Der Verschwörer. General Oster und die Militäropposition, München 1984, S. 95.

[87] Vgl. Stehkämper, Protest, S. 893f.; Hoffmann, Widerstand, S. 124f., 135; Schellinger, Kuenzer, S. 234. Zu Wirth vgl. Heinrich Küppers, Joseph Wirth. Parlamentarier, Minister und Kanzler der Weimarer Republik, Stuttgart 1997; Ulrike Hörster-Philipps, Joseph Wirth 1879–1956, Paderborn 1998; Ulrich Schlie, Altreichskanzler Joseph Wirth im Luzerner Exil (1939–1948), in: Exilforschung 15, 1997, S. 180–199.

[88] H. Solf an Ricarda Huch, 5.7.1946.

Fronde werden, sondern mit der Gefahr des Leichtsinns „mit offenem Visier" kämpfen und sich der verfolgten Juden annehmen.[89] Aktiv in Attentatsvorbereitungen eingebunden war hingegen Mumm von Schwarzenstein, während sich andere Mitglieder wie Frau Solf und ihre Tochter für einzelne Opfer des Dritten Reiches einsetzten und Juden bei der Ausreise und – besonders im Krieg – beim Überleben halfen.

Einen Einblick in die Haltung des Kreises erlaubt trotz seiner spezifischen Optik ein Schreiben vom Chef des SD, SS-Obergruppenführer Kaltenbrunner, das die Ermittlungen der Gestapo über den Solf-Kreis zusammenfaßt: „Bei diesen Zusammenkünften wurden Reden des Führers parodiert und führende Persönlichkeiten von Staat und Partei verächtlich gemacht.[90] Die Schuld an der angeblich unmenschlichen Behandlung der Juden im Osten und der ungerechten Handlungsweise des Staates in der Kirchenfrage wurde dem Führer zugeschoben. In diesem Zusammenhang wurde den deutschen Generälen der Vorwurf gemacht, aus einer schwächlichen Haltung heraus nichts zur Abänderung dieser Mißstände getan zu haben [...]. Der jetzige Krieg wurde von den beteiligten Personen als verloren hingestellt. Aus diesem Grunde wurde eine Verständigung mit den Westmächten als dringend erforderlich bezeichnet und die Forderung nach einer Neubildung der Regierung erhoben."[91]

Die Gestapo verhaftete im Februar 1942 Nikolaus von Halem und Herbert Mumm von Schwarzenstein, ohne Zusammenhänge mit dem Solf-Kreis zu erkennen oder Halems Stellung im Ballestrem-Konzern auszuleuchten. Halem war als entschiedener Gegner des Dritten Reichs durch ein weit verzweigtes Netz mit dem bürgerlich-militärischen und dem kommunistischen Widerstand verbunden, unterhielt aber auch im Zusammenhang seiner geschäftlichen Aufgaben Kontakte zum Ausland. Auf der Suche nach einem Attentäter waren Halem und Mumm – vielleicht unabhängig voneinander – Ende 1939 auf den ehemaligen Freikorps-Führer Josef (Beppo) Römer (1892–25.9.1944) gestoßen, den Halem deshalb im Ballestrem-Konzern unterbrachte.[92] Die Vergütung erfolgte allerdings wahrscheinlich aus einem Sonderfonds des Amtes Ausland/Abwehr, über den

---

[89] Vgl. Kurt von Sutternheim, Die Majestät des Gewissens. In Memoriam Albrecht Bernstorff, Hamburg 1962, S. 76.
[90] Das konnten nach Ballestrem-Solf, Gestapo, besonders Halem und Mumm.
[91] Reichsführer-SS an Oberkommando der Wehrmacht, 14.7.1944, in: Roon, Staehle, S. 88f. Vgl. dazu die Kritik Kuenzers am Regime, KB, S. 410f.
[92] Vgl. Oswald Bindrich/Susanne Römer, Beppo Römer. Ein Leben zwischen Revolution und Nation, Berlin 1991; Wilfried Meyer, Unternehmen Sieben, Frankfurt/M. 1993, S. 373 mit Anm. 224.

Hans von Dohnanyi verfügen konnte.[93] Seit Ende Juli 1940 stand dieser in Kontakt mit Halem. Römers Widerstandskreis aus Linksintellektuellen wiederum arbeitete eng mit der kommunistischen Gruppe um Robert Uhrig zusammen. Dieses Netz deckte die Gestapo ab Februar 1942 auf, da zwei führende Mitglieder der Uhrig-Gruppe Spitzel waren, und nahm allein in Berlin und München über 200 Personen fest; am 4. Februar wurde Römer verhaftet, am 22. Februar folgten Halem und Mumm.

Im Sommer 1943 hatte die Gestapo weitere Erfolge. Am 5. Juli wurde Richard Kuenzer und am 30. Juli Albrecht Graf von Bernstorff verhaftet. Obwohl Kuenzer wegen seiner Kontakte zum ehemaligen Reichskanzler Joseph Wirth (Zentrum) ergriffen und durch die Angaben von Metzger belastet wurde,[94] erfolgte sein Prozeß vor dem Volksgerichtshof erst im November 1944 zusammen mit dem Solf-Kreis. Die Zugehörigkeit zu diesem Kreis bestimmte dann auch die Vorwürfe gegen Bernstorff, der jedoch das Opfer einer familiären Intrige wurde, die bereits 1940 zu seiner Inhaftierung im KZ Dachau geführt hatte.[95]

Bis zum Sommer 1943 gelang der Gestapo die Verhaftung einzelner Mitglieder des Solf-Kreises, aber diesen selbst observierte sie wohl nicht, obwohl seine Teilnehmer dies vermuteten.[96] Das Ehepaar Staehle beobachtete vor dem Solf'schen Haus 1943 Männer beim Notieren von Autokennzeichen,[97] und im August 1943 erfuhren Solfs von ihrer Überwachung durch die Gestapo, wohl wegen der Verhaftung Kuenzers.[98] Bereits vorher war die von Frau und Tochter Solf geleistete Hilfe für Juden der Gestapo bekannt geworden, auch durch das Aufgreifen von Personen, die über die Schweizer Grenze gebracht werden sollten.[99] Die Tochter Solf war bereits in Schanghai als NS-Gegnerin aufgefallen und wurde in Berlin zweimal

---

[93] Vgl. Meyer, Unternehmen Sieben, S. 373 mit Anm. 224; ders., Nachrichtendienst, Umsturzvorbereitung und Widerstand – Hans von Dohnanyi im Amt Ausland/Abwehr des Oberkommandos der Wehrmacht 1939–1943, in: ders., Verschwörer, S. 88f.

[94] Vgl. Hansen, Bernstorff, S. 263. Der Gesprächspartner von Kuenzer und Metzger, „Kaufmann Großmann" (Drobisch, Krieg, S. 71; Ott, Metzger, S. 218), wird von Hugo Ott, Max Josef Metzger (1887–1944), in: Hummel/Strohm, Zeugen, S. 233f., mit Reckzeh identifiziert; es handelte sich aber um den Stuttgarter Richard Großmann, der für den SD-Ausland Verbindungen Wirths nach Deutschland erkundete; vgl. Bericht Großmanns, 22.5.1943 (BA, NS 19/3156).

[95] Vgl. Hansen, Bernstorff, S. 265; Winfried Meyer, Carl Langbehn, in: ders., Verschwörer, S. 301f.

[96] Vgl. H. Solf an Ricarda Huch, 5.7.1946, zit. oben, Anm. 59.

[97] Vgl. Roon, Staehle, S. 42.

[98] Vgl. Ballestrem-Solf, Tea Party, S. 134.

[99] Vgl. aaO., S. 132ff.

von der Gestapo verhört.[100] Da das alles aber ohne Folgen blieb, haben sich die Teilnehmer des Solf-Kreises weiterhin keine besondere Zurückhaltung auferlegt. Tatsächlich geriet die Gruppe nicht aufgrund gezielter Suche in das Fadenkreuz der Gestapo, sondern eher zufällig, als diese wie im Falle Kuenzer Verbindungen zwischen dem politischen Exil in der Schweiz und widerständigen Gruppen in Deutschland aufdecken wollte.[101] So wurden die Ermittlungen gegen die Tee-Gesellschaft erst sekundär auf den Solf-Kreis ausgeweitet.[102]

4. Der Gestapo-Spitzel bei der Geburtstagsfeier

Im Sommer 1943 sandte die Gestapo den jungen Arzt Dr. Paul Reckzeh[103] in die Schweiz, um Verbindungen zwischen dortigem Exil und deutschen

---

[100] Vgl. aaO., S. 132.
[101] Ohne Belege zu nennen, konstruiert Lühe, Thadden, S. 176f., eine 1942 oder Anfang 1943 von der Gestapo eingeleitete Überprüfung von Berlinern, die „staatsgefährdender Umtriebe verdächtig" seien. Tatsächlich informierte im Frühsommer 1943 SS-Hauptsturmführer Kriminalrat Herbert („Leo") Lange, im Reichssicherheitshauptamt stellvertretender Referatsleiter des Referates IV E 3 (Abwehr West – Schweiz, Frankreich, Belgien), SS-Standartenführer Huppenkothen, daß er Paul Reckzeh, „der über einen umfangreichen Bekanntenkreis in der Schweiz verfüge und demnächst in die Schweiz fahren werde", kennen gelernt habe und ihn „als Vertrauensmann oder Auskunftsperson zu verwenden" gedenke; Walter Huppenkothen, Verhältnis Wehrmacht – Sicherheitspolizei, o.D. (BA-BDC, SSO Huppenkothen); vgl. Vernehmung des Walter Huppenkothen, 28.8.1947 (StA Nürnberg, H 220, KV-Anklage). Das entspricht Erkenntnissen Kieps (Kassiber vom 24.5. und 25.5.1944, NL Kiep). Daß die Gestapo „hochverräterische Beziehungen zur Schweiz aufspüren" wollte, betonten Anfang 1944 „Informationen für den Prozeß betr. des Gesandten Dr. O. C. Kiep" (NL Kiep); vgl. Otto C. Kiep, Kassiber vom 20. 5. 1943; Hanna Kiep, Schilderung Teegesellschaft, wohl Mai 1944 (NL Kiep). Ingeborg Schult von der „Sonderkommission Lange" kannte erst die Anzeige Reckzehs nach dem Treffen mit Wirth im Herbst 1943; Aussage Ingeborg Schult, 27.9.1945 (Sonderarchiv Moskau, 1525-1-417, Bl. 320); vgl. Unterredung von Frhr. v. Siegler und H. Krausnick mit Kriminalkommissar Franz Sonderegger, 12.10.1952 (IfZ, ZS 303/I).
[102] An dieser Unterscheidung hält auch die Darstellung des Sachverhaltes in der „Nachtragsschrift und Nachtragsanklageschrift gegen Johanna Solf und andere" fest.
[103] Zur Identifizierung vgl. Hoffmann, Widerstand, S. 668, Anm. 127; Almut Agnes Meyer, Eine deutsche Kontrastgeschichte – Der Denunziant Reckzeh, in: Riemenschneider/Thierfelder, Thadden, S. 230–241; Akte Dr. Paul Reckzeh der ZSt Ludwigsburg (AZ 104 AR-Z 2/79). Reckzeh war zur Zeit des Prozesses bei der Deutschen Beamtenversicherung in Berlin tätig; vgl. Anklageschrift gegen E. v. Thadden u.a., aaO., S. 321. Er starb 1998 in Hamburg, ohne für seine Denunziationen ange-

Widerstandsgruppen aufzudecken. Bei dem Versuch, mit entsprechenden Personen Kontakt aufzunehmen, schenkte ihm aber der mit Elisabeth und Reinold von Thadden befreundete Ökumeniker Friedrich Siegmund-Schultze in Zürich keinen Glauben.[104] So reiste Reckzeh mit seiner Frau ins Engadin zu einer alten Bekannten seiner Eltern, zu Bianca Segantini (1886-1980), der mit Elisabeth von Thadden befreundeten Tochter des berühmten Malers Giovanni Segantini (1858–1899).[105] Die beiden Gestapo-Emissäre konnten ihr anfängliches Mißtrauen überwinden und den Eindruck gemeinsamer politischer Einstellung erzeugen, so daß Bianca Segantini ihnen nicht nur Grüße, sondern auch ein kurzes Schreiben für ihre Berliner Freundin sowie eine Empfehlung an einen Schweizer Diplomaten mitgab. Damit hatte Reckzeh eine Eintrittskarte, um vielleicht doch noch als agent provocateur sein Ziel zu erreichen.

Elisabeth von Thadden war am 8. September von einer Inspektionsreise der Soldatenheime in Frankreich zum Urlaub nach Berlin gekommen, da das Haus in der Carmerstraße von einer Bombe getroffen worden war. Am folgenden Tag erhielt sie den Besuch von Reckzeh. Spontan lud sie ihn zum Tee am Nachmittag des 10. September 1943 ein, zur Feier des fünfzigsten Geburtstages ihrer jüngeren Schwester Marie-Agnes Braune, genannt Anza (1893-1985). Nachdem Anna von Gierke am 3. April gestorben war, hatte Isa Gruner ihre Wohnung übernommen und für die Feier während ihrer Abwesenheit zur Verfügung gestellt. Neben Fanny von Kurowsky und der mit der Familie befreundeten Fürsorgerin Anne

---

    messen bestraft worden zu sein; vgl. Ruppel, Memories, S. 65; Meyer, Kontrastgeschichte.

[104] Vgl. Grotefeld, Siegmund-Schultze, S. 330. Nach „Informationen für den Prozeß betr. des Gesandten Dr. O. C. Kiep" (NL Kiep) hatte Reckzeh „ein Visum für die Schweiz für kleinen Grenzverkehr und fuhr im Auftrage der Gestapo häufig dahin". Während die Anklageschrift gegen E. v. Thadden u.a., aaO., S. 321, eine Kur als Grund der Reise nennt, gab er beim Prozeß an, daß er „im Auftrage des Reichsgesundheitsführers Dr. Conti laufend die Grenze überschreiten dürfe"; Bericht Ruth Wagner-Nigrin, in: Lühe, Thadden, S. 256. Gemäß Urteil gegen E. v. Thadden u.a., in: Mühlen, Die Angeklagten, S. 329, hatte er „dienstlich in der Schweiz zu tun".

[105] Vgl. ausführlich Lühe, Thadden, S. 181ff. In den Berichten von Mutter und Tochter Solf sowie in einer Darstellung von Hanna Kiep für den Prozeß (NL Kiep) lautet der Vornamen statt Bianca irrtümlich Maria. Bianca Segantini bzw. Zehder-Segantini war auch Herausgeberin der „Schriften und Briefe" ihres Vaters (deutsch von G. Biermann, Leipzig 1909 u.ö.); außerdem hat sie mit Francesco von Mendelssohn „Bildnisse und Worte" von Eleonora Duse gesammelt, übersetzt und herausgegeben (Berlin 1926). Zu ihrem Vater vgl. zuletzt Beat Stutzer (Hg.), Blick ins Licht. Neue Betrachtungen zum Wer von Giovanni Segantini, St. Moritz 2004.

Rühle[106] hatte Thadden Hanna Kiep angesprochen; aber wegen ihres Aufenthaltes im Harz kam an ihrer Stelle ihr Mann.[107] Inge van Scherpenberg konnte ebenfalls nicht teilnehmen, weil sie mit den Kindern auf dem Peißenberg weilte, so daß ihr Mann sie vertrat. Auch Maria Gräfin von Maltzan war eingeladen, aber eine dunkle Vorahnung hinderte sie am Kommen.[108] Die frühere Wieblingerin Irmgard Zarden kam erst nach ihrer Arbeit zum Ende der Feier, um ihren Vater abzuholen.[109] Noch zu deren Beginn hatte Thadden telephonisch Hanna Solf eingeladen, deren Tochter nicht teilnehmen konnte, da sie sich bei Löscharbeiten eine Zerrung zugezogen hatte und im Krankenhaus lag. Insgesamt läßt sich die Geburtstagsfeier also als ein familiäres Treffen mit befreundeten Personen charakterisieren, an dem Scherpenberg, Kiep und Hanna Solf nur zeitweise und Irmgard Zarden nur am Schluß teilnahmen.[110]

Die Gespräche über persönliche Fragen wandten sich bald der Politik zu.[111] Scherpenberg berichtete als Leiter des Skandinavien-Referates in der Handelsabteilung des Auswärtigen Amtes besonders über die Lage in

---

[106] Während I. v. d. Lühe sie befragte und als Freundin Anjas bezeichnet, betont Marlene Rübcke im Schreiben an den Verf. vom 6.5.2000, daß sie eine Freundin ihrer Mutter gewesen sei.

[107] Vgl. Otto C. Kiep, Kassiber an seine Frau, 29.4.1944 (NL Kiep).

[108] Vgl. Maltzan, Trommel, S. 169. Da H. Solf erst „im allerletzten Moment eingeladen" wurde und „eigentlich nur durch einen Zufall" (H. Solf an W. Hammer) teilnahm, wurden kaum „alle [Mitglieder des Kreises] zum Tee eingeladen" (Maltzan, ebd.).

[109] Nach Ruppel, Memories, S. 52, hatte E. v. Thadden ihn eingeladen, nicht seine Tochter.

[110] Die Zeitangaben der Feier (lt. Kassiber Kieps vom 2.6.1944: 16.30–19.30 Uhr) bei Lühe, Thadden, S. 202ff., widersprechen teilweise anderen Quellen. Kiep nahm nur eine Stunde, etwa 17.30–18.30 Uhr, teil (Kassiber Kieps); I. Zarden kam nicht zum Anfang (Lühe, Thadden, S. 202), sondern wollte erst etwa 18.30 Uhr ihren Vater abholen, als Kiep und dann Reckzeh bereits gingen (Anklageschrift gegen E. v. Thadden u.a., S. 324; Urteil gegen E. v. Thadden u.a., S. 330; Bericht I. Ruppel). H. Solf soll (Lühe, Thadden, S. 205f.) nach der Geburtstagsfeier noch lange geblieben sein, aber sie selbst will überhaupt nur eine halbe Stunde dabeigewesen sein (Solf, The Story; dies. an W. Hammer), gemäß Anklageschrift gegen E. v. Thadden u.a., S. 323, kam sie gegen 18.00 Uhr, als Scherpenberg als erster die Feier verließ.

[111] Die auf Reckzehs Bericht an die Gestapo und den Verhören beruhende Anklageschrift gegen E. v. Thadden u.a. (aaO., S. 322f.), der ich teilweise wörtlich zitierend folge, sowie das sich auf Thaddens Aussagen berufende Urteil gegen E. v. Thadden u.a. (aaO., S. 330f.) widersprechen teilweise Lühe, Thadden, S. 202ff., die besonders den Beitrag Scherpenbergs übergeht. Es fehlen Aussagen zu Gesprächsbeiträgen von A. Zarden.

Dänemark. Nach dem Rücktritt der Regierung hatte hier der deutsche Militärbefehlshaber den Ausnahmezustand erklärt, während die Leitung der Verwaltung Werner Best als Reichsbevollmächtigtem übertragen worden war, was zu von Scherpenberg bedauerten „Gegensätzlichkeiten" führte.[112] Thadden lenkte das Gespräch zur politisch brisanten allgemeinen Lage, nachdem Italien am 8. September unter Marschall Badoglio den Waffenstillstand mit den Amerikanern bekannt gegeben hatte. Kiep, der im Blick auf seine Kenntnisse durch die Auswertung der Auslandspresse im OKW gefragt wurde, kam wegen der alliierten Luftangriffe und des „ständigen Zurückgehens der deutschen Truppen an der Ostfront" zum Ergebnis, „der Krieg sei für Deutschland bereits eine verlorene Sache. Wenn nicht ein Wunder geschieht, dann sehe ich schwarz für Deutschland." In dieser Beurteilung waren sich die Anwesenden weitgehend einig; allerdings betonte Scherpenberg bei den Ermittlungen, er hätte „Gegenvorstellungen" geltend gemacht.[113] Für Friedensverhandlungen bestehe jedoch gegenwärtig „wohl weder auf deutscher Seite noch auf der Gegenseite Neigung"; dazu wurde „von einem der Teilnehmer[114] zum Ausdruck gebracht, daß eine Friedensmission Dr. Gördelers [sic] gescheitert sei." Angesichts dieser Lageeinschätzung äußerte später ein Teilnehmer, vielleicht Frau Solf, „dass die jetzige deutsche Staatsführung an die Wand gestellt werden müsse."

Nach dem Weggang Scherpenbergs wandte sich die Unterhaltung den Fragen einer Neuordnung nach Hitler und den dafür nötigen „neuen Männern" zu, die „mit England und Amerika zusammengehen"[115] müßten.

---

[112] Vgl. Ulrich Herbert, Best. Biographische Studien über Radikalismus, Weltanschauung und Vernunft. 1903–1989, 2. Aufl. Bonn 1996, S. 344ff.

[113] Hilger van Scherpenberg, Eintrag in Familienchronik (nach 1945, Besitz Hach), notiert, daß er „in mehreren Punkten widersprach". Lt. Lühe, Thadden, S. 209, sagte Scherpenberg „später zu seiner Frau: ‚Es waren drei Leute [Fanny von Kurowsky, Anne Rühle und Reckzeh] dabei, die ich nicht kannte – Grund für mich, äußerst zurückhaltend zu sein.'" Dagegen betont Otto C. Kiep, Feststellungen zu Verhalten des Angeklagten van Scherpenberg, zur Rolle des Staatssekretärs a.D. Zarden an der Teegesellschaft und zur Vernehmung der Zeugin Zimmermann (NL Kiep), daß es einen solchen Widerspruch Scherpenbergs bei der Tee-Gesellschaft – auch nach der bei der Hauptverhandlung verlesenen Erklärung vor der Polizei – nicht gegeben hätte, vielmehr hätte Scherpenberg Kiep durch „eine überaus scharfe Kritik an der militärischen Führung" ergänzt. So sah sich Kiep durch die geschickte Verteidigung Scherpenbergs als Meinungsführer isoliert und belastet, zumal Zarden durch seinen Freitod aus dem Prozeß ausgeschieden war.

[114] Nach Tuchel, Sicherheitspolizeischule, S. 121, Scherpenberg; aber warum wurde das nicht ermittelt? Die Anklageschrift zitiert meist Zarden als ungenannten Teilnehmer.

[115] Gemäß Urteil gegen E. v. Thadden u.a. bezeugte das Thadden als Aussage Kieps, was dieser (vgl. Anm. 121) bestritt.

Kurowsky nannte dazu Goerdeler als „tüchtige[n] Mann auf dem Gebiete der Wirtschaft" und möglichen Nachfolger Hitlers.[116] Auch der Name von Beck wurde erwähnt.[117]

Eine für Reckzeh erfreuliche Wendung gab dem Gespräch Thaddens Mitteilung, dieser „wolle über die Schweiz Propaganda"[118] machen und das Ausland „über die Gefahr des Bolschewismus durch diese Kriegsführung" aufklären.[119] Deshalb suche er entsprechende „Verbindungen, worauf verschiedene [Teilnehmer] Bekannte dort, auch wohl Emigranten, genannt haben". Thadden verwies auf Siegmund-Schultze, zudem brachte sie oder Zarden den Namen von Joseph Wirth ins Gespräch.[120] Da inzwischen Kiep die Runde verlassen hatte, trug wohl besonders Zarden zum weiteren Gespräch über eine Regierungsbildung nach Hitler und die Aufgaben der Nachkriegsordnung bei.[121] Auf Anregung von Reckzeh nannte Thadden die Quäker, die „sich nach ihrer Unterrichtung bereits in der Schweiz dafür

---

[116] Lühe, Thadden, S. 204, nach „Gesprächsprotokolle[n] damaliger Gäste".

[117] Nicht in der Anklageschrift und dem Urteil gegen E. v. Thadden u.a., aber in Reckzehs Bericht wurden „die Namen Beck u. Goerdeler [...] für führende Reg.-Funktionen" nach der Ablösung des NS-Regimes genannt; Aussage I. Schult. Deswegen wollte Lange Goerdeler bereits festnehmen lassen, was aus „Zweckmäßigkeitsgründen" unterblieb.

[118] Kassiber Kieps vom 7.4.1944. Nach der Anklageschrift (aaO., S. 323) machte sie nur den Vorschlag, „die Auffassungen ihres Kreises durch Dr. Reckzeh, der demnächst wieder in die Schweiz fahren werde, ihrem Bekannten Siegmund-Schultze vermitteln zu lassen, um durch diesen Verbindungen zu anderen Personen und den Feindmächten aufzunehmen." Aber Reckzeh wollte gemäß Urteil gegen E. v. Thadden u.a., S. 332, nicht „eine entscheidende Rolle" spielen.

[119] Kassiber Kieps; Scherpenberg, Familienchronik, nennt als Gesprächsthema nach seinem Weggang, „wie man im Falle eines Zusammenbruchs des Regimes die Gefahr der Bolschewisierung entgegenwirken könne. Zu diesem Zwecke sollte Dr. Reckzeh in der Schweiz Fühlung mit Dr. Wirth aufnehmen." Gemäß Urteil, aaO., S. 329, hat Thadden bereits am 9.9.1943 gegenüber Reckzeh betont, daß „die Terrorangriffe die Gefahr der Bolschewisierung" nach sich zögen; während des Teegesprächs sei sie „ganz begeistert gewesen von dem Gedanken, mit England und Amerika zu einem Abkommen gegen den Bolschewismus zu kommen" (aaO., S. 331).

[120] Lt. Anklageschrift (aaO., S. 323) fiel der Name „[v]on einer bisher unbekannten Seite", lt. Urteil (aaO., S. 332) durch Thadden.

[121] Die Anklageschrift gegen E. v. Thadden u.a. betont auch für diesen Teil den aktiven Part von Kiep, der aber in seinen „Feststellungen [...] zur Rolle des Staatssekretärs a.D. Zarden" dessen Anteil am Gespräch vermutet, da er bei der „Erörterung der Frage einer Regierungsbildung im Falle des Zusammenbruchs" nicht mehr anwesend gewesen wäre. Die Aufzeichnung von Hanna Kiep vermutet entsprechend, daß Zarden „zur eigenen Entlastung offenbar über Kiep größten Unsinn ausgesagt" habe.

rüsteten, im Falle des Kriegsendes nach früherem Vorbilde Hilfsmaßnahmen zur Versorgung der Bevölkerung einzuleiten."

Nach diesen im Sinne des Regimes „defätistischen" und „landesverräterischen" Äußerungen hatte Reckzeh nur noch den Wunsch nach Adressen, die ihm den Zugang zu den Schweizer Exilskreisen ermöglichen sollten. Aber das Angebot, Briefe in die Schweiz mitzunehmen, hatte Scherpenberg bereits bei seinem Abschied abgelehnt. Frau Solf hatte zufällig einige Briefe an Schweizer Bekannte dabei, die sie Reckzeh gab. Elisabeth von Thadden schrieb einige Zeilen an Siegmund-Schultze, und Kiep ließ einige Tage später einen Brief an einen politisch nicht interessierten Freund in Luzern Reckzeh zugehen, um ihm gesellschaftliche Kontakte in der Schweiz zu ermöglichen, obwohl Zarden bereits kurz nach der Gesellschaft die Integrität Reckzehs bezweifelte.[122] Bei diesen unpolitischen Schreiben war nur die Adresse von Siegmund-Schultze interessant, allerdings gelangte dieser Brief in die Hände von Reckzehs Vater, der ihn vernichtete.[123] Trotzdem suchte Reckzeh bei seiner nächsten Fahrt in die Schweiz Siegmund-Schultze auf, bei dem er nach seinem Bericht Erfolg hatte; er hätte ihn zu Wirth und dessen Mitarbeiter, dem Schriftsteller Johann Jakob Kindt-Kiefer, in Luzern weitergeleitet.[124] Er erkannte jedoch bald Reckzeh als Spion und warnte Wirth. Zudem bemühte er sich, durch die eidgenössische Fremdenpolizei ein weiteres Wirken Reckzehs in der Schweiz zu unterbinden.[125] Reckzeh hatte aber bereits von Wirth und Kindt-Kiefer einige Informationen über deren Pläne erhalten, so daß er weiteren Personen Kiep als ihren Verbindungsmann nannte.[126]

In Berlin veranlaßte die Gestapo auf Grund von Reckzehs Bericht beim „Forschungsamt" die Telephonüberwachung für die Teilnehmer der

---

[122] Vgl. Ruppel, Memories, S. 53.
[123] Vgl. Anklageschrift, aaO., S. 325; nach Lühe, Thadden, S. 207, sagte der Vater des Spitzels Thadden, sein Sohn hätte den Brief verbrannt.
[124] Vgl. Anklageschrift, aaO., S. 325; Lühe, Thadden, S. 210f, gestützt auf einen Bericht von SS-Standartenführer Huppenkothen, erwähnt den Besuch bei Wirth und Kindt-Kiefer, nicht aber die Vermittlung durch Siegmund-Schultze. Dieser berichtete, er hätte nur auf Bitten von Hans-Bernd Gisevius den Kontakt nicht sofort abgelehnt.
[125] Vgl. Grotefeld, Siegmund-Schultze, S. 330f. Nach Huppenkothen, Verhältnis, S. 13, verhinderte „die dringende Gefahr einer Festnahme des Arztes durch die Schweizer Polizei" weitere Schweizreisen Reckzehs.
[126] Im Kassiber vom 21.5.1944 teilte Kiep seiner Frau mit, der vernehmende Herbert Lange habe ihm berichtet, er „sei auf Grund Bestellungen von R. Anfang November in Basel von mehreren Emigranten zu Besprechungen erwartet worden. Genannte Namen waren mir völlig unbekannt." Kiep kannte aber Wirth, den er aus politischen Gründen ablehnte.

Geburtstagsgesellschaft und weitere Personen.[127] Der zuständige, mit dem Widerstandskreis um Oster verbundene Oberregierungsrat Hartmut Plaas informierte jedoch in der Abwehr den befreundeten Oberst Ludwig Gehre,[128] der Helmuth James von Moltke benachrichtigte. Dieser warnte noch im September Kiep, der die anderen Teilnehmer der Tee-Gesellschaft unterrichtete.[129] Deshalb ließen sie sich nicht auf längere Gespräche mit Reckzeh ein, nachdem er aus der Schweiz zurückgekehrt war. Zudem erstattete Scherpenberg in Absprache mit Kiep Anzeige bei ihren Dienstvorgesetzten gegen Reckzeh, da er zur illegalen Postbeförderung in die Schweiz aufgefordert habe.[130] Andere Teilnehmer verließen Berlin. Kiep, Kurowsky und Zarden verreisten zeitweise, und Thadden fuhr zum Urlaub nach Elmau, wo sie sich mit Inge van Scherpenberg aussprechen wollte, aber auch Zarden und Reckzeh sie aufsuchten.[131] Ein Angebot der Flucht in die Schweiz lehnte sie wegen der anderen Gefährdeten ab, bis sie in der Adventszeit eine Vertretung im Soldatenheim Meaux übernahm. Bereits im November hatte Frau Solf nach der Zerstörung ihres Hauses bei einem

---

[127] Lühe, Thadden, S. 208, identifiziert „Tee-Gesellschaft" und Solf-Kreis, wenn sie die bisher erfolgten Verhaftungen im „Freundeskreis der Frau Solf" als Grund des Antrags auf Telephonüberwachung anführt; vgl. aaO., S. 223.

[128] Zu Plaas und Gehre vgl. Susanne Meinl/Dieter Krüger, Der politische Weg von Friedrich Wilhelm Heinz. Vom Freikorpskämpfer zum Leiter des Nachrichtendienstes im Bundeskanzlamt, in: VZG 42, 1994, S. 39–69 passim; Susanne Meinl, Nationalsozialisten gegen Hitler. Die nationalrevolutionäre Opposition um Friedrich Wilhelm Heinz, Berlin 2000.

[129] Vgl. Vernehmung des Walter Huppenkothen, 28.8.1947; Freya von Moltke u.a., Helmuth James von Moltke 1907–1945, Stuttgart 1975, S. 287. Nach Huppenkothen, Verhältnis, S. 14, war die Information kein Einzelfall, vielmehr meldete Plaas über Gehre der Abwehr „alle interessierenden Anträge der Geheimen Staatspolizei zur Durchführung von Telefonüberwachungen".

[130] Lt. Anklageschrift gegen E. v. Thadden u.a., S. 325, erstatteten Scherpenberg und Kiep Anzeige, lt. Urteil, aaO., S. 333, nur Kiep; nach H. Kiep, Schilderung Teegesellschaft, handelte Scherpenberg „gegen den Rat von Kiep". Daß dadurch die Verhaftungen ausgelöst worden seien, behauptete die Gestapo; Aufzeichnung Hanna Kiep.

[131] Vgl. Erinnerungen von Elisabeth Wirth, MS o.D. (Archiv der Elisabeth-von-Thaddenschule); Lühe, Thadden, S. 209ff. Gemäß der Anklageschrift, aaO., S. 326, konnte Reckzeh Thadden für die Zusammenarbeit zwischen Quäkern und Rotem Kreuz nach Kriegsende gewinnen. Nach Huppenkothen, Verhältnis, S. 13, soll sie auch ein Gespräch Reckzehs mit Generaloberst Franz Halder, dem 1942 abgelösten Generalstabschef, vermittelt haben, was im Blick auf ihre Kontakte unwahrscheinlich ist.

Luftangriff Zuflucht bei ihrer Schwester in Garmisch-Partenkirchen gefunden, wohin ihre Tochter im Januar 1944 folgte.[132]

5. Die Verfolgung der Tee-Gesellschaft

Diese Vorkehrungen behinderten die Nachforschungen der Gestapo. Als darum die inzwischen gebildete „Sonderkommission Lange"[133] keine weiteren Erkenntnisse gewinnen konnte, befahl Himmler die Verhaftung der Tee-Gesellschaft und weiterer Kontaktpersonen unter dem Decknamen „Komplex Barock"[134]. Am 12. Januar 1944 wurden Zarden und seine Tochter in Berlin und Solf mit ihrer Tochter in Garmisch-Partenkirchen verhaftet, einen Tag später Thadden in Frankreich und Kurowsky in Berlin. Nach Anne Rühle folgten am 16. Januar Kiep, der gleichzeitig aus der Wehrmacht ausgestoßen wurde, am 17. wurde seine Frau in Ballenstedt am Harz mit der Verhaftung konfrontiert. Nachdem sie ihre beiden kranken Töchter bei Freunden untergebracht hatte, mußte sie sich am 18. Januar den Behörden in Berlin stellen. Erst am 1. Februar wurde Scherpenberg festgenommen, da er zwischenzeitlich dienstlich in Schweden gewesen war.[135] Auch die Verhaftung von Anza Braune erfolgte verspätet wegen ihrer Erkrankung. Als Kontaktpersonen wurden u.a. Elisabeth Wirth, eine Elmauer Freundin Thaddens, und Kieps Sekretärin Brigitte Zimmermann inhaftiert. In den nun beginnenden Verhören gab Kiep den Namen seines Informanten über die Telephonüberwachung preis,[136] so daß Moltke am 19. Januar inhaftiert wurde, nachdem der Gestapo bereits am 5. April 1943 mit der Verhaftung von Hans von Dohnanyi und Dietrich Bonhoeffer sowie der Beurlaubung von Hans Oster der Zugriff auf die Abwehr gelungen war.[137] Auf Moltkes Angabe hin wurde am 2. März Gehre verhaftet, der aber wenig später fliehen konnte und erst am 2. November erneut ergriffen wurde. Am 3. März wurde Plaas festgenommen, der ohne Verfahren schon am 19. oder 20. Juli im KZ Ravensbrück ermordet wurde. Nur

---

[132] Vgl. Solf, The Story; Ballestrem-Solf, Gestapo.
[133] Vgl. Tuchel, Sicherheitspolizeischule, S. 120–127. Zu Lange vgl. Jens Banach, Heydrichs Elite. Das Führerkorps der Sicherheitspolizei und des SD 1936–1945, Paderborn 1998, S. 227f.
[134] Vgl. Reichsführer SS Himmler auf der Gauleitertagung am 3. August 1944 in Posen, in: VZG 1, 1953, S. 576; Aussage Ingeborg Schult, 27.9.1945; KB, S. 175.
[135] Vgl. Lühe, Thadden, S. 224f.
[136] Vgl. Kassiber Kieps an seine Frau vom 28. und 29.5.
[137] Vgl. Meyer, Unternehmen Sieben, S. 383ff.

Inge van Scherpenberg entging der Verhaftung, nachdem sie aus Wien zurückgekehrt war.[138]

Den ersten Vernehmungen folgte die Einlieferung in Anstalten des Terrors, begleitet und unterbrochen durch die vielfach nachts durchgeführten Verhöre im Reichssicherheitshauptamt (RSHA) in der Prinz-Albrecht-Straße oder in der Zweigstelle Kurfürstendamm 140, wo die Sonderkommission Lange untergebracht war. In einer Pause des Verhörs am 18. Januar verletzte sich hier Zarden bei einem Sprung aus dem Fenster so sehr, daß er auf dem Transport ins Krankenhaus starb, einen Tag nach dem Geburtstag seiner im Februar 1943 verstorbenen Frau jüdischer Abstammung.[139] Da sie an der Geburtstagsfeier nicht teilgenommen hatten, erwarteten Hanna Kiep und Brigitte Zimmermann bereits am 25. Januar ihre Entlassung, sie wurden aber stattdessen in das Frauen-KZ Ravensbrück eingeliefert.[140] In die benachbarte Sicherheitspolizeischule Drögen war die Sonderkommission nämlich wegen der Luftangriffe auf Berlin umgezogen. Dort und im „Zellenbau" des Frauen-KZ setzte sie ihre Verhöre fort.[141]

Hanna Solf kam über München zunächst in das KZ Sachsenhausen, bis sie am 5. Februar wie Irmgard Zarden, Elisabeth von Thadden und Elisabeth Wirth nach Ravensbrück überstellt wurde, die zuvor im KZ Sachsenhausen oder im KZ Oranienburg waren.[142] Nachdem Kiep zunächst in der Gestapo-Ausweichstelle Kurfürstendamm verhört worden war, erfolgte am 7. Februar seine Einlieferung zusammen mit Moltke und den früher verhafteten Kuenzer, Scherpenberg und Bernstorff in den Neubau im KZ Ravensbrück, wohin auch der mit diesem in Verbindung stehende, bereits im September 1943 inhaftierte Carl Langbehn verlegt wurde.[143] Nach Anza Braune und Anne Rühle kam im März auch Lagi Gräfin Ballestrem in das Frauen-KZ.

---

[138] Lühe, Thadden, S. 228ff., vermutet als Grund, daß sie das Schweigen über die Verhaftungen durchbrochen hätte, obwohl sie danach noch in Bayern verhaftet werden sollte; Kiep, Kassiber vom 7.4.1944, meinte „vielleicht Einfluß des Vaters", Hjalmar Schacht. Zu erwägen ist, ob man diesem nicht zu nahe kommen wollte.
[139] Vgl. Bericht Irmgard Ruppel, S. 7.
[140] Vgl. Tagebuch Hanna Kiep (NL Kiep).
[141] Vgl. Tuchel, Sicherheitspolizeischule; Bernhard Strebel, Das KZ Ravensbrück. Geschichte eines Lagerkomplexes, Paderborn 2003, S. 281f.
[142] Vgl. Solf, The Story; irrtümlich nennt Lühe, Thadden, S. 230, auch für Solf Oranienburg. Nach Irmgard Ruppel, Memories, S. 56, kam sie mit „several of the women at the party" nach den Verhören in der Prinz-Albrecht-Straße in das KZ Sachsenhausen, um mehrfach wieder zu Verhören nach Berlin gefahren zu werden.
[143] Vgl. Helmuth James von Moltke an seine Frau, 28.2.1944, in: ders., Briefe, S. 599ff.

Die Verhöre konzentrierten sich gemäß dem Anfangsverdacht und der Aufgabe der Sonderkommission Lange auf Beziehungen zu Emigranten in der Schweiz. Als sich dabei keine weiteren Erkenntnisse ergaben, schienen sich die Ermittlung Anfang April dem Ende zu nähern, um sie an die Staatsanwaltschaft und für Kiep als Angehörigen der Wehrmacht an das OKW abzugeben.[144] Kiep sah deshalb für sich und Moltke bereits gute Aussichten und hoffte auf Hilfe durch den auch als Verteidiger vorgesehenen Reichskriegsgerichtsrat Dr. Karl Sack, der zum Widerstand gehörte. Als erste wurde Anza Braune entlassen. Aber alle Hoffnungen der anderen wurden zunichte,[145] wohl auch weil im März die Abwehr zwischen RSHA und OKW aufgeteilt worden war. SS-Standartenführer Walter Huppenkothen im RSHA rechnete Kiep zu den Fällen, die Belastungen gegen Angehörige der Abwehr ergeben hätten.[146] Die besonders nachts durchgeführten Vernehmungen wurden im Mai durch die Androhung körperlicher Gewalt[147] und des Vorgehens gegen Familienmitglieder[148] verschärft; Kiep mußte auch beim Verhör Fesseln tragen, während Bernstorff und Kuenzer übel mißhandelt wurden.[149] Auch zu diesen wurde jetzt Kiep befragt, da über die Tee-Gesellschaft hinaus nun der Solf-Kreis ins Blickfeld rückte;[150] am 12. Juni 1944 wurde Wilhelm Staehle und am 17. Juni Friedrich Erxleben verhaftet. Staehle legte ein recht umfassendes Geständnis ab und nannte auch Personen, die nach einem Umsturz für eine neue Regierung in Frage kämen, so daß die Sonderkommission seine Entlassung aus der Luftwaffe beantragte.[151]

Es blieb den Inhaftierten nur die Erwartung des baldigen Kriegsendes, aber die Ermittlungen wurden so beschleunigt, daß die Untersuchungshäftlinge Anfang Juni der Justiz übergeben werden konnten. Thadden, Solf,

---

[144] Vgl. Kieps Kassiber vom 7.4. und 9.5.1944. Bereits am 19.3. notierte Hanna Kiep in ihrem Taschenkalender (NL Kiep): „angenehme Nachricht besonders sehr tröstlich von OC", ihrem Mann, dem aber am 28.3. die „Vergünstigungskost entzogen" wurde. Nach den Kassiber-Mitteilungen wurde Kiep anscheinend nicht nach dem mit ihm befreundeten Erich Vermehren gefragt, der zusammen mit seiner Frau am 27.1.1944 in Istanbul zu den Alliierten übergelaufen war, was die Entlassung von Admiral Canaris als Chef der Abwehr am 23.2.1944 auslöste; vgl. Meyer, Unternehmen Sieben, S. 441ff.

[145] Kiep vermutete als Grund für die plötzliche Veränderung eine englische Sendung über die Tee-Gesellschaft.

[146] Vgl. Huppenkothen, Verhältnis, S. 11ff.: „Fall Kiep u. Andere".

[147] Vgl. Scherpenberg, Familienchronik; Kiep, Kassiber vom 5.6.1944.

[148] Vgl. Kiep, Kassiber vom 27.5.1944.

[149] Vgl. Kiep, Kassiber vom 23.5. und 5.6.1944; Ballestrem-Solf, Gestapo.

[150] Vgl. Kassiber Kieps vom 5.6.1944.

[151] Vgl. Roon, Staehle, S. 63f.

Kurowsky und Zarden kamen in das Frauenzuchthaus Cottbus, Kiep und Scherpenberg am 12. Juni ins Zuchthaus Brandenburg-Görden, nachdem das Reichskriegsgericht das Verfahren gegen Kiep am 5. Juni an die allgemeine Gerichtsbarkeit abgegeben hatte. Am 22. Juni wurde die Anklageschrift des Oberreichsanwaltes beim Volksgerichtshof gegen die Tee-Gesellschaft ausgefertigt, die vier Tage später beim Gericht einging. Die Angeklagten wurden deshalb für den Prozeß nach Moabit verlegt. Für Kiep war klar, daß für ihn mit der Zuständigkeit des Volksgerichtshofes das ihm bereits von dem vernehmenden Beamten angekündigte Todesurteil feststand. Am 19. Juni unternahm er deshalb einen schon länger überlegten Selbstmordversuch, um die Einziehung des Vermögens für seine Frau und seine drei Kinder abzuwenden.[152] Aber wegen eines Fliegeralarms kamen Beamte in seine Zelle und verhinderten sein Verbluten.

Die nur durch eine Mittagspause unterbrochene Gerichtsverhandlung des 1. Senates am 1. Juli dauerte etwa von 8–21 Uhr in einem behelfsmäßig hergerichteten Saal im früheren Hotel Eden in der Bellevue-Straße.[153] Als Vorsitzender fungierte Roland Freisler, der berüchtigte Präsident des Volksgerichtshofes. Da die Verhandlung öffentlich war, konnten Verwandte der Angeklagten wie die Geschwister Elisabeth von Thaddens, Ehrengard und Reinold mit Frau, Otto Kieps Brüder Klaus und Louis sowie zwei Vettern, Inge van Scherpenberg u.a. teilnehmen, nachdem sie sich zuvor intensiv um gute Verteidiger bemüht hatten. Die Anklage beschuldigte Elisabeth von Thadden, Otto Kiep und Johanna Solf „durch Wehrkraftzersetzung und durch Vorbereitung eines hochverräterischen Unternehmens die Kriegsfeinde des Großdeutschen Reichs begünstigt" zu haben; den Mitangeklagten wurde Unterlassung der Anzeige vorgeworfen.

Der Verlesung der Anklage folgte die Vernehmung zur Person und die Beweisaufnahme mit den Befragungen der Angeklagten und Zeugen durch Freisler. Zeugen der Anklage waren neben Reckzeh[154] Brigitte Zimmermann, die Kieps Zweifel am Endsieg bezeugte, aber durch den Hinweis auf seine Überarbeitung ihrem ehemaligen Chef zu helfen suchte,[155] und Anza

---

[152] Vgl. Kiep an seine Frau, o.D. (NL Kiep).
[153] Vgl. Lühe, Thadden, S. 255ff., nach Aufzeichnung von Ruth Wagner-Nigrin von 1944, sowie den ausführlichen, aber erst 1963 verfaßten „Bericht über das Verfahren gegen O. C. Kiep vor dem Volksgerichtshof (Juli/August 1944)" von Wolf Stoecker, in: Mühlen, Die Angeklagten, S. 76–87, dem Clements, From Ice Set Free, S. 204ff., folgt.
[154] Strittig ist, ob er – vielleicht „in SS-Uniform" – von Anfang an (Stoecker, Bericht, S. 78) oder „wegen einer ärztlichen Hilfeleistung" erst „nach der Pause um die Mittagszeit" (Wagner-Nigrin, Volksgerichts-Prozeß) zur Verfügung stand.
[155] Vgl. Stoecker, Bericht, S. 79.

Braune; wie Anne Rühle konnte der Schwester von Elisabeth von Thadden wegen ihrer häufigen Beschäftigung in der Küche eine Beteiligung am Gespräch nicht nachgewiesen werden, so daß sie auch kaum sachdienliche Zeugenaussagen machte.

Die Verhandlung wurde schon bald nach den Vernehmungen zur Person unterbrochen durch den Antrag, das Verfahren für die bereits verhörte Frau Solf abzutrennen. Die Anklageschrift hatte darauf hingewiesen, daß sie sich „in ihrem Hause mit einem Kreise von größtenteils staatsfeindlich eingestellten Personen" getroffen hätte. Deshalb sollte ihr Fall nun im Zusammenhang des Solf-Kreises verhandelt werden. Das bedeutete eine Verschärfung des zu erwartenden Urteils, „weil in der Zwischenzeit durchgeführte Ermittlungen weiteres Belastungsmaterial ergeben haben"[156], aber auch die Hoffnung auf Verschleppung des Prozesses; vielleicht wurde der Antrag von ihrem Verteidiger, Dr. Rudolf Dix, gestellt.[157] Dessen Bruder Helmuth verteidigte Scherpenberg, wobei er geschickt dessen Argumentation aufnahm und erfolgreich für einen minderschweren Fall von unterlassener Anzeige plädierte, so daß nur die Dauer der Gefängnisstrafe strittig war. Kurowsky konnte sich retten, indem sie sehr überzeugend „die Rolle der politisch Naiven"[158] und Schwerhörigen[159] spielte; Irmgard Zarden imponierte Freisler durch den Hinweis, sie hätte die Äußerungen ihres Vaters wegen der Anzeige durch Reckzeh nicht gemeldet.[160]

Im Mittelpunkt standen die Verfahren gegen Kiep und Thadden. Bei der Suche nach einem Verteidiger für Elisabeth von Thadden hatte deren Schwester Ehrengard Schramm Rechtsanwalt Masius beauftragt, der jedoch den Fall für hoffnungslos hielt und auf die Möglichkeit eines

---

[156] Führerinformation des Justizministeriums, Nr. 181, 18.7.1944 (BA, All Proz 1 XVI-II.311); nach Stoecker, Bericht, S. 78, verwies darauf bereits Freisler.

[157] So Wagner, Volksgerichtshof, S. 667; Stoecker, Bericht, S. 78, der zudem auf die juristisch eigentlich zu erwartende Vorgehensweise hinweist, nach dem weiteren Verfahren eine Gesamtstrafe zu bilden. Nach Lühe, Thadden, S. 261, brachte ein Bote (vom RSHA?) Freisler einen „Zettel"; vgl. das Gerücht einer Einflußnahme Japans durch Botschafter Oshuma, das wohl auf den Antrag von H. Solfs Verteidiger zurückgeht, die Opportunität des Verfahrens im Blick auf das Ansehen ihres Mannes in Japan zu prüfen; vgl. Führerinformation des Justizministeriums, Nr. 181, 18.7.1944. Nach Wagner-Nigrin, Volksgerichts-Prozeß, verließ H. Solf danach mit ihrem Anwalt den Gerichtssaal, aber H. Solf an W. Hammer betont, daß auch sie „14 Stunden" vor Freisler saß; vgl. Stoecker, Bericht, S. 78. Rudolf Dix war – mit seinem Bruder Helmuth – auch Wahlverteidiger von Mumm und Halem sowie von Metzger.

[158] Stoecker, Bericht, S. 79.

[159] Vgl. Schlabrendorff, Begegnungen, S. 66.

[160] Bericht Irmgard Ruppel, S. 15; dies., Memories, S. 63.

Gnadengesuches verwies.[161] Aber als die Anklageschrift zugestellt wurde, befand er sich in Süddeutschland, so daß der Volksgerichtshof Rechtsanwalt Kunz als Pflichtverteidiger bestellte. Er traf Thadden erstmals vor Gericht, so daß sie weitgehend auf sich selbst gestellt war. Sie verzichtete auf ihre Verteidigung und suchte „der Wahrheit geradezu mehr als erforderlich zu entsprechen"[162], während Freisler im Blick auf Adel und Kirche immer neue Anlässe für seinen Hohn und Spott fand. In „sehr heftigen Auseinandersetzungen"[163] mit Kiep suchte er nachzuweisen, daß dieser nicht nur gemäß seinem Geständnis den Krieg für verloren gehalten, sondern auch landesverräterische Beziehungen zu Joseph Wirth unterhalten hätte. Da dies jedoch Reckzeh nicht beweisen konnte, mußte Freisler wie bereits die Voruntersuchungen diesen Vorwurf fallen lassen, wenn er auch in der mündlichen Urteilsbegründung an einem erheblichen Verdacht festhielt.[164] Einen grundsätzlichen Charakter hatte aber „die flammende Verteidigungsrede"[165] von Kieps Verteidiger Sack. Er griff Reckzeh an, der im Unterschied zu den älteren Teilnehmern der Geburtstagsfeier „der Elitetruppe der Partei angehöre", aber das „defaitistische Gerede" nicht beendet hätte.[166] Das brachte Sack zwar die Zustimmung der Zuhörer, aber einen im Urteil nachklingenden Tadel Freislers ein und änderte dieses nicht. Kiep wurde wegen der „schweren defaitistischen Ausführungen" und „landesverräterischer Feindbegünstigung" und Thadden wegen maßgeblicher Mithilfe zum Tode verurteilt.

Die Härte des Vorgehens gegen Kiep und Thadden begründete das Urteil mit der Lage „zu Beginn des fünften Kriegsjahres", allerdings dürften weitere Motive eine Rolle gespielt haben. So wirkte sich gegen Kiep wohl seine Stellung in der inzwischen vom RSHA zerschlagenen Abwehr aus, während man bei Thadden an die von SS und Gestapo vertretene und von Freisler im Verhör neben dem Adelsmotiv provokant inszenierte Kirchenfeindschaft[167] denken kann. Als „Feindin des Nationalsozialismus" erwies sie auch ihre Zugehörigkeit zur BK, wie die christliche Bindung bei den

---

[161] Vgl. Lühe, Thadden, S. 248f.
[162] Stoecker, Bericht, S. 78; vgl. Jörg Thierfelder, Interview mit Frau Marlene Rübcke, geb. v. Alvensleben, 10.8.1999.
[163] Stoecker, Bericht, S. 78; vgl. Westphal, Mein Bruder, S. 28; dagegen hat sich Kiep nach Lühe, Thadden, S. 258f., „schlecht oder gar nicht" verteidigt.
[164] Vgl. Stoecker, Bericht, S. 80.
[165] Wagner-Nigrin Volksgerichts-Prozeß, die allerdings statt Sack Dix nennt.
[166] Stroecker, Bericht, S. 80.
[167] Dazu gehört auch die Befragung von H. Solf nach den Quäkern; vgl. H. Solf, The Story.

Ermittlungen der Lange-Kommission nach dem 20. Juli eine große Rolle spielen sollte.[168]

Demgegenüber erhielt Scherpenberg wegen unterlassener Anzeige zwei Jahre Gefängnis, während Kurowsky und Zarden mangels Beweisen freigesprochen wurden.[169] Nachdem Kiep und Thadden „mit auf dem Rücken gefesselten Händen"[170] abgeführt waren, kam Rühle frei; am 6. Juli wurde Hanna Kiep, Brigitte Zimmermann und Irmgard Zarden in Ravensbrück entlassen. Scherpenberg wurde wieder nach Moabit gebracht, bis es den Bemühungen seiner Frau und seines Schwiegervaters gelang, daß er am 25. September nach Landsberg am Lech verlegt wurde.[171] Nach dem vier Wochen dauernden, äußerst strapaziösen Transport mußte er zunächst ins Spital, wurde dann aber in der Bibliothek und später in der Wirtschaftsverwaltung beschäftigt.

6. Auswirkungen des 20. Juli 1944

Nach den Todesurteilen galten die Bemühungen der Verwandten dem Versuch, durch Gnadengesuche das Schicksal von Kiep und Thadden noch zu wenden. Besonders Familie Kiep konnte dafür einflußreiche Freunde gewinnen, während Sack seine Mitwirkung nach dem Zusammenstoß mit Freisler verweigerte und deshalb Rechtsanwälte aus dem Kreis der Angehörigen tätig wurden. Der mit Kiep befreundete Prof. Dr. Ferdinand Sauerbruch wurde sogar bei Justizminister Thierack vorstellig.[172] Aber alle Hoffnungen für den im Zuchthaus Brandenburg-Görden inhaftierten Kiep und für die in die Berliner Vollzugsanstalt Barnimstraße verlegte Thadden wurden zunichte, nachdem am 20. Juli der Umsturzversuch fehlgeschlagen war. Die einsetzenden Nachforschungen und Verurteilungen eröffneten jedoch auch die Möglichkeit der Verzögerung bei der Bearbeitung der Gnadengesuche, während die beiden Verurteilten wenigstens Besuche empfangen durften. Am 7. und 15. Juli konnte Hanna Kiep ihren Mann in

---

[168] Vgl. zur der ideologischen Differenz von christlicher und nationalsozialistischer „Weltanschauung" entsprechenden Kirchenfeindschaft oben, S. 1f., 394f. Demgegenüber ergab sich die Kritik am Adel aus dem Selbstbewußtsein der SS als neuer, durch gnadenlose Auslese der Besten geformter Elite.

[169] Vgl. Urteil gegen E. v. Thadden u.a., aaO., S. 329; Führerinformation des Justizministeriums, Nr. 181, 18.7.1944.

[170] Lühe, Thadden, S. 263, nach Wagner-Nigrin, Volksgerichts-Prozeß.

[171] Scherpenberg, Eintrag in Familienchronik; mündl. Mitteilung von Helga Hach.

[172] Vgl. Hassell-Tagebücher, S. 435.

Brandenburg besuchen, nachdem sie ihn in Ravensbrück zwar häufig von Ferne gesehen hatte, aber nur einmal sprechen konnte.

Während die Ermittlungen gegen die Mitglieder des Widerstands vom 20. Juli gegen Elisabeth von Thadden keine neuen Hinweise lieferten, fand man entgegen Kieps Erwartung in einer Aufstellung Goerdelers über die künftige Regierung seinen Namen. Daß er für die Position des Pressechefs des Reichskanzlers vorgesehen war, war allerdings nach seiner Verhaftung durchgestrichen worden.[173] Da Kiep bisher jede Kenntnis Goerdelers abgestritten hatte und daran in den erneuten Verhören festhielt, gingen die Beamten über die üblichen Zwangsmaßnahmen hinaus und folterten ihn schwer, um ihm ein Geständnis als „Exponent der Gruppe Goerdeler"[174] abzupressen. Als Hanna Kiep ihren Mann am 25. August in Strafgefängnis Plötzensee besuchen konnte, sah sie die Spuren der grauenhaften Mißhandlung an seinem Kopf, am nächsten Tag wurde er dort wie später die mit ihm teilweise befreundeten Männer des 20. Juli durch den Strang „hingerichtet". Die Tötung von Elisabeth von Thadden durch die Guillotine[175] folgte am späten Nachmittag des 8. Septembers dem Erhängen der unmittelbar zuvor verurteilten Josef Wirmer, Ulrich von Hassell, Paul Lejeune-Jung und der bereits früher abgeurteilten Ulrich-Wilhelm Graf von Schwerin, Günther Smend und Georg Hansen. Aber Elisabeth von Thadden diktierte Pfarrer Ohm kurz vor ihrem Tode: „Mit dem Attentat vom 20. Juli habe ich nichts zu tun gehabt, kenne keinen dieser Leute."[176]

Für das Verfahren gegen Hanna Solf und ihren Kreis hatten die Ermittlungen der Sonderkommission Lange schon vor dem 20. Juli neue Hinweise ergeben. Bereits Mitte Juni wurden Staehle und Erxleben festgenommen; weiterhin wurden die schon verurteilten Mumm und Halem zum „Solf-Kreis" verhört.[177] Die Untersuchungen boten zudem die Gelegenheit, den am 30. Juli 1943 inhaftierten Bernstorff in ein laufendes Verfahren

---

[173] Vgl. KB, S. 60 (27.7.1944); Stoecker, Bericht, S. 85. Nach Kieps Verurteilung trat an seine Stelle nicht ein neuer Name (Stoecker), vielmehr hoffte Goerdeler auf seine Freilassung, zumal man sich nicht auf einen Ersatzmann einigen konnte (KB). Dabei wurde u.a. Theodor Heuss in Erwägung gezogen; vgl. Jürgen C. Hess, Das Vermächtnis ist noch wirksam. Ethos der Erneuerung: Theodor Heuss und der deutsche Widerstand, in: Der Tagesspiegel, 20.7.1994.

[174] KB, S. 175. Zu den Folterungen vgl. Stoecker, Bericht, S. 86, nach einem Bericht von Gefängnispfarrer Peter Buchholz.

[175] Vgl. Solf, The Story; Ballestrem-Solf, Tea Party, S. 142.

[176] Diktat von E. v. Thadden an Gefängnispfarrer Ohm zur Weitergabe an die Angehörigen, 8.9.1944, in: Ehrengard Schramm, Bericht über die Besprechung mit Pfarrer Ohm am 10. Juni 1938 (Archiv der Elisabeth-von-Thadden-Schule, ungedruckte Quellen).

[177] Vgl. H. Solf an W. Hammer.

einzubeziehen, nachdem er bis April 1944 nicht einmal vernommen worden war.[178] Kuenzer war bereits nach seiner Verhaftung wegen Metzger befragt wurden, aber für eine Verurteilung hatten sich anscheinend keine hinreichenden Verdachtsmomente ergeben, oder Lange hoffte auf weitere Erkenntnisse über Kontakte zum Schweizer Exil. War der Solf-Kreis das gesuchte Zentrum? Die Ermittlungen galten über die dortigen Gespräche hinaus den Verbindungen zu anderen Personen, wie sie besonders Bernstorff und Kuenzer gepflegt hatten. Am 17. Juli wurde auch ein Haftbefehl gegen Goerdeler erwirkt, dessen Name in den Gesprächen der Tee-Gesellschaft gefallen war.

Die Vernehmungen gingen bis in den September hinein weiter; aber als am 24. Juli Maximilian von Hagen verhaftet wurde, galt bereits das Hauptinteresse dem 20. Juli und seinem Umfeld. Lockere Beziehungen Goerdelers zu Frau Solf, aber nicht zu ihrem Kreis, und zu Kuenzer wurden dabei nachgewiesen, jedoch rückten Staehle[179] und auch Gehre aus diesem Zusammenhang in das Zentrum der Verschwörung, der eine als Verbindungsmann von Goerdeler, der andere als Mitarbeiter Osters, während sich Moltke als Kopf des Kreisauer Kreises erwies. Dem „defaitistischen" Solf-Kreis zugeordnet wurde nun Franz Kempner, wobei mit ihm auch Kiep wieder ins Blickfeld geriet.[180] Da Kempner sich im September 1943 Goerdeler als Staatssekretär für die Reichskanzlei zur Verfügung gestellt hatte, wurde gegen ihn gesondert ermittelt.

Am 21. Dezember stand er u.a. mit Staehle, dem als Landwirtschaftsminister vorgesehenen Dr. Andreas Hermes und Fabian von Schlabrendorff vor dem Volksgerichtshof, der ihre Fälle aber wegen Überlastung vertagte.[181] Am 12. Januar 1945 wurden Kempner und Hermes zum Tode verurteilt, weil sie von der Umsturzplanung gehört, aber keine Anzeige erstattet hatten.[182] Während Hermes überleben konnte, wurde das Urteil an Kempner und an seinem Zellennachbar im Hausgefängnis der Gestapo in der Lehrter Straße, dem am 1. Februar verurteilten Ernst von Harnack, am 5. März vollstreckt.[183] Nach Harnacks Briefen und dem Urteil scheinen bei den Ermittlungen der Gestapo seine Verbindungen zum Solf-Kreis, wie bei Planck, keine Rolle gespielt zu haben.[184] Die Verhandlung gegen Staehle

---

[178] Vgl. Hansen, Bernstorff, S. 265.
[179] Vgl. Roon, Staehle, S. 65f.
[180] Vgl. KB, S. 420f., 707.
[181] Vgl. Hoffmann, Widerstand, S. 648.
[182] Vgl. KB, S. 706f.
[183] Vgl. Harnack, Jahre, S. 226, 229.
[184] Vgl. Harnack, Jahre, S. 226, 229; für den am 23. Juli verhafteten Planck Pufendorf, Plancks, S. 447ff.

sollte zusammen mit Schlabrendorff am 3. Februar 1945 stattfinden, mußte aber wegen eines Luftangriffes unterbrochen werden. Bei der Vernichtung des Gerichtsgebäudes kam Freisler um. Bei der erneuten Verhandlung am 16. März erkannte das Gericht das erpreßte Geständnis Staehles nicht mehr an, so daß er nur noch wegen Begünstigung eines politischen Gefangenen zu zwei Jahren Gefängnis verurteilt wurde, ohne daß seine Zugehörigkeit zum Solf-Kreis beachtet wurde.[185]

Die Ermittlungen zum Widerstand des 20. Juli 1944 ergaben keine weiteren Erkenntnisse für die anderen inhaftierten Mitgliedern des Solf-Kreises, da dieser nicht in die Umsturzvorbereitungen einbezogen war. Auch dem kurz danach verhafteten Hagen konnte nur die Mitwisserschaft der Gespräche im Hause Solf nachgewiesen werden. Unklar ist, warum im August 1944 Ballestrem, Bernstorff, Kuenzer, Solf und Werner von Alvensleben bei Hungerration in verschärfte Haft im Keller gesetzt wurden.[186] Unentdeckt oder unbeachtet[187] blieb die Hilfe besonders von Mutter und Tochter Solf für Juden. So gehörte der Solf-Kreis zu den kaum mehr interessierenden Altfällen.[188]

Ab Mitte Oktober wurden die Inhaftierten in Berlin zusammengezogen.[189] Die meisten waren zuvor die ganze Zeit in Ravensbrück gewesen; nur Hanna Solf war nach dem 20. Juli in das Frauengefängnis Moabit und später in das Zuchthaus Cottbus verlegt worden und kam am 1. Dezember nach Moabit zurück. Dorthin war auch ihre Tochter transportiert worden, während Bernstorff und die anderen Männer im Zellengefängnis Lehrter Straße inhaftiert waren.[190] Nachdem die Gefangenen außerhalb Berlins wenigstens von den Luftangriffen verschont geblieben waren, begann bei Kälte und mangelhafter Verpflegung eine letzte Leidenszeit; während des Alarms wurden sie in den Zellen eingeschlossen.

Am 15. November wurde die Nachtragsschrift und Nachtragsanklageschrift gegen Johanna Solf, Richard Kuenzer, Albrecht Graf von Bernstorff, Friedrich Erxleben, Lagi Gräfin Ballestrem und Maximilian von

---

[185] Vgl. Roon, Staehle, S. 67.
[186] Vgl. Hansen, Bernstorff, S. 268; H. Solf an W. Hammer; Ballestrem-Solf, Gestapo.
[187] Hanna Solf wurde nach ihrer Hilfe für verfolgte Juden befragt (The Story), ohne daß das in der Anklageschrift auftaucht. Aber bei Hildegard Staehle wurden solche Aktivitäten für die einjährige Gefängnisstrafe beachtet; vgl. Roon, Stahle, S. 68.
[188] Für die These, daß im Gefolge der Tee-Gesellschaft bzw. des Solf-Kreises 76 Personen verhaftet wurden (Lühe, Thadden, S. 284) gibt es keine Hinweise. Die Zahl geht wohl zurück auf Solf, The Story, die aber von 76 Ermordeten in der Endphase des Regimes spricht.
[189] Vgl. Ballestrem-Solf, Gestapo.
[190] Vgl. H. Solf an W. Hammer; dies., The Story; Ballestrem-Solf, Gestapo.

Hagen ausgefertigt und den Inhaftierten zugestellt. Die Anklage warf Solf, ihrer Tochter, Kuenzer und Bernstorff vor, sie hätten „in den Jahren 1941– 1943 in zahlreichen Unterhaltungen untereinander und mit anderen die zersetzende Idee verfochten, das Reich werde den Krieg verlieren"[191]. Dabei hätten sie „entsprechend ihrer reaktionär-staatsfeindlichen Einstellung den gewaltsamen Sturz der nationalsozialistischen Staatsführung und ihre Ersetzung durch einen zum Abschluß eines Unterwerfungsfriedens geneigte ‚Regierung' propagiert." Dazu „hatten [sie] aus Angst vor einem Einmarsch der Bolschewisten die Absicht, mit den Westmächten heimlich Verbindungen aufzunehmen, um mit ihnen Friedensmöglichkeiten zu erörtern und sie zu einem gemeinsamen Vorgehen gegen die Sowjetunion zu gewinnen. Zu genau festgelegten Plänen waren diese Besprechungen der Angeschuldigten allerdings noch nicht gereift", zumal eine Verbindung mit den Kreisen des Widerstandes vom 20. Juli nicht nachweisbar war und die Kontakte Goerdelers zu Hanna Solf von diesem zutreffend als beiläufig hingestellt wurden. Hanna Solf hätte durch ihre Einladungen und ihre Beteiligung diese „ketzerischen Unterhaltungen" gefördert, besonders „nach Schluß des offiziellen Teils und dem Fortgang der anderen Gäste". Erschwerend kamen ihre Stellungnahme gegen die „angeblich schroffe Behandlung der Juden" sowie die Billigung der Pläne von Metzger hinzu.

Als treibende Kraft der „friedenssüchtig[en]" Überlegungen galt jedoch Kuenzer, der „[s]chon im Herbst 41 [...] in der Schweiz Verbindung mit dem früheren deutschen Reichskanzler Dr. Wirth" aufgenommen und „auch sonst verbissen gegen den Nationalsozialismus gehetzt und auf seinen Sturz hingearbeitet" hätte. „So erzählte er die schaurigsten Greuelmärchen, vor allem über angebliche Erschießungen von Juden. Gelegentlich eines Besuchs des ältesten Sohnes Solf bei seiner Mutter [...] erklärte [er]: ‚Man müsse den Führer niederschießen wie einen tollen Hund'."[192] Auch die Sondierungen Kuenzers in England im Zusammenhang der Tschechenkrise hatte die Gestapo entdeckt, vollends entlarvte ihn aber, daß er während der Haft „einen umfangreichen Aufruf" verfaßt hatte, „der nach einem Sturz der Reichsregierung veröffentlicht werden sollte." Demgegenüber war Bernstorff, Erxleben und Ballestrem nur die Beteiligung an den Gesprächen nachzuweisen, während Hagen Mitwisserschaft und unterlassene Anzeige angelastet wurden. Er wurde deshalb nicht wie die anderen wegen „Wehrkraftzersetzung, Feindbegünstigung und Vorbereitung

---

[191] Zarusky/Mehringer, Widerstand als „Hochverrat", Microfiche 0680.
[192] Die nicht bei den Beweismitteln aufgeführten Aussagen des kurzzeitig inhaftierten Sohnes Hans Heinrich, Offizier an der Ostfront, zeigen ihn – anders als seine Schwester – eher als Sympathisanten des Regimes; vgl. Vietsch, Solf, S. 333, 337.

zum Hochverrat" angeklagt, wozu bei Kuenzer noch die Vorbereitung zum Landesverrat kam.

Die Verhandlung des Volksgerichtshofes wurde angesetzt auf den 13. Dezember, dann aber auf den 19. Januar vor dem 2. Senat und schließlich auf den 8. Februar 1945 wiederum vor dem 1. Senat verlegt.[193] Da aber am 3. Februar während eines Luftangriffs, der den Prozeß gegen Staehle, Schlabrendorff u.a. unterbrach, Freisler im Keller des Volksgerichtshofs von einem herabstürzenden Balken tödlich getroffen worden war, mußte das Verfahren erneut verschoben werden. Am 16. April erfolgte die Ladung für den 27. April; nun sollte wieder der 2. Senat verhandeln, der wegen der Zerstörung des Gerichtsgebäudes nach Potsdam ausgewichen war. Aber damals wurde bereits Berlin von sowjetischen Truppen eingenommen.

Das Ende des Regimes brachte jedoch nur Hanna Solf, ihrer Tochter Lagi, Erxleben und Hagen wieder die Freiheit. Als Mutter und Tochter Solf am 23. April zusammen mit anderen aus dem Gefängnis Moabit entlassen wurden, war Gehre bereits zusammen mit der Gruppe um Oster in das KZ Flossenbürg abtransportiert und am 9. April „liquidiert" worden. Am 20. April wurde Mumm von Schwarzenstein in Brandenburg ermordet; Kuenzer und Staehle gehörten zu denen, die in der Nacht vom 22. auf den 23. April in zwei Gruppen aus dem Gefängnis Lehrter Straße entlassen und anschließend von einem Mordkommando hinterrücks erschossen wurden.[194] In der folgenden Nacht wurde Bernstorff zusammen mit Ernst Schneppenhorst und Karl Ludwig Freiherr von und zu Guttenberg Opfer eines Erschießungskommandos. Als die alliierten Truppen bereits über die Donau vorgestoßen waren, erhielt Scherpenberg am 25. April für zwei Tage Urlaub, aber danach war auch Landsberg besetzt.

Die Verfahren gegen die Tee-Gesellschaft und den Solf-Kreis dienten deutlich der Vernichtung, der schließlich die meisten ausgeliefert waren. Aus der Perspektive des Regimes und seiner Organe galt alles als Widerstand, was aus welchen Gründen auch immer seine Ziele nicht unterstützte, sich seinen Forderungen zu entziehen suchte und mehr oder weniger entschlossen widersetzte. Trotz der monströsen Anklagen und Mordurteile

---

[193] Vgl. Hansen, Bernstorff, S. 266; H. Solf an W. Hammer; dies., The Story. Während Hansen das Datum 13.12.1944 übergeht, gibt er als zweiten Termin aufgrund der Mitteilung des Volksgerichtshofes an Rechtsanwalt Dr. Behling 19.1.1945 an, während Solf den 18.1. nennt. Daß die Verschiebungen auf Interventionen des japanischen Botschafters zurückgingen, behauptete zuletzt Schneider-Ludorff, Leidenszeugen, S. 211; vgl. dazu oben, Anm. 157.

[194] Vgl. Ulrike Hett/Johannes Tuchel, Die Reaktionen des NS-Staates auf den Umsturzversuch vom 20. Juli 1944, in: Steinbach/Tuchel, Widerstand, S. 388f.

zeigt der Vergleich der beiden Verfahren nochmals den Unterschied der beiden Kreise. Mit Bernstorff, Kempner, Kuenzer und Staehle sowie den in diesem Zusammenhang nicht beachteten Harnack und Planck gehörten entschiedene Gegner des NS-Regimes zum Solf-Kreis. Er ist deshalb zwar nicht als Teil des Widerstandes zu bezeichnen, aber als Gruppierung der traditionellen Elite, die aus politischen Gründen das Regime ablehnte, gehörte er zu der Basis, auf die der Widerstand angewiesen war und aus der er sich rekrutieren konnte. Dabei lassen die Gespräche mit „Defätismus", Kritik des Regimes und Bedenken der Zukunft wesentliche Elemente der Verweigerung gegenüber Gesetzen und Anforderungen des NS-Regimes in den Blick kommen. In ihrer vor allem humanitär begründeten Unterstützung von Verfolgten und Juden traf sich die Gruppe mit der christlich motivierten Hilfe von BK-Gruppen, wobei die Dahlemer Gemeinde viel engagierter war als der sich bei Anna Gierke treffende Kreis.

Diese Ablehnung der NS-Rassengesetze teilte Elisabeth von Thadden, aber sie hatte die Gäste bei der Geburtstagsfeier nicht nach politischen Gesichtspunkten ausgewählt. Entscheidend waren für sie menschliche Beziehungen und Sympathie, was eine Distanz zum Regime einschloß. So stand sie zwar in Verbindung mit Siegmund-Schultze, aber dieser hielt auch als Vertreter des „Anderen Deutschland" Distanz zum Widerstand[195] und seine Gespräche mit der seit langen Jahren befreundeten Frau dienten der gegenseitigen Information und Bestätigung ihrer Dissidenz. Ihr dürften die Beziehungen von Kiep und Scherpenberg zu Zentren des Widerstandes unbekannt gewesen sein, ja sie lehnte diesen aus Gründen ihres Glaubens ausdrücklich ab. „Mit dem Attentat vom 20. Juli habe ich nichts zu tun gehabt, kenne keinen dieser Leute. [...] Wir wollten barmherzige Samariter sein, aber nichts Politisches."[196] Ihre unpolitische, aber widerständige Menschlichkeit aus Glauben ließ sie unerschrocken vor Gericht die Wahrheit sagen und fand ihren Niederschlag in ihren Abschiedsworten vor der Ermordung: „Ich bereue aufs Tiefste, was ich durch Lieblosigkeit verpatzt habe. Dankbar bin ich für alle Güte, die ich erfuhr. Wie köstlich ist es: ‚Lobe den Herrn meine Seele, der dir alle deine Sünden vergibt.' Den ganzen Tag klingt es durch meine Seele: ‚Ich weiß, daß man Erlöser lebt.' Darauf kann ich sterben."

---

[195] Vgl. Grotefeld, Siegmund-Schultze, S. 316ff.
[196] Wie Anm. 175.

Kapitel XIII

Glauben und Widerstehen

Der Widerstand hatte ein Ziel: die Beendigung, den Sturz des NS-Regimes unter Hitler, aber er wurde geleistet von einzelnen Personen und am Ende von den meisten mit dem eigenen Tod besiegelt. Besonders im bürgerlich-militärischen Widerstand führten individuelle Wege, Erlebnisse und Entscheidungen von der frühzeitigen Ablehnung oder der anfänglichen Zustimmung zum Wagnis des Widerstehens, auch wenn sich dieses nicht immer einem bewußten Entschluß verdankte. Die Verbindung mit Gleichgesinnten konnte zwar eine Stütze sein, sie hob aber die von dem einzelnen jeweils zu verantwortende Entscheidung für die als notwendig erachteten Schritte und das von ihm zu tragende Risiko nicht auf. Die Mitwisserschaft der eigenen Familie konnte stärken, aber auch belasten, so daß manche ihre Frau nicht einweihten. „Wohl jeder Widerstandskämpfer war ein einsamer Zeuge."[1] Diese Individualität des Widerstehens ist zu betonen, da der Begriff Widerstand und entsprechend die Forschung zur „Hypostasierung eines in Motivation und Zielsetzung einheitlich erscheinenden Gebildes"[2] neigt. Zugleich eignet dem Glauben ein individuelles Moment, auch wenn er sich vom subjektiven Meinen unterscheidet. Individualisierend wirkte zudem, daß die meisten Widerstandskämpfer nicht kirchlich gebunden waren. Andererseits ergibt sich aus dem grundsätzlich gemeinsamen Ziel die Rückfrage nach gemeinsamen Motiven und Übereinstimmungen in der Deutung der Herausforderung. Um eine repräsentative Basis zu haben, sind dabei auch Personen einzubeziehen, deren Weg nicht dargestellt werden konnte.

---

[1] Klemens von Klemperer, Der einsame Zeuge, Passau 1990, S. 19; vgl. ders., Sie gingen ihren Weg ... – Ein Beitrag zur Frage des Entschlusses und der Motivation zum Widerstand, in: Jürgen Schmädeke/Peter Steinbach (Hg.), Der Widerstand gegen den Nationalsozialismus, München 1985, S. 1097–1106.

[2] Lothar Graf zu Dohna, Vom Kirchenkampf zum Widerstand. Probleme der Widerstandsforschung im Brennspiegel einer Fallstudie, in: Ralph Melville u.a. (Hg.), Deutschland und Europa in der Neuzeit (FS Karl Otmar Frhr. von Aretin), Wiesbaden 1988, S. 860.

1. Das Verhältnis zur BK

Besonders die ältere Forschung hat die tragende Bedeutung der BK für den Widerstand hervorgehoben. Demgegenüber zeigen die Fallstudien eine Spannung oder sogar Distanz von Widerstand und BK. Bei Haubach enthalten die Quellen keinen Hinweis auf die BK, was seiner kirchlich nicht gebundenen Frömmigkeit entspricht. Als kirchlich distanziert läßt sich auch die Einstellung der Brüder Kaiser bezeichnen, wobei besonders bei Hermann als Religionslehrer die höchstens schemenhafte Kenntnis der kirchlichen Auseinandersetzungen auffällt. Hofacker nannte zwar 1937 die „Kirchenpolitik" als ein Feld, auf dem Hitlers Politik in die Sackgasse geraten sei, aber für sein Christsein kam er „auch mit weniger Kirche" aus, so daß ihn die Auseinandersetzungen in der evangelischen Kirche kaum tangiert haben. Ähnlich hat anscheinend sein Freund Fritz-Dietlof Graf von der Schulenburg (1902–10.8.1944) gedacht, wenn auch die Auseinandersetzung mit dem christlichen Glauben bei diesem früher und intensiver einsetzte.[3]

Moltke hat zwar den Kirchenkampf beobachtet und sich für eine Unterstützung der BK in England eingesetzt, aber er beurteilte die Vorgänge unter politischen Gesichtspunkten als Gegner des Regimes. Für seinen Widerstand spielten die BK und ihre theologische Grundlegung in Barmen keine Rolle. Obwohl er für Vertreter beider Konfessionen im Kreisauer Kreis sorgte, hatte sich von dessen Mitgliedern nur Haeften in der BK engagiert. Sein Freund Adam von Trott zu Solz (1909–26.8.1944) schlug zwar wegen seines Ansehens im Ausland Martin Niemöller als Staatsoberhaupt vor, aber Beziehungen zur BK lassen sich nicht erkennen. Trotz intensiver Kontakte zu Willem Visser 't Hooft, dem Generalsekretär des im Aufbau befindlichen Ökumenischen Rats der Kirchen, fand Trott erst im Widerstand zu einer persönlichen Frömmigkeit.

Vielseitige geistige Interessen, auch für Theologie, pflegte Peter Graf Yorck von Wartenburg (1904–8.9.1944) entsprechend der ihn prägenden Familientradition. Seine Religiosität war jedoch wie bei seiner Frau Marion „christlich, aber ganz unkirchlich", beide waren „lieber im Wald und fanden Gott in der Natur"[4]. Demgegenüber engagierte sich sein Bruder Paul (1902–2002) nach kurzer Mitgliedschaft in der NSDAP in der BK und wurde 1936 Mitglied des Bruderrates der altpreußischen Union als

---

[3] Vgl. bes. Schulenburg an seine Frau, 8.6.1940, 11.4. und 18.6.1941, in: Ulrich Heinemann, Ein konservativer Rebell. Fritz-Dietlof Graf von der Schulenburg und der 20. Juli, Berlin 1990, S. 208f., 212f.; vgl. aaO., S. 137ff.

[4] Marion York von Wartenburg, Die Stärke der Stille, Köln 1984, S. 15.

„einer der tapfersten in diesem Kreis"[5]. Sein jüngerer Bruder wußte das und suchte 1940 das Gespräch mit ihm, als er sich mit Moltke über die ihm wichtige theologische Begründung des Staatsrechts stritt, aber die BK war ihm fern; erst ab 1943 ging er mit seiner Frau regelmäßig in die Kirche zu den Predigten von Hanns Lilje.

Goerdeler lehnte die NS-Kirchenpolitik ab und hatte früh Kontakte zu BK-Juristen, auch unterstützte er Frau Niemöller und nahm an der Tagung des Freiburger Kreises teil, aber eine Parteinahme für die BK läßt sich seinen vielfältigen Äußerungen nicht entnehmen, zumal er die Kirche besonders als Erziehungsinstitution wertete. Der auch in dieser Einschätzung mit Goerdeler eng verbundene Ulrich von Hassell (1881–8.9.1944) stand besonders Friedrich von Bodelschwingh nahe. Wie die BK der altpreußischen Union sah er zwar in der Politik Kerrls und der Kirchenausschüsse den Versuch, die Kirche zu „erdrosseln"[6], aber die auch von Niemöller 1936 erwogene Möglichkeit einer „Katakombenkirche" hielt er für den Irrweg einer „Katakombensekte"[7]. Entsprechend erschien ihm die Abgrenzung von „Heckel und Gerstenmaier, die bei der Bekenntniskirche und den wirklichen Christen des Auslandes als Kompromißler nicht annehmbar seien", als eine fragwürdige „Art übertriebener negativer Auslese"[8].

Für viele charakteristisch dürfte der Bericht von Albrecht von Kessel (1902–1976) sein, der mit Yorck, Ulrich-Wilhelm Graf von Schwerin von Schwanenfeld (1902–8.9.1944) und Eduard Brücklmeier (1903–20.10. 1944) befreundet war:[9] „In der ersten Periode des Kirchenkampfes habe ich innerlich ganz auf Seiten der Bekennenden Kirche gestanden, später erwuchsen für meinen Geschmack zu viel theologische Eiferer aus ihren Reihen."[10] Ohne Mitglied zu sein, solidarisierte er sich als das Regime

---

[5] Wilhelm Niesel, Kirche unter dem Wort. Der Kampf der Bekennenden Kirche der altpreußischen Union 1933–1945 (AGK.E11), Göttingen 1978, S. 34. Vgl. Gerhard Ringshausen, Bekennende Kirche und Widerstand. Das Beispiel der Brüder Paul und Peter Graf Yorck von Wartenburg, in: Katarzyna Stokłosa/Andrea Strübind (Hg.), Glaube – Freiheit – Diktatur in Europa und den USA (FS Gerhard Besier), Göttingen 2007, S. 57-91.

[6] Friedrich Frhr. Hiller von Gaertringen (Hg.), Die Hassell-Tagebücher 1938–1944, Berlin 1988, S. 81, 91; vgl. Gerhard Ringshausen, Evangelische Kirche und Widerstand, in: Huberta Engel (Hg.), Deutscher Widerstand – Demokratie heute, Bonn 1992, S. 78ff.

[7] AaO., S. 91; vgl. Günter Jacob, Kirche oder Sekte (16.12.1936), in: Martin Greschat (Hg.), Zwischen Widerspruch und Widerstand, München 1987, S. 240f.

[8] AaO., S. 350.

[9] Vgl. Detlef Graf von Schwerin, „Dann sind's die besten Köpfe, die man henkt." Die junge Generation im deutschen Widerstand, München 1991.

[10] Albrecht von Kessel, Verborgene Saat, hg. von Peter Steinbach, Berlin 1992, S. 81.

ablehnender Christ mit der BK und ihrem Kampf gegen die DC, aber die Auseinandersetzungen nach der Synode in Oeynhausen über die Kirchenausschüsse waren ihm unverständlich, was wohl als Sympathie für eine Position der Mitte zu deuten ist.

Carl-Hans Graf von Hardenberg (1891–1958) lehnte Hitler seit der Begegnung mit ihm im kleinen Kreis am 21.1.1931 ab.[11] Nach der „Machtergreifung" schied er „aus allen Ämtern aus, da ich mich weigerte, der NSDAP oder einer ihrer Gliederungen beizutreten."[12] Als Augenzeuge des Judenmassakers bei Borissow an der Beresina im Sommer 1941 war er endgültig entschlossen, „mit allem zu brechen, das uns von den Vätern gelehrt und was mit der Ehre eines preußisch-deutschen Soldaten verbunden war."[13] Sein Widerstand galt „der Wiedergewinnung preußischer Ehre", und in Neuhardenberg „hat ein großer Teil der den 20. Juli vorbereitenden Besprechungen stattgefunden."[14]

Hardenberg folgte auch beim Weg in den Widerstand seinen starken lutherischen Überzeugungen; „er war ein gläubiger Christ, und er war ein Preuße reinster Prägung. [...] Sonntäglicher Kirchgang war – wie das tägliche Tischgebet – eine Selbstverständlichkeit."[15] Er und seine Frau Renate, geb. Gräfin von der Schulenburg, lasen regelmäßig die Bibel. „Besonders begleitete sie der 90. Psalm." Nach dem Mißlingen des Attentats wollte er entsprechend der Abstimmung mit Mitverschworenen „freiwillig aus dem Leben scheiden, trotzdem wir uns bewußt waren, daß dies vom Standpunkt eines Christen zu verurteilen war. Doch die Ethik der Standesehre verlangte es gebieterisch", weil die Foltermethoden der Gestapo die Gefahr der Preisgabe von Namen bedeutete.[16]

---

[11] Vgl. Klaus Gerbet, Carl-Hans Graf von Hardenberg 1891–1958. Ein preußischer Konservativer in Deutschland, Berlin 1993, S. 61ff; Reinhild Gräfin von Hardenberg, Auf immer neuen Wegen. Erinnerungen an Neuhardenberg und den Widerstand gegen den Nationalsozialismus, Berlin 2003, S. 90f.

[12] Carl-Hans Graf von Hardenberg, Lebenslauf, in: Günter Agde (Hg.), Carl-Hans Graf von Hardenberg, Berlin 2004, S. 18f.

[13] Carl-Hans Graf von Hardenberg, „Das Wohl des Volkes verlangt den vollen Einsatz von uns." Erinnerungen an den 20. Juli 1944, Silvester 1945, in: Agde, Hardenberg, S. 26f.

[14] Carl-Hans Graf von Hardenberg, Erinnerungen, S. 47; ders., Personalien, in: Agde, Hardenberg, S. 18.

[15] Reinhild Gräfin von Hardenberg in: Agde, Hardenberg, S. 176.

[16] Hardenberg, Erinnerungen, in: Agde, Hardenberg, S. 47. Auch nach zwei Versuchen, sich durch Selbsttötung der Verhaftung zu entziehen, wollte er im Krankenrevier durch Verschweigen seiner Zuckerkrankheit sein Leben beenden; vgl. Paul Hofmann, Erlebnisse als Pfleger von Hans-Carl von Hardenberg im KZ Sachsenhausen, in: Winfried Meyer (Hg.), Verschwörer im KZ, Berlin 1998, S. 265.

Seiner konservativen Kirchlichkeit entsprach die Mitarbeit in der „Christlich-deutschen Bewegung", an der Kleist-Schmenzin führend beteiligt war. Für die großen Tagungen im Juli 1932 und im Februar 1933 stellte Hardenberg sein Gut Neuhardenberg zur Verfügung;[17] für die Kirchenwahlen unterschrieb er im Juli 1932 einen Aufruf der Bewegung mit der Forderung: „Die Kirche kann und darf nur an Gott und an keine menschliche, politische, wirtschaftliche oder andere Autorität gebunden sein."[18] Dieser Wendung gegen die DC entsprechend beobachtete das Ehepaar Hardenberg 1934 den Kirchenkampf. Gräfin Hardenberg besuchte Versammlungen der BK,[19] während ihr Mann im Sommer den zur BK gehörenden Prädikanten Johannes Pecina aus Seelow nach der zur Hardenbergschen Standesherrschaft gehörenden Komturei Lietzen berief;[20] diesen gab die Kirchenleitung jedoch nicht frei. Aus ihrer Sicht zutreffend beurteilte eine vom SD-Hauptamt erstellte „Erfassung der führenden Männer der Systemzeit" Hardenberg nicht nur als „Vertreter der Rechtsopposition und Reaktion", sondern auch als „Anhänger der Bekenntnisfront"[21]

Zum Konflikt mit der Kirchenleitung kam es 1937, nachdem Hardenberg als Patronatsherr der Schinkel-Kirche in Neuhardenberg die Versetzung von Pfarrer Neuberg verfügt hatte, der 1929 berufen worden war. Zwar ließ dieser sich 1934 von der BK „etwas mitreißen"[22], predigte aber doch als DC, der sich als Mitglied der SA zum Nationalsozialismus bekannte und „große Spannungen und Erregungen" in die Gemeinde brachte.[23] Da Hardenberg einen bekenntnistreuen Pfarrer wollte, dem er vertrauen konnte, sollte die Kirchenleitung den zur BK gehörenden bisherigen Prädikanten Herbert Koeller als Pfarrer einsetzen, zumal dieser auch nach dem Urteil des Superintendenten „bisher außerordentlich treu und segensreich gearbeitet hat"[24]. Als sich jedoch dieser und der Evangelische

---

[17] Vgl. Christoph Weiling, Die „Christlich-deutsche Bewegung" (AKiZ.B 28), Göttingen 1998, S. 92; vgl. auch S. 286.
[18] Auszugsweiser Abdruck aaO., S. 273.
[19] Vgl. Carl-Hans Graf von Hardenberg an Ingeborg Schaudig, 22.10.1934; Renate Gräfin von Hardenberg an dies., 27.11.1934, in: Agde, Hardenberg, S. 133f., 135f.
[20] Vgl. Gräfin von Hardenberg an Ingeborg Schaudig, 6.8.1934, in: Agde, Hardenberg, S. 132; zu Pecina vgl. Günther Harder/Wilhelm Niemöller (Hg.), Die Stunde der Versuchung. Gemeinden im Kirchenkampf 1933–1945, München 1963, S. 145ff.
[21] Zit. Anne-Katrin Ziesak, Hans-Carl von Hardenberg, in: Meyer, Verschwörer, S. 261.
[22] Renate Gräfin von Hardenberg an Ingeborg Schaudig, 27.11.1934, in: Agde, Hardenberg, S. 136; vgl. ebenso, 23.10.1934, aaO., S. 135.
[23] Frieda Werkmeister, 1989, zit. Gerbet, Hardenberg, S. 91.
[24] Superintendentur Müncheberg an das Evangelische Konsistorium Berlin, 12.10.1937 (BA-MA, MSg 1/2943, S. 35).

Oberkirchenrat in Berlin nicht bereit erklärten, präsentierte Hardenberg als Patron 1939 den Pastor, der am 4. Juni 1939 in Anwesenheit des Superintendenten ordiniert wurde.[25] Dabei wurde die Verpflichtung, „gemäß dem bei der Übertragung des geistlichen Amtes geleisteten Eide dem Führer des deutschen Volkes und Reiches treu und gehorsam zu sein", ausgelassen.[26] Entgegen der gut ein Jahr vorher ergangenen Anweisung des EOK folgte Koeller bzw. Hardenberg damit der Weisung der BK.[27] Hardenberg handelte aus christlicher Einstellung und zugleich gemäß seiner politischen Überzeugung, trat aber weder der BK bei, noch wandte er sich anscheinend an deren Leitungsorgane.[28]

Auch Harnack und Kleist-Schmenzin waren Gegner des Regimes von Anfang an. Obwohl sie deshalb energisch die BK unterstützen, lehnten sie ihre theologische Orientierung ab. Politisch argumentierten sie als Sozialdemokrat und als monarchistischer Konservativer aus entgegengesetzten Positionen, folgten aber in bemerkenswerter Übereinstimmung theologisch liberalen Ansätzen, die sie die Betonung des Dogmas kritisieren ließ. Allerdings wandte sich Kleist entschieden gegen das für Harnack wichtige soziale Christentum. Theologisch stand er damit Kurt Frhr. von Plettenberg (1891-10.3.1945), dem Freund Hardenbergs, nahe; er „war wohl kein Christ im konfessionell-dogmatischen Sinne, aber ein Mann mit dem Steh-fest Martin Luthers im Glauben an einen persönlichen Gott. Gerade

---

[25] Bereits 1937 befand sich Koeller in Schutzhaft, vom 1.1.-30.4.1939 wurde sein Gehalt wegen der Gebetsliturgie vom 30.9.1938 gesperrt; vgl. Gertraud Grüzinger/Felix Walter (Hg.), Fürbitte. Die Listen der Bekennenden Kirche 1935-1944, Göttingen 1996, S. 94; Finanzabteilung beim EOK, 7.3.1941 (EZA 7 - 12586).

[26] Vgl. Gerbet, Hardenberg, S. 91.

[27] Nach Hardenberg, Wegen, S. 92, hat ihr Vater diesen Satz in der Urkunde weggelassen. Vgl. Angelika Gerlach-Praetorius, Die Kirche vor der Eidesfrage, Göttingen 1967.

[28] Die BK-Synode der ApU hatte im Mai 1937 beschlossen: „Mit der Feststellung der Bekenntnissynoden, daß die Organe der Bekennenden Kirche als Notkirchenleitung die rechtmäßigen Organe der Kirchenleitung sind, ist es nicht vereinbar, wenn Glieder der Bekennenden Kirche ein Amt der Kirchenleitung aus den Händen der Kirchenausschüsse annehmen. Dabei ist kein Unterschied zwischen den Ämtern der Leitung in Kirche, Kirchenprovinz, Kirchenkreis und Gemeinde." Wilhelm Niesel (Hg.), Um Verkündigung und Ordnung der Kirche, Bielefeld 1949, S. 39. Ende Januar 1939 warnte die BK-Synode „die Brüder, die es angeht, die kirchenregimentlichen Maßnahmen, die zur Berufung in ein Pfarramt gehören, durch die staatskirchlichen Behörden an sich vollziehen zu lassen." AaO., S. 71f. Von sich und den Mitverschworenen sagt Carl-Hans Graf von Hardenberg, Erinnerungen, in: Agde, Hardenberg, S. 37, daß sie „auf dem Standpunkt des positiven [!] Christentums evangelischer oder katholischer Konfession" standen.

in den letzten Jahren seines Lebens wuchs in ihm die lebendige Überzeugung, sich geborgen zu wissen in der Liebe des ewigen Vaters."²⁹ Ähnlich wie Kleist meinte er: „Es kommt nicht auf Glaubensformeln an, nicht auf mehr oder minder unverständliches ‚Für wahr halten', sondern darauf, daß man mit Ernst prüft, zu welcher innerer Haltung in ihrer Beziehung zueinander, in ihrem Verhältnis zum Tode – zu Gott, das liegt beides sehr nahe bei einander – Christus die Menschen führen wollte."³⁰ In seiner konservativen Einstellung sah er das Ziel des Widerstandes in der Bewahrung der christlichen Kultur. „Die christlich-abendländische Kulturgemeinschaft der europäischen Völker hat dies alte Europa geprägt und ihm den enormen kulturellen Vorsprung vor allen anderen Teilen der Welt gegeben, den wir vielleicht jetzt verlieren, weil wir die alten Lehren der absoluten Wahrhaftigkeit und Nächstenliebe nicht mehr in den Mittelpunkt unseres Denkens und Strebens stellen." Als er sein Leben bei den Verhören durch einen Sprung aus dem Fenster beendete, fand man in seiner Zelle den Zettel: „Ich hoffe auf einen milden Richter."³¹

Bei den Verhören nach dem 20. Juli 1944 betonten viele Widerstandskämpfer ihre Ablehnung der NS-Kirchenpolitik. Das verweist jedoch nicht unbedingt auf Zustimmung zur BK.³² Zu ihr hatten zwar einzelne Mitglieder des Widerstandes Beziehungen, aber ihre Anzahl war deutlich geringer, als es die ausgewählten Biographien nahelegen. Die Militärs wurden zudem durch die Militärseelsorge von den Auseinandersetzungen in der evangelischen Kirche ferngehalten. Die Heerespfarrer durften sich im

---

²⁹ Ansprache für Plettenberg zum 10. Todestag, 10. März 1955 (IfZ, ZS-A 29,3).
³⁰ Plettenberg an Wilfried Berg, 3.4.1944, zit. A. Kurschat, Plettenberg, in: Harald Schultze/Andreas Kurschat (Hg.), „Ihr Ende schaut an ..." Evangelische Märtyrer des 20. Jahrhunderts, Leipzig 2006, S. 397.
³¹ Carl-Hans Graf von Hardenberg, Erinnerungen, S. 50.
³² Vgl. Hans-Adolf Jacobsen (Hg.), „Spiegelbild einer Verschwörung." Die Opposition gegen Hitler und der Staatsstreich vom 20. Juli 1944 in der SD-Berichterstattung, Stuttgart 1984, S. 436f. (weiterhin zit. KB). Die genannten evangelischen Kritiker der NS-Kirchenpolitik waren keine BK-Mitglieder. Den Vater von Oberst Joachim Meichßner, den Wittenberger Superintendenten Prof. D. Maximilian Meichßner, als „fanatischen Bekenntnispfarrer" zu bezeichnen, übersieht, daß dieser zunächst kurz zu den DC gehörte und Ende 1935 Mitglied des Provinzialkirchenausschusses der Kirchenprovinz Sachsen war; vgl. Kurt Meier, Der evangelische Kirchenkampf, Bd. 2, Göttingen 1976, S. 214. Ab 1937 gehörte er zur Landeskirchlichen Konferenz, einer „Art Gesamtvertretung der ‚Mitte'" (Meier, aaO., Bd. 3, S. 182). Gegen Ende des Krieges war er einer der Hauptförderer von Wurms Einigungswerk in der Provinz Sachsen. Vielleicht deswegen – sein Sohn wurde erst am 28.7. verhaftet – war er 21.7.–28.11.1944 in Haft.

Kirchenkampf nicht engagieren.³³ „Im allgemeinen ging – wie bei vielen Gliedern einer Zivilgemeinde auch – das religiöse Denken des Offiziers über einen Kulturprotestantismus und über den ersten Glaubensartikel nicht hinaus. [...] So wurde auch der Kampf der Bekennenden Kirche von vielen nicht verstanden", sondern „als Theologengezänk" abgetan.³⁴

Die Verbindung zur BK konnte auch unabhängig von der Zustimmung zu ihrer theologischen Grundlegung in Barmen eine nicht- oder antinationalsozialistischer Haltung zeigen; so schützten Offiziere des IR 9 entsprechend dem Geist dieses Traditionsregimentes BK-Gottesdienste in der Potsdamer Erlöserkirche durch eine Wache vor Anpöbeleien.³⁵ Zu nennen ist auch Hans Graf Sponeck (1888–23.7.1944), der 1935 engen Kontakt zur BK suchte, um dem Eindringen der NS-Ideologie in sein Infanterieregiment Döberitz entgegenzuwirken; in seinen wenigen erhaltenen Briefen findet sich aber eher ein soldatisches Ethos, um „vor meinem Gewissen bestehen" zu können, da „alles in der Hand der göttlichen Vorsehung [!] liegt."³⁶ Bei dem Versuch, Beziehungen zwischen BK und Widerstand aufzuweisen, darf zudem die Regimetreue innerhalb der BK nicht übersehen werden.

Bonhoeffers Onkel, der Stadtkommandant von Berlin General Paul von Hase (1885–8.8.1944), hielt sich zur BK und schützte den BK-Präses Kurt Scharf, obwohl er lange Nationalsozialismus und Christentum zu verbinden suchte.³⁷ Für Generaloberst Ludwig Beck war der Sonntagsgottesdienst besonders nach seiner Pensionierung selbstverständlich, meist bei Niemöller und nach dessen Verhaftung bei Helmut Gollwitzer.³⁸ Aber sein

---

³³ Vgl. Hermann Kunst (Hg.), Gott läßt sich nicht spotten. Franz Dohrmann. Feldbischof unter Hitler, Hannover 1983; Manfred Messerschmidt, Aspekte der Militärseelsorgepolitik in nationalsozialistischer Zeit, in: Militärgeschichtliche Mitteilungen 19, 1968, S. 63-105; ders., Zur Militärseelsorgepolitik im Zweiten Weltkrieg, in: Militärgeschichtliche Mitteilungen 20, 1969, S. 37-85; Bernhard B. Kroener, Generaloberst Friedrich Fromm, Paderborn 2005, S. 571–582.

³⁴ Albrecht Schübel, 300 Jahre evangelische Soldatenseelsorge, München 1964, S. 122f.

³⁵ Vgl. Wolfgang Paul, Das Potsdamer Infanterie-Regiment 9 1918-1945, Osnabrück 1983, S. 104; dazu Ekkehard Klausa, Preußische Soldatentradition und Widerstand – das Potsdamer Infanterieregiment 9 zwischen dem „Tag von Potsdam" und dem 20. Juli 1944, in: Schmädeke/Steinbach, Widerstand, S. 533-545.

³⁶ Eberhard Einbeck, Das Exempel Graf Sponeck. Ein Beitrag zum Thema Hitler und die Generale, Bremen 1970, 8f., 59.

³⁷ Vgl. Roland Kopp, Paul von Hase. Von der Alexanderkaserne nach Plötzensee. Eine deutsche Soldatenbiographie 1885–1944, Münster 2001.

³⁸ Vgl. Walter Beck an Verf., 10.9.1988; Klaus-Jürgen Müller, Generaloberst Ludwig Beck, Paderborn 2004, S. 497. Gollwitzer traute auch seine Tochter.

Weg in den Widerstand ist nicht durch die BK bestimmt, sondern Beck bekannte sich zu einem „echten und wahren Idealismus, einer Gläubigkeit an Idee und edelste Werte, ohne welche mir das Leben arm erscheint. Die Wirklichkeit wird immer dahinter zurückbleiben. Aber steht nicht unser ganzes Leben, wenn es Sinn und Wert haben soll, unter dem signum des Kampfes um das Ideal, auch wenn es nicht erreicht wird?"[39]

Zu Niemöllers Gemeinde in Dahlem gehörte auch Generaloberst Kurt Frhr. von Hammerstein-Equord (1878–1943), bis Anfang 1934 Chef der Heeresleitung. Er stand der Kanzlerschaft Hitlers wie sein Freund Hardenberg von Anfang an ablehnend gegenüber und erwog Gegenmaßnahmen des Heeres, aber bei Ausbruch des Kirchenkampfes war er praktisch entmachtet. Während des Polen-Feldzuges erhielt er zwar am 9. September 1939 wieder ein Kommando als Oberbefehlshaber der Armee-Abteilung A im Westen und lud Hitler zu einem Besuch ein, um ihn festzunehmen, aber kurz darauf wurde er erneut in den Ruhestand versetzt.[40] Auch später war er in die Gespräche der Opposition eingebunden, aber sein Widerstand war politisch begründet, ohne daß dabei eine Orientierung im Sinne der BK eine Rolle gespielt zu haben scheint.

Die strikte Ablehnung der DC ließ den Pfarrerssohn Dr. Karl Sack (1896–9.4.1944), seit Oktober 1942 Chef der Heeresrechtsabteilung im Oberkommando des Heeres (OKH), allsonntäglich mit seiner Frau die Gottesdienste von Bekenntnispfarrern wie Martin Niemöller besuchen, für dessen Freilassung er sich vergeblich einsetzte. „Die Bibelexegese eines Deutschen Christen schien Sack offensichtlich eine Zumutung gewesen zu sein"[41], aber über die Ausprägung seiner Religiosität ist wenig bekannt. Seit 1942 stand er „in ständiger Verbindung" zu Friedrich Justus Perels, dem mit Bonhoeffer befreundeten Justitiar der BK. „Bei diesen Besuchen ging es immer um die Abschirmung gefährdeter Personen."[42]

---

[39] Ludwig Beck an Gerhard Ritter, Briefentwurf o.D. (nach 4.11.1942) (BA-MA, N 28/7, Nr. 23).

[40] Zu den Ansätzen des Widerstandes vgl. Peter Hoffmann, Widerstand – Staatsstreich – Attentat, 3. Aufl. München 1979, S. 146f.

[41] Hermann Bösch an Verf., 28.4.1991, nach Rücksprache mit Frau Sack. Vgl. ders., Heeresrichter Dr. Karl Sack im Widerstand, München 1967, S. 84. Ernst Kanter, Erinnerungen an den Kollegen, in: Stephan Dignath (Hg.), Dr. Karl Sack. Ein Widerstandskämpfer aus Bosenheim, Bad Kreuznach 1985, S. 34: „Er war ein zutiefst religiöser Mensch, der sich in allen Lebenslagen Gott und seiner evangelischen Kirche verpflichtet fühlte. Gern betonte er seine Herkunft aus einer hessischen Pfarrersfamilie".

[42] Hermann Bösch, Stationen seines Lebens, in: Dignath, Dr. Karl Sack, S. 25. Zu Perels vgl. Matthias Schreiber, Friedrich Justus Perels. Ein Weg vom Rechtskampf der Bekennenden Kirche in den politischen Widerstand, München 1989.

Auch der Pfarrerssohn Helmuth Groscurth (1898–1943) besuchte mit seiner Frau regelmäßig die Gottesdienste Niemöllers. Er wurde Mitglied der BK, mußte aber später austreten.[43] Bei einem durch Bonhoeffer initiierten Treffen mit Kurt Scharf und Wilhelm Niesel wegen der Einberufung der BK-Vikare zum Wehrdienst 1940 nannte er sie „bewundernswerte, kampfentschlossene Männer. Man geniert sich vor diesen Leuten."[44] Da Groscurth 1933 eine skeptische, aber auch ambivalente Haltung zum Dritten Reich hatte, könnte ihn die Erfahrung des Kirchenkampfes und des ideologischen Anspruchs der NSDAP entscheidend beeinflußt haben.[45] Zeitzeugenaussagen stützen die Aussage, daß der christliche Glaube für ihn „nicht nur seelischer Kraftquell [war], er lieferte ihm auch feste, unverrückbare Maßstäbe zur Beurteilung seiner Umwelt, zumal des Nationalsozialismus und seiner Exponenten."[46] Seit 1935 war er in der Abwehr tätig, zunächst als Chef der Gruppe I S, 1937 zum Major ernannt, seit 1.6.1938 der Abteilung II, zuständig für Sabotage, seit September 1939 Chef der Abteilung z.b.V. des Generalstabes des Heeres im OKH. Sein Tagebuch zeigt ihn 1938 als entschiedenen Gegner des Krieges, am 26. September beurteilte er Hitlers Rede im Sportpalast als „[g]rauenvolles und unwürdiges Gebrüll!"[47] Angesichts des Judenpogroms notierte er: „Man muß sich schämen, noch ein Deutscher zu sein!"[48] Obwohl entsprechende Unterlagen fehlen, vollzog sich die Wandlung von der Kritik zur entschiedenen Ablehnung wohl wie bei anderen Militärs im Zusammenhang der Blomberg-Fritsch-Krise, welche am 4. Februar 1938 zur Übernahme der Befehlsgewalt über die Wehrmacht durch Hitler führte und zu einem entscheidenden Markstein des sich bildenden Widerstandes wurde.[49] Sie ließ Oberstleutnant Hans Oster erstmals den Sturz des Systems erwägen, aber zu konkreten Planungen kam es erst bei der Tschechenkrise. Für den Umsturz sollte Major i.G. Groscurth im Auftrage von Admiral Canaris Waffen und Explosivstoffe beschaffen,[50] aber 1939 stand er bei den Plänen Halders im

---

[43] Vgl. Helmuth Groscurth, Tagebücher eines Abwehroffiziers 1938–1940, hg. von Helmut Krausnick und Harold C. Deutsch, Stuttgart 1970, S. 25, Anm. 49 – ohne Angabe von Gründen. Der Vater, bis 1934 Garnisonsprediger und Pfarrer prim. an Unser-Lieben-Frauen, war Mitglied des bremischen Landesbruderrates.

[44] Groscurth, Privattagebuch, 27.1.1940, in: ders., Tagebücher, S. 245; vgl. Eberhard Bethge, Dietrich Bonhoeffer, 9. Aufl. Gütersloh 2005, S. 775.

[45] Als „gewiß" gilt das den Herausgebern von Groscurth, Tagebücher, S. 25.

[46] Groscurth, Tagebücher, S. 21 (Einführung).

[47] Groscurth, Privattagebuch, 26.9.1938, in: ders., Tagebücher, S. 124.

[48] Groscurth, Privattagebuch, Nov. 1938, in: ders., Tagebücher, S. 157.

[49] Vgl. Hoffmann, Widerstand, S. 63ff.

[50] Vgl. aaO., S. 125.

Mittelpunkt der Umsturzvorbereitungen. Vom Engagement in der BK und der Kritik des Regimes kam er durch weitere Erfahrungen und wohl den Einfluß Osters zur Einbindung in den Widerstand.

Entsprechend führten politische Erkenntnisse den Pfarrerssohn Hans Oster (1887–9.4.1945) in den Widerstand, wobei „Humanismus und Christentum" als „selbstverständliche Größen" seines Elternhauses[51] mitgespielt haben können. Durch die Konfirmandenzeit war ihm der Glaube wichtig geworden, so daß er urteilte: „Ein Christ muß aber bereit sein, für seine Überzeugungen auch an den Galgen zu gehen."[52] Den Gottesdienst besuchte er regelmäßig, wenn sich eines seiner Kinder auf die Konfirmation vorbereitete;[53] später zeigte er „seine Ablehnung des Regimes durch demonstrative Gottesdienstbesuche bei Pastoren der Bekennenden Kirche"[54]. Für Regimegegner wie ihn war der Besuch von BK-Gottesdiensten eine Möglichkeit, ihre Einstellung auszudrücken, ohne damit deren theologische Grundlagen und ihren grundsätzlichen Anspruch anzuerkennen. Als „bekennender evangelischer Christ" verstand Oster seinen Widerstand gegen die Diktatur „im Dienste Christi" und als Teil der „Verteidigung des Christentums".[55]

Als Kronzeuge für den Zusammenhang von kirchlicher Opposition und Fundamentalwiderstand gilt Bonhoeffer. Die Analyse seines Weges von der BK über die Mitwisserschaft zur Teilnahme am Widerstand hat jedoch ergeben, daß die theologische Begründung seiner Entscheidung zum Widerstehen die Nachfolge-Ethik mit der Einheit von Glaube und Gehorsam und zugleich den kirchlichen Rahmen sprengte. Für die Kirche hielt er fest, daß sie nur indirekt politisch handeln dürfe, aber die freie Verantwortung des einzelnen führt als Teilnahme am Widerstand zum Schuldigwerden. Für Hans Bernd von Haeften, der wie sein Bruder Werner (1905–20.7. 1944) zur Dahlemer Gemeinde Niemöllers gehörte und mit Bonhoeffer

---

[51] Romedio Galeazzo Graf von Thun-Hohenstein, Der Verschwörer. General Oster und die Militäropposition München 1984, S. 9.
[52] Gespräch Gerhard Ritter mit Josef Müller, 1953 (BA, NL 1166, 131).
[53] Vgl. Thun-Hohenstein, Verschwörer, S. 30.
[54] Hans-Joachim Ramm, „... stets einem Höheren verantwortlich ..." Christliche Grundüberzeugungen im innermilitärischen Widerstand gegen Hitler, Neuhausen/Stuttgart 1996, S. 205 – ohne Nachweis. Ebenfalls ohne Nachweis war Oster nach Heinz Eduard Tödt, Komplizen, Opfer und Gegner des Hitlerregimes, Gütersloh 1997, S. 334, empört über Krauses Sportpalastrede über die „Befreiung vom Alten Testament mit seiner jüdischen Lohnmoral, von diesen Viehhändler- und Zuhältergeschichten".
[55] Zit Josef Müller, Bis zur letzten Konsequenz. Ein Leben für Frieden und Freiheit, München 1975, S. 12ff.

befreundet war, stand die Ablehnung Hitlers und des NS-Regimes bereits vor dem Engagement in der BK fest, so daß dieses auch politisch begründet war und auf Entscheidungen drängte. Demgegenüber vollzog sich die Ablösung von der BK und eine kirchliche Neuorientierung durch die Freundschaften und Erfahrungen in Wien und Bukarest. Sie waren die Voraussetzungen für die Mitarbeit im Kreisauer Kreis, aber die christliche Orientierung ließ ihn lange das Attentat ablehnen.

Als Beispiel für den Weg von der BK zum Widerstand wird auch Heinrich Graf zu Dohna (1882–14.9.1944) in Tolksdorf, Kreis Rastenburg, genannt.[56] Seine frühe, schon 1923 ausgesprochene Ablehnung Hitlers steigerte sich besonders unter dem Eindruck des „Röhm-Putsches" zur Verwerfung des NS-Regimes, seiner Amoralität und Expansionspolitik, so daß er 1938 durch den ihm aus der Königsberger Zeit bekannten Goerdeler in die Planungen des Widerstandes einbezogen wurde. Weil er als Politischer Beauftragter für den Wehrkreis I (Königsberg) vorgesehen war, wurde er am 21. Juli 1944 verhaftet und am 14. September vom Volksgerichtshof wegen „Hoch- und Landesverrats" verurteilt und hingerichtet.

Maßgeblich war für Dohna sein fester, durch das Elternhaus vermittelter Glauben, der sich besonders am Neuen Testament orientierte und vergewisserte.[57] Theologisch „positiv" gehörte er weder zum Pietismus noch zum Liberalismus. Seine kirchliche Bindung an das Bekenntnis ließ ihn den Nationalsozialismus politisch und besonders wegen seiner Weltanschauung ablehnen.[58] Seit 1929 im Vorstand der Carlshöfer Anstalten, wurde er bei den Kirchenwahlen im Juli 1933 auf der Liste „Evangelium und Kirche" in die Provinzialsynode gewählt, im gleichen Jahr sorgte er als Patronatsherr von Tolksdorf und Schönfließ für die Berufung von Pfarrer Martin Grunwald, einem Schüler von Hans Joachim Iwand. So war es konsequent, daß er den Weg zur BK mitging und in die Freie Bekenntnissynode Ostpreußens gewählt wurde. Als diese sich am 29. Oktober

---

[56] Vgl. Dohna, Kirchenkampf, S. 857–879, bes. S. 868ff. Für zahlreiche Auskünfte danke ich Lothar Graf zu Dohna.

[57] In seiner Bibel hatte er Joh 11,25; 14,19; Röm 14,8; 1Kor 15,57; Phil 1,21; 1Joh 5,4 auf der letzten Seite aufgeschrieben (Mitteilung von Lothar Graf zu Dohna an Verf., 9.8.2006); die Stellen haben das Leben und die Hoffnung in Christus zum Thema. Dazu kommt als einzige alttestamentliche Stelle Jes 43,1. Daß er bei Jak 5,14 am Rand notiert hat: „daher letzte Ölung d. kath. Kirche", zeigt sein historisches Interesse bei der Lektüre; seit seiner Schulzeit wußte er z.B., daß Jes 40ff. von Deuterojesaja stammt.

[58] Die Verhöre nach dem 20.7.1944 ergaben, „daß er ‚auf dem Boden des evangelischen Christentums' steht und weltanschaulich keinen Zugang zum Nationalsozialismus fand." KB, S. 519.

konstituierte, sollte Dohna ihr präsidieren, was er aber ablehnte. Als Mitglied des ostpreußischen Bruderrates war er ein unerschrockener Kämpfer gegen die NS-Kirchenpolitik. „Sein Name machte sein Zeugnis verpflichtend für viele. Niemand wagte zu bezweifeln, daß eine Verbindlichkeit von seinem Wort ausging", berichtete 1946 der mit ihm befreundete Iwand, der 1935–1937 das Predigerseminar der BK in Bloestau bei Königsberg leitete.[59] Im November 1934 sandte er an Bekannte eine Aufforderung, Mitglied der ostpreußischen Bekenntnissynode zu werden und „einen selbstgewählten Monatsbeitrag" zu zahlen.[60] „Wir halten diese unsere Mitarbeit für eine Ehrenpflicht unseren Pfarrern gegenüber, aber darüber hinaus für eine Pflicht jedes bekenntnistreuen Christen seiner Kirche gegenüber, die in schwerer Not steht." In Übereinstimmung mit dem Selbstverständnis der BK betonte er: „Mit Politik hat dieser Kirchenkampf nichts zu tun." Das war wichtig im Blick auf die Adressaten, während Dohna selbst die politische Seite wohl auch beachtete; so fehlt jede Würdigung nationalsozialistischen Wirkens, die sonst in der ostpreußischen BK vielfach üblich war.[61] Mit dem kulturpolitischen Argument, daß die ostpreußische Provinzialkirche eine wichtige Funktion für die evangelische Diaspora in Mittelosteuropa habe, versuchte er im Sommer 1935 über den befreundeten Gesandten in Budapest, Hans Georg von Mackensen, dessen Schwiegervater, Constantin Frhr. von Neurath, bzw. das Auswärtige Amt zum Eingreifen in das „Zerstörungswerk" der DC-Bischöfe in Danzig und Ostpreußen mit der Theologischen Fakultät der Universität Königsberg zu erreichen.[62]

Als sich bei der letzten Reichsbekenntnissynode in Bad Oeynhausen im Februar 1936 die BK in die „intakten" und „zerstörten" Landeskirchen

---

[59] H.J. Iwand, Heinrich Graf zu Dohna (1946, Privatarchiv Dohna); zu Iwand vgl. Jürgen Seim, Hans Joachim Iwand. Eine Biographie, Gütersloh 1999.

[60] Dohna, Brief ohne Adressat, November 1934 (Privatarchiv Dohna). Auch seinen Neffen Alexander Fürst zu Dohna-Schlobitten forderte er zum Eintritt in die BK auf, der zwar in seinem Glauben mit der BK übereinstimmte, aber nach Rücksprache mit dem Pfarrer nicht beitrat, weil „die Streitigkeiten innerhalb der evangelischen Kirche nicht auf die Schlobittener Gemeinde übergegriffen hätten." Alexander Fürst zu Dohna-Schlobitten, Erinnerungen eines alten Ostpreußen, Berlin 1989, S. 185. Zum Kirchenkampf in Ostpreußen vgl. Hugo Linck, Der Kirchenkampf in Ostpreußen, München 1968; Manfred Koschorke (Hg.), Geschichte der Bekennenden Kirche in Ostpreußen 1933–1945, Göttingen 1976.

[61] Vgl. z.B. Koschorke, Geschichte, S. 93, 131f.

[62] Vgl. Deutsche Gesandtschaft Budapest an Gesandten Stiewe, 12.8.35, mit Anlage: Die Lage der Deutschen Evangelischen Kirche im östlichen Raum (Kopie Privatarchiv Dohna). Die Autorschaft Dohnas für die Anlage ist nicht gesichert. Volkstumsfragen im eroberten Polen spielten auch bei seiner Ablehnung des NS-Regimes eine Rolle; vgl. KB, 518.

spaltete, überlegte Iwand: „Vielleicht hat er früher als wir [in der BK] gesehen und geahnt, daß die Kirche zu schwach war, um den Kampf durchzuhalten."[63] Angesichts der Propaganda für das Neuheidentum urteilte Dohna 1937: „In einer Zeit, in der der Kampf gegen das Christentum auf der ganzen Linie entbrannt ist, ist jeder Christ zum Kampf aufgerufen."[64] Bei dem „Kampf für den Glauben"[65] war er sich der „Tradition in unserer Familie" bewußt; sein Urgroßonkel, der Minister Alexander Graf zu Dohna, hatte sich gegen die an sich von ihm befürwortete Union und die Agende gestellt, weil sie vom König befohlen und nicht von den Gemeinden beschlossen war. Aber Dohna betonte auch dessen politischen Protest gegen die Karlsbader Beschlüsse und den Einsatz in den Befreiungskriegen zusammen mit Yorck.[66]

Diese Traditionen lassen nach dem Verhältnis von kirchlichem und politischem Widerstand fragen. Sein Einsatz im Widerstand lag nach Iwands Urteil „in der Linie seines Lebens. Er wußte sich dahin gestellt von dem selben Herrn, der ihn zum Zeugnis der Bekennenden Kirche gerufen hatte. Beides war *ein* Weg in seinem Leben."[67] Daß er seinen Widerstand bis hin zur Haft[68] als Christ verstand, schließt das politische Urteil nicht aus, das sich angesichts der NS-Wirklichkeit verschärfte. In diesem Prozeß bildete das Engagement für die BK eine wichtige Erfahrung angesichts des sich als legal bezeichnenden illegitimen DC-Kirchenregimentes, aber er überschritt die für die BK durch Römer 13 gekennzeichnete Grenze. Dafür war ein Gespräch mit Goerdeler während der Tschechenkrise der letzte Auslöser; nun erklärte er sich bereit, nach dem Umsturz die Verantwortung für die Verwaltung in Ostpreußen zu übernehmen.

Nach seiner Ausweisung 1937 wirkte Iwand in der ostpreußischen BK durch seine Schüler. Durch Studienrat Dr. Andreas Pfalzgraf[69] erreichte

---

[63] Iwand, Dohna, zit. aaO., S. 873.
[64] Heinrich Graf zu Dohna, Ansprache zur Konfirmation seiner Kinder Ursula und Lothar, 5.10.1937, zit. Dohna, Kirchenkampf, S. 868. Vgl. die Ansprache zur Konfirmation des ältesten Sohnes Carl Albrecht, 31.3.1935 in: Helmut Gollwitzer u.a. (Hg.), Du hast mich heimgesucht bei Nacht, 4. Aufl. München 1956, S. 186f.
[65] Dohna, Ansprache, 31.3.1935 in: Gollwitzer u.a., Du hast mich heimgesucht, S. 187.
[66] Vgl. Dohna, Kirchenkampf, S. 873.
[67] Ibid.
[68] Vgl. den Abschiedsbrief an seine Frau, 14.9.1944, in: Gollwitzer u.a., Du hast mich heimgesucht, S. 137f.
[69] Pfalzgraf wurde am 19.7.1942 zum „Dienst am Wort" durch Superintendent i.R. Federmann ordiniert, woraufhin ihn der Gemeindekirchenrat von der Beauftragung zur Erteilung des Konfirmandenunterrichts entband und ihm die Abhaltung des Männerkreises, von Bibelstunden und Gottesdiensten in den Räumen der Gemeinde verbot; Protokoll des Kirchengemeinderates, 30.7.1942 (EZA 619, 36).

sein Einfluß Ende 1941 in Insterburg auch den mit Dohna verwandten Arzt Hans Graf von Lehndorff, der zu Anfang des Dritten Reichs seine begonnene Laufbahn im Auswärtigen Dienst abgebrochen hatte. Sein Vetter, Leutnant d.R. Heinrich Graf von Lehndorff (1906–4.9.1944) war Ordonnanzoffizier des Oberbefehlshabers der HGr Mitte, Generalfeldmarschall Fedor von Bock, und wurde im August 1941 zusammen mit dessen Adjutanten, Carl-Hans Graf von Hardenberg, Augenzeuge des Judenmassakers in der Nähe von Borissow an der Beresina, so daß er sich der Fronde um Henning von Tresckow anschloß. Diese Erfahrungen ließen ihn nach geistlicher Orientierung suchen und zu seinem Vetter fahren. Das daraufhin arrangierte Gespräch mit Pfalzgraf war intensiv und ließ erkennen, „daß etwas Außergewöhnliches mit ihm im Gange war"[70], aber er erwähnte noch nicht seine Entscheidung für den Widerstand. Deshalb kam er Anfang Juli 1944 von seinem Gut Steinort, auf dessen Besitzungen das OKH „Anna" im Mauerwald lag, erneut zu seinem Vetter. Wegen Römer 13 schien diesem zwar ein energischer Einspruch bei der Obrigkeit geboten, aber „ein Gewaltakt, wie es das geplante Attentat war, (ließ sich) von der Bibel her in keiner Weise rechtfertigen, selbst nicht durch den Hinweis, daß dadurch vielleicht Millionen Menschen gerettet werden könnten."[71] Trotzdem gab er seinem Vetter „seine Zusage", da es zu spät war für ein „Festhalten an Grundsätzen, auch wenn sie noch so christlich fundiert gewesen wären". So blieb „nur noch übrig, sich auf die Gnade zu berufen und zum Sünder zu werden, sei es durch Tat oder durch Verweigerung."

Die Gespräche zwischen den beiden Vettern waren wohl eine wesentliche Voraussetzung dafür, daß Heinrich bei den Vernehmungen nach dem 20. Juli 1944 „seine persönliche kirchliche Bindung" als einen Grund für die Ablehnung des NS-Staates nannte.[72] In der Haft erlebte er dann „eine völlige Wandlung, wobei das bisherige Leben allmählich ganz versinkt und gänzlich neue Maßstäbe gelten."[73] Zugleich zeigen die Gespräche aber auch die Schwierigkeit auf Seiten der BK, angesichts von Römer 13 zu einer Unterstützung des politischen Widerstands vorzustoßen.

---

[70] Vgl. Hans Graf von Lehndorff, Die Insterburger Jahre. Mein Weg zur Bekennenden Kirche, München 1969, S. 22.
[71] Lehndorff, Insterburger Jahre, S. 88.
[72] KB, S. 257.
[73] Heinrich Graf von Lehndorff an seine Frau, 3.9.1944, in: Gollwitzer u.a., Du hast mich heimgesucht, S. 431. Vgl. dagegen seinen Brief an Hardenberg über einen Feldgottesdienst bei einer wiederhergestellten Kirche an der Beresina vom 3.8.1941, daß der Gesang emporstieg „zu jenem Geist, der über uns ist. Es gab wohl keinen, der in diesem Augenblick [...] nicht den Atem Gottes verspürte, der wieder unter die Menschen getreten war." Zit. Gerbet, Hardenberg, S. 104.

Die Stärke der BK war die Absage an die politische Theologie, wie sie in den zwanziger Jahren ausgebildet und von den DC im nationalsozialistischen Sinne ausgestaltet worden war. Ihr stellte sie die Orientierung am Wort Gottes gegenüber, die sich als Hören auf die Bibel in der Praxis der Gemeinde realisierte. Das bedeutete zugleich eine Absage an die liberale Theologie, der theologischen Entwicklung von Schleiermacher über Rischl zum Kulturprotestantismus. Daß unter diesen Voraussetzungen der Fundamentalwiderstand kaum möglich war, zeigen die Entscheidungsprozesse Bonhoeffers. Auch das „Freiburger Konzil" betonte den leidenden Gehorsam gegenüber der Obrigkeit, wenn im Falle eines Eingriffs in den Glauben Gott mehr zu gehorchen ist. Der Denkschriftenkreis plante zwar für eine Zukunft nach Hitler, gehörte aber damit trotz der Mitwirkung Goerdelers nicht zum aktiven Widerstand.[74] Selbst bei der Mitwisserschaft waren die Mitglieder der entschiedenen BK in der Minderzahl. Insofern erscheint es kein Zufall, daß der Einfluß der BK auf den Widerstand eher gering war.

Daß die Mitglieder der BK zum entschiedenen Eintreten für Glauben und Kirche bereit waren, belegen die vielen Verhaftungen bis hin zu dem Prozeß gegen Martin Niemöller und dem Martyrium Paul Schneiders.[75] Zweifellos hat die Orientierung an Bibel und Bekenntnis die Dissidenz der sich ihrer Gefährdung bewußten BK-Gemeinden und -Gruppen ermöglicht und getragen. Das konnte wie bei humanitär begründeten Gruppen zur Hilfe für Verfolgte führen, aber die Absetzung von Elisabeth von Thadden vom Umsturzversuch hat exemplarische Bedeutung. Die „Frage, warum nicht mehr Protestanten den Weg des Widerstandes wählten,"[76] läßt sich deshalb nicht mit einem Mangel an Mut und Standfestigkeit erklären, denn diese realisierten Mitglieder der BK im Glaubensgehorsam bis hin zur Leidensbereitschaft, aber dabei ging es ihnen nicht vordringlich „um Fragen der Moral" oder „individuelle Freiheit". Entscheidend war vielmehr eine grundsätzliche Differenz von Glaubensfreiheit und politischer Frei-

---

[74] Allerdings kennt Ritter im Anschluß an Luther eine Rechtfertigung des Widerstandes; vgl. Jürgen Schmädecke, Wege zum bürgerlich-militärischen Widerstand, in: Gerhard Ringshausen, Perspektiven des Widerstands, Pfaffenweiler 1994, S. 38. Constantin von Dietze sprach sich 1941 für den Sturz des Systems aus; vgl. Kurt Hesse, Geist von Potsdam, Mainz 1967, S. 120f.

[75] Als besonderes Beispiel eines Laien ist der Weg Kurt Gersteins vom Bibelkreis zur SS zu nennen; vgl. Jürgen Schäfer, Kurt Gerstein – Zeuge des Holocaust, Bielefeld 1999.

[76] Joachim Scholtyseck, Individuelle Freiheit als Leitmotiv?, in: Jörg Dierken/Arnulf von Scheliha (Hg.), Freiheit und Menschenwürde. Studien zum Beitrag des Protestantismus, Tübingen 2005, S. 285.

heit,⁷⁷ die der evangelischen Ablehnung des Naturrechts entspricht.⁷⁸ Die BK war als „Gemeinde unter dem Wort" diesem gegenüber zum Gehorsam verpflichtet, dadurch waren ihre Mitglieder im Gewissen gebunden, aber dieses war keine Instanz individueller Urteilsbildung. Der Anspruch Christi mußte demgegenüber zur Kollision mit den Anforderungen der NS-Weltanschauung führen, wobei jedoch der Kampf gegen Rosenbergs „Mythus des 20. Jahrhunderts" besonders von der „Apologetischen Centrale" unter Walter Künneth aus einer Position der kirchlichen Mitte getragen wurde.⁷⁹

2. Verantwortung und Glauben

Die Orientierung am Gesollten, die deontologische Struktur, die für die Barmer Theologische Erklärung, aber auch für Bonhoeffer und viele Pfarrer in der BK mit dem Glauben gegeben war, haben abgesehen von Haeften auch die Mitglieder des Widerstandes nicht übernommen, welche Beziehungen zur BK hatten.⁸⁰ Allerdings leisteten einige wie Kleist-Schmenzin Widerstand aus der Verpflichtung des Glaubens, weil für ihn Politik „eine Sache der Religion" war. Aber gerade Glaube und Politik hat die BK getrennt, während der Widerstand von Kleist und auch von Harnack ihrer christlichen Einstellung und zugleich ihren politischen Erfahrungen entsprach, die zum Handeln, zum Widerstand „zwangen". Die subjektive

---

⁷⁷ Vgl. Gerhard Sauter, „Freiheit" als theologische und politische Kategorie, in: Gerhard Besier/Gerhard Ringshausen (Hg.), Bekenntnis, Widerstand, Martyrium, Göttingen 1986, S. 148–165.

⁷⁸ Deswegen suchte Delp das katholische Naturrechtsverständnis in die Überlegungen des Kreisauer Kreises einzubringen (vgl. oben, S. 376ff.), und wollte Ritter Elemente des Naturrechts positiv aufnehmen, aber sonst spielte dieses bei den evangelischen Widerstandskämpfern keine Rolle.

⁷⁹ Vgl. Matthias Pöhlmann, Kampf der Geister. Die Publizistik der „Apologetischen Centrale" (1921–1937), Stuttgart 1998.

⁸⁰ Es entspricht dieser Differenz zu einem verantwortungsethischen Widerstehen, daß Ernst Wolf und Hans Joachim Iwand in Aufnahme von Karl Barths Ansatz bei der „Königsherrschaft Christi" in ihren Gutachten für den Remer-Prozeß 1952 die vom Glauben her gebotene „Widerstandspflicht" betonten und von dem juristischen „Widerstandsrecht" absetzten; vgl. Hans Joachim Iwand, Gott mehr gehorchen als den Menschen!; Ernst Wolf, Widerstandspflicht – nicht Widerstandsrecht, in: Das Parlament. Sonderausgabe 20. Juli 1952, S. 27f. Herbert Kraus (Hg.), Die im Braunschweiger Remer-Prozeß erstatteten moraltheologischen und historischen Gutachten nebst Urteil, Hamburg 1954, S. 9-18, bietet ein gemeinsames, wohl für den Prozeß zusammengefaßtes Gutachten von Iwand und Wolf.

Verantwortung führte in den Widerstand, der als „Grenzfall" (Bonhoeffer) jenseits ethischer Gebote gewagt wurde. „Die außerordentliche Notwendigkeit appelliert an die Freiheit des Verantwortlichen. Es gibt kein Gesetz, hinter dem der Verantwortliche hier Deckung suchen könnte."[81] In Übereinstimmung mit seinen Mitverschworenen betonte deshalb Hardenberg, „niemals durfte ein Handeln, zu dem wir uns durchrangen, Gemeingut werden des Volkes."[82] Demgegenüber konnte sich die BK gerade auf die Bindung an das Bekenntnis berufen und gemäß der „Erklärung zur Rechtslage" der Barmer Reichsbekenntnissynode dem DC-Kirchenregiment bestreiten, „rechtmäßige Leitung der Deutschen Evangelischen Kirche zu sein."[83] Im Anschluß an die Kategorien von Max Weber[84] läßt sich grundsätzlich der gesinnungs-ethische Widerstand der BK vom verantwortungsethischen Widerstehen unterscheiden. Da Weber die Verantwortungsethik im Gefolge Nietzsches als nicht religiös verstand, ist seine Unterscheidung aber im Blick auf die christlichen Mitglieder des Widerstandes zu modifizieren.

Die Ablehnung des Nationalsozialismus war vielfach nicht durch den Glauben, sondern ethisch und politisch begründet, weil man dessen Methoden und Ziele ablehnte. Das Ethos des Offiziers wurde bei Rittmeister Roland von Hößlin (1915–13.10.1944) 1943 durch die Information eines Kameraden zu der Frage herausgefordert: „Glauben Sie, daß wir unter diesem Regime noch das Recht haben, den Krieg zu gewinnen?"[85] Auslösende Bedeutung konnten Erlebnisse spielen, wie Lehndorff, Groscurth und Axel Frhr. von dem Bussche[86] sie bei der Ermordung von Juden oder Helmuth Stieff bei den Zerstörungen und den Ausrottungsmaßnahmen der SS-Einsatztruppen in Warschau hatten: „Ich schäme mich, ein Deutscher zu sein!"[87] Aber solche Erfahrungen hatten nicht automatisch den Entschluß

---

[81] Dietrich Bonhoeffer, Ethik (DBW 6), Gütersloh 1992, S. 274.
[82] Hardenberg, Erinnerungen, in: Agde, Hardenberg, S.37. Es geht dabei nicht um konservative „Revolutionsverhinderung", wie Gebet, Hardenberg, S. 118, interpretiert.
[83] KJB, S. 72.
[84] Vgl. Max Weber, Politik als Beruf (1919), in: ders., Gesamtausgabe, Bd. I,17, hg. von Wolfgang J. Mommsen/Wolfgang Schluchter, Tübingen 1992, S. 237ff.
[85] August Graf von Kageneck, Zwischen Eid und Gewissen. Roland von Hößlin, ein deutscher Offizier, Berlin 1991, S. 78.
[86] In seinem Beitrag in: Christoph Kleßmann/Falk Pingel (Hg.), Gegner des Nationalsozialismus. Wissenschaftler und Widerstandskämpfer auf der Suche nach der historischen Wahrheit, Frankfurt/M. 1980, S. 272ff., macht Axel Frhr. von dem Bussche deutlich, daß das Erlebnis in Dubno eingebettet war in weitere Motive für den Widerstand.
[87] Helmuth Stieff an seine Frau, 21.11.1939, in: ders., Briefe, hg. von Horst Mühleisen, Berlin 1991, S. 108.

zum Widerstand zur Folge.[88] So konnte Tresckow erst im Juli 1943 Stieff für den Widerstand gewinnen, so daß er seiner Frau schrieb, „daß meine Auffassung, zu der ich mich in den letzten Tagen durchgerungen habe, die richtige ist, nämlich, daß man sich keiner Verantwortung, die einem das Schicksal abfordert, entziehen darf."[89] Zwei Wochen später präzisierte er: „Der liebe Gott hat mich nun einmal dahin gestellt, wo ich stehe, und da muß ich den Weg gehen, den mir mein Gewissen und mein Verstand vorgeschrieben haben."[90]

Bussche überlegte sich Jahre nach der Abschlachtung der Juden von Dobno in der Ukraine 1942, ob er sich nicht als Christ zu den Todgeweihten hätte stellen müssen.[91] Aber nicht sein von ihm selten ausgesprochener Glaube legitimierte seinen Widerstand, sondern die rationale Überlegung, daß hier ein rechtswidriger Angriff vorlag, zu dessen Abwehr gemäß Militärstrafgesetzbuch Notwehr erlaubt sei. „Die Angemessenheit, daß Adolf als oberster Befehlshaber, Staatschef, umgebracht werden mußte, war ein echter Akt der Notwehr."[92] Das war bewußt keine religiöse Begründung – aber läßt sich das so eindeutig trennen bei einem Mann, der sich bemühte, ein Christ zu sein?[93] Die menschliche Betroffenheit als Scham und Schulderkenntnis konnte im Sinne humanistischer Ethik verstanden werden und sich auswirken, aber auch religiös gemeint sein. Die Grenzlinie ergibt sich einerseits aus dem Verständnis von Religion und ihrem Verhältnis zur Ethik und andererseits aus dem jeweiligen Selbstverständnis des einzelnen. Wenn sich z.B. Stieff als „verantwortungsbewußten und gläubigen Menschen"[94] verstand, können die beiden Adjektive je nach theologischer Tradition deutlich unterschieden oder aufeinander bezogen und sogar identisch sein.

Bonhoeffer lehnte bei der Besprechung der Freiburger Denkschrift am 6./7. Februar 1943 die von Gerhard Ritter betonte Orientierung am

---

[88] So beklagte Hofacker Ende 1939 die Morde in Polen: „Gnade uns Gott, wenn diese Blutschuld einmal über uns kommt" (vgl. oben, S. 425), aber erst drei Jahre später entschied er sich für den Widerstand.
[89] Stieff an seine Frau, 6.8.1943, in: ders., Briefe, S. 170.
[90] Stieff an seine Frau, 21.8.1943, in: ders., Briefe, S. 173.
[91] Vgl. „Er wollte Hitler töten." Fernsehsendung vom 19.7.1984, in: Gevinnon von Medem (Hg.), Axel von dem Bussche, Mainz 1994, S. 153.
[92] AaO., S. 152.
[93] Zu Stauffenberg meinte Bussche, „die lutherische Religion erlaube, verrückte Tyrannen zu erschießen." Peter Hoffmann, Claus Schenk Graf von Stauffenberg und seine Brüder, Stuttgart 1992, S. 373. Die einzige in diese Richtung gehende Äußerung ist Luthers Zirkulardisputation von 1539 (WA 39/II, 34-91); vgl. Rudolf Hermann, Luthers Zirkulardisputation über Mt 19,21, in: LuJ 23, 1941, S. 35–93.
[94] Stieff an seine Frau, 7.8.1934, in: ders., Briefe, S. 89.

Gewissen als zu „lutherisch" und „Sache vergangener Theologie" ab. Ergänzend beurteilte Justus Perels sie als „sehr stark subjektivistisch" und vermißte für die kirchliche Ethik die Betonung des Dekalogs.[95] Die von Bonhoeffer abgelehnte ‚vergangene Theologie' ist der theologische Liberalismus, den er auch im Luthertum Ritters zutreffend bemerkte. Aber gerade dieser Liberalismus mit seiner Ablehnung des Dogmas und des Offenbarungsanspruches war für viele Widerstandskämpfer prägend. Das zeigen die Biographien von Harnack, Goerdeler, Hermann Kaiser und Kleist-Schmenzin, hinzuzufügen sind Rabenau, Hassell, Plettenberg, Hermann Maaß (1897–20.10. 1944) u.a. Es bildete ein Element im Denken von Hans-Alexander von Voß (1907–8.11.1944)[96] und auch von Hofacker. Dieses Erbe wirkte im Religiösen Sozialismus bei Otto Heinrich von der Gablentz (1898–1972) sowie in der ‚stark subjektivistisch' geprägten Frömmigkeit Haubachs.

Im Horizont dieser Theologie hat die individuelle Gewissensentscheidung als Verantwortung vor dem persönlichen Gott einen hohen Stellenwert; christlicher Glaube erscheint als Gewissensreligion, die sich mit preußischem Ethos verbinden läßt. Deshalb konnte auch die Entscheidung zum Widerstand von Christen in ihrem Gewissen verantwortet, ja als Pflicht empfunden werden. Demgegenüber mußte die für die BK wichtige Orientierung an Römer 13 zurücktreten. Wenn „die Obrigkeit ihre Pflicht nicht thut, so kann es unter Umständen sittl. Pflicht werden, der Obrigkeit den Gehorsam zu verweigern (Vers 5: Gewissen!)"[97], wie Johannes Popitz (1884–2.2.1945) bereits in der Schule gelernt und mit historischen Beispielen belegt hatte. Noch deutlicher betonte Trott diesen Gesichtspunkt 1935, um den „Abstand Kleists von dem wüsten Treiben der französischen Revolution und seine tiefe Wahlverwandtschaft mit Kohlhaas" zu verdeutlichen, der „in ehrerbietiger Unabhängigkeit jederzeit zum Einlenken bereit ist, wenn nur die bestehende Ordnung dem Rechtsanspruch willfahrt [...]. Denn das Gewissen gebietet nicht die Unterwerfung unter jede Ordnung, gleichsam der Ordnung wegen, sondern das verantwortliche Mitschaffen derjenigen Ordnung (und wann wäre das je erfüllt?), die mit [...] dem unmittelbaren Bewußtsein der göttlichen Bestimmung des Menschen vereinbar ist."[98] Dagegen war unter den Widerstandskämpfern umstritten, ob der

---

[95] Vgl. oben, S. 81f.
[96] Vgl. Gerhard Ringshausen, Hans-Alexander von Voß (1907–1944), in: VZG 52, 2004, S. 361–407.
[97] Johannes Popitz, Erläuterungen zum Römerbrief durch Diakonus Friedleben. Sommersemester 1902 (I^a) (BA, NL 1262, 70). Vgl. Kleist-Schmenzin, oben, S. 211f.
[98] Adam von Trott, Einleitung, in: Heinrich von Kleist, Politische und journalistische Schriften, Potsdam 1935, S. 10.

Tyrannenmord vom christlichen Standpunkt aus zu vertreten sei.[99] Aus Verantwortung für ihre Mitverschworenen wählten Tresckow, Plettenberg, Voß u.a. den Freitod; Hardenberg versuchte es, obwohl er wußte, „daß dies vom Standpunkt eines Christen zu verurteilen war."

Die Beispiele zeigen diese gewissensmäßige Verantwortung nicht als Bedingung eines geforderten „guten" Handelns, sondern als Horizont der jeweils zu fällenden Entscheidung im Prozeß des Widerstehens. Augenscheinlich läßt sich bei diesem Grundmuster keine Differenz zwischen der jüngeren und der älteren Generation im Widerstand feststellen. Das ist nicht verwunderlich, weil besonders in der Ethik die Tradition Schleiermachers das 19. Jahrhundert bestimmte und ins 20. Jahrhundert fortwirkte. Die revisionistische Forschung hat den bürgerlich-militärischen Widerstand als „national-konservativ" bezeichnet, aber politischer Konservatismus und theologischer Liberalismus bildeten im bürgerlichen und adeligen Milieu eine Einheit, die mit einer Distanz zur Kirche verbunden war.

Mitglieder der älteren Generation, die mit Goethes Faust in den Weltkrieg gezogen waren, verbanden den christlichen Glauben mit Goethe und der Zusage: „Wer immer strebend sich bemüht, den können wir erlösen."[100] Das könnte auch bei Plettenbergs Hoffnung „auf einen milden Richter" im Hintergrund stehen. Auch die Verzweiflung Goerdelers in der Haft angesichts des Mißlingens des Umsturzversuches wurzelt in diesem Idealismus. Die an Goethes Faust erinnernde Betonung des „Kampfes um das Ideal" durch Beck wurde durch seine Besuche von BK-Gottesdiensten nicht korrigiert. Vielmehr hat ihn Eduard Sprangers Vortrag über „Weltfrömmigkeit" „tief gefesselt und innerlich erhoben"[101]. Zustimmend zitierte er ihm in seinem Dankschreiben aus „einem Brief des 77jährigen E. M. Arndt an den ein Jahr jüngeren Wilhelm Frhr. v. Doernberg: ‚Unsere Erde ist ein Sandkörnchen in dem All Gottes, unsere Arbeit und Wirksamkeit auf diesem Körnchen kommt uns oft wie ein mit den Winden verwehendes Stäubchen vor - und doch müssen wir glauben, daß wir ohne Eigennutz im Vertrauen auf Gott gewollt und gestrebt haben, wie klein es auch sei, als ein unsterblicher, unvergänglicher Samen im großen von Gott nur gewußten Zusammenhang der Dinge seine Stelle haben und seine Frucht bringen werde' - und gewann auch wieder Trost daraus." „Trost, Erhebung und Lehre"[102] fand der religiös desinteressierte Johannes Popitz bei Goethe und

---

[99] Vgl. unten, S. 516ff.
[100] Goethe, Faust, II. Teil, 5. Akt: Bergschluchten, Wald, Fels, Einöde (Engel).
[101] Beck an Eduard Spranger, 20.1.1941 (BA, NL 1182, 143); vgl. Eduard Spranger, Weltfrömmigkeit, Leipzig 1941.
[102] Johannes Popitz, Meine beiden Freunde: Goethe und Fontane, in: Antidoron. Edgar Salin zum 70. Geburtstag, Tübingen 1962, S. 35–51, hier: S. 51. Diese kulturelle

Fontane. Wie er in der Haft schrieb, tritt mit Goethe und seinem Werk „in unsere Einsamkeit, in unsere Zweifel über Gott, Welt und uns selbst ein anderer Mensch und stellt sein Leben über das unsere und zeigt, daß wir uns abfinden müssen mit diesem Dasein und seinen Grenzen."[103] Goethes Gedichte und Lebensweisheiten begleiteten in der Haft aber auch den jungen Hößlin, der gleichzeitig „ganz zu meinem Gott in mir und über mir gefunden" hat.[104]

Goethe wurde für Moltke wichtig, als er von Gablentz die auch von Haubach betonte Lehre von den drei Ehrfurchten aus „Wilhelm Meisters Wanderjahre" für sein Religionsverständnis übernahm. Der Ausgangspunkt seiner Gespräche mit den Freunden über die Religion bildet allerdings die These, daß entsprechend der Aufklärung Christentum wesentlich Ethik ist und als solche für den von ihr bestimmten Staatsmann und die Bürger Bedeutung haben soll. Dieses Verständnis vertiefend konnte er vom Glauben auch als der „wichtigsten Kraftquelle" der Bürger zur „Erkenntnis der ‚natürlichen Ordnung'" im Sinne einer Motivation sprechen. Dabei hatte er aber 1941 für sich selbst den Glauben als über seine ethische Funktion hinausgehende Einstellung entdeckt; denn „der Grad von Gefährdung und Opferbereitschaft, der heute von uns verlangt wird und vielleicht morgen von uns verlangt werden wird, setzt mehr als gute ethische Prinzipien voraus"[105]. Diese Situation war nicht mit einer liberal-protestantischen Verantwortungsethik und ihrem impliziten Optimismus durchzustehen, sondern erforderte ein Glaubensverständnis, das sich im Leiden bewährt. Glaube gewinnt deshalb für Moltke weder als Motivation noch als Reflexionshorizont der Verantwortung vor Gott Bedeutung, sondern vollendet sich als Bereitschaft zur leidenden Hingabe. Er orientierte sich nicht an einem lieben und gerechten Gott, sondern an dem Leiden seines Sohnes Christus. Dadurch kam er zu einer Entschiedenheit, die nicht zuletzt im Prozeß vor dem Volksgerichtshof durch die Alternative Nationalsozialist oder Christ in gewisser Weise an die BK, besonders aber an Bonhoeffer erinnert. Moltke verstand seinen Weg als Auftrag und Gnade Gottes.

Bonhoeffer hatte in der „Nachfolge" den befreienden und in Dienst nehmenden Ruf Christi betont, dem Glaube und Gehorsam antworten.

Orientierung bleibt ausgeblendet bei Reimer Voß, Johannes Popitz (1884-1945). Jurist, Politiker, Staatsdenker unter drei Reichen – Mann des Widerstands, Frankfurt/M. 2006.
[103] AaO., S. 39. Vgl. S. 45ff. zu „Goethes Stellung zum Christentum und zur Religion. Sie ist weniger zeitgebunden als das Verhältnis zur gesellschaftlichen Ordnung."
[104] Hößlin an seine Eltern, 30.9.1944, in: Kageneck, Eid, S. 152f.
[105] Moltke an Lionel Curtis, 18.4.1942; vgl. oben, S. 370f.

Deshalb mußte er die „Struktur des verantwortlichen Lebens" erst als Bedingung des Widerstehens erschließen und durch eine erneute Aufnahme von Luthers Rechtfertigungsverständnis theologisch begründen. Die „freie Verantwortung des Handelnden" wird nicht im Sinne des theologischen Liberalismus durch den Rückgriff auf das individuelle Gewissen abgesichert, sondern führt in die Solidarität der Schuld. Die ‚freie Verantwortung' wendet sich nämlich auch ab von Gottes Gebot, so daß sie nur im Blick auf Gottes Gnade gewagt werden kann. Die Kategorie der Entscheidung wird dadurch grundsätzlich von ihrem liberal-theologischen Verständnis gelöst, was aber die in „Nach zehn Jahren" bedachte Zusammenarbeit ermöglichte. Unter dieser Voraussetzung beteiligte er sich am Widerstand, während er den Tyrannenmord im Sommer 1942 als politisch notwendig unter bestimmten Bedingungen bejahte.

Gerade beim Attentat gingen die Meinungen innerhalb des Widerstandes auseinander, wobei politische, ethische und religiöse Argumente eine Rolle spielten. Für Haeften war das fünfte Gebot: „Du sollst nicht töten!", entscheidend. Das entsprach seiner Bindung an die Bibel, die für seinen Glauben durchgängig bestimmend war bis hin zu seinem Nachdenken in der Haft. Seine bibelorientierte lutherische Frömmigkeit bestimmte seinen Einsatz für die BK und fand eine liturgische Vertiefung in der Michaelsbruderschaft, die ihm auch geschichtstheologische Perspektiven eröffnete. Für sein politisches Handeln verstand er sich im Horizont von Luthers Unterscheidung der beiden Regimente als Laie in der Verantwortung, die auch von der Kirche eine klare Grenzziehung gegenüber schreiendem Unrecht forderte. Wohl das Gespräch mit katholischen Freunden ließ ihn jedoch gegen Luther idealistische Elemente aufnehmen. „Auch nach seinem Sturz bleibt dem Menschen die unauslöschliche Erinnerung an das Urbild, bleiben die Kräfte der Abwehr und Überwindung des Satanischen."[106] Und dazu berief er sich auf Goethes „Wär' nicht das Auge sonnenhaft, die Sonne könnt' es nicht erblicken". Zudem veränderten die Erfahrungen in Rumänien die eindeutigen Unterscheidungen, was für die Mitarbeit im Kreisauer Kreis Folgen hatte, zumal die Ablehnung der Nazis bereits vor 1933 seiner politischen Einstellung entsprochen hatte.

Eine in der Bibel begründete Kirchlichkeit prägte auch Dohna und sein Engagement in der BK. Mit seiner Teilnahme am Widerstand ging er darüber hinaus, wobei deren christliche Begründung aus den Quellen nicht rekonstruiert werden kann; vermutlich spielte seine politische Ablehnung der Nationalsozialisten bereits beim Eintritt in die BK eine Rolle, obwohl sich diese besonders in Ostpreußen nicht als Gegnerin des NS-Staates

---

[106] H.B. v. Haeften an Hannes Brockhaus, Januar 1941. Vgl. die Aufnahme der patristischen Theologie bei Haubach, oben, S. 334f.

verstand. Ohne Mitglied zu sein, unterstützte Hardenberg die BK in seinem Bereich entsprechend seinem biblisch orientierten, lutherischen Glauben und seiner politisch begründeten Ablehnung Hitlers und seiner Partei. Wie bei Voß, Tresckow[107] u.a. verband sich bei beiden preußische Tradition und Ethos mit dem Glauben, wobei sich besonders Hardenberg im Fundamentalwiderstand der ethischen Grenzsituation und beim Attentat der Spannung zur kirchlichen Lehre bewußt war.[108] Trotzdem mußte es aus Verantwortung für die „Wiedergewinnung preußischer Ehre" gewagt werden. Angesichts der breiten Wirkung theologisch liberaler Gedanken verstanden anscheinend deutlich weniger Mitglieder der Konspiration ihren Glauben auf biblischer Grundlage. Dabei sind kaum Generationsunterschiede zu erkennen.

Allerdings läßt sich innerhalb der Generation der Jüngeren eine Gruppe herausheben, die eine besondere Prägung dadurch hat, daß sie im Widerstand den christlichen Glauben für sich entdeckte. Klemens von Klemperer[109] hat dafür besonders auf Trott und Moltke hingewiesen, aber auch auf Bonhoeffer und Delp. Christoph Strohm[110] hat Schulenburg hinzugefügt. Im Unterschied zu den beiden Theologen haben diese Mitglieder der durch die Weimarer Republik maßgeblich bestimmten Generation[111] wie Mierendorff den Glauben erst in der Auseinandersetzung mit dem Nationalsozialismus für sich entdeckt, was aber auch für Hofacker gilt, der als Weltkriegsteilnehmer einer Zwischengeneration angehört. Sie hatten sich von der „Religion der Väter" gelöst, deren Verlust Hermann Kaiser als Kennzeichen der Gegenwart beklagte. Das Haeften, Haubach, Moltke und Trott, aber auch Goerdeler bewegende Problem der Säkularisation hatten

---

[107] Vgl. Uta Freifrau von Aretin, Preußische Tradition als Motiv für den Widerstand gegen das NS-Regime, in: Thomas Vogel (Hg.), Aufstand des Gewissens, 5. Aufl. Hamburg-Berlin-Bonn 2000, S. 279-285.

[108] Vgl. dazu Eberhard Finckh, oben, S. 122, Anm. 131.

[109] Klemens von Klemperer, Glaube, Religion, Kirche und Widerstand gegen den Nationalsozialismus (1980), in: Hermann Graml (Hg.), Widerstand im Dritten Reich, Frankfurt/M. 1984, S. 140–156. Leider hat er die Auffassung der Alten ungenau bestimmt; das S. 151 Goerdeler zugeschriebene Zitat „omnia restaurare in Christo" aus „Betr. Christliche Akademien" ist falsch abgeschrieben – statt restaurare ist instaurare als Zitat von Eph. 1, 10 zu lesen – und der ganze Text stammt nicht von Goerdeler.

[110] Christoph Strohm, Die Attentäter des 20. Juli 1944 (1997), in: Schultze/Kurschat, Märtyrer, S. 103f.

[111] Daß „man der Weimarer Republik meist positiver gegenüber(stand) als die Älteren" (Strohm, Attentäter, S. 102), läßt sich kaum als Kennzeichen festhalten. Trott, Yorck und Moltke hatten sozialistische, Schulenburg nationalsozialistische und Haeften jungkonservative Neigungen.

sie also selbst durchlebt; bei Schulenburg trat es auch insofern auf, als er wie viele im bürgerlich-militärischen Widerstand die „religiöse Wiedererneuerung" als die „entscheidende Aufgabe unseres Jahrhunderts" betrachtete.[112] Wie Voß und Oster wollte er deshalb später Pfarrer werden; für sie bildeten zudem wie für Henning von Tresckow (1902-21.7.1944) Preußentum und Christentum als vom NS-System bekämpfte Orientierungen eine Einheit, während das auch für die ältere Generation wichtige preußische Ethos bei Moltke und Trott im Unterschied zu Yorck keine Rolle spielte und bei Haeften nicht dominant in Erscheinung trat, aber vom Vater her selbstverständlich war. Schwerin lebte die auch bei Goerdeler begegnende „preußische Verbindung von Stoizismus und schlichter Frömmigkeit"[113]. Voß, Yorck, Haeften und Haubach haben ihre unterschiedliche Frömmigkeit nicht im Widerstand entwickelt, wenn sie auch Wandlungen durch persönliche Eindrücke wie den Tod der Brüder oder die beglückende Begegnung mit der Verlobten und auch durch die Herausforderung des Widerstandes durchlaufen hat.

Bei anderen Punkten wie der ökumenischen Orientierung der Kreisauer Gerstenmaier, Haeften, Steltzer, Trott und Moltke – zu nennen wäre auch Gablentz – sowie Bonhoeffers wies bereits Klemperer auf „Unstimmigkeiten"[114] hin. Kessel war aus seinem Elternhaus „daran gewöhnt, die gemeinsame christliche Grundlage der beiden Bekenntnisse in den Vordergrund zu stellen und das Trennende zwar als geschichtliche Gegebenheit hinzunehmen, aber als zweitrangig anzusehen."[115] Diese an die liberale Distanz zu Dogmen erinnernde Position teilte Schulenburg, für den der „Gegensatz katholisch-evangelisch längst überholt" war. Für dieses Jahrhundert sei vielmehr entscheidend der Gegensatz „Christentum und Atheismus. Wenn die katholische Kirche klug wäre, würde sie große Züge machen und entgegenkommen in Ritus und Lehre, um die Einheit wieder herzustellen."[116] Ähnlich dachte wohl auch Moltke, als er bei Augustin Rösch SJ die Bereitschaft „zu erheblichen Konzessionen"[117] beim „Ausgleich [.] mit den Protestanten" feststellte.

Die Beispiele zeigen die Schwierigkeit, eine gemeinsame „Frömmigkeit des Widerstandes" für die jüngere Generation aufzuzeigen, wenn man sie

---

[112] Schulenburg an seine Frau, 24.6.1943, in: Heinemann, Rebell, S. 255.
[113] Kessel, Saat, S. 210. Vgl. die Ansprache bei der Konfirmation, 6.4.1944, zit. Annedore Leber (Hg.), Das Gewissen steht auf, neu hg. von Karl Dietrich Bracher, Mainz 1984, S. 132.
[114] Klemperer, Glaube, S. 152.
[115] Kessel, Saat, S. 80.
[116] Zit. Heinemann, Rebell, S. 138.
[117] Moltke an Freya, 15.10.1941, in: ders., Briefe, S. 303.

nicht auf einige Vertreter reduziert.[118] Die Gemeinsamkeit läßt sich kaum an Inhalten oder gar Glaubensaussagen festmachen, eher auf einer mehr emotionalen Ebene. Dabei ist daran zu erinnern, daß innerhalb des bürgerlich-militärischen Widerstandes die jüngere Generation nicht nur überwog, sondern sich vor allem durch ihr Drängen auf die Tat und die Bereitschaft zum eigenen Handeln von den älteren Mitgliedern unterschied. Angesichts der Krise der Moderne seit der Jahrhundertwende und dem Traditionsbruch der Weimarer Republik, des „Lösens aller Bindungen"[119], war für die um 1900 Geborenen die Suche nach neuen Bindungen bestimmend, der die Bereitschaft zur Entscheidung entsprach. Daß Schulenburg sich im Sturmangriff „ganz erfüllt von Gott"[120] erfuhr, entsprach der Bedeutung des Erlebens für diese Generation. Das verband Jugendbewegung, nationalsozialistische „Bewegung" und die Jüngeren im Widerstand und begründete ihr Interesse am Sozialismus. Wenn Schulenburg Anfang des Krieges die „erstarrte Sprache und Theologie"[121] der Kirche kritisierte, traf er sich unbewußt mit der jungen Generation in der BK und bei den DC. Aber die Erschütterung über die Perversion des nationalen Aufbruchs bildete nicht nur bei ihm ein bewegendes Moment für die Orientierung am christlichen Glauben.

Hermann Maaß stimmte dem Satz Hitlers zu, „daß der Nationalsozialismus niemals durch eine andere Gewalt (gemeint war die Gewalt innenpolitischer Gegner) überwunden werden könne, sondern nur durch eine höhere Idee."[122] Entsprechend setzten die Gespräche im Kreisauer Kreis mit der Neubegründung einer Staatslehre ein. „Es ist unsere Pflicht, das Widerliche zu erkennen, es zu analysieren und es in einer höheren, synthetischen Schau zu überwinden und damit für uns nutzbar zu machen."[123] Und den Staatsstreich der Generale lehnte Moltke ab, wofür der „wichtigste soziologische Grund ist, daß wir eine Revolution brauchen"[124]. Wenn man in diesem Zusammenhang nach der Bedeutung des christlichen Glaubens fragt, ergibt sich, daß er im Gegenüber zum nationalsozialistischen Nihilismus als die überlegene Bindung seine besondere Strahlkraft

---

[118] Vgl. auch Kessel, Saat, S. 209f.
[119] Trott an Julie Braun-Vogelstein, 26.1.1940, zit. Klemperer, Glaube, S. 147.
[120] Zit. Heinemann, Rebell, S. 69.
[121] Zit. aaO, S. 138; vgl. Schulenburg an seine Frau, 19.6.1941, aaO., S. 215.
[122] Maaß an seine Frau, 12.8.1944, in: Sigrid Grabner/Hendrik Röder (Hg.), Im Geist bleibe ich bei Euch, Potsdam 1997, S. 14.
[123] Moltke an Freya, 1.6.1940, in: ders., Briefe an Freya 1939–1945, hg. von Beate Ruhm von Oppen, 2. Aufl. München 1991, S. 142.
[124] Moltke an L. Curtis, 25.3.1943, in: Freya von Moltke/Michael Balfour/Julian Frisby, Helmuth James von Moltke 1907–1945. Anwalt der Zukunft, Stuttgart 1975, S. 217.

gewann, die sich auch in der Hoffnung auf ein Wiedererwachen der Religion niederschlug und der Bereitschaft, sich wie Schulenburg als Pfarrer für die „religiöse Wiedererneuerung" einzusetzen, was auch Voß und Oster überlegte.[125] Deshalb begrüßte Moltke in den Kirchen „das geistige Erwachen, das verbunden ist mit der Bereitschaft, gegebenenfalls zu sterben."[126]

Gerade die Verbindung von Glaube und Leiden bei Moltke zeigt die sensible Intensität der Bereitschaft, die eigene Existenz im Widerstand einzusetzen. Tresckow hat das scheinbar unreligiös ausgedrückt: „Wer in unseren Kreis getreten ist, der hat das Nessushemd angezogen. Der sittliche Wert eines Menschen beginnt erst dort, wo er bereit ist, für seine Überzeugung sein Leben hinzugeben."[127] Darum konnte Schulenburg es als „gleichgültig" bezeichnen, „ob mich das Schicksal zu einer Aufgabe erwählt oder als Opfer fordert. Es kommt nur darauf an, daß ich meinem Gewissen folge, durch das Gott zu mir spricht."[128] Entsprechend schrieb Trott seiner Frau: „Auch die Zwiesprache mit dem Tode, die Gott uns heute lehren will, sollen wir wohl nicht zaghaft, sondern entschlossen führen und daraus einen festeren Grund in unserem weiteren Dasein finden."[129] Allgemeiner formulierte Schwerin: „In einer solchen Zeit des Leides und der allgemeinen Verwirrung bedürfen wir eines Haltes und einer innereren Kraft, die uns stark macht, und es ist sicher, daß die Lehre Christi, die fast 2000 Jahre Geltung hat, uns die innere Hilfe bringt, die wir benötigen."[130] Daß die Christen für Haeften „im Grunde genommen [...] alle auf ‚verlorenem' Außenposten"[131] stehen, aber die „wunderbare Gewißheit" haben, „daß gerade dieses verlorene Häuflein am wenigsten verloren ist", läßt sich auf die jüngeren Mitglieder der Konspiration übertragen.

Für die junge Generation im Widerstand war Religion vielfach nicht wie für die ältere eine Orientierung an moralischen Normen, die Goerdeler in der Haft nach der Gerechtigkeit Gottes fragen ließ, sondern ging darüber hinaus. Der christliche Glaube gewann seine Bedeutung als existentielle Gewißheit, die dem nationalsozialistischen Ungeist und seiner unmenschlichen Praxis standhalten konnte. Es ging um den „ganzen Menschen", wie Moltke betonte, nicht nur um sein Ethos. Damit wurde der christliche

---

[125] Mündlicher Hinweis von Romedio Galeazzo Graf von Thun-Hohenstein.
[126] Moltke an L. Curtis, 18.4.1942, aaO., S. 185.
[127] Fabian von Schlabrendorff, Offiziere gegen Hitler, Frankfurt 1959, S. 154.
[128] Schulenburg an seine Frau, 4.4.1943, in: Heinemann, Rebell, S. 250.
[129] Trott an seine Frau, März 1944, zit. Trott, Trott, S. 189.
[130] Schwerin, Ansprache bei der Konfirmation, 6.4.1944, zit. Leber, Gewissen, S. 132.
[131] Haeften an K. Möckel, 19.3.1941, zit. in: Barbara von Haeften, „Nichts Schriftliches von Politik". Hans Bernd von Haeften. Ein Lebensbericht, München 1997, S. 196.

Anspruch dem Totalitarismus des Regimes entgegengestellt, das „die Ehrfurcht vor dem was über uns ist, nämlich Gott," getötet hat.[132] Diese Totalität entsprach einerseits einem genaueren Verstehen des nationalsozialistischen Wollens, fußte aber andererseits auf der Entdeckung von Gottes Wirklichkeit über die Grenzen des Lebens hinaus.

Das wiederherzustellende „Bild des Menschen" ist deshalb personal strukturiert. Grundlegend ging es um „die innere Befreiung des Menschen zum verantwortlichen Leben vor Gott", wie Bonhoeffer in der Haft formulierte.[133] Haeften bezeichnete den „ständig gewirkten, immerwährend neu hergestellten Ausgleich zwischen Individualrechten und den Gemeinwohlansprüchen" als „Personalismus".[134] Dafür sollten an die Stelle der im Prozeß der Säkularisierung zerstörten Ordnungen neue Bindungen treten. Die Kritik der Masse durch Theo Haubach oder der „sich immer mehr steigernden mechanischen Reglementierungen der menschlichen Gemeinschaftsformen"[135] bei Haeften und seinem Wunsch nach einem „Neuaufbau aus echt Organischem" begegnet auch bei Trott: „Den wesentlichsten und unmittelbaren Beitrag zur Friedensgestaltung von christlicher Seite sehen wir in der Bekämpfung dieser Dämonien, in der Überwindung der Massenexistenz durch eine christliche soziale Ordnung und vor allem in der Formung und Begegnung christlicher Persönlichkeiten."[136] Damit werden verbreitete Motive der Zivilisationskritik der zwanziger Jahre aufgenommen, die auch der ältere Gerhard Ritter (1888–1967) gegen den nationalsozialistischen Nihilismus und Totalitarismus aufgriff.

3. Entscheidungen

Der Weg in den Widerstand bedeutete den Bruch mit überkommenen Traditionen, der sich aus vielfältigen Motiven und Erfahrungen speiste. Die Entscheidungssituation war dabei vielfach ein längerer, qualvoller Prozeß, der nochmals von der Bereitschaft zu einem konkreten Handeln und dem

---

[132] Moltke an Freya, 25.8.1940, in: ders., Briefe, S. 198.
[133] Dietrich Bonhoeffer, Widerstand und Ergebung, hg. von Christian Gremmels u.a. (DBW 8), Gütersloh 1998, S. 27f.
[134] Anton Böhm, Hans Bernd von Haeften, 1946, Teilabdruck in: Haeften, Nichts Schriftliches, S. 64–68, hier S. 66.
[135] H.B. v. Haeften an H. Krimm, Mai 1941.
[136] Bemerkungen zum Friedensprogramm der amerikanischen Kirchen, November 1943, in: Ger van Roon, Neuordnung im Widerstand, München 1967, S. 582; zur Abfassung durch Trott vgl. Clarita von Trott zu Solz, Adam von Trott zu Solz. Eine Lebensbeschreibung, Berlin 1994, S. 178.

Abwägen seiner Bedingungen und Folgen zu unterscheiden ist.[137] Dabei konnte der Glaube eine Rolle spielen. Für Kleist-Schmenzin folgte die Pflicht zum Widerstehen aus dem Glauben, der „nichts anderes als unbedingter Gehorsam gegen Gott und unbedingtes Vertrauen"[138] ist. Für Goerdeler und Hassell bildete das Christentum die Grundlage der Moral und des Rechts; ihr widersprach das Regime und deswegen sollte nach Hitler „die christliche Religion und ihre Lehren Stuetze und Leitsatz auch bei allen politischen Maßnahmen im Inneren und im Äußern"[139] werden. In unterschiedlicher Weise gehörte das Christentum für viele zu den Voraussetzungen der Kritik des Regimes und des Weges in den Widerstand.

Charakteristisch scheint für die ältere Generation, daß Goerdeler bereits in den Anfängen des Dritten Reiches regelmäßiger die Kirche besuchte, als er noch nicht zum Widerstand entschieden war. Daneben stehen diejenigen, die aus politischen oder ethischen Gründen das Regime ablehnten, die Kritik aber durch den Besuch von BK-Gottesdiensten artikulierten. Das bedeutete vielfach keine Zustimmung zur Barmer Theologischen Erklärung oder anderen Entscheidungen der BK, sondern die Ablehnung der verhakenkreuzten Theologie der DC.

Anders zeigt sich das Verhältnis von Glauben und Widerstehen bei mehreren Vertretern der jüngeren Generation. Moltke war von Anfang an aus politischen und moralischen Gründen ein Gegner des NS-Regimes, aber seine ‚tiefere Erkenntnis christlicher Grundsätze' erfolgte erst im Widerstand. Weil der „christliche Kinderglaube"[140] nicht der „Wucht und Intensität unserer heutigen Probleme" gewachsen war, führte der Entscheidungsprozeß auch Trott dazu, angesichts der Herausforderungen des eigenen Widerstehens den Glauben neu zu entdecken oder zu vertiefen.[141] Seinen Wandel beschrieb Schulenburg 1940: „Gott hat, nachdem die Kinderfrömmigkeit verweht war, wie ein ferner Hall in mein Leben hineingeschwungen. Erst später trat er mehr in den Mittelpunkt meines Lebens, und erst in der letzten Zeit ist er mir oft gegenwärtig und klar wie der

---

[137] Vgl. Gerhard Ringshausen, Der Aussagewert von Paraphen und der Handlungsspielraum des militärischen Widerstandes, in: VZG 53, 2005, S. 141–147.

[138] Ewald von Kleist-Schmenzin, Glaubt ihr nicht, so bleibt ihr nicht, in: Bodo Scheurig, Ewald von Kleist-Schmenzin, Frankfurt/M. 1994, S. 261.

[139] Friedensplan Goerdelers, vermutlich für britische Leser bestimmt. Wahrscheinlich vom Spätsommer oder Herbst 1943, in: Gerhard Ritter, Carl Goerdeler und die deutsche Widerstandsbewegung, Stuttgart 1954, S. 576; vgl. KB, S. 255.

[140] Adam von Trott zu Solz an seine Frau, 18.6.1944, zit. Klemperer, Glaube, S. 145.

[141] Nach Hesse, Geist, S. 108, trat bei Tresckow die „christlich-konservative Haltung [...] im Laufe der Jahre immer stärker in Erscheinung. Des öfteren gebrauchte er ein Bibelwort."

Glockenklang der [Potsdamer] Garnisonkirche."[142] Die Teilnahme am Widerstand nötigte Bonhoeffer zu einem theologischen Neuansatz. Im Sinne einer religiös fundierten Bildung bemerkte Hermann Maaß für das ihm „eigentümliche Denken, Schauen und Suchen nach dem letzten Kern der Dinge"[143]: „Erst in den letzten Jahren trat hierzu ein neuer tiefgründiger Zug, der um die Doppelnatur des Irdischen wußte, zu gleicher Zeit real existent wie als immanente Existenz Gottes irreal zu sein." Eher als Rückkehr zur überkommenen Religion dürfte das Bedürfnis von Johann Georg Elser (1903–9.4.1945) zu interpretieren sein, vor seinem Attentatsversuch im Münchener Bürgerbräukeller am 8. November 1938 öfter in die Kirche zu gehen. „Ich gebe zu, daß diese häufigen Kirchenbesuche und dieses häufige Beten insofern mit meiner Tat, die mich innerlich beschäftigte, in Zusammenhang stand, als ich bestimmt nicht soviel gebetet hätte, wenn ich die Tat nicht vorbereitet bzw. geplant hätte."[144]

Eine letzte Zuspitzung bedeutete die Erfahrung der Haft. Auch bei Heinrich Graf von Lehndorff bildete der Eintritt in den Widerstand den Grund für eine glaubensmäßige Vergewisserung. Aber den entscheidenden Durchbruch erlebte er erst in Gefängnis. Ähnlich sind für Hößlin Glaubensgespräche nach der Anwerbung durch Claus Schenk Graf von Stauffenberg bezeugt, aber aus der Haft schrieb er: „Ich danke Gott für die große Gnade, daß er sich mir in den sieben Wochen innerer Einkehr in stiller Zelle in seiner ganzen Größe und Herrlichkeit offenbart hat."[145] Diese Glaubenserfahrung ist bei Hößlin nicht unmittelbar mit dem Widerstand und seiner Begründung im Ethos des Offiziers verbunden, aber sie ist nicht zuletzt wegen des Scheiterns des Umsturzes die Begründung einer letzten Gewißheit, die sich in der Annahme des Todes vollendet. Diese Glaubenserkenntnis de profundis gibt den Briefen aus der Haft zwischen Klage und Gewißheit ihren besonderen Charakter.

Die Entscheidung zum Fundamentalwiderstand bedeutete für die meisten auch die Zustimmung zu einem Umsturz, während die Diskussionen um eine Veränderung der Spitzengliederung der Wehrmacht im Vorfeld blieben. Aus politischen Gründen suchte allerdings Moltke seinen Kreis davon zu überzeugen, daß ein Staatsstreich durch die Militärs nicht zu der notwendigen Neuordnung führen würde.[146] Deswegen beschränkte er seine Bemühungen auf die Fragen der politischen, gesellschaftlichen und wirtschaftlichen Ordnung nach Hitler. Eine theologische Begründung für diese

---

[142] Schulenburg an seine Frau, 8.6.1940, in: Heinemann, Rebell, S. 208.
[143] Maaß an seine Frau, 12.8.1944, in: Grabner/Röder, Geist, S. 12.
[144] Lothar Gruchmann (Hg.), Autobiographie eines Attentäters, Stuttgart 1989, S. 75.
[145] Hößlin an Eltern und Geschwister, 12.10.1944, in: Kageneck, Eid, S. 157.
[146] Vgl. oben, S. 380ff.

Position findet sich bei Haeften, der im Umsturzversuch einen Eingriff in Gottes Weltregiment sah.[147] Aber war dann nicht leidender Gehorsam die einzige Möglichkeit? Deswegen meinte Oster im Kontext liberaler Theologie: „Gewiß glauben wir an die Macht des Gebets, aber wir dürfen uns nicht allein auf Gott verlassen. Wir müssen schon selbst etwas beitragen, daß Gott den Menschen hilft."[148] Darum war für Kleist-Schmenzin sogar „Landesverrat" im Glauben geforderte „vaterländische Pflicht"[149].

Auch bei anderen Entscheidungssituationen im Widerstand konnte der christliche Glaube wichtig sein. Auffällig ist dabei die Frage des Eides, die nach 1945 intensiv diskutiert und auch vorher besonders von denen betont wurde, die sich dem Widerstand nicht anschlossen. Sie begegnete den Widerstandskämpfern als zu überwindendes Hindernis, aber auch als Herausforderung des eigenen Gewissens. So betonte Peter Sauerbruch, der Ende 1943 von Stauffenberg für den Widerstand gewonnen wurde, daß er „lange gebraucht habe, gerade diese Hürde innerlich zu nehmen."[150] Er meinte, „daß die Bindung so stark verankert und die Möglichkeit, sich aus ihr zu lösen, so dornenreich sein muß, daß der Sprung nur nach schwerem inneren Kampf und aus tiefster, in meiner Generation wohl religiös zu nennender Überzeugung gewagt werden kann und darf." Die zudem notwendige „kritische Auseinandersetzung mit allen wesentlichen Tatsachen" erfordere eine „intellektuelle Elite", deren „Denken und Handeln auf überzeitlich gültige Werte gegründet ist."[151] Diesem Bewußtsein der höheren Offiziere[152] entsprach, daß sich z.B. bei Voß nach dem 20. Juli wieder die Frage nach der Berechtigung des Eidbruches stellte.[153]

Bemerkenswert ist allerdings, daß bei dieser Hochschätzung des Eides die religiöse Beteuerung: „Ich schwöre bei Gott diesen heiligen Eid", selten als Ansatz der Reflexion diente.[154] Entsprach die geforderte Treue noch Gottes Willen? Karl Barth wollte Ende 1934 den Treueid der Beamten auf

---

[147] Ausdrücklich im Abschiedsbrief aus der Haft, 15.8.1944, in: Haeften, Nichts Schriftliches, S. 90. Das Motiv klingt allerdings schon früher an.
[148] Zit. Josef Müller, Konsequenz, S. 13.
[149] Scheurig, Kleist-Schmenzin, S. 438.
[150] Peter Sauerbruch, Bericht eines ehemaligen Generalstabsoffiziers über seine Motive zur Beteiligung am militärischen Widerstand, in: Vogel, Aufstand, S. 272.
[151] AaO., S. 272f.
[152] Demgegenüber ist darauf hinzuweisen, „daß die bewußte humanistisch-ethisch motivierte ‚Fahnenflucht' in der Vielzahl der Wehrdienstentzugsdelikte eher die Ausnahme darstellte." Norbert Haase, Desertion und Kriegsdienstverweigerung als Formen des Widerstandes gegen das NS-Regime, in: Vogel, Aufstand, S. 528.
[153] Vgl. Ringshausen, Voß, S. 403.
[154] Lothar Graf zu Dohna meinte mündlich, sein Vater hätte diese Problematik bedacht, was auf Diskussionen in der BK zurückgehen dürfte.

Hitler nur mit dem Zusatz leisten: „soweit ich es als evangelischer Christ verantworten kann", und die VKL betonte, daß bei dem Eid „durch die Berufung Gottes ein Tun" ausgeschlossen sei, „das wider das in der Heiligen Schrift bezeugte Gebot Gottes ist."[155]

Im Widerstand wurde die Frage: „Kann Gott das Halten eines solchen Eids verlangen?", überlagert durch die andere: Gebietet „nicht die entsetzliche Lage unseres Volkes den Bruch der mißbrauchten Treue?"[156] Deshalb konzentrierte sich die Auseinandersetzung auf die unmittelbar nach Hindenburgs Tod am 2. August 1934 eingeführte Forderung, „dem Führer des Deutschen Reiches und Volkes Adolf Hitler, dem Obersten Befehlshaber der Wehrmacht, unbedingten Gehorsam" zu leisten. Diese Frage entsprach der Natur des Widerstands, der gerade das im Eid vorausgesetzte Vertrauen aufkündigte und deshalb das in der Eidesformel ausgelassene, aber grundsätzlich Eidgeber und -nehmer verpflichtende Normensystem einklagte.

Als Chef des Generalstabes betonte Beck am 16. Juli 1938 gegenüber Walther von Brauchitsch als Oberbefehlshaber des Heeres die Aufgabe der militärischen Führer: „Ihr soldatischer Gehorsam hat dort eine Grenze, wo ihr Wissen, ihr Gewissen und ihre Verantwortung die Ausführung eines Befehles verbietet."[157] Damit stellte der Widerstand das Verhältnis Eidgeber und -nehmer infrage, dessen Betonung in Anlehnung an den mittelalterlichen Lehnseid dem Selbstverständnis der Offiziere trotz des Wechsels vom Kaiser zur Republik und zu Hitler entsprach.[158] So war für Beck und Tresckow das entscheidende Argument, daß Hitler als Eidnehmer den Eid „tausendfach gebrochen" habe.[159] Ausführlich entfalteten diesen Gedanken

---

[155] Eberhard Busch, Karl Barth's Lebenslauf, München 1896, S. 268; Joachim Beckmann (Hg.), Kirchliches Jahrbuch 1933-1944, Gütersloh 1948, S. 232 (= KJB).

[156] Als Fragen eines Kompanieführers von Adolf Heusinger berichtet, zit. Walter Küneth, Zwischen Dämon und Gott, Berlin 1954, S. 427.

[157] Klaus-Jürgen Müller, General Ludwig Beck. Studien und Dokumente zur politisch-militärischen Vorstellungswelt und Tätigkeit des Generalstabschefs des deutschen Heeres 1933–1938, Boppard 1980, S. 552.

[158] Unter Berufung auf germanisch-mittelalterliches Rechtsempfinden betonte auch die nationalsozialistische Rechtsentwicklung die „personrechtliche Ausgestaltung der menschlichen Rechtsbeziehungen" und die „Treue zum Führer", um den Rechtspositivismus zu überwinden; Klaus Bonhöffer, Grundformen des Rechts, in: Weiße Blätter 11, 1942, S. 166. Vgl. Erich A. Höhndorf, Die Bedeutung des politischen Eides in der Gegenwart, in: Deutsches Recht 4, 1934, S. 431f.

[159] Hans Bernd Gisevius, Bis zum bittern Ende, Hamburg 1947, S. 332; Bodo Scheurig, Henning von Tresckow. Ein Preuße gegen Hitler, Frankfurt/M 1997, S. 146. Vgl. Theodor Fontane, Vor dem Sturm: „Löst das Staatsoberhaupt sich von seinem Schwur, sei es aus Wahnsinn, Verbrechen oder anderen Gründen, so entbindet er

im Oktober 1939 Hasso von Etzdorf und Erich Kordt: „Der Fahneneid wurde Herrn Hitler als dem verantwortlichen Führer Deutschlands, d.h. unter gegenseitiger Verpflichtung geschworen. Dieser Fahneneid hat seine Gültigkeit verloren, da Hitler, seiner eigenen Pflicht vergessend, sich anschickt, Deutschland seinen besessenen Zielen zu opfern. Seines Fahneneides ist der deutsche Soldat also ledig. Es verbleibt ihm aber die höchste nationale Pflicht, dem deutschen Vaterlande gegen dessen Verderber die Treue zu halten. [...] In höchster Gefahr für die Nation und Staat haben deutsche Patrioten nicht gezögert, ihrem Gewissen zu folgen. Yorck sagte seinem König einen untragbar gewordenen Gehorsam auf."[160] Die preußische Tradition unterstreicht die gewissensmäßige Pflicht, die nicht religiös, sondern durch die politische Beurteilung des Regimes begründet wird.

Bei der Beurteilung der Situation und der entsprechenden Übernahme der Verantwortung konnte jedoch auch deren religiöse Fundierung eine Rolle spielen, wie besonders die Verhandlung gegen Haeften vor dem Volksgerichtshof zeigt. Konsequent antwortete er auf Freislers Vorwurf des Verrats an der „Treue gegenüber dem Führer": „Diese Treuepflicht habe ich nicht mehr empfunden" gemäß „der Auffassung, die ich von der weltgeschichtlichen Rolle des Führers habe, nämlich daß er ein großer Vollstrecker des Bösen ist".[161]

Die Lösung der Militärs und Beamten von ihrem Eid war ein wichtiger Grund für die Planung der Ausschaltung Hitlers, für den Tyrannenmord, um den auf die Bevölkerung wirkenden Bann des „Führers" zu brechen. Entsprechende Pläne gewannen ab 1938 zunehmend die Oberhand gegenüber der von Goerdeler und Witzleben vertretenen Auffassung, Hitler zu verhaften und psychiatrisch untersuchen oder durch ein Gericht aburteilen zu lassen. Neben psychologischen Fragen des richtigen Zeitpunktes und der Gefahr einer neuen Dolchstoßlegende sowie der militärischen Aufgabe der Sicherung der Front war damit das Problem der ethischen Rechtfertigung gestellt. Zu dieser Grundsatzfrage kamen noch weitere Erwägungen. So widersprach die Verwendung von Sprengstoff dem Ethos des Offiziers. Dem soldatischen Ehrenkodex gemäß war eher das Pistolenattentat oder das Selbstopfer, zumal wenn sich der Täter beim Sprengstoff-Attentat

---

mich des meinen." Als Aussage von Achim Frhr. von Willisen, der als Politischer Beauftragter im Wehrkreis II (Stettin) vorgesehen war, zit. Paul, Infanterie-Regiment 9, S. 551. Ob Willisen das Zitat bereits vor 1945 kannte, ist unklar, aber die Erhebung gegen Napoleon war ein wichtiger Bezugshorizont des Widerstandes; vgl. das folgende Zitat und besonders Hermann Kaiser, oben, S. 277ff.

[160] In: Groscurth, Tagebücher, S. 502.
[161] Bengt von zur Mühlen (Hg.), Die Angeklagten des 20. Juli vor dem Volksgerichtshof, Berlin-Kleinmachnow 2001, S. 215.

retten konnte, aber auch Unbeteiligte tötete. Werner von Haeften stellte sich deshalb Ende 1943 nicht für ein Attentat zur Verfügung.[162] Da es aber die sicherste Methode war, beantwortete Tresckow diese Frage mit einer Abwägung: „Das Vorhaben der Befreiung Deutschlands und der Welt von dem größten Verbrecher der Weltgeschichte ist den Tod einiger weniger Unschuldiger wert."[163]

Bereits 1934 nahm Edgar J. Jung (1894–30.6.1934) vom Plan des Attentats Abstand, weil er dann nicht die Regierungsgeschäfte übernehmen könnte. „Die Personalunion zwischen politischem Mörder und Führer richtet Volk und Reich zugrunde."[164] Ist der Attentäter ein Mörder? Werner von Haeften, der Ordonnanzoffizier Stauffenbergs, meinte: „Und wenn man Hitler beseitigt, dann gibt es keine Ausflüchte davor, ein Mörder zu sein, diese Schuld zu tragen und sich ihr zu stellen mit allen Konsequenzen."[165] Stauffenberg wollte sich deshalb nach dem Umsturz einem Militärgericht stellen. Erich Kordt zitierte Thomas von Aquin: „Quando non est recursus ad superiorem [...] tunc enim qui ad liberationem patriae tyrannum accidit laudatur."[166] Aber für Thomas gab es dieses Lob nur für die Tötung des Usurpators, nicht jedoch bei einem rechtmäßigen Herrscher, der zum Tyrann geworden war.

Ob der Tyrannenmord „vom Standpunkt eines Christen zu vertreten sei,"[167] bewegte auch die Gespräche Hardenbergs mit Mitverschworenen.

---

[162] Vgl. Hardenberg, Wegen, S. 99f.

[163] Zit. Scheurig, Tresckow, S. 145. Diese Argumentation ist zuletzt im Anschluß an einen Beitrag von Lothar Fritze über das Attentat von Johann Georg Elser ethisch reflektiert worden; vgl. Jahrbuch Extremismus & Demokratie 12, 2000, S. 95–178; Lothar Fritze, Geschichtsschreibung und Vorbildwirkung, in: Jahrbuch der Juristischen Zeitgeschichte 4, 2002/03, S. 622–634; ders., Moralisch erlaubtes Unrecht. Dürfen Unschuldige getötet werden, um andere zu retten, in: DZPhil 51, 2003, S. 213–231.

[164] Leopold Ziegler zu Jung; Edmund Forschbach, Edgar J. Jung. Ein konservativer Revolutionär. 30. Juni 1934, Pfullingen 1984, S. 112.

[165] Ruth Müller an Ricarda Huch, 4.4.1947 (IfZ, ZS-A 26, Bd. 3).

[166] Thomas von Aquin, Sent. II Dist 44, qu 2 art. 2; zit. Erich Kordt, Nicht aus den Akten ... Die Wilhelmstraße in Frieden und Krieg, Stuttgart 1950, S. 370. „Wenn es keine Berufung auf einen Oberen gibt [...], dann ist nämlich der zu loben, der zur Befreiung des Vaterlandes den Tyrannen erschlägt." Auf den Aquinaten bezog sich mehrfach Stauffenberg. Zu Thomas vgl. zuletzt Helmut Flachenecker, Wider die Tyrannis. Grundlegung des Widerstandsrechts im philosophisch-theologischen Denken des Mittelalters, in: Mathias Stickler (Hg.), Portraits zur Geschichte des deutschen Widerstands, Rahden 2005, S. 25–40; zur Tradition von Widerstandsrecht und Tyrannenmord Jürgen Miethke/Christoph Strohm, Widerstand/Widerstandsrecht I und II, in: TRE 35, Berlin 2003, S. 739–767.

[167] Hardenberg, Erinnerungen, in: Agde, Hardenberg, S. 37.

„Wir konnten nicht leugnen, daß sowohl vom militärischen wie vom religiösen Standpunkt der Schritt nicht zu verteidigen sei und daß wir *doch* zur Ausführung schreiten *mußten*. Daß wir von irdischen Richtern verurteilt werden mußten, auch bei Gelingen der Tat, wußten wir und nahmen wir in Kauf. Am Stuhle Gottes hofften wir auf einen milden Richter, der in das Herz der Menschen sehen konnte." Die Ablehnung war auch in der BK unumstritten: „Die theologische Ethik kann weder für den Tyrannenmord noch für den Revolutionskrieg einen Erlaubnisschein ausstellen. Auch in diesen Fällen erinnert sie an den Satz: ‚Die Rache ist mein, ich will vergelten, spricht der Herr [Dt 32,35].'"[168] So bemerkte Beck 1942/43 gegenüber Schulenburg und Alfred Graf von Waldersee: „Wie können Sie es mit Ihrem Namen und Gewissen verantworten, an die Spitze eines Umsturzes einen Mord zu stellen."[169] Aber er selbst entschied sich für das Attentat.

Das Hauptargument gegen den Tyrannenmord war bei der älteren und der jüngeren Generation das 5. Gebot: „Du sollst nicht töten!"[170] Hans Bernd von Haeften sagte zu seinem Bruder: „Werner, wir können nicht mit Gangster-Methoden arbeiten. Man kann den Teufel nicht mit Beelzebub austreiben [vgl. Mt 12,24]."[171] Eine Rechtfertigung der Mittel durch das Ziel lehnte er ab. Entsprechend fragte Moltke Bischof Berggrav: „Gehört nicht die Methode selbst dem Bereich des bösen Feindes zu? Würde eine solche Handlung sich isoliert durchführen lassen, würde sie nicht Konsequenzen nach sich ziehen und die ganze folgende Entwicklung und damit das neue System, das man in Deutschland aufbauen wollte, in die Verdammung hineinziehen?"[172] Trotzdem versagte Moltke sich nicht grundsätzlich einem Attentat. „Er war sich darüber im klaren, daß es sich so ergeben

---

[168] (Peter Brunner,) Theologisch-ethische Besinnung, in: KJB, S. 341 (KJB); vgl. W. Koehler, Tyrannenmord, in: RGG² V, 1931, Sp. 1332f.

[169] Schwerin, Köpfe, S. 321.

[170] Vgl. das Gespräch zwischen Bonhoeffer und Werner von Haeften, oben, S. 120ff., und Goerdelers Ablehnung des Attentats, oben, S. 260, 265. Es bestimmte wohl auch das Gespräch zwischen dem Wittenberger Superintendenten Maximilian Meichßner mit seinem Sohn, Oberst i. G. Joachim Meichßner, im August 1943. Er redete ihm so sehr ins Gewissen, daß er im Frühjahr 1944 Stauffenberg die Ausführung eines Attentats verweigerte; Mitteilung Theodor von Dufving und seiner Frau Ruth, der Schwester von Joachim von Meichßner; vgl. Joachim Kramarz, Claus Graf Stauffenberg, Frankfurt 1965, 163; auch Paul van Husen, Lebenserinnerungen eines katholischen Juristen, hg. von Karl Joseph Hummel (VKZG.A 53), Paderborn (im Druck; irrtümlich Meichsner).

[171] Barbara von Haeften, Aus unserem Leben 1944–1950, Privatdruck 1974, S. 16f.

[172] Berggrav, Bøker om tysk undergrunn, 1948, in: Wilhelm Ernst Winterhager, Der Kreisauer Kreis. Porträt einer Widerstandsgruppe, Mainz 1985, S. 233. Vgl. Moltke an Freya, 20., 21.9.1943, in: ders., Briefe, S. 544ff.

könnte, daß dies eine Pflicht wurde. Er würde sich dem nicht entziehen, wenn diese Pflicht auf ihn fallen würde."

Diese auch von Hardenberg betonte „Pflicht" ließ sich durch eine humane und eine religiöse Ethik begründen. Hans Bernd von Haeften verwies auf die Verantwortung „vor Gott", wobei auch das von den Reformatoren aufgegriffene Motiv der alttestamentlichen Erweckung eines Rächers oder „Wundermanns"[173] mitspielen kann, als sein Bruder Werner Ende Januar 1944 die Möglichkeit zu einem Attentat sah: „Ist dies wirklich Deine Aufgabe vor Gott und vor unseren Vätern?"[174] Werner konnte diese Frage nicht bejahen, aber das Argument zeigt in seiner Subjektivität[175] das Problem, ob sich der Tyrannenmord theologisch grundsätzlich begründen läßt. Auch Eugen Gerstenmaier konnte seine Zustimmung zum Attentat nur „coram deo mit seinem Gewissen" ausmachen.[176] Da aber eine autoritative Begründung fehlte, bat Hans von Dohnanyi Josef Müller, den „Papst zu fragen nach Recht des Attentats. Das lehnte dieser ebenso ab wie Aussprache mit Beichtvater."[177] Er „wollte das allein mit Gott abmachen". Entsprechend verwarfen kurz vor dem 20. Juli 1944 Yorck, Trott und andere Freunde den Vorschlag von Haeften, mit Herbert Krimm als Pfarrer die Legitimität des Attentates zu diskutieren.[178] Auch Gerstenmaier verzichtete auf die Zustimmung von Landesbischof Wurm oder einer anderen kirchlichen Institution zum Attentat, „weil sie mir damit überfordert" erschien.[179]

Hans Bernd von Haeften hat sich vor dem 20. Juli zu einer Bejahung des Attentates durchgerungen, das Goerdeler wenigstens in Kauf nahm. Diese Ungesichertheit führte nach dem Scheitern des Attentates bei beiden zu der Frage, ob dieses nicht ein Gottesurteil wäre.[180] „Vielleicht war es auch so Sein unergründlicher, heiliger und heilsamer Ratschluß."[181] Und

---

[173] Vgl. Ernst Wolf, Widerstandsrecht, in: RGG³ VI, Sp. 1685f.
[174] Haeften, Nichts Schriftliches, S. 81; andere Perspektive bei Schlabrendorff, Offiziere, S. 132. Zur Datierung vgl. KB, S. 195.
[175] Bei allen Unterschieden bestimmt dieses dezisionistische Motiv auch die islamistischen Attentäter oder die protestantischen Mitglieder der RAF; vgl. Jörg Herrmann, „Unsere Söhne und Töchter." Protestantismus und RAF-Terrorismus in den 1970er Jahren, in: Wolfgang Kraushaar (Hg.), Die RAF und der linke Terrorismus, Bd. 1, Hamburg 2006, S. 644-656, bes. S. 648f.
[176] Eugen Gerstenmaier, Streit und Friede hat seine Zeit, München 1981, S. 150.
[177] Gespräch Gerhard Ritter mit Josef Müller, 1953 (BAK – NL 1166, 31).
[178] Vgl. oben, S. 162.
[179] Gerstenmaier, Streit, S. 150.
[180] Wenn sich andere in ihren letzten Briefen vom Attentat oder vom Widerstand überhaupt distanzierten, wurden sie dazu vielleicht von SD-Beamten veranlaßt oder wollten damit ihre Angehörigen vor Verfolgungsmaßnahmen schützen.
[181] Abschiedsbrief, in: Haeften, Nichts Schriftliches, S. 90.

ähnlich wie Haeften meinte Stieff: „Es war falsch, Gott in seinem Wirken als kleiner Mensch hochmütig in den Arm fallen zu wollen."[182] Theologisch wird man den von Bonhoeffer betonten Zusammenhang von Verantwortung und Schuldübernahme beim Attentat in besonderer Weise zu bedenken haben.

Bonhoeffer gab Werner von Haeften keine theologische Begründung für das Attentat, sondern wies auf die Verantwortung für die Folgen hin: „Schießen ist ja nicht das Problem, das Problem ist, was kommt danach. Schießen hat gar keinen Zweck, wenn dann die nächsten zwei Hitlers da sind. Unser Problem ist nicht das Schießen, unser Problem ist, wie fangen wir die Zeit danach ab, daß es nicht schlimmer wird als vorher?"[183] Während Moltke wegen der Folgen ein Attentat und überhaupt den Umsturz durch die Militärs ablehnte, hielt Bonhoeffer eine Legitimation durch die wiederhergestellte Ordnung für möglich, was die Ablösung von der Ethik der „Nachfolge" deutlich erkennen läßt.

Die Verantwortung für die Folgen, die auch bei einem Umsturz ohne Attentat zu tragen war, führte zu den immer wieder gescheiterten Versuchen einer Abstimmung mit dem Ausland.[184] Dem auch in der Diskussion nach 1945 wichtigen Argument entspricht als Voraussetzung die notwendige Kenntnis, daß nur so eine Besserung, eine Verhinderung von Unrecht, Mord und Deutschlands Untergang zu erreichen ist, während der norwegische Bischof Berggrav im Gespräch mit Moltke gerade diese Möglichkeit als nicht mehr gegeben ansah.[185] Ähnlich meinte Haeften am 19. Juli 1944: „Es liegt längst der Fluch des ‚zu spät' auf dem Ganzen."[186] Im Sinne des Widerstandes fragte ihn aber Trott, ob nicht „ein Mann wie Stauffenberg, der die militärische Lage und die fehlerhafte militärische Führung beurteilen könne, zum Handeln verpflichtet sei."[187]

---

[182] Stieff, Abschiedsbrief, 8.8.1944, in: ders., Briefe, S. 179.
[183] Wolf-Dieter Zimmermann (Hg.), Begegnungen mit Dietrich Bonhoeffer, 4. Aufl. München 1969, S. 184. Zur Datierung und Überlieferung vgl. oben, S. 120, Anm. 130. Entsprechend meinte Kurt Frhr. von Hammerstein-Equord am 24.2.1943 zu Friedrich Fromm, das Attentat „sei zweifellos richtig, aber man solle die Schwierigkeiten nicht überschätzen, wozu die meisten Leute neigten, und auf keinen Fall leichtfertig handeln, dann lieber die Finger davon lassen, denn der Schaden bei einem Misslingen sei zu ungeheuer." Zit. Bernhard R. Kroener, Generaloberst Friedrich Fromm, Paderborn 2005, S. 599.
[184] Vgl. Klemens von Klemperer, Die verlassenen Verschwörer, Berlin 1994.
[185] Vgl. E. Berggrav, Følesnes-vippe og fremtids-syn, in: Winterhager, Porträt, S. 234.
[186] Haeften, Nichts Schriftliches, S. 82f.
[187] KB, S. 195 (Hervorhebungen getilgt). Zum Argument in der Diskussion nach 1945 vgl. Gerhard Ringshausen, Der 20. Juli 1944 als Problem des Widerstandes gegen die Obrigkeit, in: Gerd R. Ueberschär (Hg.), Der 20. Juli 1944, Köln 1994, S. 200.

Diese Begründung des Attentats durch die Kenntnis der anders nicht zu ändernden Lage und der Planung der Folgen zielt auf die Verantwortung dessen, der sich zur Tat bereit erklärt. Das war der entscheidende Punkt, wenn sich ein Offizier als Attentäter zur Verfügung stellen sollte, wobei neben der notwendigen Kaltblütigkeit die Bereitschaft zum Selbstopfer oder die Möglichkeit getötet zu werden vorausgesetzt war. Vor der konkreten Verantwortungsübernahme schreckten viele wie Generalmajor Helmuth Stieff zurück, obwohl sie den Tyrannenmord für notwendig und ethisch vertretbar hielten. Ende Januar 1944 sah Stauffenberg noch einmal die Möglichkeit, Hitler bei einer Uniformvorführung zu töten. Auf Empfehlung Schulenburgs versuchte er, den jungen Leutnant im IR 9 Ewald-Heinrich von Kleist dafür zu gewinnen, sich mit Hitler in die Luft zu sprengen. Nachdem Schulenburg ihm die Aussichtslosigkeit der Situation Deutschlands vor Augen gestellt hatte, fragte er Kleist, „ob er etwas in sich finde, was ihn zu diesem Selbstopfer verpflichte."[188] Kleist erbat Bedenkzeit und fuhr zu seinem Vater Ewald von Kleist-Schmenzin.. Er schilderte ihm Stauffenbergs Vorschlag, sein Vater ging schweigend zum Fenster. Dann wendete er sich seinem Sohn zu: „Ja, das mußt Du tun. – Wer in einem solchen Moment versagt, wird nie wieder froh in seinem Leben."[189] Daraufhin teilte Kleist Stauffenberg seine Bereitschaft zum Attentat mit, aber es kam aus unbekannten Gründen nicht zur Ausführung.

Der Rat von Kleist-Schmenzin benennt die Verantwortung als Selbstverhältnis, ohne sie religiös einzubinden.[190] Auch der Bezug zur Zukunft Deutschlands kommt nur als das zukünftige Selbstbewußtsein des Sohnes in den Blick. Daß dieser durch das Attentat auch sein eigenes Leben auslöschen würde, thematisierte Kleist-Schmenzin so wenig wie seinen eigenen Verlust als Vater. Deshalb könnte man als seine Orientierung mit Schiller formulieren: „Das Leben ist der Güter höchstes nicht,/ Der Übel größtes aber ist die Schuld."[191] Bei einer Ablehnung würde der Sohn schuldig werden gegenüber der unbedingten Pflicht.[192] Damit ist keine „Beschränkung

---

[188] Zit. Scheurig, Kleist-Schmenzin, S. 184.
[189] Zit. Scheurig, Kleist-Schmenzin, S. 187; vgl. Eberhard Zeller, Geist der Freiheit, 4. Aufl. München 1963, S. 337.
[190] Vgl. Kleists Stellungnahme, als 1912 sein Freund Reinold von Thadden-Trieglaff eine Duellforderung trotz des Ehrverlustes ablehnen wollte: „Wenn das Deine Überzeugung ist, dann kannst Du nicht anders, als Deinen Weg gehen. Man muß immer dem inneren Gesetz gehorsam sein." Hans-Jürgen von Kleist-Retzow, Ein konservativer Revolutionär. Ewald von Kleist-Schmenzin, S. 10 (Archiv d. Verf.).
[191] Friedrich Schiller, Die Braut von Messina, Schluß (2838f.)
[192] Vgl. dazu auch Albrecht Haushofer, Schuld, in: ders., Moabiter Sonette, München 1976, S. 47.

auf das Pflichtgemäße"¹⁹³ gemeint, die Bonhoeffer als Abschiebung der Verantwortung verwarf, sondern gerade deren Wahrnehmung „im Wagnis der auf eigenste Verantwortung hin geschehenden Tat". Dieses preußische, auf Kant fußende Ethos verweist darauf, daß der Widerstand gegen die NS-Diktatur auch auf anderen Grundlagen als dem christlichen Glauben begründet sein konnte und war.

Die letzte Konsequenz dieser unbedingten Pflicht war, daß das Attentat auch dann zu wagen war, als nach der Invasion der Alliierten am 6. Juni 1944 keine positiven Folgen zu seiner Rechtfertigung mehr zu erwarten waren. Deshalb ließ Tresckow Stauffenberg ausrichten: „Das Attentat muß erfolgen, coûte que coûte. Sollte es nicht gelingen, so muß trotzdem in Berlin gehandelt werden. Denn es kommt nicht mehr auf den praktischen Zweck an, sondern darauf, daß die deutsche Widerstandsbewegung vor der Welt und vor der Geschichte den entscheidenden Wurf gewagt hat."¹⁹⁴ Der Charakter der Pflicht wird noch deutlicher von Beck betont: „Das Entscheidende ist nicht, was aus diesem oder jenem persönlich wird, das Entscheidende ist nicht einmal die Folge für das Volk, sondern entscheidend ist die Unerträglichkeit, daß seit Jahr und Tag im Namen des deutschen Volkes Verbrechen auf Verbrechen und Mord auf Mord gehäuft wird und daß es sittliche Pflicht ist, mit allen verfügbaren Mitteln diesen im angemaßten Namen des Volkes geübten Verbrechen Einhalt zu tun."¹⁹⁵ In einer nach gelungenem Attentat zu verlesenden Rundfunkansprache heißt es: „Wir wissen noch nicht, wie sich das Ausland zu uns stellt. Wir haben handeln müssen aus der Verpflichtung des Gewissens heraus."¹⁹⁶

Pflicht und Gewissen sind in den Äußerungen von Tresckow und Beck wie bei dem Rat Kleist-Schmenzins nicht auf einen christlichen Zusammenhang bezogen, der jedoch bei ihnen vorausgesetzt werden kann. Das ist besonders deutlich bei Kleist, der Pflichterfüllung als „Unterwerfung des ganzen Menschen unter ein geglaubtes höheres, nicht von Menschen gemachtes Gesetz"¹⁹⁷ verstand. Bei dieser „Kennzeichnung des preußischen Pflichtgedankens [...] setze man statt ,Gesetz' ,Gott', und man hat den Begriff des Glaubens." Deshalb konnte er zwar seinen Sohn auf die Erfahrung der Schuld bei einem Versagen angesichts der Aufgabe verweisen, aber nicht auf eine Erfahrung der Erfüllung. Das entsprach einerseits

---

¹⁹³ Bonhoeffer, Nach zehn Jahren, in: ders., Widerstand und Ergebung, S. 22.
¹⁹⁴ Zit. Schlabrendorff, Offiziere, S. 138. Ähnlich äußerte sich Beck Ende 1943 zu Kunrat von Hammerstein; Müller, Beck, S. 492.
¹⁹⁵ Zit. Wolfgang Foerster, Generaloberst Ludwig Beck. Sein Kampf gegen die Krieg, München 1953, S. 164, nach Bericht von Hermann Frhr. von Lüninck.
¹⁹⁶ Zit. Hoffmann, Stauffenberg, S. 371.
¹⁹⁷ Kleist-Schmenzin, Glaubt ihr nicht, in: Scheurig, Kleist-Schmenzin, S. 263.

seinem Grundsatz, daß der konservative Mensch sich an der Aufgabe, nicht utilitaristisch an deren Erfüllung orientiert. Aber andererseits kommt damit ein theologisch relevantes Element unbedingter Pflicht in den Blick. Diesem Glauben blieb nämlich als letzte Rechtfertigung nur die Hoffnung auf Gottes gnädiges Urteil, auf das nicht nur Plettenberg und Hardenberg setzten.

Henning von Tresckow formulierte in seinen durch Fabian von Schlabrendorff überlieferten Abschiedsworten: „Jetzt wird die ganze Welt über uns herfallen und uns beschimpfen. Aber ich bin der felsenfesten Überzeugung, daß wir recht gehandelt haben. Ich halte Hitler nicht nur für den Erzfeind Deutschlands, sondern auch für den Erzfeind der Welt. Wenn ich in wenigen Stunden vor den Richterstuhl Gottes treten werde, um Rechenschaft abzulegen über mein Tun und Unterlassen, so glaube ich mit gutem Gewissen das vertreten zu können, was ich im Kampf gegen Hitler getan habe. Wenn einst Gott Abraham verheißen hat, er werde Sodom nicht verderben, wenn auch nur zehn Gerechte darin seien, so hoffe ich, daß Gott auch Deutschland um unsertwillen nicht vernichten wird."[198]

---

[198] Schlabrendorff, Offiziere, S. 154.

Personenregister

Aischylos	308
Aigle, Alma de l'	314f., 316, 321, 323, 325, 327, 335f.
Albertz, Martin	45f., 75
Althaus, Paul	40, 49, 145
Alvensleben, Werner v.	478
Aquin, Thomas v.	327, 333, 516
Arndt, Ernst Moritz	503
Asmussen, Hans	33, 37, 40, 85f., 136f., 139, 247, 260
Augustinus	263, 389
Bach, Johann Sebastian	285, 307
Baden, Max v.	128, 130, 443, 447
Badoglio, Piero	465
Baedeker, Dietrich	301
Baker Eddy, Mary	340f.
Ballestrem, Hubert Graf v.	444, 450, 478f.
Ballestrem, Lagi Gräfin v.	445, 450, 470, 478
Balthasar, Hans Urs v.	327f.
Bandmann, Egon	316
Barth, Karl	16, 35, 37f., 40f., 45, 51, 59, 62, 64, 67f., 83, 115f., 152, 163, 181, 204, 215, 272, 360, 377, 513
Bauer, Fritz	4
Bauer, Walter	81f.
Baumgärtel, Friedrich	10
Bausch, Erika	330f.
Bausch, Viktor	321, 335
Becher, Johannes R.	309
Beck, Ludwig	8, 12, 53, 60, 84f., 183f., 218f., 247, 281f., 284, 287, 298, 300, 303, 379, 383f., 391, 437, 490, 503, 514, 517, 521
Becker, Carl Heinrich	346
Beckmann, Max	309
Bell, Georges	162f., 349
Benn, Gottfried	345
Berdjajew, Nikolai Alexandrowitsch	316
Berggrav, Eivind	123, 379f., 381, 386, 517, 519

Berndt, Werner	85
Bernstorff, Albrecht Graf	446f., 448, 451f., 459, 461, 470f., 476, 478f., 480f.
Besier, Gerhard	16
Best, Werner	465
Bethge, Eberhard	9, 95, 185, 229
Bethmann Hollweg, Theobald v.	270
Bismarck, Otto v.	268f., 292, 296, 340, 407, 439
Blau, Paul	72
Bock, Fedor v.	497
Böckenförde, Ernst–Wolfgang	10
Bodelschwingh, Friedrich v.	34, 60, 65, 344, 485
Böhm, Hans	75
Böhm, Anton	140, 162, 166
Böhm, Franz	81, 248, 251
Bokelberg, Hans	259, 279, 290
Bolz, Eugen	338, 459
Bonhoeffer, Dietrich	8, 14, 25, 27, 34f., 39, 51, 69, 76, 80f., 82f., 84, 86, 88, 93, 95–126, 127, 129, 134f., 136f., 138, 152, 154f., 162f., 167, 170, 182, 185, 216f., 221, 230, 298f., 349, 380, 387f., 398, 490f., 492f., 499f., 501f., 504, 506f., 510, 512, 519, 521
Bonhoeffer, Klaus	175, 183, 220
Bonhoeffer, Sabine	129
Börger, Karl	314
Bormann, Martin	1, 61, 72, 92, 249, 380, 390
Borsig, Arnold v.	351
Bosch, Robert	240, 443
Bose, Herbert v.	276, 445
Boulgakoff, Serge	149
Brandenburg, Wilhelm	262
Brauchitsch, Agnes v.	129
Brauchitsch, Walter v.	53f., 87, 159, 184, 386
Braun, Carl Otto	321
Braune, Marie–Agnes	463, 469f., 471f., 473
Brecht, Bert	345
Bredow, Hannah v.	450
Brockdorf–Ahlefeld, Walter Graf v.	190
Broszat, Martin	15
Brücklmeier, Eduard	485
Bruckner, Anton	307
Brundert, Willi	323
Brüning, Heinrich	192, 197, 235, 319, 346, 412f.

Brunner, Peter	72
Brunstäd, Friedrich	389
Buchholz, Peter	390, 399
Bussche, Axel v. dem	85, 222, 500f.
Canaris, Wilhelm	86, 110, 218f., 230, 299, 457, 492
Carol II.	143
Cäsar, Gaius Iulius	223
Chamberlain, Neville	219, 350
Chirstiansen-Weniger, Friedrich	346
Churchill, Winston	218f., 224
Clausewitz, Karl v.	281, 293
Collmer, Paul	162
Colvin, Ian	217
Coudenhove-Kalergie, Richard Graf v.	346
Crainic, Nikifor	149
Curtis, Lionel	348, 350, 370f., 374, 380, 382, 389, 397
Curtius, Julius	132, 167
Dahrendorf, Gustav	313, 318, 322
Dante	186
Dehn, Günther	177
Deist, Heinrich	315
Delbrück, Hans	443
Delbrück, Justus	175
Delp, Alfred	21, 378, 390, 392f., 394, 398
Descartes, René	323
Dibelius, Otto	32, 34, 54f., 74, 81, 86
Diehl, Wilhelm	272
Diem, Hermann	67
Dietlof, Fritz	352
Dietrich, Ernst Ludwig	272
Dietz, Johannes Baptist	375f.
Dietze, Constantin v.	66, 80f., 82, 248
Dipper, Christof	13
Dix, Helmuth	473
Dix, Rudolf	473
Doehring, Bruno	194, 207
Doernberg, Wilhelm Frhr.v.	503
Dohna, Alexander Graf zu	496
Dohna, Heinrich Graf zu	494f., 496f.
Dohnanyi, Hans v.	110, 167, 230, 298, 387, 461, 469, 518
Dreß, Walter	170
Dürr, Karl	66
Ebert, Friedrich	409
Ekkehardt, Meister	298

Eichhorn, Friedrich	281f.
Eichmann, Adolf	322
Eidem, Erling	451
Einsiedel, Horst v.	345f., 351
Einstein, Albert	455
Ellwein, Theodor	49
Elser, Georg	230, 512
Elster, Botho Henning	259
Elstermann v. Elster, Hugo Friedrich Wilhelm	277, 283
Engels, Friedrich	409, 439
Erxleben, Friedrich	446, 448, 452f., 471, 476, 478f., 480
Etzdorf, Hasso v.	159, 515
Eucken, Walter	81
Fabricius, Wilhelm	142
Falkenhausen, Gotthard Frhr.v.	432, 440
Falkenhayn, Erich v.	235
Faulhaber, Michael	375f.
Fellgiebel, Erich	21, 299
Fendt, Leonhard	91
Fichte, Johann Gottlieb	293
Fiedler, Eberhard	247
Finckh, Eberhard	122, 436, 439
Fischer, Fritz	10
Flor, Wilhelm	247
Fontane, Theodor	504
Forsthoff, Ernst	77
Frank, Reinhold	338
Freisler, Oswald	273
Freisler, Roland	172, 228f., 230, 273, 305, 336, 338, 392, 394f., 397, 439, 472, 474f., 478, 480, 515
Frick, Wilhelm	43, 284
Fridell, Egon	345
Friedrich III.	268
Friedrich d. Gr.	202, 208, 271, 292, 294
Friedrich Wilhelm I	202, 208
Fritsch, Werner Frhr. v.	92, 214
Fromm, Friedrich	87, 270, 279, 285, 298, 300
Fugger v. Glött, Josef Ernst Fürst	394
Gailus, Manfred	41
Galen, Clemens August Graf v.	9, 79, 88, 372
Gauger, Martin	68, 349
Gehre, Ludwig	230, 468f., 477, 480
Gellert, Christian Fürchtegott	226
George, Stefan	161, 312, 323, 328, 332

Gerhardt, Paul	228, 302
Gerstein, Kurt	74
Gerstenmaier, Eugen	8, 21, 82f., 84, 86, 163, 165, 330, 375, 377, 379, 388f., 390f., 392, 394f., 485, 507, 518
Geßler, Otto	409
Gierke, Anna v.	454, 458, 463, 481
Gisevius, Hans Bernd	85, 154, 457
Gloege, Gerhard	39
Glondys, Viktor	141f., 143f., 146
Gneisenau, Neidhart v.	402, 414
Goebbels, Joseph	20, 52, 54, 79, 196, 239
Goerdeler, Carl	6, 8, 12, 27, 60, 81, 84f., 86f., 88, 164f., 183f., 218, 221f., 231–266, 271, 273, 282f., 284, 286f., 288f., 290f., 296f., 299f., 302f., 304, 306, 322, 329, 379, 383f., 391, 395, 433, 452, 456, 459, 465f., 476f., 479, 485, 494, 496, 498, 502f., 506f., 509, 511, 515
Goerdeler, Christian	247, 259, 290
Goerdeler, Franz	234f.
Goerdeler, Friedrich	234f., 259, 265
Goerdeler, Gustav	234
Goerdeler, Julius	233
Goerdeler, Marianne	247
Goethe, Johann Wolfgang v.	133, 186, 280, 327, 336, 354, 358, 361, 388, 393, 415, 439, 503f., 505
Gogarten, Friedrich	40
Gollwitzer, Helmut	51, 63, 67, 84f., 490f.
Goltz, Rüdiger Graf v.d.	194
Göring, Hermann	20, 169, 384, 422, 437
Görnandt, Werner	136
Graml, Hermann	12
Graudenz, John	306
Greiser, Arthur	72, 75f.
Gröber, Conrad	375
Groeben, Karl Graf v. d.	419
Groscurth, Helmuth	430, 492, 500
Groß, Nikolaus	338
Grüber, Heinrich	65, 86
Gruner, Isa	454, 463
Grunwald, Martin	494
Grzesinski, Albert	316
Guderian, Heinz	87
Günter, Jacob	72

528 *Personenregister*

Guttenberg, Karl Ludwig Frhr. v. u. z.	37f., 480
Haake, Rudolph Hans	239
Habermann, Max	183
Haeften, Barbara v.	134, 137, 171f., 173f.
Haeften, Elisabeth v.	129
Haeften, Gerrit v.	412
Haeften, Hans Bernd v.	22f., 25, 82f., 127–174, 363f., 379, 382, 387, 484, 493, 499, 505f., 507, 509f., 512, 515, 517f., 519
Haeften, Hans v.	127f., 129
Haeften, Werner v.	120, 122, 129f., 134, 161, 167f., 169f., 493, 515, 517f., 519
Hagen, Maximilian v.	446, 448, 452, 477f., 478f., 480
Hahn, Kurt	128, 130f.
Halder, Franz	84, 39, 219, 492
Halem, Nikolaus v.	450, 460f., 476
Hamerow, Theodore S.	14
Hammerstein–Equord, Ludwig Frhr.v.	21, 25, 60, 491
Hansen, Georg	437, 476
Happich, Friedrich	50
Hardenberg, Carl–Hans Graf v.	486f., 488, 491, 497, 499, 503, 506, 516, 518, 522
Hardenberg, Renate Gräfin v.	486f.
Harnack, Adolf v.	45, 175, 181f., 200, 202, 443, 445, 452
Harnack, Ernst v.	25, 40, 175–186, 322, 445f., 449, 453, 477, 481, 488, 502
Hase, Paul v.	171, 49
Hassel, Ulrich v.	60, 74, 87, 159, 162, 164, 218, 261, 273, 379, 427, 449, 459, 476, 485, 502, 511
Haubach, Emil	307
Haubach, Theodor	21, 82, 307–338, 339, 345, 351, 377, 390, 394, 484, 502, 504, 506f., 510
Hauptmann, Gerhard	346
Haushofer, Albrecht	159
Hayessen, Egbert	171
Headlam, Arthur	348
Heckel, Theodor	83, 150, 163, 485
Hegel, Georg Wilhelm Friedrich	327f., 353, 358
Helfferich, Karl	413
Hell, Günther	130
Hellpach, Willy	347
Henk, Emil	335
Hermann, Wilhelm	203
Hermes, Andreas	477

Heß, Rudolf	35, 61
Hesse, Helmut	67
Heuss, Theodor	4, 17
Heydrich, Reinhard	63
Heyl, Hedwig	458
Hildebrandt, Franz	46, 134, 136f., 138
Himmler, Heinrich	72, 74, 79, 169, 291, 380, 384, 387, 392, 437, 469
Hindenburg, Paul v.	36, 132, 197f., 212, 346, 409, 413
Hochhuth, Rolf	10
Hof, Otto	66
Hofacker, Alfred v.	403
Hofacker, Cäsar v.	27, 401–440, 484, 502, 506
Hofacker, Eberhard v.	402
Hofacker, Eva v.	415
Hofacker, Karl v.	402
Hofacker, Ludwig v.	401
Hofacker, Wilhelm v.	402
Hölderlin, Friedrich	308, 310, 312f., 324, 328, 334
Holl, Karl	204
Hossenfelder, Joachim	36
Hößlin, Roland v.	500, 504, 512
Hromadka, Josef	45, 62
Hübner, Ida	342, 392
Huch, Ricarda	3, 185, 251
Hugenberg, Alfred	191, 198, 235, 412f., 418
Humboldt, Alexander v.	293
Huppenkothen, Walter	471
Husen, Paulus van	377
Hüttenberger, Peter	14
Hymmen, Johannes	69
Imgart, Dagmar	451
Immer, Karl	43
Immermann, Karl	277
Innes, James Rose	340
Iwand, Hans Joachim	95, 494f., 496
Jäckel, Eberhard	18
Jacob, Günter	77
Jacobi, Gerhard	454
Jaenecke, Erwin	87
Jäger, August	34, 37, 43, 72, 76, 78, 247
Jäger, Fritz	291
Jan, Julius v.	64, 79
Järte, Otto	219
Jaspers, Karl	311, 312, 333

John, Otto	183f., 221
Johnsen, Helmuth	50
Jordan, Carl v.	132, 445, 450
Jung, Edgar Julius	77, 445, 515
Jünger, Ernst	193, 411, 433f.,
Kahrstedt, Ulrich	406
Kaiser, Ludwig (Vater)	268
Kaiser, Heinrich	267–306
Kaiser, Hermann	267–306, 338, 430, 484, 502, 506
Kaiser, Jakob	183, 221
Kaiser, Ludwig	259, 267–306
Kaiser, Peter Michael	303
Kaltenbrunner, Ernst	1f., 390
Kant, Immanuel	245, 293, 358
Kelsen, Hans	345, 352
Kempner, Franz	446, 448f., 452f., 459, 477, 481
Kerrl, Hans	46f., 48f., 50, 54f., 61, 63, 69, 76, 83, 91, 137, 485
Kessel, Albrecht	160f., 485, 507
Kettler, Wilhelm Emanuel Frhr.v.	445
Kielpinski, Walter v.	1f., 76, 389
Kiep, Hildegard	456
Kiep, Johanna	456, 464, 469f., 475f.
Kiep, Klaus	472
Kiep, Louis	472
Kiep, Otto Carl	387, 448, 455f., 457f., 464f., 466f., 468f., 470f., 472f., 474f., 476f., 481
Kindt–Kiefer, Johann Jakob	467
Klamroth, Johann Georg	171
Kleinschmidt, Karl	65
Kleist, Alice v.	189
Kleist, Ewald Heinrich v.	222, 520
Kleist, Herrmann v.	187
Kleist, Herrmann–Conrad	190
Kleist, Lili Gräfin v.	187
Kleist–Retzow, Hans–Jürgen	213, 216f., 223
Kleist–Retzow, Ruth	217
Kleist–Schmenzin, Ewald v.	8, 25, 27, 86, 187–230, 487f., 489f., 502, 511, 513, 520f.
Klemperer, Klemens v.	17f., 506f.
Kleppers, Jochen	158
Kluge, Günther v.	288, 300
Kluge, Hans v.	438
Koch, Erich	421
Koch, Karl	43, 46, 136

Koch, Werner	53
Koeller, Herbert	487
König, Lothar	375
Kordt, Erich	516
Körner, Theodor	403
Kortzfleisch, Joachim v.	21
Köstring, Ernst August	285
Krause, Reinhold	36
Krebs, Hans	294
Krimm, Herbert	138, 146, 154, 157, 364, 518
Krüger–Charle, M.	238
Krupp, Friedrich	240
Kube, Wilhelm	61
Kuenzer, Richard	183, 446f., 451f., 453, 457, 461f., 470f., 477f., 479f., 481
Künneth, Walter	35, 389, 499
Kunz, RA	474
Kurowsky, Fanny v.	457f., 463, 466, 468f., 472f., 475
Lampe, Adolf	81f.
Lancken, Fritz v.d.	283
Landahl, Heinrich	316
Langbehn, Carl	470
Lange, Herbert	389, 469f., 471, 476f.
Leber, Annedore	4, 171
Leber, Julius	168, 183, 322, 329, 331, 338, 377, 379, 390
Leeb, Wilhelm Ritter v.	274
Lehndorff, Hans Graf v.	497
Lehndorff, Heinrich Graf v.	3, 497, 500, 512
Lejeune–Jung, Paul	261, 476
Lempp, Albert	67
Lenard, Philipp	311
Leuschner, Wilhelm	164, 183f., 311, 322f., 329, 338, 377, 385
Liddell Hart, Basil H.	457
Lilje, Hanns	86, 387, 485
Listow, Hans Otfried	439
Löbe, Paul	346
Lochner, Louis P.	184
Halifax, Lord Edward	219
Lloyd of Dolobran, Lord	218
Löwenthal, Richard	9, 442
Loyola, Ignatius v.	395
Ludendorff, Erich	189, 270
Lukaschek, Hans	347, 351

Luther, Martin	26f., 35, 39, 66, 103, 126, 134, 146, 154, 156f., 191, 215, 225, 292, 295f., 332, 342, 347, 364f., 389, 393, 488, 505
Maaß, Hermann	21, 377, 502, 508, 512
Machiavelli, Niccolò	292
Mackensen, Hans Georg v.	495
Maltzan, Maria Gräfin v.	445, 464
Manstein, Erich v.	220
Marahrens, August	43, 47, 50, 65, 69f., 76, 79, 86
Maria Theresia	271
Marx, Karl	191
Masius, RA	473
Matsuoka, Yosuke	443
Mayer, Kurt	78
Meier, Kurt	15
Meinecke, Friedrich	46, 129, 157, 281, 443
Meiser, Hans	40, 43f., 50, 67f., 71, 79, 83f.
Melcher, Wilhelm	167, 169
Mendelssohn Bartholdy, Albrecht	313
Merz, Hermann v. Quirnheim	128, 170, 437
Metzger, Max Josef	450f., 452, 461, 477, 479
Meusel, Marga	45
Michel, Elmar	429
Michel, Wilhelm	310
Mierendorff, Carl	24, 308, 310, 311f., 313f., 317f., 320, 322f., 329f., 331f., 345, 377, 383, 506
Möckel, Konrad	142f., 145f., 147f., 149, 151
Moeller van den Bruck, Arthur	193
Moltke, Asta Maria v.	341
Moltke, Carl Bernd v.	341
Moltke, Caspar v.	350
Moltke, Dorothy v.	340f.
Moltke, Freya v.	339, 345, 347, 391
Moltke, Helmuth v.	340, 388
Moltke, Helmuth–James v.	22f., 25, 27, 83, 157f., 159f., 162f., 164, 166f., 168, 184, 257, 292, 323, 329f., 332, 338, 339–399, 431, 456, 468f., 471, 477, 484f., 504, 506f., 508f., 511, 517, 519
Moltke, Joachim Wolfgang v.	341
Moltke, Wilhelm Adolf v.	340
Moltke, Wilhelm Viggo v.	341
Mommsen, Hans	232
Mozart, Wolfgang Amadeus	307

Müller, Alma	268
Müller, Friedrich	146f., 148
Müller, Fritz	63
Müller, Heinrich	389, 392
Müller, Hermann	319
Müller, Josef	110, 113, 167, 518
Müller, Klaus–Jürgen	12
Müller, Ludwig	34f., 36, 43f., 92, 247, 344
Mussolini, Benito	300, 383
Napoleon	223, 277, 283, 420
Naumann, Friedrich	204
Neuberg, Pfr.	487
Neuhaus, Karl	21
Neurath, Constantin v.	495
Nida, Ludwig v.	274, 289
Niebuhr, Reinhold	69
Niekisch, Ernst	193f., 212f.
Niemöller, Martin	3, 9, 25, 33, 35f., 54f., 60f., 63, 79, 84f., 134f., 137f., 139, 214, 247, 251, 441, 484f., 490f., 492f., 498
Niemöller, Wilhelm	10, 33
Niesel, Wilhelm	74, 492
Nietzsche, Friedrich	252, 310, 312, 335, 366, 500
Norden, Günther v.	78
Nositz, Gottfried v.	138, 159
Noske, Gustav	183
Nowak, Kurt	78
Obendieck, Harmannus	39
Ohle, Karl	345
Ohm, Pfr.	476
Olbricht, Friedrich	3, 167, 170, 221f., 256, 279, 281, 283f., 289f., 291f., 297f., 299, 300f., 383, 430
Oppen, Karl v.	412
Oranien, Wolhelm v.	440
Ossietzky, Carl v.	321
Osten, Anna Antonie Mathilde v.d.	189
Oster, Hans	167, 218, 230, 289, 291, 299, 387, 457, 459, 468f., 477, 480, 492f., 507, 513
Oxé, Werner	388
Papen, Franz v.	77, 137, 197f., 275, 321, 343, 415, 445, 447
Pastor, Ilse–Lotte	409
Paton, William	108
Paulus	292, 304, 393f.

Pechel, Rudolf	3, 291
Pechmann, Wilhelm Frhr.v.	36, 211
Pecina, Johannes	487
Perels, Friedrich Justus	81f., 93, 491, 502
Peters, Hans	183, 346, 351, 363f., 375f.
Pfalzgraf, Andreas	496f.
Pfeffer von Salomon, Fritz	274
Plaas, Hartmut	468f.
Planck, Erwin	132, 338, 446, 449, 452, 459, 477, 481
Planck, Max	449
Platon	130, 292
Plessen, Gräfin v.	292
Plettenberg, Kurt Frhr.v.	488, 502f., 522
Pleyer, Kleo	412
Poelchau, Harald	8, 83, 171, 373f., 389, 391, 399
Pohl, Robert	297
Popitz, Johannes	24, 87, 159, 261f., 449, 459, 502f.
Pressel, Wilhelm	84
Preysing, Konrad Graf v.	372, 375f., 390
Preußen, Prinz Louis Ferdinand von	220
Rabenau, Friedrich v.	87, 89f., 91f., 93, 502
Rade, Martin	176
Ragaz, Leonhard	204
Rahtgens, Karl Ernst	439
Ramm, Hans-Joachim	18
Ranke, Leopold v.	157
Rathenau, Walther	311, 407
Reckzeh, Paul	462f., 466f., 468, 472, 474
Rehrl, Franz	390
Reichwein, Adolf	160, 168, 323, 346, 351
Reimer, K. H.	216
Reisert, Franz	394
Rendtorff, Trutz	16
Rilke, Rainer Maria	161, 335
Ringshausen, Gerhard	17
Ritschl, Albrecht	200, 498
Ritter, Gerhard	4f., 6, 65, 81f., 231f., 248, 501f., 510
Ritter, Karl Bernhard	139, 142, 156
Robespierre, Maximilian	420
Robinsohn, Hans	316, 322
Röchling, Ernst	438
Rodigast, Samuel	226
Römer, Josef	460f.
Rommel, Erwin	436f., 438
Roon, Ger van	306

Roosevelt, Franklin D.	184
Rösch, Augustin	372f., 375, 507
Rosenberg, Alfred	52, 72, 90, 142, 145, 196
Rosenstock–Huessy, Eugen	346
Rothfels, Hans	4f., 7f., 11, 13, 78, 442
Rühle, Anne	463f., 469f., 473
Rundstedt, Gerd v.	214
Sack, Karl	259, 292, 471, 474f., 491
Sarre, Marie Louise	398
Sauer, Hermann	145
Sauerbruch, Ferdinand	60, 298, 475, 513
Schacht, Hjalmar	457
Schaffer, E. F.A.	291
Scharf, Kurt	137, 490, 492
Scharnhorst, Gerhard v.	413
Scherpenberg, Albert Hilger v.	457f., 464f., 467f., 469f., 472f., 475, 480f.
Scherpenberg, Inge v.	457, 464, 468, 470, 472
Scheurig, Bodo	187
Schiffer, Eugen	448, 456
Schiller, Friedrich	520
Schlabrendorff, Fabian v.	3, 5, 7, 193, 197, 209, 212, 228f., 230, 289, 477f., 480, 522
Schleicher, Kurt v.	275
Schleicher, Kurt v.	191, 197
Schleicher, Rüdiger	186
Schleier, Rudolf	159
Schleiermacher, Friedrich Daniel Ernst	200, 498, 503
Schmid, Carlo	366, 397
Schmidt–Rottluff, Karl	309
Schmitt, Carl	58, 77
Schmitz, Elisabeth	45
Schmitz, Ernst Martin	367
Schneider, Paul	55f., 57f., 498
Schneider, Reinhold	161f.
Schnellhase, Anneliese	307, 329, 334f.
Schneppenhorst, Ernst	480
Scholder, Klaus	16, 30
Schönberg, Arnold	345
Schönfeld, Hans	83, 162f.
Schramm, Ehrengard	472f.
Schulenburg, Fritz–Dietlof Graf v. der	85, 221f., 298, 300, 352, 406, 407, 411f., 415, 421f., 423, 430f., 437, 450, 484, 506f., 508f., 511, 517, 520
Schultz, Walther	65, 69

Schulze, Paul	84
Schulze–Boysen, Harro	132
Schulze–Gaevernitz, Gerhard v.	346
Schuster, Willy	285
Schütz, Paul	145
Schwamb, Ludwig	322, 338
Schwarzenstein, Herbert Mumm v.	446, 448, 450, 452, 460, 476, 480
Schwarzwald, Eugenie	345
Schwerin v. Schwanenfeld, Ulrich–Wilhelm Graf v.	437, 476, 485, 507, 509
Seeberg, Erich	91, 411
Segantini, Bianca	463
Segantini, Giovanni	463
Seldte, Franz	418
Severing, Carl	316
Siegmund–Schultze, Friedrich	115, 130f., 134, 146, 163, 247, 455, 466f., 481
Simon, Lord John	219
Sinzheimer, Hugo	314
Six, Franz Alfred	159, 170
Smed, Günther	439
Smend, Friedrich	454
Smend, Günther	476
Solf, Johanna	441–481
Solf, Lagi	444, 461, 469, 478f., 480
Solf, Wilhelm	387, 441–481
Solowjew, Wladimir	366
Spahn, Martin	412
Speidel, Hans	436, 439f.
Spengler, Oswald	409, 422
Sperr, Franz	338, 394
Spinoza, Baruch	323, 353
Spitta, Philipp	186
Sponeck, Hans Graf v.	42, 49
Spranger, Eduard	503
Sprenger, Oswald	276
Staedel, Wilhelm	147f.
Staehle, Hildegard	448
Staehle, Wilhelm	86, 228, 290, 446, 448f., 452, 461, 471, 476f., 478, 480f.
Staehlin, Wilhelm	139
Stahl, Friedrich Julius	199, 201
Stalin, Joseph	219
Staritz, Katharina	80
Stauffenberg, Alfred Schenk Graf v.	402

Personenregister

Stauffenberg, Berthold Schenk Graf v.	421, 437
Stauffenberg, Claus Schenk Graf v.	83, 85, 122, 129, 167f., 169f., 171, 222, 301f., 303, 312, 385, 387, 396, 433, 436f., 512f., 516, 520f.
Steck, Karl Gerhard	71
Steigemann–Gall, Richard	19
Stein, Karl Reichsfreiherr v. u. z.	277, 296, 412, 414
Steinbauer, Karl	79
Steltzer, Theodor	21, 23, 82, 139, 154, 163, 338, 346, 373f., 377, 380, 387, 394, 507
Stöhr, Martin	68
Straßmann, Ernst	316
Stresemann, Gustav	30, 191, 345, 409, 426
Strohm, Christoph	17f., 506
Strünck, Theodor	230
Stülpnagel, Carl–Heinrich v.	300, 403, 429f., 431, 436, 438f.
Süsterhenn, Adolf	290
Sutz, Erwin	115
Sylten, Werner	64
Temple, William	115
Thadden, Elisabeth v.	27, 387, 389, 442, 446, 453–481, 498
Thadden, Reinhold v.	453, 456, 463, 472
Theodosius d. Gr.	181
Thielicke, Helmut	81, 248
Thierack, Otto	475
Thoma, Busso	305, 338
Tillich, Ernst	53
Tillich, Paul	30f., 83, 318, 324, 354, 374
Tirpitz, Alfred v.	60, 406
Tolstoi, Leo	366
Tresckow, Henning v.	3, 13, 25, 27, 167, 230, 289, 297, 299f., 383, 497, 501, 503, 506f., 509, 515, 521f.
Troeltsch, Ernst	443
Trotha, Carl Dietrich v.	345f., 349
Trott zu Solz, Adam v.	85, 150, 159f., 162, 164, 168f., 171, 174, 437, 450, 459, 484, 502, 506f., 509f., 518
Trott zu Solz, Clarita	171, 509
Tschirschky, Fritz Günther v.	445
Uhrig, Robert	461
Ulrich, Anneliese	235
Ulrich, Sabine	235
Üxküll–Gyllenband, Albertine Gräfin v.	402
Üxküll–Gyllenband, Caroline Gräfin v.	402

Üxküll–Gyllenband, Nikolaus Graf v.	412, 416, 425
Vagts, Alfred	316
Vansittart, Robert	218f.
Visser 't Hooft, Willem	115, 484
Voß, Hans–Alexander v.	23, 27, 502f., 506f.
Wagner, Richard	289, 325
Waldeck und Pyrmont, Josias Erbprinz zu	419
Waldersee, Alfred Graf v.	430, 517
Weber, Alfred	311
Weber, Max	123, 204, 311, 354, 500
Weber, Otto	40
Wegschneider, Julius	245
Weißler, Friedrich	53
Weizsäcker, Ernst Frhr. v.	69, 148, 459
Werner, Elert	40
Werner, Friedrich	54, 69
Werth, Alexander	169
Wertheimer, Egon	313
Wessel, Horst	367
Wieneke, Friedrich	195f.
Wilhelm I.	188, 268, 340
Wilhelm II.	188, 208, 233, 268f., 407
Wilm, Walter	207
Winnig, August	409
Wirmer, Josef	183, 221, 261, 476
Wirth, Elisabeth	469f.
Wirth, Josef	407, 459, 461, 466f., 474, 479
Witzleben, Erwin v.	23, 515
Wolf, Erik	81
Wolf, Ernst	9, 95
Wolf, Wilhelm	139, 144
Wühlisch, Johann v.	419
Wünsch, Georg	31
Wurm, Theophil	9, 37, 43, 50, 53, 67f., 69, 74f., 76, 79, 81, 83f., 163, 247, 284, 375, 379, 390, 518
Yorck von Wartenburg, Marion Gräfin	171, 386, 484
Yorck von Wartenburg, Paul Graf	353, 484
Yorck von Wartenburg, Peter Graf	21, 23, 77, 81, 86, 159f., 164f., 170, 339, 351f., 353, 355f., 358, 360f., 362f., 373, 378f., 386f., 389, 397, 421, 431, 437, 450, 484f., 496, 507, 515, 518
Young, Arthur P.	253
Young, Owen	193

Zarden, Arthur	446, 448, 452, 456f., 466f., 468f., 470, 475
Zarden, Irmgard	448, 456, 464, 470, 472f., 475
Zimmermann, Brigitte	469f., 472, 475
Zimmermann, Peter	307
Zoellner, Wilhelm	47f.
Zuckmayer, Carl	323, 345f.

Zum Autor

Gerhard Ringshausen
lehrt seit 1984 als Professor für ev. Theologie/Religionspädagogik an der Leuphana Universität Lüneburg mit den Schwerpunkten Kirchengeschichte und Systematische Theologie. Seine zahlreichen Veröffentlichungen belegen seine weit gespannten Interessen und haben ihren Schwerpunkt im Bereich der Kirchlichen Zeitgeschichte und der Widerstandsforschung. Er ist Mitherausgeber der Zeitschrift „Kirchliche Zeitgeschichte (KZG)".

ringshau@uni.leuphana.de

Prof. Dr. Gerhard Ringshausen
Uelzener Str. 38
D-21335 Lüneburg